실전 레디스

지은이 하야시 쇼고(林 昌弘)

2017년에 AWS에 합류한 Amazon EMR 개발 팀의 시스템 개발 엔지니어입니다. 5년간 AWS에서 기술 지원을 담당했으며, 레디스/멤케시디와 로드 밸런서를 비롯한 다양한 분야에서 회사 내 전문가로 활동했습니다. 또한 회사 내 개발 팀과 협력하여 문제 해결 등의 업무를 수행했습니다. 현재는 Amazon EMR의 릴리스 주변 컴포넌트 개발을 담당하고 있습니다.

옮긴이 서대원 seoabel917@gmail.com

국내에서 금융권 회사의 자산 운용 솔루션을 개발하며 백엔드 및 SAP 개발을 담당하였습니다. 이후 디지털 마케팅 솔루션 프로젝트의 프런트엔드 개발자로 근무하기도 하였고, 현재는 일본 회사에 입사하여 엔지니어로 활동하고 있습니다.

실전 레디스

기초, 실전, 고급 단계별로 배우는 레디스 핵심 가이드

초판 1쇄 발행 2024년 5월 17일

지은이 하야시 쇼고 / **옮긴이** 서대원 / **감수자** 정경석 / **펴낸이** 전태호
펴낸곳 한빛미디어(주) / **주소** 서울시 서대문구 연희로2길 62 한빛미디어(주) IT출판 2부
전화 02-325-5544 / **팩스** 02-336-7124
등록 1999년 6월 24일 제10-1779호 / **ISBN** 979-11-6921-235-9 93000

총괄 송경석 / **책임편집** 박민아 / **기획** 김민경 / **편집** 홍원규
디자인 표지 블랙핑거, 최연희 내지 이아란 / **전산편집** 홍원규
영업 김형진, 장경환, 조유미 / **마케팅** 박상용, 한종진, 이행은, 김선아, 고광일, 성화정, 김한솔 / **제작** 박성우, 김정우

이 책에 대한 의견이나 오탈자 및 잘못된 내용에 대한 수정 정보는 한빛미디어(주)의 홈페이지나 아래 이메일로
알려주십시오. 파본은 구매처에서 교환하실 수 있습니다. 책값은 뒤표지에 표시되어 있습니다.

한빛미디어 홈페이지 www.hanbit.co.kr / 이메일 ask@hanbit.co.kr

지금 하지 않으면 할 수 없는 일이 있습니다.
책으로 펴내고 싶은 아이디어나 원고를 메일(**writer@hanbit.co.kr**)로 보내주세요.
한빛미디어(주)는 여러분의 소중한 경험과 지식을 기다리고 있습니다.

기초, 실전, 고급
단계별로 배우는 레디스 핵심 가이드

실전 레디스

하야시 쇼고 지음
서대원 옮김 정경석 감수

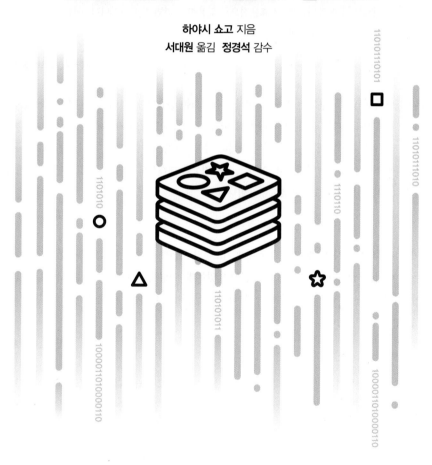

한빛미디어
Hanbit Media, Inc.

레디스의 모든 명령어에 대한 설명과 예제를 제공하여 레디스를 처음 접하는 사람들도 쉽게 배워볼 수 있습니다. 또한 트랜잭션, 모듈, 메모리 관리, 레플리케이션, 클러스터링, 소스코드 분석과 같이 다양한 주제를 다루고 있어 레디스를 깊이 이해하고자 하는 사람들에게도 유용합니다. 특히나 트러블슈팅을 위한 노하우나 레디스 구조 이해와 RESP, SDS, ae, RAX 개념 설명, 그리고 Copy On Write, Raft, HyperLogLog 이해를 통해 레디스를 더 효율적으로 활용하는 방법을 제시합니다. 이는 레디스를 사용하는 개발자들에게 많은 도움이 될 것입니다.

조현석 _ 소프트웨어 엔지니어

게임 서버 개발에서 많이 사용되는 기술 중 하나로 레디스를 꼽습니다. 그러나 레디스의 대중성에 비해 학습을 위한 책이 부족하다는 점이 안타까웠는데 마침 이 책이 출간되어 기쁘게 생각합니다. 이 책은 레디스 기초부터 최신 버전의 새로운 기능까지 자세히 설명하고 있습니다. 이미 레디스를 알고 사용 중인 분들도 이 책을 꼭 읽어보시기 바랍니다. 아마 몰랐던 기능을 대해서도 알게 될 것입니다. 또한 레디스의 여러 측면을 다루고 있어서 참고용으로도 유용합니다.

최흥배 _ 서버 엔지니어

사실상 캐시의 대명사로 사용되는 레디스에 대해 기초부터 실전까지 배울 수 있는 훌륭한 책입니다. 널리 사용되는 점에 비해 레디스만을 다루는 책이 많지 않았는데, 이렇게 자세하게 다루는 책이 나와 많은 개발자들이 도움을 얻을 수 있다고 생각합니다. 특히 '2부 실전'에서 다루는 내용들은 레디스 설정하고 운영하는 데 큰 도움이 될 것입니다.

정현준 _ 20년 차 개발자

레디스의 기능부터 운영까지 필요한 모든 내용을 친절하게 다루고 있습니다. 레디스를 사용하다 보면 자료형이나 명령어를 잘못 선택해 운영환경 서비스에 영향을 주는 경우가 종종 있는데 성능적인 측면에서 문제가 발생하지 않도록 주의해야 하는 부분들도 이 책에서 자세히 설명합니다. 레디스 서버를 운영할 때 필요한 데이터 저장, 클러스터링 그리고 모니터링에 대한 내용까지 사례를 통해 설명되어 있어 레디스 운영에 고민하는 분들에게도 많은 도움이 될 것입니다.

이동규 _ 데이터 엔지니어

만약 사용 중인 레디스가 다운된다면 어떻게 해야 할까요? 현업에서 운영 중인 레디스의 클러스터링, 샤딩, 메모리 관리, 페일오버 등 실무에 꼭 필요한 내용을 꼼꼼하게 소개하고 있습니다. 레디스의 히스토리와 아키텍처를 이해하고 고급 레디스 운영자가 되고자 하는 엔지니어분들에게 추천드립니다.

조현규 _ SRE 엔지니어

이 책은 레디스를 처음 배우는 사람들도 쉽게 이해할 수 있도록 캐싱의 기본 개념과 비관계형 데이터베이스에 대한 기술적 배경을 상세하게 설명합니다. 먼저 캐싱 구조와 데이터베이스 개념을 먼저 다룬 후, 레디스의 핵심 기능과 데이터 구조를 종류별로 안내합니다. 실전 부분에서는 실무에서 마주칠 수 있는 캐시 서버의 단편화, 버퍼 문제 등 다양한 트러블슈팅을 다루고, 여러 운영환경에서 레디스를 효과적으로 사용하는 방법과 절차를 자세히 설명합니다. 레디스는 전반적으로 사용 빈도나 화제성에 비해 국내 자료가 많지 않은 편인데, 이런 정석과 같은 책이 출간되어 입문자나 실무자에게 큰 도움이 될 것 같습니다.

김경민 _ 연구원

레디스 백과사전이라고 해도 과언이 아닌 책입니다. 간단한 기능 소개부터 개념과 구조, 그리고 트러블슈팅까지 레디스의 모든 것을 집대성하였습니다. 또한 수많은 예제와 함께 모든 내용을 이해할 수 있도록 상세하게 구성되어 있어 레디스를 처음 접하는 초보자부터 현업에서 레디스 환경을 운영 중인 실무자까지 모두에게 큰 도움이 될 수 있는 도서입니다.

이영은 _ 소프트웨어 엔지니어

레디스는 다수의 기업에서 활용되는 훌륭한 데이터 스토리지 시스템입니다. 다만 이를 부적절하게 활용하면 장애가 발생할 수밖에 없습니다. 이 책은 레디스의 전반적인 구조를 명확하게 이해할 수 있도록 도와주며, 중요한 주의사항을 강조합니다. 이를 통해 대규모 트래픽을 감당해야 하는 서비스에 레디스를 도입하는 데 필요한 고려사항을 파악할 수 있습니다. NoSQL 중 하나라도 경험해 보신 분이라면 레디스의 주의점을 쉽게 이해하실 수 있을 뿐만 아니라, NoSQL 개념을 확립하는 데도 도움이 될 것입니다. 이 책은 RocksDB, Hive, DynamoDB 등 다양한 NoSQL을 경험해 본 독자들에게 레디스뿐만 아니라 NoSQL 전반에 대한 폭넓은 이해를 제공합니다.

이현종 _ 15년 차 엔지니어

레디스는 이 책이 출간되기 전부터 이미 인기가 많던 기술이었지만, 국내에는 체계적으로 정리된 도서가 부족했습니다. 이런 상황에서 역자로서 국내 독자들을 위한 좋은 책을 소개할 수 있어 기쁘게 생각합니다.

번역 작업을 하면서 가장 고민했던 부분은 '어떻게 하면 정보를 오해 없이 명확하게 잘 전달할 수 있느냐'였습니다. 기술 도서라는 특성상 전문 용어와 관련된 표현들이 많이 등장하기 때문에 너무 단순화하거나, 그대로 번역할 경우 내용을 오해할 수 있다고 생각했습니다. 따라서 이 책에서는 그런 부분들을 최대한 곡해 없이 전달하기 위해 일반적인 표현 사용과 영문 병기 등에 노력을 기울였습니다. 해당 용어 및 표현들은 책의 구성상 간략하게 표현할 수밖에 없었지만, 레디스를 잘 이해하고 활용하기 위해 필수적이고 중요한 내용들이기 때문에 조금 이해가 안 되는 부분이 있다면 따로 학습하는 것을 권해드립니다.

또한 독자분들에게 한 가지 당부하고 싶은 말씀은 레디스라는 기술을 학습하고 활용하는 데 있어서 왜 레디스여야 하는지, 그리고 레디스로 무엇을 하면 어떻게 좋을지를 진지하게 고민해 봤으면 좋겠습니다. '단지 유명해서', '회사에서 사용해서'가 아니라 레디스만의 특징과 장점을 이해하고 자신의 환경에서 어떻게 적용할 수 있는지를 진지하게 고민하면서 이 책을 읽다 보면 더욱 레디스의 매력에 빠질 거라 생각합니다.

마지막으로 좋은 책을 소개할 수 있는 기회를 주신 한빛미디어와 이 책의 저자인 하야시 쇼고 님에게 감사드립니다. 또한 부족한 역자를 위해 많이 힘써주신 편집자님을 비롯해 책의 품질 향상을 위해 노력한 감수자님과 교정자님에게도 감사드립니다. 그리고 이 책을 선택한 모든 독자님들에게 감사드립니다. 이 책이 독자분들이 만드는 서비스와 프로덕트에 큰 도움이 됐으면 하는 바람입니다.

역자 _ 서대원

제가 『이것이 레디스다』(한빛미디어, 2013)를 집필한 지 벌써 10년이 넘게 흘렀습니다. 그 도서의 절판이 결정되기까지 개정판을 집필할 여건이 되지 않아 차일피일 미루다가 현재에 이르렀습니다. 그러던 중 한빛 출판사에서 『실전 레디스』의 감수 요청을 받게 되어 즐거운 마음으로 작업하게 되었습니다. 회사 업무에 치이느라 최근 발표된 레디스 7.0 이후 버전의 기능들을 자세히 훑어볼 기회가 없었는데 이 책을 통해 많은 내용을 알 수 있게 되었습니다.

레디스는 전 세계적으로 가장 많이 사용되는 NoSQL 인메모리 데이터 저장소임에도 불구하고 국내에 관련 도서의 양이 절대적으로 부족합니다. 지금 당장 온라인 서점에서 레디스를 검색하면 확인할 수 있습니다. 물론 이런 이유는 레디스의 초기 접근성이 너무 쉬운 데다가 그 정도만 활용해도 서비스를 구성하는 데 큰 문제가 없기 때문일 것으로 생각합니다. 하지만 서비스를 조금 운영하다 보면 아주 다양한 사례의 난감한 상황들이 여러분을 반겨줄 것이며 그때부터 여러분은 다양한 인터넷 검색을 시작하게 될 것입니다. 통상적으로 이런 상황에서는 인터넷 검색을 통해 빠른 대응할 수 있겠지만 책을 통해서 얻게 되는 정보는 장기적으로 도움이 됩니다. 이런 관점에서 출간된 『실전 레디스』는 많은 개발자분들에게 도움이 될 것이라 생각합니다.

이 책은 레디스의 활용 방법에 대해 자세히 다루고 있습니다. 저자는 풍부한 경험을 토대로 실제 사례를 통해 독자들에게 유용한 정보를 전달합니다. 특히, 중간마다 신문의 사설과 같은 칼럼이라는 독특한 형식으로 레디스 관련된 다양한 추가 정보를 전달하며 이런 방식으로 제공되는 정보는 독자들의 지루할 만한 틈을 없애줍니다. 또한, 이러한 정보들은 실무에서 바로 적용할 수 있는 실용적인 내용이 다수 포함되어 있어 레디스를 서비스에 활용하는 많은 개발자에게 도움이 될 것입니다.

감수자 _ **정경석**

이 책은 레디스 기초부터 실무 활용까지 다루는 도서로, 웹서비스 애플리케이션 개발자나 데이터베이스 관리자를 대상으로 집필했습니다.

전 세계의 많은 시스템은 데이터 영속성을 위해 데이터베이스^{DateBase}를 사용합니다. 그중에서도 MySQL이나 오라클^{Oracle}과 같은 RDBMS^{Relational DataBase Management System} (관계형 데이터베이스 관리 시스템)의 인기가 많습니다. RDBMS는 범용성과 성능 면에서 뛰어난 기술입니다.

하지만 이 책에서 다루는 레디스는 RDBMS와는 다른 기술 범주에 속하며, RDBMS로 해결하지 못하는 많은 문제를 해결할 수 있는 데이터베이스입니다. 레디스는 인메모리^{In-Memory}형의 데이터 구조로, 처리 속도가 빠르고 영속성도 갖추고 있습니다. 또한 String형, List형, Hash형, Set형, Sorted Set형 등 다양한 자료형을 지원하며, 데이터 표현력도 뛰어나고 많은 프로그래밍 언어의 자료구조와 유사하다는 특징이 있습니다. 특히 Sorted Set형을 활용한 실시간 애플리케이션처럼 SQL에서는 다루기 어려운 특성의 데이터 모델도 간단하면서도 강력하게 표현할 수 있습니다. 또한 레디스는 레플리케이션, 클러스터 등 다양한 기능이 있어서 높은 성능과 간단한 설정, 그리고 손쉬운 사용으로 많은 사용자들에게 인기를 얻고 있습니다. 현재는 크고 작은 서비스에 레디스가 널리 사용됩니다.

이 책은 레디스에 대해 깊이 이해하고 성능을 향상하기 위해 필요한 여러 내용을 설명합니다. 레디스의 단독 사용법뿐만 아니라 기존 RDBMS와 함께 사용하는 유스케이스^{Use Case}도 다룹니다.

따라서 이 책은 다음에 해당하는 분이 읽으면 더 좋습니다.

- 레디스 도입을 고려하고 있지만, 실제 애플리케이션에는 아직 적용하지 않은 분
- 이미 레디스를 도입하여 애플리케이션 코드를 작성하고 있지만, 레디스를 제대로 활용하지 못하는 분

이 책에서는 레디스의 장점과 유용성, 레디스를 활용한 애플리케이션 개발 예시까지 포괄적으로 다룹니다. 또한 레디스를 운용하면서 발생할 수 있는 예기치 못한 문제에 대비하여 안정적인 운용을 위한 메커니즘 지식과 클라우드 환경에서의 운용 방법, 트러블슈팅Troubleshooting 등도 다룹니다. 이 책을 통해 레디스의 매력을 경험하고, 레디스를 효과적으로 활용하는 데 도움이 되기를 바랍니다.

대상 독자

이 책은 다음과 같은 독자를 대상으로 합니다.

- 레디스를 아직 사용해보지 않았지만 사용을 검토하고 있는 분
- 클라이언트 애플리케이션에서 레디스를 사용하여 코드를 작성하고 있지만, 레디스의 동작 방식에 대한 이해가 부족하거나 활용이 어려운 분
- 레디스 운용 중에 문제가 발생하여 고민한 적이 있는 분
- 클라우드에서 레디스를 적절하게 활용하지 못하고 있는 분
- 레디스 기술에 관심이 있거나 레디스를 좀 더 자세히 알고 싶은 분

이 책의 구성과 이용 방법

이 책은 레디스에 대한 다양한 정보를 다루고 있습니다. 초보자부터 레디스를 어느 정도 다뤄본 경험이 있는 중급자까지 도움이 될 수 있는 내용으로 구성했습니다. 이 책에서 다루는 내용을 미리 소개하면 다음과 같습니다.

- **1부 기초**
  - □ **1장 레디스의 시작**

    : 레디스의 기초를 설명합니다. 레디스의 개요와 활용법에 대해 설명하면서 실제로 동작해 봅니다.
  - □ **2장 자료형과 기능**

    : 대표 자료형의 특징과 유스케이스, 명령어의 실행 예시를 비교해서 설명합니다.
  - □ **3장 고급 기능**

    : 파이프라인, 루아(이페머럴 스크립트), 레디스 함수, 트랜잭션, 모듈 기능 등 레디스의 고급 기능을 소개합니다.
  - □ **4장 레디스를 활용한 애플리케이션 작성**

    : 여러 자료형과 기능을 이용해 실제로 레디스가 어떻게 사용되는지를 알아볼 수 있도록 샘플 애플리케이션을 소개합니다.

- **2부 실전**
  - □ **5장 레디스 운용 관리**

    : 레디스를 운용하면서 알아둬야 할 점을 설명합니다.
  - □ **6장 트러블슈팅**

    : INFO 명령어부터 트러블슈팅에 도움이 되는 명령어와 기능까지 자세히 다룹니다.
  - □ **7장 레플리케이션**

    : 해당 기능과 그 메커니즘을 자세히 설명하면서 실제로 동작해 봅니다.
  - □ **8장 레디스 클러스터**

    : 7장과 마찬가지로 해당 기능과 메커니즘을 자세하게 설명하면서 실제로 동작해 봅니다.
  - □ **9장 메모리 관리**

    : 레디스의 메모리 관리 메커니즘, 주의할 점, 효율적인 메모리 사용을 위해 알아야 할 점을 설명합니다.
  - □ **10장 클라우드에서 사용하는 레디스**

    : OSS 레디스와의 차이점, 클라우드에서의 이용 방법, 트러블슈팅 진행 방법 등을 설명합니다.

- **3부 고급**
  - **11장 레디스의 구조**

    : 레디스와 관련된 기술을 살펴보고, 소스코드를 통해 레디스를 여러 관점에서 확인합니다.

- **부록**
  - **레디스 계속해서 활용하기**

    : 레디스의 지속적인 활용을 위해 멤케시디와 비교하고 레디스의 전망을 소개합니다.

레디스를 처음 접하거나 시작해보고 싶다면 **1부 기초**를 읽어보세요. 이 책을 모두 읽지 않더라도, 레디스를 처음 사용하는 애플리케이션을 만들기 위한 기본 틀을 잡을 수 있을 겁니다.

실제로 레디스를 사용하고 있지만, 제대로 활용하지 못한다고 생각하거나 문제가 발생했을 때 해결을 위한 트러블슈팅이 필요한 경우에는 **2부 실전**을 살펴보세요.

더 나아가 기초나 실전뿐만 아니라 레디스를 더 깊이 이해하고 싶다면 **3부 고급**에 도전해 보세요. 여기에 레디스의 동작 방식을 정확하게 파악하고, 효율적인 활용 방법을 추가했으므로 현장에서 필요한 정보를 얻어갈 수 있을 겁니다. 또한 엣지 케이스Edge Case에 대한 트러블슈팅도 도움을 받을 수 있습니다.

- **예제소스:** https://www.hanbit.co.kr/src/11235

CONTENTS

PART 01 기초

CHAPTER 01 레디스의 시작   27

CHAPTER 02 자료형과 기능   59

CONTENTS

CHAPTER 03 고급 기능 **203**

CONTENTS

PART 02 실전

CHAPTER 05 레디스 운용 관리   305

CONTENTS

CHAPTER 06 트러블슈팅   **397**

CONTENTS

CONTENTS

PART 03 고급

CHAPTER 11 레디스의 구조   603

APPENDIX 부록

PART

01

기초

1장. 레디스의 기초를 설명합니다. 레디스의 개요와 활용법에 대해 설명하면서 실제로 동작해봅니다.

2장. 대표 자료형의 특징과 유스케이스, 명령어의 실행 예시를 비교해서 설명합니다.

3장. 파이프라인, 루아(이페머럴 스크립트), 레디스 함수, 트랜잭션, 모듈 기능 등 레디스의 고급 기능을 소개합니다.

4장. 여러 자료형과 기능을 이용해 실제로 레디스가 어떻게 사용되는지를 알아볼 수 있도록 샘플 애플리케이션을 소개합니다.

PART 01

기초

CHAPTER

01

레디스의 시작

레디스는 빠른 속도와 다양한 자료형을 제공하는 비관계형
데이터베이스로, 웹 시스템 등에서 널리 활용되고 있습니다.
이 장에서는 레디스의 기초를 배우고, 이를 활용하는 방법을
실제로 경험해봅니다. 이제부터 레디스의 세계를 탐험해보
세요.

레디스REmote DIrectory Server (Redis)는 인메모리 데이터 구조 저장소In-Memory Data Structure Store로써 인메모리에서 빠르게 동작하고, 자료형과 기능이 다양한 비관계형 데이터베이스입니다. 이 데이터베이스는 속도가 빠르고 다양한 자료형과 기능을 이용해서 데이터를 표현할 수 있으므로 최근 웹 시스템 등에서 널리 사용하고 있습니다.

1.1 레디스를 사용하기까지

레디스는 BSDBerkeley Software Distribution 라이선스의 오픈소스 소프트웨어입니다.[01] [02] ANSI C로 작성했으며, 아주 작은 메모리로도 데이터를 유지할 수 있습니다. 이 인메모리 데이터베이스는 뛰어난 성능과 간단하고 유연한 데이터베이스 기능, 그리고 간편한 설정이라는 장점이 있어 널리 사용하고 있습니다.

2010년쯤 NoSQLNon-SQL이라는 키워드가 유행했습니다. NoSQL은 KVSKey Value Store나 열 지향 데이터베이스[03], 문서 데이터베이스, 그래프 데이터베이스 같이 SQL 데이터베이스가 아닌 종류를 일컫습니다.[04] [05] NoSQL은 특정 데이터 모델 전용 설계, 빠른 속도 등의 장점으로 인기를 끌었습니다. RDBMSRelational DataBase Management System의 특성상 구현하기 어려운 부분도 있으므로 NoSQL과 RDBMS는 우열을 가리는 관계라기보다 트레이드오프Trade-Off라고 할 수 있습니다. 또한 사용할 데이터베이스는 비즈니스의 요구사항에 따라 결정됩니다.

레디스는 특성상 주로 NoSQL 범주로 분류되며, 최근에는 용도에 따라 RDBMS와 레디스

---

01 기업용 버전이나 관리형 서비스를 제공하는 레디스도 있습니다. 이 책에서는 앞으로 내용을 보충하는 경우도 있겠지만 기본적으로는 레디스의 오픈소스 버전을 기준으로 설명합니다. 각 서비스가 제공하는 다른 기능 및 설정을 채택하는 경우도 있으므로 이를 염두에 두기 바랍니다. 서드 파티 레디스 모듈(3.4절 참조)을 사용하는 경우에는 오픈소스 버전이 아닌 경우도 있으므로 주의하기 바랍니다.

02 역자주_2024년 3월부로 레디스가 기존 BSD 라이선스에서 Redis Source Available License(RSALv2)와 Server Side Public License(SSPLv1)의 듀얼 라이선스로 변경되었습니다.

03 역자주_일반적으론 column은 개별적으로 사용할 때는 '열'보다는 '칼럼'으로 많이 사용됩니다. 하지만 여기서는 '열 기반' 혹은 '열 지향 데이터베이스'라는 표현으로 쓰기 때문에 이 부분을 살려서 번역했습니다.

04 NoSQL은 이전에도 존재했지만, 인기를 얻기 시작한 것은 2010년쯤부터입니다. 대표적인 NoSQL에는 MongoDB나 멤케시디 등이 있습니다.

05 NoSQL로 분류해도 SQL 같은 처리 방식 혹은 라이브러리를 제공하는 경우도 있습니다.

등 데이터베이스를 함께 사용하는 방식이 늘고 있습니다.[06]

RDBMS는 범용성과 성능이 뛰어나지만, 만능은 아닙니다. 용도에 따라서는 속도가 충분하지 않거나, 일부 데이터 모델을 표현하려면 구현이 복잡해질 수 있다는 단점이 있습니다.

이러한 단점과 특정한 문제를 해결하기 위해 RDBMS의 인덱스 설정, 쿼리 설계, 테이블의 비정규화, 트랜잭션(3.3절 참조) 요건 완화 등을 사용하는 방법을 고려할 수 있지만 이런 상황에서는 NoSQL을 사용하는 것이 더 효과적입니다. 이를 통해 확장성Scalability을 유지하면서 문제를 더 효과적으로 해결할 수 있기 때문입니다. 이처럼 RDBMS에서 해결하기 어려웠던 문제도 레디스를 사용하면 해결할 수 있는 경우가 있습니다.[07]

1.2 레디스의 특징

레디스의 가장 큰 특징은 속도가 빠르고, 자료형이 풍부해서 다양하게 활용할 수 있고, 인메모리 데이터베이스이면서 동시에 많은 기능을 갖췄다는 점입니다.

인메모리 데이터베이스In-memory Database는 메모리RAM에 데이터를 보관하므로 디스크의 입출력 접근을 피하고, 병목 현상Bottleneck도 예방하는 등 처리 속도가 뛰어난 데이터베이스를 말합니다. 레디스는 고속 메모리에서 처리를 수행하며, 메모리 사용량 최소화 등의 기술을 사용합니다. RDBMS를 사용할 때도 메모리에서 처리하는 경우가 많지만, 레디스는 특히 인메모리 처리에 최적화되어 있어 더 빠르게 동작합니다. 이러한 이유로 빠른 응답이나 실시간 데이터 교환이 중요한 최근 웹 애플리케이션에서는 레디스를 높은 선택지로 평가하고 있습니다.

물론 트레이드오프도 고려해야 합니다. 레디스가 동작하는 메모리[08]는 SSD/HDD에 비해 가

---

06 그 후에 SQL은 가용성과 확장성, RDBMS의 강한 정합성과 ACID 특성을 보장하는 등의 장점 등을 포함한 NewSQL로 등장합니다. 이러한 기술을 통해 확장성 등을 해결하는 것이 실제 비즈니스 요구사항을 위해 필요한지 또는 관리나 구성의 복잡성 등의 단점이 없는지를 비교 및 검토할 필요가 있습니다.

07 NoSQL문과 비교하는 내용은 다른 책에서도 많이 다루므로 이 책에서는 레디스에 초점을 맞춰 설명합니다.

08 레디스는 휘발하는 메모리 내에서 동작하지만 영속성을 위해 디스크에 보존하는 기능도 있습니다.

격이 높아 용량을 확보하기 어렵다는 문제가 있습니다.[09] 또한 SQL처럼 표현력이 뛰어난 수단[10]이 없으며, 일부 트랜잭션Transaction 기능을 지원하지 않습니다. 이처럼 레디스는 범용성이 높은 RDBMS와 비교했을 때 용도가 제한되기도 하므로, 주로 RDBMS 등과 함께 조합하여 사용합니다.

예를 들어, 웹서비스에서는 MySQL(마스터 데이터베이스) + 레디스(캐시)와 같이 구성하는 것이 대표적입니다. 구체적으로는 MySQL의 앞단에 레디스를 배치해서 레디스의 인메모리에서 데이터를 가져오는 구성으로 사용하는 것입니다.

그림 1-1 MySQL과 레디스를 조합하여 사용하는 예[11]

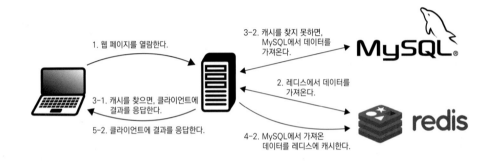

웹 애플리케이션 중에는 MySQL과 같은 RDBMS만을 사용해서 데이터를 영구적으로 저장하거나 읽고 쓰는 작업을 하는 경우가 많습니다. 이러한 데이터 관리 방식은 대부분 잘 동작하지만 서비스 규모가 커지거나 복잡해지면 예상대로 동작하지 않는 경우가 있습니다.

이런 문제는 대부분 RDBMS 사용법, 인덱스 설정이나 쿼리 설계 등을 통해 해결할 수 있습니다. 하지만 SQL의 쿼리를 다시 설계해서 튜닝하고 노드 스펙, 클러스터 대수 등을 알맞게 구성하더라도 관리 비용이 증가하는 경우가 있습니다.

이런 상황에서 빠른 처리 속도, 다양한 자료형 및 표현력 등 레디스의 장점들이 진가를 발휘

----

09 관리형 서비스에서는 SSD와 조합해서 사용 빈도가 낮은 키를 메모리에서 SSD로 옮기는 방법으로 비용을 최적화하기도 합니다.
10 데이터베이스 쿼리 수단을 말합니다.
11 역자주_3-1의 경우, 캐시를 찾은 후 바로 결과를 응답하고 끝납니다. 3-2의 경우, 4-2, 5-2로 이어집니다.

합니다. 예를 들어, '마스터 데이터Masterdata'는 MySQL로, 테이블 내 처리된 '결과 데이터'는 캐시 데이터로 레디스에 저장하도록 구성합니다. 이런 구성 방식을 통해 애플리케이션 구현이 간단해지고, 밀리 초 미만의 응답 시간이 필요한 서비스에서도 빠른 응답을 기대할 수 있습니다. 기존의 데이터 관리는 RDBMS에 맡겨 두고, 레디스 활용이 가능한 부분은 레디스로 교체하는 등 전체 구성을 바꿈으로써 작업 효율성을 높일 수 있습니다.

이 책에서는 레디스를 RDBMS와 함께 사용하는 것에 중점을 두지만, RDBMS뿐만 아니라 아파치 HBaseApache HBase 등 다른 서비스를 영속 계층Persistence Layer으로 사용할 수 있습니다.[12] 또한 웹서비스뿐 아니라 아파치 스파크Apache Spark와 조합하여 대규모 데이터 세트의 실시간 스트림 처리와 같은 빅데이터 처리 등에도 활용할 수 있습니다.[13] [14]

1.2.1 레디스의 동작 이미지

레디스가 어떻게 데이터를 저장하는지 그 내부를 살펴봅니다. 자료형의 주요 개념과 실제로 어떤 데이터를 사용하는지에 대해 [그림 1-2]로 확인하겠습니다.

여기서 주목해야 하는 부분은 여러 자료형의 복잡한 값이 키와 연결되어 있다는 점이며, 이와 같은 방식은 관계형 데이터베이스와 다르고, 일반적인 KVS보다도 값이 복잡할 수 있습니다. 레디스의 데이터 저장 방법에 대해 어느 정도 감을 잡았나요? 궁금한 점이 있다면 2장을 참고하기 바랍니다.

레디스가 어떤 것인지는 실제로 동작시켜보지 않으면 알 수 없는 부분도 있습니다. 그 첫걸음으로, 이 장에서는 레디스의 기능을 간결하게 추려서 설명하고, 직접 설치해보며 실행하는 내용까지 설명합니다.

------

[12] https://hbase.apache.org
[13] https://spark.apache.org
[14] https://github.com/RedisLabs/spark-redis

그림 1-2 레디스의 자료형 이미지

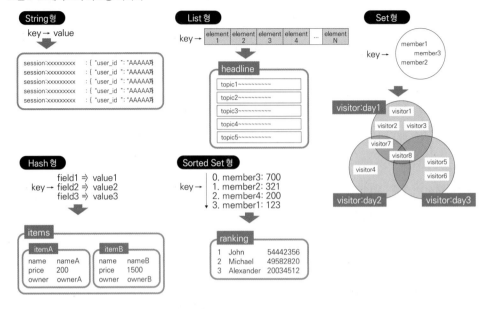

1.2.2 다른 데이터베이스와 어떻게 다른가

레디스는 MySQL이나 오라클^{Oracle}과 같은 RDBMS와는 용도가 다릅니다. 우선, 범용성이 높고 표현력이 뛰어난 SQL을 사용할 수 없으며[15] RDBMS에 비해 트랜잭션 처리 기능이 일부 제한됩니다. 대신 인메모리 처리에 최적화되어 있어 RDBMS보다 빠르게 처리할 수 있는 경우가 많습니다.[16] 또한 빠른 속도를 유지하면서 다양한 자료형과 기능도 갖추고 있습니다. 이러한 특징으로 인해 현대 웹 시스템 등에서 널리 사용하고 있습니다.

RDBMS에는 RDBMS만의 강점이 있고, 레디스에는 레디스만의 강점이 있어 함께 사용되는 경우가 많습니다. 다만 이러한 경우 레디스가 RDBMS를 완전히 대체하는 게 아님을 염두에

---

15 SQL처럼 조작할 수 있는 모듈을 제공하고 있습니다(3장 참고).

16 RDBMS 같이 디스크 기반으로 처리하는 데이터베이스 엔진이라도, 디스크에 입출력할 필요 없이 메모리에서 처리하는 경우가 있습니다. 레디스는 버퍼 관리 등에 따른 오버헤드를 제거하고 기능을 최소화하는 방식을 통해 빠르게 동작합니다. 레디스가 어떤 메커니즘으로 동작하는지는 이 책의 전반에 걸쳐 설명할 예정입니다. 다만 데이터 영속성을 다루는 장에서 등장하는 AOF(Append Only File)를 사용하는 경우에는 오버헤드가 커지기 때문에 주의 깊게 다뤄야 합니다.

두어야 합니다.

레디스는 멤케시디^{Memcached}와 같은 KVS^{Key-Value Store}와 자주 비교되곤 합니다. KVS는 비교적 기능이 간단하며, 빠른 속도가 요구된다는 점에서 레디스와 특징이 유사합니다. 실제로 레디스는 KVS와 동일한 기능을 포함하고 있기도 합니다. 단, 레디스는 다양한 자료형을 통해 어느 정도 복잡한 형식의 데이터도 저장할 수 있습니다. 간단한 키와 값을 쌍으로 갖는 KVS와는 유연성 측면에서 차이가 있습니다.

1.2.3 의존성이 적은 레디스

많은 사람이 라이브러리를 설치할 때 해당 라이브러리를 사용하는 패키지 간의 의존성을 해결하기 위해 고민합니다. 레디스의 특징 중 하나는 운영체제에서 외부 라이브러리를 따로 설치할 필요가 없도록 구현됐다는 점입니다. 따라서 다양한 환경에서 간단하게 설치할 수 있습니다. 또한 의존성을 줄였기 때문에 외부로부터 버그가 발생할 위험이 낮습니다.

1.2.4 레디스의 활용

레디스는 대규모 웹사이트를 위한 도구에 국한되지 않고, 트위터^{Twitter}나 깃허브^{GitHub}와 같은 대규모 서비스뿐만 아니라 중소 규모의 서비스에서도 광범위하게 활용됩니다.[17] [18] 용도 역시 웹 애플리케이션 캐시에 국한되지 않습니다. 배치 처리 메시지 큐, Pub/Sub 시스템 구축 등에도 사용할 수 있습니다(2장 참조). 비교적 활용 범위가 넓기 때문에 레디스의 기초를 배워 두면 개발에 도움이 됩니다.

데이터베이스 관련 정보를 정리한 사이트 DB-ENGINES에 따르면, 2024년 4월 기준 레디스는 다른 RDBMS 등을 포함한 데이터베이스 엔진 인기 순위에서 6위를 기록했습니다.[19]

---

17 https://redis.io/docs/about/users
18 https://techstacks.io/tech/redis
19 https://db-engines.com/en/ranking

키-값 저장소[20]로서는 오랜 기간 1위를 유지하고 있습니다.[21] Stack Overflow에 의하면, 다른 RDBMS 등을 포함해 가장 사랑받는 데이터베이스로 자리매김하고 있습니다.[22] 또한 컨테이너 이미지[23]와 쿠버네티스Kubernetes의 StatefulSet에서 가장 많이 사용된 컨테이너 이미지라는 보고서도 있습니다.[24] [25] [26] 이외에도 간편한 설치와 높은 성능, 폭넓은 표현력, 그리고 여러 기능을 갖춰서 인기가 좋습니다.

참고할 만한 레디스 사례로는 레디스의 최초 개발자이자 커미터Committer인 살바토레 산필리포Salvatore Sanfilippo의 성공 사례가 있습니다. 그는 MySQL 기반의 실시간 웹사이트 분석 애플리케이션 서비스를 운영하고 있었습니다. 그러나 사용자가 증가하면서 처리 부하를 감당하기 어려운 상황에 부딪히게 되었고, 이때 레디스를 개발하고 서비스에 도입함으로써 MySQL의 병목 현상을 해결하게 되었습니다.[27] 레디스는 이처럼 나중에 서비스에 도입되는 형태로 개발되었지만, 현재는 애플리케이션 설계 초기부터 도입을 고려할 만큼 인기가 좋습니다.

레디스를 도입하면 애플리케이션을 간단하게 구현할 수 있고 속도 측면에서 이점을 얻을 수 있어서 특히 다음과 같은 상황에서 유용하게 활용할 수 있습니다.

- RDBMS에서 처리 성능(특히 쓰기 처리)의 병목 현상을 해결할 방법이 필요한 경우
- RDBMS의 다양한 자료형과 기능(레디스 클러스터와 영속성 등)이 유스케이스에 부합하는 경우

RDBMS에서 여러 테이블을 조인Join한 결과가 여러번 사용되는 경우에는 레디스에 캐싱하면 빠른 속도를 기대할 수 있습니다. 소셜 게임 랭킹에서 Sorted Set형을 활용할 수 있는 것은 레디스가 가진 강력한 기능 중 하나입니다.

----

20 레디스의 데이터 모델은 기본적으로 키-값 형식을 취하고 있으며, 값으로는 다양한 자료형을 사용합니다. 하지만 일반적으로는 키-값 쌍의 형식을 String형만으로 저장하는 방식을 사용하고 있습니다. 그래서 다양한 자료형을 사용하는 레디스의 활용 방식과 혼동할 수 있어서 이 책에서는 키-값이라는 표현을 의도적으로 피하고 있습니다. 관련 내용은 2.1.3절에서 자세히 설명합니다.

21 https://db-engines.com/en/ranking_trend/key-value+store

22 https://insights.stackoverflow.com/survey/2021#section-most-loved-dreaded-and-wanted-databases

23 역자주_컨테이너 이미지란 독립적으로 실행할 수 있고 런타임 환경에 실행 가능한 소프트웨어 묶음을 의미합니다.

24 https://www.datadoghq.com/container-report

25 컨테이너 오케스트레이션 엔진을 뜻합니다. https://kubernetes.io

26 상태유지(Stateful)를 위한 파드(Pod, 컴퓨팅 최소 배포 단위) 관리에 사용합니다.
https://kubernetes.io/docs/concepts/workloads/controllers/statefulset/

27 '레디스 탄생 배경'에서 참고했습니다.

1.2.5 속도가 빠르고 기능이 많은 인메모리 데이터 저장소

레디스는 인메모리 내에서 데이터를 처리하여 속도가 빠른 데이터 구조 저장소라는 점이 매력이며 다음과 같은 특징도 있습니다.

- **인메모리 동작 기반으로 처리 속도가 빠릅니다.**
- **자료형과 기능 및 관련 명령어가 다양합니다.**
  - String형, List형, Hash형, Set형, Sorted Set형 등이 대표 자료형입니다.
  - 비트맵^{Bitmap}(비트 배열$^{Bit\ Array}$), 지리적 공간 인덱스의 보조 자료형을 사용할 수 있습니다.
  - Pub/Sub 기능과 HyperLogLog가 있습니다.
  - 레디스 스트림의 스트림 처리를 할 수 있습니다.
  - 여러 자료형과 기능 관련 명령어가 많습니다.
- **데이터 영속성 기능이 있습니다.**
- **레플리케이션/클러스터 기능을 통한 확장성 및 가용성이 높습니다.**
- **클라이언트/서버 모델 기반의 요청/응답 통신을 할 수 있습니다.**
  - 여러 클라이언트와 호환됩니다.
- **루아(이페머럴 스크립트[28]/레디스 함수) 등 복잡한 로직을 구축하고 원자적^{Atomic}으로 처리할 수 있습니다.**
- **싱글 스레드 요청 이벤트를 주도적으로 처리할 수 있습니다.**

인메모리 동작 기반의 빠른 처리 속도

앞서 언급했듯이, 레디스의 빠른 처리 속도는 큰 장점입니다. 인메모리, 작은 메모리 사용량, 추후 설명할 이벤트 주도 요청 등으로 인해 아주 빠르게 동작합니다. 실행 속도는 레디스가 배포하는 redis-benchmark라는 부하 벤치마크 도구로도 측정할 수 있습니다.[29] [30]

---

28 레디스 7.0 이전에서는 이페머럴 스크립트가 레디스에서 루아를 실행하는 유일한 방법이었습니다. 그러나 레디스 7.0 이후에는 레디스 함수에서도 루아를 사용할 수 있게 되었습니다. 따라서 이페머럴 스크립트와 EVAL 스크립트를 구별하여 설명합니다.
29 https://httpd.apache.org/docs/2.4/programs/ab.html
30 https://redis.io/docs/reference/optimization/benchmarks

다양한 자료형과 명령어

레디스는 다양한 자료형을 통해 밀리 초 미만으로 응답하면서, 복잡한 데이터 구조를 저장할수 있으므로 캐시 외에 다양한 용도로도 활용하기 좋습니다. 자료형이 풍부하지만 결코 어려운 내용은 아닙니다. 명령어 종류도 다양하며, 하위 명령어를 포함하면 400여 종류에 가까운명령어를 제공합니다.[31]

자료형은 2장에서 다루며, 이를 활용한 실제 코드는 4장에서 다룹니다. 참고하기 바랍니다.

데이터 영속성

레디스는 기본적으로 데이터의 영속성을 갖추고 있습니다. 인메모리이기 때문에 데이터의휘발성을 고려할 수밖에 없지만, 레디스에서는 크게 두 가지 종류의 영속성을 제공합니다.

RDB의 스냅숏 생성 기능[32]은 기본적으로 활성화되어 있으며, 설정한 시점에 백업을 생성합니다. 또한 RDB 외에 장애 등이 발생했을 때 활용하기 쉬운 AOF[33]도 있습니다. AOF는 기본적으로 비활성화되어 있지만, RDB와 조합하여 활성화시키면 데이터의 손실 위험을 최소화하면서 레디스의 재시작 시간을 단축할 수 있습니다(5.1.3절 참조).

레플리케이션 및 클러스터 기능을 통한 확장성 및 고가용성

레디스는 레플리케이션과 클러스터를 지원합니다. 설정에 따라서 확장성, 가용성 문제를 비교적 깔끔하게 해결할 수 있습니다. 이 책에서는 7장에서 레플리케이션을, 8장에서 클러스터를 소개합니다. 이러한 기능의 확장으로 인해 레디스 인기가 점차 많아지고 있습니다.

클라이언트/서버 모델 기반의 요청/응답 통신

레디스는 쉽게 이해할 수 있는 클라이언트/서버 모델을 채택하여 요청/응답 방식으로 통신하

---

31 모듈에 의해 추가된 명령어는 포함하지 않습니다.
32 Redis DataBase의 머리글자입니다. 관계형 데이터베이스(Relational DataBase)의 머리글자도 RDB로 부르는 경우가 있어 혼동하지 않도록 주의하기 바랍니다. 이 책에서는 전자의 의미로 사용합니다.
33 Append Only File의 머리글자입니다.

며, 다양한 환경에서도 사용할 수 있습니다.

많이 사용되는 CLI 클라이언트인 redis-cli 외에도 넷캣^{Netcat}이나 텔넷^{Telnet}에서도 사용할 수 있습니다.[34] 또한 레디스는 다양한 언어 클라이언트용 라이브러리가 있습니다. 공식 문서에 게재되어 있는 것만 해도 50개 언어를 지원합니다(4.1절 참조).[35] 그러므로 개발 언어에 구애받지 않고 레디스를 도입할 수 있습니다.[36]

루아를 통한 유연한 처리

레디스는 루아 스크립트 기능을 내장하고 있으며, 루아 스크립트로 여러 개의 레디스 명령을 한번에 수행할 수 있습니다. 데이터 추가하기와 가져오기 등 redis-cli에서 할 수 있는 작업을 스크립트를 통해 실행할 수 있습니다. 루아 스크립트를 사용함으로써 유연성이 증가하고 성능의 이점도 기대할 수 있습니다.

루아 스크립트는 RDBMS의 저장 프로시저$^{Stored\ Procedure}$와 유사하므로 쉽게 이해할 수 있을 것입니다. 이와 같은 방식을 통해 데이터베이스에서 직접 처리하는 부분을 클라이언트에서 따로 프로그래밍하는 수고를 덜 수 있습니다.

루아 스크립트를 레디스 서버에 전달하여 일괄적으로 실행할 수 있습니다. 일련의 명령어를 하나씩 실행하지 않고, 코드를 작성해서 일괄적으로 실행하기도 합니다. 즉, 하나의 루아 스크립트는 하나의 레디스 명령어와 동일한 레벨로 수행됩니다(3.2절 참조). 이 경우, 코드의 실행은 원자적^{Atomic}으로 수행됩니다.

원자적[37]이란 용어는 일련의 트랜잭션 내 작업이 모두 성공하거나 모두 실패한다는 것을 의

---

34 기본적으로 대부분의 레디스 클라이언트는 RESP(REdis Serialization Protocol)라고 하는 프로토콜에 기반하여 동작합니다. 단, 넷 캣이나 텔넷 등에서도 RESP 형식이 아닌 명령어를 실행할 수 있습니다. 좀 더 자세하게 알고 싶다면 11.1.1절을 참고하기 바랍니다.

35 Client-Redis를 참고하기 바랍니다. https://redis.io/docs/clients/

36 단, 각종 언어별로 레디스 클라이언트에 따라 기능의 지원 여부는 다를 수 있습니다. 자세한 내용은 4.1절에서 다룹니다.

37 역자주_현업에서는 원자적이라는 용어를 아토믹이란 표현으로도 자주 사용하지만, 뒤에 나오는 칼럼에서 ACID 특성의 원자성을 설명하고 있으므로 원자적이라고 번역했습니다.

미합니다.[38] 어떤 처리 도중에 다른 작업이 간섭하여 실행되면 예상한 대로 동작하지 않는 경우가 많습니다. 루아 스크립트를 사용하면 복잡한 처리를 수행하면서도, 하나의 명령어로 원자적으로 처리할 수 있습니다.

그리고 루아 스크립트를 통해 레디스에서 높은 자유도로 데이터 저장소를 처리할 수 있습니다. 조건 분기와 같은 다소 복잡한 로직을 레디스 서버 측에서 실행할 수 있습니다. 루아 스크립트 실행 방법은 이페머럴 스크립트와 레디스 함수 두 가지가 있습니다(자세한 내용은 3.2절에서 설명합니다).

싱글 스레드 기반 요청 이벤트 주도 처리

레디스는 싱글 스레드 주도 처리 모델을 채택하고 있습니다. 싱글 스레드지만 이벤트 루프를 형성하여 많은 요청을 처리할 수 있으며 ae라는 고유 이벤트 주도 라이브러리를 사용합니다. 싱글 스레드로 인한 성능 문제를 우려할 수 있지만, 싱글 스레드가 다른 지표(메트릭)에 비해 CPU 전체가 병목 현상을 일으키는 경우는 비교적 드뭅니다. 레디스를 여러 인스턴스로 실행하면 성능 문제를 어느 정도 해결할 수 있는 등 적절하게 사용하면 성능 문제를 해결할 수 있습니다.

또한 완전한 싱글 스레드가 아니라 성능을 위해서 부분적으로 멀티 스레드를 채택하고 있습니다. 레디스 4.0 이후로는 UNLINK, FLUSHDB, FLUSHALL의 ASYNC 옵션과 같은 삭제 작업 명령어로 멀티 스레드를 처리할 수 있도록 개선되었습니다. 레디스 6.0 이후로는 데이터 접근 부분은 여전히 싱글 스레드지만, 옵션을 통해 I/O 부분은 멀티 스레드 처리를 활성화할 수 있습니다. 이렇게 하면 데이터 조작, 저장 및 검색을 효율적으로 수행할 수 있습니다.[39]

---

38 단, 롤백 기능은 없습니다. 명령을 실패할 경우에는 오류 발생 시점에 종료하고 그때까지의 처리는 실행된 상태로 되기 때문에 그대로 남은 처리를 계속해서 하는 경우도 있습니다. 그러므로 엄밀하게는 원자성을 가진다고 할 순 없습니다. 자세한 내용은 3.2.1절에서 설명합니다.

39 클라우드 서비스 등 일부 환경에서는 레디스의 멀티 스레드 기능이 비활성화되는 경우가 있어 자체 개선이 이뤄지고 있습니다. 또는 이전 버전에서 멀티 스레드 처리가 이뤄지는 경우도 있습니다.

2009년에 출시된 레디스의 그 이전 역사부터 살펴보겠습니다. 레디스의 시작은 살바토레 산 필리포가 만들어 서비스하던 애플리케이션 LLOOGG로 거슬러 올라갑니다. LLOOGG는 MySQL 기반의 실시간 웹사이트 분석 애플리케이션입니다.

당시 LLOOGG는 MySQL을 기반으로 하고 있어, 작업 부하에 대응하지 못하는 상황이 발생하기 시작했습니다. 그래서 그는 2009년부터 LLOOGG의 개선 작업을 시작합니다. 그 과정에서 레디스가 탄생하면서 독립된 프로젝트가 되었고, 2009년 5월에 레디스를 정식 출시하게 됩니다. 그리고 2009년 6월에 LLOOGG는 MySQL 기반에서 레디스 기반으로 전환합니다.[40][41][42] 이런 배경이 있었기 때문에 레디스는 확장성과 실시간성이 뛰어납니다.

레디스는 2010년부터 VMware, 2013년부터는 Pivotal, 2015년부터 현재까지는 레디스 클라우드 서비스를 제공하는 기업(구 Redis Labs)에서 개발을 지원하고 있습니다. 출시 후 비교적 빠른 시기에 기업의 지원을 받아 안정적인 개발을 계속하고 있습니다.

2020년 6월 30일 살바토레 산필리포는 레디스 유지보수 작업을 그만하겠다고 발표했습니다.[43][44] 그는 자신을 표현하기 위한 수단으로 레디스를 사용해왔고, 그 밖의 실용성은 부산물로서 따라오는 것뿐이라고 생각했습니다. 하지만 레디스가 많은 서비스에서 사용됨에 따라 이 입장을 지키기 어려워집니다. 여러 곳에서 정확하고 빠르며, 안전한 소프트웨어 보수 작업이 필요하여 창조성을 위한 시간을 할애할 수 없게 되었습니다. 이러한 이유로 살바토레 산필리포는 레디스 유지보수를 그만두게 됩니다.

이렇게 레디스의 개발자로는 물러났지만, 레디스의 개발은 활발하게 진행되고 있습니다. 개인 소프트웨어가 아닌, 레디스 코어 팀이 존재하며 기업의 지원도 계속되고 있습니다. 레디스는 개발 모듈도 정비되고 있습니다. Light Governance Model[45]을 채택하여 장기간에 걸쳐 커밋을 계속하여 큰 공헌을 한 멤버에게 권한을 주어 안정적인 개발을 표방하고 있습니다.

---

40 https://github.com/antirez/lloogg

41 https://groups.google.com/forum/#!topic/redis-db/DHBqQ7x4sOU

42 LLOOGG는 현재 제공하지 않습니다.

43 http://antirez.com/news/133

44 레디스와 완전히 관계를 끊는 것이 아니라, 앞으로는 레디스의 새로운 가능성을 제공하기 위한 고문 역할만 맡기로 했습니다.

45 역자주_이 모델은 핵심 소규모 조직을 구성하여 조직 내에서 각 구성원의 권한을 넓게 분산시키고 유연성을 중시하는 관리 접근 방식입니다.

개발 리포지토리Repository도 이전에는 살바토레 산필리포 개인의 것이었지만, 레디스 프로젝트를 관리하기 위해 이관되었습니다.[46][47][48]

1.2.6 RDBMS와 비교

레디스를 제대로 도입하고 활용하려면 RDBMS와 비교하는 것도 중요합니다. 평소 RDBMS를 활용하면서 레디스를 도입하는 데 흥미를 느낀 분도 많을 것이라고 생각합니다.

먼저 RDBMS의 개요를 간단히 설명하겠습니다. 관계형 데이터베이스는 에드가 코드Edgar F. Codd가 1969년에 제안했습니다. 그 영향으로 1974년에는 SQL도 등장했습니다. 오라클, MySQL, PostgreSQL, SQL 서버SQL Server는 대표적인 관계형 데이터베이스 관리 시스템RDBMS, Relational DataBase Management System입니다. RDBMS는 등장 이후 오랫동안 인기를 끌었고, 검증된 기술로서 노하우도 많이 공유되고 있습니다.

RDBMS는 속성과 그에 따른 데이터를 저장한 집합으로 관계성을 정의합니다. SQL은 이를 테이블로 간주하고 연산 등을 통해 데이터를 다룹니다. Relational이라는 이름에서 알 수 있듯이 데이터는 관계성을 기반으로 처리됩니다. RDBMS의 특징은 다음과 같습니다.

- SQL을 통한 강력하고 편리한 표현으로 인해 데이터 모델을 매우 폭넓고 유연하게 표현할 수 있습니다.
- 데이터의 일관성 등을 포함한 강력한 ACID[49] 특성을 실현할 수 있는 가능성이 있습니다.
- 테이블 간의 정합성 유지와 정규화를 통한 중복 제거 등으로 전체적으로 최적화가 가능한 설계를 할 수 있습니다.

RDBMS는 기능이 다양하며 범용성이 뛰어납니다. 많은 유스케이스에서 RDBMS를 사용하는 것은 유용한 선택이 될 수 있습니다. 하지만 RDBMS가 완벽하지는 않습니다. 인덱스 설계를 통해 쿼리 속도를 개선할 수는 있지만, RDBMS 단독으로는 몇몇 케이스에서 일부 데이

---

46 https://redis.com/blog/new-governance-for-redis

47 https://redis.com/blog/redis-core-team-update

48 https://redis.io/docs/about/governance

49 ACID 특성은 트랜잭션 시스템이 가져야 하는 속성으로서, 원자성(Atomicity), 일관성(Consistency), 격리성(Isolation), 지속성(Durability)의 첫 글자를 딴 것입니다. 자세한 내용은 1장의 칼럼에서 설명합니다.

터 모델의 표현이나 속도 면에서 불만스러울 수 있습니다. RDBMS가 적합하지 않은 곳에 무리하게 사용하기보다는 그 역할을 레디스에 맡기는 게 속도나 구현 측면에서 효율적입니다.

RDBMS는 기본적으로 사전에 스키마가 정의된 것을 전제로 합니다. 스키마를 정의해두면 저장된 데이터가 분산되기 어렵고, 정합성을 유지하기 쉽다는 이점이 있습니다. 하지만 매일 변화하는 요건에 맞춰 데이터 설계를 변경하기 어렵다는 점도 있습니다. [50] [51] [52]

또한 RDBMS에서는 구조 정의가 명확하지 않은 희소한[53] 대규모 데이터 세트를 처리하기가 곤란합니다. 반면, 레디스는 특정 용도에 특화되어 있으므로 RDBMS와 같은 범용성이 없습니다. 또한 RDBMS와 같은 강력한 ACID 특성이 없으며, 트랜잭션 기능을 일부 희생하기도 합니다. 이런 이유로 단순히 레디스가 RDBMS를 대체하긴 어렵고, 서로 보완하는 관계라고 이해하는 것이 좋습니다.

ACID 특성을 엄격하게 준수하여 트랜잭션을 처리할 필요가 없거나, 트랜잭션 기능 자체가 필요 없는 유스케이스도 많습니다. 그런 경우에는 NoSQL의 단점으로 자주 지적되는 부분이 크게 문제되지는 않습니다. 예를 들어 파일 서버, RDBMS에서 복잡하게 처리한 결과를 레디스에 캐싱하는 경우나 레디스 자료형을 사용해서 랭킹을 단일 명령어로 가져오는 경우 또는 일시적으로 일관성 문제 등이 발생하더라도 배치 처리와 같은 방식으로 대체하는 경우가 있습니다.

---

50 주요 RDBMS 제품은 JSON형을 지원하는 경우가 많아 데이터 설계의 유연성 및 RDBMS의 기능을 동시에 활용할 수 있다는 이점이 있습니다.

51 NoSQL을 이용해 스키마를 정의하는 것이 필요하지 않은 경우라도 스키마를 관리하지 않으면 데이터가 분산되어 관리하기 어려워지므로 대부분의 경우에는 스키마를 관리해야 합니다. 하지만 외부 API를 이용할 때 데이터 구조를 알기 어려운 경우나 예상치 못하게 변경되는 등의 경우에는 유연하게 대응할 수 있다는 이점이 있습니다. 또한 NoSQL로 분류되는 데이터베이스 중 스키마 정의를 필요로 하는 데이터베이스는 여전히 많습니다. 예를 들어, 카산드라는 스키마 정의를 전제로 하며, MongoDB는 문서 유효성 검사 기능을 옵션으로 제공합니다.

52 레디스는 String형에서도 JSON 문자열을 저장할 수 있지만 애플리케이션 측에서 파싱 처리를 해야 합니다. RedisJSON과 같은 모듈을 이용하면 JSON을 직접 다룰 수 있습니다. 쿼리 표현력 등의 이유로 MongoDB를 대체할 순 없지만 이미 레디스를 사용하고 있고 추가적으로 간단한 유스케이스를 구현하고 싶은 경우에는 사용을 고려할 수 있습니다. Amazon ElastiCache(이하 ElastiCache)나 Amazon MemoryDB(이하 MemoryDB)에서는 JSON 기능을 제공합니다.
https://oss.redis.com/redisjson
https://aws.amazon.com/blogs/database/unlocking-json-workloads-with-elasticache-and-memorydb
https://docs.aws.amazon.com/ko_kr/AmazonElastiCache/latest/red-ug/json-gs.html
https://docs.aws.amazon.com/ko_kr/memorydb/latest/devguide/json-gs.html

53 데이터 전체적으로 값이 없는 필드가 많은 상태입니다.

COLUMN ACID 특성

ACID 특성은 ACID와 대비되는 BASE 특성을 말하기도 합니다. 레디스를 포함한 NoSQL 이나 각종 RDBMS와 같은 제품의 특성을 한쪽으로 완전하게 분류해야 하는 것은 아닙니다. 또한 현실적으로 여러 특성 중 각각의 속성을 완전히 따를 필요는 없으며, 성능의 균형을 고려하여 절충해야 합니다. 추후에 설명하겠지만 업무 개요나 처리 내용에 대해 각각의 특성을 활용하면서 적절한 기능을 설정하고 선택하는 것이 중요합니다.

ACID 특성은 트랜잭션 시스템이 가져야 하는 성질로, 아래 단어들의 첫 글자를 딴 것입니다.

표 1-1 ACID의 영문 표기

특성	영문표기	특성	영문표기
원자성	Atomicity	격리성	Isolation
일관성	Consistency	영속성	Durability

'원자성'은 트랜잭션 실행 결과가 모두 성공하거나 실패하는 성질입니다. 앞서 루아로 처리하는 것이 원자적이라고 설명했듯이 ACID 특성과 관련이 있습니다. '일관성'은 트랜잭션 전후에 트랜잭션 성공과 실패에 상관없이 각 상태의 데이터 정합성에 문제가 없음을 의미합니다. '격리성'은 어떤 트랜잭션이 다른 트랜잭션에 영향을 받지도 주지도 않는 성질입니다. '영속성'은 일단 커밋된 데이터는 데이터베이스에 장애가 발생해도 사라지지 않는 성질입니다.

RDBMS를 데이터 저장소로 이용할 때 ACID 특성을 지원하는 엔진을 활용하는 경우가 많습니다. 이런 경우에는 실제로 성능에 미치는 영향 등을 타협하여 고려해야 합니다. 예를 들어 격리성의 경우, 트랜잭션의 격리 수준을 ANSI/ISO SQL 표준에서는 아래 네 가지 종류로 정의합니다.

- READ UNCOMMITTED
- READ COMMITTED
- REPETABLE READ
- SERIALIZABLE

트랜잭션 간 상호 영향력을 줄이려고 하면, 동시 실행 능력이 떨어지기 때문에 성능 저하의 가능성이 높아집니다. 실제 구현은 엔진마다 달라서 네 종류만 있는 건 아닙니다. 모든 경우에 SERIALIZABLE 이외의 상황에서 예상되는 문제들을 고려하면서 MVCC[54]나 데이터 모델, 일관성, 성능의 트레이드오프 등을 고려하여 어떤 격리 수준을 사용할지 생각할 필요가 있습니다. 또한 일관성의 예시로는 RDBMS 종류에 따라 구체화된 뷰^{Materialized View} 기능으로 비동기를 업데이트하는 방법을 채택하는 경우도 있습니다.

이 책은 데이터베이스 이론서가 아니기 때문에 각 개념에 대한 세부 사항은 생략합니다. 관련 내용이 궁금한 분은 『원리부터 배우는 관계형 데이터베이스 실전 입문』(위키북스, 2016)을 참고하기 바랍니다.

한편 레디스를 캐시 서버가 아닌 유일한 데이터 저장소로 이용할 수밖에 없는 경우에는 데이터 손실이 치명적일 수 있습니다.

레디스는 다음과 같은 방식으로 ACID 특성을 보장하고 있습니다.[55] 이 부분에 대해서는 추후 설명하겠습니다.

표 1-2 ACID 특성 및 보장 방법

특성	보장 방법
원자성	루아(3.2절 참조) 혹은 트랜잭션(3.3절 참조)을 이용합니다.
일관성	루아 혹은 트랜잭션을 이용합니다.
격리성	데이터 접근 부분이 싱글 스레드로 동작하는 성질(5.8절 참조)을 활용합니다.
영속성	AOF의 appendfsync를 always로 설정합니다.

레디스의 ACID 특성은 RDBMS와 비교하면 제한적입니다.

예를 들어, 원자성의 경우 레디스는 RDBMS에 있는 트랜잭션 실패 시 롤백하는 기능은 지원하지 않습니다. 명령어를 실패하더라도 그대로 나머지 처리를 계속해서 수행하는 패턴으로 되어 있습니다. 따라서 엄밀하게 말하면 원자성이 있는 것은 아닙니다. 이러한 이유로 원자성이 없다고 생각할 수 있지만 레디스에서는 이 용어를 사용하고 있습니다. 이런 경우에 대해서는 애플리케이션 개발 중 사전에 감지하여 피할 수 있습니다(3.3절 참고). 레디스는 내부 아키텍처를 간단하면서도 빠르게 처리할 수 있도록 하는 것을 목표로 합니다.

---

54 MultiVersion Concurrency Control의 머리글자입니다.

55 https://redis.com/blog/your-cloud-cant-do-that-0-5m-ops-acid-1msec-latency

영속성에도 문제는 있습니다. AOF로 appendfsync의 값을 always로 설정하면 쓰기 작업마다 디스크에 플러시^{Flush}하기 때문에 성능에 큰 영향을 미칩니다. 쓰기 작업 전체 성능 영향을 고려하여 AOF에서 appendfsync 값을 everysec으로 설정하여 매초 플러시하는 방식으로 변경하면 영향을 줄일 수 있습니다. 또한 appendfsync 값을 no로 하여 운영체제에서 플러시 시점에 맞추는 식의 대응도 가능합니다. 그러나 이 경우에는 장애가 발생하게 되면 플러시 이후 데이터가 손실될 가능성이 있습니다. AOF가 아닌 스냅숏을 수행하여 데이터를 가져올 때의 영향을 고려하면서도 쓰기 작업 성능을 조절하는 대응도 생각할 수 있습니다. 하지만 스냅숏의 경우, 장애 등이 발생했을 때 값을 가져온 후 데이터 손실이 발생합니다. 그러므로 성능에 미칠 영향을 고려하면서 애플리케이션이나 데이터의 성질, 요구사항에 따라 중요한 항목을 비교 검토하여 레디스를 어느 부분에 사용할지, 설정을 어떻게 할지 고려하는 것이 바람직합니다.

ACID의 특성과 비교해, 특히 NoSQL의 관점에서 BASE 성질이 자주 언급되므로 간단하게 설명하겠습니다. BASE는 분산 시스템에서 확장성의 이점을 얻기 위해서 트랜잭션을 엄격하게 실행하는 것을 현실적으로 어느 정도 타협한 접근 방식입니다. BASE의 BA는 Basically Available의 머리글자로, 데이터가 클러스터 내 노드 간에 분산되어 있어 기본적으로 높은 가용성을 유지하며, 언제든 접근 가능한 상태를 가리킵니다. S는 Soft state를 의미하며, 분산 시스템 환경에서 노드 간 랙^{Lag}이 발생하여 상태를 결정할 수 없는 상황이 발생하는 것을 전제로 하는 접근 방식입니다. E는 Eventually consistent의 머리글자입니다. 갱신 직후가 아닌 최종 결과의 정합성만 유지하면 괜찮다는 접근 방식입니다. NoSQL의 여러 서비스가 모두 완전한 BASE를 따르는 것은 아닙니다.

레디스는 ACID나 BASE 모델 어느 쪽이든 완전히 따르는 것이 아니라 이용 형태에 따라 각 특성의 속성에 해당하는 부분이 달라집니다. 요구사항이나 처리 내용에 따라 적절한 기능과 설정을 선택하는 것이 중요합니다.

1.2.7 멤케시디와 비교

멤케시디^{Memcached}는 레디스와 자주 비교되는 KVS이며, 레디스와 같이 인메모리에 데이터를

저장합니다. RDBMS와 비교하면 멤케시디와 레디스는 용도가 서로 비슷합니다.[56][57]

멤케시디는 이름 그대로 RDBMS에 대한 쿼리 처리 결과를 저장하는 등 캐시가 주 용도입니다. 기존 데이터 소스가 있고, 그것을 캐시로 보완하는 형태로 사용하게 됩니다. 레디스와 비교하면 기능이 간단하기 때문에 용도가 한정되어 있습니다.

레디스도 마찬가지로 캐시 용도로 사용할 수 있습니다. 게다가 레디스에서는 단순히 키와 값의 문자열뿐만 아니라 다양한 데이터 모델을 표현할 수 있습니다. 레디스는 단독으로 주요 데이터베이스로도 사용할 수 있게 설계되어 있습니다.

레디스는 멤케시디의 단순 상위호환은 아닙니다. 멤케시디는 레디스보다 먼저 등장했고 라이브러리 등도 많아 비교적 오래된 기술로 여겨지는 경우가 많습니다.[58] 저자는 간단한 캐시 등 몇몇 경우에는 멤케시디가 레디스와 비슷하거나 혹은 더 쉽게 사용할 수 있다고 생각합니다. 어떤 것을 사용할지 결정할 때 복잡한 데이터 모델이 될 것 같으면 레디스를, 단순 캐시 용도라면 레디스와 멤케시디 중에서 적절하게 고려하기를 추천합니다.

멤케시디와 레디스 비교는 원작자인 살바토레 산필리포도 잘 알고 있으며, 멤케시디와 비교한 정보도 많이 공개하고 있습니다. 그 외 멤케시디와의 비교 정보는 '부록 A.1'을 참고하기 바랍니다.

1.3 레디스 서버 설정

지금까지 레디스 기능의 주요 특징에 대해 알아봤습니다. 이제 우분투^{Ubuntu} 22.04를 예로 들어 레디스 서버를 설치하는 방법을 다뤄보겠습니다.[59]

설치 방법에는 리포지토리와 운영체제 표준 패키지 매니저를 활용하는 두 가지가 있습니다.

....

56 https://memcached.org
57 https://github.com/memcached/memcached/wiki
58 최근에는 레디스의 이용 사례가 충분하기 때문에 이런 이점도 많이 퇴색되었습니다.
59 Redis Quick Start를 참고하기 바랍니다. https://redis.io/docs/getting-started

레디스는 하위 호환성이 뛰어나 어떤 버전에서도 안정적이며 빠르게 동작하기 때문에 꼭 최신판을 설치할 필요가 없습니다. PPA(CentOS 계열이라면 Remi 저장소 등)를 활용한 패키지 매니저를 통해서 설치하면 충분합니다. 하지만 최신 기능을 쓰고 싶거나, 다른 실행 환경과 버전을 일치시키고 싶은 분을 위해서 소스코드로 빌드하는 방법도 함께 소개합니다.

다음과 같은 순서대로 진행한다면 레디스 서버와 클라이언트의 redis-server/redis-cli를 설치할 수 있습니다.

1.3.1 우분투에서 레디스 설치[60]

우분투에서 APT^Advanced Packaging Tool를 먼저 설치합니다. 공식 리포지토리에는 비교적 이전 버전이 수록되어 있으므로, PPA^Personal Package Archive[61]를 사용하여 레디스의 리포지토리에서 레디스의 새로운 버전을 설치합니다.

코드 1-1 레디스 설치(우분투 22.04)

```
$ sudo add-apt-repository ppa:redislabs/redis
$ sudo apt update
$ sudo apt install redis -y
$ redis-server --version
Redis server v=7.0.4 sha=00000000:0 malloc=jemalloc-5.2.1 bits=64
build=c7d71d4b63066c
```

1.3.2 소스코드로 설치

우분투에서 소스코드로 레디스 서버를 빌드합니다. 다음 순서대로 다운로드, 빌드, 설치를 해봅니다.

....

60 역자주_https://redis.io/docs/latest/operate/oss_and_stack/install/install-redis/install-redis-on-linux/
61 일반적으로 PPA에서 리포지토리를 추가하는 경우에는 신뢰할 수 있는 공급 업체인지 확인한 후에 도입해야 합니다.
https://help.launchpad.net/Packaging/PPA

코드 1-2 레디스 빌드(우분투 22.04)

```
$ sudo apt update
$ sudo apt install make gcc -y # 도커 등 일부 환경에서는 curl도 입력한다.
$ curl http://download.redis.io/releases/redis-7.0.4.tar.gz -o redis- 7.0.4.tar.
gz
$ tar xzf redis-7.0.4.tar.gz
$ cd redis-7.0.4/ && make && sudo make PREFIX=/usr/local/ install
```

앞서 설명했듯이 레디스를 빌드하기 위해 운영체제의 외부 라이브러리를 설치해야 하는 것은 아닙니다. 리눅스에서 애플리케이션이나 미들웨어를 빌드해본 경험이 있다면, 외부 라이브러리를 추가로 설치하지 않아도 꽤 간단하게 빌드할 수 있습니다.

설치 후에는 버전을 확인하고 레디스 서버가 잘 설치되었는지 확인합니다. 소스코드로 빌드한 경우에는 redis-server가 설치된 bin/ 디렉터리 안에 redis-cli나 다른 도구도 있을 것입니다.

```
$ redis -server -v
redis server v=7.0.4 sha=00000000:0 malloc=jemalloc-5.2.1 bits=64
build=b4f49a4d620f29c4
```

1.4 레디스 동작 테스트

레디스를 설치했다면, 이제 실제로 동작하는지 확인합니다. 여기에서는 우분투 22.04 환경을 사용하며 서버와 클라이언트를 같이 동작하는 것을 전제로 설명합니다.

1.4.1 redis-server 실행 및 redis-cli로 접속하기

레디스는 클라이언트/서버 모델을 채택하고 있습니다. redis-cli와 같은 클라이언트를 통해

redis-server를 조작합니다.

redis-cli는 레디스의 CLI^{Command Line Interface}로써 명령어를 레디스에 보내 레디스 서버에서 보낸 응답을 읽어올 수 있습니다. 데이터 조작은 redis-cli 등 클라이언트에서 명령어로 실행합니다. 데이터 저장하기, 불러오기, 추가하기 등이 가능합니다.

redis-cli에는 사용자가 명령어를 입력해서 응답 받는 인터랙티브 모드와 redis-cli의 인수로 명령어를 보내 결과를 출력하는 모드가 있습니다. 레디스를 자주 사용하는 경우에는 매우 유용한 도구가 될 것입니다. 여기에서는 인터랙티브 모드를 통한 실행 예시를 설명합니다. redis-cli 이외에 여러 프로그래밍 언어의 레디스 클라이언트를 사용하는 경우에도 명령어 체계는 같으므로 동일한 접근 방식으로 이용할 수 있습니다.

동작을 확인해봅시다. 먼저 레디스 서버를 redis-server 명령어로 실행합니다.

```
$ redis-server
2586:C 29 Aug 2022 04:39:11.279 # oO0OoO00oO00Oo Redis is starting oO0Oo00OoO00o
2586:C 29 Aug 2022 04:39:11.279 # Redis version=7.0.4, bits=64, commit=00000000, modified=0, pid=2586
, just started
2586:C 29 Aug 2022 04:39:11.279 # Warning: no config file specified, using the default config. In
order to specify a config file use redis-server /path/to/redis.conf
2586:M 29 Aug 2022 04:39:11.279 * Increased maximum number of open files to 10032 (it was originally
set to 1024).
2586:M 29 Aug 2022 04:39:11.279 * monotonic clock: POSIX clock_gettime
                _._
           _.-``__ ''-._
      _.-``    `.  `_.  ''-._           Redis 7.0.4 (00000000/0) 64 bit
  .-`` .-```.  ```\/    _.,_ ''-._
 (    '      ,       .-`  | `,    )     Running in standalone mode
 |`-._`-...-` __...-.``-._|'` _.-'|     Port: 6379
 |    `-._   `._    /     _.-'    |     PID: 2586
  `-._    `-._  `-./  _.-'    _.-'
 |`-._`-._    `-.__.-'    _.-'_.-'|
 |    `-._`-._        _.-'_.-'    |           https://redis.io
  `-._    `-._`-.__.-'_.-'    _.-'
 |`-._`-._    `-.__.-'    _.-'_.-'|
 |    `-._`-._        _.-'_.-'    |
  `-._    `-._`-.__.-'_.-'    _.-'
      `-._    `-.__.-'    _.-'
          `-._        _.-'
              `-.__.-'

2586:M 29 Aug 2022 04:39:11.280 # Server initialized
2586:M 29 Aug 2022 04:39:11.280 # WARNING overcommit_memory is set to 0! Background save may fail
under low memory condition. To fix this issue add 'vm.overcommit_memory = 1' to /etc/sysctl.conf and
then reboot or run the command 'sysctl vm.overcommit_memory=1' for this to take effect.
2586:M 29 Aug 2022 04:39:11.280 * Ready to accept connections
```

서버를 실행하면 여러 정보가 표시됩니다. redis-server 실행 옵션은 redis-server -h/--help로 확인할 수 있습니다. 이 책에서는 redis-cli/redis-server의 출력을 보기 쉽게 각 내용을 다른 창(터미널별로 다른 탭 혹은 tmux의 다른 세션)으로 실행하는 방식으로 조작합니다.[62]

실행한 레디스 서버에 redis-cli 명령어로 레디스 클라이언트를 접속하면 〈접속 주소:포트 번호〉 형태로 표시됩니다. 여기서부터는 대화식으로 조작할 수 있습니다. 또한 앞서 말한 대로 다른 창으로 실행하는 것을 전제로 진행합니다.

```
$ redis-cli
127.0.0.1:6379>
```

접속이 안 되는 경우에는 아래 내용이 표시됩니다. 해결 방법은 이 장의 칼럼 'redis-cli에 연결할 수 없을 때의 트러블슈팅'에서 설명합니다.

```
not connected>
```

redis-cli --help로 도움말을 표시합니다. -h는 접속 호스트를 지정하는 옵션입니다.

COLUMN GUI 클라이언트

이 책에서는 CLI 도구인 redis-cli를 중심으로 설명하고 있습니다. 기본적으로는 레디스를 접할 때는 각 프로그래밍 언어와 라이브러리, 그리고 redis-cli를 사용해야 합니다.

하지만 직관적으로 사용할 수 있는 GUI 도구에 대한 수요도 있습니다.[63] 레디스에서는 RedisInsight나 Medis, RDB^Redis Desktop Manager, Redsmin 등 도구를 퍼스트/서드 파티에서

---

62 같은 창에서 실행하는 경우에는 설정 파일(5.5절 참조)의 daemonize 지시자의 매개변수를 yes로 합니다. 혹은 systemd 등 시스템 및 서비스 매니저에서 관리하여 그곳에서 실행할 수도 있습니다.
63 레디스에서 사용 가능한 CLI나 GUI, 프록시 도구는 공식 문서에서 소개하고 있습니다. 관심 있다면 확인하기 바랍니다. https://redis.io/docs/tools/

제공합니다.[64][65][66]

여기에서는 레디스에서 공식적으로 제공하는 RedisInsight[67][68][69]를 다루겠습니다. RedisInsight는 웹 브라우저를 경유하여 사용하는 도구입니다. 데이터의 표시, 조작, 메모리 사용 내용 분석, 프로파일러 기능, 슬로 로그 출력 기능 등을 제공합니다.

공식 사이트[70]에서 RedisInsight를 다운로드해서 실행합니다.[71] 그러고 나서 웹 브라우저에서 http://localhost:8001/처럼 레디스 서버를 동작하는 주소로 이동해서 사용합니다.

[ADD REDIS DATABASE] 버튼을 클릭한 후 다시 [Add Redis Database] 등을 클릭합니다. 이동 후 화면에서 호스트, 포트, 사용자 이름, 패스워드, TLS 사용 유무를 입력하고 접속합니다. 기본 설정으로 레디스 서버를 실행하는 경우 사용자 이름, 패스워드는 빈 칸으로 두고, TLS의 사용 유무는 체크하지 않아도 상관없습니다.

그림 1-3 RedisInsight

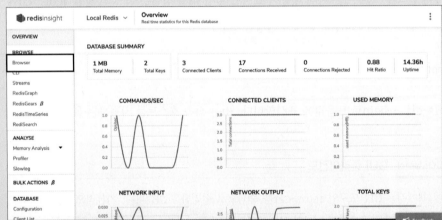

접속이 완료되면 [그림 1-3]과 같은 화면이 됩니다. 왼쪽 메뉴에서 [Browser]를 선택하면

---

64 https://redis.com/blog/so-youre-looking-for-the-redis-gui

65 https://github.com/luin/medis

66 일부 도구는 프로덕션 환경에서 사용하길 권장하지 않는 KEYS 명령어에 의존합니다. 이런 점에 주의하기 바랍니다.

67 https://redis.com/redis-enterprise/redis-insight

68 https://docs.redis.com/latest/ri

69 RDBTools 다음에 나온 도구입니다.

70 https://redis.com/redis-enterprise/redis-insight

71 도커 이미지도 제공합니다. 설치 방법에 관한 내용은 문서를 참조하기 바랍니다. https://docs.redis.com/latest/ri/installing

그래픽으로 된 데이터를 조작할 수 있습니다. CLI를 선택하면 redis-cli 명령어와 CLI로 조작할 수 있습니다.[72]

---

redis-cli에 연결할 수 없을 때의 트러블슈팅

redis-cli에 연결할 수 없는 경우의 대처 방안을 정리하겠습니다. 기본적으로는 레디스 서버와 클라이언트 그리고 그 사이에 어떤 문제가 발생했을 가능성을 생각할 수 있습니다. 우선, 네트워크 조사 방법을 간단히 정리합니다.

ping으로 네트워크 층과 연결되는지를 확인하고,[73] telnet으로 트랜스포트 층과의 연결을 확인합니다.[74]

```
$ ping <ip address or FQDN>
```

```
$ telnet <ip address or FQDN> 6379
```

네트워크 층에 연결할 수 없는 경우 라우팅이나 레디스 서버까지의 과정에서 방화벽에 의한 차단이 없는지 확인합니다. 또한 IP 주소를 공용 IP 또는 사설 IP 주소로 변경하는 방식으로 클라이언트 환경을 변경하면 문제가 해결될 수도 있습니다. 단, ping을 사용하는 경우에는 별도로 ICMP 차단을 해제할 필요가 있습니다.

트랜스포트 층에서 문제가 있는 경우 레디스 서버를 실행해서 6379번 포트(기본값인 경우)가 Listen 상태인지를 확인합니다. 또한 운영체제 내부 방화벽(firewalld나 iptables 등)에 의해 차단되었는지도 확인합니다. 또한 traceroute에서 경로에 문제가 없는지 확인할 필요도 있습니다.

---

72 AWS에서 Amazon ElastiCache처럼 Amazon VPC 내부 접근을 고려하는 경우에는 준비에 신경을 써야 합니다. 예를 들자면, SSH 포트 포워딩이나 VPN 접속을 사용해야 합니다. 브라우저 기반 도구를 사용하여 스스로 애플리케이션을 호스트하는 경우에는 동일 VPC 내 EC2의 인스턴스 내에 호스트를 하는 등의 방법이 필요할 수 있습니다. 하지만 AWS 서비스를 활용하는 경우에는 AWS Systems Manager 포트 포워딩 기능이 있어 편리합니다.
https://docs.aws.amazon.com/ko_kr/systems-manager/latest/userguide/session-manager.html

73 넷캣의 경우에는 nc <ip address or FQDN> 6379와 같이 실행합니다.

74 네트워크 문제 해결에 익숙해지면 확인해야 할 사항들이 쉽게 떠오를 수 있지만, 그렇지 않은 경우에는 'OSI 참조 모델'이나 'TCP/IP'와 같이 네트워크를 층별로 나누어 생각하며 트러블슈팅을 진행하는 것도 도움이 됩니다. 이렇게 하면 문제 원인을 좀 더 원활하게 파악할 수 있습니다. 네트워크에 대한 지식이 필요하지만 관심이 있다면 키워드를 검색하거나 네트워크에 관한 책을 찾아보는 것이 좋습니다.

양측에서 몇 번 데이터를 주고받고 결과를 비교하는 방식도 활용할 수 있습니다.

```
$ sudo traceroute -T -p 6379 <ip address or FQDN>
```

그 외에 운영체제 내부 설정 등으로 인해 연결이 되지 않을 가능성도 있습니다. 우분투를 기본값으로 설치했다면 문제가 없겠지만 개별 설정을 추가한 경우에는 주의하기 바랍니다.

애플리케이션 층에서 레디스 서버를 가동하고 있는지는 PING 명령어를 사용하면 됩니다. redis-cli 명령어 등으로 레디스 서버로 로그인한 후 실행합니다. 만약 정상적으로 실행됐다면 PONG이라는 응답이 돌아옵니다.

```
127.0.0.1:6379> PING
PONG
```

1.4.2 redis-cli 동작

실제로 레디스 서버에 데이터를 저장하고 꺼내보겠습니다. 예시는 다음과 같습니다.

1. SET 명령어로 String형 키 foo에 bar라는 값을 저장합니다.
2. GET 명령어로 키 foo로부터 값을 취득합니다.

```
127.0.0.1:6379> SET foo bar
OK
127.0.0.1:6379> GET foo
"bar"
```

레디스는 자료형별로 데이터를 설정하고 가져오는 각 명령어를 제공합니다. SET과 GET 각각 String형에 대응됩니다. 데이터를 저장하고 가져오는 구체적인 내용은 2장을 참조하세요.

레디스 클라이언트로부터 SHUTDOWN 명령어로 레디스 서버를 종료할 수 있습니다.

```
127.0.0.1:6379> SHUTDOWN
not connected>
```

redis-server 명령어를 실행한 레디스 서버 호스트가 셧다운되면 다음과 같은 로그가 표시됩니다.

```
2662:M 29 Aug 2022 04:41:22.493 # User requested shutdown ...
2662:M 29 Aug 2022 04:41:22.493 * Saving the final RDB snapshot before exiting.
2662:M 29 Aug 2022 04:41:22.498 * DB saved on disk
2662:M 29 Aug 2022 04:41:22.498 # redis is now ready to exit, bye bye ...
```

QUIT 명령어로 redis-cli에서 빠져나올 수 있습니다.

```
not connected> QUIT
$
```

redis-cli는 대화 모드뿐만 아니라 명령어 실행도 가능합니다. 명령어 자체는 대화 모드와 다르지 않습니다.

```
$ redis-cli set mykey "foo"
OK
$ redis-cli get mykey
"foo"
```

1.4.3 원격 연결로 조작하기

원격 연결은 redis-cli -h <endpoint>처럼 -h 옵션으로 엔드포인트를 지정해서 사용합니다. 레디스 서버 보호모드Protected Mode가 활성화되어 있으므로 기본적으로 원격 연결은 동작하지 않습니다. 레디스는 보호모드가 활성화되면 레디스를 위험한 공격으로부터 지키기 위해

접속 주소가 127.0.0.1로 제한되며[75] 원격 연결을 할 수 없게 됩니다.[76]

보호모드에서 원격 연결을 하려면 다음 두 가지를 수행해야 합니다.

- bind 지시자(설정 항목, 5.5절 참조)에서 접속할 레디스 서버 호스트의 네트워크 인터페이스 IP 주소를 명시적으로 하나 혹은 여러 개를 지정합니다.
- requirepass 지시자에서 레디스 서버로 인증용 패스워드를 설정합니다.

혹은 다음과 같은 방식을 실행해 보호모드를 해제합니다.

- 레디스 서버 설정 파일(자세한 내용은 5.5절 참조)에서 protected-mode no로 지정합니다.
- redis-server --protected-mode no와 같이 실행 옵션에 --protected-mode no를 추가합니다.

애플리케이션 서버와 레디스 서버 등을 분리할 때는 원격으로 연결하게 됩니다. 하지만 기본적으로 레디스 서버가 퍼블릭 서브넷Public Subnet[77] 인터넷 등처럼 신뢰할 수 없는 클라이언트로 직접 접근할 수 있는 환경을 갖추고 있지는 않습니다.[78] 따라서 실제 운영할 때에는 보안 위험이 커질 수 있습니다. 레디스 서버를 배치할 서브넷에는 충분한 주의가 필요합니다.[79]

1.5 레디스 문서와 공식 리소스

레디스를 학습하기 위해서는 공식 문서와 참고 문서 등 여러 문서를 적절하게 참고하는 것이 중요합니다. 이 절에서는 참고할 만한 문서와 공식 리소스를 정리했습니다.

---

75 레디스 3.2 이후부터 해당합니다. 그 전까지는 요청 온 모든 IP 주소를 허용했습니다.

76 보호모드가 활성화되면 bind 지시자에서 IP 주소를 명시적으로 지정하지 않고 패스워드(requirepass 지시자)를 설정하지 않은 상태에서도 원격 접속 자체는 가능합니다. 단, 명령어는 실행할 수 없습니다.

77 서브넷은 여기에서 관리의 이유로 네트워크를 논리적으로 작게 분할한 것을 의미합니다. 퍼블릭 서브넷은 인터넷으로 라우팅될 수 있는 서브넷을 가리킵니다.

78 레디스 6.0 이후부터 ACL 기능을 이용할 수 있습니다. ACL 기능을 이용한다고 해서 인터넷 접근이 안전해지는 것은 아닙니다. 기본적으로 레디스는 인터넷으로 접근하는 것을 고려하여 설계된 것이 아니라는 점을 알아두기 바랍니다. ACL 기능의 자세한 내용은 5.6.2절에서 확인하기 바랍니다.

79 클라우드 서비스 공급자로부터 제공받는 경우, 인터넷으로부터 접근이 제한되어 있으므로 인터넷에 신뢰할 수 없는 클라이언트로부터 접근에 대한 우려가 없도록 설계된 경우가 있습니다.

1.5.1 레디스 자료형(레디스 문서)

데이터 모델을 이해하고 구축하기 위해선 자료형에 대한 지식이 필수입니다. 자료형에 관한 문서는 Redis data types[80]을 참고하여 2장과 함께 읽어 보기 바랍니다.

1.5.2 레디스 교육

레디스를 실행하고 배우기 위한 무료 공식 온라인 교재인 Try Redis[81]도 참고할 수 있습니다. 앞서 말한 레디스 서버 구축이나 레디스 클라이언트를 준비할 필요 없이 브라우저에서 레디스 명령어를 실행해 볼 수 있습니다.

Try Redis를 이용할 때는 공식 문서인 「레디스 자료형 튜토리얼Redis Data Types Tutorial」[82]의 명령어 실행 예시를 참고하면 됩니다. 이 책과 함께 레디스에 입문할 때 활용하기 바랍니다. 익숙해진 다음에는 그 외에 레디스의 대표 자료형에 대한 내용도 한 번 읽어보면 좋습니다. 또한 Redis University[83]라는 교육도 있으며, 회원으로 등록하여 사용할 수 있습니다.

1.5.3 레디스 활용

실제로 레디스를 운용하거나 관심이 있다면 공식 문서[84]를 살펴보기 바랍니다. 레디스 공식 사이트 중에서 가장 많이 참고하는 페이지 중 하나는 Documentation - Redis[85]일 겁니다. 이 페이지를 활용해 레디스 기능의 세부 내용을 파악할 수 있습니다.

실제로 redis-cli를 다루기 위해서 Redis CLI[86]도 참고할 수 있습니다. 또한 앞선 문서에서

---

80 https://redis.io/docs/data-types/
81 http://try.redis.io
82 https://redis.io/docs/data-types/tutorial/
83 https://university.redis.com/
84 https://redis.io/
85 https://redis.io/docs/latest/
86 https://redis.io/docs/manual/cli/

다루고 있는 것들 말고도 레디스는 다양한 명령어를 제공합니다. Commands[87]에서는 명령어 모음과 여러 명령어의 세부 사항 링크가 기재되어 있습니다. 실제로 사용하는 데이터 유형에 따라 가능한 작업을 확인하려면 데이터 유형 및 해당 기능으로 필터링하여 확인할 수 있습니다. 각 명령어 문서에는 레디스 내에서의 동작 방식이 자세히 기재된 경우도 있습니다. 이 책에서도 기본 내용은 다루지만, redis-cli의 전반적인 내용을 확인하고 싶다면 해당 문서를 꼭 읽어 보기 바랍니다.

실제로 애플리케이션에서 레디스를 처음 사용할 때는 The Home of Redis Developers ｜ Redis Developer Hub[88]를 참고하는 것이 도움이 됩니다. 레디스를 처음 사용할 때 도움이 되는 정보가 많습니다. 대표적으로 언어나 유스케이스별로 샘플 애플리케이션의 설명 동영상이나 소스코드를 볼 수 있는 Redis Launchpad[89]와 같은 서비스도 있습니다.[90] 또한 실제로 자주 발생하는 문제들을 레디스에서 어떻게 해결했는지, 그 사례를 제공하는 Redis Best Practices[91]도 있습니다.

레디스로 애플리케이션을 개발할 때 처음에 확인해두면 효율적으로 개발할 수 있는 유용한 정보를 얻을 수 있습니다. 다양한 예시를 통해 레디스의 사용법을 더 깊이 이해할 수 있을 것입니다.

레디스는 여러 언어에 대응하는 레디스 클라이언트를 사용합니다. Clients[92]에서 지금까지의 정보들을 살펴볼 수 있습니다. 사용하는 언어에서는 어떤 클라이언트 사용이 권장되는지, 최근 6개월간 활발히 개발되고 있는지 확인해서 비교할 수 있습니다.

레디스 사용자 커뮤니티도 있습니다.[93] Redis Discord Server[94]에서는 전 세계 레디스 사

---

87 https://redis.io/commands/

88 https://redis.io/learn

89 https://redis.io/blog/introducing-redis-launchpad/

90 https://redis.com/blog/introducing-redis-launchpad

91 https://redis.com/redis-best-practices/introduction/

92 https://redis.io/docs/clients/

93 https://redis.com/community

94 https://discord.com/invite/redis

용자나 레디스 회사 소속 직원들에게 질문을 하거나 지식 정보를 공유할 수도 있습니다.[95] Redis Community Forum[96]에서도 질문할 수 있습니다.

새로운 기능을 확인하고자 하는 경우에는 메일링 리스트나 트위터 관련 계정을 팔로우하는 것도 좋습니다. 메일링 리스트는 Redis DB – Google Groups[97]입니다.

소스코드로 빌드하거나 문제가 발생할 때 소스코드 레벨에서 살펴보고자 할 때는 Github – redis/redis[98]를 참조하면 됩니다.

레디스 관련 업데이트 정보를 받을 트위터 계정, Redis News Feed[99]도 알아두는 게 좋습니다. Redis Experts To Follow on Twitter[100]에서는 팔로우해야 하는 23명의 계정을 소개하고 있습니다. 여기도 참고하기 바랍니다.

레디스[101] 사이트나 블로그[102]에서도 최신 정보를 확인할 수 있습니다. 사이트에서 공개하는 레디스 관련 백서[103]로 파일 프로필 기본 정보 등을 등록하고 다운로드할 수 있습니다.

95 https://developer.redis.com/community/discord

96 https://forum.redis.com

97 https://groups.google.com/forum/#!forum/redis-db

98 https://github.com/redis/redis

99 https://twitter.com/redisfeed

100 https://redis.com/blog/21-redis-experts-to-follow-on-twitter/

101 https://redis.com/

102 https://redis.com/blog/

103 https://redis.com/whitepapers/

02

자료형과 기능

이 장에서는 레디스의 자료형을 더 자세히 다룹니다. 레디스를 효과적으로 활용하기 위해서는 자료형을 제대로 이해해야 합니다. 다양한 자료형의 실행 예시, 관련 명령어, 특징, 유스케이스를 다루며, 자료형의 내부 인코딩과 복잡도도 함께 설명합니다.

이 장에서는 1장에서 간단히 언급한 자료형을 더 자세히 다룹니다.

레디스를 효과적으로 활용하려면 자료형을 빼놓을 수 없습니다. 레디스는 다양한 자료형을 사용할 수 있어서 KVS보다 데이터 모델을 비교적 폭넓게 표현할 수 있습니다. 더 빠르고 안전하고 효율적으로 레디스의 메모리를 운영하려면 자료형을 제대로 이해해야 합니다.

2.1.1절에서는 여러 자료형의 실행 예시, 관련 명령어, 특징과 유스케이스 등을 다루고, 더나아가 자료형의 내부 인코딩 및 복잡도를 설명합니다. 또한 자료형과 관련된 기능이나 추가 자료형에 대해서는 2.7절에서 설명합니다.

4장에서는 2장에서 배운 몇몇 자료형을 다루면서, 구현 예시와 샘플을 함께 설명하고, RDBMS 등 다른 데이터베이스와 함께 사용하는 아키텍처 이미지는 5.2절에서 다룹니다.

2.1 자료형과 기능 개요

자료형 및 기능을 설명하기 전에, 먼저 전체적인 그림을 간단히 설명하겠습니다.

2.1.1 다섯 가지 자료형

레디스는 대표적으로 다섯 가지의 자료형이 있습니다. 이 자료형뿐 아니라 몇 가지 기능과 보조 자료형도 있습니다. 앞서 여러 번 언급했듯이, 레디스는 실행 속도가 빠르고 다양한 자료형으로 표현할 수 있다는 특징이 있습니다.

레디스의 특징을 잘 활용하려면 자료형을 꼭 이해해야 합니다. 데이터 모델에 맞는 적절한 자료형을 선택해야 애플리케이션을 더 간단하게 구현하면서도 성능을 끌어낼 수 있습니다.

레디스의 주요 자료형에는 String형, List형, Hash형, Set형, Sorted Set형 이렇게 다섯 가지가 있습니다. 각 자료형 중 주요 용법을 살펴보면, 먼저 String형은 단순한 데이터 구조를 표현하기 좋기 때문에 KVS처럼 키와 값을 일대일로 가지는 경우에 적합합니다. 복잡한 자료형은 자바스크립트^{JavaScript} 객체처럼 필드와 값에 데이터를 저장하는 Hash형, 순서 집합을 나타내는 Sorted Set형을 사용하면 좋습니다. 이처럼 간단하거나 복잡한 표현을 모두 활용할 수 있다는 점이 레디스 자료형의 장점이라 할 수 있습니다.

레디스에서는 자료형별로 읽고 쓰는 명령어가 존재합니다. 데이터별 명령어는 Commands[01] 페이지에 있는 Filter by group에서 자료형별로 지정해서 확인할 수 있습니다.

주요 자료형의 특징을 표로 간단하게 정리하겠습니다.

표 2-1 주요 자료형의 특징

자료형	설명	사용 예시
String형	문자열(레디스에서는 숫자값도 포함), 간단한 키와 값의 조합이다.	세션 정보관리
List형	리스트, 문자열 리스트다.	타임라인
Hash형	해시, 프로그래밍 언어에서 연관 배열이나 딕셔너리와 비슷한 개념이다.	객체 표현
Set형	집합, 복수의 값을 순서와 중복 없이 저장한다.	태그 관리
Sorted Set형	정렬된 집합, 순서(랭크)가 있는 집합이다.	랭킹

이 장에서는 어떤 자료형을 사용할지에 대해 중점적으로 설명하며, 실제 코드 예시까지는 다루지 않습니다.

2.1.2 보조 자료형과 기능

레디스는 대표적으로 다섯 가지 자료형이 있고, 각 자료형별로 데이터를 다루는 체계를 갖추고 있습니다. 그러나 그와는 별개로 기본 자료형 내부에서 특정 용도에 사용될 목적으로 만들어진 보조 자료형도 있습니다. 구체적으로 살펴보면 다음과 같은 보조 자료형이 있습니다.

- 비트맵(비트 배열)
- 지리적 공간 인덱스

---

01 https://redis.io/commands

또한 '데이터를 어떻게 활용할 것인가'라는 관점에서 다음과 같이 데이터를 직접 다루는 기능도 갖추고 있습니다. 이 기능들은 자료형처럼 데이터를 어떻게 표현하는지보다는 데이터를 어떻게 활용할지에 중점을 두고 있습니다.

- Pub/Sub 기능
- HyperLogLog
- 레디스 스트림

보조 자료형과 기능에도 특화된 명령어가 있으므로 이 장에서는 다섯 가지의 자료형 및 보조 자료형과 해당 기능을 함께 다룹니다.

2.1.3 레디스의 폭 넓은 데이터 모델 표현성

레디스는 특정 문제가 발생했을 때 해당 문제에 맞춰 적합한 자료형을 선택하면 데이터를 간단하게 다룰 수 있다는 장점이 있습니다. 예를 들어, 레디스는 키와 값의 쌍을 억지로 조합해 복잡한 데이터를 저장할 수 있습니다. 하지만 그렇게 하면 애플리케이션 로직이 복잡해지며, 원자적 처리를 보장할 수 없는 등 여러 문제를 야기할 수 있습니다. 이런 상황을 대비해 레디스는 다양한 선택지를 제공하고 있으며, 그에 따라 필요한 자료형을 사용할 수 있습니다.

이 책에서는 레디스를 단순한 키와 값의 저장소(KVS)로 간주하지 않고자 합니다. 그러나 레디스가 KVS가 아닌 것은 아닙니다. KVS는 하나의 키에 여러 자료형이나 기능을 값으로 가질 수 있으며 각 키는 독립적입니다. 레디스도 기본적으로 각 키를 독립적으로 관리하며 키 간에는 관련성이 없기 때문에 KVS로 이해하는 것이 도움이 될 수 있습니다.

데이터베이스 번호로 식별(5장 '데이터베이스' 칼럼 참조)하는 방식으로 네임스페이스 같은 데이터를 관리할 수도 있습니다. 하지만 기본적으로 전역에서 키와 값의 쌍으로 관리하며, RDBMS의 테이블과 같은 개념은 없습니다. RDBMS의 데이터베이스 설계처럼 테이블 간의 관계성 같은 데이터 관리 방식과는 다릅니다.[02]

----

02 실제로 레디스에서 키 간의 관계로 관리해서 사용하는 경우가 많습니다. 어디까지나 원칙적인 이야기입니다.

다만 앞으로는 키 어노테이션Key Annotations이라는 기능을 통해 키 간 관계성도 레디스에서 다룰 수 있게 될 것입니다. 이 기능을 사용하면 특정 처리 작업을 다른 키 작업의 트리거Trigger 용도로 사용할 수 있습니다. 예를 들어, 사용자와 친구의 관계를 관리하는 데이터 세트에서 어떤 사용자를 삭제했을 때, 그 친구한테도 삭제되는지 등 사용자 정보를 동시에 삭제하는 용도로 사용할 수 있습니다(부록 A.2절 참조).

키 간 독립성을 원칙으로 하여, 가능하면 이 원칙에 맞춰 데이터를 저장하는 것이 좋습니다.

하나의 키에 연관된 값들은 범위 내(國 하나의 Hash형 객체 내)에서는 서로 연관성을 가진 단위로 관리할 수 있습니다.

앞서 언급한 레디스 특징 중 하나는 다양한 자료형을 뛰어난 표현력으로 활용할 수 있다는 점입니다. 그래서 단순히 String형으로만 사용하는 것보다 이 특징을 활용하는 것이 중요합니다. 또한 키를 지을 때의 방법과 관련된 내용은 이 장의 칼럼 '레디스의 키 이름을 짓는 방법'에서 다룰 예정입니다.

2.1.4 레디스 자료형과 명령어

레디스의 자료형을 학습하기 전에 간단히 레디스에서 데이터를 조작하는 법을 정리합니다. 레디스는 데이터 구조 저장소이고, 키에 값을 저장하는 것이 기본 개념입니다. 자료형이 다양하다는 차이가 있지만 접근 방식 자체는 간단한 KVS와 비슷합니다.

기본적으로 저장할 때 키에 값을 지정하고, 값을 불러올 때는 키와 다른 옵션을 조합합니다. 명령어는 모든 자료형에서 사용할 수 있는 것과 여러 자료형이나 기능별로 사용할 수 있는 것이 있습니다.

데이터를 저장하고 가져올 때는 기본적으로 데이터별 독립된 명령어를 사용합니다.[03] 예를 들어, String형에서는 SET으로 저장하고 GET으로 가져옵니다.

---

03 데이터를 가져오고 저장하는 것을 동시에 할 수 있는 명령어도 있습니다.

```
127.0.0.1:6379> SET USER_X 100
OK
127.0.0.1:6379> GET USER_X
"100"
```

다른 자료형 관련 명령어는 사용할 수 없습니다. Hash형 자료형에 HSET를 사용해 USER라는
키에 데이터를 저장해도, GET으로 데이터를 가져올 수 없습니다.

```
127.0.0.1:6379> HSET USER USER_ID 100 USER_LEVEL 99
(integer) 2
127.0.0.1:6379> GET USER
(error) WRONGTYPE Operation against a key holding the wrong kind of value
```

데이터를 저장하고 가져올 때, 여러 개의 키를 동시에 조작할 수 있는 명령어도 있습니다. 예
를 들어, String형에서 하나의 키를 조작하기 위해서는 SET으로 저장하고, GET으로 가져올 수
있습니다. 여러 키를 동시에 조작하기 위해서는 MSET과 MGET 명령어를 사용할 수 있으며, 원
자적으로 처리합니다.

```
127.0.0.1:6379> MSET USER_X 100 USER_Y 200 USER_Z 300
OK
127.0.0.1:6379> MGET USER_X USER_Y
1) "100"
2) "200"
```

SET과 GET 등 명령어는 대소문자를 구별하지 않지만 공식 문서에서도 대문자로 기재되어 있
으므로, 이 책에서도 그대로 따릅니다. 단, 키와 값은 대소문자를 구별합니다.

2.1.5 레디스 유틸리티 명령어

레디스에서는 모든 자료형에 대응하는 명령어가 존재합니다(2.7.6절 참조). 이 중에서 특히
디버그 등의 용도로 많이 사용되는 명령어를 소개합니다.

- KEYS
- EXISTS
- TYPE
- DEL

레디스에서 키 목록을 확인하고 싶을 때는 KEYS 명령어를 사용합니다. 아래 예시처럼 패턴 pattern으로 검색 대상을 제한합니다.

KEYS pattern

패턴에는 와일드카드(*)를 사용할 수 있습니다. 모든 키를 표시하고자 할 경우에는 *를 사용합니다.

```
127.0.0.1:6379> KEYS *
1) "USER_Y"
2) "USER"
3) "mykey"
4) "foo"
5) "USER_X"
6) "USER_Z"
```

KEYS 명령어는 편리하지만 실행 시간이 오래 걸리기 때문에 실제 운용 중인 애플리케이션에서 쉽게 사용해서는 안 됩니다. 구현 중 동작을 확인하거나 분석하는 경우에 한해 사용하는 것이 좋습니다. 공식 문서에서도 운용 중인 경우에는 사용을 추천하지 않습니다.[04] 실제로 이로 인해 CPU 사용이 크게 늘어나 성능에 영향을 미친 사례가 많습니다.

운영환경에서 키 목록 정보를 확인하고 싶을 때는 SCAN/SSCAN/HSCAN/ZSCAN 명령어와 같이 SCAN 계열 명령어의 사용을 추천합니다. 단, 자료형별로 구별해서 사용해야 합니다. EXISTS 명령어는 키 존재 여부를 확인할 때 사용합니다.

----

04 https://redis.io/commands/keys

```
EXISTS key [keys...]
```

인수에 해당하는 키가 존재하면 1을, 존재하지 않으면 0을 반환합니다. 키가 여러 개 있는 경우 매칭된 수(인수로 작성한 키 중 존재하는 개수)를 반환합니다.

```
127.0.0.1:6379> SET X valueX
OK
127.0.0.1:6379> EXISTS X
(integer) 1
127.0.0.1:6379> EXISTS Y
(integer) 0
127.0.0.1:6379> EXISTS X Y
(integer) 1
127.0.0.1:6379> SET Z valueZ
OK
127.0.0.1:6379> EXISTS X Y Z
(integer) 2
```

TYPE 명령어로 자료형과 기능을 확인할 수 있습니다.

```
127.0.0.1:6379> SET mykey myvalue
OK
127.0.0.1:6379> HSET myhash myfield myvalue
(integer) 1
127.0.0.1:6379> TYPE mykey
string
127.0.0.1:6379> TYPE myhash
hash
```

키(그리고 관련 값)의 삭제는 모든 자료형에서 공통적으로 DEL을 사용합니다. 반환되는 값은 삭제한 키의 개수입니다.

```
DEL key [key ...]
```

```
127.0.0.1:6379> MSET L 0 M 0 N 0
OK
127.0.0.1:6379> EXISTS L M N
(integer) 3
127.0.0.1:6379> DEL L
(integer) 1
127.0.0.1:6379> EXISTS L M N
(integer) 2
127.0.0.1:6379> DEL M N
(integer) 2
127.0.0.1:6379> EXISTS L M N
(integer) 0
```

여기서 소개한 명령어 이외에도 자료형과 관계없이 데이터(키)를 조작하는 명령어가 있습니다. 관련 내용은 일반 명령어에 관한 문서[05]를 참고하기 바랍니다.

이제 실제로 레디스에서 사용 가능한 자료형에 대해 자세하게 살펴보겠습니다.

2.2 String형

String형은 문자열, 이진 데이터 등을 위한 자료형입니다. String형이란 이름을 붙였지만, 이진 안전Binary Safe[06] 문자열이기 때문에 이미지나 실행파일 등 문자열 이외의 데이터도 저장할 수 있습니다. 게다가 레디스에서는 숫자값(정수나 부동소수점)도 String형에 저장합니다. String형에 저장한 부동소수점을 조작하기 위한 전용 명령어(INCRBYFLOAT)도 있습니다.

그림 2-1 String형 이미지

키 이름   값
key → value

....

05 https://redis.io/commands#generic
06 역자주_이진 안전은 데이터를 처리할 때 어떤 특정 형식(에 텍스트, 숫자)에 국한되지 않고, 모든 유형의 데이터(이진 데이터 포함)를 안전하게 처리할 수 있다는 것을 의미합니다.

String형에는 Btimap형이라는 비트 단위로 조작할 수 있는 보조자료형이 존재합니다. Btimap형은 실제 자료형은 아니며, String형에 의해 정의된 것입니다(2.7.1절 참조). String형은 소위 프로그래밍 언어에서 말하는 문자열보다 간단한 값은 모두 String형(문자열)으로 저장할 수 있습니다.

또한 문자열, 이진 데이터, 정수, 부동소수점이 모두 String형(문자열)에 속합니다. 따라서 정확하게 구별하기 위해 이후 String형이란 표현이 나오면 (기본적으로) 레디스에서의 String형이라고 이해하고, 문자열이란 표현이 나오면 프로그래밍 언어에서 말하는 문자열로 이해하기 바랍니다.

String형은 많은 데이터와 호환되므로 가장 널리 사용하는 자료형이며, String형만으로도 간단한 KVS와 비슷하게 만들 수 있습니다. 또한 캐시 용도로는 대체로 String형으로 처리하는 경우가 많습니다.

String형의 주요 특징과 유스케이스를 정리하면 다음과 같습니다.

- **특징**
  - 키에 값을 일대일로 대응시키는 가장 간단한 자료형입니다.
  - 이진 안전 문자열입니다.

- **유스케이스**
  - 캐시
    - 간단한 키와 값의 쌍으로 대응되는 문자열
    - 세션 정보
    - 이미지 데이터 등 이진 데이터
  - 카운터
    - 방문자 수 등 접근 수 카운트
  - 실시간 메트릭스Realtime Metrics
    - 각 항목의 수치를 파악할 수 있는 지표 등

"레디스의 String형 크기는 512MB가 최대"라는 말을 들어본 적이 있나요? 이 문장은 실제로 레디스 공식 문서에 다음과 같이 기재되어 있습니다.

The maximum allowed key size is 512MB. A value can't be bigger than 512 MB.

512MB 제한은 키와 값 양쪽에 적용됩니다. 이 제한은 레디스의 문자열이 SDS$^{\text{Simple Dynamic}}$ ^{Strings}(11.1.2절 참조)에 의해 관리되는데, SDS 버전 1의 제한 때문에 생긴 것입니다. SDS 버전 2에서는 그 제한이 없어졌지만 512MB 제한을 없애려면 레디스 측에서도 업데이트가 필요했기 때문에 바로 사용할 수는 없었습니다.

지금도 기본 512MB 제한은 있습니다. 하지만 레디스 4.0.7에서 proto-max-bulk-len 지시자가 추가되면서 설정 변경으로 최대 크기를 변경할 수 있게 되었습니다. 이를 통해 설정을 변경하면 512MB 제한은 없어집니다.[07] [08]

예를 들어, 10GB 데이터를 String형으로 저장하기 위해선 proto-max-bulk-len 지시자 값을 10GB로 설정해야 합니다. client-query-buffer-limit 값도 필요하면 10gb 등으로 10GB보다 조금 크게 설정하는 방식으로 설정하면 됩니다.

proto-max-bulk-len 지시자는 한 요청의 최대 크기를 말하며 실제 실행하는 명령어 바이트 수를 제한합니다. 예를 들어, PING 명령어는 명령어 자체로 4바이트지만, 허가를 얻기 위해서 proto-max-bulk-len 지시자 값을 4만큼 증가시켜야 합니다.[09] client-query-buffer-limit 지시자는 한 클라이언트에서 쿼리 버퍼의 최대 크기로, RESP 양식을 포함한 바이트 수로 제한됩니다. 단순히 명령어의 문자 수만큼 증가시키는 것만으론 안 됩니다. 클라이언트 측의 버그 등으로 클라이언트 쿼리 버퍼의 메모리를 무한정으로 소비하는 것을 억제하기 위해 사용합니다. 필요한 경우에는 이 지시자도 변경해야 합니다.

---

07 https://github.com/redis/redis/issues/757

08 관리형 서비스로 제공되는 경우, proto-max-bulk-len가 있어도 512MB로 제한되는 경우가 있습니다.

09 설정 파일에 proto-max-bulk-len 지시자 설정을 기술하는 경우에는 적어도 1MB 이상의 크기를 설정해야 합니다(레디스 6.0.7 이후). CONFIG SET 명령어라면 이런 제한은 없습니다. 이해를 돕기 위해 크기가 4인 예시를 통해 설명했습니다.

2.2.1 String형 활용: 빠른 세션 캐시

웹 애플리케이션 캐시를 레디스에 맡기는 방식은 유명합니다. 세션 캐시(쿠키Cookie 등), 표시할 웹 페이지, 장바구니 내용 등 일시적인 정보를 저장하는 데 사용할 수 있으며, 이런 용도에 주로 String형을 사용합니다.[10][11]

그림 2-2 세션 정보

```
session:xxxxxxxxx : {"user_id":"AAAAAA"}
session:xxxxxxxxx : {"user_id":"AAAAAA"}
session:xxxxxxxxx : {"user_id":"AAAAAA"}
session:xxxxxxxxx : {"user_id":"AAAAAA"}
session:xxxxxxxxx : {"user_id":"AAAAAA"}
```

위 그림을 보면 XXXXXXXXXX와 같은 키에 String형으로 JSON 정보를 저장하고 있습니다. 세션 정보가 이런 형식일 경우, 키만 있다면 빠르게 값을 가져올 수 있습니다.

얼핏 보면 JSON만을 위한 특별한 자료형처럼 보이지만 여기서는 String형으로 보관하고 있을 뿐입니다. 레디스에는 JSON을 표현하기 위한 String형, Hash형 등 적합한 자료형이 몇 가지 있지만 String형이 세션 같은 다양한 용도로 사용하기 적합하기 때문입니다.

2.2.2 String형 주요 명령어

String형은 값을 저장할 때 SET, 값을 불러올 때 GET을 사용합니다. 각 사용법은 SET key value와 GET key 형태로 사용합니다.[12]

실행 예시를 살펴봅니다. 키 foo에 값 bar(String형)를 SET 명령어로 저장합니다. 그 후 GET 명령어로 키 값인 foo를 가져옵니다.

----

10 레디스와 자주 비교하는 멤케시드도 같은 용도로 사용할 수 있습니다.

11 http://oldblog.antirez.com/post/take-advantage-of-redis-adding-it-to-your-stack.html

12 쉬운 사용법만 설명하고 있으며 일부 옵션은 생략했습니다.

```
127.0.0.1:6379> SET foo bar
OK
127.0.0.1:6379> GET foo
"bar"
```

String형은 키와 값을 쌍으로 하는 가장 간단한 자료형입니다. 명령어도 SET/GET과 같은 간단한 명령어들이 할당되어 있습니다.

여러 개의 키를 동시에 다루는 것도 가능합니다. MSET 명령어로 키와 값 쌍을 하나 이상 지정하면 원자적으로 값을 저장하는 처리가 수행됩니다. MGET 명령어로 키를 하나 이상 지정하면 각 값을 가져옵니다.

```
127.0.0.1:6379> MSET mykey1 myvalue1 mykey2 myvalue2 mykey3 myvalue3
OK
127.0.0.1:6379> MGET mykey1 mykey3
1) "myvalue1"
2) "myvalue3"
```

또한 이미 존재하는 키에 쓰기 작업을 수행하면 기본적으로 덮어쓰게 됩니다.

COLUMN 레디스의 키 이름을 짓는 방법

레디스의 키 이름은 숫자나 기호만 써도 문제가 없습니다. 따라서 키 이름을 지을 때는 팀 내 방침에 따라 결정하면 됩니다.

이 책에서 다루는 예시는 매우 단순한 키 이름으로 설명하는 경우가 많습니다. 하지만 실제로는 user:사용자 번호와 같이 키 이름을 스키마로 대분류하여 콜론(:) 등의 문자열로 구별하고 각각에 데이터를 저장합니다.

공식 문서에서는 키 이름을 붙일 때 다음과 같은 사항을 고려하여 작성하기를 권합니다.[13]

---

13 https://redis.io/topics/data-types-intro

1. 길이가 너무 긴 키의 경우는 부적절하다.

2. 길이가 너무 짧은 키의 경우도 종종 부적절하다.

3. 단어 필드 사이를 구별하여 스키마를 설계한다.

1번의 경우, 키가 너무 길면 메모리 사용 효율이 악화되어 데이터 세트로 키를 찾을 때 키와 비교하는 비용이 증가합니다. 길이가 너무 긴 키의 경우 SHA1를 사용하여 메모리의 대역폭 효율을 향상시킬 수 있습니다.

2번의 경우, user:1000:followers처럼 사용하면 무엇을 나타내고자 하는지 쉽게 알 수 있습니다. 이를 u1000flw와 같이 줄여서 표현하면 메모리 사용을 줄일 수 있지만, 효과는 크지 않습니다. 키 이름을 짧게 하고 싶다면 트레이드오프를 생각하며 균형을 맞춰야 합니다.

3번의 경우, 키를 object-type:id처럼 콜론(:)이나 마침표(.), 대시(/) 등 여러 단어 필드 사이를 구별하여 스키마를 설계하는 것이 좋은 방법입니다.

값을 인용부호로 반드시 감쌀 필요는 없지만, 값에 공백을 포함하고 싶은 경우나 인용부호를 포함하고 싶은 경우라면 감싸서 사용합니다. 값에 인용부호("또는 ')를 포함하는 경우에는 다른 종류의 값을 감쌉니다. 즉, 값에 "를 포함하고 싶은 경우엔 '를, '를 포함하고 싶은 경우엔 "로 값을 감싸는 형태가 됩니다.

데이터 모델링에 관한 원칙은 이 책의 취지와 맞지 않으므로 자세한 설명은 하지 않겠습니다. 여러 소프트웨어나 서비스별로 모델링 방법이 공개된 경우가 있으니 그 방법을 확인하기 바랍니다. 또한 다른 NoSQL에서도 다룰법한 일반적인 방법을 참고해보는 것도 좋습니다.

2.2.3 String형의 숫자값

String형은 숫자값도 저장할 수 있습니다. 또한 같은 String형이더라도 저장한 값의 종류에 따라 사용할 수 있는 명령어가 다르기도 합니다. 예를 들어, String형에 숫자값을 저장한 경우에는 숫자 증가 명령어인 INCR을 사용할 수 있습니다.

```
127.0.0.1:6379> SET HIT_COUNT 100
OK
127.0.0.1:6379> TYPE HIT_COUNT
string
127.0.0.1:6379> INCR HIT_COUNT
(integer) 101
```

같은 String형이라도 값이 숫자가 아니면 일부 명령어를 사용할 수 없습니다.

```
127.0.0.1:6379> SET HIT_EFFECT BOMB
OK
127.0.0.1:6379> TYPE HIT_EFFECT
string
127.0.0.1:6379> INCR HIT_EFFECT
(error) ERR value is not an integer or out of range
```

2.2.4 String형 명령어

String형 명령어는 값의 내용과 관계없이 사용할 수 있는 것과 값이 숫자일 경우에만 사용할 수 있는 것으로 나눌 수 있습니다. 자세한 내용은 레디스 공식 문서의 String형 명령어[14]를 참조하기 바랍니다.

또한 명령어별 시간 복잡도[15]에 대해 설명하고 있습니다. 시간 복잡도는 심화 내용이기 때문에 잘 모르고 넘어가도 괜찮습니다. 시간 복잡도란 실제 실행하는 컴퓨터의 성능과 관계없이 프로세서를 사용하는 시간을 예측하여 계산한 것을 의미합니다.[16]

---

14 https://redis.io/commands/?group=string

15 역자주_본문에서는 일반적인 복잡도로 설명하고 있지만, 일반적으로 컴퓨터과학에서 말하는 복잡도는 시간 복잡도라고 표현하기에 '시간 복잡도'로 통일하여 표현했습니다. 이 장의 칼럼에서 복잡도 관련 내용이 등장하는데 여기서는 공간 복잡도도 함께 다루기 때문에 이 때에는 원문에 맞춰 '복잡도'라는 표현을 사용했습니다.

16 여기서 설명하는 시간 복잡도는 최악의 경우를 나타냅니다. $O(N)$은 N의 증가에 따라 선형적으로 증가하지만 $O(N^2)$은 N값이 커질수록 가파르게 증가합니다. 반대로 $O(logN)$은 N이 증가할수록 증가가 완만해집니다. 자세한 내용은 이 장의 마지막 칼럼에 있습니다. 여기를 참고해서 여러 명령어의 시간 복잡도를 보면 더 잘 이해할 수 있습니다.

String형에서 값의 내용에 관계없이 사용 가능한 주요 명령어

String형에서 다루는 값의 내용에 관계없이 사용 가능한 주요 명령어는 다음과 같습니다.

▪── GET: 키값 가져오기

키값을 가져옵니다. 키가 존재하지 않는 경우 nil을 반환합니다. 시간 복잡도는 $O(1)$입니다.

```
GET key
```

▪── SET: 키에 값 저장하기

키와 값의 쌍을 지정하여 키에 값을 설정합니다. EX 옵션 같이 시간을 지정하는 옵션을 지정하면, TTL도 설정할 수 있습니다. 시간 복잡도는 $O(1)$입니다.

```
SET key value [ NX | XX] [GET] [ EX seconds | PX milliseconds | EXAT unix-time-
seconds | PXAT unix-time-milliseconds | KEEPTTL]
```

▪── MGET: 여러 개의 키값 가져오기

여러 개의 키를 지정하여 한번에 값을 가져옵니다. 시간 복잡도는 $O(N)$입니다.

```
MGET key [key ...]
```

▪── MSET: 여러 개의 키에 값을 저장하기

여러 개의 키 쌍을 지정하여 한 번에 값을 저장합니다. 키가 이미 존재하는 경우 덮어씁니다. 시간 복잡도는 $O(N)$입니다.

```
MSET key value [key value ...]
```

APPEND: 키에 값 덮어쓰기

키가 존재하는 경우, 키값 끝에 인수 내용을 추가합니다. 키가 존재하지 않는 경우에는 인수를 값으로 하는 새로운 String형 키를 만듭니다. 시간 복잡도는 $O(1)$입니다.

```
APPEND key value
```

STRLEN: 키의 길이 가져오기

키값의 문자열 길이를 반환합니다. 시간 복잡도는 $O(1)$입니다.

```
STRLEN key
```

GETRANGE: 범위를 지정하여 키값 가져오기

키값을 기준으로 범위(시작점 · 끝점)를 지정하여 데이터를 반환합니다. 시작점은 첫 번째 문자가 0부터 시작합니다. 시작점과 끝점을 포함하는 범위이기 때문에 GETRANGE x 0 3이라면 첫 번째 문자부터 네 번째 문자까지 총 네 개 문자를 반환합니다. 시간 복잡도는 $O(N)$입니다.

```
GETRANGE key start end
```

SETRANGE: 범위를 지정하여 키값 저장하기

키 · 오프셋 · 값을 조합하여 지정하고, 지정한 오프셋의 위치를 중심으로 키값을 저장합니다. 시간 복잡도는 $O(1)$입니다.

```
SETRANGE key offset value
```

String형 명령어 보충 설명

String형은 SET 명령어로 값을 저장하고 GET 명령어로 값을 가져오거나 APPEND, SETRANGE 명령어 등으로 값을 부분적으로 유연하게 조작할 수 있습니다.

동시에 여러 키값을 저장하고 가져올 때, 매번 GET/SET 명령어를 실행하면 RTT[17]가 발생하여 요청/응답을 왕복하는 시간 오버헤드가 발생합니다. 하지만 MGET 명령어와 MSET 명령어를 이용하면 RTT를 줄여서 효율적으로 데이터를 저장하고 가져올 수 있습니다.[18]

String형에서 값이 숫자인 경우만 사용할 수 있는 명령어

String형에서 다루는 값이 숫자인 경우에는 아래 명령어를 실행할 수 있습니다. 이 명령어들은 원자적으로 처리됩니다.

■— INCR: 값을 1만큼 증가시키기

키값을 1만큼 증가시킵니다. 지정한 키가 존재하지 않은 경우에는 동작 전에 0을 값으로 저장합니다. 값을 정수로 표현할 수 없으면 오류를 반환합니다. 시간 복잡도는 $O(1)$입니다.

```
INCR key
```

■— INCRBY: 값을 지정한 정수만큼 증가시키기

키값을 지정한 값(정수)만큼 증가시킵니다. 지정한 키가 존재하지 않는 경우, 동작 전에 0을 값으로 저장합니다. 값을 정수로 표현할 수 없으면 오류를 반환합니다. 시간 복잡도는 $O(1)$입니다.

```
INCRBY key increment
```

■— INCRBYFLOAT: 값을 지정한 부동소수점만큼 증가시키기

부동소수점으로 표현된 키값을 지정한 값만큼 증가시킵니다. 지정한 키가 존재하지 않는 경우에는 동작 전에 0을 값으로 저장합니다. 값을 감소시키는 경우에는 increment에 음수값을

---

17 Round Trip Time의 머리글자입니다. 클라이언트와 서버 사이를 몇 번이고 반복하게 되면 왕복 시간이 큰 레이턴시가 됩니다.

18 RTT를 줄이기 위한 다른 방법으로 파이프라인을 사용할 수 있습니다. 파이프라인에서는 여러 요청의 왕복을 하나로 모아 쓸모없는 왕복을 줄여 최적화할 수 있습니다. 그 외 기능도 포함하여 자세한 내용은 3장에서 설명합니다. 레디스 클러스터를 다룰 때, 여러 키를 동시에 다루는 경우에는 같은 샤드 내에 작업을 완료해야 하는 제한이 있습니다. 이를 처리하려면 해시태그 사용 등 조치가 필요합니다. 자세한 내용은 8.3.2절에서 다룹니다.

지정합니다. 시간 복잡도는 $O(1)$입니다.

```
INCRBYFLOAT key increment
```

■── DECR: 값을 1만큼 감소시키기

키값을 1만큼 감소시킵니다. 지정한 키가 존재하지 않는 경우에는 동작 전에 0을 값으로 저장합니다. 키를 정수로 표현할 수 없으면 오류를 반환합니다. 시간 복잡도는 $O(1)$입니다.

```
DECR key
```

■── DECRBY: 값을 지정한 정수만큼 감소시키기

키값을 지정한 값만큼 감소시킵니다. 지정한 키가 존재하지 않는 경우에는 동작 전에 0을 값으로 저장합니다. 값을 정수로 표현할 수 없으면 오류를 반환합니다. 시간 복잡도는 $O(1)$입니다.

```
DECRBY key decrement
```

■── 숫자값 String형 명령어 보충 설명

INCR 명령어는 지정한 키값을 1만큼 증가시키고, INCRBY 명령어는 지정한 키 다음에 지정한 값의 수만큼 증가시킵니다. 반대로 DECR 명령어는 지정한 키값을 1만큼 감소시키고, DECRBY 명령어는 지정한 키 다음에 지정한 값의 수만큼 감소시킵니다. 예를 들어, 값으로 10을 설정한 키를 mykey라 할 때, INCRBY mykey 5를 실행하면 mykey의 값은 15가 됩니다. 이 명령어들은 대상이 되는 키값을 10진수 부호 정수로 해석할 수 있는 경우에 실행됩니다. 그렇지 않은 경우 (error) ERR value is not an integer or out of range와 같은 오류가 반환되어 실행할 수 없습니다.

INCRBYFLOAT 명령어는 지정한 키를 키 다음에 지정한 값의 수만큼 증가시킵니다. 이 명령어들은 대상이 되는 키값이 배정도Double Precision 부동소수점 숫자로 해석할 수 있는 경우에 실행됩니다. 그렇지 않은 경우 (error)ERR value is not a valid float와 같은 오류가 반환되어 실행할 수 없습니다.

COLUMN 그 외 String형에서 사용 가능한 명령어

앞서 다룬 주요 명령어 이외에도 레디스가 제공하는 String형 명령어가 많습니다. 앞서 다룬 명령어로 목표를 달성하기 어려운 경우에 확인하기 바랍니다.

■── GETEX: TTL(초 단위)을 설정한 키값 가져오기

키값을 가져옵니다. 옵션에서 유효기간도 설정할 수 있습니다(레디스 6.2.0 이상). 시간 복잡도는 $O(1)$입니다.

```
GETEX key [ EX seconds | PX milliseconds | EXAT unix-time- seconds | PXAT
unix-time-milliseconds | PERSIST]
```

■── GETDEL: 키값을 가져온 후 그 키를 삭제하기

키값을 가져오고 동시에 그 키를 삭제합니다(레디스 6.2.0 이상). 시간 복잡도는 $O(1)$입니다.

```
GETDEL key
```

■── MSETNX: 여러 개의 키가 존재하지 않는 것을 확인하고 값을 저장하기

여러 개의 키와 값의 쌍을 지정하여 한번에 키에 값을 저장할 수 있습니다. 인수에 있는 키 중 하나라도 이미 존재하는 경우에는 모든 저장에 실패합니다. 시간 복잡도는 $O(N)$입니다.

```
MSETNX key value [key value ...]
```

2.2.5 String형 실행 예시

String형을 실제로 사용하여 사용자 ID별로 대응하는 풀네임 관리 기능을 구현합니다. String형으로 user:1이라는 키에 Sato라는 값을 SET 명령어로 저장합니다. 이어서 user:1 키에서 GET 명령어로 값을 가져옵니다.

```
127.0.0.1:6379> SET user:1 "Sato"
OK
```

---

19 역자주_가장 정확한 표현은 영문의 deprecated입니다. 직역하면 '기술이 사양되어서 더 이상 사용을 권하지 않을 때' 쓰는 표현입니다. 실제 실무에서도 주로 이 상황에서는 deprecated라고 사용하거나 '사용을 권장하지 않는다'라는 식으로 표현하기 때문에 마땅히 표현할 용어가 없어서 원문 그대로 사용했습니다.

```
127.0.0.1:6379> GET user:1
"Sato"
```

user:1 키값 끝에 Taro라는 문자열을 APPEND 명령어로 추가합니다. 이어서 user:1이라는 키에서 GET 명령어로 값을 가져옵니다.

```
127.0.0.1:6379> APPEND user:1 "Taro"
(integer) 9
127.0.0.1:6379> GET user:1
"Sato Taro"
```

일괄 처리하기

아래 키와 값의 조합을 MSET 명령어로 한꺼번에 저장합니다.

표 2-2 키와 값의 조합

키	값
user:2	Suzuki Jiro
user:3	Takahashi Saburo
user:4	Tanaka Shiro
user:5	Ito Goro

그 후 user:2, user:4라는 키에서 MGET 명령어로 값을 한꺼번에 가져옵니다.

```
127.0.0.1:6379> MSET user:2 "Suzuki Jiro" user:3 "Takahashi Saburo" user:4
"Tanaka Shiro" user:5 "Ito Goro"
OK
127.0.0.1:6379> MGET user:2 user:4
1) "Suzuki Jiro"
2) "Tanaka Shiro"
```

키에 값을 저장할 때 동작을 변경하기

이미 존재하는 키에 값을 저장하는 경우 SET나 MSET 등의 명령어를 사용하면 기본으로 값을 덮어씁니다.

SET 명령어에는 쓰기 작업 시 동작을 변경하는 옵션이 많습니다(2.2.6절 참조). 옵션뿐만 아니라 각 동작에 해당하는 명령어가 준비되어 있는 경우도 있습니다. 예를 들어, 지정된 키가 존재하지 않을 때만 값을 저장하고 싶은 상황이라고 가정합니다. 이럴 때 해당 명령어를 사용하면, 키에 값이 없는 경우에만 값을 설정하고, 설정의 성공 여부를 반환하는 SET 명령어의 NX 옵션을 사용할 수 있습니다.

```
127.0.0.1:6379> SET user:2 "Watanabe Rokuro" NX
(nil)
127.0.0.1:6379> SET user:6 "Watanabe Rokuro" NX
OK
127.0.0.1:6379> GET user:2
"Suzuki Jiro"
127.0.0.1:6379> GET user:6
"Watanabe Rokuro"
```

여기서는 앞서 user:2 키에 값을 저장하고 있었기 때문에 SET 명령어를 NX 옵션으로 실행해도 nil, 즉 키에 값이 설정되지 않았다는 것을 의미합니다. GET 명령어로 값을 가져오면 기존에 저장된 값을 가져올 수 있는 것을 확인할 수 있습니다. 아직 값을 저장하지 않은 user:6의 경우에는 실행하면 OK, 즉 성공적으로 키에 값이 설정된 것을 알 수 있습니다. GET 명령어로 값을 가져오면 값이 정상적으로 설정된 것을 확인할 수 있습니다.

SET 명령어의 NX 옵션과 같은 기능으로 SETNX 명령어를 사용할 수 있습니다. 단, 완전히 같지는 않고 성공 여부를 반환하는 방식이 다릅니다.[20]

....

20 SETNX 명령어와 SET 명령어의 반환값 차이가 있습니다. SETNX 명령어는 1 또는 0입니다. SET 명령어는 NX 옵션을 활성화한 경우 OK 또는 (nil)입니다.

TTL 설정하기

키에는 TTL^{Time To Live}(생존 시간)[21]을 설정할 수 있습니다.

SETEX 명령어를 사용하면 키에 값을 설정하면서 동시에 TTL도 설정할 수 있습니다. 다음은 설정 후 TTL 명령어로 키의 남은 TTL을 확인하는 예시입니다. 예시에서는 TTL이 반환하는 값(생존 시간)이 297인 것을 알 수 있습니다. 이는 TTL을 300초로 설정하고 3초가 지난 후 실행된 것을 의미합니다.

```
127.0.0.1:6379> SETEX user:7 300 "Yamamoto Nanaro"
OK
127.0.0.1:6379> TTL user:7
(integer) 297
```

SET 명령어를 실행한 후, EXPIRE 명령어를 실행해도 동일한 결과를 얻을 수 있습니다.

```
127.0.0.1:6379> SET user:7 "Yamamoto Nanaro"
OK
127.0.0.1:6379> EXPIRE user:7 300
(integer) 1
127.0.0.1:6379> TTL user:7
(integer) 297
```

또는 아래처럼 SET 명령어의 EX 옵션을 사용할 수도 있습니다.

```
127.0.0.1:6379> SET user:7 "Yamamoto Nanaro" EX 300
OK
127.0.0.1:6379> TTL user:7
(integer) 297
```

String형을 사용하고 있다면 원자적으로 동작하기 때문에 SET 명령어의 EX 옵션(혹은 SETEX 명령어)을, 그렇지 않다면 EXPIRE 명령어를 사용하는 것이 좋습니다.

----

21 키가 유효한 생존 시간을 표시합니다.

String형 숫자값 실행 예시

String형 숫자값 실행 예시를 살펴보겠습니다.

이번 예시에서는 특정 날짜에 도로를 이용하는 사람의 수를 카운트 기능을 모델링하여 레디스의 String형으로 구현하는 것입니다.

INCR 명령어와 DECR 명령어는 String형 명령어지만 값이 숫자일 경우에만 실행할 수 있습니다. 실행할 때는 키에 값이 설정되지 않은 경우 기본값은 0으로 취급합니다.

다음은 counter:day:1이라는 키에 카운터를 적용하는 예시입니다. 처음 INCR 명령어를 실행하면 기본값인 0에 값 1을 더해 1이 되고 한번 더 실행하면 다시 1을 더해 2가 됩니다. INCRBY 명령어를 실행하면 인수로 지정한 값만큼 더해지도록 할 수 있습니다. 여기서는 네 명이 동시에 통로를 이용했다고 가정하여 2에 4를 더한 6이 됩니다.

```
127.0.0.1:6379> INCR counter:day:1
(integer) 1
127.0.0.1:6379> INCR counter:day:1
(integer) 2
127.0.0.1:6379> INCRBY counter:day:1 4
(integer) 6
```

다음으로는 실수로 더 많이 카운트하는 바람에 값을 빼야 하는 상황을 가정하겠습니다. 한 명 더 많이 카운트한 경우라면 DECR 명령어를 실행하면 값을 1만큼 뺍니다. 여기에서는 INCRBY를 실행했을 때 값인 6에서 1을 뺀 5가 됩니다. 여기서 또 잘못해서 네 명을 추가로 카운트했다고 가정하여 DECRBY를 사용해 인수로 지정한 값인 4만큼 뺄 수 있습니다.

```
127.0.0.1:6379> DECR counter:day:1
(integer) 5
127.0.0.1:6379> DECRBY counter:day:1 4
(integer) 1
```

2.2.6 SET 명령어와 옵션

SET 명령어에는 다양한 옵션이 있습니다. 현재 시점에서 사용 가능한 옵션은 다음과 같습니다. 자세한 내용은 공식 문서[22]를 참조하세요.

- **EX/PX 옵션**
  - □ TTL이라고 하는 만료 시간을 설정합니다. EX는 초 단위, PX는 밀리 초 단위로 지정합니다.

- **NX/XX 옵션**
  - □ 키의 존재 여부에 따라 조건을 충족할 때만 저장합니다.
  - □ NX는 키가 존재하지 않는 경우, XX는 키가 존재하는 경우에만 저장합니다.

- **KEEPTTL 옵션**
  - □ 키 관련 TTL을 변경하지 않고 조작합니다(레디스 6.0 이상).

- **EXAT/PXAT 옵션**
  - □ 유닉스 시간을 사용하여 유효 시간을 설정합니다.
  - □ EXAT는 초 단위, PXAT는 밀리 초 단위로 지정합니다(레디스 6.2 이상).

- **GET 옵션**
  - □ 키를 지정하여 값을 가져온 후, 계속해서 설정을 수행합니다(레디스 6.2 이상).[23]

또한 SETEX 명령어로 EX 옵션, PSETEX 명령어로 PX 옵션, SETNX 명령어로 NX 옵션, GETSET 명령어로 GET 옵션처럼 실행할 수 있습니다. 하지만 이런 명령어는 앞으로 폐지될 가능성이 있으므로 SET 명령어와 옵션을 조합해 사용하는 것을 추천합니다. SET 명령어를 사용할 수 있는 경우에는 사용하는 것이 좋습니다.

EXAT/PXAT 옵션을 사용하는 경우에는 설정한 TTL이 NTP^Network Time Protocol의 시간 동기화 영향을 받으므로 시간 동기 상태에 주의해야 합니다.

---

22 https://redis.io/commands/set
23 레디스 7.0.0 이후 GET 옵션은 NX 옵션과 조합하여 사용할 수 있게 되었습니다. https://github.com/redis/redis/pull/8906

2.3 List형

List형은 문자열(레디스의 String형 값)의 리스트입니다. 리스트의 키는 여러 값을 순서대로 저장할 수 있습니다. 값을 삽입한 순서대로 유지하는 자료형이며, 스택Stack이나 큐Queue 등으로 사용하기 좋습니다. 꼭 같다고 할 수는 없지만 프로그래밍 언어의 리스트에 가깝습니다.

특징과 유스케이스는 다음과 같습니다.

- **특징**
  - □ 문자열 컬렉션입니다. 삽입 순서를 유지합니다.

- **유스케이스**
  - □ 스택
  - □ 큐
  - □ SNS 최신 게시물(트위터 등)
  - □ 로그

그림 2-3 List형 이미지

List형은 리스트 좌우 끝부분에 요소Element를 추가 및 삭제하거나 부분적으로 요소를 가져오는 등의 동작을 할 수 있습니다. 새로운 요소를 리스트의 앞이나 뒤에 추가하는 동작은 상수 시간으로 완료됩니다. 하지만 중간 부분으로 접근하는 것이 느리며, 특히 데이터가 큰 경우에는 많이 느려지기 때문에 주의가 필요합니다.

애플리케이션에서 사용할 때는 이 점을 고려해서 문제가 되는 경우, 리스트를 더 작은 단위로 관리하거나 다른 자료형에 데이터를 적절하게 표현할 수는 없는지를 검토하는 것이 좋습니다.

List형에는 값을 저장(추가)하고 가져오는 명령어 외에도 몇 가지가 더 있습니다.

값을 저장하는 주요 명령어에는 리스트의 앞부분(왼쪽 끝)에 값을 추가하는 LPUSH, 리스트의 끝부분(오른쪽 끝)에 값을 추가하는 RPUSH가 있습니다. 값을 가져오는 명령어는 범위를 지정해 요소를 반환하는 LRANGE(왼쪽 끝부터)가 있습니다.

예시를 통해 더 자세히 알아봅니다. mylist라는 키 이름의 리스트에 LPUSH로 왼쪽부터 foo, bar, baz라는 값을 순서대로 넣습니다. 그리고 LRANGE 명령어로 리스트 왼쪽부터 지정한 범위의 데이터를 꺼냅니다.

```
127.0.0.1:6379> LPUSH mylist foo bar baz
(integer) 3
127.0.0.1:6379> LRANGE mylist 0 -1
1) "baz"
2) "bar"
3) "foo"
```

mylist는 왼쪽 끝부터 baz bar foo로 구성되어 있으며, 삽입한 순서와 같은 순서를 가진 문자열 요소의 집합입니다.

리스트 좌우에 요소를 추가하고 삭제할 수 있으며, 부분적으로 가져올 수도 있습니다. 앞선 예시의 LRANGE mylist 0 -1처럼 0은 리스트의 처음부터 값을 가져오는 것을 의미하고, -1은 리스트의 마지막을 의미합니다. 즉, 리스트 내 요소 전부를 꺼내오는 것을 뜻합니다.

2.3.1 List형 활용: 인기 콘텐츠 표시

List형의 활용에 대해 살펴보겠습니다.

인기 콘텐츠 표시는 레디스의 빠른 속도를 활용한 예시라 할 수 있습니다. 뉴스 사이트 등에서 최근 열 개의 토픽을 표시하거나 트위터^{Twitter} 등 게시 사이트 타임라인을 표시할 때 레디스를 활용합니다. 이때 범위를 지정하여 값을 가져올 수 있는 List형이 가장 적합합니다.

RDBMS에서 가져온 10건의 최신 데이터를 레디스에 List형으로 캐싱하고 언제든 반환할 수 있게 하는 방식으로 사용합니다. SQL의 SELECT문으로 ORDER BY time DESC LIMIT 10을 실행하여 데이터를 꺼내기는 것보다는 레디스가 더 빠르게 동작한다는 것을 기대할 수 있습니다.

아래는 List형을 사용할 때 이미지입니다. 여기서는 headline이라고 하는 키에 topic1…과 같은 값을 저장합니다.

그림 2-4 뉴스 헤드라인

2.3.2 List형 주요 명령어

이번에는 List형 명령어 종류를 살펴봅니다.

List형에서 사용 가능한 주요 명령어

List형 중에서 주요 명령어를 소개합니다. 자세한 내용은 레디스 공식 문서의 List형 명령어[24]를 참조하세요.

▪— LPOP: 리스트 왼쪽부터 값을 가져오고 삭제하기

키로 지정한 리스트에서 처음 요소를 삭제하고 그 값을 반환합니다. 레디스 6.2 이후부터는 count 옵션으로 지정한 수만큼 요소의 개수를 삭제하고 그 값들을 반환합니다. 시간 복잡도는 $O(N)$입니다.

----

24 https://redis.io/commands/?group=list

```
LPOP key [count]
```

▪— LPUSH: 리스트 왼쪽부터 값을 삽입하기

키로 지정한 리스트의 앞부분에 지정한 값을 모두 삽입합니다. 시간 복잡도는 $O(N)$입니다.

```
LPUSH key element [element ...]
```

▪— RPOP: 리스트의 오른쪽부터 값을 가져오고 삭제하기

키로 지정한 리스트의 끝부분 요소를 삭제하고, 그 값을 반환합니다. 레디스 6.2 이후부터는 count 옵션으로 지정한 수만큼 요소를 삭제하고 그 값들을 반환합니다. 시간 복잡도는 $O(N)$입니다.

```
RPOP key [count]
```

▪— RPUSH: 리스트 오른쪽부터 값을 삽입하기

키로 지정한 리스트의 끝부분에 지정한 값을 모두 삽입합니다. 시간 복잡도는 $O(N)$입니다.

```
RPUSH key element [element ...]
```

▪— LMPOP: 리스트의 왼쪽 혹은 오른쪽부터 여러 개의 값을 가져오고 삭제하기

키로 지정한 리스트의 처음 혹은 마지막부터 여러 요소를 삭제하고, 그 값을 반환합니다(레디스 7.0.0 이상). 아래의 실행 예시에서 numkeys로 대상 리스트의 키 개수를 지정합니다. count 옵션으로 지정한 수만큼 요소를 삭제하고 그 값들을 반환합니다. 시간 복잡도는 $O(N+M)$입니다. M은 반환된 요소의 개수를 나타냅니다.

```
LMPOP numkeys key [key ...] <LEFT | RIGHT> [COUNT count]
```

■— BLMPOP: 블록 기능을 갖춘 LMPOP

키로 지정한 리스트의 처음 혹은 마지막부터 여러 요소를 삭제하고, 그 값을 반환합니다(레디스 7.0.0 이상). count 옵션으로 지정한 수만큼 요소를 삭제하고 그 값들을 반환합니다. 리스트에 요소가 없으면 처리를 블록하고, 순서 집합에 요소가 추가될 때까지 처리를 대기합니다. 단, 최대 대기 시간은 실행 예시의 timeout에서 지정한 값으로 제한됩니다. 시간 복잡도는 $O(N+M)$입니다. M은 반환된 요소의 개수를 나타냅니다.

```
BLMPOP timeout numkeys key [key ...] <LEFT ¦ RIGHT> [COUNT count]
```

■— LINDEX: 리스트에서 지정한 인덱스에 값을 조회하기

키로 지정한 리스트에 지정한 인덱스 위치에 있는 요소를 반환합니다. 시간 복잡도는 $O(N)$입니다.

```
LINDEX key index
```

■— LINSERT: 리스트에서 지정한 인덱스에 값을 삽입하기

키로 지정한 리스트에 지정한 요소의 바로 앞 혹은 뒤에 같은 요소를 삽입합니다. 지정한 요소를 찾을 수 없는 경우에는 –1을 반환하며, 동작이 수행되지 않습니다. 시간 복잡도는 $O(N)$입니다.

```
LINSERT key BEFORE¦AFTER pivot element
```

■— LLEN: 리스트의 길이 가져오기

키로 지정한 리스트의 길이를 반환합니다. 시간 복잡도는 $O(1)$입니다.

```
LLEN key
```

▪━ LRANGE: 리스트에서 지정한 범위의 인덱스에 있는 값 가져오기

키로 지정한 리스트의 인덱스 범위(시작점·끝점)를 지정하여 데이터를 반환합니다. 인덱스는 0부터 시작합니다. 시작점·끝점을 포함한 범위이므로 LRANGE x 0 3이라면 앞에서부터 네 개의 요소를 반환합니다. 리스트 내 요소를 전부 확인하고 싶은 경우에는 LRANGE x 0 -1처럼 실행합니다. RRANGE라는 명령어는 없기 때문에 특정 인덱스에서 끝부분의 요소를 가져오고 싶은 경우에는 LRANGE mylist -2 -1처럼 음의 정수를 지정합니다. 시간 복잡도는 $O(S+N)$입니다. S는 시작점 또는 끝점 중 가장 가까운 곳에서부터 시작점까지의 거리를 나타냅니다.

```
LRANGE key start stop
```

▪━ LREM: 리스트에서 지정한 요소를 지정한 수만큼 삭제하기

키로 지정한 리스트에서 지정한 특정 요소Element를 지정한 수Count만큼 삭제합니다. 지정한 숫자가 양수라면 리스트의 시작 부분부터 끝부분으로 이동하면서, 음수라면 끝부분에서 시작 부분으로 이동하면서 특정 요소와 동일한 요소를 삭제합니다. 지정한 숫자가 0이라면 특정 요소와 동일한 모든 요소를 삭제합니다. 시간 복잡도는 $O(N+M)$입니다. M은 삭제하는 요소의 숫자입니다.

```
LREM key count element
```

▪━ LSET: 리스트에서 지정한 인덱스에 있는 값을 지정한 값으로 저장하기

키로 지정한 리스트에서 지정한 인덱스에 있는 값을 갱신합니다. 시간 복잡도는 $O(N)$입니다.

```
LSET key index element
```

■── LTRIM: 지정한 범위 인덱스에 포함된 요소로 리스트 갱신하기

키로 지정한 리스트를 특정 인덱스 범위(시작점 · 끝점)에 포함된 요소로만 이뤄진 리스트로 갱신합니다. 인덱스는 0부터 시작합니다. 시작점 · 끝점을 포함한 범위이므로 LTRIM x 0 3 이라면 앞에서부터 네 개 요소를 가진 리스트로 갱신합니다. 시간 복잡도는 $O(1)$입니다.[25]

```
LTRIM key start stop
```

■── LPOS: 리스트 중 지정한 인덱스에 있는 값 가져오기

키로 지정한 리스트에서 탐색 대상 요소의 인덱스를 반환합니다. 기본값으로는 앞에서부터 가장 첫 요소만 반환합니다. 옵션으로 몇 번째에 일치하는 요소를 반환할지(RANK 옵션), 몇 개의 인덱스를 반환할지(COUNT 옵션), 탐색하는 요소는 몇 개인지 등 개수(MAXLEN 옵션)을 지정할 수 있습니다(레디스 6.0.6 이상). 시간 복잡도는 $O(N)$입니다.

```
LPOS key element [RANK rank] [COUNT num-matches] [MAXLEN len]
```

■── List형 명령어 보충 설명

리스트 좌우의 끝부분에 요소를 추가(푸시)하려면 LPUSH, RPUSH 명령어를 사용하고, 요소를 꺼내려면 각각 LPOP, RPOP 명령어를 사용합니다. LPOP, RPOP 명령어에 의해 실행된 요소는 리스트에서 꺼내진 후 삭제(팝)됩니다.

LRANGE 명령어로 지정한 범위의 요소도 가져올 수 있습니다. 크기 제한이 있는 리스트처럼 몇몇 최신 요소만 저장할 필요가 있는 경우에는 LTRIM이라는 명령어를 사용할 수 있습니다. LRANGE 명령어는 지정한 범위를 표시하는 리스트가 변경되진 않지만, LTRIM 명령어는 표시하지 않고 변경할 수 있다는 차이점이 있습니다.

---

25 역자주_공식 시간 복잡도는 $O(N)$이지만 문서에서는 특정 상황에서 $O(1)$의 시간 복잡도가 있다고 설명합니다.
https://redis.io/docs/latest/commands/ltrim/

COLUMN 그 외 **List형**에서 사용 가능한 명령어

앞서 다룬 주요 명령어 외에도 List형에서 사용 가능한 명령어를 소개합니다.

List형을 다루는 명령어가 많으므로 먼저 다룬 주요 명령어로도 문제 해결이 어려운 경우에 확인하기 바랍니다.

■— LPUSHX: 리스트가 있는 경우에만 왼쪽부터 값을 삽입하기

키로 지정한 리스트에 지정한 값 모두 앞쪽에 삽입합니다. 단, LPUSH 명령어와는 달리 지정한 키가 존재해서 리스트를 저장하고 있는 경우에만 동작이 실행됩니다. 시간 복잡도는 $O(N)$ 입니다.

```
LPUSHX key element [element ...]
```

■— LMOVE: 리스트 간 요소로 이동하기

지정한 리스트의 앞 혹은 끝부분 요소를 삭제하고, 그 값을 반환합니다. 동시에 그 값을 다른 리스트의 끝 혹은 앞부분에 삽입합니다(레디스 6.2.0 이상). 시간 복잡도는 $O(1)$입니다.

```
LMOVE source destination LEFT|RIGHT LEFT|RIGHT
```

■— RPUSHX: 리스트가 있는 경우에만 오른쪽부터 값을 삽입하기

키로 지정한 리스트에 지정한 값을 모두 끝부분에 삽입합니다. 단, LPUSH 명령어와는 달리 지정한 키가 존재하고 리스트를 저장하고 있는 경우에만 동작을 수행합니다. 시간 복잡도는 $O(N)$입니다.

```
RPUSHX key element [element ...]
```

■— BLPOP: 블록 기능을 갖춘 LPOP

키에 지정한 리스트의 첫 요소를 삭제하고 그 값을 반환합니다. 리스트에 요소가 없는 경우에는 처리를 블록하고 리스트에 요소가 추가될 때까지 처리를 대기합니다. 여러 리스트를 키에 지정한 경우에는 비어 있지 않은 리스트 중 첫 번째부터 값을 삭제하고 그 값을 반환합니다.

시간 복잡도는 $O(N)$입니다.

```
BLPOP key [key ...] timeout
```

▪── BRPOP: 블록 기능을 갖춘 RPOP

키에 지정한 리스트의 마지막 요소를 삭제하고 그 값을 반환합니다. 리스트에 요소가 없는 경우에는 처리를 블록하고 리스트에 요소가 추가될 때까지 처리를 대기합니다. 여러 리스트를 키에 지정한 경우에는 비어 있지 않은 리스트 중 첫 번째부터 값을 삭제하고 그 값을 반환합니다. 시간 복잡도는 $O(N)$입니다.

```
BRPOP key [key ...] timeout
```

▪── 블록 기능이 있는 명령어의 장점

LPOP, RPOP 명령어의 동작에 블록이 추가된 BLPOP, BRPOP이라는 명령어가 있습니다. 리스트가 비어 있는 상황에는 LPUSH, RPUSH 명령어로 실행될 수 있으므로 최대 타임아웃으로 설정한 시간만큼 대기한 후 접속을 차단합니다. 타임아웃으로 0을 설정한 경우에는 무기한으로 대기합니다. 프로세스 간 통신 같은 애플리케이션에서 폴링과 같은 기능을 구현하지 않아도 블록 기능이 가능한 명령어를 사용하면 간단히 구현할 수 있습니다.

COLUMN **List형에서 폐지 예정인 명령어**

List형에서도 String형과 마찬가지로 몇몇 명령어는 곧 폐지될 예정입니다. 폐지 예정인 명령어는 다음과 같습니다.

- **RPOPLPUSH**
  - 리스트 오른쪽부터 값을 가져오고 삭제한 다음 왼쪽부터 값을 삽입하는 명령어입니다. LMOVE 명령어의 RIGHT LEFT 옵션으로 대체할 수 있습니다.
- **BRPOPLPUSH**
  - 블록 기능을 갖춘 RPOPLPUSH. BLMOVE 명령어의 RIGHT LEFT 옵션으로 대체할 수 있습니다.

2.3.3 List형 실행 예시

이번에는 1이라는 사용자의 타임라인에 게시된 최신 세 개의 게시물(트윗)을 표시하는 기능을 모델링하여 레디스의 List형으로 구현합니다. List형에 timeline:1이라는 키에 LPUSH 명령어로 리스트의 왼쪽부터 Hello!라는 값을 푸시Push하는 예시입니다. 그 후에 Breakfast Time, Lunch Time, Diner Time, Good night!이라는 여러 개의 값을 동시에 왼쪽부터 순서대로 푸시할 수 있습니다. 각 명령어의 반환값이 리스트의 길이가 됩니다.

```
127.0.0.1:6379> LPUSH timeline:1 "Hello!"
(integer) 1
127.0.0.1:6379> LPUSH timeline:1 "Breakfast Time" "Lunch Time" "Diner Time"
"Good night!"
(integer) 5
```

앞선 예시에서 LPUSH의 반환값이 리스트의 길이가 되는 것을 확인할 수 있습니다. LLEN 명령어로도 리스트의 길이를 확인할 수 있습니다. 여기에서는 Hello!, Breakfast Time, Lunch Time, Diner Time, Good night!라는 다섯 개의 값이 timeline:1이라는 키에 포함되어 있으므로 LLEN은 5라는 값을 반환합니다.

```
127.0.0.1:6379> LLEN timeline:1
(integer) 5
```

LRANGE 명령어로 리스트 내용에 범위를 지정하여 확인할 수 있습니다. 다음 예시는 리스트 왼쪽부터 세 개의 요소를 가져오도록 지정하고 있습니다. 또한 모든 요소를 가져오고 싶은 경우에는 LRANGE timeline:1 0 -1을 실행합니다. 음수를 사용하면 뒤에서부터 요소를 세는 범위가 됩니다.

```
127.0.0.1:6379> LRANGE timeline:1 0 2
1) "Good night!"
2) "Diner Time"
3) "Lunch Time"
```

2.4 Hash형

Hash형은 순서 없이 필드와 값이 여러 쌍으로 매핑된 자료구조입니다. 프로그래밍 언어에서는 연관 배열이나 딕셔너리 같은 자료구조로 이해하면 됩니다. 레디스의 Hash형은 하나의 키에 키와 값의 쌍으로 구성된 여러 요소를 연결합니다.

특징과 유스케이스는 다음과 같습니다.

- **특징**
  - 필드와 값의 쌍 집합입니다.
  - 필드와 연결된 값으로 구성된 맵, 필드와 값 모두 문자열입니다.

- **유스케이스**
  - 객체 표현(**예** 각 사용자를 객체로 간주하여 사용자별로 이름, 나이 등 정보를 저장하는 경우)

그림 2-5 Hash형 이미지

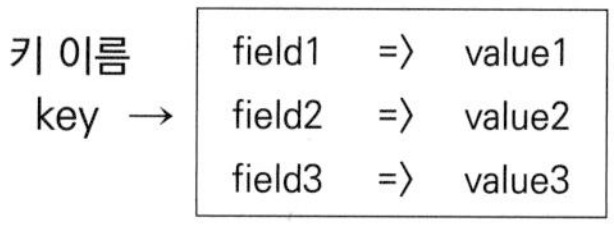

```
키 이름       ┌─────────────────────────────┐
             │ field1    =>    value1      │
key  →       │ field2    =>    value2      │
             │ field3    =>    value3      │
             └─────────────────────────────┘
```

실행 예시를 보겠습니다. Hash형은 특정 객체를 값으로 다룹니다. 여기서는 myhash라는 사용자 객체를 가리키는 키에 필드와 값의 조합을 HSET 명령어로 저장합니다. 그리고 myhash에서 이름 정보를 꺼내오기 위해서 field1 필드 정보의 값을 HGET 명령어로 가져옵니다.

표 2-3 필드 정보와 값

필드	값
field1	value1
field2	value2
field3	value3

```
127.0.0.1:6379> HSET myhash field1 value1 field2 value2 field3 value3
(integer) 3
127.0.0.1:6379> HGET myhash field1
value1
```

하나의 해시에 저장할 수 있는 필드 수는 $2^{32}-1$개(약 43억 개)입니다. 즉 메모리에 여유가 있다면 사실, 제한은 없다고 봐도 무방합니다. 그러므로 애플리케이션에 사용자 이름이나 나이 같은 특성을 객체로 저장하고, 키에 사용자별로 매핑하여 다룰 수 있습니다.

다음은 Hash형을 응용하는 방법으로, 특정 객체의 여러 속성을 각각의 String형 정보로 저장하는 경우가 있다고 가정합니다.

```
SET user:1:name "Suzuki Taro"
SET user:1:age 30
```

이러한 경우 하나의 Hash형으로 관리하면 메모리를 효율적으로 사용할 수 있습니다. 이를 통해 더 많은 정보를 레디스에 저장할 수 있게 됩니다.

코드 2–1 HSET으로 Hash 관리

```
127.0.0.1:6379> HSET user:1 name "Suzuki Taro" age 30
(integer) 2
```

특히 해시 내의 요소 개수가 적은 경우, 요소의 최대 크기가 작은 경우에는 Hash형의 메모리 효율은 더 좋아집니다.[26]

또한 하나의 키에 여러 속성을 가지면 사용자 정보와 같은 표현은 애플리케이션에서 더 쉽게 구현할 수 있게 됩니다. 따라서 가능하면 Hash형의 사용을 적극 검토하면 좋습니다.[27]

하지만 Hash형도 단점은 있습니다. 하나의 Hash형 키에 값을 계속 추가하면, 볼륨이 거대

---

26 이 장의 칼럼은 내부 인코딩에서 설명하지만 지정한 요소 개수 이하 혹은 지정한 크기 이하라면 레디스 자체적으로 메모리 효율이 매우 높은 형식으로 변환됩니다.

27 https://redis.io/topics/memory-optimization

해지기 때문에 명령어를 실행할 때 처리 시간에 문제가 생길 수 있습니다. 또한 해시 내 각 필드에는 개별 TTL을 설정할 수 없습니다(부록 A.2 참조). 개별 TTL의 상세 설정이 필요한 경우에는 String형 사용을 검토해봅시다.

어떤 자료형을 선택해야 할지 헷갈리는 경우에는 벤치마크[28]를 비교해보는 것도 좋습니다.

2.4.1 Hash형 활용: 객체 스토리지

레디스는 객체 스토리지로 사용할 수 있습니다. 상품 정보를 저장할 때 상품 이름이나 가격 등 여러 속성이 있는 객체 스토리지의 경우에는 레디스의 Hash형을 사용하면 쉽게 구현할 수 있습니다.

그림 2-6 객체 스토리지

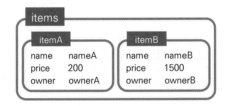

2.4.2 Hash형 주요 명령어

Hash형의 주요 명령어를 살펴봅니다.

Hash형은 String형과 마찬가지로 필드값이 숫자인 경우에 사용할 수 있는 명령어와 값 내용에 상관없이 사용할 수 있는 명령어가 있습니다. 자세한 내용은 레디스 공식 문서의 Hash형 명령어[29]를 참조하세요.

---

28 벤치마크는 어디까지나 참고용으로 사용하고, 가능하면 실제 운영환경과 비슷한 환경에서 테스트하는 것을 추천합니다.
29 https://redis.io/commands/?group=hash

Hash형에서 값의 내용과 상관없이 사용할 수 있는 주요 명령어

값의 내용과 상관없이 Hash형에서 사용 가능한 주요 명령어를 다루겠습니다.

▪── HDEL: 해시에서 지정한 필드 삭제하기

키로 지정한 해시에서 지정한 필드를 삭제합니다. 시간 복잡도는 $O(N)$입니다.

```
HDEL key field [field ...]
```

▪── HEXISTS: 해시에 지정한 필드가 존재하는지 확인하기

키로 지정한 해시에서 지정한 필드가 존재하면 1, 존재하지 않으면 0을 반환합니다. 시간 복잡도는 $O(1)$입니다.

```
HEXISTS key field
```

▪── HGET: 해시에 지정한 필드값 가져오기

키로 지정한 해시에서 지정한 필드에 저장된 값을 반환합니다. 시간 복잡도는 $O(1)$입니다.

```
HGET key field
```

▪── HGETALL: 해시에서 모든 필드 및 저장된 값 쌍 가져오기

키로 지정한 해시에 포함된 모든 필드와 값 쌍을 반환합니다. 시간 복잡도는 $O(N)$입니다.

```
HGETALL key
```

▪── HKEYS: 해시에서 모든 필드 가져오기

키로 지정한 해시에 포함된 모든 필드 목록을 반환합니다. 시간 복잡도는 $O(N)$입니다.

```
HKEYS key
```

■── HLEN: 해시에 포함된 필드 수 가져오기

키로 지정한 해시에 포함된 필드 수를 반환합니다. 시간 복잡도는 $O(1)$입니다.

```
HLEN key
```

■── HMSET: 해시에서 여러 필드와 값의 쌍 저장하기

키로 지정한 해시에 여러 필드와 값의 쌍을 지정하여 필드에 값을 한번에 저장합니다. 필드가 이미 존재하는 경우에는 덮어씁니다. 시간 복잡도는 $O(N)$입니다.

```
HMSET key field value [field value ...]
```

■── HSET: 해시에 지정한 필드값 저장하기

키로 지정한 해시에 필드와 값의 쌍을 지정하여 필드에 값을 저장합니다. 필드가 이미 존재하는 경우에는 덮어씁니다. 레디스 4.0.0 이후에는 여러 필드와 값의 쌍을 한번에 지정할 수 있습니다. 시간 복잡도는 $O(N)$입니다.

```
HSET key field value [field value ...]
```

■── HVALS: 해시의 모든 필드값 가져오기

키로 지정한 해시의 필드에 연결된 모든 값을 반환합니다. 시간 복잡도는 $O(N)$입니다.

```
HVALS key
```

■── HSCAN: 반복 처리하여 해시의 필드와 그에 연결된 값의 쌍 목록을 가져오기

키로 지정한 해시의 필드 집합을 반복 처리하여 필드 이름과 저장된 값의 쌍 목록을 반환합니다. 시간 복잡도는 $O(1)$입니다.

```
HSCAN key cursor [MATCH pattern] [COUNT count]
```

▪— Hash형 명령어(값과 관계없이 사용 가능한) 보충 설명

String형에 GET/SET나 MGET/MSET 등 명령어가 있는 것처럼, Hash형에도 HGET/HSET나 HMGET/HMSET라는 명령어가 있습니다.

HGETALL 명령어는 키에 저장된 모든 필드와 값의 쌍을 반환합니다. HKEYS 명령어는 키에 연결된 모든 필드를, HVALS 명령어는 키에 저장된 모든 값을 반환합니다. 또한 HLEN 명령어로 키에 연결된 필드 수, HEXISTS 명령어로 지정한 필드가 이미 키에 연결되어 있는지를 확인합니다. HDEL 명령어는 지정한 필드를 키에서 삭제합니다.

Hash형에서 값이 숫자인 경우에만 사용 가능한 명령어

Hash형에서 다루는 필드의 값이 숫자인 경우에는 아래 명령어를 사용할 수 있습니다.

▪— HINCRBY: 해시에 지정한 필드값을 지정한 정수만큼 증가

키에 지정한 해시 필드에 저장된 값을 지정한 값만큼 증가시킵니다. 지정한 키가 존재하지 않는 경우에는 동작 전에 0 값을 저장합니다. 시간 복잡도는 $O(1)$입니다.

```
HINCRBY key field increment
```

▪— HINCRBYFLOAT: 해시에 지정한 필드값을 지정한 부동소수점 수만큼 증가시키기

키에 지정한 해시 필드에 연결된 부동소수점 수로 표현되는 키값을 지정한 값만큼 증가시킵니다. 지정한 키가 존재하지 않는 경우에는 동작 전에 0 값을 저장합니다. 시간 복잡도는 $O(1)$입니다.

```
HINCRBYFLOAT key field increment
```

앞서 다룬 명령어 이외에도 다음과 같은 Hash형 명령어가 있습니다.

■── HSETNX: 해시에 필드가 존재하지 않는 것을 확인한 후 값 저장하기

키로 저장한 해시에 필드와 값의 쌍을 지정하여 필드에 값을 저장합니다. 필드가 존재하지 않는 경우에는 값을 저장합니다. 필드가 이미 존재하는 경우에는 동작을 수행하지 않습니다. 시간 복잡도는 $O(1)$입니다.

```
HSETNX key field value
```

■── HSTRLEN: 해시에 지정한 필드값 문자열의 길이 가져오기

키로 지정한 해시에 지정한 필드값의 문자열 길이를 반환합니다. 시간 복잡도는 $O(1)$입니다.

```
HSTRLEN key field
```

■── HRANDFIELD: 해시에 포함된 필드 이름 무작위로 가져오기

키로 지정한 해시의 필드를 무작위로 반환합니다. count 옵션으로 반환하는 필드 수를 지정할 수 있습니다. 음수를 지정한 경우에는 필드 중복을 허용합니다. WITHVALUES 옵션을 지정한 경우에는 필드와 값 쌍을 반환합니다(레디스 6.2.0 이상). 시간 복잡도는 $O(N)$입니다.

```
HRANDFIELD key [count [WITHVALUES]]
```

Hash형에도 폐지 예정인 명령어가 있습니다.

- **HMGET**
  - 해시에서 복수로 지정한 필드값을 가져오는 명령어입니다. 레디스 4.0.0 이후 HGET 명령어로 같은 동작을 할 수 있습니다.

2.4.3 Hash형 실행 예시

특정 사용자(user:1)의 개인 정보 저장 기능을 모델링해 레디스의 Hash형으로 구현합니다.

지금까지 이 책을 순서대로 따라했다면 키 중복으로 인해 오류가 발생하므로 옵션 없이 FLUSHDB 명령어를 실행하여 데이터베이스 내 데이터를 삭제합니다. FLUSHDB 명령어(2.7.6 절 FLUSHDB 참조)는 추후 설명하지만 우선 현재 작업 중인 레디스 데이터베이스 내 데이터를 모두 삭제하는 것이라고 이해하면 됩니다.

```
127.0.0.1:6379> FLUSHDB
OK
```

Hash형으로 user:1이라는 키에 name이라는 필드와 Taro라는 값을 HSET 명령어로 쌍으로 저장하는 예시입니다. 그 후 user:1이라는 키의 name이라는 필드 정보에서 HGET 명령어로 값을 가져옵니다.

```
127.0.0.1:6379> HSET user:1 name Taro
(integer) 1
127.0.0.1:6379> HGET user:1 name
"Taro"
```

user:1이라는 키를 계속해서 조작합니다. age, sex, email이라는 필드에 각 30, male, taro@example.com이라는 값을 HMSET 명령어로 한번에 저장하는 예시입니다.

```
127.0.0.1:6379> HMSET user:1 age 30 sex male email taro@example.com
OK
```

위의 age, email 필드값을 HMGET 명령어로 한꺼번에 값을 가져옵니다.

```
127.0.0.1:6379> HMGET user:1 age email
1) "30"
2) "taro@example.com"
```

user:1이라는 키에 HDEL 명령어로 필드 중 하나인 age를 삭제하는 예시입니다. 그 후 삭제된 age 필드 내용을 확인한 경우 nil이 반환되는 것을 확인할 수 있습니다.

```
127.0.0.1:6379> HDEL user:1 age
(integer) 1
127.0.0.1:6379> HGET user:1 age
(nil)
```

HKEYS 명령어로는 user:1이라는 키에 포함된 필드 이름 목록 정보를 가져올 수 있습니다.

```
127.0.0.1:6379> HKEYS user:1
1) "name"
2) "sex"
3) "email"
```

레디스는 기본적으로 싱글 스레드로 요청을 처리하기 때문에 명령어의 시간 복잡도가 크면 처리 중에 다른 요청을 받을 수 없는 상태가 됩니다. HKEYS 명령어를 포함하는 *KEYS 계열 명령어의 시간 복잡도는 $O(N)$으로 크기 때문에 실제 운영환경에서 사용하지 않는 것이 좋습니다.

대신 *SCAN 계열 명령어로 커서를 설정하여 가져오는 것을 추천합니다. 다음 예시는 user:1의 커서로 0을 설정하여 필드를 처음부터 가져오는 실행 예시입니다. 만약 응답의 첫 번째 요소가 0보다 크다면 반환값을 커서로 설정하고 남은 값을 계속해서 가져올 수 있습니다.

```
127.0.0.1:6379> HSCAN user:1 0
1) "0"
2) 1) "name"
   2) "Taro"
   3) "sex"
   4) "male"
   5) "email"
   6) "taro@example.com"
```

또 HVALS 명령어를 사용해 user:1이라는 키에 포함된 값의 목록 정보를 가져올 수 있습니다.

```
127.0.0.1:6379> HVALS user:1
1) "Taro"
2) "male"
3) "taro@example.com"
```

또한 HGETALL 명령어로 위 두 명령어를 합친 방식으로 user:1이라는 키에 포함된 필드 이름
과 값-쌍 목록 정보를 가져올 수 있습니다.

```
127.0.0.1:6379> HGETALL user:1
1) "name"
2) "Taro"
3) "sex"
4) "male"
5) "email"
6) "taro@example.com"
```

2.4.4 성능을 발휘하기 위한 주의사항

Hash형의 성능을 발휘하기 위한 주의사항이 몇 가지 있습니다. 유스케이스에 따라서는
Hash형보다 String형을 활용하는 편이 나은 경우도 있습니다. 다른 자료형에서도 비슷하게
주의해야 하는 내용이지만, 여기서는 Hash형에서 실수하기 쉬운 내용들도 있으므로 여기에
서 다루겠습니다.

해시 요소의 개수가 많거나 최대 요소의 개수가 큰 경우

하나의 해시에 들어가는 요소의 개수가 많거나 최대로 가질 수 있는 요소의 개수가 큰 경우에
는 Hash형의 장점인 내부 인코딩의 메모리 압축을 제대로 활용하지 못합니다(이 장의 칼럼
'내부 인코딩' 참조).

이런 경우에는 내부 인코딩 관련 매개변수를 조정하여 메모리 압축을 더 효과적으로 하거나 String형의 사용을 검토할 수 있습니다. 내부 인코딩의 변경은 CPU 부하가 동반되기 때문에 매개변수를 조정할 때는 주의해야 합니다.

내부 인코딩을 조정하여 요소의 개수에 적용되는 매개변수를 크게 설정할 때는 더욱 주의해야 한다. HGET 명령어는 내부적으로 필드값을 가져올 때 해시 내에 포함된 모든 필드값을 가져오고, 거기서 지정한 필드값 정보를 추출해 반환하는 형태로 구현되어 있습니다. 이때 해시의 요소 개수가 특정 값 이하이면서 최대로 가질 수 있는 요소의 개수도 특정 값 이하인 경우에는 소요시간이 선형적으로 증가합니다.

일반적으로는 요소의 개수가 적기 때문에 상수 시간으로 처리할 수 있지만, 요소의 개수를 너무 크게 설정하면 해시 내의 필드 개수와 비례하여 탐색 시간이 길어집니다. 그러므로 요소 개수의 값을 조정할 때에는 필드 추출 등의 오버헤드 측면을 충분히 신경 써야 합니다.

해시 전체 크기가 너무 큰 경우

하나의 해시 전체 크기가 크면, 레디스 클러스터 사용 시(8장 참조) 샤드 간 데이터 분산이 어려워질 수 있습니다. 이 경우에는 String형 키를 사용하여 세부적으로 관리하면 확장이 쉬워질 수 있습니다.

HDEL 명령어 실행 시간

키로 지정한 해시가 필드 수 증가 등으로 커졌을 경우, HDEL 명령어를 실행하면 수행 시간이 길어져 다른 명령어가 블록될 수 있습니다. HDEL 명령어는 해시 내의 필드 수를 N이라 할 때, 시간 복잡도가 $O(N)$입니다. 즉, 시간 복잡도가 필드 수에 비례하는 명령어입니다. 같은 Hash형의 명령어로 시간 복잡도가 $O(N)$인 HKEYS 명령어나 HVALS 명령어 등을 실제 운영 환경에서 사용하는 경우에는 HSCAN 명령어로 대체하여 해결할 수 있습니다.

스키마 설계에 따라서는 HDEL 명령어를 꼭 사용해야 하는 경우도 있습니다. 이 경우에는 문제를 해결하려면 스키마 설계를 다시 해야 합니다. 따라서 사전에 벤치마크를 수행하고 해시를 더 작은 단위로 분할하여 관리할 수는 없는지, String형으로 관리해야 하는지 등을 고려하여 스키마를 설계하기 바랍니다.

2.5 Set형

Set형은 문자열(레디스 String형 값)의 집합입니다. 집합의 키는 여러 값을 순서와 중복 없이 저장할 수 있습니다.

같은 값을 여러 번 저장해도 하나의 값으로 저장됩니다. 어떤 리소스에 하나 이상의 태그 정보를 부여해 관리하는 경우에 쉽게 사용할 수 있습니다. 또한 일별 방문자를 관리하는 집합에서 월별 고유한 방문자를 계산하는 등 집합 간 연산이 필요한 경우에도 활용할 수 있습니다.

특징과 유스케이스는 다음과 같습니다.

- **특징**
  - 순서 없이 고유한 문자열 집합입니다.
  - 대상 요소 포함 여부를 확인하거나, 집합 간 합집합, 차집합 등 작업을 통해 공통 요소 또는 차이점 추출이 가능합니다.

- **유스케이스**
  - 멤버십
  - 태그 관리

그림 2-7 Set형 이미지

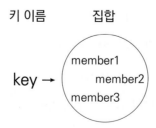

Set형에 myset라는 키 이름을 집합으로 하고 member1, member2, member3이라는 멤버를 SADD 명령어로 추가하는 예시입니다.

```
127.0.0.1:6379> SADD myset member1 member2 member3
(integer) 3
```

그 후 SMEMBERS 명령어로 집합에 멤버 목록을 확인합니다.

```
127.0.0.1:6379> SMEMBERS myset
1) "member3"
2) "member1"
3) "member2"
```

레디스에서 Set형은 각 키에 하나의 집합이 매핑된 형태로, 각 집합은 멤버의 중복을 허가하지 않는 고유한 값이며, 멤버 간에 순서는 없습니다. 집합에 멤버를 추가 또는 삭제하거나 집합 간 합집합이나 차집합, 결합 등을 할 수 있습니다.

어떤 집합의 요소 개수를 카운트할 때 Set형을 사용한다면 데이터 세트의 크기에 비례하여 소비하는 메모리양도 증가합니다. 그 경우 다소 오차를 허용해도 괜찮다면 HyperLogLog 기능(2.7.4절 참조)을 활용할 수 있습니다.

2.5.1 Set형 활용: 고유 사용자 수 조사

특정 기간의 고유한 사용자 수를 조사하고자 할 때 레디스를 활용할 수 있습니다. 레디스의 Set형을 사용하면 중복을 제외한 사용자의 집합을 관리할 수 있습니다.

그룹별로 집합을 사용하여 합집합 등의 연산 결과를 얻을 수 있습니다. HyperLogLog라는 기능은 다소 오차가 있지만 메모리를 절약하면서 고유 사용자를 계산할 수 있습니다. 다른 자료형과도 조합할 수 있어서 다양한 실시간 통계도 짧은 시간에 모델링할 수 있습니다.

그림 2-8 고유 사용자 수 집계

2.5.2 Set형 주요 명령어

Set형 주요 명령어를 설명합니다.

Set형에서 사용 가능한 주요 명령어

Set형 명령어 중 주로 사용되는 명령어를 소개합니다. 자세한 내용은 레디스 공식 문서의 Set 형 명령어[30]를 참조하세요.

■— SADD: 집합에 하나 이상의 멤버 추가하기

키로 지정한 집합에 지정한 하나 이상의 멤버를 추가합니다. 시간 복잡도는 $O(1)$입니다.

```
SADD key member [member ...]
```

■— SCARD: 집합에 포함된 멤버의 수 가져오기

키로 지정한 집합에 저장된 멤버의 수를 반환합니다. 시간 복잡도는 $O(1)$입니다.

```
SCARD key
```

---

30 https://redis.io/commands/?group=set

•—— SISMEMBER: 집합에 지정한 멤버가 포함되었는지 판단하기

키로 지정한 집합에 지정한 멤버가 집합에 포함되어 있는지 여부를 반환합니다. 시간 복잡도는 $O(1)$입니다.

```
SISMEMBER key member
```

•—— SMEMBERS: 집합에 포함된 모든 멤버 가져오기

키로 지정한 집합의 모든 멤버를 반환합니다. 시간 복잡도는 $O(N)$입니다.

```
SMEMBERS key
```

•—— SPOP: 집합에 포함된 멤버를 무작위로 가져오기

키로 지정한 집합의 멤버를 무작위로 반환합니다. count 옵션을 지정한 경우 최대로 지정한 요소 개수만큼 값을 반환하고 반환한 데이터는 삭제됩니다. 시간 복잡도는 $O(1)$입니다.

```
SPOP key [count]
```

•—— SREM: 집합에서 하나 이상 멤버를 삭제하기

키로 지정한 집합에 지정한 하나 이상의 멤버를 삭제합니다. 시간 복잡도는 $O(1)$입니다.

```
SREM key member [member ...]
```

•—— SSCAN: 반복 처리하여 멤버 목록 가져오기

키로 지정한 집합에 각 멤버를 반복 처리하여 멤버 목록을 반환합니다. 시간 복잡도는 $O(1)$입니다.

```
SSCAN key member [member ...]
```

▪— Set형 명령어 보충 설명

SADD 명령어로 집합에 멤버를 추가하고 SREM 명령어로 삭제합니다. SPOP 명령어는 집합에서 무작위로 멤버를 추출하고 동시에 해당 멤버를 삭제합니다. 인수로 숫자를 지정하면 지정한 수만큼 멤버를 추출할 수 있습니다.

SRANDMEMBER 명령어는 SPOP 명령어와 비슷한 동작으로 무작위로 멤버를 추출하지만 추출한 멤버는 삭제하지 않는다는 점이 다릅니다. 또한 인수로 숫자를 지정하면 지정한 수만큼 멤버를 추출할 수 있습니다.

SMEMBERS 명령어는 지정한 키에 저장된 집합의 멤버 목록을 표시합니다. SISMEMBER 명령어는 지정한 키와 필드에 대해 집합 중에 그 필드가 포함되어 있는지 판단합니다.

Set형에서 사용 가능한 집합 연산 명령어

집합을 다룰 때 집합 간 연산이 필요한 경우가 있습니다. 레디스에서는 집합 연산을 하기 위해서 다음 명령어를 실행할 수 있습니다.

▪— SDIFF: 집합 간 차집합 가져오기

키로 지정한 하나 이상의 집합들의 차집합을 반환합니다. 시간 복잡도는 $O(N)$입니다.

```
SDIFF key [key ...]
```

▪— SDIFFSTORE: 집합 간 차집합을 가져오고 저장하기

키로 지정한 하나 이상의 집합에 대해 차집합을 지정한 키에 저장합니다. SDIFF 명령어와 유사한 동작이지만 지정한 키에 저장하여 반환하는 값이 저장된 집합에 포함된 요소의 개수라는 점이 다릅니다. 시간 복잡도는 $O(N)$입니다.

```
SDIFFSTORE destination key [key ...]
```

▪— SINTER: 집합 간 교집합 가져오기

키로 지정한 하나 이상의 집합들의 교집합을 반환합니다. 시간 복잡도는 $O(N*M)$입니다. N은 가장 작은 집합의 요소 개수, M은 집합의 개수입니다.

```
SINTER key [key ...]
```

▪— SINTERSTORE: 집합 간 교집합을 가져오고 저장하기

키로 지정한 하나 이상의 집합들의 교집합을 지정한 키에 저장합니다. SINTER 명령어와 유사한 동작이지만, 지정한 키에 저장하여 반환하는 값이 저장된 집합에 포함된 요소의 개수라는 점이 다릅니다. 시간 복잡도는 $O(N*M)$입니다. N은 가장 작은 집합의 요소 개수, M은 집합의 개수입니다.

```
SINTERSTORE destination key [key ...]
```

▪— SINTERCARD: 집합 간 교집합에 포함된 멤버 수 가져오기

키로 지정한 하나 이상의 집합들의 교집합의 멤버 수를 반환합니다. 시간 복잡도는 $O(N*M)$입니다. N은 가장 작은 집합의 요소 개수, M은 집합의 개수입니다.

```
SINTERCARD numkeys key [key ...] [LIMIT limit]
```

▪— SUNION: 집합 간 합집합 가져오기

키로 지정한 하나 이상의 집합들의 합집합을 반환합니다. 시간 복잡도는 $O(N)$입니다.

```
SUNION key [key ...]
```

▪— SUNIONSTORE: 집합 간 합집합을 가져오고 저장하기

키로 지정한 하나 이상의 집합에 대해 합집합을 지정한 키에 저장합니다. SUNION 명령어와 유사한 동작이지만, 지정한 키에 저장하여 반환하는 값이 저장된 집합에 포함된 요소의 개수라는 점이 다릅니다. 시간 복잡도는 $O(N)$입니다.

```
SUNIONSTORE destination key [key ...]
```

■── 집합 연산 명령어 보충 설명

교집합은 SINTER/SINTERSTORE, 차집합은 SDIFF/SDIFFSTORE, 결합은 SUNION/SUNIONSTORE 명령어로 실행합니다. 명령어의 이름을 살펴보면 끝에 STORE가 붙어 있는 것과 붙어 있지 않은 것이 있습니다. STORE가 붙어있지 않으면 결과를 표시하고 원 집합은 변경되지 않는 반면, STORE가 붙어 있는 경우에는 변경 후의 값이 저장되는 키 이름을 지정합니다.

COLUMN 그 외 Set형에서 사용 가능한 명령어

앞서 다룬 명령어 외에도 Set형에는 다음과 같은 명령어가 있습니다.

■── SMISMEMBER: 집합에 지정한 여러 멤버가 포함되어 있는지 판단하기

키로 지정한 집합에 지정한 하나 이상의 멤버가 집합에 포함되었는지를 나타내는 불리언 값을 반환합니다(레디스 6.2.0 이상). 시간 복잡도는 $O(N)$입니다.

```
SMISMEMBER key member [member ...]
```

■── SMOVE: 집합 간 멤버 이동하기

키로 지정한 집합에 지정한 멤버를 대상 집합으로 이동합니다. 시간 복잡도는 $O(1)$입니다.

```
SMOVE source destination member
```

■── SRANDMEMBER: 집합에 포함된 멤버를 무작위로 가져오기

키에 지정한 집합에서 무작위로 멤버를 반환합니다. count 옵션을 지정한 경우 최대로 지정한 요소 개수만큼 값을 반환합니다. 음수값을 지정한 경우에는 추출한 멤버의 중복을 허용합니다. SPOP 명령어와 유사하게 동작하지만 SRANDMEMBER 명령어는 실행 후 추출한 값을 삭제

하지 않는다는 점이 다릅니다(SPOP 명령어는 삭제합니다). 시간 복잡도는 $O(N)$입니다.

```
SRANDMEMBER key [count]
```

2.5.3 Set형 실행 예시

2022년 8월 29일과 30일, 이틀 간 어떤 장소의 방문자를 관리하는 기능을 모델링하여 레디스의 Set형으로 구현합니다.

Set형에 2022년 8월 29일에 방문한 방문자를 관리하기 위해 visitor:20220829라는 키 이름을 집합으로 Taro, Jiro, Saburo라는 멤버를 SADD 명령어로 추가하는 예시입니다. 반환값은 집합에 추가된 멤버의 수입니다.

```
127.0.0.1:6379> SADD visitor:20220829 Taro Jiro Saburo
(integer) 3
```

visitor:20220829라는 키의 멤버 목록은 다음과 같이 SMEMBERS 명령어로 확인할 수 있습니다.

```
127.0.0.1:6379> SMEMBERS visitor:20220829
1) "Saburo"
2) "Taro"
3) "Jiro"
```

visitor:20220829라는 키에 포함된 고유 멤버의 수는 SCARD 명령어로 확인할 수 있습니다.

```
127.0.0.1:6379> SCARD visitor:20220829
(integer) 3
```

마찬가지로 2022년 8월 30일에 방문한 방문자도 관리하겠습니다. visitor:20220830이라는 키에 Jiro, Shiro, Goro, Rokuro, Nanaro라는 멤버를 추가하여 정의합니다.

```
127.0.0.1:6379> SADD visitor:20220830 Jiro Shiro Goro Rokuro Nanaro
(integer) 5
```

SUNION 명령어로 집합 간 합집합 결과를 반환합니다.

```
127.0.0.1:6379> SUNION visitor:20220829 visitor:20220830
1) "Nanaro"
2) "Saburo""
3) "Rokuro"
4) "Shiro"
5) "Taro"
6) "Jiro"
7) "Goro"
```

SINTER 명령어로 집합 간 교집합 결과를 반환합니다.

```
127.0.0.1:6379> SINTER visitor:20220829 visitor:20220830
1) "Jiro"
```

SDIFF 명령어로 집합 간 차집합 결과를 반환합니다.

```
127.0.0.1:6379> SDIFF visitor:20220829 visitor:20220830
1) "Taro"
2) "Saburo"
```

위 세 개의 명령어와 대응하는 *STORE 계열 명령어도 있습니다. 첫 번째 인수로 지정한 키에 연산 결과를 저장합니다. 예를 들어, 아래는 visitor:20220829와 visitor:20220830 키 집합의 합집합 결과를 visitor:20220829-20220830이라는 키 집합에 저장하는 예시입니다. SMEMBERS 명령어로 visitor:20220829-20220830 키의 내용을 확인해도 연산 결과가 저장된 것을 확인할 수 있습니다. 이는 2022년 8월 29일과 30일, 이틀 간 방문한 고유 사용자 이름의 목록을 의미합니다. 여기서 확인한 SCARD 명령어 결과인 7과 이틀 간 방문한 고유 사용자 수를 표시합니다.

```
127.0.0.1:6379> SUNIONSTORE visitor:20220829-20220830 visitor:20220829
visitor:20220830
(integer) 7
127.0.0.1:6379> SMEMBERS visitor:20220829-20220830
1) "Saburo"
2) "Nanaro"
3) "Rokuro"
4) "Shiro"
5) "Taro"
6) "Goro"
7) "Jiro"
127.0.0.1:6379> SCARD visitor:20220829-20220830
(integer) 7
```

어떤 집합에 멤버가 포함되어 있는지는 SISMEMBER 명령어로 확인할 수 있습니다. 예를 들어 visitor:20220829라는 키 집합에는 Taro라는 멤버가 포함되어 있으므로 1이라는 결과가 반환되며, 요소가 포함되어 있음을 알 수 있습니다. 반대로 Goro라는 멤버가 포함되어 있지 않으므로 0이라는 결과가 반환되며 해당 요소가 포함되어 있지 않음을 알 수 있습니다.

```
127.0.0.1:6379> SISMEMBER visitor:20220829 Taro
(integer) 1
127.0.0.1:6379> SISMEMBER visitor:20220829 Goro
(integer) 0
```

집합 간 멤버를 옮길 수도 있습니다. 아래는 visitor:20220829라는 키 집합에서 visitor:20220830이라는 키 집합으로 visitor:20220829-20220830의 멤버를 옮기는 예시입니다. 만약 특정 멤버를 다른 집합에 잘못 입력한 경우에도 수정하여 원래 집합에 들어가도록 입력할 수 있습니다.

```
127.0.0.1:6379> SMOVE visitor:20220829 visitor:20220830 Taro
(integer) 1
```

visitor:20220829-20220830의 멤버를 이동한 후에는 visitor:20220829라는 키 집합에 Taro
라는 멤버가 없습니다. 그러므로 다시 SISMEMBER 명령어 결과를 확인하면 0, 즉, 해당 요소가
포함되어 있지 않음을 확인할 수 있습니다. 또한 visitor:20220830이라는 키 집합에는 Taro
라는 멤버가 포함되어 있으므로 1이라는 결과가 반환되며, 해당 요소가 포함되어 있음을 확
인할 수 있습니다.

```
127.0.0.1:6379> SISMEMBER visitor:20220829 Taro
(integer) 0
127.0.0.1:6379> SISMEMBER visitor:20220830 Taro
(integer) 1
```

Bitmap이나 HyperLogLog에서도 같은 예시를 사용해 설명하고 있지만, Set형은 데이터의
추가, 삭제가 유연하고 정확한 값으로 합계를 산출합니다. 하지만 메모리 사용량이 멤버 수
에 비례하여 커집니다.

2.6 Sorted Set형

Sorted Set형은 이름에서 알 수 있듯이 순서가 있는 Set형입니다. 게임 회사 등 실시간 랭킹
에 활용하는 경우가 많으며 레디스의 특징이라고도 할 수 있는 자료형입니다.

Sorted Set형은 각 키마다 점수^{Score}를 가진 멤버로 구성된 하나의 집합이 매핑되며, 각 집합
은 멤버의 중복을 포함하지 않기 때문에 고유한 값이 됩니다.

특징과 유스케이스는 다음과 같습니다.

- **특징**
  - 순서가 있는 고유한 문자열 집합입니다.
  - Set형과 유사하지만 모든 요소에는 점수라는 부동소수점을 가집니다. 요소는 항상 점수를 통해 정렬되며
    Set형과는 다른 특정 범위의 요소를 추출할 수 있습니다.

■ 유스케이스

  □ 랭킹

  □ 활동 피드

그림 2-9 Sorted Set형 이미지

```
            ┌ 0. member3: 700
key →      │ 1. member2: 321
            │ 2. member4: 200
            ↓ 3. member1: 123
```

Sorted Set형의 각 키는 고유한 값으로, 점수로 정렬된 순서 집합입니다. 점수를 통해 점수가 높은 상위 열 명의 사용자를 구하는 랭킹 기능 등에 활용할 수 있습니다.

각 멤버와 점수가 정렬된 점은 Hash형과 유사하지만 Hash형의 각 필드는 순서 정보가 없으므로 점수가 높은 상위 사용자를 구할 수 없습니다.

각 집합 내 멤버에 중복을 허용하지 않는 점은 Set형과 유사합니다. 하지만 사용자 정보와 점수 정보를 동시에 갖기 위해서는 레디스의 기능만으로는 구현할 수 없습니다. 멤버 정보에 점수 정보를 합쳐 저장하더라도 멤버 간 순서 정보가 없기 때문에 점수가 높은 상위 사용자를 구하기 어렵습니다. Sorted Set형은 Hash형과 Set형을 섞어 놓은 순서 집합이기 때문에 더 넓은 범위의 데이터 모델을 구현하고 있습니다.

다음은 Sorted Set형에 myzset라는 키에 아래의 멤버와 값의 조합을 ZADD 명령어로 추가하는 예시입니다.

표 2-4 멤버와 값의 조합

멤버	값
member1	123
member2	321
memebr3	700
member4	200

그 후 ZREVRANGE 명령어의 WITHSCORES 옵션으로 점수가 높은 순으로 멤버와 점수를 표시합니다.

```
127.0.0.1:6379> ZADD myzset 123 member1
(integer) 1
127.0.0.1:6379> ZADD myzset 321 member2
(integer) 1
127.0.0.1:6379> ZADD myzset 700 member3
(integer) 1
127.0.0.1:6379> ZADD myzset 200 member4
(integer) 1
127.0.0.1:6379> ZREVRANGE myzset 0 -1 WITHSCORES
1) "member3"
2) "700"
3) "member2"
4) "321"
5) "member4"
6) "200"
7) "member1"
8) "123"
```

2.6.1 Sorted Set형 활용: 실시간 랭킹

정확도가 높은 실시간 랭킹을 구현하려 한다면 레디스가 가장 좋은 선택지일 수 있습니다.

실제로 많은 게임 회사에서 레디스를 실시간 랭킹에 많이 사용합니다. RDBMS를 사용할 경우 다음과 같은 작업을 모델링할 때 성능 저하가 발생하기 쉽기 때문입니다.

1. 아이템(고유 플레이어 등)의 리스트 유지
2. 점수 순으로 정렬
3. 실시간으로 지속 갱신

반면, 레디스는 Sorted Set형을 사용하여 이런 작업을 쉽고 간단하게 구현할 수 있습니다.[31] 이런 상황을 모델링하여 성능을 끌어내고 더욱 빠른 데이터 검색 및 업데이트를 구현할 수 있습니다.

그림 2-10 실시간 랭킹

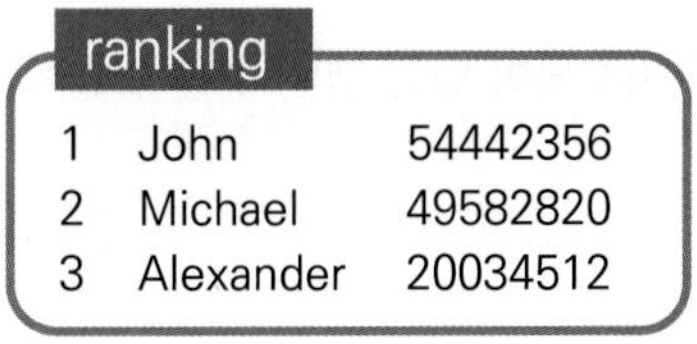

```
ranking
  1   John        54442356
  2   Michael     49582820
  3   Alexander   20034512
```

2.6.2 Sorted Set형 주요 명령어

Sorted Set형에는 어떤 종류의 명령어가 있는지 설명합니다.

Sorted Set형에서 사용 가능한 주요 명령어

Sorted Set형에는 현재 다음과 같은 명령어가 있습니다. 자세한 내용은 레디스 공식 문서의 Sorted Set형 명령어[32]를 참조하세요.

■── ZADD: 순서 집합에 하나 이상의 점수와 멤버 쌍 추가하기

키로 지정한 순서 집합에 지정한 점수와 멤버 쌍을 추가합니다. 시간 복잡도는 $O(logN)$입니다.

```
ZADD key [ NX ¦ XX] [ GT ¦ LT] [CH] [INCR] score member [ score member ...]
```

---

31 Sorted Set형에서 주의할 점은 같은 점수를 가진 멤버가 여럿이 있을 경우, 멤버들은 키의 사전식 순서로 정렬하여 랭크를 매긴다는 점입니다. 하지만 이런 방식은 사용자 이름에 따라 유리하거나 불리할 수 있으므로 불편함을 초래합니다. 이럴 때는 데이터 저장 방법을 약간 수정하면 대부분의 문제를 해결할 수 있습니다. 예를 들어, 시간 순으로 우열을 정하고 싶은 경우 점수에 10의 지수를 곱하는 방식(비트 연산으로 왼쪽으로 시프트)에, 하위 몇 자리에 시간 정보를 저장하는 방법을 생각해볼 수 있습니다. 그 외에도 키에 접두사나 접미사를 추가하여 애플리케이션 측에서 처리하는 방법도 있습니다. https://redis.io/commands/zadd

32 https://redis.io/commands/?group=sorted-set

NX, XX 옵션은 SET 명령어 옵션(2.2.6절 참조)과 같은 방식으로 사용할 수 있습니다. GT 옵션은 지정한 멤버에 현재 등록되어 있는 점수보다 지정한 점수 쪽이 큰 경우에 값을 갱신합니다. 반대로 LT 옵션은 지정한 점수가 작은 경우 값을 갱신합니다.

▪━ ZCARD: 순서 집합에 포함된 멤버 수 가져오기

키로 지정한 순서 집합에 대해 저장되어 있는 멤버 수를 반환합니다. 시간 복잡도는 $O(1)$입니다.

```
ZCARD key
```

▪━ ZRANK: 순서 집합에 지정한 멤버의 점수 순위를 오름차순으로 가져오기

키로 지정한 순서 집합에 지정한 멤버의 오름차순으로 순위를 추출합니다. 순위는 0부터 시작합니다. 시간 복잡도는 $O(logN)$입니다. M은 추출된 요소의 개수입니다.

```
ZRANK key member
```

▪━ ZREVRANK: 순서 집합에 지정한 멤버의 점수 순위를 높은 순서대로 가져오기

키로 지정한 순서 집합에 지정한 멤버의 높은 순서대로 순위를 가져옵니다. 순위는 0부터 시작합니다. 시간 복잡도는 $O(logN)$입니다.

```
ZREVRANK key member
```

▪━ ZRANGE: 순서 집합에 지정한 멤버의 점수 범위에 있는 멤버 목록을 오름차순으로 가져오기

키로 지정한 순서 집합에 지정한 점수 범위에 있는 멤버 목록을 오름차순으로 추출합니다. 기본적으로 최소값, 최대값과 함께 지정한 값도 포함하는 형태가 됩니다.

예를 들어, 1 < score <= 5처럼 지정한 경우에는 ZRANGE zset(1 5 BYSCORE. 5 < score < 10이라면 ZRANGEBYSCORE zset (5 (10과 같이 실행합니다. WITHSCORES 옵션으로 멤버와

저장된 점수 쌍 목록을 추출합니다. Z*RANGE* 계열(*는 0문자 이상의 문자열) 명령어는 ZRANGE 명령어에 옵션을 사용하여 대체할 수 있습니다(레디스 6.2.0 이상). 시간 복잡도는 $O(logN+M)$입니다. M은 추출된 요소의 개수입니다.

```
ZRANGE key min max [ BYSCORE ¦ BYLEX] [REV] [LIMIT offset count] [WITHSCORES]
```

■── ZRANGESTORE: 순서 집합에 지정한 멤버의 점수 범위에 있는 멤버 목록을 오름차순으로 가져오고 저장하기

키로 지정한 순서 집합에 지정한 점수 범위에 있는 멤버 목록을 지정한 키에 저장합니다(레디스 6.2.0 이상). ZRANGE 명령어와 유사하게 동작하지만 지정한 키에 저장하며 반환값은 순서 집합에 포함된 요소의 개수라는 점이 다릅니다. 시간 복잡도는 $O(logN+M)$입니다. M은 순서 집합에 저장된 요소의 개수입니다.

```
ZRANGESTORE dst src min max [ BYSCORE ¦ BYLEX] [REV] [LIMIT offset count]
```

■── ZREM: 순서 집합에 지정한 멤버 삭제하기

키로 지정한 순서 집합에서 지정한 멤버를 삭제합니다. 시간 복잡도는 $O(M*logN)$입니다. M은 추출된 요소의 개수입니다.

```
ZREM key member [member ...]
```

■── ZCOUNT: 순서 집합에서 지정한 점수 범위에 있는 멤버의 수 가져오기

키로 지정한 순서 집합에 지정한 점수 범위에 있는 멤버의 수를 반환합니다. 1 < score <=3과 같이 지정한 경우, ZCOUNT myzset (1 3처럼 실행합니다. 시간 복잡도는 $O(logN)$입니다.

```
ZCOUNT key min max
```

■— ZPOPMAX: 순서 집합에서 점수가 최대인 멤버를 삭제하고 가져오기

키로 지정한 순서 집합에서 최대 점수를 가진 멤버를 하나 삭제하고 그 멤버와 저장된 점수 쌍을 반환합니다(레디스 5.0.0 이상). count 옵션을 지정한 경우에는 그 수만큼 반환합니다. 시간 복잡도는 $O(M*logN)$입니다. M은 추출된 요소입니다.

```
ZPOPMAX key [count]
```

■— ZPOPMIN: 순서 집합에서 점수가 최소인 멤버 삭제하고 가져오기

키로 지정한 순서 집합에서 점수가 최소인 멤버를 하나 삭제하고 그 멤버와 저장된 점수 쌍을 반환합니다(레디스 5.0.0 이상). count 옵션을 지정한 경우에는 그 수만큼 반환합니다. 시간 복잡도는 $O(M*logN)$입니다. M은 추출된 요소입니다.

```
ZPOPMIN key [count]
```

■— ZSCORE: 순서 집합에서 지정한 멤버 점수 가져오기

키로 지정한 순서 집합에서 지정한 멤버 점수를 반환합니다. 시간 복잡도는 $O(1)$입니다.

```
ZSCORE key member
```

■— ZMSCORE: 순서 집합에서 여러 멤버 점수 가져오기

키로 지정한 순서 집합에서 지정한 하나 이상의 멤버 점수를 반환합니다(레디스 6.2.0 이상). 시간 복잡도는 $O(N)$입니다.

```
ZMSCORE key member [member ...]
```

■— ZSCAN: 순서 집합에서 반복 처리하여 멤버 목록 가져오기

키로 지정한 순서 집합에서 각 멤버를 반복 처리하여 멤버 목록을 반환합니다. 시간 복잡도는 $O(N)$입니다.

```
ZSCAN key cursor [MATCH pattern] [COUNT count]
```

■— ZMPOP: 순서 집합에서 점수가 최대 혹은 최소인 여러 멤버를 삭제하고 가져오기

키로 지정한 순서 집합에서 점수가 최대 혹은 최소인 여러 멤버를 삭제하고 그 멤버와 점수 쌍을 반환합니다(레디스 7.0.0 이상). count 옵션을 지정한 경우에는 그 수만큼 반환합니다. 시간 복잡도는 $O(K)+O(N*logM)$입니다. K는 지정한 순서 집합의 수, M은 추출된 요소의 개수입니다.

```
ZMPOP numkeys key [key ...] <MIN | MAX> [COUNT count]
```

■— BZMPOP: 블록 기능을 갖춘 ZMPOP

키로 지정한 순서 집합에서 점수가 최대 혹은 최소의 여러 멤버를 삭제하고 그 멤버와 점수 쌍을 반환합니다(레디스 7.0.0 이상). count 옵션을 지정한 경우에는 그 수만큼 반환합니다. 순서 집합에 요소가 없는 경우에는 처리를 블록하고 순서 집합에 요소가 추가될 때까지 처리를 대기합니다. 시간 복잡도는 $O(K)+O(N*logM)$입니다. K는 지정한 순서 집합 수, M은 추출된 요소의 개수입니다.

```
BZMPOP timeout numkeys key [key ...] <MIN | MAX> [COUNT count]
```

■— Sorted Set형 명령어 보충 설명

Sorted Set형 명령어는 다음 [표 2-5]와 같이 Set형 명령어와 유사합니다.

표 2-5 Sorted Set형과 Set형 명령어 비교

Sorted Set형	Set형
ZADD	SADD
ZCARD	SCARD
ZINTERSTORE	SINTERSTORE

ZREM	SREM
ZUNIONSTROE	SUNIONSTORE
ZSCAN	SSCAN

Sorted Set형은 각 멤버 사이에 점수가 연결되어 있으며 ZRANK와 ZREVRANK 명령어로 각 순서 집합 내에서 오름차순, 내림차순으로 멤버의 순위를 확인할 수 있습니다. 또한 ZSCORE 명령어로 멤버의 점수를 확인하고 ZMSCORE 명령어로 여러 멤버를 지정하여 한번에 점수를 확인할 수 있습니다.

ZRANGE 명령어는 지정한 범위 내에 순서대로 멤버 목록을 표시합니다. REV 옵션을 사용한 경우에는 역순으로 표시합니다. BYLEX 옵션을 부여한 경우에는 키로 지정한 순서가 지정된 집합에 대해 지정한 사전 순 범위에 있는 멤버 목록을 오름차순으로 추출합니다. BYSCORE 옵션을 부여한 경우에는 지정한 범위 내에 점수 순서대로 멤버 목록을 표시합니다. 이 명령어들을 실행할 때 점수가 편향되어 있거나 대량의 데이터를 가져오는 경우에는 실행 시간이 오래 걸릴 수 있으며, 이에 따라 작업이 블록될 수 있으므로 주의해야 합니다.

Sorted Set형에서 사용 가능한 집합 연산 명령어

Sorted Set형은 순서 집합을 다룹니다. 집합을 다룬다는 점에서 Set형처럼 집합 연산을 위한 명령어도 사용할 수 있습니다.

■── ZINTER: 순서 집합 간 교집합 가져오기

키로 지정한 하나 이상의 순서 집합에서 순서가 있는 교집합을 반환합니다(레디스 6.2.0 이상). 시간 복잡도는 $O(L + (N-K)*logN)$입니다.

```
ZINTER numkeys key [key ...] [WITHSCORES]
```

■── ZINTERSTORE: 순서 집합 간 교집합을 가져오고 저장하기

키로 지정한 하나 이상의 순서 집합에서 교집합을 지정한 키에 저장합니다. 입력하는 키의 개수는 numkeys로 지정합니다. ZINTER 명령어와 유사하게 동작하지만 지정한 키에 저장하고 반환하는 값은 집합에 포함된 요소의 개수라는 점이 다릅니다. 시간 복잡도는 $O(N*K+M*logM)$입니다.

```
ZINTERSTORE destination numkeys key [key ...] [WEIGHTS weight [weight ...]]
[AGGREGATE SUM | MIN | MAX]
```

■── ZINTERCARD: 순서 집합 간 교집합에 포함된 멤버 수 가져오기

키로 지정한 하나 이상의 순서 집합에서 순서가 있는 교집합의 멤버 수를 반환합니다(레디스 7.0.0 이상). 시간 복잡도는 $O(N*K)$입니다. N은 가장 작은 순서 집합의 요소의 개수, K는 순서 집합의 수입니다.

```
ZINTERCARD numkeys key [key ...] [LIMIT limit]
```

■── ZDIFF: 순서 집합 간 차집합 가져오기

키로 지정한 하나 이상의 순서 집합의 차집합을 반환합니다(레디스 6.2.0 이상). 시간 복잡도는 $O(L+(N-K)*logN)$입니다.

```
ZDIFF numkeys key [key ...] [WITHSCORES]
```

■── ZDIFFSTORE: 순서 집합 간 차집합을 가져오고 저장하기

키로 지정한 하나 이상의 순서 집합의 차집합을 반환합니다(레디스 6.2.0 이상). 입력할 키 수는 numkeys로 지정합니다. ZDIFF 명령어와 유사하게 동작하지만 지정한 키에 저장하며 반환값은 집합에 포함된 요소 개수라는 점이 다릅니다. 시간 복잡도는 $O(L+(N-K)*logN)$입니다. L는 모든 순서 집합 내 모든 요소의 개수, N은 첫 순서 집합의 요소의 개수, K는 결과의 순서 집합 요소의 개수입니다.

```
ZDIFFSTORE destination numkeys key [key ...]
```

━ ZUNION: 순서 집합 간 합집합 가져오기

키로 지정한 하나 이상의 순서 집합의 교집합을 반환합니다(레디스 6.2.0 이상). 시간 복잡도는 $O(N)+O(M*log(M))$입니다.

```
ZUNION numkeys key [key ...] [WEIGHTS weight [weight ...]] [AGGREGATE SUM | MIN
| MAX] [WITHSCORES]
```

━ ZUNIONSTORE: 순서 집합 간 합집합을 가져오고 저장하기

키로 저장한 하나 이상의 순서 집합의 합집합을 지정한 키에 저장합니다. ZUNION 명령어와 유사하게 동작하지만 지정한 키에 저장하고 반환값이 결과 집합에 포함된 요소의 개수라는 점이 다릅니다. 시간 복잡도는 $O(N+M*log M)$입니다. M은 추출된 요소의 개수입니다.

```
ZUNIONSTORE destination numkeys key [key ...] [WEIGHTS weight [weight ...]]
[AGGREGATE SUM | MIN | MAX]
```

COLUMN 그 외 Sorted Set형에서 사용 가능한 명령어

앞서 다룬 것 외에도 다음과 같은 Sorted Set형 명령어가 있습니다.

━ ZREMRANGEBYLEX: 순서 집합에서 지정한 사전 순 범위에 있는 멤버 모두 삭제하기

키로 지정한 순서 집합에 지정한 사전 순 범위에 있는 멤버를 모두 삭제합니다. 시간 복잡도는 $O(logN+M)$입니다. M은 추출한 요소의 개수입니다.

```
ZREMRANGEBYLEX key min max
```

━ ZREMRANGEBYRANK: 순서 집합에서 지정한 순위의 범위에 있는 멤버 모두 삭제하기

키로 지정한 순서 집합에 지정한 순위 범위에 있는 멤버를 모두 삭제합니다. 순위는 0부터 시작합니다. 시간 복잡도는 $O(logN+M)$입니다. M은 추출한 요소의 개수입니다.

```
ZREMRANGEBYRANK key start stop
```

■── ZREMRANGEBYSCORE: 순서 집합에서 지정한 점수 범위에 있는 멤버를 모두 삭제하기

키로 지정한 순서 집합에 지정한 점수 범위에 있는 멤버를 모두 삭제합니다. 기본적으로는 최
소값, 최대값과 함께 지정한 값도 포함하는 형태로, 가장 작은 요소에서 2보다 작은 점수 랭
크 범위를 지정하는 경우에는 ZREMRANGEBYSCORE myzset -inf(2처럼 실행합니다. 시간 복
잡도는 $O(logN+M)$입니다. M은 추출한 요소의 개수입니다.

```
ZREMRANGEBYSCORE key min max
```

■── ZLEXCOUNT: 순서 집합에서 지정한 사전 순 범위에 있는 멤버 수 가져오기

키로 지정한 순서 집합에 지정한 사전 순 범위에 있는 멤버의 요소 개수를 반환합니다. 시간
복잡도는 $O(logN)$입니다.

```
ZLEXCOUNT key min max
```

■── ZRANDMEMBER: 순서 집합에 포함된 멤버를 무작위로 가져오기

키로 지정한 순서 집합에 지정한 무작위로 멤버를 반환합니다(레디스 6.2.0 이상). count 옵
션을 지정한 경우에는 최대 지정한 요소의 개수까지 값을 반환합니다. 음수값을 지정한 경우
에는 추출한 멤버의 중복을 허용합니다. WITHSCORES 옵션으로 멤버와 점수 쌍의 목록을 추출
합니다. 시간 복잡도는 $O(N)$입니다.

```
ZRANDMEMBER key [count [WITHSCORES]]
```

■── ZINCRBY: 순서 집합의 점수를 지정한 정수만큼 증가시키기

키로 지정한 하나 이상의 순서 집합의 멤버 값을 지정한 만큼 증가시킵니다. 음수값을 지정한
경우에는 감소시킵니다. 시간 복잡도는 $O(logN)$입니다.

```
ZINCRBY key increment member
```

BZPOPMIN: 블록 기능을 갖춘 ZPOMIN

키로 지정한 순서 집합에서 최소 점수인 멤버 하나를 삭제하고 그 멤버와 점수 쌍을 반환합니다(레디스 5.0.0 이상). count 옵션을 지정한 경우에는 그 수만큼 반환합니다. 순서 집합에 요소가 없는 경우에는 처리를 블록하고 순서 집합에 요소가 추가될 때까지 처리를 대기합니다. 시간 복잡도는 $O(logN)$입니다.

```
BZPOPMIN key [key ...] timeout
```

BZPOPMAX: 블록 기능을 갖춘 ZPOMAX

키로 지정한 순서 집합에서 최대 점수인 멤버 하나를 삭제하고 그 멤버와 점수 쌍을 반환합니다(레디스 5.0.0 이상). count 옵션을 지정한 경우에는 그 수만큼 반환합니다. 순서 집합에 요소가 없는 경우에는 처리를 블록하고 순서 집합에 요소가 추가될 때까지 처리를 대기합니다. 시간 복잡도는 $O(logN)$입니다.

```
BZPOPMAX key [key ...] timeout
```

Sorted Set형 집합 관련 명령어 보충 설명

레디스 6.2.0 이후 ZRANGE 명령어 관련 체계가 정리되었습니다. 이전 명령어와 새로운 ZRANGE 명령어 옵션의 대응 관계는 다음과 같습니다. 이 명령어들은 호환성을 위해 현재도 사용은 가능하지만 곧 폐지될 예정입니다.

표 2-6 이전 명령어와 새로운 ZRANGE 명령어 옵션의 대응 관계

Sorted Set형	이전 명령어
REV 옵션	ZREVRANGE 명령어
BYLEX 옵션	ZRANGEBYLEX 명령어
REV 옵션과 BYLEX 옵션 동시 설정	ZREVRANGEBYLEX 명령어
BYSCORE 옵션	ZRANGEBYSCORE 명령어
REV 옵션과 BYSCORE 옵션 동시 설정	ZREVRANGEBYSCORE 명령어

Sorted Set형은 String형이나 Hash형과 마찬가지로, 필드값이 숫자인 경우에도 사용할 수 있는 명령어가 있습니다. 값이 숫자인 경우에는 ZINCRBY 명령어를 사용하여 지정한 멤버에 특정 값을 더할 수 있습니다. 점수를 감소시키기 위한 ZDECRBY 명령어는 제공하지 않습니다. 대신 ZINCRBY 명령어에서 음수값을 지정하여 뺄 수 있습니다.

COLUMN Sorted Set형에서 폐지 예정인 명령어

Sorted Set형에서도 몇몇 명령어는 폐지될 예정입니다. 주요 명령어를 살펴보겠습니다.

- **ZREVRANGE**
  - 순서 집합에 지정한 점수 범위에 있는 멤버 목록을 내림차순으로 가져오는 명령어입니다. ZRANGE 역순과 같고 ZRANGE 명령어의 REV 옵션으로 대체할 수 있습니다.

- **ZRANGEBYSCORE**
  - 순서 집합에 지정한 점수 범위에 있는 멤버 목록을 오름차순으로 가져오는 명령어입니다. ZRANGE 명령어의 BYSCORE 옵션으로 대체할 수 있습니다.

- **ZREVRANGEBYSCORE**
  - 순서 집합에 지정한 점수 범위에 있는 멤버 목록을 내림차순으로 가져오는 명령어입니다. ZRANGE 명령어의 BYSCORE 옵션으로 대체할 수 있습니다.

- **ZRANGEBYLEX**
  - 순서 집합에 지정한 사전 순 범위에 있는 멤버를 오름차순으로 가져오는 명령어입니다. ZRANGE 명령어의 BYLEX 옵션으로 대체할 수 있습니다.

- **ZREVRANGEBYLEX**
  - 순서 집합에 지정한 사전 순 범위에 있는 멤버를 내림차순으로 가져오는 명령어입니다. ZRANGE 명령어의 BYLEX 옵션과 REV 옵션으로 대체할 수 있습니다.

2.6.3 Sorted Set형 실행 예시

어떤 게임 이벤트(이벤트 1이라고 가정)로 사용자들끼리 점수를 겨뤄 랭킹을 표시하는 기능을 모델링하여 레디스로 구현해봅니다. 다음은 Sorted Set형에 rank:event:1이라는 키에 ZADD 명령어로 다음 멤버를 추가하는 실행 예시입니다.

- 324891이라는 점수를 가진 Taro
- 276302이라는 점수를 가진 Jiro
- 255547이라는 점수를 가진 Saburo
- 311121이라는 점수를 가진 Shiro

```
127.0.0.1:6379> ZADD rank:event:1 324891 Taro
(integer) 1
127.0.0.1:6379> ZADD rank:event:1 276302 Jiro
(integer) 1
127.0.0.1:6379> ZADD rank:event:1 255547 Saburo
(integer) 1
127.0.0.1:6379> ZADD rank:event:1 311121 Shiro
(integer) 1
```

ZRANGE 명령어로 점수를 오름차순으로 지정한 범위의 멤버 순위를 표시합니다. 단, 랭킹 등에서는 점수가 높은 순으로 사용하는 경우가 많습니다. 그때는 ZREV로 시작하는 명령어를 사용합니다. ZRANGE 명령어를 역순으로 표시하고 싶은 경우에는 ZREVRANGE 명령어를 사용합니다. 첫 요소인 0부터 음수로, 거꾸로 센 요소의 개수를 지정합니다. WITHSCORES 옵션도 지정하면 점수도 동시에 추출할 수 있습니다.

```
127.0.0.1:6379> ZREVRANGE rank:event:1 0 -1 WITHSCORES
1) "Taro"
2) "324891"
3) "Shiro"
4) "311121"
5) "Jiro"
```

6) "276302"

7) "Saburo"

8) "255547"

멤버의 점수는 ZSCORE 명령어로 확인할 수 있습니다. 아래의 예시에서는 앞서 지정한 멤버 Shiro에 311121이라는 점수가 설정된 것을 확인할 수 있습니다.

```
127.0.0.1:6379> ZSCORE rank:event:1 Shiro
"311121"
```

또한 순위는 0부터 시작하기 때문에 아래의 예시처럼 ZREVRANK 명령어 결과가 점수가 높은 순서대로, 즉, 전체에서 1 값을 더한 2위라는 것을 확인할 수 있습니다.

```
127.0.0.1:6379> ZREVRANK rank:event:1 Shiro
(integer) 1
```

레디스 5.0.0 이상에서 사용할 수 있는 ZPOPMAX 명령어의 실행 예시입니다. 점수가 가장 높은 요소를 가진 멤버 이름과 점수를 반환하며, 그 결과를 팝Pop하여 제거하고 있습니다. 예시에서는 실제로 Taro와 Shiro의 결과가 rank:event:1 키에서 없어진 것을 확인할 수 있습니다.

```
127.0.0.1:6379> ZPOPMAX rank:event:1
1) "Taro"
2) "324891"
127.0.0.1:6379> ZPOPMAX rank:event:1
1) "Shiro"
2) "311121"
127.0.0.1:6379> ZREVRANGE rank:event:1 0 -1 WITHSCORES
1) "Jiro"
2) "276302"
3) "Saburo"
4) "255547"
```

2.7 대표 기능과 관련 명령어

지금까지 레디스의 주요 자료형과 명령어를 설명했습니다. 레디스는 데이터를 다룰 때 주로 대표적인 다섯 가지 자료형을 사용하지만 그 외에도 특정 용도에 특화된 보조 자료형이 있습니다. 이 보조 자료형은 다섯 가지 자료형 내부에서 모두 사용할 수 있습니다.

그 외에도 데이터를 직접 다루는 다양한 기능이 있습니다. 데이터를 어떻게 표현할지보다 데이터를 어떻게 활용하는지에 초점을 맞춘 기능입니다. 이 절에서는 대표적인 보조 자료형과 해당 기능 그리고 보조 자료형과 관련된 명령어를 정리하여 소개합니다.

2.7.1 비트맵(비트 배열)

비트맵Bitmap은 비트 배열Bit Array이라고도 불리는 데이터 구조입니다. 현재 처리하고 있는 데이터 모델을 비트의 존재 여부나 그 위치에 따라 표현하여 메모리를 절약할 수 있습니다. 예를 들어, 각 비트의 위치를 사용자 ID와 연결한 후 그 위치가 1 또는 0인지 값을 확인하여 특정 기능의 사용 여부 등을 사용자별로 관리할 수 있습니다.

레디스는 비트맵 기능으로 비트 관련 동작을 제공하고 있어서 얼핏 보면 독립적인 자료형처럼 보이기도 합니다. 하지만 실제로는 String형으로 정의되어 있으며, 비트 연산 등 특정 용도에 특화된 보조 자료형입니다.

그림 2-11 비트맵 기능 이미지

비트맵 동작 예시를 소개합니다. mybit라는 키에 100이라는 값과 그 오프셋 위치를 1로 하는 값을 SETBIT 명령어를 사용하여 저장합니다. 그 후 GETBIT 명령어로 100 및 101 오프셋의 비트를 확인합니다.

```
127.0.0.1:6379> SETBIT mybit 100 1
(integer) 0
127.0.0.1:6379> GETBIT mybit 100
(integer) 1
127.0.0.1:6379> GETBIT mybit 101
(integer) 0
```

이처럼 비트맵으로 비트열을 다룰 수 있습니다. 참 또는 거짓, 두 개의 값을 나타내는 정보는 메모리 공간을 효율적으로 다룰 수 있습니다.

특징과 유스케이스는 다음과 같습니다.

- **특징**
  - 비트열 작업에 사용합니다.
  - 개별 비트를 설정 또는 초기화하거나 비트 수를 세거나 처음 0 또는 1로 저장된 비트 위치 검색, 연산 등을 처리할 수 있습니다.
  - 비트맵을 여러 키로 분해하여 샤딩Sharding[33]하기 용이합니다.

- **유스케이스**
  - 모든 종류의 실시간 분석
  - 객체 ID 관련 이진 정보 저장

비트맵은 메모리 공간을 효율적으로 다루는 것이 장점입니다. 하지만 특정 기간 내 숫자를 세는 용도로 비트맵을 사용하지만 처리하는 대상의 숫자가 적다면 비트맵이 희소한Sparse 상태[34]가 되기 때문에 메모리 공간 관리 측면에서 비효율적일 수 있습니다. 따라서 이러한 경우에는 Set형을 사용하는 것이 좋습니다.

또한 기존 비트맵의 크기가 작은 상태에서 큰 오프셋으로 비트를 설정하는 경우, 비트맵에 메모리가 추가로 할당되어 확장되고, 나머지 부분은 0으로 채워집니다. 이 과정에서 레디스 서버가 블록될 수도 있습니다.

....

33 역자주_대량 데이터의 분산 저장 기법 중 하나로 데이터를 특정 값으로 치환한 결과를 기준으로 저장 위치를 선택하는 기법입니다.
34 비트맵이 희소한 상태가 된다는 것은 대부분의 데이터가 0이라서 실제 사용하는 비트(1로 설정된 비트)가 적은 상황이라는 의미입니다.

참고로 앞서 실행한 예시에서 TYPE을 확인해보면 SETBIT로 생성한 mybit도 String형임을 알수 있습니다.

```
127.0.0.1:6379> TYPE mybit
string
```

비트맵으로 사용 가능한 명령어

비트맵에는 다음과 같은 명령어가 있습니다. 자세한 내용은 레디스 공식 문서의 비트맵 명령어[35]를 참조하세요.

•── GETBIT: 지정한 오프셋의 비트값 가져오기

키로 지정한 비트맵에 지정한 오프셋의 비트값을 추출합니다. 시간 복잡도는 $O(1)$입니다.

```
GETBIT key offset
```

•── SETBIT: 지정한 오프셋의 비트값 설정하기

키로 지정한 비트맵에 지정한 오프셋에 비트값을 설정하고 해제합니다. 반환값은 오프셋에 기존에 설정되어 있던 비트값을 반환합니다. 시간 복잡도는 $O(1)$입니다.

```
SETBIT key offset value
```

•── BITCOUNT: 비트맵의 비트 수 가져오기

BITCOUNT 명령어로 비트맵 내 비트 수를 셉니다. 탐색 범위도 지정할 수 있습니다. 기본적으로는 바이트 단위로 시작과 종료 시점을 지정할 수 있지만, 레디스 7.0.0 이후에는 BIT 옵션을 지정하여 비트 단위로 범위를 지정할 수 있습니다. 시간 복잡도는 $O(N)$입니다.

---

[35] https://redis.io/commands/?group=bitmap

```
BITCOUNT key [start end [BYTE | BIT]]
```

— BITOP: 비트 연산 결과 산출하기

지정한 하나 이상의 키로 지정한 비트맵의 연산결과를 지정한 키에 저장합니다. 연산자로는 AND, OR, XOR, NOT을 사용할 수 있습니다. 시간 복잡도는 $O(N)$입니다.

```
BITOP operation destkey key [key ...]
```

— BITPOS: 지정한 비트의 처음 위치 가져오기

키로 지정한 비트맵에 지정한 비트의 처음 위치를 반환하고 탐색 범위도 지정합니다. 기본적으로는 바이트 단위로 시작과 종료 시점을 지정할 수 있지만, 레디스 7.0.0 이후에는 BIT 옵션을 지정하여 비트 단위로 범위를 지정할 수 있습니다. 시간 복잡도는 $O(N)$입니다.

```
BITPOS key bit [start [end [BYTE | BIT]]]
```

— BITFIELD: 여러 비트 필드를 동시에 조작하기

키로 지정한 비트맵에 하나 이상의 비트 필드를 한번에 조작할 수 있습니다. 여러 동작을 지정한 경우에는 배열로 값을 반환하며, 각 요소에 각 동작을 수행한 결과가 저장됩니다. 시간 복잡도는 $O(1)$입니다.

```
BITFIELD key GET encoding offset | [OVERFLOW WRAP | SAT | FAIL] SET encoding
offset value | INCRBY encoding offset increment [ GET encoding offset | [OVERFLOW
WRAP | SAT | FAIL] SET encoding offset value | INCRBY encoding offset increment ...]
```

— BITFIELD_RO: 읽기 전용 BITFIELD 명령어

BITFIELD의 읽기 전용 명령어입니다(레디스 6.2.0 이상). 읽기 전용 명령어를 사용함으로써 레디스 클러스터의 불필요한 리다이렉션을 피할 수 있습니다. 시간 복잡도는 $O(1)$입니다.

```
BITFIELD_RO key GET type offset
```

▪— 비트맵 명령어 동작의 상세 설명

SETBIT 명령어는 지정한 오프셋에 값을 설정하며, GETBIT 명령어로 지정한 오프셋 값을 가져옵니다. BITPOS 명령어는 지정된 비트값을 지정한 범위에서 처음 발견한 위치의 상대 위치가 아닌 절대 위치를 반환합니다.

BITCOUNT 명령어로 비트맵 내 비트 수를 셉니다. 옵션으로 셀 대상의 범위를 지정할 수 있습니다. 또한 BITTOP 명령어로 비트 연산도 할 수 있습니다. BITTOP에는 하위 명령어로 AND, OR, XOR, NOT 명령어를 사용할 수 있습니다. 예를 들어, 키 이름을 네임스페이스로 일정 기간마다 나누고 있는 경우에는 OR 명령어를 통해 해당 키들의 기간 내 사용자 활동의 총합을 계산하는 방식 등으로 사용할 수 있습니다.

BITFIELD 명령어로 비트맵 내 하나 이상의 비트 필드를 조작할 수 있으며, 하위 명령어로 GET, SET, INCRBY, OVERFLOW 등이 있습니다.

각 옵션의 상세 내용은 다음과 같습니다. 명령어를 인수로 하여 지정한 ⟨type⟩은 64비트까지 부호가 있는 정수 및 63비트 이하의 부호 없는 정수를 나타냅니다. 예를 들어, 5비트 부호가 있는 정수Signed Integer의 경우에는 i5, 4비트 부호 없는 정수Unsigned Integers의 경우에는 u4처럼 지정합니다.

- **GET**(GET ⟨type⟩ ⟨offset⟩)
  - ▫ 지정한 오프셋의 비트값을 추출합니다.

- **SET**(SET ⟨type⟩ ⟨offset⟩ ⟨value⟩)
  - ▫ 지정한 오프셋에 비트값을 설정하고 해제합니다.
  - ▫ 오프셋에 기존에 설정한 비트값을 반환합니다.

- **INCRBY**(INCRBY ⟨type⟩ ⟨offset⟩ ⟨increment⟩)
  - ▫ 지정한 오프셋에 비트값을 지정한 값만큼 증가시킵니다.
  - ▫ 값을 감소시키는 String형의 DECRBY와 같은 명령어는 없으며, INCRBY 옵션으로 음수값을 설정합니다.

- **OVERFLOW**(OVERFLOW [WRAP¦SAT¦FAIL])
  - ▫ INCRBY 옵션을 실행할 때 type으로 지정한 데이터 범위를 초과(오버플로)하거나 미달(언더플로)할 때

의 동작을 정의합니다.

- □ 다음 OVERFLOW 옵션까지 INCRBY 옵션으로 지정한 값만 영향을 미칩니다.
- □ WRAP은 오버플로 및 언더플로 시 값을 반복합니다. 예를 들어, type으로 지정한 최대값을 초과한 경우에는 최소값의 값부터 시작합니다.
- □ SAT는 오버플로 시 type으로 지정한 최대값, 언더플로 시 type으로 지정한 최소값으로 값을 설정합니다.
- □ FAIL은 오버플로 및 언더플로가 검출되어도 어떤 처리도 수행하지 않습니다.

비트맵 명령어 실행 예시

Set형과 같은 예시를 사용하여 2022년 8월 29일과 30일, 이틀 간 특정 장소를 방문한 방문자 관리 기능을 모델링하여 레디스의 비트맵 기능으로 구현해봅니다. 이 책의 순서대로 작업하는 경우에는 다른 자료형에 키 중복이 있으면 오류가 발생하기 때문에 일단 옵션 없이 FLUSHDB를 실행합니다.

비트맵으로 2022년 8월 29일에 방문한 방문자를 관리하기 위해 visitor:20220829라는 키로 사용자 ID 100, 200, 300 멤버를 오프셋 값으로 지정하여 SETBIT 명령어로 기록합니다.

```
127.0.0.1:6379> SETBIT visitor:20220829 100 1
(integer) 0
127.0.0.1:6379> SETBIT visitor:20220829 200 1
(integer) 0
127.0.0.1:6379> SETBIT visitor:20220829 300 1
(integer) 0
```

visitor:20220829라는 키에 300 오프셋의 비트를 확인하면 값이 1로 설정된 것을 확인할 수 있습니다. 한편 아무런 작업도 하지 않은 301 오프셋의 비트를 확인하면 값이 0으로 설정된 것을 확인할 수 있습니다.

```
127.0.0.1:6379> GETBIT visitor:20220829 300
(integer) 1
127.0.0.1:6379> GETBIT visitor:20220829 301
(integer) 0
```

이와 마찬가지로 visitor:20220830이라는 키에 대해 사용자 ID 200, 400, 500, 600, 700을 오프셋 값으로 지정하여, SETBIT 명령어로 추가한 1로 설정합니다.

```
127.0.0.1:6379> SETBIT visitor:20220830 200 1
(integer) 0
127.0.0.1:6379> SETBIT visitor:20220830 400 1
(integer) 0
127.0.0.1:6379> SETBIT visitor:20220830 500 1
(integer) 0
127.0.0.1:6379> SETBIT visitor:20220830 600 1
(integer) 0
127.0.0.1:6379> SETBIT visitor:20220830 700 1
(integer) 0
```

1일 째 데이터를 visitor:20220829 키에 연결하고, 2일 째 데이터를 visitor:20220830 키에 연결합니다. 이때 같은 값의 오프셋에는 사용자 ID을 연결하는 방식으로 이틀 간 사람 수 합계를 계산하기 위해 BITOP OR 명령어로 연산합니다. 여기서는 연산 결과를 visitor:20220829-20220830에 저장하고 있습니다. 그 결과를 BITCOUNT 명령어로 확인하면 100, 200, 300, 400, 500, 600, 700에 1비트가 설정되어 있기 때문에 1의 비트 수 합계인 7이 값으로 반환됩니다.

```
127.0.0.1:6379> BITOP OR visitor:20220829-20220830 visitor:20220829 visitor :
20220830
(integer) 88
127.0.0.1:6379> BITCOUNT visitor:20220829-20220830
(integer) 7
```

Set형과 동일한 예시를 사용하고 있지만 Set형처럼 데이터를 유연하게 추가하거나 삭제하면서도 메모리를 절약하면서 같은 동작을 구현할 수 있습니다. 또한 HyperLogLog(2.7.4절 참조)와 같은 근사값이 아닌, 정확한 값으로 사용하여 총계를 계산하고 있습니다.

2.7.2 지리적 공간 인덱스

지리적 공간 정보는 주소나 경도 · 위도 등 지구상 지리적 위치 정보를 나타냅니다. 이 지리적 공간 정보를 사용하여 사용자로부터 근처 가게를 소개하는 등 사용자 정보를 기반으로 다른 정보를 제시할 수 있습니다.

이 위치 정보를 활용해 애플리케이션을 구현하려면 각 위치 간 거리 계산이나 검색 등의 작업이 필요한데, 이때 레디스를 활용할 수 있습니다. 레디스가 제공하는 지리적 공간 인덱스 기능을 통해 특정 장소까지의 거리 등 위치 정보에 기반한 애플리케이션을 간단하면서도 빠르게 구현할 수 있습니다.

또한 레디스는 각 위치 정보를 경도 · 위도의 2차원 지리적 공간 정보 인덱스로서 Geohash를 사용할 수 있습니다. Geohash는 경도 · 위도 두 개의 좌표를 하나의 문자열로 합친 것으로, 그리드 내의 영역을 표시합니다. 이와 관련된 자세한 내용은 이 장의 칼럼을 참조하세요.

그림 2-12 지리적 공간 인덱스에서 표시 가능한 데이터

지리적 공간 인덱스는 내부적으로는 Sorted Set형으로 키가 저장되어 있습니다. 즉 지리적 공간 인덱스는 지리 공간 정보를 다루는 데 특화된 보조 자료형이라고 할 수 있습니다.

지리적 공간 인덱스 실행 예시를 살펴보겠습니다. 지리 데이터로 mygeo라는 키에 GEOADD 명령어로 아래 멤버와 위치 정보의 조합을 추가합니다.

표 2-7 멤버와 위치 정보

멤버	위치 정보
도쿄역(Tokyo Station)	경도 139.7671248, 위도 35.6812362
오사카역(Osaka Station)	경도 135.4937615, 위도 34.7024854

그 다음은 도쿄역과 오사카역 두 지점 간 거리를 GEODIST 명령어로 확인하는 예시입니다. GEOADD 명령어의 반환값은 추가된 요소의 개수이며, 여기에서는 두 개가 추가된 것을 의미합니다.[36] GETDIST 명령어의 반환값은 기본적으로는 미터 단위입니다. 여기에서는 도쿄역Tokyo Station과 오사카역Osaka Station의 거리가 403362.9301미터임을 나타냅니다. Geohash는 위도 35.681236, 경도 139.767125인 도쿄역의 경우 GEOHASH 명령어로 xn76urx6600과 같이 표시됨을 알 수 있습니다.

```
127.0.0.1:6379> GEOADD mygeo 139.7671248 35.6812362 "Tokyo Station" 135.4937619
34.7024854 "Osaka Station"
(integer) 2
127.0.0.1:6379> GEODIST mygeo "Tokyo Station" "Osaka Station"
"403362.9301"
127.0.0.1:6379> GEOHASH mygeo "Tokyo Station"
1) "xn76urx6600"
```

TYPE 명령어 결과를 확인해보면 zset라고 반환되며, Sorted Set형임을 의미합니다. 내부적으로 Sorted Set형을 사용하기 때문에 이 명령어를 사용하여 지리적 공간 인덱스 데이터를 조작할 수 있습니다.

---

36 CH 옵션을 지정하는 경우, 값 추가 또는 갱신된 요소의 개수를 반환합니다.

```
127.0.0.1:6379> TYPE mygeo
zset
127.0.0.1:6379> ZRANGE mygeo 0 -1
1) "Osaka Station"
2) "Tokyo Station"
127.0.0.1:6379> ZSCORE mygeo "Osaka Station"
"4170458278646923"
```

COLUMN Geohash

지리 데이터를 다룰 때, 공간 테이블로 검색이나 위치 정보를 문자열로 표현하기 위한 방법으로 Geohash[37]/GeoHex[38]/Quadkey[39]/Locapoint[40] 등이 있습니다.

레디스에서 사용하는 지리 계열 명령어는 Geohash입니다. Geohash는 위도·경도 두 좌표를 하나의 문자열로 합친 것으로 그리드 내의 영역을 나타냅니다. 예를 들어, 위도 35.681236, 경도 139.767125의 경우 xn76urx6606p와 같이 표시됩니다.[41]

그림 2-13 Geohash

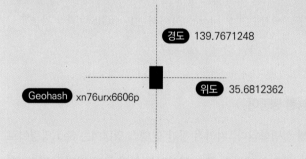

Geohash에서 자릿수가 증가하면 그리드 영역이 좁아지는데, 이것은 위치 정보의 정밀도가 높아지는 것을 의미합니다. 반대로 자릿수가 줄어들면 그리드 영역도 넓어져, 위치 정보의 정

---

37 http://geohash.org/
38 http://www.geohex.org/
39 https://docs.microsoft.com/en-us/bingmaps/articles/bing-maps-tile-system
40 http://lpaddress.com/
41 http://geohash.org/xn76urx6606p

밀도가 떨어집니다. 두 Geohash의 앞의 몇 글자가 일치할 때, 일치하는 부분을 나타내는 Geohash 영역은 두 Geohash의 중첩 범위를 나타냅니다.

Geohash로 특정 위치를 구체적으로 변환하는 방법을 설명하겠습니다. 경도와 위도는 각각 이진수로 표현합니다. 위도는 −90에서 90, 경도는 −180에서 180 사이로, 이진트리 탐색으로 대상의 위도·경도가 지정한 정밀 범위를 둘로 나눴을 때 둘 중에 어디에 속하는지 비교해 나갑니다. 트리를 부모에서 자식까지 따라가면서, 어느 쪽으로 갈지 0과 1비트를 할당합니다. 변환 후에는 경도를 짝수 비트, 위도를 홀수 비트로 해서 각 이진수 값을 번갈아 나열합니다. 5비트마다 Base32 기반 인코딩으로 0~31에 대응하는 값으로 변환합니다. 그 결과, Geohash 길이가 홀수일 때는 세로로 길고, 길이가 짝수일 때는 가로로 길다는 특성을 알 수 있습니다. 이 책은 알고리즘과 자료구조 책이 아니기 때문에 이진트리에 대한 설명은 생략합니다.

레디스는 인코딩이나 디코딩을 하는 경우 이진트리 탐색할 때의 시작 최대 좌표값, 최소 좌표값이 달라 위도의 최소값은 −85.05112878이고 최대는 85.05112878입니다. 표준 Geohash와는 다르지만 표준과 호환성이 있는 문자열 형식으로 표현됩니다.[42][43] 명령어 실행결과로 길이가 11인 문자열이 됩니다. 단, 마지막 한 문자가 정확하지 않다는 걸 알았기 때문에 레디스 6.0 이후에는 호환성을 위해 0으로 채워서 표시되도록 하고 있습니다.[44]

Geohash는 MySQL에서는 공간[Geohash]함수,[45] PostgreSQL에서는 PostGIS의 확장 기능[46] 으로 사용할 수 있습니다.

지리적 공간 인덱스에서 사용 가능한 명령어

지리적 공간 인덱스 명령어에 대해 설명합니다. 지리적 공간 인덱스 명령어는 Geo 명령어로 표현하는 경우도 있습니다. 자세한 내용은 레디스 공식 문서의 지리적 공간 인덱스 명령어[47] 를 참조하세요.

---

42 https://redis.io/commands/geohash

43 https://github.com/redis/redis/blob/7.0.4/src/geohash.h

44 https://github.com/redis/redis/commit/5a72c5058c27cdc778cde8f61d16691b11a6adc5

45 https://dev.mysql.com/doc/refman/8.0/en/spatial-geohash-functions.html

46 https://postgis.net/docs/ST_GeoHash.html

47 https://redis.io/commands/?group=geo

GEOADD: 위치 정보 추가하기

키로 지정한 위치 정보에 경도, 위도 정보를 가진 하나 이상의 멤버를 추가합니다. 시간 복잡도는 $O(logN)$입니다.

```
GEOADD key [NX¦XX] [CH] longitude latitude member [longitude latitude member ...]
```

GEOHASH: 위치 정보 Geohash 값 가져오기

키로 지정한 위치 정보에 지정한 하나 이상의 멤버의 각 Geohash 값을 반환합니다. 시간 복잡도는 $O(1)$입니다.

```
GEOHASH key member [member ...]
```

GEOPOS: 경도·위도 값 가져오기

키로 지정한 위치 정보에 지정한 하나 이상의 멤버의 각 경도·위도 값을 반환합니다. 시간 복잡도는 $O(1)$입니다.

```
GEOPOS key member [member ...]
```

GEODIST: 멤버 간 거리 가져오기

키로 지정한 위치 정보에 두 멤버 간 거리를 반환합니다. 기본적으로 미터 단위 값으로 표시됩니다. 시간 복잡도는 $O(1)$입니다.

```
GEODIST key member1 member2 [ M ¦ KM ¦ FT ¦ MI]
```

GEOSEARCH: 특정 경도·위도 지점에서 지정한 조건에 있는 멤버 목록 가져오기

키로 지정한 위치 정보에 특정 경도·위도 지점에서 지정한 반경 내 거리 혹은 장방형 영역 내 등 조건과 일치하는 멤버를 표시합니다(레디스 6.2.0 이상). GEORADIUS 기능이 확장된 명령어입니다. 시간 복잡도는 $O(N+logM)$입니다. M은 인덱스 내 요소의 개수입니다.

```
GEOSEARCH key FROMMEMBER member ¦ FROMLONLAT longitude latitude BYRADIUS radius
M ¦ KM ¦ FT ¦ MI ¦ BYBOX width height M ¦ KM ¦ FT ¦ MI [ ASC ¦ DESC] [ COUNT
count [ANY]] [WITHCOORD] [WITHDIST] [WITHHASH]
```

■── GEOSEARCHSTORE: 특정 경도·위도 지점에서 지정한 조건에 있는 멤버 목록 가져오고 저장하기

키로 지정한 위치 정보에 특정 경도 · 위도 지점에서 지정한 반경 내 거리 혹은 장방형 영역 내 등 조건과 일치하는 멤버를 지정한 키에 저장합니다(레디스 6.2.0 이상). GEOSEARCH와 유사하게 동작하지만 지정한 키에 저장하고 반환값은 위치 정보를 포함하고 있는 요소의 개수라는 점이 다릅니다. 시간 복잡도는 $O(N+logM)$입니다. M은 인덱스 내 요소의 개수입니다.

```
GEOSEARCHSTORE destination source FROMMEMBER member ¦ FROMLONLAT longitude
latitude BYRADIUS radius M ¦ KM ¦ FT ¦ MI ¦ BYBOX width height M ¦ KM ¦ FT ¦ MI[
ASC ¦ DESC] [ COUNT count [ANY]] [STOREDIST]
```

■── 지리적 공간 인덱스 관련 명령어 보충 설명

거리 단위로는 다음과 같은 값이 포함됩니다.

표 2-8 거리 단위

단위	설명
M	미터
KM	킬로미터
FT	피트
MI	마일

GEOADD 명령어를 사용하여 경도 · 위도를 멤버 이름과 함께 등록하고, GEOHASH 명령어로 등록된 멤버의 Geohash를 확인하며, GEOPOS 명령어로 등록된 멤버 경도 · 위도를 확인할 수 있습니다. 그리고 GEODIST 명령어를 이용하여 등록된 두 멤버 간 거리를 구할 수 있습니다.

GEORADIUS 명령어를 사용하면 특정 경도 · 위도 지점에 지정한 반경 내 거리에 있는 멤버 이름을 표시할 수 있습니다. GEORADIUSBYMEMBER 명령어는 GEORADIUS 명령어와 유사하며 경도 · 위도 대신 등록되어 있는 데이터를 멤버로 지정하여 지정한 반경 내 거리에 있는 멤버 이름을 표시할 수 있습니다.

레디스 6.2.0 이후에는 새로운 옵션이 세 개 추가되었습니다. 각 옵션의 상세 내용은 다음과 같습니다.

- **XX**: 키로 지정한 위치 정보가 존재할 때만 요소를 갱신합니다.
- **NX**: 키로 지정한 위치 정보가 존재하지 않을 때만 신규 요소를 추가합니다.
- **CH**: 기본적으로 새롭게 추가된 요소의 개수를 반환합니다. CH 옵션을 지정하여 반환값의 동작을 변경한 후 새롭게 추가된 요소와 기존 요소에서 값을 갱신한 요소의 개수 합계를 반환합니다.

또한 레디스 6.2 이후부터 GEORADIUS 명령어는 폐지될 예정이기 때문에 사용하는 것을 권장하지 않습니다. 대신 GEOSEARCH 명령어로 대체할 수 있습니다. GEOSEARCH 명령어는 특정 경도 · 위도 지점에 지정한 반경 내 거리 혹은 장방형 영역 내 등 조건과 일치하는 멤버를 반환합니다. GEOSEARCHSTORE 명령어는 GEOSEARCH 명령어와 유사하게 동작하지만 지정한 키에 저장하고 반환값이 위치 정보에 포함된 요소의 개수라는 점이 다르다는 차이가 있습니다.

COLUMN 지리적 공간 인덱스에서 폐지 예정인 명령어

지리적 공간 인덱스에도 몇 가지 명령어는 앞으로 폐지될 예정입니다. 주요 명령어는 다음과 같습니다.

- **GEORADIUS**
  - 특정 경도 · 위도 지점에서 지정한 반경 내에 있는 멤버 목록을 가져옵니다. GEOSEARCH 명령어나 GEOSEARCHSTORE 명령어로 대체할 수 있습니다.

- **GEORADIUSBYMEMBER**
  - 특정 멤버의 장소에서 지정한 반경 내에 있는 멤버 목록을 가져옵니다. GEOSEARCH 명령어나 GEOSEARCHSTORE 명령어로 대체할 수 있습니다.

지리적 공간 인덱스 명령어 실행 예시

지리 데이터 관련 명령어의 실행 예시에 대해 설명합니다.

building-location이라는 키에 아래의 멤버와 위치 정보의 조합을 GEOADD 명령어로 추가하는 예시입니다. 반환값은 집합에 추가된 멤버 수가 됩니다.

표 2-9 멤버와 위치 정보

멤버	위치 정보
도쿄역(Tokyo Station)	경도 139.7671248, 위도 35.6812362
오사카역(Osaka Station)	경도 135.4937619, 위도 34.7024854

```
127.0.0.1:6379> GEOADD building-location 139.7671248 35.6812362 "Tokyo Station"
135.4937619 34.7024854 "Osaka Station"
(integer) 2
```

building-location 키에 있는 도쿄역과 오사카역의 Geohash를 GEOHASH 명령어로 동시에 확인할 수 있습니다.

```
127.0.0.1:6379> GEOHASH building-location "Tokyo Station" "Osaka Station"
1) "xn76urx6600"
2) "xn0m7jrs9k0"
```

building-location 키의 도쿄역의 경도 · 위도를 GEOPOS 명령어로 동시에 확인할 수 있습니다.

```
127.0.0.1:6379> GEOPOS building-location "Tokyo Station"
1) 1) "139.76712495088577271"
   2) "35.68123554127875963"
```

GEODIST 명령어로 building-location 키의 도쿄역과 오사카역, 두 지점 간 거리가 403362.9301m임을 확인할 수 있습니다.

```
127.0.0.1:6379> GEODIST building-location "Tokyo Station" "Osaka Station"
"403362.9301"
```

building-location 키의 특정 지점에 있는 경도·위도가 지정된 거리 반경 범위 내에 등록되어 있는 데이터를 GEORADIUS 명령어로 출력할 수 있습니다. 예를 들어, 경도 140, 위도 40으로부터 반경 700km에는 도쿄역과 오사카역이 동시에 포함되지만, 반경 650km 이내에는 도쿄역만 포함됩니다. 반경 100km라면 어느 쪽도 포함되지 않는 것을 확인할 수 있습니다.

```
127.0.0.1:6379> GEORADIUS building-location 140 30 700 km
1) "Osaka Station"
2) "Tokyo Station"
127.0.0.1:6379> GEORADIUS building-location 140 30 650 km
1) "Tokyo Station"
127.0.0.1:6379> GEORADIUS building-location 140 30 100 km
(empty array)
```

GEORADIUSBYMEMBER 명령어는 경도·위도 대신 등록되어 있는 지점과 그 주위 반경 거리를 지정합니다. 예를 들어, 도쿄역에서 반경 400km 이내는 도쿄역만 포함되지만, 410km 이내라면 오사카역도 포함되는 것을 확인할 수 있습니다.

```
127.0.0.1:6379> GEORADIUSBYMEMBER building-location "Tokyo Station" 400 km
1) "Tokyo Station"
127.0.0.1:6379> GEORADIUSBYMEMBER building-location "Tokyo Station" 410 km
1) "Osaka Station"
2) "Tokyo Station"
```

2.7.3 Pub/Sub 기능

Pub/Sub 모델은 발신자인 발행자Publisher가 수신자인 구독자Subscriber에게 정보를 저장하지 않고 메시지를 보내는 패턴입니다. 레디스에서 Pub/Sub는 자료형이 아닌 기능 형태로 제공합니다.

구독자는 관심 있는 주제에 대해 하나 이상의 채널을 구독할 수 있습니다. 발행자는 특정 채널을 지정하여 이 채널을 통해 메시지를 발행합니다. 발행자가 발행한 메시지는 해당 채널을 구독하고 있는 모든 구독자가 메시지 형태로 받아볼 수 있습니다.

그림 2-14 Pub/Sub 기능 이미지

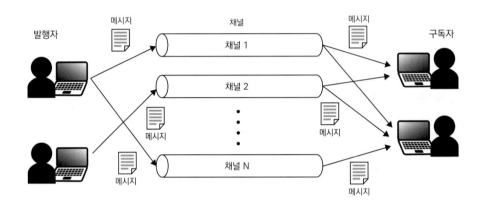

예를 들어, 채팅방을 만들어 여러 사용자끼리 대화할 수 있는 채팅 시스템을 상상해봅시다. 각 사용자는 관심 있는 채널을 구독합니다. 구독하는 동안 다른 사용자가 구독 중인 채널에서 발언하면, 그 발언을 받아볼 수 있습니다. 각 채널은 여러 사용자가 동시에 구독할 수 있으므로 한 명의 발언을 여러 명이 동시에 받아볼 수 있습니다.

레디스의 Pub/Sub 기능을 활용하면 이러한 시스템을 간단히 구현할 수 있습니다. Pub/Sub 기능으로 구현하는 경우, 메시지를 보내는 사람을 발행자, 메시지를 받는 사람을 구독자, 각 채널 방과 같은 공간을 채널로 구현할 수 있습니다. 발행자는 여러 구독자에게 메시지를 직접 발행하는 것은 아니지만, 각 구독자는 관심 있는 채널을 구독하기만 하면 되기 때문에 메시지를 받는 대상이 여럿일 경우에는 확장하기 쉬운 형태로 구성할 수 있습니다.

다음은 Pub/Sub 기능으로 mychannel1, mychannel2, mychannel3이라는 이름의 채널을 SUBSCRIBE 명령어로 구독하는 예시입니다. 다른 창에서는 그중 하나의 채널인 mychannel2에 Hello, World!라는 메시지를 발행합니다.

먼저 구독자를 작업합니다.

```
127.0.0.1:6379> SUBSCRIBE mychannel1 mychannel2 mychannel3
Reading messages... (press Ctrl-C to quit)
1) "subscribe"
2) "mychannel1"
3) (integer) 1
1) "subscribe"
2) "mychannel2"
3) (integer) 2
1) "subscribe"
2) "mychannel3"
3) (integer) 3
```

이어서 발행자를 작업합니다. 구독자와는 다른 창에서 작업합니다.

```
127.0.0.1:6379> PUBLISH mychannel2 "Hello, World!"
(integer) 1
```

그 결과, 구독자 쪽을 확인해보면 발행자가 발행한 메시지가 도착한 것을 확인할 수 있습니다.

```
1) "message"
2) "mychannel2"
3) "Hello, World!"
```

Pub/Sub 기능에서 사용 가능한 명령어

Pub/Sub 기능은 특화된 명령어를 갖추고 있습니다. 지금까지의 자료형과는 다른 특성을 가진 명령 체계입니다. 자세한 내용은 레디스 공식 문서의 Pub/Sub 명령어[48]를 참조하세요.

---

48 https://redis.io/commands#pubsub

PUBLISH: 발행자가 메시지 발행하기

Pub/Sub 기능에서 발행자로 지정한 채널에 메시지를 발행합니다. 시간 복잡도는 $O(N+M)$ 입니다. M은 구독하고 있는 패턴의 수입니다.

```
PUBLISH channel message
```

SUBSCRIBE: 구독자가 채널 구독하기

Pub/Sub 기능에서 구독자로서 지정한 채널을 구독합니다. 시간 복잡도는 $O(N)$입니다.

```
SUBSCRIBE channel [channel ...]
```

UNSUBSCRIBE: 구독자가 채널 구독 종료하기

Pub/Sub 기능에서 구독자가 지정한 채널 구독을 종료합니다. 하나 이상의 채널을 지정할 수 있습니다. 지정하지 않는 경우에는 모든 채널의 구독을 종료합니다. 시간 복잡도는 $O(N)$입니다.

```
UNSUBSCRIBE [channel [channel ...]]
```

PSUBSCRIBE: 구독자가 패턴으로 지정한 채널 구독하기

Pub/Sub 기능에서 구독자로서 지정한 채널을 구독합니다. SUBSCRIBE 명령어와 달리 ?, *, []로 채널 이름을 패턴으로 지정할 수 있습니다. 시간 복잡도는 $O(N)$입니다.

```
PSUBSCRIBE pattern [pattern ...]
```

PUNSUBSCRIBE: 구독자가 패턴으로 지정한 채널 구독 종료하기

Pub/Sub 기능에서 구독자가 지정한 채널 구독을 종료합니다. 하나 이상의 채널을 지정할 수 있습니다. 지정하지 않는 경우에는 모든 채널의 구독을 종료합니다. ?, *, []로 채널 이름을 패턴으로 지정할 수 있습니다. 시간 복잡도는 $O(N+M)$입니다.

```
PUNSUBSCRIBE [pattern [pattern ...]]
```

■── SPUBLISH: 발행자가 메시지를 발행하기

Sharded Pub/Sub 기능에서 발행자로 지정한 샤드 채널에 메시지를 발행합니다. 시간 복잡
도는 $O(N)$입니다.

```
SPUBLISH shardchannel message
```

■── SSUBSCRIBE: 구독자가 채널 구독하기

Sharded Pub/Sub 기능에서 구독자로 지정한 샤드 채널을 구독합니다. 시간 복잡도는
$O(N)$입니다.

```
SSUBSCRIBE shardchannel [shardchannel ...]
```

■── SUNSUBSCRIBE: 구독자가 채널 구독 종료하기

Sharded Pub/Sub 기능에서 구독자로 지정한 샤드 채널의 구독을 종료합니다. 하나 이상의
채널을 지정할 수 있습니다. 지정하지 않은 경우에는 모든 채널의 구독을 종료합니다. 시간
복잡도는 $O(N)$입니다.

```
SUNSUBSCRIBE [channel [channel ...]]
```

■── PUBSUB: Pub/Sub 기능 상태 조사하기

하위 명령어와 세트로 사용하여 Pub/Sub 기능 상태 조사 명령어로 사용합니다. 하위 명령어
종류는 현재 CHANNELS, NUMSUB, NUMPAT, SHARDCHANNELS, SHARDNUMSUB가 있습니다.

Pub/Sub 기능 명령어 동작 상세

PUBLISH 명령어로 발행자가 메시지를 발행하고, SUBSCRIBE/PSUBSCRIBE 명령어로 구독자가

구독하고 싶은 채널을 지정하여 구독합니다. UNSUBSCRIBE/PUNSUBSCRIBE 명령어는 반대로 구독을 종료하고 싶은 채널을 지정해 종료합니다.

PUBSUB 명령어는 Pub/Sub 기능의 상태를 조사할 수 있습니다. PUBSUB CHANNELS 명령어는 구독자가 한 명 이상인 활성화된 채널을 리스트로 만들 수 있습니다. 인수에 패턴을 지정한 경우에는 해당 채널이 대상이고, 지정하지 않은 경우에는 모든 채널이 대상입니다. PUBSUB NUMSUB 명령어는 인수로 여러 채널을 지정한 경우, 지정한 채널의 구독자 수를 셉니다. 단, 패턴으로 채널을 구독하고 있는 클라이언트는 카운트 대상에서 제외합니다. 채널을 지정하지 않은 경우 빈값이 반환됩니다. PUBSUB NUMPAT 명령어는 모든 클라이언트가 구독하고 있는 패턴의 총 개수를 반환합니다.

구독자는 SUBSCRIBE, PSUBSCRIBE, UNSUBSCRIBE, PUNSUBSCRIBE, PING, QUIT 명령어만 사용할 수 있습니다. redis-cli를 사용할 경우, 구독자가 되면 명령어가 듣지 않으므로 Ctrl+C를 사용해 종료해야 합니다.

여기서 주의해야 할 점이 있습니다. 레디스의 Pub/Sub 기능은 구독자가 채널을 구독할 때, 과거에 그 채널에 발행한 메시지는 받을 수 없다는 점입니다. 예를 들어, 네트워크 끊김 등으로 인해 채널 접속이 중단되어 클라이언트 측에서 재시도하여 접속하더라도 접속이 중단된 동안 발행된 메시지를 받을 수는 없게 됩니다. 그렇기 때문에 이 기능을 사용해도 문제없는 유스케이스에서 사용하거나, 그러한 상황을 고려해서 List형에도 데이터를 유지하도록 하는 방법 등으로 구현할 필요가 있습니다.

레디스 5.0 이후라면 레디스 스트림을 사용할 수 있습니다(2.7.5절 참조). 구독자가 메시지를 받아 제대로 처리하지 못하는 클라이언트가 있는 경우, 레디스 서버 측의 부하가 커질 수 있습니다. 그럴 때는 Pub/Sub용 클라이언트 출력 버퍼로 해당 클라이언트에 제한을 설정해 대상 클라이언트의 연결을 해제할 수 있습니다. 자세한 내용은 9.1절을 참조합니다.

Pub/Sub 기능의 최대 연결 수는 일반 클라이언트와 마찬가지로 최대 클라이언트 수에 따라 동작합니다. 최대 클라이언트 수는 설정 파일의 maxclients 지시자로 제어할 수 있습니다. 단, 관리형 서비스로 제공되는 경우 변경하지 못할 수도 있습니다.

레플리케이션을 사용하는 경우, 마스터에 발행된 메시지는 레플리카에도 복제됩니다. 레플리카에 발행된 메시지는 다른 노드에 영향을 주지 않고, 그 노드를 구독하고 있는 구독자에게만 메시지를 전달합니다. 메시지를 마스터에 명령어로 발행한 경우, 반환값은 해당 노드를 구독하고 있는 구독자 수가 됩니다. 레플리카를 구독하고 있는 구독자는 포함되지 않습니다.

또한 Pub/Sub 기능은 키 공간과 관계가 없습니다. 다른 데이터베이스를 포함해서 Pub/Sub 기능의 메시지는 별도로 관리되지 않으며, 모든 데이터베이스의 메시지를 받는 형태가 됩니다.[49] 단, 채널 이름에 접두사를 사용하여 식별하고 메시지 발행처를 제어할 수 있습니다.

Shared Pub/Sub 기능

레디스 7.0 미만에서 레디스 클러스터를 사용하는 경우, 노드에 발행된 메시지는 다른 모든 노드에 전달되므로 모든 노드에서 구독됩니다.[50] [51] 따라서 높은 처리량이 필요한 Pub/Sub 워크로드Workload[52]를 처리할 때, 클러스터 버스의 버퍼 관리로 인해 메인 스레드 CPU 부하가 높아질 수 있습니다. 이렇게 되면 확장성에 문제가 있습니다. 그러한 문제가 발생할 경우, 레디스 클러스터를 사용하지 않는 방법을 고려할 수 있습니다.[53] [54]

레디스 7.0 이후에는 Sharded Pub/Sub 기능이 도입되었습니다. 이를 통해 레디스 클러스터를 사용하는 경우, 메시지 반영은 샤드 내로 제한됩니다.[55] 키가 특정 슬롯에 할당되는 것처럼 샤드 채널도 슬롯에 할당됩니다. 이렇게 함으로써 클러스터 버스 내 데이터양이 제한되고, 샤드를 추가하여 수평 방향으로 쉽게 확장할 수 있습니다.

SPUBLISH 명령어는 PUBLISH, SSUBSCRIBE 명령어는 SUBSCRIBE, SUNSUBSCRIBE 명령어는 UNSUBSCRIBE 명령어와 각각 대응합니다. PUBSUB 명령어의 하위 명령어로는 SHARDCHANNELS

---

49 레디스에서 데이터베이스는 네임스페이스와 같습니다. 다른 데이터베이스라면 같은 이름의 키도 가질 수 있습니다. 자세한 내용은 5장 칼럼을 참조하세요.

50 https://redis.io/topics/cluster-spec#publishsubscribe

51 레디스 클러스터에 대한 자세한 내용은 8장을 참조하세요.

52 역자주_작업을 완료하거나 성과를 만들어내는 데 소요되는 컴퓨팅 리소스와 시간의 양입니다.

53 https://docs.aws.amazon.com/ko_kr/AmazonElastiCache/latest/red-ug/WhatIs.html

54 https://github.com/redis/redis/issues/10863

55 https://github.com/redis/redis/pull/8621, https://github.com/redis/redis/pull/10792

와 SHARDNUMSUB를 사용할 수 있습니다. PUBSUB SHARDCHANNELS 명령어는 PUBSUB CHANNELS 명령어처럼, PUBSUB SHARDNUMSUB 명령어는 PUBSUB NUMSUB 명령어처럼 사용할 수 있습니다.

Pub/Sub 기능 명령어 실행 예시

특정 채팅 도구를 레디스의 Pub/Sub 기능으로 구현해봅시다. 관심 있는 기술 채널에 가입하면 다른 사용자가 기술 관련 메시지를 보냈을 때 그 채널에 들어와 있는 사용자 전원에게 메시지를 전달하는 상황을 모델링합니다.

각 기술의 흥미로운 정보를 공유하는 채널 이름은 모두 -interest라는 접미사를 붙이겠습니다. 예를 들어, 어떤 주제에 관심 있는 사용자가 가입하는 채널 이름을 다음처럼 조합합니다.

표 2-10 관심 주제 및 채널 이름

주제	채널 이름
레디스	redis-interest
멤케시디	memcached-interest
MongoDB	mongodb-interest

Pub/Sub 기능을 사용하여 앞서 언급한 채널을 SUBSCRIBE redis-interest memcached-interest mongodb-interest와 같이 실행하여 구독합니다.

```
127.0.0.1:6379> SUBSCRIBE redis-interest memcached-interest mongodb-interest
Reading messages... (press Ctrl-C to quit)
1) "subscribe"
2) "redis-interest"
3) (integer) 1
1) "subscribe"
2) "memcached-interest" 3) (integer) 2
1) "subscribe"
2) "mongodb-interest"
3) (integer) 3
```

다른 창에서 redis-interest 채널에 Hey, guys. Good news about Redis.라는 메시지를 PUBLISH 명령어로 발행합니다.

```
127.0.0.1:6379> PUBLISH redis-interest "Hey, guys. Good news about Redis."
(integer) 1
```

이렇게 하면 앞서 구독하던 클라이언트에서는 첫 번째 요소에 message라는 PUBLISH 명령어를 통해 메시지를 받은 결과가 출력됩니다. 두 번째 요소에 redis-interest라는 채널 이름, 세 번째 요소에 발생된 메시지 "Hey, guys. Good news about Redis."를 받은 것을 확인할 수 있습니다.

```
1) "message"
2) "redis-interest"
3) "Hey, guys. Good news about Redis."
```

PSUBSCRIBE 명령어를 실행하면 패턴을 지정하여 채널을 구독할 수 있습니다. 또 다른 창에서 *-interest라는 패턴을 지정합니다. 채널에 -interest 접미사를 붙이면 여기서는 redis-interest, memcached-interest, mongodb-interest 채널을 모두 구독할 수 있습니다. 이렇게 해두면 앞서 redis-interest 채널로 발행한 메시지를 수신하는 것을 확인할 수 있습니다.

```
127.0.0.1:6379> PSUBSCRIBE *-interest
Reading messages... (press Ctrl-C to quit)
1) "psubscribe"
2) "*-interest"
3) (integer) 1
1) "pmessage"
2) "*-interest"
3) "redis-interest"
4) "Hey, guys. Good news about Redis."
```

2.7.4 HyperLogLog

페이지 뷰 수처럼 중복을 포함해 카운트만 증가하는 기능이라면 관리 비용이 그렇게 많이 들지 않습니다. 하지만 고유한 수를 계산하기 위해선 이미 카운트한 대상도 관리해야 하므로 얘기가 달라집니다.

예를 들어, Set형으로 데이터를 관리하는 경우 고유한 수에 비례하여 메모리 공간이 필요하므로 메모리를 많이 사용합니다. 또는 레디스가 아닌 SQL을 사용하여 GROUPBY로 항목별 집계를 내서 DISTINCT로 중복 레코드를 제거한 후 COUNT( ) 함수로 집계하는 경우에는 실시간 처리가 어려워집니다.

HyperLogLog는 이럴 때 고유한 수를 효과적으로 계산할 수 있는 확률적 계산 방법입니다. 오차가 다소 있다는 단점도 있지만, 메모리 공간을 효율적으로 사용할 수 있다는 장점도 있습니다. 방문자 수처럼 대략적인 값을 알기만 하면 괜찮은 경우처럼 정확한 값을 알 필요가 없는 경우에 활용할 수 있습니다.

HyperLogLog의 아이디어는 동전을 연속해서 던졌을 때 같은 면이 연속해서 몇 번 나오는지를 여러 번 시도하는 데서 출발합니다. 연속한 면이 많이 나온다는 것은, 그만큼 많은 시도를 했다는 것과 비슷한 발상이라고 할 수 있습니다. 하지만 우연인 경우도 있으므로 오차가 발생하며, 요소 개수가 적은 경우에는 오차가 커지기도 합니다. Amazon RedShift[56]나 Google Cloud BigQuery,[57] PG-Strom[58] 등 여러 서비스에서 사용할 수 있습니다.

레디스에서도 HyperLogLog를 사용할 수 있으며, 레디스 키로 참조하는 HyperLogLog 자료구조에 요소를 추가해나가는 방식으로 사용합니다. 그 후 HyperLogLog 자료구조 내 요소 개수를 구하거나 여러 HyperLogLog 자료구조를 하나로 합치는 데도 사용할 수 있습니다.

레디스의 HyperLogLog 동작 메커니즘은 11.1.7절에서 자세하게 다룰 예정입니다.

---

56 https://docs.aws.amazon.com/ko_kr/redshift/latest/dg/r_HLL_CARDINALITY.html
57 https://cloud.google.com/bigquery/docs/reference/standard-sql/hll_functions
58 https://heterodb.github.io/pg-strom/hll_count

그림 2-15 HyperLogLog 이미지

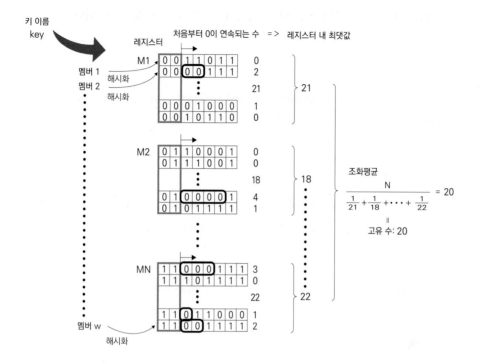

HyperLogLog로 방문자 수를 카운트하는 예시입니다. 여기에서는 첫째 날에 visitor1~ visitor7까지 일곱 명의 방문자가 있으므로, PFADD 명령어로 counter:day1이라는 키에 추가합니다. 방문자 추가는 동시에도 할 수 있고 따로 추가할 수도 있습니다. PFCOUNT 명령어로 방문자 수를 확인하면 7이라는 값을 반환하며, 실제 방문자 수와 일치하는 것을 확인할 수 있습니다.

```
127.0.0.1:6379> PFADD counter:day1 visitor1 visitor2 visitor3
(integer) 1
127.0.0.1:6379> PFADD counter:day1 visitor4 visitor5
(integer) 1
127.0.0.1:6379> PFADD counter:day1 visitor6 visitor7
(integer) 1
127.0.0.1:6379> PFCOUNT counter:day1
(integer) 7
```

또한 둘째 날에 visitor2, visitor5, visitor8, visitor9 네 명이 방문했습니다. 2일 째 방문자 수를 PFCOUNT 명령어로 확인하면 4가 반환되며 네 명이라는 값과 일치합니다.

```
127.0.0.1:6379> PFADD counter:day2 visitor8
(integer) 1
127.0.0.1:6379> PFADD counter:day2 visitor2 visitor5 visitor9
(integer) 1
127.0.0.1:6379> PFCOUNT counter:day2
(integer) 4
```

이틀 간 합계 방문자 수를 살펴보겠습니다. 이틀 동안 visitor1~visitor9까지 아홉 명이 방문했습니다. visitor2와 visitor5는 첫째 날과 둘째 날 모두 방문했습니다.

그렇기 때문에 단순히 첫째 날과 둘째 날 방문자 수의 합계는 아닙니다. HyperLogLog로 두 HyperLogLog 자료구조를 통합하여 요소의 개수를 확인하면 중복문을 제거하고도, 실제 고유 방문자 수인 9라는 값이 반환되는 것을 확인할 수 있습니다(메모리 공간을 효율적으로 대체하여 오차는 1% 미만입니다).

```
127.0.0.1:6379> PFMERGE count:total counter:day1 counter:day2
OK
127.0.0.1:6379> PFCOUNT count:total
(integer) 9
```

HyperLogLog의 특징과 유스케이스는 다음과 같습니다.

- **특징**
  - 고유한 수를 계산하는 확률적 계산 방법에 사용합니다. 메모리 공간 효율성을 위해 오차는 1% 미만으로 포함합니다.
  - 장점
    - 계산해야 하는 수에 비례하지 않는 일정량의 메모리만 필요합니다.
    - 필요한 메모리는 많아야 12KB 정도로, 요소 개수가 매우 적을 때는 메모리가 더 적을 수 있습니다.

□ 단점

    - 표준 오차 1% 미만의 계산을 할 때 오차가 발생합니다.

■ 유스케이스

□ 고유 방문자 수

웹사이트 방문자 수 같이 다소 오차가 허용되는 경우에는 HyperLogLog를 활용할 수 있습니다. Set형을 사용하여 집계 내 고유한 수를 세기 위해서는 데이터 세트 크기에 비례하는 메모리가 필요합니다. 데이터가 큰 경우에는 메모리 소비가 커지지만, HyperLogLog를 사용하면 최대 메모리 소비량이 약 12KB 정도로 제한되어 효율적으로 사용할 수 있습니다.

HyperLogLog에서 사용 가능한 명령어

Pub/Sub 기능과 마찬가지로, 자료형과는 다른 명령어 체계입니다. HyperLogLog 기능에 특화된 명령어들이 준비되어 있습니다. 자세한 내용은 레디스 공식 문서의 HyperLogLog 명령어[59]를 참조하세요.

▪── PFADD: HyperLogLog에 값 추가하기

키로 지정한 HyperLogLog 자료구조에 지정한 하나 이상의 요소를 추가합니다. 시간 복잡도는 $O(1)$입니다.

```
PFADD key element [element ...]
```

▪── PFCOUNT: HyperLogLog로 카운트한 값의 근사치 가져오기

키로 지정한 HyperLogLog 자료구조에 대략적인 요소의 개수를 반환합니다. 여러 키를 지정한 경우에는 키로 지정한 HyperLogLog를 하나로 합친 결과의 요소의 개수를 반환합니다. 시간 복잡도는 $O(N)$입니다.

---

59 https://redis.io/commands/?group=hyperloglog

```
PFCOUNT key [key ...]
```

▪── PFMERGE: HyperLogLog 자료구조 통합하기

키로 지정한 하나 이상 혹은 HyperLogLog 자료구조를 하나로 통합하여 지정한 키에 저장합니다. 반환값은 키로 지정한 HyperLogLog를 하나로 통합한 결과의 요소 개수입니다. 즉, PFCOUNT 명령어로 얻은 결과와 같습니다. 시간 복잡도는 $O(N)$입니다.

```
PFMERGE destkey sourcekey [sourcekey ...]
```

▪── PFDEBUG: HyperLogLog 기능을 디버그하기

이 명령어는 다른 명령어와는 달리 특수한 디버그용 명령어입니다. 레디스 자체 개발과 관련하여 HyperLogLog 기능에 관한 구현을 하는 경우가 아니라면 기본적으로 사용할 일은 없습니다. 하위 명령어로, GETREG, DECODE, ENCODING, TODENSE 네 종류의 명령어가 현재 사용되며, 키 이름으로 지정하는 형태로 사용합니다. 자세한 내용은 11.1.7절을 참조하세요.

```
PFDEBUG subcommand key
```

▪── HyperLogLog 명령어 보충 설명

PFADD 명령어로 요소를 추가하고, PFCOUNT 명령어로 고유한 요소의 개수를 근사치로 계산합니다. PFMERGE 명령어로 지정한 다른 키 간의 정보를 통합합니다.[60] 자세한 내용은 11.1.7절을 참조하세요.

HyperLogLog 명령어 사용 예시

Set형과 같은 예시를 사용하여 2022년 8월 29일과 30일, 이틀 간 특정 장소에 방문한 방문자를 관리하는 기능을 모델링하고 레디스 HyperLogLog 기능으로 구현합니다. FLUSHDB로 데이터베이스 내 데이터를 삭제해두기 바랍니다.

---

60 각 명령어의 접두사인 PF는 HyperLogLog 논문을 발행한 필리프 플라졸레(Philippe Flajolet)를 의미합니다.

HyperLogLog로 2022년 8월 29일에 방문한 방문자를 관리하기 위해 visitor:20220829를 키 이름으로 하여 Taro, Jiro, Saburo라는 멤버를 PFADD 명령어로 추가하는 예시를 살펴봅니다. 반환값은 HyperLogLog 내에서 적어도 하나의 요소가 변경되면 1, 그렇지 않으면 0이 됩니다. 또한 고유한 수를 나타내는 카디널리티^{Cardinality}[61]는 PFCOUNT 명령어로 확인할 수 있습니다.

```
127.0.0.1:6379> PFADD visitor:20220829 Taro Jiro Saburo
(integer) 1
127.0.0.1:6379> PFCOUNT visitor:20220829
(integer) 3
```

마찬가지로 2022년 8월 30일에 방문한 방문자를 관리하기 위해 visitor:20220830을 키 이름으로 하여 Jiro, Shiro, Goro, Rokuro, Nanaro라는 멤버를 추가하여 정의합니다. 다섯 개의 요소를 추가했으므로 PFCOUNT 명령어 실행 결과도 5라는 값이 반환됩니다.

```
127.0.0.1:6379> PFADD visitor:20220830 Jiro Shiro Goro Rokuro Nanaro
(integer) 1
127.0.0.1:6379> PFCOUNT visitor:20220830
(integer) 5
```

PFMERGE 명령어를 사용하면 여러 키의 요소를 하나의 키로 쉽게 합칠 수 있습니다. 다음은 visitor:20220829와 visitor:20220830의 HyperLogLog 정보를 합친 것을 visitor:20220829-20220830에 저장하는 예시입니다. PFCOUNT 명령어 결과로 확인한 7이라는 값은 이틀 간 방문한 고유한 사용자 수를 나타냅니다.

```
127.0.0.1:6379> PFMERGE visitor:20220829-20220830 visitor:20220829 visitor:20220830
OK
127.0.0.1:6379> PFCOUNT visitor:20220829-20220830
(integer) 7
```

---

61 역자주_특정 데이터 집합의 고유한 값의 개수입니다. 즉, 중복도가 '낮으면' 카디널리티가 '높다'라고 표현하고 반대로 중복도가 '높으면' 카디널리티가 '낮다'라고 표현합니다.

Set형이나 비트맵과 같은 예시지만 더 적은 메모리로 같은 동작을 구현할 수 있습니다. 단, 계산 결과가 근사치라는 점은 꼭 유의하기 바랍니다.

COLUMN 내부 인코딩

레디스는 여러 데이터를 저장할 때 내부적으로 인코딩을 수행합니다. 내부 인코딩은 여러 데이터를 매개변수 등 조건에 따라 다른 종류의 데이터로 자동 변환합니다. 이런 메커니즘을 통해 메모리를 효율적으로 사용하고 메모리 내에 더 많은 데이터를 보존하도록 합니다.

인코딩 변환 처리에는 CPU를 사용합니다. CPU/메모리 사용의 트레이드오프를 고려하여 요건에 따라 적절하게 매개변수 등을 설정할 수도 있습니다. 일반적으로는 이 점을 특별히 신경 쓰지 않아도 되지만, 어떤 기준으로 인코딩이 이뤄지고, CPU를 많이 소비하는지를 파악해두면 트레이드오프를 고려해서 튜닝할 수 있습니다.

다음은 내부 인코딩의 상세 내용입니다.

- **String형**

  □ int: 64비트 부호 정수입니다.

  □ embstr: 44바이트 이하 문자열입니다.

  □ raw: 44바이트보다 큰 문자열입니다.

- **List형**

  □ quicklist: List형은 listpack(레디스 6.2 이하에서는 ziplist)이 사용되지만, 양끝의 매개변수가 아래 조건을 만족하는 범위에서는 압축되지 않은 상태, 그 외에는 LZF로 압축한 상태가 됩니다.[62]

    – `list-max-listpack-size`(레디스 7.0 미만에서는 `list-max-ziplist-size`) 지시자 값 이하인 경우입니다.

    – `list-compress-depth` 지시자 값 이하인 경우입니다.

- **Hash형**

  □ listpack(레디스 6.2 이하에서는 ziplist): 아래 조건을 동시에 만족하는 경우에 인코딩합니다.

---

62 레디스 3.2 이전에는 같은 조건을 만족할 때 ziplist, 그렇지 않으면 Linked List를 사용했습니다.

- hash-max-listpack-entries(레디스 7.0 미만에서는 hash-max-ziplist-entries) 지시자 값 이하인 경우입니다.[63]
- hash-max-listpack-value(레디스 7.0 미만에서는 hash-max-ziplist-value) 지시자 값 이하인 경우입니다.[64]

  ▫ hashtable: listpack(레디스 7.0 미만에서는 ziplist) 조건을 만족하지 않는 경우에 인코딩합니다.

- **Set형**

  ▫ intset: 아래 조건을 만족하는 경우에 인코딩합니다.
    - 모든 요소가 정수인 경우에 해당합니다.
    - set-max-intset-entries 지시자 값 이하인 경우에 해당합니다.

  ▫ hashtable: intset 조건을 만족하지 않는 경우에 인코딩합니다.

- **Sorted Set형**

  ▫ listpack(레디스 7.0 미만에서는 ziplsit): 아래 조건을 동시에 만족하는 경우에 해당합니다.
    - zset-max-listpack-entries(레디스 7.0 미만에서는 zset-max-ziplist-entries) 지시자 값 이하 요소의 개수인 경우입니다.
    - zset-max-listpack-value(레디스 7.0 미만에서는 zset-max-ziplist-value) 지시자 값 이하 바이트 수인 경우입니다.

  ▫ skiplist: listpack(레디스 7.0미만에서는 ziplist) 조건을 만족하지 않는 경우에 인코딩합니다.

- **HyperLogLog**

  ▫ Sparse: hll-sparase-max-bytes 지시자 값 이하인 경우에 인코딩합니다. 런 렝스 부호화[65]를 이용해 압축하며 메모리 사용량을 효율화합니다.

  ▫ Dense: Sparse 조건을 만족하지 않는 경우에 인코딩합니다.

- **지리적 공간 인덱스**

  ▫ 52비트 Geohash입니다.

---

63 레디스 2.6 미만인 경우, hash-max-zipmap-entries 지시자 값 이하입니다.

64 레디스 2.6 미만인 경우, hash-max-zipmap-value 지시자 값 이하입니다.

65 역자주_런 렝스 부호화(Run-length Encoding)는 데이터에서 같은 값이 연속해서 나타나는 것을 개수와 반복되는 값만으로 표현하는 방법입니다.

- **레디스 스트림**
    - 스트림은 RAX로 구현된 트리 형태 자료구조로, 트리의 각 노드에 listpack을 사용합니다.
    - 크기와 엔트리 수가 아래 조건을 만족할 때까지 끝에 엔트리를 추가합니다.
        - stream-node-max-entries 지시자 값 이하 요소의 개수
        - stream-node-max-bytes 지시자 값 이하 바이트의 수

일반적으로 위에서 언급한 레디스에 내장된 내부 인코딩을 사용하는 것으로 충분합니다. 데이터 세트 중 대부분 데이터에 접근하는 경우나 트래픽이 일정한 경우에는 직렬화^{Serialization}나 압축 알고리즘 등 레디스에 국한되지 않은 일반적인 방법이 효과적인 경우도 있습니다.[66] 단, 내부 인코딩을 가능한 선에서 활용하면 애플리케이션 측에서 의도적으로 구현할 필요 없이 레디스에서 자동으로 변환해주기 때문에 손쉽게 구현할 수 있습니다. 애플리케이션 유지 관리라는 관점에서도 레디스 내장 기능을 활용하는 것이 이점이 더 많습니다.

2.7.5 레디스 스트림

레디스 스트림^{Redis Stream}은 스트림 작업에 사용되는 기능입니다. 채팅 등과 같은 메시지 교환에도 활용할 수 있으며, 기본적으로는 강력한 메시지 처리 기능을 가진 추가형 자료구조를 사용하고 있습니다.[67] 로그라고 하는 연속한 순서로 끝에 불변하는 레코드를 추가하는 자료구조가 있습니다. 레디스 스트림은 지금까지 설명한 List형이나 자료형, Pub/Sub 등의 기능에 비해 더 다양한 상황을 다룰 수 있도록 로그 데이터 구조를 모델링하고 있습니다.

레디스 레플리케이션 기능이나 레디스 클러스터 등에서도 사용할 수 있습니다.

---

66 아래 블로그에서는 메모리 최적화를 위한 여러 기법을 소개합니다. 대부분 환경과 관계없이 적용할 수 있는 것들이므로 참고하세요.
https://aws.amazon.com/blogs/database/optimize-application-memory-usage-on-amazon-elasticache-for-redis-and-amazon-memorydb-for-redis/
67 레디스 5.0.0 이후 레디스 스트림을 이용할 수 있습니다.

그림 2-16 레디스 스트림 이미지

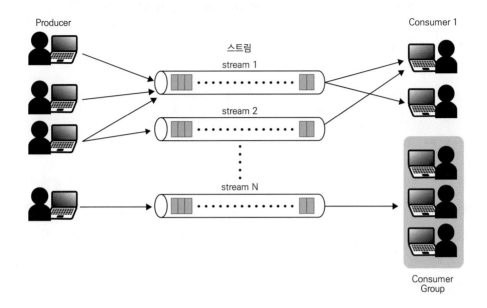

특징과 유스케이스는 다음과 같습니다.[68] [69] [70]

- **특징**
  - ◻ 데이터가 연속으로 대량 발생하는 상황에서 데이터를 추가할 때 특화된 자료구조입니다. 기존 데이터를 변경하지 않고 추가할 수 있습니다(예 채팅 메시지, 온도·습도 등 센서 데이터).
  - ◻ 각 엔트리에 여러 필드를 갖도록 구조화된 데이터를 가질 수 있습니다.
  - ◻ 과거 데이터도 유지할 수 있습니다.
  - ◻ 엔트리 ID 및 유닉스 시간으로 엔트리 조회 범위를 지정할 수 있습니다.
  - ◻ 레디스만의 기능으로 Consumer Group 기능을 지원하여 그룹 내 클라이언트 협동을 할 수 있습니다.
    - Consumer가 지정한 엔트리를 처리할 수 있습니다.
    - Consumer가 지정한 엔트리가 제대로 처리되었는지 확인할 수 있습니다.
    - 제대로 처리되지 않은 경우, 다른 Consumer에 할당하여 처리를 계속할 수 있습니다.
    - Kafka와 비슷한 개념이지만 Kafka가 메시지를 읽는 소스에서 파티션으로 분할하는 반면, 레디스는

---

68 https://redis.io/topics/streams-intro

69 http://antirez.com/news/114

70 http://antirez.com/news/128

미리 준비된 Consumer의 상태를 기반으로 논리적으로 파티션을 구현합니다. Kafka와 비슷하게 구현하기 위해서는 키를 여러 개로 분할하여 유사한 파티셔닝을 할 수 있습니다.

- **유스케이스**
  - 채팅 시스템
  - 메시지 브로커
  - 큐잉 시스템
  - 통합 로그

예를 들어, 채팅 도구를 Pub/Sub 기능으로 구현하는 경우 채널을 구독하지 않는 동안에 전송된 데이터를 받을 수 없습니다. 통신이 끊겨져 재시도하는 동안에 전송된 데이터도 받지 못할 수 있습니다. 그러므로 요구사항에 따라서는 애플리케이션 측에서 추가적인 조치가 필요하기 때문에 구현이 어려워질 수 있습니다. 또한 이력을 유지하려면 별도 저장이 필요하기 때문에 List형 등과 함께 사용해야 합니다.

레디스 스트림을 이용하면 개별 데이터 수신을 놓치지 않고 이력도 유지할 수 있습니다. 레디스 스트림은 로그 자료구조를 유연하게 다룰 수 있어 많은 유스케이스에서 빠르고 간편하게 사용할 수 있습니다. 레디스 스트림을 활용할 수 있으면 적극적으로 사용을 검토해보는게 좋습니다. 레디스 스트림으로 표현할 수 있는 데이터 모델은 다음에 소개할 각 기능과 함께 비교하여 고려해보기 바랍니다.

레디스 스트림은 레디스 5.0 이후에 추가된 기능이므로 이전 버전에서는 사용할 수 없습니다. 이점에 주의하기 바랍니다. 레디스 5.0 미만을 사용한다면 레디스 버전을 업그레이드해서 기존 자료형과 기능을 구현하고 다른 미들웨어 기능을 사용해 구현하는 방법 등을 생각해볼 수 있습니다.

레디스 스트림은 RAX 기반의 트리형 구조로, 트리 각 노드에 listpack이 사용됩니다(RAX는 11.1.4절 참조). listpack은 ziplist의 대체 후보로 메모리의 효율 향상을 목적으로 하는 내부 인코딩입니다.[71]

---

71 https://www.slideshare.net/RedisLabs/redisconf17-rax-listpack-and-safe-contexts

레디스 스트림을 사용할 수 있는 쿼리 모드에는 다음 세 가지 종류가 있습니다.

- 메시징 시스템
- 시계열 데이터
- Consumer Group

메시징 시스템 쿼리 모드는 스트림에 추가된 메시지와 같은 내용을 여러 Consumer에 전달할 수 있습니다. 시계열 데이터 쿼리 모드에서는 시간 범위를 지정하거나 커서로 과거 이력에 따라 메시지를 추적할 수 있습니다. 레디스에는 분산 스트림 처리를 고려하여 설계하고 있습니다.

Consumer Group 쿼리 모드에서는 Consumer Group 내 하나 이상의 Consumer에서 스트림 내 엔트리를 분산시키면서 함께 처리할 수 있습니다. Consumer Group을 하나의 단위로, 동일 그룹 내 하나 이상의 Consumer는 파티션으로 나뉘어 있습니다. 메시지 처리는 각 파티션 내 Consumer로만 할 수 있습니다. 이를 통해 여러 Consumer에서 작업^{task}을 분할하여 처리할 수 있으며, Consumer는 스케일 아웃 구성이 가능하도록 설계되었습니다. 또한 레디스 서버 내에서 여러 Consumer의 엔트리 처리 상황을 관리할 수 있습니다. 하나의 스트림 내 여러 Consumer Group을 만들 수도 있고, 같은 스트림의 데이터를 각기 다른 진행 상황으로 처리하는 것이 가능합니다.

실제 명령어 사용 예시를 살펴보겠습니다. 레디스 스트림에서 mystream이라는 키에 아래 필드와 값의 조합을 XADD 명령어로 추가하고 있습니다. 그 후 XRANGE 명령어로 지정한 범위의 메시지를 표시하고 있습니다.

표 2-11 필드와 값의 조합

필드	값
name	Taro
age	32
message	Hello, World!

```
127.0.0.1:6379> XADD mystream * name Taro age 32 message "Hello, World!"
"1661750096616-0"
127.0.0.1:6379> XADD mystream * name Jiro age 26 message "Hi, Taro"
"1661750100743-0"
127.0.0.1:6379> XADD mystream * name Saburo age 30 message "Hi, Jiro"
"1661750105209-0"
127.0.0.1:6379> XRANGE mystream - +
1) 1) "1661750096616-0"
   1)    1) "name"
         1) "Taro"
         2) "age"
         3) "32"
         4) "message"
         5) "Hello, World!"
2) 1) "1661750100743-0"
   1)    1) "name"
         1) "Jiro"
         2) "age"
         3) "26"
         4) "message"
         5) "Hi, Taro"
3) 1) "1661750105209-0"
   1)    1) "name"
         1) "Saburo"
         2) "age"
         3) "30"
         4) "message"
         5) "Hi, Jiro"
```

레디스 스트림은 지금까지의 자료형이나 기능과 비교하면 로그 데이터 구조를 좀 더 추상적으로 다룹니다. 다른 자료형보다는 더 다양한 상황에서 사용하기 위해 고안된 것이기 때문에 내용이 더 풍부합니다. 그러면 레디스 스트림에 대해 더 자세히 알아봅니다.

쿼리 모드와 상관없이 사용 가능한 명령어

레디스는 쿼리 모드에 따라 사용할 수 있는 명령어가 다릅니다. 여기서는 쿼리 모드와 상관 없이 사용 가능한 주요 명령어를 소개합니다. 공식 문서의 레디스 스트림 명령어[72]를 참조하기 바랍니다.

▪— XADD: 스트림에 엔트리 추가하기

지정한 키 스트림에 엔트리를 추가합니다. 트리밍을 할 때 N개의 엔트리를 백업하는 경우, 처리 시 $O(N)$의 시간 복잡도가 발생합니다. 시간 복잡도는 $O(1)$입니다.

```
XADD key [NOMKSTREAM] [<MAXLEN | MINID> [= | ~] threshold [LIMIT count]] <* |
id> field value [field value ...]
```

▪— XRANGE: 스트림에서 지정한 범위에 있는 엔트리 ID를 오름차순으로 가져오기

지정한 키 스트림에 지정한 엔트리 ID 범위 내 일치하는 모든 엔트리를 ID가 큰 순서로 반환 합니다. XREVRANGE 명령어와 유사하지만 범위를 작은 ID부터 큰 ID순으로 지정한다는 점과 ID가 오름차순으로 결과를 반환한다는 점이 다릅니다. 시간 복잡도는 $O(N)$입니다.

```
XRANGE key start end [COUNT count]
```

▪— XREVRANGE: 스트림에서 지정한 범위에 있는 엔트리 ID를 내림차순으로 가져오기

지정한 키 스트림에 지정한 엔트리 ID 범위 내에 일치하는 모든 엔트리를 ID가 작은 순서로 반환합니다. XRANGE 명령어와 유사하지만 범위를 큰 ID부터 작은 ID 순으로 지정한다는 점 과 ID가 내림차순으로 결과를 반환한다는 점이 다릅니다. 시간 복잡도는 $O(N)$입니다.

```
XREVRANGE key end start [COUNT count]
```

---

72 https://redis.io/commands/?group=stream

XREAD: 스트림에서 엔트리 가져오기

지정한 하나 이상의 키 스트림에서 지정한 엔트리 ID 이후의 엔트리 데이터를 읽어옵니다. 시간 복잡도는 $O(N)$입니다.

```
`XREAD [COUNT count] [BLOCK milliseconds] STREAMS key [key ...] ID [ID ...]
```

XLEN: 스트림 내 엔트리 수 가져오기

지정한 키 스트림 내에 엔트리 수를 반환합니다. 시간 복잡도는 $O(1)$입니다.

```
XLEN key
```

XDEL: 스토리 내 엔트리 삭제하기

지정한 키 스트림 내에 지정한 ID 엔트리를 삭제합니다. 시간 복잡도는 $O(1)$입니다.

```
XDEL key ID [ID ...]
```

XTRIM: 스토리 내 엔트리 수를 트리밍하기

지정한 키 스트림 내에 임계값을 지정하여 엔트리를 삭제함으로써 엔트리 수를 제한합니다. 시간 복잡도는 $O(N)$입니다.

```
XTRIM key MAXLEN|MINID [=|~] threshold [LIMIT count]
```

XINFO: 스트림 상세 정보 가져오기

스트림이나 Consumer Group의 상세 정보를 가져옵니다. 하위 명령어로 CONSUMERS, GROUPS, STREAM, HELP가 있습니다. XINFO CONSUMERS 명령어는 Consumer Group에 속한 Consumer 목록을 가져옵니다. 시간 복잡도는 $O(1)$입니다. 명령어 실행 양식은 다음과 같습니다.

```
XINFO CONSUMERS key groupname
```

XINFO GROUPS 명령어는 지정한 스트림의 Consumer Group 목록을 가져옵니다. 시간 복잡도는 $O(1)$입니다. 명령어 실행 양식은 다음과 같습니다.

```
XINFO GROUPS key
```

XINFO STREAM 명령어는 지정한 스트림의 상태 세부 정보를 가져옵니다. 시간 복잡도는 $O(1)$입니다. 명령어 실행 양식은 다음과 같습니다.

```
XINFO STREAM key [FULL [COUNT count]]
```

XINFO HELP 명령어는 XINFO 명령어를 위한 도움 명령어입니다. 여러 하위 명령어의 사용법을 알고 있는 경우에 사용합니다. 시간 복잡도는 $O(1)$입니다. 명령어 실행 양식은 다음과 같습니다.

```
XINFO HELP
```

▪── 레디스 스트림 명령어 동작 상세

XADD 명령어는 지정한 키 이름의 스트림에 엔트리를 추가합니다. 같은 스트림 내 메시지는 하나의 키에 대응합니다.[73]

메시징 시스템 쿼리 모드에서는 XRANGE 명령어를 사용할 수 있으며, 사용하면 지정한 엔트리 ID 범위 내에 일치하는 모든 엔트리를 표시합니다. XRANGE 명령어에는 특수 ID로 '–'와 '+'를 사용할 수 있으며, 각 ID는 스트림 내 최소 ID와 최대 ID를 나타냅니다. XREVRANGE 명령어는 XRANGE 명령어와 유사하지만 결과가 역순이 됩니다. 시작 위치, 종료 위치의 인수를 지정할 때 순서를 역순으로 지정한다는 점을 주의해야 합니다.

....

73 같은 스트림 내 메시지에서 쓰기 쿼리는 자동으로 여러 캐시 노드로 분산되지 않기 때문에 분산이 필요한 경우에는 여러 키를 사용하여 레디스 클러스터(8장)를 활용하는 등의 방법이 필요합니다.

엔트리 ID는 다음과 같은 형식으로 나타냅니다.

> 〈유닉스 시간〉 – 〈동일 시간에 있는 엔트리 수만큼 더한 ID(0부터 시작)〉

엔트리 ID를 지정할 때는 유닉스 시간만으로도 지정할 수 있습니다. 레디스 7.0.0 이후에는 XADD 명령어 실행 시 엔트리 ID를 자동 생성할 수 있습니다. 〈유닉스 시간〉-*와 같은 형태로 지정합니다.

스트림 내 엔트리 수가 계속해서 증가하여 메모리를 압박하지 않기 위해 일정한 엔트리 수를 유지하는 스트림이 필요한 경우도 있습니다. 이 경우 XADD 명령어의 MAXLEN〈number〉 옵션을 사용할 수 있습니다. 해당 옵션은 제한을 초과할 경우 오래된 엔트리를 메모리에서 제거합니다. MAXLEN 옵션으로 엔트리를 관리하게 되면 기수 트리로 표현하며 그에 따른 비용이 증가합니다. 하지만 MAXLEN ~ 1000과 같이 숫자값 앞에 ~ 기호를 넣으면 비용을 줄일 수 있습니다. 정확하게 지정한 값으로 엔트리 수를 제한할 필요 없이 약간의 초과도 허용하는 경우에 사용할 수 있습니다.[74]

XTRIM 명령어를 사용하면 엔트리를 추가하지 않고 MAXLEN 옵션으로 엔트리 수에 제한을 걸 수 있습니다.

XRANGE 명령어의 인수 ID로 유닉스 시간을 지정할 수도 있으며, COUNT 〈number〉 옵션을 부여하여 가져올 엔트리 수를 제한할 수 있습니다.

시계열 데이터 쿼리 모드에서는 스트림에 새롭게 추가된 엔트리를 구독하여 Pub/Sub 기능과 비슷하게 동작할 수 있습니다. XREAD 명령어로 하나 이상의 키 이름에 스트림을 지정하여 지정한 엔트리 ID 이후 엔트리 데이터를 읽어올 수 있습니다. $를 지정하면 명령어 실행 이후 새롭게 도착한 메시지를 가져올 수도 있습니다. 또한 0을 지정하면 엔트리 ID가 0-0보다 큰 것으로 간주되어 모든 엔트리를 읽어 들입니다.

XINFO 명령어는 하위 명령어로 STREAM/GROUPS/CONSUMERS 세 가지를 사용할 수 있습니다.

---

74 레디스 6.2.0 이후에는 MINID 옵션으로 최소 ID를 지정하여 임계값을 초과한 오래된 엔트리를 메모리에서 제거합니다. 또한 기본적으로 키가 존재하지 않는 경우 지정한 키 이름에 스트림이 생성되지만 NOMKSTREAM 옵션으로 스트림 생성을 무효화할 수 있습니다.

XINFO STREAM 명령어로는 스트림의 일반 정보를 확인할 수 있습니다. 엔트리 수, 최적화 및 디버그용 기수 트리 관련 정보, 스트림 내 Consumer Group 수, 마지막에 생성된 엔트리 ID, 첫 엔트리 내용, 마지막 엔트리 내용을 확인할 수 있습니다. FULL 옵션을 사용하면 처음과 마지막 엔트리 내용뿐 아니라 스트림 내 엔트리 전체 내용을 확인할 수 있습니다.[75] 또한 Consumer Group 전체 및 각 그룹 PEL^Pending Entries List 및 Consumer 전체 내용도 확인 가능합니다.

XINFO GROUPS 명령어로는 지정한 키 이름의 스트림의 각 Consumer Group 정보를 확인할 수 있습니다. 구체적으로 Consumer Group 이름, Consumer 수, 보류 상태인 엔트리 수, 마지막으로 전달된 엔트리 ID를 확인할 수 있습니다.

XINFO CONSUMERS 명령어는 지정한 키 이름 스트림의 Consumer Group에 있는 각 Consumer의 Consumer 이름, 보류 상태인 엔트리 수, 유휴 시간을 밀리 초 단위로 확인할 수 있습니다.

XLEN 명령어로 스트림 내 엔트리 수를 확인할 수 있습니다.

레디스 스트림은 기본적으로 추가형 자료구조로 생각할 수 있지만 예외도 있습니다. XDEL 명령어로 지정한 ID 엔트리를 삭제할 수도 있습니다. XDEL 명령어는 프라이버시 규제와 같은 애플리케이션에서 사용할 수 있습니다. 단, 이 명령어는 실제 데이터를 메모리에서 회수하는 것은 아니므로 사용법에 주의해야 합니다.

레디스 스트림에서는 메시지 관리에 엔트리 ID를 사용하기 때문에 〈유닉스 시간〉 - 〈동일 시간에 추가된 엔트리 수만큼 더한 ID (0부터 시작)〉 형식으로 표현된다고 설명했습니다. 엔트리 ID에는 특수 ID라 불리는 의미가 특수한 ID가 있으며 -, +, $, 〉, *의 다섯 가지 종류가 있습니다.

---

75 레디스 6.0에서 도입했습니다.

표 2-12 특수 ID

특수 ID	설명
–	모든 스트림 내에서 가장 작은 엔트리 ID다.
+	모든 스트림 내에서 가장 큰 엔트리 ID다.
$	명령어를 실행한 후 스트림에 가장 최근에 도착한 메시지의 엔트리 ID다.
⟩	XREADGROUP 명령어다. Consumer Group 내에 어떤 Consumer에게도 전달되지 않은 메시지 ID다.
*	XADD 명령어로 추가한 새로운 엔트리에 부여된 신규 ID다.

레디스 스트림 이외의 명령어에는 키에 해당하는 자료구조 요소가 없어지면 키 자체가 삭제됩니다. 그러나 레디스 스트림에서는 요소의 개수가 0이라도 키를 남겨둔 채로 구조를 유지할 수 있습니다. 이것이 가능한 이유는 레디스 스트림이 여러 Consumer Group을 갖고 있는 경우 그 Consumer Group 내 정보를 유지할 필요가 있는 유스케이스들이 있기 때문입니다.

Consumer Group 쿼리 모드 명령어들

Consumer Group 쿼리 모드의 명령어들에 대해 설명합니다.

■— XGROUP: Consumer Group 관리하기

지정한 키 스트림에 지정한 그룹 이름의 Consumer Group을 관리합니다. 하위 명령어로 CREATE, CREATECONSUMER, DELCONSUMER, DESTROY, SETID, HELP가 있습니다. DESTROY 명령어를 사용하는 경우 Consumer Group 대기 중 엔트리를 M개 삭제하는 경우의 시간 복잡도는 $O(M)$이 됩니다.

XGROUP CREATE 명령어는 지정한 그룹명으로 Consumer Group을 생성합니다. 시간 복잡도는 $O(1)$입니다. 명령어 실행 양식은 다음과 같습니다.

```
XGROUP CREATE key groupname id ¦ $ [MKSTREAM] [ENTRIESREAD entries_read]
```

XGROUP CREATECONSUMER 명령어는 지정한 Consumer Group 이름으로 Consumer를 생성합니다. 시간 복잡도는 $O(1)$입니다. 명령어 실행 양식은 다음과 같습니다.

```
XGROUP CREATECONSUMER key groupname consumername
```

XGROUP DELCONSUMER 명령어는 Consumer를 삭제합니다. 시간 복잡도는 $O(1)$입니다. 명령어 실행 양식은 다음과 같습니다.

```
XGROUP DELCONSUMER key groupname consumername
```

XGROUP DESTROY 명령어는 Consumer Group을 삭제합니다. 시간 복잡도는 $O(N)$입니다. 명령어 실행 양식은 다음과 같습니다.

```
XGROUP DESTROY key groupname
```

XGROUP SETID 명령어의 시간 복잡도는 $O(1)$입니다. 명령어 실행 양식은 다음과 같습니다.

```
XGROUP SETID key groupname id ¦ $ [ENTRIESREAD entries_read]
```

XGROUP HELP 명령어의 시간 복잡도는 $O(1)$입니다. 명령어 실행 양식은 다음과 같습니다.

```
XGROUP HELP
```

━ XREADGROUP: Consumer Group 내 각 Consumer가 공동으로 각 엔트리 가져오기

지정한 키 스트림의 Consumer Group 내 각 Consumer가 협력하여 각각의 엔트리를 가져와 처리합니다. XREAD 명령어와 유사하게 동작하지만 Consumer Group에 대응된다는 점이 다릅니다. 시간 복잡도는 $O(N)$입니다.

```
XREADGROUP GROUP group consumer [COUNT count] [BLOCK milliseconds] [NOACK]
STREAMS key [key ...] id [id ...]
```

XACK: Consumer Group 내에서 엔트리 처리 완료 보고하기

지정한 키 스트림 내 Consumer Group의 하나 이상 엔트리 ID의 처리가 완료된 것을 전달합니다. 보고된 엔트리는 Consumer Group PEL에서 삭제됩니다. 시간 복잡도는 $O(1)$입니다.

```
XACK key group ID [ID ...]
```

XCLAIM: Consumer Group 내에서 엔트리 소유권을 다른 Consumer로 변경하기

지정한 키 스트림 내 Consumer Group의 다른 Consumer의 엔트리 소유권을 변경합니다. 시간 복잡도는 $O(logN)$입니다.

```
XCLAIM key group consumer min-idle-time id [id ...] [IDLE ms] [TIME unix-time-
milliseconds] [RETRYCOUNT count] [FORCE] [JUSTID]
```

XPENDING: Consumer Group 내에서 보류 상태인 엔트리 수 가져오기

지정한 키 스트림 내 Consumer Group의 보류 상태인 엔트리를 반환합니다. 시간 복잡도는 $O(N)$입니다.

```
XPENDING key group [[IDLE min-idle-time] start end count [consumer]]
```

XAUTOCLAIM: Consumer Group 내에 시간 만료된 엔트리 소유권을 자동적으로 다른 Consumer로 변경하기

지정한 키 스트림 내 Consumer Group에 지정한 시간 이상의 보류 상태인 엔트리 소유권을 변경합니다(레디스 6.2.0 이상). XPENDING 명령어와 XCLAIM 명령어를 합친 동작과 비슷하며, SCAN 명령어와 유사한 방법으로 반복 처리합니다. 시간 복잡도는 $O(1)$입니다.

```
XAUTOCLAIM key group consumer min-idle-time start [COUNT count] [JUSTID]
```

•— Consumer Group 관련 명령어 보충 설명

XGROUP 명령어로 Consumer Group을 생성할 수 있습니다. Consumer Group을 생성하는 경우, 처음 Consumer가 접속했을 때 다음에 수신할 메시지 관련 정보도 지정해야 합니다. 그 밖에 XGROUP 명령어에는 Consuemr Group을 삭제하거나 Consumer Group에서 Consumer를 제외하는 명령어도 있습니다.

XREADGROUP 명령어는 Consumer Group을 위한 XREAD 명령어와 비슷합니다. Consumer Group 내 각 Consumer가 공동으로 각 엔트리를 가져오고 XACK 명령어로 대상 엔트리 ID 처리 완료를 보고합니다.

어떤 Consumer에 보내진 엔트리는 PEL^{Pending Entries List}에 기록됩니다. XACK 명령어로 보고된 엔트리는 Consumer Group PEL에서 엔트리가 삭제되며, ID를 공백으로 구분하여 여러 개를 지정하여 일괄 처리할 수도 있습니다. 앞서 엔트리 ID로 특수 ID 중 하나로 >가 있는 것을 설명했습니다. 이 ID는 XREADGROUP 명령어로 PEL을 참조하여 Consumer Group 내 어느 Consumer에도 전달되지 않은 메시지 ID를 나타냅니다.[76]

보류 상태인 엔트리는 XPENDING 명령어로 확인할 수 있습니다. 이 명령어도 앞서 언급한 PEL에서 엔트리를 참조합니다. 만약 어떤 캐시 노드에 문제가 발생해 복구할 수 없다면, 엔트리를 가져온 Consumer가 처리할 수 없기 때문에 XCLAIM 명령어로 다른 Consumer 엔트리 소유권을 변경해야 합니다.[77]

---

76 PEL에 XACK 명령어가 실행되지 않은 엔트리가 있는 상태에서, XDEL 명령어나 XTRIM 명령어 등으로 스트림에서 엔트리를 삭제할 가능성도 있을 때는 주의해서 사용해야 합니다. 이 상황에서 Consumer Group을 사용해 엔트리에서 보류 중인 데이터를 읽어오면, ID를 가진 엔트리가 빈값을 나타내는 nil로 반환됩니다. 만약 다른 곳에서 스트림의 엔트리를 삭제하는 작업이 진행 중이라면, PEL로부터 읽어 온 응답을 처리하는 스크립트를 다룰 때는 특히 조건 체크에 주의해야 합니다.
https://github.com/redis/redis/blob/7.0.4/src/t_stream.c#L1822-L1825

77 레디스 6.2.0 이후 IDLE 옵션으로 유휴 시간 만료 필터 기능을 사용해 지정한 밀리 초 이상의 유휴 상태인 엔트리를 제한합니다. XCLAIM 명령어를 실행할 때는 최소 유휴 시간을 설정할 수 있습니다. 이를 통해 엔트리의 중복처리를 방지할 수 있습니다. 단, XCLAIM 명령어 자체도 유휴 시간으로 카운트하던 시간을 초기화한다는 점에 주의해야 합니다. 또한 XAUTOCLAIM 명령어로 지정한 키 스트림 내 Consumer Group에 지정한 시간 이상 보류 상태인 엔트리 소유권을 변경할 수 있다는 점도 유의하기 바랍니다.
XPENDING 명령어와 XCLAIM 명령어를 합친 동작과 비슷하며, SCAN 명령어와 유사한 방식으로 반복 처리하여 간단하게 같은 동작을 수행할 수 있습니다. COUNT 옵션으로 소유권을 변경할 엔트리의 최대 수를 제한하고, JUSTID 옵션으로 실제 엔트리를 반환하지 않고 엔트리 ID 배열만 반환할 수 있습니다.

레디스 스트림 명령어 실행 예시

특정 채널의 메시지를 게시하고 가져오며, 각 메시지 정보에 글쓴이의 속성(이름, 나이)을 메타데이터로 추가하는 것을 모델링하여 레디스 스트림 기능으로 구현해봅니다.

레디스 스트림에 아래 필드와 값 쌍을 XADD 명령어로 추가합니다. 스트림 이름 뒤에는 엔트리 ID를 지정하지만 신규 ID를 발행하기 위해 *를 지정합니다. 마찬가지로 총 세 개의 엔트리를 추가합니다.

표 2-13 필드와 값의 조합

필드	값
name	Taro
age	32
message	Hello, World!

```
127.0.0.1:6379> XADD channel:1 * name Taro age 32 message "Hello, World!"
"1661750133449-0"
127.0.0.1:6379> XADD channel:1 * name Jiro age 26 message "Hi, Taro"
"1661750137196-0"
127.0.0.1:6379> XADD channel:1 * name Saburo age 30 message "Hi, Jiro"
"1661750141001-0"
```

channel:1이라는 키 스트림에 포함된 엔트리 수를 XLEN 명령어로 확인할 수 있습니다.

```
127.0.0.1:6379> XLEN channel:1
(integer) 3
```

메시징 시스템 쿼리 모드에서는 XRANGE 명령어로 지정한 범위의 메시지를 표시합니다. 엔트리 ID에 -나 +를 사용하면 각 스트림 내 최소 엔트리 ID, 최대 엔트리 ID로 사용할 수 있습니다. 또한 유닉스 시간을 지정할 수도 있습니다. COUNT 옵션을 지정하여 가져올 엔트리 수를 제한할 수도 있습니다.

```
127.0.0.1:6379> XRANGE channel:1 - +
1) 1) "1661750133449-0"
   2) 1) "name"
      2) "Taro"
      3) "age"
      4) "32"
      5) "message"
      6) "Hello, World!"
2) 1) "1661750137196-0"
   2) 1) "name"
      2) "Jiro"
      3) "age"
      4) "26"
      5) "message"
      6) "Hi, Taro"
3) 1) "1661750141001-0"
   2) 1) "name"
      2) "Saburo"
      3) "age"
      4) "30"
      5) "message"
      6) "Hi, Jiro"
127.0.0.1:6379> XRANGE channel:1 1661750133449 1661750137197
1) 1) "1661750133449-0"
   2) 1) "name"
      2) "Taro"
      3) "age"
      4) "32"
      5) "message"
      6) "Hello, World!"
2) 1) "1661750137196-0"
   2) 1) "name"
      2) "Jiro"
      3) "age"
      4) "26"
```

```
   5) "message"
   6) "Hi, Taro"
127.0.0.1:6379> XRANGE channel:1 1661750133449 + COUNT 2
1) 1) "1661750133449-0"
   2) 1) "name"
      2) "Taro"
      3) "age"
      4) "32"
      5) "message"
      6) "Hello, World!"
2) 1) "1661750137196-0"
   2) 1) "name"
      2) "Jiro"
      3) "age"
      4) "26"
      5) "message"
      6) "Hi, Taro"
```

XREAD 명령어로 스트림에 신규로 전달한 엔트리를 구독할 수 있습니다. Pub/Sub 기능과 조금 비슷한 부분도 있습니다. XREAD 명령어로 하나 이상의 키에 스트림을 지정하여 그 데이터를 읽어올 수 있습니다. XREAD BLOCK 0 STREAMS channel:1 $와 같이 명령어를 실행합니다. XREAD 명령어로는 엔트리 ID를 인수로 지정해야 하지만 처음에는 아무것도 없기 때문에 새로운 메시지를 나타내는 $를 지정합니다.

이어서 다음 명령어로 스트림에 엔트리를 추가합니다.

```
127.0.0.1:6379> XADD channel:1 * name Shiro age 35 message "Hi, Saburo"
"1661750246393-0"
```

다음과 같이 출력됩니다.

```
127.0.0.1:6379> XREAD BLOCK 0 STREAMS channel:1 $
1) 1) "channel:1"
```

```
  2) 1) 1) "1661750246393-0"
        2) 1) "name"
           2) "Shiro"
           3) "age"
           4) "35"
           5) "message"
           6) "Hi, Saburo"
  (14.05s)
```

앞서 XREAD 명령어로 엔트리를 읽어왔을 때 마지막 엔트리 ID가 1661750246393-0인 것을 확인할 수 있었습니다. 이렇게 엔트리 ID를 지정하여 이후 스트림이 받은 엔트리에서 읽어올 수 있습니다. XREAD BLOCK 0 STREAMS channel:1 1661750246393-0 명령어를 실행합니다. 실제 애플리케이션에서는 이런 처리를 반복문으로 실행하는 방식으로 구현합니다.

추가로 아래 명령어로 스트림 내 엔트리를 추가합니다.

```
127.0.0.1:6379> XADD channel:1 * name Goro age 20 message "Hi, Shiro"
"1661750291894-0"
```

```
127.0.0.1:6379> XREAD BLOCK 0 STREAMS channel:1 1661750246393-0
1) 1) "channel:1"
   2) 1) 1) "1661750291894-0"
         2) 1) "name"
            2) "Goro"
            3) "age"
            4) "20"
            5) "message"
            6) "Hi, Shiro"
  (7.34s)
```

레디스 스트림을 통해 하나 이상의 Consumer 스트림 내 엔트리를 분산하며 공동으로 처리할 수 있는 Consumer Group 기능도 사용할 수 있습니다. 게시된 메시지를 분석 용도로 가져오는 예시를 소개합니다.

channel:1이라는 키의 스트림 내 message-analytics라는 Consumer Group을 XGROUP 명령어로 실행합니다. 이 Group은 분석 단위나 용도별로 할당하는 데 사용됩니다. 첫 Consumer가 접속했을 때 새로운 메시지를 받기 위해서 $를 지정합니다.

```
127.0.0.1:6379> XGROUP CREATE channel:1 message-analytics $
OK
```

XREADGROUP 명령어는 스트림 내 메시지가 없는 동안에는 nil을 반환합니다.

```
127.0.0.1:6379> XREADGROUP GROUP message-analytics analyzer:1 BLOCK 2000 COUNT
10 STREAMS channel:1 >
(nil)
(2.10s)
```

그 후 같은 스트림 내 메시지가 다음 명령어처럼 추가된다고 가정합니다.

```
127.0.0.1:6379> XADD channel:1 * name Rokuro age 26 message "Hi, Goro"
"1661750331595-0"
```

XREADGROUP 명령어를 실행하면 같은 Consumer Group 내 다른 Consumer에 전달되지 않은 엔트리가 있는 경우에는 가져올 수 있습니다.

```
127.0.0.1:6379> XREADGROUP GROUP message-analytics analyzer:1 BLOCK 2000 COUNT
10 STREAMS channel:1 >
1) 1) "channel:1"
   2) 1) 1) "1661750331595-0"
         2) 1) "name"
            2) "Rokuro"
            3) "age"
            4) "26"
            5) "message"
            6) "Hi, Goro"
```

이런 상태일 때 channel:1 키의 message-analytics라는 Consumer Group 내에서는 보류 상태 엔트리가 하나 증가하며 유휴시간도 확인할 수 있습니다. 구체적으로는 name이라는 항목에서 analyzer:1이라는 Consumer의 보류 상태인 pending이 1이 된 것을 확인할 수 있으며, 유휴시간도 밀리 초 단위로 확인할 수 있습니다.

```
127.0.0.1:6379> XINFO CONSUMERS channel:1 message-analytics
1) 1) "name"
   2) "analyzer:1"
   3) "pending"
   4) (integer) 1
   5) "idle"
   6) (integer) 11467
```

XPENDING 명령어로도 보류 상태 엔트리 정보를 확인할 수 있습니다. 옵션으로 표시 범위 지정도 가능합니다.

```
127.0.0.1:6379> XPENDING channel:1 message-analytics
1) (integer) 1
2) "1661750331595-0"
3) "1661750331595-0"
4) 1) 1) "analyzer:1"
      2) "1"
127.0.0.1:6379> XPENDING channel:1 message-analytics - + 1
1) 1) "1661750331595-0"
   2) "analyzer:1"
   3) (integer) 31016
   4) (integer) 1
127.0.0.1:6379> XPENDING channel:1 message-analytics - + 1 analyzer:1
1) 1) "1661750331595-0"
   2) "analyzer:1"
   3) (integer) 35035
   4) (integer) 1
```

XACK 명령어로 처리를 끝낸 엔트리 ID를 반환합니다.

```
127.0.0.1:6379> XACK channel:1 message-analytics 1661750331595-0
(integer) 1
```

보류 상태 엔트리가 없어지고, 앞서 언급한 엔트리는 처리 완료된 것을 확인할 수 있습니다.

```
127.0.0.1:6379> XINFO CONSUMERS channel:1 message-analytics
1) 1) "name"
   2) "analyzer:1"
   3) "pending"
   4) (integer) 0
   5) "idle"
   6) (integer) 71842
```

XINFO의 CONSUMERS 하위 명령어 이외에도 두 개의 하위 명령어를 확인할 수 있습니다.

XINFO STREAM 명령어로는 스트림의 일반 정보를 확인할 수 있으며, 확인 가능한 정보는 다음과 같습니다.

- 최적화나 디버그용 기수 트리 관련 정보
- 스트림 내 Consumer Group 수
- 마지막으로 생성한 엔트리 ID
- 스트림에서 삭제된 엔트리 최대 ID
- 스트림에서 추가된 엔트리 수
- 첫 엔트리 ID
- 마지막 엔트리 ID

channel:1이라는 키 스트림 내에 일곱 개의 엔트리가 있는 것을 확인할 수 있습니다.

```
127.0.0.1:6379> XINFO STREAM channel:1
1) "length"
2) (integer) 7
```

```
   3) "radix-tree-keys"
   4) (integer) 1
   5) "radix-tree-nodes"
   6) (integer) 2
   7) "last-generated-id"
   8) "1661750331595-0"
   9) "max-deleted-entry-id"
   1)  "0-0"
   2)  "entries-added"
   3)  (integer) 7
   4)  "recorded-first-entry-id"
   5)  "1661750133449-0"
   6)  "groups"
   7)  (integer) 1
   8)  "first-entry"
   9) 1) "1661750133449-0"
      1) 1) "name"
         1) "Taro"
         2) "age"
         3) "32"
         4) "message"
         5) "Hello, World!"
  10) "last-entry"
  11) 1) "1661750331595-0"
      1) 1) "name"
         1) "Rokuro"
         2) "age"
         3) "26"
         4) "message"
         5) "Hi, Goro"
```

XINFO GROUPS로 channel:1 키의 각 Consumer Group 정보를 확인할 수 있습니다.

- Consumer Group 이름
- Consumer Group 수

- 보류 상태 엔트리 수

- Consumer Group 내로 보내진 마지막 엔트리 ID가 도달할 때까지 읽어 들인 수

- Consumer Group로 전송되기를 대기하고 있는 스트림 내 엔트리 수

```
127.0.0.1:6379> XINFO GROUPS channel:1
1) 1) "name"
   1) "message-analytics"
   2) "consumers"
   3) (integer) 1
   4) "pending"
   5) (integer) 0
   6) "last-delivered-id"
   7) "1661750331595-0"
   8) "entries-read"
   1) (integer) 7
   2) "lag"
   3) (integer) 0
```

COLUMN 레디스 스트림과 유사한 자료형 및 기능 비교

레디스의 스트림이 지금까지 설명한 자료형이나 기능, 유스케이스가 비슷하다고 생각할 수도 있습니다. 예를 들어, 메시지 송수신은 레디스 스트림뿐 아니라 Pub/Sub에서 구현할 수 있습니다. 레디스 스트림은 List형과 같은 큐의 형태로 메시지를 송수신할 수 있고, 각 메시지를 Hash형과 같은 객체로도 표현할 수 있습니다. Sorted Set형에는 점수 값에 기반한 순서 정보를 가질 수 있었지만, 레디스 스트림은 ID로 순서를 관리하고 있으므로 순서가 있는 데이터를 다룬다는 점이 비슷합니다.

레디스 스트림과 이런 자료형 중에 어떤 것을 사용하는 것이 좋을지 고민이라면, 레디스 스트림과 비슷한 자료형 및 기능의 차이점에 대한 설명을 참고하면 유용합니다.

Pub/Sub 기능이나 List형, Hash형, Sorted Set형을 레디스 스트림과 비교하면 다음과 같은 특징이 있습니다.

- **Pub/Sub 기능**
  - 특정 메시지를 대기 중인 여러 클라이언트에서 수신할 수 있다는 점이 유사합니다.
  - Pub/Sub 기능에는 구독자가 채널을 구독하지 않는 동안 전송된 메시지를 받을 수 없습니다. 즉, 과거에 보내진 데이터나 통신이 끊기고 재시도 처리를 하고 있는 동안에 전송된 데이터를 받을 수 없습니다. 하지만 레디스 스트림을 사용하면 데이터를 유지할 수 있습니다.

- **List형**
  - 큐에 들어있는 메시지를 클라이언트가 가져올 수 있다는 점에서 유사합니다.
  - List형은 한 클라이언트가 메시지를 리스트에서 꺼내면 삭제되므로 여러 클라이언트에서 메시지를 받는 경우에는 사용할 수 없지만, 레디스 스트림에서는 여러 클라이언트의 메시지를 받을 수 있습니다.
  - 필드가 여러 개인 경우, List형에서는 필드와 값을 애플리케이션에서 구분(해석)하는 처리를 구현해야 하지만 레디스 스트림에서는 레디스로 식별할 수 있습니다.

- **Hash형**
  - 필드를 여러 개 가질 수 있다는 점에서 유사합니다.
  - Hash형에서는 순서가 없지만, 레디스 스트림은 입력된 순서가 유지됩니다.

- **Sorted Set형**
  - 점수로 정렬된다는 점이 유사합니다. 스트림/로그 데이터를 Sorted Set형으로 저장하는 경우에는 타임스탬프를 점수와 함께 사용합니다.
  - Sorted Set형은 멤버 값의 중복을 허용하지 않지만, 레디스 스트림에서는 허용합니다.

위 특징을 기억해두고 상황에 따라 적합한 자료형을 선택한다면 레디스를 더 잘 활용할 수 있습니다.

2.7.6 자료형과 관계없이 사용 가능한 명령어

지금까지는 주로 자료형별로 사용할 수 있는 명령어들을 설명했습니다. 하지만 어떤 자료형이든 사용할 수 있는 명령어도 있습니다. 여기서는 특히 자주 사용하는 명령어들을 소개합니다.

TTL 관련 명령어

캐시 서버는 레디스의 주요한 용도 중 하나입니다. 캐시를 다룰 때는 원본 데이터 소스와의 정합성이 문제될 수 있습니다. 원본 데이터 소스의 갱신 내용이 캐시에 제대로 반영되지 않으면 두 데이터 간에 불일치가 생길 수 있습니다. 따라서 오래된 데이터는 계속해서 캐시에 두는 것이 아니라 적당한 때에 삭제해야 합니다.

한편, 캐시 데이터는 가능하면 삭제하지 말고 사용하고자 하는 측면도 있습니다. 원본 데이터 소스의 접근을 제한하면서 성능을 끌어내기 위해서는 가능하면 캐시를 재사용해야 하기 때문입니다. 이런 상황에서 레디스는 적절한 TTL^{Time To Live}를 설정하여 대처합니다. 적절한 캐시 유효시간을 설정하여, 오래된 데이터는 지우고 필요한 기간만 데이터를 캐시에서 반환하는 것을 목표로 합니다. 예를 들어, 최신 데이터가 필요한 경우에는 TTL을 짧게 설정하고, 옛 데이터가 있어도 어느 정도 문제가 되지 않는 경우에는 TTL을 길게 설정합니다.

TTL 관련 명령어에는 다음과 같은 것이 있습니다.

▪── EXISTS: 키가 존재하는지 확인하기

하나 이상의 키 중에 존재하는 키의 수를 반환합니다. 키가 존재하는지 확인하는 데 사용할 수 있습니다. 시간 복잡도는 $O(N)$입니다.

```
EXISTS key [key ...]
```

▪── TTL: 키의 TTL(초 단위) 확인하기

키의 남은 TTL 값을 초 단위로 반환합니다. 시간 복잡도는 $O(1)$입니다.

```
TTL key
```

▪── PTTL: 키의 TTL(밀리 초 단위) 확인하기

키의 남은 TTL 값을 밀리 초 단위로 반환합니다. 시간 복잡도는 $O(1)$입니다.

```
PTTL key
```

▪── EXPIRE: 키의 TTL(초 단위) 설정하기

키의 TTL을 초 단위로 설정합니다. 시간 복잡도는 $O(1)$입니다. 레디스 7.0 이후부터는 옵션을 사용할 수 있습니다.

- **NX/XX 옵션**
  - □ 키 존재 유무 조건에 맞을 때만 TTL을 설정합니다.
  - □ NX는 키가 존재하지 않을 때, XX는 키가 존재하는 경우에만 TTL을 설정합니다.

- **GT/LT 옵션**
  - □ 설정한 TTL과 현재 설정된 TTL 값을 비교하여 조건에 맞을 때만 TTL을 설정합니다.
  - □ GT는 설정한 TTL이 더 클 경우, LT는 설정한 TTL이 더 작은 경우에만 TTL을 설정합니다.

```
EXPIRE key seconds [NX | XX | GT | LT]
```

▪── PEXPIRE: 키의 TTL(밀리 초 단위) 설정하기

키의 TTL을 밀리 초 단위로 설정합니다. 시간 복잡도는 $O(1)$입니다.

```
PEXPIRE key milliseconds
```

▪── EXPIREAT: 키의 TTL(초 단위)을 유닉스 시간으로 설정하기

키의 TTL을 지정한 유닉스 시간 및 초 단위로 설정합니다. 시간 복잡도는 $O(1)$입니다.

```
EXPIREAT key timestamp
```

▪── PEXPIREAT: 키의 TTL(밀리 초 단위)을 유닉스 시간으로 설정하기

키의 TTL을 지정한 유닉스 시간 및 밀리 초 단위로 설정합니다. 시간 복잡도는 $O(1)$입니다.

```
PEXPIREAT key milliseconds-timestamp
```

EXPIRETIME: 키의 만료시간(초 단위) 확인하기

키가 만료시간을 유닉스 타임스탬프 형식으로 표시합니다. 시간 복잡도는 $O(1)$입니다.

```
EXPIRETIME key
```

PEXPIRETIME: 키의 만료시간(밀리 초 단위) 확인하기

키의 만료시간을 유닉스 타임스탬프를 형식으로 표시합니다. 단위는 밀리 초입니다. 시간 복잡도는 $O(1)$입니다.

```
PEXPIRETIME key
```

PERSIST: 키에 지정한 TTL 삭제하기

키에 설정한 TTL 설정을 삭제합니다. 시간 복잡도는 $O(1)$입니다.

```
PERSIST key
```

TTL 관련 명령어 보충 설명

TTL을 설정하는 전용 명령어도 있지만, SET 명령어 등은 키에 값을 저장할 때 옵션과 함께 동시에 TTL을 설정할 수도 있습니다.

EXPIREAT/PEXPIREAT 명령어를 사용할 경우, SET 명령어의 EXAT/PXAT 옵션과 마찬가지로 설정한 TTL이 NTP의 시각동기 영향을 받으므로 시각동기 상태에 주의해야 합니다. 또한 TTL이 만료된 키는 바로 메모리에서 삭제되는 것이 아니라는 것도 주의해야 합니다. 사용된 메모리는 재사용되거나 자동적으로 활성화 상태에서 삭제하는 동작도 있습니다. 자세한 내용은 9.2.1절을 참조하세요.

데이터 삭제 관련 명령어

레디스를 운용하다 보면 메모리 내에 불필요한 데이터를 삭제하고 싶은 경우가 생깁니다. 자료형과 관계없이 사용할 수 있는 삭제 관련 명령어를 소개합니다. 자료형별 삭제 방법은 이장에서 다룬 각종 자료형 명령어에 대한 설명을 확인하기 바랍니다.

■— DEL: 키를 동기적으로 삭제하기

지정한 키를 삭제합니다. 처리를 하고 있는 동안에 다른 요청 처리는 블록으로 처리합니다. 시간 복잡도는 $O(N)$입니다.

```
DEL key [key ...]
```

■— UNLINK: 키를 비동기적으로 삭제하기

지정한 키를 삭제합니다(레디스 4.0 이상). 처리하는 동안에 다른 요청 처리를 블록하지 않습니다. 시간 복잡도는 $O(1)$입니다.

```
UNLINK key [key ...]
```

■— FLUSHDB: 현재 데이터베이스 내 모든 키 삭제하기

현재 데이터베이스 내의 모든 키를 삭제합니다. 기본 동작은 동기적으로 수행됩니다. 옵션을 통해 SYNC인 경우 동기(레디스 6.2 이상), ASYNC인 경우 비동기로 변경할 수 있습니다(레디스 4.0 이상). 시간 복잡도는 $O(N)$입니다.

```
FLUSHDB [ASYNC|SYNC]
```

■— FLUSHALL: 모든 데이터베이스 내 모든 키 삭제하기

모든 데이터베이스 내 모든 키를 삭제합니다. 기본 동작은 동기적으로 수행됩니다. 옵션을 통해 SYNC인 경우 동기(레디스 6.2 이상), ASYNC인 경우 비동기로 변경할 수 있습니다(레디스 4.0 이상). 시간 복잡도는 $O(N)$입니다.

FLUSHALL [ASYNC¦SYNC]

▪── 데이터 삭제와 관련한 명령어 동작의 상세한 설명

레디스에는 키를 삭제하는 명령어로 DEL과 UNLINK 두 종류가 있습니다.

일반적으로 키에 저장된 요소의 개수가 작으면 매우 빠르게 삭제할 수 있지만, 수백만 개의 요소를 포함한 키라면 삭제하는 데 몇 초가 걸릴 수도 있습니다.[78] 그 시간 동안 DEL 명령어로 동기 처리하여 삭제하면, 레디스는 다른 요청을 처리할 수 없어 블록이 발생합니다.

이런 상황에서는 Lazy Freeing 기능이 있는 UNLINK 명령어를 사용해서 문제를 해결할 수 있습니다. UNLINK 명령어로 키를 삭제하면 해당 키는 먼저 백그라운드에서 큐에 넣어지고, 다른 스레드에 의해 비동기 및 순차적으로 삭제되며, 이런 방식으로 클라이언트의 영향을 최소화하게 됩니다.[79] 단, 이 방식은 비동기적으로 처리되기 때문에 명령어 실행 직후에 모두 삭제된다는 보장이 없습니다. 그러므로 메모리 여유가 있는 경우에 사용하는 것이 좋습니다.[80]

FLUSHALL 명령어로 모든 데이터베이스 내 모든 키를, FLUSHDB 명령어로 현재 데이터베이스 내 모든 키를 삭제할 수 있습니다. 이 명령어들 역시 Lazy Freeing 기능으로 ASYNC 옵션을 사용할 수 있으며, 이를 통해 비동기적으로 삭제할 수 있습니다.[81]

이페머럴 스크립트(3.2절 참조)를 삭제하는 SCRIPT FLUSH와 레디스 함수(3.2.2절 참조) 스크립트를 삭제하는 FUNCTION FLUSH에서도 SYNC/ASYNC 옵션을 사용할 수 있습니다.[82]

---

78 https://github.com/redis/redis/issues/1748

79 이 기능의 출시와 동시에 동기적으로 데이터를 삭제하는 경우, 비동기적으로 데이터를 삭제할 수 있도록 지시자에서 변경할 수 있게 되었습니다. 구체적으로는 메모리 사용량이 max memory를 초과한 경우나 키의 백업이나 키에 설정된 TTL이 만료된 경우에 동작합니다. RENAME 명령어 등의 부작용 영향이나 레플리케이션의 전체 동기화 시 원 데이터의 삭제 동작에도 적용됩니다. 각각은 lazyfree-lazy-eviction, lazyfree-lazy-expire, lazyfree-lazy-server-del, replica-lazy-flush 지시자에 해당합니다.

80 애플리케이션 코드에서 DEL 명령어를 UNLINK 명령어로 바로 대체할 수 없는 경우도 상황에 따라 있을 수 있습니다. 그 경우, 레디스 6.0 이후에는 lazyfree-lazy-user-del 지시자가 있으므로, 기본값을 no에서 yes로 변경하면 DEL 동작을 UNLINK처럼 바꿀 수 있습니다.

81 애플리케이션 코드에서 ASYNC 옵션을 바로 추가하지 못하는 경우도 있을 수 있습니다. 그런 경우에는 레디스 6.2 이후에는 lazyfree-lazy-user-flush 지시자가 있으므로, 기본값을 no에서 yes로 변경하면 기본 동작을 비동기로 변경할 수 있습니다. SCRIPT FLUSH 명령어에도 적용할 수 있습니다.

82 레디스 6.2.0 이후부터 사용할 수 있습니다.

범용 명령어

TTL, 데이터 삭제 외에도 범용적으로 사용되는 명령어를 소개합니다.

■— KEYS: 키 목록 가져오기

패턴을 지정하여 현재 데이터베이스 내 키 목록을 가져옵니다. 시간 복잡도는 $O(N)$입니다.

```
KEYS pattern
```

■— SCAN: 반복 처리하여 키 목록 가져오기

현재 데이터베이스 내 키 목록을 반복 처리하여 가져옵니다. 시간 복잡도는 $O(1)$입니다.

```
SCAN cursor [MATCH pattern] [COUNT count] [TYPE type]
```

■— DBSIZE: 현재 데이터베이스 내의 키 개수 가져오기

현재 데이터베이스 내에 포함된 키의 개수를 반환합니다. 시간 복잡도는 $O(1)$입니다.

```
DBSIZE
```

■— SORT: 지정한 기준으로 키 정렬하기

지정한 키를 옵션에 기반하여 정렬합니다. SORT 명령어는 다양한 옵션을 포함합니다. 시간 복잡도는 $O(N+M*logM)$입니다. M은 반환된 요소의 개수입니다.

```
SORT key [BY pattern] [LIMIT offset count] [GET pattern [GET pattern ...]] [ASC
| DESC] [ALPHA] [STORE destination]
```

■— SORT_RO: SORT 명령어의 읽기 전용 버전

SORT 명령어와 같은 방식으로 동작합니다. 단, STORE 등은 쓰기 관련 옵션이 불가능하기 때문에 읽기 전용 레플리카로 안전하게 사용할 수 있습니다. 시간 복잡도는 $O(N+M*log M)$

입니다. M은 반환된 요소의 개수입니다.

```
SORT_RO key [BY pattern] [LIMIT offset count] [GET pattern [GET pattern ...]]
[ASC | DESC] [ALPHA]
```

■── 알아두면 좋은 명령어 동작의 상세한 설명

KEYS 명령어를 사용하면 인수로 키 이름 패턴을 지정할 수 있으며, 데이터베이스 내에서 해당 조건에 일치하는 키 목록을 가져옵니다. 예를 들어, 다음 예시와 같이 실행할 수 있습니다. KEYS * 명령어는 현재 데이터베이스 내 모든 키를 표시하며, KEYS my* 등 부분적으로 와일드카드를 사용할 수도 있습니다.

이전처럼 우선 FLUSHDB 명령어를 실행하여 데이터베이스 내의 키를 삭제합니다. 그 다음 아래 명령어를 실행합니다.

```
127.0.0.1:6379> SET mykey1 myvalue1
OK
127.0.0.1:6379> SET mykey2 myvalue2
OK
127.0.0.1:6379> SET mykey3 myvalue3
OK
127.0.0.1:6379> SET yourkey1 yourvalue1
OK
127.0.0.1:6379> SET yourkey2 yourvalue2
OK
127.0.0.1:6379> SET hiskey1 hisvalue1
OK
127.0.0.1:6379> SET herkey1 hervalue1
OK
127.0.0.1:6379> KEYS *
1) "yourkey2"
2) "mykey1"
3) "mykey2"
4) "mykey3"
```

```
5) "yourkey1"
6) "herkey1"
7) "hiskey1"
127.0.0.1:6379> KEYS my*
1) "mykey1"
2) "mykey2"
3) "mykey3"
```

이 명령어는 $O(N)$의 속도로 처리됩니다. 기본적으로 싱글 스레드로 요청을 처리하는 레디스 특성상 영향이 클 수 있기 때문에 실제 운영환경의 애플리케이션에 사용하는 것은 추천하지 않으며,[83] 기본적으로는 디버그용으로 사용합니다.

키 목록을 조회하는 다른 명령어로는 SCAN이 있습니다. KEYS 명령어와 달리, SCAN 명령어는 커서 기반 데이터를 참조합니다. 그렇기 때문에 KEYS 명령어와 비교했을 때 조금 직관적이지 않다고 생각하는 분도 있을 겁니다. SCAN 명령어는 다음과 같이 사용합니다. 첫 번째 인수에는 커서를 지정하며 0부터 시작합니다.

```
127.0.0.1:6379> SCAN 0
1) "0"
2) 1) "yourkey1"
   2) "mykey1"
   3) "mykey2"
   4) "yourkey2"
   5) "mykey3"
   6) "herkey1"
   7) "hiskey1"
127.0.0.1:6379> SCAN 0 MATCH *rkey*
1) "0"
2) 1) "yourkey1"
   2) "yourkey2"
   3) "herkey1"
```

---

[83] https://raw.githubusercontent.com/antirez/redis/5.0/00-RELEASENOTES

실행 결과로 커서 값과 조회된 키 목록으로 구성된 배열을 반환합니다. SCAN 명령어는 한 번 호출될 때마다 값을 조금씩 가져오지만, 아직 못 가져온 값이 있는 경우 0이 아닌 다른 값을 반환합니다. 명령어 실행 결과로 288이라는 커서가 반환된 경우, 그 다음 실행할 때는 SCAN 288처럼 실행하여 이어서 값을 가져옵니다. SCAN 명령어도 KEYS 명령어와 마찬가지로 키의 패턴을 지정할 수 있습니다. 예를 들어, 키 이름 중간에 rkey라는 이름을 포함한 키 목록을 가져오고 싶은 경우에는 SCAN 0 MATCH *rkey*처럼 실행합니다.

```
127.0.0.1:6379> SCAN 0 MATCH *rkey*
1) "0"
2) 1) "yourkey1"
   2) "yourkey2"
   3) "herkey1"
```

너무 세세하게 나눠 데이터를 가져오려고 하면 RTT가 커지는 트레이드오프가 생깁니다. 한 번에 가져올 요소의 개수는 COUNT 옵션으로 지정할 수 있습니다. 기본적으로는 열 개의 항목을 가져올 수 있습니다. 자료형별로 Set형에는 SSCAN, Hsah형에는 HSCAN, Sorted Set형에는 ZSCAN 명령어를 사용할 수 있습니다.

실제 운영환경에서 키 목록 정보를 얻기 위해서는 반복적으로 순차 처리가 가능한 SCAN 계열 명령어 사용을 추천합니다. SCAN 계열 명령어는 커서 기반으로 데이터를 분할해 참조하기 때문에 성능에 미치는 영향을 최소화하여 데이터를 참조할 수 있습니다. 따라서 실제 운영환경에서 SCAN 계열 명령어를 기본적으로 사용해야 합니다.

만약 KEYS 명령어를 꼭 사용해야 하는 경우 KEYS 명령어를 사용하기 위한 레플리카를 준비해서, 다른 애플리케이션에서 참조되지 않도록 해야 합니다. 단, 이 경우에도 레플리카의 부하는 커집니다. 경우에 따라서는 레플리케이션이 끊어지고 완전 동기를 수행하는 마스터에 영향을 미칠 가능성도 있습니다. 그러므로 사전에 검증하는 것을 추천합니다. 레플리케이션의 자세한 내용은 7장을 참고하기 바랍니다.

실시간으로 키 목록을 가져올 필요가 없는 경우에는 스냅숏 기능으로 가져온 RDB 파일을 분석하는 방법도 있습니다(5.1.1절 참조).

저자는 실제 운영환경에서 전체 키 목록을 조회하기 위해 KEYS 명령어를 사용하다가 운용 중인 서비스에 사고가 발생한 경우를 종종 봐왔습니다. KEYS 명령어를 사용하면 CPU 사용률이 높아집니다. 요청 처리가 블록될 뿐 아니라 앞서 말한 대로 레플리케이션 처리 중 마스터와 레플리카 간의 접속이 끊어져 다시 마스터에서 스냅숏을 가져오기 때문에 다른 영향을 미치는 경우도 있습니다. 레디스를 다루는 엔지니어라면 이 점을 충분히 주의하고, 코드 리뷰 등을 통해 이런 사태를 미연에 방지해야 합니다.

TTL이 만료된 키는 바로 메모리에서 삭제되는 것이 아니라, 재사용하는 경우도 있습니다. 클라이언트에서 특정 키에 접근하는 경우, 그 키가 만료되었는지 확인한 후 키는 삭제되고 메모리는 재사용됩니다.

이러한 동작을 이용해 TTL이 끊어진 모든 키를 회수하기 위해 KEYS * 명령어를 실행하는 경우도 본 적이 있습니다. 하지만 이런 방식은 위험하므로 가능하면 사용하지 않는 편이 좋습니다.[84]

DBSIZE 명령어는 현재 데이터베이스에 포함된 키 수를 반환합니다. SORT 명령어는 List형, Set형, Sorted Set형 모두 데이터도 정렬할 수 있으며, 지정한 옵션에 기반해 정렬 방법이나 데이터를 반환만 할지를 결정할 수 있습니다.

COLUMN 시간 복잡도

레디스는 기본적으로 싱글 스레드로 요청을 처리합니다. 이러한 특성으로 인해 앞의 처리에 시간이 걸리면 뒤에 오는 처리는 블록됩니다. 그렇기 때문에 사용하는 아이템 수나 크기에 따라 실행하는 명령어의 시간 복잡도를 고려하는 것이 중요합니다.

다음은 문제가 될 수 있는 명령어입니다.

---

84 이러한 현실을 반영하여, 레디스 5.0.1부터 KEYS *에서도 무효한 키를 회수하지 않도록 동작이 변경되었습니다.

- KEYS * 명령어

- FLUSHALL 명령어, FLUSHDB 명령어, DEL 명령어(동기 삭제인 경우)

- Set형, Sorted Set형 요소 조작(예 SMEMBERS 명령어)

- 루아(이페머럴 스크립트, 레디스 함수)

- MULTI/EXEC 명령어

여러 요소를 조작하는 HMGET, HMSET, MSETNX, PFCOUNT, PFMERGE, SDIFF, SDIFFSTORE, SINTER, SINTERSTORE, SUNION, SUNIONSTORE, TOUCH, ZDIFF, ZDIFFSTORE, ZINTER, ZINTERSTORE 명령어 등도 주의하는 게 좋습니다.

시간 복잡도를 고려하지 않고 ZREVRANGEBYSCORE 명령어를 사용하면 문제가 될 수 있습니다. 지정한 점수 간 데이터가 크게 편향되어 있어 대량의 데이터를 가져오는 경우, 실행에 시간이 걸려 처리가 장시간 동안 블록되는 등의 문제가 생길 수도 있습니다.

처리 시간을 추정할 때는 시간 복잡도를 고려하는 것이 중요합니다. 일반적으로 복잡도에는 시간 복잡도와 공간 복잡도 종류가 있습니다. 복잡도를 산출할 때는 최선의 경우와 최악의 경우, 그리고 평균인 경우를 고려하여 산출하게 됩니다. 이 시간 복잡도는 실제 실행하는 컴퓨터 성능에 의존하지 않고, 프로세서를 사용하는 시간을 추정하여 계산합니다.

복잡도는 빅 오 표기법Big-O Notation을 사용하여 표현합니다. 빅 오 표기법은 주어진 함수의 점근적 동작(점점 가까워지는 동작)을 표현하는 방식입니다. 예를 들어 $O(g(n))$은 오더 $g(n)$이라고 표현합니다. $O(n)$은 n이 증가함에 따라 선형적으로 증가하며, $O(n^2)$은 n값이 커질수록 증가폭이 가파릅니다. 반대로 $O(logN)$은 n이 증가함에 따라 증가폭이 완만해집니다.

n 값이 큰 경우의 복잡도는 다음과 같은 관계가 두드러집니다. 여기서 M은 정수입니다.

$$O(M) < O(log(n)) < O(n) < n \, logN < O(n^2) < O(2^n) < O(n!)$$

다음은 $O(n)$의 관계식 그래프입니다.

그림 2-17 $O(n)$의 관계식

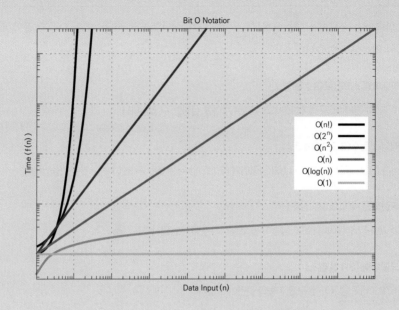

레디스 명령어 문서에는 시간 복잡도의 최악인 경우가 각 명령어의 페이지에 빅오 표기법으로 기재되어 있습니다.[85] 기본적으로 레디스에서 명령어의 공간 복잡도를 고려하는 경우는 없습니다. 메모리 관리 아키텍처(9.1절 참조)나 운용 지식(5장 참조), 이번 장의 칼럼 중 하나인 '내부 인코딩'처럼 레디스의 메커니즘을 알아두면 시간 복잡도를 다룰 때 생기는 문제를 방지할 수 있습니다. 문제가 될 만한 명령어들은 복잡도가 크기 때문에 주의해야 합니다.

다른 명령어를 사용할 때도 사용 가능한 데이터는 복잡도가 문제되는지의 여부를 사전에 검토할 필요가 있습니다. 사용 예정인 명령어의 문서를 확인하고 복잡도가 $O(n)$ 또는 $O(logN)$인 경우라면 특별히 주의해야 합니다. 앞으로 데이터가 추가될 가능성이 있는 경우 등을 고려해 확인해야 합니다.

LATENCY 모니터링 fast-command 이벤트는 복잡도가 $O(1)$ 또는 $O(logN)$이 됩니다. $O(logN)$인 경우에도 경우에 따라 다르지만, 주의하는 편이 좋습니다.

---

85 https://redis.io/docs/latest/commands/

COLUMN 그 외 명령어

기존 명령어는 자료형을 중심으로 키 조작에 대해 설명했지만 레디스에는 다음과 같이 키 조작 이외 기능들도 있습니다.

- **이페머럴 스크립트(3.2절 참조)**
  - □ EVAL 명령어 등 이페머럴 스크립트로 루아를 실행할 수 있습니다.

- **레디스 함수(3.2.2절 참조)**
  - □ FCALL 명령어나 FUNCTION 명령어의 레디스 함수(현재는 루아만 가능) 관련 기능입니다.

- **트랜잭션 제어(3.3절 참조)**
  - □ MULTI 명령어나 EXEC 명령어 등 트랜잭션 관련 기능입니다.

- **모듈 기능(3.4절 참조)**
  - □ MODULE 명령어 등 모듈 기능과 관련이 있습니다.

- **백업 기능(5.1절 참조)**
  - □ BGSAVE, BGREWRITEAOF 명령어 등 백업 관련 기능이 있습니다.

- **서버 관리(5.5절, 5.6절 참조)**
  - □ CONFIG(설정 및 변경), ACL, Auth(패스워드 인증) 명령어 등 보안을 포함하는 서버나 데이터베이스 전체를 관리할 수 있습니다.
  - □ 조사용 정보 취득(6장 참조)
  - □ INFO 명령어나 SLOWLOG, MONITOR, LATENCY, MEMORY 명령어 등 서버 내 조사용 정보 취득 관련 기능입니다.

- **레플리케이션 제어(7장 참조)**
  - □ REPLICAOF, FAILOVER 명령어 등 레플리케이션 관련 기능입니다.

- **레디스 클러스터 제어(8장 참조)**
  - □ CLUSTER 명령어 등 클러스터 제어 관련 기능입니다.

- **클라이언트 제어**
  - CLUSTER 명령어 등 클라이언트 관련 정보 취득 및 제어 관련 기능입니다.

- **접속**
  - PING 명령어 등 통신 및 접속 관련 기능입니다.

- **복잡한 알고리즘 처리**
  - LCS 명령어 등 String형을 조작하는 복잡한 알고리즘과 관련된 기능입니다.[86]

- **명령어 상세**
  - COMMAND 명령어로 명령어 상세 확인과 관련된 기능입니다.

공식 문서의 명령어 목록 페이지[87]에는 JSON.으로 시작하는 명령어(RedisJSON 모듈)나 FT.로 시작하는 명령어(RediSearch 모듈) 등과 Redis Stack에 번들로 포함된 모듈 관련 명령어들도 적혀 있습니다.[88]

이러한 기능들은 다른 클라이언트에서 사용할 수 있는 경우가 많습니다. 관련 내용을 다룬 장Chapter이나 공식 문서를 참조하여 적절하게 학습하기 바랍니다. 여러 프로그래밍 언어를 사용하는 경우에는 레디스 클러스터 기능 지원 유무 등 클라이언트의 문서를 참조하여 사용할 레디스의 기능과 호환되는지 확인해야 합니다.

---

86 최장 공통 부분 열 알고리즘입니다. 이전에는 STRALGO 명령어의 하위 명령어로 제공되었지만, 레디스 7.0에서는 STRALGO 명령어가 폐지되어 LCS 명령어가 스탠드 얼론(Stand Alone)으로 제공됩니다.

87 https://redis.io/commands/

88 https://redis.com/blog/introducing-redis-stack/

CHAPTER

03

고급 기능

이 장에서는 레디스의 고급 기능인 파이프라인, 루아 스크립팅, 레디스 함수, 트랜잭션, 그리고 모듈 기능 등을 중점적으로 다룹니다. 이러한 고급 기능은 트러블슈팅 및 성능 향상을 위해 알아두어야 합니다.

2장에서는 레디스의 기본적인 자료형과 기능을 소개했습니다. 4장에서는 주제를 정해 실제 레디스로 구현하는 방법을 다룰 예정이므로, 2장과 4장을 읽고 나면 레디스를 어떻게 사용해야 할지 대충 감을 잡을 수 있습니다. 그러나 레디스에는 트러블슈팅^{Troubleshooting} 또는 더 높은 성능을 내기 위해 알아야 하는 고급 기능이 많습니다. 3장에서는 다음과 같은 고급 기능을 주로 다룹니다. 또한 이 장의 마지막 칼럼에서 이러한 고급 기능들을 비교해 설명합니다.

- 파이프 라인
- 루아 스크립팅(이페머럴 스크립트, 레디스 함수)
- 모듈
- 키 공간 알림
- 클라이언트 측 캐시

3.1 파이프라인

파이프라인^{Pipeline}은 이전 요청의 응답을 기다리지 않고 새로운 요청을 보낼 수 있는 기능입니다. 여러 명령어를 동시에 송신하여 네트워크 RTT^{Round Trip Time}(왕복 시간)를 절약할 수 있습니다.

그림 3-1 작업 횟수를 줄이는 효과

여러 키값을 저장하고 가져올 때, 하나씩 GET/SET 명령어를 실행하면 그때마다 RTT가 발생하여 지연 시간이 길어집니다. MSET/MGET도 여러 키를 한꺼번에 작업할 수 있지만 파이프라인이 더 범용적이므로 가능하면 파이프라인을 사용하는 것이 좋습니다.

파이프라인은 여러 명령어를 한꺼번에 처리할 수 있어 간단하고 효율적이지만, 조건 분기 등을 적용할 수 없어서 다소 복잡한 로직에는 적합하지 않습니다. 또한 클라이언트 요청에 쓰기와 읽기 명령이 모두 포함된 경우에는 쓰기 명령을 실행하기 전에 읽기 명령의 결과를 기다려야 하므로 지연 시간이 길어질 수 있습니다. 게다가 다른 클라이언트들이 연결된 상황에서는 다른 명령어가 간섭할 가능성도 있으므로 스크립트의 원자적 처리를 보증할 수 없습니다. 따라서 복잡한 로직과 원자적 처리를 필요할 때는 다음과 같은 기술을 사용합니다.

- **트랜잭션**
  - 원자적 처리

- **루아 스크립팅(이페머럴 스크립트, 레디스 함수)**
  - 복잡한 로직 구현
  - 원자적 처리

- **모듈**
  - 복잡한 로직 구현
  - 원자적 처리

파이프라인 내에는 명령의 순서가 보장되기 때문에 여러 명령어를 빠르게 전송하고 응답은 나중에 한꺼번에 처리하는 것이 효과적입니다.[01] 만약 중간에 다른 클라이언트의 간섭이 있어도 상관없는 유스케이스인 경우라면 파이프라인 사용을 검토해보는 것이 좋습니다. 또한 처리 전환에 따른 오버헤드를 줄일 수 있어[02][03] 지연 시간 문제를 해결하는 데도 유용합니다.

----

01 https://redis.io/docs/manual/pipelining/
02 사용자 영역에서 커널 영역으로 이동하여 컨텍스트 스위칭 영향이 큰 read()나 write() 같은 시스템 호출(소켓 I/O)을 줄여 효과를 얻을 수 있습니다.
03 여기 나오는 여러 운영체제 관련 용어를 몰라도 이 책을 읽는 데 문제는 없습니다. 관심 있는 분은 용어를 찾아보기 바랍니다.

3.1.1 파이프라인 실행 예시

파이프라인 실행 예시를 살펴봅니다. 로컬 호스트에서 넷캣을 사용하여 서버를 실행하고 명령어를 입력합니다. 각 명령어 사이는 CR^{Carriage Return}($\r$)+LF^{Line Feed}($\n$)로 줄바꿈(개행)을 합니다. 여기서는 파이프라인을 최소한으로만 사용하고 있으므로 간단한 실행 예시만 보여 줍니다. 또한 뒤에 나오는 파이프 모드와 비교하기 위해 넷캣을 사용하여 설명합니다.

```
$ echo -e "TIME\r\nPING\r\nECHO \"test\"\r\n" | nc localhost 6379
*2
$10
1662383436
$6
228121
+PONG
$4
test
```

넷캣 등을 사용한 경우, 모든 데이터의 전송 여부 같은 사항은 관리할 수 없습니다. 이러한 경우에는 redis-cli의 --pipe 옵션을 사용합니다.

redis-cli나 다른 레디스 라이브러리는 대량의 데이터를 삽입하기 위한 기능을 지원합니다.[04] --pipe 옵션을 사용해 실행하면 다음과 같은 응답을 얻을 수 있습니다. 실행에 성공한 명령어의 개수는 replies, 오류가 발생한 명령어의 개수는 errors에 표시됩니다.

```
All data transferred. Waiting for the last reply...
Last reply received from server.
errors: 0, replies: 3
```

처리 도중에 오류가 발생한 경우에는 앞서 실행한 예시에서 사용한 넷캣이나 redis-cli의 파이프 모드 모두의 발생 시점에 오류 메시지가 표시됩니다. 레디스 파이프라인 기능은 대부분

---

04 https://redis.io/docs/latest/develop/use/patterns/bulk-loading/

의 레디스 클라이언트에서 사용할 수 있으며, 라이브러리 문서에서 'pipelining', 'pipeline' 등으로 검색하면 됩니다. 이 책에서 사용하는 redis-rb 문서[05]에도 파이프라인 관련 항목이 있습니다.

3.2 루아

레디스는 내장 스크립트 언어로 루아[lua]를 채택하고 있습니다.[06] 레디스의 명령어만으로는 구현하기 어려운 유연한 처리와 기능 확장 등을 루아를 통해 빠른 속도로 구현할 수 있습니다.

레디스에서 단순히 명령어를 조합하는 것 이상의 복잡한 작업을 하려고 할 때, 애플리케이션 측(레디스와 통신하는 웹 애플리케이션 등)에서 한꺼번에 처리 작업을 진행할 수도 있습니다. 하지만 이 경우, 앞에서 언급한 것처럼 지연 시간이나 실행 속도 문제가 따라옵니다.

루아를 사용하면 파이프라인과 달리 레디스에서 모든 작업을 원자적으로 처리할 수 있습니다. 원자적[atomic]이란, 여러 작업을 수행할 때 모든 명령어가 실행되거나 아무것도 실행되지 않는 상태를 의미합니다. 파이프라인은 편리하지만 한편으로 다음과 같은 문제가 있습니다.

- 여러 종류의 명령어를 처리할 수 있지만, 조건 분기 등 로직 기반 처리는 할 수 없습니다.
- 쓰기와 읽기가 모두 포함된 작업을 진행할 때, 쓰기 작업 이전에 읽기 작업 결과(응답)를 기다려야 합니다. 이로 인해 지연 시간이 발생할 수 있습니다.

만약 위와 같은 상황이라면 루아는 다음과 같은 특징이 있으므로 좋은 선택지가 될 수 있습니다.

- 조건 분기와 같은 복잡한 로직을 기술할 수 있습니다.
- 쓰기와 읽기 지연 시간을 최소화하도록 설계되었습니다.

레디스는 오랫동안 이페머럴 스크립트로 루아를 실행할 수 있었지만, 레디스 7.0 이후에는

---

05 https://github.com/redis/redis-rb#pipelining

06 http://oldblog.antirez.com/post/redis-and-scripting.html

레디스 함수로 루아를 실행할 수 있게 되었습니다.[07]

레디스 7.0 이후에는 레디스 함수를 사용하지만 그 이전의 레디스나 기존의 자산을 활용할 필요가 있는 경우에는 이페머럴 스크립트로 루아를 실행합니다. 사용법과 기능 차이에 대해서는 다음 절을 참고하기 바랍니다.

3.2.1 이페머럴 스크립트

레디스 7.0 이전에는 루아를 실행하기 위해 이페머럴 스크립트Ephemeral Scripts가 제공되었습니다.[08] 우선 이페머럴 스크립트를 이용한 루아의 사용 예시를 살펴보겠습니다. 이페머럴 스크립트로 무엇을 할 수 있는지 파악해두면, 기능을 더 잘 이해할 수 있습니다.

데이터 저장 시 TTL을 설정하고 싶은 경우

어떤 데이터에 TTL을 설정할 때, 데이터를 저장하는 명령어 중에 옵션으로 TTL을 설정할 수 있는 것과 없는 것으로 나뉩니다.

표 3-1 TTL 설정 관련 명령어

TTL 설정 가능 여부	명령어 예시
옵션으로 TTL을 설정할 수 있다.	SET 명령어
옵션으로 TTL을 설정할 수 없다.	SADD 명령어나 LINSERT 명령어 등 String형 이외 명령어, String형 MSET 명령어, INCR 명령어 등

명령어 실행 시 설정이 불가능한 경우에는 데이터를 저장한 후에 TTL을 설정합니다.

1. 데이터를 저장합니다.
2. 데이터 TTL을 설정합니다.

---

07 https://redis.io/docs/latest/develop/interact/programmability/

08 문서에는 EVAL 스크립트 등으로 불리기도 합니다. 이페머럴 스크립트는 레디스 함수 등장과 함께 7.0 이후에 등장했으며, 옛 문서에는 사용하고 있지 않으니 주의하기 바랍니다.

이를 단순히 실행하면, RTT 오버헤드가 발생합니다. 파이프라인으로 실행하면 오버헤드를 줄일 수 있지만, 원자적 처리는 보장할 수 없습니다. 이페머럴 스크립트를 사용하면 다음처럼 한 번의 레디스 호출로 원자적 처리를 할 수 있습니다.

다음 예시에서는 루비와 redis-rb를 예로 들어 루비에서 루아 코드를 호출하고 있습니다(샘플 사용 방법은 4.3절 참조).

TTL로 1일($60 \times 60 \times 24$초)을 설정하며, 여러 속성을 가진 user:1 해시를 작성합니다.

```
require 'redis'

# 스크립트 내 루아 코드 작성하기
script = <<EOF
  redis.call('HMSET', KEYS[1], ARGV[1], ARGV[2], ARGV[3], ARGV[4])
  redis.call('EXPIRE', KEYS[1], ARGV[5])
EOF

redis = Redis.new
# 스크립트에 저장한 루아 코드 불러오기
hashed_script = redis.script(:load, script)
# evalsha에서 읽어 온 루아 코드 실행하기
redis.evalsha(hashed_script, keys: ['user:1'], argv: ['age', 30, 'email', 'taro@
example.com', 60*60*24])
```

이페머럴 스크립트를 사용하면 RTT를 줄이면서 원자적 처리도 간단하게 구현할 수 있습니다.

여러 요소를 동시에 처리하기

레디스를 다루다 보면 여러 요소를 동시에 처리하는 경우가 많은데, 레디스의 내장 명령어만으로 처리하기 어려운 경우가 있습니다. 여러 값을 동시에 다룰 수 있는 명령어(MSET나 HMSET 등)도 있지만 제약이 따릅니다. 예를 들어, MSET 명령어는 String형 키만 동시에 지정할 수 있으며, HMSET 명령어는 한 개의 키 내에서만 여러 필드를 동시에 처리할 수 있습니다.

여기서는 각 사용자가 후보자인 투표 상황을 Set형으로 관리하고 있다고 가정하며, 사용자 ID가 1, 2, 3인 세 후보자의 특정 시점의 득표 수를 나타내고 있습니다.[09] 루아에는 각 집합의 요소 개수를 동시에 나타내는 명령어는 없지만, 다음과 같이 작성할 수 있습니다.

```
require 'redis'

script = <<EOF
  local counts = {}

  for i, key in ipairs(KEYS) do
    counts[i] = redis.call('SCARD', key)
  end

  return counts
EOF

redis = Redis.new
hashed_script = redis.script(:load, script)
result = redis.evalsha(hashed_script, keys: ['user:1:votes', 'user:2:votes',
'user:3:votes'])

puts result
```

이런 사례에서도 이페머럴 스크립트를 사용할 수 있습니다.

이페머럴 스크립트를 통한 복잡한 로직 구현하기

루아를 사용해 복잡한 로직을 처리하는 실행 예시를 먼저 살펴보겠습니다. 1부터 인수로 입력한 숫자까지의 합계를 계산하여 반환하는 예시입니다. 인수로 입력한 수를 10이라고 하면, 1부터 10까지 합계를 계산하여 55 값이 반환됩니다. 다음은 바로 시험해볼 수 있는 EVAL 명

---

09 예시로 든 스크립트를 실행하기 위해서 미리 SADD user:1:votes vote:1 vote:2 vote:3, SADD user:2:votes vote:4, SADD user:3:votes vote:5 vote:6을 실행하여 Set형 키를 저장하고 있다고 가정합니다.

령어 실행 예시입니다.

```
127.0.0.1:6379> EVAL "local val = 0; for i = 1, ARGV[1] do val = val + i; end;
return val" 0 10
(integer) 55
```

또한 루아에는 디버깅을 위한 루아 디버거 기능이 탑재되어 있습니다.[10] [11] [12] 복잡한 코드를 실행할 때 디버거를 활용할 수 있습니다.

이페머럴 스크립트 명령어

레디스에서 이페머럴 스크립트를 실행하는 주요 방법으로 EVAL과 EVALSHA 명령어를 사용합니다. 또한 각 명령어는 읽기 전용 명령어인 EVAL_RO, EVALSHA_RO를 사용할 수 있습니다.[13] 실제로 많이 사용되는 것은 EVALSHA입니다. EVAL과 EVALSHA 두 명령어를 살펴보겠습니다.

▪── EVAL 실행 예시

EVAL 명령어는 인수로 스크립트를 문자열로 전달합니다. EVAL의 첫 번째 인수는 스크립트 내용, 두 번째 인수는 스크립트 내에서 사용하는 키 종류의 수, 세 번째 인수에는 두 번째 인수에서 지정한 수만큼 스크립트 내에서 사용하는 키를 나열합니다. 그 후 스크립트 내에 사용하는 인수가 있다면 나열합니다.

```
EVAL script numkeys key [key ...] arg [arg ...]
```

다음과 같이 실행합니다. KEYS 변수나 ARGV 변수에 대해서는 나중에 설명합니다.

---

10 https://redis.io/docs/latest/develop/interact/programmability/lua-debugging/

11 http://www.antirez.com/news/97

12 https://www.slideshare.net/itamarhaber/redis-lua-scripts

13 RO, 즉 READ ONLY라는 이름처럼 루아에서는 데이터를 읽을 수만 있습니다. 루아 내에서는 SET나 DEL처럼 데이터를 변경하는 명령어를 실행할 수 없습니다. 레디스 7.0 이후부터는 사용할 수 있습니다.

```
127.0.0.1:6379> EVAL "return {KEYS[1],KEYS[2],ARGV[1],ARGV[2],ARGV[3]}" 2 key1
key2 value1 value2 value3
1) "key1"
2) "key2"
3) "value1"
4) "value2"
5) "value3"
```

━ EVALSHA 실행 예시

EVALSHA 명령어 인수와 실행 내용은 EVAL과 비슷합니다. 다른 점은 두 번째 인수 부분입니다. 스크립트 자체가 아닌 스크립트 해시값을 지정합니다. 이 해시값은 SCRIPT LOAD 명령어로 확인할 수 있습니다.

SCRIPT LOAD는 스크립트를 읽어와 레디스 서버에 저장하고, SHA1로 스크립트를 해시화하여 값을 반환하는 명령어입니다.

```
EVALSHA sha1 numkeys key [key ...] arg [arg ...]
```

다음과 같이 실행하면, SCRIPT LOAD 명령어로 5b62720354d3ac0755d47fe9d802b4be77bbecdc라는 문자열을 해시값으로 얻을 수 있습니다.

```
127.0.0.1:6379> EVALSHA "5b62720354d3ac0755d47fe9d802b4be77bbecdc" 2 key1 key2
value1 value2 value3
1) "key1"
2) "key2"
3) "value1"
4) "value2"
5) "value3"
```

━ EVAL/EVALSHA 실행 예시

EVAL 명령어는 실행할 스크립트를 직접 인수로 지정하기 때문에 스크립트의 해시값 관리 비용이 들지 않습니다. 단, EVAL 명령어로 실행할 때마다 스크립트가 클라이언트에서 레디스 서버로 전송되기 때문에 그만큼 대역폭을 사용하게 됩니다.

EVAL 명령어를 실행할 때 주의해야 할 점은 레디스에서 특정 키의 데이터를 작업하고 싶다면, 명령어 인수에 해당 키를 작업 대상으로 지정하여 명시한다는 점입니다. 이때, 스크립트 내에 사용하는 key1이나 key2처럼 키 이름을 지정하는 형태로 명시합니다.

인수로 나열한 키는 루아 전역 변수인 KEYS의 배열에 저장되며, 이어서 나열된 값은 루아의 전역 변수인 ARGV 배열에 저장됩니다.[14] 스크립트는 이 배열에 저장된 키와 값을 사용하여 작업을 수행합니다.

스크립트에서 사용하는 키를 반드시 EVAL 명령어 인수로 선언해야 하는 것은 아닙니다. EVAL 명령어 인수로 키를 지정하지 않고 KEYS 변수를 사용하지 않을 수도 있습니다.

그러나 레디스 클러스터를 사용하는 경우에는 인수로 지정한 키값을 바탕으로 라우팅할 캐시 노드를 결정합니다. 레디스 클러스터를 사용하지 않으면 당장은 괜찮지만, 앞으로 문제가 생길 수 있으므로 일반적으로는 스크립트 내에 사용할 키를 인수로 지정하는 것을 권장합니다.

EVALSHA 명령어는 스크립트 자체가 아닌, 해시값으로 스크립트를 지정할 수 있어 대역폭 감소 효과가 있습니다. 그러나 이 효과[15]를 위해서는 그 전에 SCRIPT LOAD 명령어를 사용하여 스크립트의 SHA1 해시값을 생성하고 스크립트는 레디스에 저장합니다. 스크립트를 전송한 다음에는 스크립트를 SHA1로 캐시화한 값이 반환됩니다. EVALSHA에서는 스크립트를 지정하기 위해 이 해시값을 인수로 지정합니다.[16]

다음으로 명령어 실행 예시를 확인합니다. SCRIPT LOAD 명령어로 스크립트를 읽어 오면 SHA1

---

14 일반적으로 루아에서는 배열 인덱스가 0이 아니라 1부터 시작한다는 점에 주의해야 합니다.

15 다른 노드 간에서도 스크립트 내용이 같은지 확인하고 실행할 수 있다는 장점도 있습니다.

16 이 예시를 실행하기 위한 방법으로 SCRIPT LOAD 명령어가 아닌 스크립트 자체를 SHA1로 해싱한 값을 사용할 수 있습니다. 이 값을 EVALSHA 명령어에 전달하면 레디스 서버에 캐싱된 스크립트를 실행할 수 있습니다. 앞서 1부터 인수로 입력한 수까지의 합계를 구하는 스크립트를 예시로 들겠습니다. 이 경우, echo -n "local val = 0; for i = 1, ARGV[1] do val = val + I; end; return val" ¦ openssl sha1 값을 계산합니다. SHA1 해시값을 EVALSHA 명령어로 전달하여, 레디스 서버 내에 캐싱된 스크립트를 다시 사용할 수 있습니다. 단, 앞으로 똑같이 동작한다는 보장은 없기 때문에 어쩔 수 없는 경우를 제외하고는 레디스 기능인 SCRIPT LOAD 명령어 사용을 추천합니다.

해시값을 반환합니다.

```
127.0.0.1:6379> SCRIPT LOAD "return {KEYS[1],KEYS[2],ARGV[1],ARGV[2],ARGV[3]}"
"5b62720354d3ac0755d47fe9d802b4be77bbecdc"
```

기존에 EVAL 명령어의 첫 번째 인수로 스크립트를 지정했듯이, 이번에는 EVALSHA 명령어의 첫 번째 인수로 해시값을 지정하여 스크립트를 사용할 수 있습니다.

```
127.0.0.1:6379> EVALSHA "5b62720354d3ac0755d47fe9d802b4be77bbecdc" 2 key1 key2
value1 value2 value3
1) "key1"
2) "key2"
3) "value1"
4) "value2"
5) "value3"
```

EVAL 명령어는 매번 루아 스크립트를 서버로 전송해야 할 만큼 오버헤드가 크기 때문에 현업에서는 EVALSHA 명령어를 많이 사용합니다. 하지만 스크립트 크기 및 대역폭의 절약 효과가 그렇게 크지 않다면 관리 비용을 절약하기 위해 EVAL 명령어를 사용하는 것도 하나의 전략이 될 수 있습니다.[17] 또한 EVALSHA 명령어는 해시값을 얻기 위해 사전에 SCRIPT LOAD 명령어를 실행해야 하므로 레디스 서버와의 왕복 횟수가 증가하는 경향이 있습니다. 따라서 통신 횟수를 줄이기 위해서 EVAL 명령어를 사용하는 경우도 있습니다.

레디스 서버는 실행한 루아 스크립트를 캐시 내부 처리를 통해 매번 컴파일하는 작업을 생략함으로써 서버가 루아 스크립트를 처리하는 데 드는 계산 비용을 절약하고 있습니다.

단, 레디스에서 루아를 실행하는 데는 몇 가지 제약이 따릅니다. 먼저 루아 실행 버전은 루아 5.1입니다.[18] 전역 변수를 사용할 수 없고 지역 변수만 사용할 수 있습니다.

----

17 레디스 클러스터의 경우, 저장된 스크립트는 샤드별로 관리해야 합니다. 이렇게 하지 않으면 샤드를 추가했을 때, 새롭게 계산하는 관리 비용이 커지기 때문입니다. redis-cli의 --cluster-only-masters 옵션(8.6.1절 참조)을 사용하거나, 스크립트가 짧아 대역폭이 줄어드는 장점이 없는 경우에는 해시값을 사용하지 말고 매번 스크립트 실행하는 것을 검토하는 것도 방법입니다. 레디스 클러스터의 자세한 내용은 뒤에서 다룹니다.

18 현재는 루아 5.1.5를 사용하고 있습니다.

앞서 루아는 원자적 처리로 간단히 구현할 수 있다고 설명했습니다. 하지만 현재 이페머럴 스크립트에는 롤백 기능이 구현되어 있지 않아, 스크립트 구현에 따라 내부에 오류가 발생한 시점에 스크립트가 종료될 수 있습니다.[19] 즉, 엄밀한 의미에서 원자성을 보장하지 않기 때문에 이를 염두에 두고 애플리케이션을 개발할 때 이런 오류를 피하기 위한 대책을 마련해야 합니다.

스크립트 제거

EVAL이나 EVALSHA로 실행한 스크립트는 삭제 작업(재시작 포함)을 수행하지 않는 한 레디스 인스턴스에 캐시로 남아 있습니다. 이는 스크립트 실행 속도를 높이기 위해 사용됩니다.

용량 때문에 캐시를 부정적으로 보는 사람들도 있지만, 다른 스크립트의 캐시가 있더라도 대부분 메모리 문제로 이어지진 않습니다. 대규모 애플리케이션이라 하더라도 스크립트 수는 보통 수백 개 정도일 것입니다. 각 스크립트는 레디스 관련 처리 작업에 주로 사용하기 때문에 극단적으로 복잡한 경우는 거의 없고 차지하는 용량도 적습니다. 애플리케이션이 가끔 수정되고 스크립트가 변경되더라도 메모리 사용량 측면에서는 무시할 수 있을 정도입니다.

하지만 메모리 사용량을 줄이기 위해서는 약간의 노력이 필요할 때도 있습니다. 스크립트에서 사용되는 키는 전역 변수인 KEYS 변수에, 스크립트에 사용되는 인수는 지역 변수인 ARGV 변수에 배열 형태로 저장된다고 앞서 설명했습니다. 만약 이 매개변수를 사용하지 않고 직접 값을 스크립트에 삽입해서 사용하면 각각은 모두 다른 스크립트 데이터가 되어 루아 스크립트를 위한 메모리 영역이 점점 증가하게 됩니다. KEYS 변수나 ARGV 변수를 활용해 매개변수화가 가능한 경우에는 이를 활용해 스크립트를 일반화할 수 있습니다.

이페머럴 스크립트로 인한 메모리 사용도 애플리케이션 규모가 커짐에 따라 문제가 될 수 있지만, 뒤에 나오는 레디스 함수는 이런 문제들을 개선했습니다.

스크립트 캐시를 삭제하기 위해서는 SCRIPT FLUSH 명령어를 실행하거나 레디스 서버를 재시

---

19 레디스에서는 이페머럴 스크립트를 사용한 작업의 롤백 기능 구현에 긍정적이지만, 문제점도 많아 실현 가능성은 불투명합니다.
https://github.com/redis/redis/issues/10576

작합니다. SCRIPT FLUSH 명령어로 스크립트 캐시를 삭제하면 지금까지 실행한 모든 스크립트가 삭제됩니다. 캐시를 강제적으로 모두 삭제하고 싶을 때 사용하며, 개발 환경에서 자주 캐시를 삭제하고 싶은 경우나 운영환경에서 필요할 때 불필요한 캐시가 쌓여 다시 사용할 일이 없으면 정기적으로 사용하면 좋습니다.

또한 스크립트를 두 번 실행하는 사이에 서버의 재시작이 없었는지 확인하기 위해서는 서버와의 연결이 영구적으로 끊어지지 않았는지 확인하는 방법과 클라이언트가 INFO 명령어의 runid 필드를 명시적으로 확인하는 방법이 있습니다. 그러나 실제로는 관리자가 명시적으로 SCRIPT FLUSH 명령어를 실행했는지만 확인하면 해시값으로 스크립트를 실행하는 방식은 대부분의 경우에 문제가 없습니다. 그리고 스크립트 실행 중에는 키가 만료되지 않는데, 같은 스크립트의 같은 데이터 세트에는 같은 효과를 보장하도록 동작하기 때문입니다.

스크립트 존재 여부는 SCRIPT EXISTS 명령어로 확인할 수 있습니다.

▪── SCRIPT EXISTS 실행 예시

SCRIPT EXISTS 명령어는 인수로 지정한 해시값에 해당하는 스크립트가 존재하면 1을, 존재하지 않으면 0을 반환합니다. 해당 스크립트가 이미 레디스 서버 내에 있는지 확인할 수 있습니다. 스크립트를 실행하기 위해서 이미 레디스 서버에 있는 경우에는 EVALSHA 명령어를 사용하여 스크립트 자체를 다시 보내지 않고 스크립트를 처리할 수 있습니다. 스크립트가 없는 경우에는 SCRIPT LOAD 명령어로 스크립트 자체를 레디스 서버에 저장하여 EVALSHA 명령어로 스크립트를 실행해야 합니다.

실행 예시를 살펴보겠습니다. 앞서 SCRIPT LOAD 명령어를 실행할 때 가져온 해시값(5b6272 0354d3ac0755d47fe9d802b4be77bbecdc)을 인수로 지정하여 SCRIPT EXISTS 명령어로 실행한 결과 반환값은 1이 되며, 스크립트가 존재한다는 것을 의미합니다. 한편, 존재하지 않는 해시값(xxxxxxxxxxxxxxxxxxxxxxxxxxxxxxxxxxxxxxxxx)을 지정한 경우의 반환값은 0이 되며, 스크립트가 존재하지 않음을 의미합니다.

```
127.0.0.1:6379> SCRIPT EXISTS "5b62720354d3ac0755d47fe9d802b4be77bbecdc"
1) (integer) 1
127.0.0.1:6379> SCRIPT EXISTS "xxxxxxxxxxxxxxxxxxxxxxxxxxxxxxxxxxxxxxxxx"
1) (integer) 0
```

•— SCRIPT FLUSH 실행 예시

SCRIPT FLUSH로 스크립트 캐시를 삭제합니다. SCRIPT EXISTS 명령어와 함께 명령어 실행
예시를 살펴봅니다.

```
127.0.0.1:6379> SCRIPT FLUSH
OK
```

스크립트 캐시를 삭제하면 앞서 존재하던 스크립트가 사라진 것을 확인할 수 있습니다.

```
127.0.0.1:6379> SCRIPT EXISTS "5b62720354d3ac0755d47fe9d802b4be77bbecdc"
1) (integer) 0
```

스크립트 정지

실행 중인 이페머럴 스크립트를 정지할 수 있는 명령어로 SCRIPT KILL과 SHUTDOWN NOSAVE
가 있습니다.[20]

스크립트 실행 중에 데이터 세트가 변경되지 않았다면(읽기 명령만 실행하는 경우) 타임아
웃을 설정할 수 있습니다. busy-replay-threshold(레디스 7.0 미만에서는 lua-time-limit)
지시자Directive로 설정할 수 있으며, 기본값은 5초입니다. 밀리 초 단위로 처리되기 때문에 5초
라는 값은 꽤 큰 수치입니다. 설정한 값을 초과한 경우에는 현재 실행 중이고 읽기 전용 명령
어만 실행한 스크립트를 SCRIPT KILL 명령어로 중지할 수 있습니다.

스크립트 실행 중에 데이터 세트가 변경됐다면(쓰기 명령을 실행하는 경우), busy-replay-

---

20 https://redis.io/commands/shutdown/

Chapter 03_ 고급 기능 **217**

threshold(레디스 7.0 미만에서는 lua-time-limit)로 제어할 수 없습니다. 타임아웃 값을 초과하면 SHUTDOWN NOSAVE 명령어만 수행하게 되며, 이 명령어로 강제 종료해야만 문제를 해결할 수 있습니다. 이는 레디스가 현재 롤백 기능이 없기 때문에 데이터 세트를 변경한 상태로 레디스를 종료하게 되면, 데이터 세트가 불완전한 상태로 남아있게 되고 스크립트의 원자성을 해칠 수 있습니다.

실제 이 동작을 확인하기 위해 이페머럴 스크립트에서 데이터 세트를 변경하여 무한 반복되도록 실행해보겠습니다.[21] redis.call() 함수의 자세한 내용은 3.2.3절에서 다루겠습니다. 먼저 여기서는 루아에서 레디스를 호출하는 함수라고 이해하면 됩니다.

```
127.0.0.1:6379> EVAL 'redis.call("SET", KEYS[1], "bar"); while 1 do redis.
debug("infinite loop") end' 1 foo
```

스크립트를 실행 중이므로 SCRIPT KILL 명령어와 SHUTDOWN NOSAVE 명령어 외에는 동작하지 않습니다.

```
127.0.0.1:6379> PING
(error) BUSY Redis is busy running a script. You can only call SCRIPT KILL or
SHUTDOWN NOSAVE.
```

5초 이상 경과하면 레디스 서버에서 다음과 같은 로그가 출력됩니다.

```
199647:M 21 Sep 2022 11:24:00.814 # Slow script detected: still in execution
after 5000 milliseconds. You can try killing the script using the SCRIPT KILL
command. Script name is: d738672a484abf61097e345a02956bddb2f86681.
```

SCRIPT KILL 명령어를 실행해보면 다음과 같은 오류가 반환됩니다.

```
127.0.0.1:6379> SCRIPT KILL
(error) UNKILLABLE Sorry the script already executed write commands against the
```

---

21 실제 운영환경에서 실행하면 안 됩니다.

```
dataset. You can either wait the script termination or kill the server in a
hard way using the SHUTDOWN NOSAVE command.
```

SHUTDOWN NOSAVE 명령어로, 레디스 서버를 종료할 수 있습니다. 이 명령어를 실행하면
redis-cli 화면에서 빠져나올 수 있습니다.

```
127.0.0.1:6379> SHUTDOWN NOSAVE
$
```

SHUTDOWN NOSAVE 명령어는 모든 클라이언트에서 연결을 끊고, AOF^Append Only Fire가 활성화
된 경우 AOF 플러시 처리를 수행한 후에 레디스 서버를 종료합니다. 스크립트 실행 중 내용
이 반영되지 않고 파기됩니다. 이 명령어는 save 지시자로 스냅숏을 기록하도록 설정되어 있
더라도 생략^skip합니다. 메모리에서 데이터 손실이 발생하지 않는 선에서 실행하는 마지막 수
단이라고 생각하면 됩니다. 레디스 7.0 이후에는 EVAL_RO/EVALSHA_RO가 추가되었습니다.
각 명령어는 EVAL/EVALSHA의 읽기 전용 명령어에 해당합니다. 이를 통해 읽기 전용 스크립트
라면 항상 레플리카에서 실행되어 SCRIPT KILL 명령어 실행을 보장할 수 있으므로 의도적인
쓰기 작업으로 발생하는 문제를 방지할 수 있습니다.

redis-cli에서 실행하는 예시

redis-cli에서 루아 파일을 실행할 때는 --eval 옵션을 사용하며, 옵션 인수로는 파일 이름
을 지정합니다.[22] 예시로 test.lua라는 파일 이름으로 아래 스크립트 내용을 작성해봅니다.

```
return {KEYS[1],KEYS[2],ARGV[1],ARGV[2],ARGV[3]}
```

test.lua 파일을 --eval 옵션으로 지정합니다. EVAL 명령어나 EVALSHA 명령어와는 달리 인
수로 키의 개수를 지정하지 않습니다. 또한 키와 인수 사이에는 콤마(,)로 앞뒤에 공백을 주
어 구분합니다.

----

22 https://redis.io/docs/manual/cli/

```
$ redis-cli --eval test.lua key1 key2 , value1 value2 value3
1) "key1"
2) "key2"
3) "value1"
4) "value2"
5) "value3"
```

플래그

레디스 7.0 이후부터는 이페머럴 스크립트에 플래그^{Flag} 기능을 사용할 수 있습니다. 레디스는 이페머럴 스크립트 내에서 루아가 어떻게 동작할지 미리 알 수 없습니다. 그러므로 플래그를 통해 사전에 어떻게 동작할지 전달하여 레디스를 제어합니다. 단, 플래그를 잘못 사용하면 의도치 않게 동작할 수 있으므로 제대로 이해하고 사용해야 합니다.

플래그를 지정하기 위해서는 스크립트에 다음과 같이 셔뱅^{Shebang} (#!)과 루아 문자열을 연결한 #!lua를 첫 행에 선언하고, 이어서 flags= 다음에 플래그들을 쉼표로 구분하여 나열합니다.

```
#!lua flags=no-writes,allow-stale
local result = redis.call('get','x')
return result
```

플래그 종류는 다음과 같습니다.

- **no-writes**: 스크립트가 데이터의 읽기 작업만 수행하고, 쓰기 작업은 수행하지 않는다고 선언합니다.
- **allow-oom**: 레디스 서버가 OOM^{Out of Memory} 상황에서 실행 가능한 스크립트라고 선언합니다.
- **allow-stale**: 마스터의 연결이 끊어지는 등 데이터가 오래되어도 레플리카의 스크립트 실행이 가능하다고 선언합니다.
- **no-cluster**: 레디스 클러스터 내에서 실행이 불가능한 스크립트가 있음을 선언합니다.
- **allow-cross-slot-keys**: 레디스 클러스터에서 여러 슬롯을 통해 키에 접근하는 스크립트가 있음을 선언합니다.

살펴보면 직관적인 이름이 많습니다. 그중에서 no-cluster를 예시로 설명합니다. no-cluster는 레디스 클러스터가 아닌 환경에서 실행되도록 지정하는 플래그입니다. 레디스 클러스터 내에서 이 플래그가 있는 스크립트를 실행하면 (error) ERR Can not run script on cluster, 'no-cluster' flag is set.라는 오류 메시지를 반환합니다.

루아 디버거

이페머럴 스크립트의 디버깅을 위해 루아 디버거를 사용할 수 있습니다.[23] redis-cli에는 --ldb와 --ldb-sync-mode 두 종류 옵션이 있습니다.

--ldb 옵션은 논 블로킹 비동기 디버깅[24]을 위한 것으로, 해당 옵션을 활성화한 상태에서 변경한 작업은 롤백되어 파기됩니다.

반면에, --ldb-sync-mode 옵션은 활성화 중 변경한 작업도 반영됩니다. 특정 버그를 추적하는 등 경우에 각 디버깅 세션에 키 공간에서 변경된 내용을 유지해야 하는 경우에는 동기 디버깅을 사용합니다. 샘플로 debug-sample.lua라고 하는 파일 이름의 코드를 다음과 같이 작성하여 시험해봅니다.

```
local key = 'test'

redis.call('SET', key, 10)
local result = redis.call('INCR', key)

return result
```

루아 디버거 모드를 실행하면 다음과 같은 화면이 나타납니다.

---

23 https://redis.com/blog/5-6-7-methods-for-tracing-and-debugging-redis-lua-scripts
24 역자주_블로킹-논 블로킹, 동기-비동기 개념은 프로그래밍 및 시스템 디자인에서 중요한 개념입니다. 예를 들어, 논 블로킹 비동기 방식은 작업을 요청한 후 응답을 기다리는 동안 다른 작업을 수행할 수 있습니다. 작업을 요청한 프로세스 혹은 스레드 역시 요청한 즉시 제어권을 반환한 상태로 다른 작업을 수행합니다.

```
$ redis-cli --ldb --eval debug-sample.lua
Lua debugging session started, please use:
quit    -- End the session.
restart -- Restart the script in debug mode again.
help    -- Show Lua script debugging commands.

* Stopped at 1, stop reason = step over
->1 localkey='test'
lua debugger>
```

help 명령어를 실행하면 루아 디버거에서 사용할 수 있는 명령어 목록과 내용을 확인할 수 있습니다.

```
lua debugger> help
Redis Lua debugger help:
[h]elp                Show this help.
[s]tep                Run current line and stop again.
[n]ext                Alias for step.
[c]ontinue            Run till next breakpoint.
[l]ist                List source code around current line.
[l]ist [line]         List source code around [line].
                      line = 0 means: current position.
[l]ist [line] [ctx]   In this form [ctx] specifies how many lines
                      to show before/after [line].
[w]hole               List all source code. Alias for 'list 1 1000000'.
[p]rint               Show all the local variables.
[p]rint <var>         Show the value of the specified variable.
                      Can also show global vars KEYS and ARGV.
[b]reak               Show all breakpoints.
[b]reak <line>        Add a breakpoint to the specified line.
[b]reak -<line>       Remove breakpoint from the specified line.
[b]reak 0             Remove all breakpoints.
[t]race               Show a backtrace.
[e]val <code>         Execute some Lua code (in a different callframe).
[r]edis <cmd>         Execute a Redis command.
```

```
[m]axlen [len]        Trim logged Redis replies and Lua var dumps to len.
                      Specifying zero as <len> means unlimited.
[a]bort               Stop the execution of the script. In sync
                      mode dataset changes will be retained.

Debugger functions you can call from Lua scripts:
redis.debug()         Produce logs in the debugger console.
redis.breakpoint()    Stop execution like if there was a breakpoint in the
                      next line of code.
```

l을 입력하면 현재 행 주변에 스크립트 내용을 확인할 수 있습니다.

```
lua debugger> l
-> 1 localkey='test'
   2
   3  redis.call('SET', key, 10)
   4  local result = redis.call('INCR', key)
   5
   6 return result
```

b와 행 번호를 입력해서 브레이크 포인트를 설정합니다.

```
lua debugger> b 4
    3 redis.call('SET', key, 10)
   #4 local result = redis.call('INCR', key)
    5
```

c를 입력하면 다음 브레이크 포인트까지 실행합니다.

```
lua debugger> c
* Stopped at 4, stop reason = break point
->#4 local result = redis.call('INCR', key)
```

s를 입력하면 단계별로 실행하여 현재 행을 실행한 후 멈춥니다.

```
lua debugger> s
<redis>
<reply> 11
* Stopped at 6, stop reason = step over
-> 6 return result
```

p와 변수명을 입력하면 변수 내용을 확인할 수 있습니다.

```
lua debugger> p result
<value> 11
```

그대로 스크립트 실행을 완료하면 레디스 서버에 접속된 상태로 입력을 받을 수 있는 화면이
됩니다.

```
lua debugger> c

(integer) 11

(Lua debugging session ended -- dataset changes rolled back)

127.0.0.1:6379>
```

--ldb나 --ldb-sync-mode 옵션으로 redis-cli를 실행하지 않고도 SCRIPT DEBUG 명령어를
사용해 루아 디버거를 사용할 수도 있습니다. 인수를 YES로 하면 비동기 디버깅이, SYNC로
하면 동기 디버깅이 가능하며, NO로 디버그 모드를 비활성화할 수 있습니다.

3.2.2 레디스 함수

레디스에서 루아를 실행하는 또 하나의 방법으로 레디스 함수Redis Functions가 있습니다.[25] 레디스 함수는 레디스 7.0의 대표 기능으로, 간단히 말하면 이페머럴 스크립트의 문제점을 극복하기 위한 대체 기능입니다. 기존의 자산을 재활용해야 하는 상황이 아니라면, 레디스 7.0과 루아를 함께 사용하고자 할 때 레디스 함수를 사용하는 게 좋습니다.

이페머럴 스크립트의 문제점

레디스 함수를 이해하기 위해 이페머럴 스크립트의 문제점을 정리하겠습니다.

이페머럴 스크립트에서는 스크립트를 사용자 애플리케이션의 일부분이라고 생각해야 합니다. 즉 사용자가 레디스를 사용하는 애플리케이션 측에서도 스크립트의 소스코드를 유지해야 한다는 것을 의미합니다. 이는 앞서 설명했듯이 스크립트가 레디스 서버 측 캐시에 저장될 뿐 언제든 삭제될 수 있기 때문입니다. 간단한 유스케이스라면 특별히 문제되지 않지만, 애플리케이션이 복잡해지고 스크립트를 많이 사용할수록 스크립트 관리도 어려워집니다. 또한 트랜잭션 내에 스크립트를 호출하면 필요한 스크립트가 삭제될 가능성도 증가합니다.

레디스 함수는 스크립트 개발 과정 전체를 애플리케이션 로직에서 분리하여 독립된 개발이 가능하도록 합니다. 레디스 함수를 사용하려면 스크립트를 먼저 불러와야 합니다. 이는 레디스 서버 운영자 작업으로서 애플리케이션 개발자 작업과 분리하여 독립적으로 개발할 수 있습니다.

이페머럴 스크립트의 다른 문제점은 다음과 같습니다.

- SHA1의 다이제스트 값은 직접적으로 어떤 의미를 나타내지 않기 때문에 디버깅이 어렵습니다.
- KEYS와 ARGV를 제대로 사용하지 않고 스크립트를 그대로 렌더링하는 안티 패턴을 따를 가능성이 있습니다.

----

25 https://redis.io/docs/manual/programmability/functions-intro/
https://developer.redis.com/create/redis-functions/
https://github.com/redis/redis/pull/9780
https://github.com/redis/redis/pull/10004

- 한 스크립트에서 다른 스크립트를 호출할 수 없어 스크립트 간 코드 공유와 재사용이 어렵습니다.
- 루아 5.1만 사용할 수 있습니다.

레디스 함수는 이러한 문제점들을 개선하기 위해 만들었습니다.

레디스 함수 개요

레디스 함수는 이페머럴 스크립트로 작성된 루아를 대체하는 기능이므로 원자적 처리가 보장됩니다. 실행 중에는 이페머럴 스크립트처럼 다른 처리를 블록하기 때문에 장시간 실행하는 것은 피해야 합니다. 레디스 함수만의 차별점은 함수가 마스터에서 레플리카로 복제된다는 점과 스냅숏이나 AOF로 영속화되어, 데이터와 동등한 내구성을 가진다는 점입니다.[26]

그 외에 크게 다른 점이 있다면 라이브러리라는 개념을 도입하여, 코드 공유가 간소화됐다는 점입니다. 레디스 함수의 구조를 살펴보면, 하나의 라이브러리는 여러 함수로 구성되어 있어 각 함수는 하나의 라이브러리에 속합니다. 라이브러리 내의 개별 함수를 부분적으로 업데이트할 수 없으며, 라이브러리 내 모든 함수를 하나의 작업으로 한꺼번에 업데이트합니다. 이를 통해 같은 라이브러리에 있는 함수에서 다른 함수를 호출하거나 라이브러리 내 함수를 공통으로 재사용할 수 있습니다.

이페머럴 스크립트에서는 루아 5.1 버전만 사용할 수 있었지만, 레디스 함수는 다양한 프로그래밍 언어의 엔진을 사용할 수 있으며, 추후 자바스크립트와 호환도 예정되어 있습니다.[27] 그렇기 때문에 엄밀히 말하면 레디스 함수는 루아만을 실행하기 위한 함수는 아닙니다. 현재는 루아 5.1만 지원하고 있습니다.

실행 예시

레디스 함수는 다양한 언어에서 사용할 수 있도록 설계되었지만, 현재는 루아 5.1에서만 호환됩니다.

---

26 레디스 함수만 백업하고 싶다면 `redis-cli --functions-rdb`로 실행할 수 있습니다.
27 https://github.com/redis/redis/issues/11128

이페머럴 스크립트와 레디스 함수는 공통 루아 API를 사용하고 있으므로 비슷한 방식으로 코딩할 수 있습니다. 하지만 공통으로 사용할 수 없는 변수 등도 있습니다. 자세한 내용은 3.2.3절에서 설명합니다.

다음은 레디스 함수의 실행 예시입니다. 여기서는 루아로 아래 익명 함수를 레디스에서 호출하고 있으며, 0부터 인수로 입력한 값까지 모든 정수의 합계를 구합니다.

```
function(keys, args)
  local val = 0

  for i = 1, args[1] do
    val = val + i
  end

  return val
end
```

여기서는 mylib이라는 이름의 라이브러리에 함수를 등록합니다. 레디스 함수의 FUNCTION 명령어를 사용하여 FUNCTION LOAD 명령어로 다음과 같이 등록합니다.

```
127.0.0.1:6379> FUNCTION LOAD "#!lua name=mylib\nredis.register_
function('calculator', function(keys, args) local val = 0; for i = 1, args[1]
do val = val + i; end; return val end)"
"my lib"
```

등록한 함수를 실행하기 위해서는 FCALL 명령어를 사용하여 다음과 같이 실행합니다. 10을 인수로 설정하여 0부터 10까지 모든 정수의 합을 구해 '55'라는 값이 반환되는 것을 확인할 수 있습니다. 여기서 0은 스크립트에서 레디스 서버 데이터베이스를 처리하는 키의 개수를 의미합니다.

```
127.0.0.1:6379> FCALL calculator 0 10
(integer) 55
```

레디스 함수가 필요 없는 경우에는 다음과 같이 지정한 라이브러리 및 라이브러리에 등록한 모든 함수를 삭제할 수 있습니다.

```
127.0.0.1:6379> FUNCTION DELETE mylib
OK
```

모든 라이브러리를 삭제하는 경우에는 FUNCTION FLUSH 명령어를 실행합니다.

루아 스크립트 파일에 작성한 내용을 직접 등록할 수도 있습니다. 예를 들어, 다음과 같이 mylib.lua라는 이름의 루아 파일을 작성합니다.

코드 3-1 mylib.lua

```lua
#!lua name=mylib

local function sum(keys, args)
  local val = 0

  for i = 1, args[1] do
    val = val + i
  end

  return val
end

redis.register_function('calculator', sum)
```

이번에는 FUNCTION LOAD REPLACE 명령어를 사용하여 다음과 같이 등록합니다.

```
$ cat mylib.lua | redis-cli -x FUNCTION LOAD REPLACE
"my lib"
```

redis-cli 명령어로 레디스 서버에 로그인하여 이전과 같이 실행 가능하다는 것을 확인할 수 있습니다.

```
127.0.0.1:6379> FCALL calculator 0 10
(integer) 55
```

FUNCTION DUMP 명령어를 사용하면 레디스 함수 내 라이브러리를 직렬화된 상태로 덤프Dump 할 수 있습니다. FUNCTION RESTORE 명령어를 사용하여 직렬화된 데이터를 지정하여 데이터를 복원할 수 있습니다. 다음과 같이 데이터를 덤프하여 데이터베이스 내 라이브러리를 모두 삭제하고 마지막에 복원해보겠습니다.

```
127.0.0.1:6379> FUNCTION DUMP
"₩xf5₩xc3@₩x85@₩x94₩x1f#!lua name=mylib₩nredis.register_₩x16function
('calculator', ₩xe0₩x00₩x16₩rkeys, args) lo #₩x01 v ₩x03₩t= 0; for i
₩n₩x001₩x80₩x1f₩x05[1] do₩xa0₩x1e@$₩x0f+ i; end; return`₩x14 ₩x0f₩x00)₩n
_₩x00₩x96₩x9f₩xb5¦0₩"₩xdf₩xef"
127.0.0.1:6379> FUNCTION FLUSH
OK
127.0.0.1:6379> FUNCTION RESTORE "₩xf5₩xc3@₩x85@₩x94₩x1f#!lua
"name=mylib₩nredis.register_₩x16function('calculator', ₩xe0₩x00₩x16₩rkeys,
args) lo #₩x01 v ₩x03₩t= 0; for i ₩n₩x001₩x80₩x1f₩x05[1] do₩xa0₩x1e@$₩x0f+
i; end; return`₩x14 ₩x0f₩x00)₩n₩x00₩x96₩x9f₩xb5¦0₩"₩xdf₩xef"
OK
```

등록된 라이브러리 및 각 라이브러리 함수 목록은 FUNCTION LIST 명령어로 확인할 수 있습니다. 앞서 복원한 함수가 리스트에 포함되었는지 확인할 수 있습니다.

```
127.0.0.1:6379> FUNCTION LIST
1) 1) "library_name"
   1) "mylib"
   2) "engine"
   3) "LUA"
   4) "functions"
   5) 1) 1) "name"
         1) "calculator"
         2) "description"
```

```
3) (nil)
4) "flags"
5) (empty array)
```

레디스 함수의 통계 데이터는 FUNCTION STATS 명령어를 실행해서 얻을 수 있습니다. 현재 실행 중인 스크립트 함수 이름, 명령어, 실행 시간(밀리 초) 정보 및 레디스 함수가 지원하는 엔진별로 불러온 라이브러리 수나 함수의 개수를 확인할 수 있습니다.

```
127.0.0.1:6379> FUNCTION STATS
1) "running_script"
2) (nil)
3) "engines"
4) 1) "LUA"
   1) 1) "libraries_count"
      1) (integer) 1
      2) "functions_count"
      3) (integer) 1
```

함수 실행 정지

실행 중인 함수를 정지할 수 있는 명령어는 FUNCTION KILL와 SHUTDOWN NOSAVE가 있습니다. 실행 명령어는 다르지만 기본적인 동작은 이페머럴 스크립트와 같습니다(3.2.1절 참조).

busy-reply-threshold 지시자를 사용해 이페머럴 스크립트 같이 매개변수를 설정할 수 있으며, 기본값은 5초입니다. 설정한 값을 초과한 경우, 현재 실행 중이고 읽기 명령어만 실행하는 스크립트를 FUNCTION KILL 명령어로 중단할 수 있습니다.

FCALL_RO 명령어는 FCALL 명령어의 읽기 전용 명령어로서, FCALL_RO로 실행한 읽기 전용 스크립트는 항상 레플리카에서 실행되고, FUNCTION KILL 명령어로 중단할 수 있으므로 쓰기 작업으로 인한 문제를 방지할 수 있습니다.

레디스 함수 플래그

레디스 함수도 이페머럴 스크립트와 마찬가지로 플래그 기능을 제공합니다.

레디스 함수에서 플래그를 사용하는 예시를 확인해봅니다. 앞서 작성한 calculator 함수는 0부터 지정한 인수까지 모든 정수 합계를 구하는 함수로, 레디스 데이터베이스에 쓰기 작업을 같이 처리합니다. 이 함수를 FCALL_RO 명령어로 실행하면 어떻게 되는지 확인해보면, 다음과 같이 오류가 발생합니다.

```
127.0.0.1:6379> FCALL_RO calculator 0 10
(error) ERR Can not execute a script with write flag using *_ro command.
```

기본적으로 레디스 함수는 쓰기와 읽기 작업을 모두 수행한다고 가정하기 때문에 이렇게 동작하게 됩니다. 그럼 레디스가 함수 내에서 읽기 처리만 수행하고 있다고 인식하게 하려면 어떻게 해야 할까요? 매번 처리 내용을 추적할 순 있겠지만 비효율적일 겁니다. 따라서 레디스 함수에는 함수를 구현할 때 플래그로 함수가 어떻게 동작할지를 지정할 수 있습니다. 예시로 mylib-ro.lua라는 이름의 루아 파일을 작성합니다.

코드 3-2 mylib-ro.lua

```lua
#!lua name=mylib

local function sum(keys, args)
   local val = 0

   for i = 1, args[1] do
     val = val + i
   end

   return val
end

redis.register_function{
  function_name = 'calculator',
```

```
    callback=sum,
    flags={ 'no-writes' }
  }
```

여기서는 읽기 전용임을 설정하기 위해 no-writes 플래그를 지정합니다. 앞서 작성한 mylib.lua와 비교하면 mylib-ro.lua에서는 register_function은 소괄호가 아니라, 중괄호({ })를 사용한다는 점을 주의해야 합니다. 또한 function_name=이나 callback= 같은 코드를 추가합니다.

mylib.lua와 마찬가지로 함수를 추가합니다.

```
  $ cat mylib-ro.lua | redis-cli -x FUNCTION LOAD REPLACE
  "mylib"
```

이번에는 FCALL_RO 명령어를 실행할 수 있습니다.

```
  127.0.0.1:6379> FCALL_RO calculator 0 10
  (integer) 55
```

플래그 종류는 이페머럴 스크립트와 같습니다(3.2.1절의 플래그 내용 참조). 하지만 플래그 기본 동작은 레디스 함수와 이페머럴 스크립트가 다르다는 점을 알아둬야 합니다.

3.2.3 레디스의 루아 프로그래밍

이페머럴 스크립트와 레디스 함수에서 루아를 사용할 때, 공통 루아 API를 사용합니다. 따라서 일부 공통으로 사용할 수 없는 함수도 있지만, 기본적으로 비슷한 방식으로 코딩할 수 있습니다.

이 절에서는 레디스 내에서 루아를 사용하기 위해 알아둬야 하는 지식을 설명합니다.

먼저 루아는 레디스 서버가 동작하는 호스트에 접근할 수 없도록 샌드박스^{Sandbox} 환경[28]에서 실행됩니다. 이 환경에서는 전역 변수나 함수 사용이 제한되며, 예약어를 제외하고는 기본적으로 지역 변수와 함수만 사용할 수 있습니다. 또한 사전에 정의되어 뒤에 나오는 레디스 객체나 이페머럴 스크립트에서 사용할 수 있는 KEYS, ARGV 같은 변수도 있습니다. 그 외 지역 변수를 사용하기 위해서는 local foo = 'bar'처럼 local 키워드를 앞에 붙입니다.

그리고 표준 라이브러리뿐 아니라 레디스 명령어를 루아에서 호출하기 위한 라이브러리 등 레디스 측에서 제공하는 라이브러리도 일부 사용할 수 있습니다. 하지만 이런 샌드박스 환경에서는 스크립트에 임의 라이브러리를 불러오는 것은 불가능하며 레디스에서 제공하는 것만 사용할 수 있습니다. 자세한 용도는 각 라이브러리 문서를 참조하기 바랍니다.

라이브러리에는 루아 표준 라이브러리나 외부 라이브러리, 레디스 고유 라이브러리가 포함되어 있으며, 구체적으로는 다음과 같습니다.

- base(루아 표준 라이브러리)[29]
- table(루아 표준 라이브러리)
- string(루아 표준 라이브러리)
- math(루아 표준 라이브러리)
- struct(서드 파티 라이브러리)[30]
- cjson(서드 파티 라이브러리)[31]
- cmsgpack(서드 파티 라이브러리)[32]
- bitop(서드 파티 라이브러리)[33]
- redis(레디스 고유 라이브러리)

레디스 서버 내에 동작하는 스크립트에서 레디스 명령어를 호출하기 위해서는 레디스 객체의

---

[28] 역자주_애플리케이션 실행을 위해 엄격히 제어된 환경입니다.
[29] https://www.lua.org/manual/5.1/manual.html#5
[30] http://www.inf.puc-rio.br/~roberto/struct
[31] https://github.com/mpx/lua-cjson
[32] https://github.com/antirez/lua-cmsgpack
[33] http://bitop.luajit.org

API를 사용합니다. 이 모듈에서 레디스 명령어를 실행하는 방법에는 두 가지가 있습니다.

- redis.call()
- redis.pcall()

redis.call() 함수를 사용하는 경우 스크립트에서 local val = redis.call('GET', key) 처럼 호출합니다. 앞서 언급한 두 가지 함수는 오류가 발생했을 때 동작이 다릅니다. redis. call() 함수는 오류가 발생했을 때 그 즉시 종료되며 ERR Error running script 같이 오류가 발생한 행의 수와 오류 내용을 표시합니다. 반면에 redis.pcall() 함수는 오류가 발생했을 때 오류를 인식하여 처리를 계속합니다. 이 두 함수의 차이점은 뒤에서 더 자세히 다루겠습니다. 이 외에도 다음과 같은 함수도 사용할 수 있습니다.

- redis.sha1hex()
- redis.breakpoint()
- redis.debug()

redis.sha1hex()는 SHA1 다이제스트를 계산하는 함수이며, redis.breakpoint()와 redis. debug()는 디버그 용도로 사용하는 함수입니다. redis.breakpoint()는 특정 조건 등 동적인 브레이크 포인트를 설정할 수 있습니다. redis.debug()는 변수 내용을 표시하는 용도로 사용합니다.

그 외에도 많은 API가 있으며 자세한 사용 방법은 레디스 루아 API 레퍼런스[34]를 참조하기 바랍니다.

redis.call()과 redis.pcall()의 차이

redis.call()과 redis.pcall()을 간단히 설명했지만, 구체적인 차이점을 알기 위해 쉬운 예시를 통해 설명합니다. 예를 들어, 문자열 값이 설정된 String형 키에 INCR 명령어를 사용하면 INCR 명령어는 숫자값을 받아야 하므로 다음과 같이 오류가 발생합니다. 이때 어떻게 다

---

34 https://redis.io/docs/latest/develop/interact/programmability/lua-api/

르게 동작하는지 확인하겠습니다.

```
127.0.0.1:6379> SET key1 value1
OK
127.0.0.1:6379> INCR key1
(error) ERR value is not an integer or out of range
```

먼저 redis.call( )에서 오류가 발생하는 경우를 살펴보겠습니다. 키 key1에 값 value1을 설정하고 1만큼 증가시켜보고, 키 key2에 값 value2를 설정하려고 합니다. 여기서는 redis.call( )을 세 번 사용하지만 두 번째에 오류가 발생하므로 그 부분을 주목하기 바랍니다.

```
127.0.0.1:6379> EVAL "redis.call('SET',KEYS[1],ARGV[1]); redis.call('INCR',KEYS[1]); redis.call('SET',KEYS[2],ARGV[2]);return 1;" 2 key1 key2 value1 value2 (error) ERR value is not an integer or out of range script: d22b40ccdc36fbdf7c2ae171e0f5758df5a4139a, on @user_script:1.
```

실행해보면, 레디스에서 오류가 반환된 것을 확인할 수 있습니다. 여기서 키 key1과 key2에는 어떤 값이 설정되어 있는지 살펴보면 키 key1에는 값 value1이 설정되어 있지만, 키 key2에는 값이 설정되어 있지 않은 것을 알 수 있습니다.

```
127.0.0.1:6379> GET key1
"value1"
127.0.0.1:6379> GET key2
(nil)
```

이번에는 redis.pcall( )에서 오류가 발생하는 경우를 살펴보겠습니다. 여기서는 첫 번째와 세 번째에 redis.call( ) 함수를, 두 번째에 redis.pcall( ) 함수를 사용하지만, 두 번째 부분에서 오류가 발생하므로 그 부분을 주목하기 바랍니다.

```
127.0.0.1:6379> EVAL "redis.call('SET',KEYS[1],ARGV[1]); local result = redis.pcall('INCR',KEYS[1]);redis.call('SET',KEYS[2],ARGV[2]); return result;" 2 key3 key4 value3 value4
(error) ERR value is not an integer or out of range
```

이 경우에도 오류가 반환됩니다. 여기서 키 key3과 key4에 어떤 값이 설정되었는지 살펴보면 키 key3에는 값 value3이 설정되어 있고 키 key4에는 value4가 설정되어 있는 것을 알 수 있습니다.

```
127.0.0.1:6379> GET key3
"value3"
127.0.0.1:6379> GET key4
"value4"
```

redis.call()과 redis.pcall() 오류문을 다시 살펴보면, 아까와는 오류 내용이 달라진 것을 알 수 있습니다. 그 이유는 오류문이 다른 곳에서 생성되었기 때문입니다. 즉, redis.call()의 경우, 함수 내 발생한 오류로 인해 그 시점에 스크립트 처리가 종료됩니다. 이때의 오류문은 레디스 서버에서 반환된 오류였습니다. 반면, redis.pcall()에서는 함수 내부에서 오류가 발생해도 그대로 처리를 계속하며, 대신 redis.pcall() 함수의 반환값으로 오류 내용을 반환합니다. 위 예시에서 redis.pcall()의 반환값은 지역 변수 result에 저장하고, 이 값을 함수의 반환값으로 설정했습니다. 즉, 변수의 값이 오류문처럼 보이는 것입니다.

redis.call()과 redis.pcall()에서는 위와 같은 차이가 있으므로 차이점을 이해하고 상황에 맞게 사용하는 것이 중요합니다.

3.3 트랜잭션

트랜잭션Transaction은 다양한 맥락에서 사용되는 단어지만 기술 용어로는 주로 '분리하면 안 되는 여러 작업을 하나의 그룹으로 묶어서 다루는 단위'를 가리킵니다. 트랜잭션 시스템이 가져야 하는 성질에는 ACID가 있습니다. 1장 칼럼에서 레디스와 RDBMS에서 트랜잭션을 어떻게 다르게 처리하는지 ACID 관점으로 자세하게 설명했으니 참고하기 바랍니다.

레디스는 개별 명령어 수준에서의 원자적 처리를 보장합니다. 그러나 여러 명령어를 실행할 때 각 명령어 작업은 독립적이기 때문에 특별히 주의를 기울이지 않으면 원자적 처리를 보장하지 않습니다. 달리 말하면, 한 클라이언트가 특정 작업을 처리하고 있을 때, 다른 클라이언트가 같은 키를 대상으로 작업하게 되면 간섭이 발생할 수 있습니다. 이를 위해 레디스는 트랜잭션 기능을 제공하며, MULTI/EXEC 명령어 실행 중에는 다른 클라이언트의 간섭 없이 원자적 처리를 할 수 있습니다. 트랜잭션은 MULTI 명령어 뒤에 선언된 명령어를 큐$_{Queue}$에 넣어 처리합니다.[35]

예를 들어, 다음과 같은 내용의 트랜잭션을 실행한다고 가정하겠습니다.

```
MULTI
    SET foo 10
    INCR foo
    INCR foo
    GET foo
EXEC
```

redis-cli에서 위 내용을 실행하면 다음과 같이 MULTI 명령어를 입력했을 때 OK가 반환되고 그 후 실행한 명령어는 QUEUED라는 문자열이 반환되어 큐에 들어간 것을 확인할 수 있습니다. 마지막으로 EXEC 명령어를 실행하면 도중에 실행한 일련의 명령어 결과를 확인할 수 있습니다.

```
127.0.0.1:6379> MULTI
OK
127.0.0.1:6379(TX)> SET foo 10
QUEUED
127.0.0.1:6379(TX)> INCR foo
QUEUED
127.0.0.1:6379(TX)> INCR foo
QUEUED
127.0.0.1:6379(TX)> GET foo
QUEUED
127.0.0.1:6379(TX)> EXEC
```

----
[35] https://redis.io/docs/latest/develop/interact/transactions/

```
1) OK
2) (integer) 11
3) (integer) 12
4) "12"
```

위의 예시처럼 레디스의 트랜잭션은 실행한 명령어를 큐에 넣기만 할 뿐, 데이터 세트를 변경하는 것은 아닙니다. 따라서 도중에 계산한 결과값을 바탕으로 다음 작업을 해야 하는 경우에는 적합하지 않을 수 있으니 주의해야 하며 그럴 때는 루아로 작업하는 것을 검토해보기 바랍니다.

트랜잭션을 실행할 때는 다음과 같은 이유로 실패하는 경우도 있습니다.

1. 명령어를 큐에 넣는 데 실패한 경우, 명령어의 문법 오류(인수의 수, 명령어 이름, 자료형 오류)나 Out of Memory[36] 등입니다.
2. EXEC 명령어를 실행할 때(잘못된 값을 가진 키를 조작하려고 할 때)입니다.

첫 번째 경우처럼 큐에 넣을 때 오류가 발생하면, 현재는 EXEC 명령어 실행 시 트랜잭션 실행을 거부하고 자동으로 파기하는 방식으로 동작합니다. 두 번째 경우에는 큐에 들어간 명령어는 모두 실행되며 오류 부분은 해당 오류 내용이 표시되는 형태로 실행됩니다. 문법이 맞는지는 확인하지만 명령어의 실행 내용까지는 확인하지 않습니다. 따라서 문제가 있는 부분의 처리는 트랜잭션 처리 중에 오류를 반환하고, 큐에 남아 있는 명령어를 계속 실행합니다.

첫 번째 경우인 큐에 넣는 데 실패했을 때 어떻게 동작하는지 확인해보겠습니다. 예시로 다음과 같이 트랜잭션을 실행합니다.

```
MULTI
    SET foo 10
    INCR foo
    INCR foo
    GET foo
```

---

36 레디스에서 Out of Memory는 추가로 메모리를 요청할 때 사용하는 메모리양이 레디스의 최대 메모리양을 초과하여 메모리를 해제할 수 없는 경우에 발생합니다. 자세한 내용은 메모리 관리를 다루는 장에서 설명합니다.

```
    SET foo "bar"
    NOSUCHACOMMAND foo
    INCR foo
    GET foo
EXEC
```

MULTI 명령어를 실행하고 도중에 존재하지 않는 명령어(아래 예시의 NOSUCHACOMMAND foo 처럼)를 실행하면 다음처럼 됩니다. (error) ERR unknown command 'NOSUCHACOMMAND', with args beginning with: 'foo'와 같은 오류문이 반환되는 것을 확인할 수 있습니다. 그러나 EXEC 명령어 실행 시점에 (error) EXECABORT Transaction discarded because of previous errors.가 반환되며 트랜잭션은 실행되지 않습니다.

```
127.0.0.1:6379> MULTI
OK
127.0.0.1:6379(TX)> SET foo 10
QUEUED
127.0.0.1:6379(TX)> INCR foo
QUEUED
127.0.0.1:6379(TX)> INCR foo
QUEUED
127.0.0.1:6379(TX)> GET foo
QUEUED
127.0.0.1:6379(TX)> SET foo "bar"
QUEUED
127.0.0.1:6379(TX)> NOSUCHACOMMAND foo
(error) ERR unknown command 'NOSUCHACOMMAND', with args beginning with: 'foo'
127.0.0.1:6379(TX)> INCR foo
QUEUED
127.0.0.1:6379(TX)> GET foo
QUEUED
127.0.0.1:6379(TX)> EXEC
(error) EXECABORT Transaction discarded because of previous errors.
```

명령어의 문법 오류와 같이 문맥에 의존하지 않는 경우에는 이처럼 동작합니다. 그러나 예를 들어, 키에 문자열이 설정된 상황에서 INCR 명령어를 실행하면, INCR 명령어는 키에 연결된 값을 10진수 부호 정수로 해석합니다. 명령어 자체에는 문제가 없지만 실행 과정에 문제가 발생합니다. 그 경우, 트랜잭션 중 큐에 들어있는 각 명령어는 실행되지만, INCR 명령어를 실행하면 정수로 해석할 수 없는 문자열은 오류가 발생하기 때문에 실행 결과로 관련 오류가 표시됩니다.

또 다른 예시로, 다음과 같이 트랜잭션을 실행해보겠습니다. 이 경우 트랜잭션 중 다섯 번째 명령어로 foo라는 키에 bar라는 문자열을 설정합니다. 그 후 해당 키에 INCR 명령어를 실행합니다.

```
MULTI
    SET foo 10
    INCR foo
    INCR foo
    GET foo
    SET foo "bar"
    INCR foo
    INCR foo
    GET foo
EXEC
```

실행하면 큐에 있던 명령어들이 실행되지만 실행 시 오류가 발생한 INCR 명령어 부분에 오류 내용이 표시됩니다.

```
127.0.0.1:6379> MULTI
OK
127.0.0.1:6379(TX)> SET foo 10
QUEUED
127.0.0.1:6379(TX)> INCR foo
QUEUED
127.0.0.1:6379(TX)> INCR foo
```

```
QUEUED
127.0.0.1:6379(TX)> GET foo
QUEUED
127.0.0.1:6379(TX)> SET foo "bar"
QUEUED
127.0.0.1:6379(TX)> INCR foo
QUEUED
127.0.0.1:6379(TX)> INCR foo
QUEUED
127.0.0.1:6379(TX)> GET foo
QUEUED
127.0.0.1:6379(TX)> EXEC
1) OK
2) (integer) 11
3) (integer) 12
4) "12"
5) OK
6) (error) ERR value is not an integer or out of range
7) (error) ERR value is not an integer or out of range
8) "bar"
```

레디스 트랜잭션은 RDBMS에서 제공하는 롤백 기능을 지원하지 않고, 명령어 실패 시 그대로 남은 작업을 계속 처리합니다. 레디스 트랜잭션은 애플리케이션 개발 중에 명령어가 실패하는 경우를 미리 감지할 수 있다고 가정했으므로 관련 기능을 생략하여 간단하고 빠르게 동작하도록 설계되었습니다. DISCARD 명령어로 트랜잭션을 도중에 멈추고 큐를 비우는 것도 가능하지만 큐에 성공적으로 저장된 명령어는 오류가 발생해도 그 외 명령어는 실행됩니다.

또한 WATCH 명령어가 제공하는 CAS^Check-And-Set 기능은 EXEC 명령어 실행 전에 대상이 된 키가 변경되면 트랜잭션의 전체 실행을 중지합니다. 이처럼 충돌이 발생하지 않을 것을 기대하고 처리하는 방식을 '낙관적 락^Optimistic Lock'이라고 부릅니다. 또한 WATCH 명령어의 키를 대상에서 제거하기 위해 UNWATCH 명령어가 있으며, EXEC 명령어 실행 및 클라이언트가 접속을 종료했을 때 모든 키는 자동으로 UNWATCH됩니다.

3.4 모듈

레디스 4.0부터 모듈 기능을 제공합니다.[37] 모듈 기능은 레디스 소스코드를 수정하지 않고도 C 언어로 구현하여 레디스 서버에 독립적으로 추가할 수 있습니다. 이를 통해 레디스는 더욱 확장성이 뛰어난 시스템이 되었다고 할 수 있습니다.

모듈 기능은 레디스 서버 버전에 의존하지 않도록 호환성도 고려하여 구현되었으며, 호환성을 위해 레디스는 모듈만을 위한 API를 만들어 이를 통해 레디스와 연동할 수 있습니다.[38] [39] 레디스 모듈의 API 버전과 레디스 서버의 버전이 일치하도록 만드는 과정을 거쳐야 하므로 모듈 기능을 등록할 때는 버전을 지정해야 합니다.[40] [41]

3.4.1 모듈로 구현할 수 있는 것

다음은 모듈의 활용법에 대한 설명입니다.

우선, 모듈 기능을 통해 사용자가 새롭게 정의한 자료형을 추가할 수 있습니다.[42] 이를 통해 기존의 대표 자료형만으로는 해결하기 어려웠던 부분을 보완할 수 있습니다. 또한 복잡한 로직 구현이나 사용자 정의 명령어로 구현할 수 있게 되어, 클라이언트 측에서 직접 구현한 사용자 정의 명령어를 호출할 수 있습니다. 따라서 모듈 기능을 통해 다양한 데이터 모델의 표현 및 복잡한 처리를 수행할 수 있으며, 공개된 서드 파티 라이브러리도 많아 이를 활용할 수도 있습니다.[43] [44] 이런 라이브러리들을 사용하면 간단하게 모듈 기능을 도입할 수 있습니다. 그 외에도 모듈 기능을 더욱 쉽게 사용할 수 있도록 처음부터 기능을 포함하는 Redis Stack

----

37 https://redis.io/docs/reference/modules/
38 https://redis−module−redoc.readthedocs.io
39 https://redis.io/docs/reference/modules/modules−api−ref/
40 http://antirez.com/news/106
41 http://antirez.com/news/110
42 https://redis.io/docs/reference/modules/modules−native−types/
43 https://redis.io/docs/modules/
44 https://redis.com/community/redis−modules−hub

이라는 서비스도 있습니다.[45]

루아를 사용하는 편이 간편한 경우도 많지만, 기존의 자료형으로 처리할 수 없는 데이터 모델을 적용하는 상황에는 작업이 더 복잡해질 수 있습니다. 따라서 새롭게 자료구조를 정의해야 하거나, 높은 성능이 필요한 경우라면 모듈 기능을 활용할 수 있습니다. 모듈 기능은 다양한 API와 더불어 제약사항도 적기 때문에 루아에서 구현할 수 없었던 것을 구현할 수 있으므로, 사용을 검토해보는 게 좋습니다.

레디스 모듈 기능은 레디스 서버 데이터 공간에 접근하기 위해 고수준 API와 저수준 API 두 종류 API를 제공합니다. 저수준 API는 레디스 자료구조에 빠르게 접근하고 조작하기 위한 함수들을 제공하며, 네이티브 레디스 명령어에 버금가는 속도로 처리할 수 있습니다. 따라서 기본적으로는 저수준 API를 사용할 수 있는 경우에는 저수준 API 사용을 추천합니다. 반면에 고수준 API는 루아가 레디스 명령어를 호출한 결과를 가져오기 위해 클라이언트 측에서 레디스에 접근하는 방식과 유사하게 처리할 수 있습니다. 특히 고수준 API는 저수준 API에서 구현할 수 없는 레디스 기능을 사용하고자 할 때 사용하면 좋습니다.

레디스 모듈 기능의 또 다른 특징 중 하나는 자동 메모리 관리 기능을 제공한다는 점입니다. C 언어에는 메모리 자동 관리 기능이 없지만, 레디스 모듈 기능을 사용하는 동안 열린 키나 응답, RedisModuleString 객체 등 불필요한 요소를 자동으로 해제할 수 있습니다. 기본적으로는 이 기능을 사용하는 것이 좋지만, 수동으로 조작하면 더 적절하게 속도나 메모리 사용량을 관리할 수 있으므로 꼭 사용할 필요는 없습니다.

3.4.2 모듈을 실제로 사용하는 경우

다음은 모듈을 실제로 사용하는 방법입니다.

실제 모듈 기능을 사용할 때, 모듈은 RedisModule_OnLoad 함수에서 처리를 시작합니다. 그리고 RedisModule_Init 함수로 모듈을 등록 및 초기화하며, 사용자 정의 자료구조와 명령

---

45 https://redis.com/blog/introducing-redis-stack/

어를 등록합니다. 이 과정에서 모듈의 API 버전을 지정해야 합니다. 현재는 REDISMODULE_APIVER_1로 정의된 버전 1만 사용할 수 있습니다.

초기화한 후에 사용자 정의 명령어를 정의하는 경우, RedisModule_CreateCommand 함수로 등록하여 명령어 처리 내용을 기술하는 함수 이름을 지정합니다.

생성한 모듈은 설정 파일로 loadmodule 지시자 혹은 MODULE LOAD 명령어로 모듈 파일 이름을 지정하여 불러옵니다. 이때 RedisModule_OnLoad 함수에 RedisModuleString 포인터 배열로 된 argv 인수도 공백으로 구분하여 전달할 수 있습니다.

```
loadmodule mymodule.so foo bar 1234
```

모듈을 구현할 때는 여러 모듈 관련 문서나 API 레퍼런스를 참조합니다. 또한 src/modules/ 안의 샘플 코드나 소스코드[46][47], 모듈의 작성법 등을 공개한 블로그도 있으니 참고하면 좋습니다.[48] 그러면 실제로 직접 모듈을 만들겠습니다. 여기서는 인수로 입력한 값을 Welcome, <input value>!처럼 표현하는 간단한 내용으로 만듭니다.

mymodule.c라는 파일 이름으로 아래 내용을 담은 코드를 작성합니다.

```c
#include "redismodule.h"

/**
mymodule.hello <name>
*/
int HelloCommand(RedisModuleCtx *ctx, RedisModuleString **argv, int argc) {
    RedisModule_AutoMemory(ctx);

    if (argc != 2) {
      return RedisModule_WrongArity(ctx);
    }
```

---

46 https://github.com/redis/redis/blob/7.0.4/src/module.c
47 https://github.com/redis/redis/blob/7.0.4/src/redismodule.h
48 https://redis.com/blog/writing-redis-modules

```
    RedisModuleString *message = RedisModule_CreateStringPrintf(ctx, "Welcome,
    %s!", RedisModule_StringPtrLen(argv[1], NULL));

    if (RedisModule_ReplyWithString(ctx, message) == REDISMODULE_ERR) {
      return REDISMODULE_ERR;
    }
    return REDISMODULE_OK;
  }

int RedisModule_OnLoad(RedisModuleCtx *ctx, RedisModuleString **argv, int argc) {
    if (RedisModule_Init(ctx, "mymodule", 1, REDISMODULE_APIVER_1) == REDISMODULE_
    ERR) {
      return REDISMODULE_ERR;
    }

    if (RedisModule_CreateCommand(ctx, "mymodule.hello", HelloCommand, "readonly",
      1, 1, 1) == REDISMODULE_ERR) {
      return REDISMODULE_ERR;
    }

    return REDISMODULE_OK;
  }
```

모듈을 구현하는 소스코드는 #include "redismodule.h"처럼 redismodule.h를 불러와야 합니다. redismodule.h는 레디스 리포지토리의 /src 폴더 아래에 위치합니다.[49] RedisModule_OnLoad 함수에서 작업이 시작되어, RedisModule_Init 함수 내에 생성할 mymodule이라는 모듈 이름 등록 및 모듈 API 버전을 지정하고 있습니다. 여기서는 사용자 정의 명령어를 정의하기 위해 RedisModule_CreateCommand 함수 내에서 mymodule.hello라는 명령어 이름을 등록합니다.

또한 명령어 처리 내용을 작성하는 HelloCommand라는 함수 이름을 지정하고 있습니다. RedisModule_CreateCommand 함수의 네 번째 인수는 readonly로 지정하는데, 이 부분은 구

---

[49] https://github.com/redis/redis/blob/7.0.4/src/redismodule.h

현한 함수의 동작 플래그를 지정합니다. 플래그에는 다음과 같은 종류가 있습니다.

- write
- readonly
- admin
- deny-oom
- deny-script
- allow-loading
- pubsub
- random
- allow-stale
- no-monitor
- fast
- getkeys-api
- no-cluster

여러 종류의 플래그를 지정하는 경우에는 공백으로 구분해서 지정합니다. 자세한 내용은 API 레퍼런스를 참조하세요.[50] 그 후, HelloCommand 함수로 작성할 명령어를 구현합니다. 정상적으로 응답한 경우에는 REDISMODULE_OK로 응답합니다.

다음으로 구현한 소스코드를 사용하기 위한 과정에 대해 설명합니다. 먼저 .c 확장자를 가진 C 언어 파일을 .so 확장자를 가진 공유 라이브러리로 컴파일합니다.

```
$ sudo apt install gcc -y
$ gcc -shared -o mymodule.so -fPIC mymodule.c
```

redis-cli로 레디스 서버에 접속한 후, MODULE LOAD 명령어의 인수에 앞서 생성한 공유 라이브러리의 경로를 지정해서 모듈을 불러옵니다. 여기서는 예시를 위해 /tmp 폴더 안에 mymodule.so 파일을 생성했지만, 여러분의 환경에 맞춰 적절하게 변경하면 됩니다.

....

50 https://redis.io/docs/reference/modules/modules-api-ref/

단, 레디스 7.0 이후에는 MODULE 명령어나 DEBUG 명령어가 기본적으로 활성화되어 있지 않기 때문에 MODULE 명령어를 활성화하려면 enable-module-command 지시자 값을 local 혹은 yes로 변경해야 합니다. 여기서는 로컬 접속만 허용해도 괜찮기 때문에 local로 설정합니다. 자세한 설정 방법은 5.5절을 참조하세요.

```
127.0.0.1:6379> MODULE LOAD /tmp/mymodule.so
(error) ERR MODULE command not allowed. If the enable-module- command option is
set to "local", you can run it from a local connection, otherwise you need to
set this option in the configuration file, and then restart the server.
```

MODULE 명령어를 허가하면 다음과 같이 명령어를 실행할 수 있습니다.

```
127.0.0.1:6379> MODULE LOAD /tmp/mymodule.so
OK
```

MODULE LIST 명령어로 불러온 모듈 목록을 확인할 수 있습니다.

```
127.0.0.1:6379> MODULE LIST
1) 1) "name"
   1) "mymodule"
   2) "ver"
   3) (integer) 1
   4) "path"
   5) "/home/ubuntu/mymodule.so"
   6) "args"
   7) (empty array)
```

실제로 작성한 mymodule.hello 명령어에 인수로 Taro를 입력하여 실행하면, Welcome, Taro!가 반환되는 것을 확인할 수 있습니다.

```
127.0.0.1:6379> mymodule.hello Taro
"Welcome, Taro!"
```

MODULE UNLOAD 명령어로 모듈 적재 상태를 해제할 수 있습니다.

```
127.0.0.1:6379> MODULE UNLOAD mymodule
OK
```

단, 사용자 정의 자료형은 적재 상태를 해제할 수 없는 제약이 있습니다. 실행하면 다음과 같이 오류가 표시됩니다.

```
(error) ERR Error unloading module: the module exports one or more module-side
data types, can't unload
```

따라서 적재를 해제하려면 레디스 서버를 다시 실행해야 합니다. 설정 파일에서 적재하는 경우에는 재시작 전에 모듈 적재 관련 내용을 삭제해야 합니다. 또한 관리형 서비스를 사용하는 경우 모듈 기능을 사용할 수 없는 경우도 있으므로, 필요할 때는 미리 확인하기 바랍니다.

COLUMN 파이프라인/이페머럴 스크립트/레디스 함수/트랜잭션/모듈 기능 비교

RTT를 줄이기 위해 꼭 파이프라인이나 이페머럴 스크립트를 사용해야 하는 것은 아닙니다. MGET/MSET 명령어나 HMGET/HMSET 명령어는 여러 키를 동시에 전송할 수 있으며, 해당 키를 원자적으로 처리합니다. 그러나 여러 종류의 명령어를 보내야 하는 경우라면, 이러한 명령어 대신 파이프라인을 활용할 수 있습니다.

파이프라인을 사용하면 다른 클라이언트에서도 작업이 가능하기 때문에 스크립트의 원자성이 보장되지 않는다는 단점이 있습니다. 대신 이페머럴 스크립트/트랜잭션을 사용하면 실행 중에는 다른 클라이언트가 개입할 수 없으므로 원자적으로 처리할 수 있습니다. 실행 명령어가 다른 명령어와 상호 작용하지 않는 경우라면 파이프라인을 사용했을 때 다른 클라이언트가 트랜잭션 완료를 기다리지 않고 처리할 수 있어 성능을 기대할 수 있습니다.

파이프라인은 클라이언트 측에서 명령어를 큐에 넣고 트랜잭션은 서버 측에서 명령어를 큐에 넣습니다. 파이프라인을 사용하는 경우에도 서버 측에서의 응답에 메모리를 사용하기 때문에 파이프라인에서 큰 쿼리를 연속해서 실행할 때는 적절히 분리해서 사용해야 합니다.

레디스 1.2 이후에는 트랜잭션 기능이 제공되어 MULTI/EXEC 명령어를 실행하는 동안에는 다른 클라이언트가 개입하지 않고 원자적으로 처리할 수 있습니다. 레디스 트랜잭션은 실행한 명령어를 큐에 저장하기만 하므로 데이터 세트를 변경하지 않기 때문에 도중에 연산한 결과 값으로 그다음 처리를 수행하는 경우라면 적합하지 않습니다. 그런 경우에는 이페머럴 스크립트로 처리하는 것을 검토해보기 바랍니다.

레디스 2.6 이후에는 이페머럴 스크립트 기능도 제공되며, 마찬가지로 일련의 명령어에 대해 원자성이 보장됩니다. 이페머럴 스크립트는 RTT를 줄이고, 읽기/쓰기 작업을 최소 지연 시간으로 사용할 수 있다는 장점이 있고, 특히 지연 시간을 중요하게 여기는 환경이라면 효과적입니다(3.2절 참조).

트랜잭션은 이페머럴 스크립트와 기능이 중복되고 사용이 간단하고 편리하기 때문에 기능이 유지되고 있습니다. 그러나 트랜잭션으로 할 수 있는 작업이 이페머럴 스크립트로도 가능하므로 더 이상 사용되지 않을 경우 폐지될 가능성도 있습니다. 만약 둘 중에 사용을 고민 중이라면 이페머럴 스크립트 사용을 추천합니다.

레디스 4.0 이후에는 모듈 기능이 추가되었습니다. 이페머럴 스크립트 제약도 거의 없어졌고, 레디스 서버가 유지하는 권한 범위도 다양해졌습니다. 이페머럴 스크립트와 비교하면 다음과 같은 특징이 있습니다.[51]

1. C 라이브러리에 기반하여 동작이 빠릅니다.
2. 사용자 정의 자료구조와 명령어를 사용할 수 있습니다.
3. 클라이언트에서 직접 호출할 수 있습니다.
4. 서드 파티 라이브러리와 연동할 수 있습니다.
5. 다양한 API를 제공합니다.

이페머럴 스크립트에서도 기존의 자료형이나 명령어 로직을 최적화할 수 있었지만, 모듈 기능을 사용하면 사용자 정의 자료구조를 정의할 수 있습니다. 덕분에 여러 다양한 데이터 모델을 표현할 수 있게 되었습니다. 또한 사용자 정의 명령어를 조작하여, 복잡한 처리도 수행할 수 있게 되었습니다.

레디스 함수는 레디스 7.0 이후에 사용할 수 있으며, 이페머럴 스크립트의 문제점을 극복하는 것을 목표로 합니다. 이페머럴 스크립트에서는 사용자가 레디스를 사용하는 애플리케이션

---

51 Writing Redis Modules https://redis.com/blog/writing-redis-modules

측에 스크립트 소스코드를 보관해야 했지만, 레디스 함수에서는 그럴 필요가 없어졌습니다. 레디스 함수는 데이터와 동등한 내구성을 갖고 있습니다. 또한 함수의 재사용성이 높고, 엔진은 현재 루아만 지원하지만 앞으로 자바스크립트도 지원할 예정이므로 확장성도 있습니다. 모듈은 API가 다양하고, 서드 파티 라이브러리와 연동 측면에서도 뛰어나기 때문에 확장성이 커지고 있습니다. 여러 키를 동시에 다룰 수 있는 명령어 및 기능을 크게 정리해보면 다음과 같습니다. 어떤 기능을 사용할지 대략적으로 참고하기 바랍니다.

표 3-2 래디스 명령어 및 기능 비교

비교항목	MSET	파이프 라인	트랜 잭션	이페머럴 스크립트	레디스 함수	모듈
RTT 감소	○	○	○	○	○	○
다른 자료형 키를 동시에 다루기	×	○	○	○	○	○
원자적 처리 유무	○	×	○	○	○	○
복잡한 로직 설계	×	×	×	○	○	○
처리 도중 계산한 결과 사용 가능	×	×	×	○	○	○
서버 내 스크립트 내구성	×	×	×	△	○	○
사용자 정의 구조나 명령어 사용	×	×	×	×	×	○
서드 파티 라이브러리 사용	×	×	×	×	×	○

RTT를 줄이고 지연 시간을 개선하기 위해 twemproxy[52]라는 프록시도 자주 사용됩니다. 업데이트가 없다는 이유로 사용을 피했던 경우라도 다시 검토해볼 여지는 있습니다. twemproxy에 대한 내용은 8.3.4절에서 더 자세히 설명합니다.

3.5 키 공간 알림

키 공간 알림 기능은 레디스 서버에 저장된 데이터 세트를 변경하거나 레디스 서버에 어떤 이벤트가 발생하면 알림을 제공하는 시스템입니다. 예를 들어, 특정 키의 삭제 혹은 만료, 특정

---

52 6년간 출시되지 않았지만, 2021년 7월 14일 0.5.0이 출시되면서 업데이트가 시작되었습니다.

자료형 명령어가 실행 등의 경우에 다른 처리를 수행하도록 트리거를 설정할 수 있습니다.

키 공간 알림은 Pub/Sub 기능을 사용하여 수신하는 시스템이므로, 알림을 받기 위해서는 클라이언트 측에서 해당 기능의 명령어를 사용해야 합니다. 레디스 서버 측에서 알림을 받기 위해서는 사전에 notify-keyspace-events 지시자로 수신할 알람 종류를 설정하면 지정한 종류의 알람이 전달됩니다.

키 공간 알림이 트리거될 때, 키 공간과 이벤트 두 종류의 알림을 받을 수 있습니다.

- **키 공간 알림:** 특정 키가 변경됐을 때 알림을 받습니다.
- **키 이벤트 알림:** 특정 이벤트가 발생한 경우에 알림을 받습니다.

예를 들어, 데이터베이스 0번의 foo라는 키에 SET foo bar 명령어를 실행한 경우 레디스 서버에는 두 종류의 명령어가 실행됩니다.

```
PUBLISH __keyspace@0__:foo set
PUBLISH __keyevent@0__:set foo
```

그 경우, PSUBSCRIBE '__key*__:*' 명령어를 실행하고 있는 클라이언트에는 아래처럼 두 종류의 키 공간 알림을 감지하고 있음을 확인할 수 있습니다. PSUBSCRIBE 명령어의 자세한 설명은 2.2.1절의 Pub/Sub 기능의 상세 부분을 참조하기 바랍니다.

```
1) "pmessage"
2) "__key*__:*"
3) "__keyspace@0__:foo"
4) "set"
1) "pmessage"
2) "__key*__:*"
3) "__keyevent@0__:set"
4) "foo"
```

notify-keyspace-events 지시자로 지정 가능한 키는 다음과 같습니다. 이 문자들을 연속해서 나열하여 사용할 수 있습니다.

표 3-3 notify-keyspace-events 지시자로 지정 가능한 키

종류	설명
K	키 공간 알림
E	키 이벤트 알림
g	일반 명령어
$	문자열형 명령어
l	리스트형 명령어
s	Set형 명령어
h	Hash형 명령어
z	Sorted Set형 명령어
x	만료 이벤트
e	제거 이벤트
A	g$lshzxe 별칭

알림을 받기 위해서는 notify-keyspace-events 지시자에 K(키 공간 알림)나 E(키 이벤트 알림) 중 하나를 설정해야 합니다. "A"는 "g$lshzxe"와 같은 내용입니다. 즉, KEA로 지시자를 설정하면 모든 이벤트에 대한 알림을 받을 수 있습니다.

모든 명령어의 이벤트는 키값이 변경되는 시점에 알림을 보냅니다. 단, 만료 이벤트는 TTL이 만료된 시점이 아닌, 실제 삭제된 시점이라는 점에 주의해야 합니다. 레디스에는 만료된 키를 실제로 삭제하기 위해 키를 회수하는 방식으로 능동과 수동 두 가지가 있습니다. 각각의 내용은 다음과 같습니다.

- **능동적 방식**: 초당 10회씩 무작위로 20개의 키를 샘플링하여 만료된 모든 키를 삭제합니다. 샘플링된 키 중 만료된 키가 25% 이하가 될 때까지 반복합니다.
- **수동적 방식**: 만료된 키에 처음으로 접근했을 때, 만료를 감지하고 삭제합니다.

따라서 만료 시점에 가까운 키가 많으면 샘플링하여 25% 이하가 될 때까지 반복하므로 TTL이 만료된 시점과 실제 만료 이벤트 알림을 받을 때까지 간극이 발생할 수 있습니다.

레디스 6.0 이후부터는 만료 주기 알고리즘이 개선되어 기존의 느린 만료 주기에 빠른 주기가 추가되어 처리됩니다. 빠른 만료 주기는 이벤트 루프의 주기마다 실행되며, 만료된 키 수의 비율이 10% 혹은 메모리 합계 비율이 25% 이하의 크기를 사용하게 되면, 각 데이터베이스의 점검을 중단합니다. 또한 active-expire-effort 지시자로 1부터 10까지 값을 설정할 수 있으며, 값이 커질수록 메모리 사용 효율이 올라가지만, CPU를 사용해서 주기 기간이 길어지거나 지연 시간이 증가할 수 있습니다.

3.6 클라이언트 측 캐싱

레디스 서버 내 데이터를 가져오기 위해 클라이언트가 레디스 서버로 매번 접속하면 그때마다 서버로의 요청과 응답으로 인한 지연 시간(RTT)이 발생하게 됩니다. 이 시간을 없애서 성능 향상을 노리는 방식이 바로 클라이언트 측 캐싱Client-Side Caching 기능입니다.[53][54]

클라이언트가 로컬에 데이터를 캐시로 저장하면, 다른 클라이언트가 캐싱된 키를 업데이트할 때 데이터의 정합성을 보장하기 위한 처리가 필요합니다. 레디스는 기본 모드로 서버 측에서 무효화 테이블Invalidation Table이라 불리는 하나의 전역 테이블에 캐싱된 키를 갖는 클라이언트의 목록을 기록해둡니다. 만약 해당 키가 업데이트된 경우, 저장된 클라이언트에게 무효화 메시지를 전송하고, 메시지를 전송 받은 클라이언트에서는 해당 키의 캐시를 무효화합니다. 이 방법은 클라이언트와 클라이언트가 접근한 키를 기록해두기 때문에 레디스 서버 측에서는 그 수에 비례하여 메모리를 사용합니다.

반면, 특정 키에 대한 접근을 기록하지 않아 서버 측의 메모리 사용을 제한하는 브로드캐스트 모드Broadcast Mode도 있습니다. 이 방법은 키의 접두사를 지정해두고, 이 접두사와 일치하는 키를 조작할 때 대상 클라이언트에게 무효화 메시지를 전송합니다. 저장할 키의 최대 개수를 설정하거나 브로드캐스트 모드로 레디스 측 메모리 사용을 줄이는 방식을 통해 레디스에서

---

53 레디스 6.0 이후에 사용할 수 있게 되었습니다.

54 https://redis.io/docs/manual/client-side-caching/

메모리 사용량을 줄일 수 있습니다.

클라이언트 측 캐싱 시에는 CLIENT TRACKING ON 명령어를 실행하여 추적합니다.[55] 기본값은 기본 모드이며, 브로드캐스트 모드를 사용하기 위해서는 BCAST 옵션 및 PREFIX 옵션을 적용하여 추적할 접두사를 지정합니다.

RESP3^{REdis Serialization Protocol3} 모드[56]를 사용할 때는 같은 연결 내에서 데이터 쿼리를 실행하고 무효화 메시지를 받을 수 있습니다. RESP3을 지원하지 않는 클라이언트를 사용하면서 RESP2로 클라이언트 측 캐시 기능을 사용하고자 하는 경우에는 데이터 접근을 위한 연결과는 별개로 무효화 메시지용 연결을 열고 Pub/Sub 기능을 구독하는 방식으로 구현할 수 있습니다. 구체적으로는 CLIENT LIST 명령어로 플래그가 Pub/Sub 기능으로 Subscriber를 의미하는 'P'라는 ID를 얻습니다.[57] 그 후 CLIENT TRACKING ON REDIRECT <ID>와 같이 가져온 ID를 지정하여 실행하는 방식을 통해 해당 무효화 메시지를 다른 연결로 리다이렉트할 수 있습니다.

또한 Pub/Sub 기능과 마찬가지로 클라이언트 측 캐시 기능은 키 공간과 관계가 없습니다. 다른 데이터베이스 번호에 같은 이름의 키가 변경돼도 무효화 메시지가 전송된다는 점에 주의해야 합니다.

---

55 https://redis.io/commands/client-tracking/
56 RESP의 자세한 내용은 11.1.1절을 참조하세요.
57 https://redis.io/commands/client-list/

레디스를 활용한 애플리케이션 작성

이 장에서는 레디스가 어떻게 사용되는지를 여러 자료형과 기능을 이용한 샘플 애플리케이션을 통해 소개합니다. 또한 다양한 클라이언트를 소개하고, 루비, PHP, 파이썬을 통해 클라이언트를 설치하고 조작하는 방법을 배우며, 실제로 레디스의 자료형과 기능을 활용하여 애플리케이션을 구축하는 과정을 다룹니다.

레디스에는 다양한 언어를 지원하는 클라이언트 라이브러리가 있습니다. 실제로 레디스를 사용할 때는 사용 환경이나 구현된 기능을 비교해서 선택합니다.[01]

이 장에서는 여러 클라이언트를 소개하고, 루비Ruby, PHP, 파이썬Python을 통해 클라이언트를 사용하는 방법을 배웁니다. 각 클라이언트를 설치하고 조작하는 방법을 설명하고 실제로 레디스 자료형과 기능을 활용하여 애플리케이션을 구축합니다.

본격적으로 다양한 프로그래밍 언어에서 레디스와 자료형의 사용법, 애플리케이션의 아키텍처를 배워봅니다.

4.1 다양한 언어를 지원하는 레디스

레디스는 파이썬, PHP, 루비, 자바스크립트JavaScript, 자바Java, C#, Go 등 주요 언어는 물론이고 그 외의 많은 환경을 지원합니다. 레디스 공식 문서에 나열된 것만 해도 50개 이상입니다. 주요 언어별로 사용할 수 있는 레디스 클라이언트를 표로 정리했습니다. 그 외 클라이언트에 대해서는 공식 문서를 확인하기 바랍니다.[02]

표 4-1 레디스 클라이언트

실행 환경	클라이언트	URL
C	hiredis	https://github.com/redis/hiredis
C#	StackExchange.Redis	https://github.com/StackExchange/StackExchange.Redis
Go	go-redis	https://github.com/go-redis/redis
	Radix	https://github.com/mediocregopher/radix
자바	Jedis	https://github.com/redis/jedis
	lettuce	https://github.com/lettuce-io/lettuce-core
	Redisson	https://github.com/redisson/redisson

---

01 https://docs.redis.com/latest/rs/
02 https://redis.io/docs/clients/

Node.js	ioredis	https://github.com/luin/ioredis
	node_redis	https://github.com/redis/node-redis
펄	Redis	https://github.com/PerlRedis/perl-redis
PHP	PhpRedis	https://github.com/phpredis/phpredis
	Predis	https://github.com/predis/predis
파이썬	redis-py	https://github.com/redis/redis-py
	aioredis	https://github.com/aio-libs/aioredis-py
루비	redis-rb	https://github.com/redis/redis-rb
러스트	redis-rs	https://github.com/mitsuhiko/redis-rs
스칼라	scala-redis	https://github.com/debasishg/scala-redis

레디스 클라이언트를 선택할 때는 다음 사항을 고려하길 권합니다.

- 업데이트가 이뤄지고 있는가(API 변경, 버저닝 등이 제대로 이뤄지고 있는가)
- 유지보수가 이뤄지고 있는가
- 어느 정도로 기능을 구현할 수 있는가

업데이트 및 유지보수 여부는 일반적으로 다른 소프트웨어나 라이브러리를 도입할 때도 고려하는 부분일 것입니다. 그러나 레디스 클라이언트에서 특히 주의할 점은 기능의 구현 정도입니다. 클라이언트 측에서 레디스의 최신 기능인 레디스 클러스터 기능 지원이나 커넥션 풀링, TLS 기능이 항상 구현된 것은 아니기 때문에 이 기능들이 지원되는지 확인해야 할 필요가 있습니다. 레디스 클러스터를 지원하는 경우라도 일부 기능을 지원하지 않을 수도 있습니다.

4.1.1 프로그래밍 언어와 레디스 조합

3장에서는 레디스를 단독으로 사용하는 방법을 설명했습니다. 이 장에서는 프로그래밍 언어와 레디스를 조합하여 애플리케이션을 구현해봅니다.

루비, PHP, 파이썬을 예시로 해서 레디스 클라이언트에 대해 설명하며, 언어별로 클라이언트를 설치하는 법과 사용 예시를 설명합니다.

클라이언트를 설명한 후에는 레디스의 여러 자료형을 활용해 실제 애플리케이션을 구현해봅니다. 비교적 쉬운 코드를 사용할 것이기 때문에 구현의 방향성을 참고할 수 있습니다. 같은 이유로, 전체적으로 풀스택Full-Stack[03]보다는 기능이 제한적인 가벼운 프레임워크를 사용할 것이며, 혹 다른 프레임워크를 사용하는 경우라도 직관적으로 이해할 수 있는 부분이 많아 참고할 수 있을 것입니다. 샘플 애플리케이션을 참고할 때 주의점은 별도의 칼럼에서 간단히 설명할 예정이니 필요한 부분을 찾아보기 바랍니다.

이 장에서는 우분투 22.04를 기반으로 설명하며, 리눅스나 각 언어 관련 라이브러리 설치 방법은 최소한으로만 설명하겠습니다.

레디스는 대표적인 언어나 유스케이스별로 샘플 애플리케이션 설명 영상과 소스코드를 볼 수 있는 Redis Launchpad[04]라는 서비스를 제공하고 있습니다. 레디스를 사용한 애플리케이션을 개발하기 전에 먼저 확인하면 더 효율적으로 개발할 수 있습니다. 그리고 예시도 많아서 전반적으로 확인해두면 레디스 사용법을 더 잘 이해할 수 있을 것입니다. 더 많은 애플리케이션 예시를 알고 싶은 분은 Redis Launchpad의 내용을 꼭 확인해보기 바랍니다.

COLUMN Redis OM 라이브러리

레디스는 Redis OM이라는 레디스용 Object Mapper 라이브러리를 제공합니다.[05] 프로그래밍에서 어떤 데이터를 모델링할 때, 일반적으로 객체 지향으로 표현하기 때문에 Redis OM을 사용하면 객체를 레디스에 투명하게 보관하고, 다양한 API를 통해 라이브러리를 조작할 수 있습니다. 닷넷.NET, Node.js, 파이썬, 스프링Spring을 위한 네 가지 라이브러리가 제공됩니다. 지금은 프리뷰 버전만 제공하고 있으므로 사용할 때는 주의하기 바랍니다.

---

03 역자주_프런트엔드와 백엔드 등 애플리케이션의 모두를 다루는 것입니다.
04 https://launchpad.redis.com/
05 https://redis.com/blog/introducing-redis-om-client-libraries

4.2 PHP로 레디스 작업

PHP로 레디스를 사용하는 예시로, 다음 기능을 갖춘 애플리케이션을 구현해봅니다.

- PHP로 세션 정보 캐시 관리
- List형을 사용한 뉴스 게시 기능

우선 PHP(PhpRedis)를 설치하겠습니다. 우분투에서는 APT^{Advanced Packaging Tool}로 php-redis를 설치하기만 하면 됩니다.[10][11]

```
$ sudo apt update
$ sudo apt install redis
$ sudo apt install php8.1-cli php-redis -y
```

---

06 http://www.antirez.com/news/131
07 https://github.com/redis/redis/pull/6236
08 https://www.tarsnap.com/spiped.html
09 https://www.stunnel.org/
10 APT를 통해 설치하는 경우, 최신 버전이 아닌 PHP가 설치됩니다. 필요한 경우에는 최신 PHP를 설치하고, 라이브러리도 그에 맞춰 설치하기 바랍니다.
11 애플리케이션의 요구사항에 따라서는 php-redis 등 라이브러리는 PECL 또는 pickle을 설치하거나 소스에서 빌드하여 사용하기 바랍니다. https://github.com/phpredis/phpredis/blob/develop/INSTALL.md

4.2.1 PhpRedis로 작업

phpredis-client.php라는 이름의 파일을 만들어 아래 내용을 작성합니다. SET foo bar 명령어를 실행한 후 GET foo 명령어로 foo 키값을 가져오고 표시하는 내용입니다.

코드 4-1 phpredis-client.php

```php
<?php

// 레디스 인스턴스를 생성합니다.
$redis = new Redis();

// 레디스에 접속합니다.
$redis->connect("127.0.0.1", 6379);

$redis->set('foo', 'bar');    // SET foo bar
$value = $redis->get('foo'); // GET foo
echo $value;
```

그 다음으로 레디스 서버에 접속합니다.

코드 4-2 phpredis-client.php 연결 지점

```php
$redis->connect("127.0.0.1", 6379);
```

다음 부분에서는 SET foo bar 명령어를 실행하고 있습니다. 기본적으로 프로그래밍 언어의 레디스 클라이언트를 사용하는 경우에도 레디스 명령어와 같은 이름의 메서드를 제공합니다. 따라서 클라이언트 문서에서 자료형별로 제공하는 메서드 목록을 보면 어떤 함수를 사용해야 하는지 알 수 있습니다.[12]

코드 4-3 phpredis-client.php에서 SET 실행

```php
$redis->set('foo', 'bar');
```

---

[12] 일부 클라이언트의 함수는 레디스 명령어와 이름이 일치하지 않을 수 있습니다. 그런 경우에는 여러 문서에서 사양을 확인하는 것이 중요합니다.

다음 부분에서는 GET foo 명령어를 실행하고 있습니다. 여기서도 레디스 명령어에서 연상할 수 있는 내용입니다.

코드 4-4 phpredis-client.php에서 GET 실행

```
$value = $redis->get('foo');
```

새로운 창에서 우분투에 접속해서 레디스 서버를 실행합니다.

```
$ redis-server
```

실행 중인 창에서 작성한 스크립트를 실행하여 예상대로 동작하는지 확인합니다.

```
$ php phpredis-client.php
bar
```

4.2.2 세션 정보 캐시 관리

세션 정보의 캐시 관리는 주로 레디스를 사용합니다. 웹 애플리케이션에서는 사용자의 세션 정보(로그인 상태, 장바구니 내용 등)를 관리하는 경우가 많은데, 이런 정보는 일반적으로 사용자마다 식별 정보를 연결하는 키와 값 형식의 세션 ID를 사용합니다.

세션 정보는 비교적 간단한 데이터 모델로 표현할 수 있으며, 높은 응답속도가 요구됩니다. 동시에 메모리 내에서 데이터가 삭제되어도 어떤 형태로든 다시 복원할 수 있기 때문에 레디스에 적합한 유스케이스라 할 수 있습니다. 여기서는 PhpRedis를 사용해 간단한 세션 정보를 관리하는 방법을 설명합니다.[13]

웹서버는 엔진엑스^{Nginx}를 사용하며, 엔진엑스와 PHP를 연동하기 위해 PHP FPM을 설치합니다. 그리고 PHP에서 레디스를 활용해 구현해봅니다.

---

13 https://github.com/phpredis/phpredis#php-session-handler

설정

서버용 엔진엑스와 연동하기 위해 PHP FPM[14]을 설치합니다.

```
$ sudo apt install nginx php8.1-fpm -y
```

엔진엑스와 PHP FPM을 연동하기 위해 우선 PHP FPM 설정을 확인합니다. www.conf를 열고 listen에 설정된 값을 기억해둡니다.[15] 여기서는 다음과 같이 /run/php/php8.1-fpm.sock 라는 값을 확인할 수 있습니다.

```
$ less /etc/php/8.1/fpm/pool.d/www.conf
```

코드 4-5 www.conf listen 부분

```
listen = /run/php/php8.1-fpm.sock
```

이 값을 바탕으로 엔진엑스의 설정(default)을 변경합니다.[16]

```
$ sudo vi /etc/nginx/sites-available/default
```

server 지시자 안에 location, 그 안에 fastcgi_pass의 unix 소켓 부분의 주석을 제거합니다. 이 fastcgi_pass에는 앞에서 확인한 값을 설정하며, 이를 통해 엔진엑스와 PHP FPM을 유닉스 소켓으로 연동합니다.

코드 4-6 default

```
location ~ \.php$ {
        include snippets/fastcgi-php.conf;
#
#       # With php-fpm (or other unix sockets):
        fastcgi_pass unix:/run/php/php7.4-fpm.sock;
```

---

14 PHP FPM은 PHP Fast CGI용 라이브러리입니다. 엔진엑스와 연동하기 위해 필요합니다.
15 이 책에서처럼 less를 사용하면 /listen과 같은 명령어를 실행하여 관련 부분으로 점프해서 확인할 수 있습니다.
16 우분투에 vi가 없는 경우에는 vim 패키지를 설치합니다.

```
#          # With php-cgi (or other tcp sockets):
#          fastcgi_pass 127.0.0.1:9000;
}
```

PHP는 세션 핸들러를 변경할 수 있으며, 레디스를 사용하기 위해 설정(php.ini)을 편집하 겠습니다.[17] 여기서는 FPM을 사용할 것이기 때문에 다음과 같이 작업합니다.

```
$ sudo vi /etc/php/8.1/fpm/php.ini
```

편집해야 하는 부분은 session.save_handler와 session.save_path 매개변수입니다. 기본 값은 다음과 같습니다.

코드 4-7 php.ini

```
session.save_handler = files
;session.save_path = "/var/lib/php/sessions"
```

이 값들을 다음과 같이 편집합니다. 레디스를 세션 핸들러로 지정하고, 저장 주소로 레디스 서버가 동작하는 연결 주소를 지정합니다.

코드 4-8 php.ini

```
session.save_handler = redis
session.save_path = "tcp://localhost:6379"
```

PHP 설정은 이걸로 끝입니다.[18]

세션 관리 코드

그러면 실제로 세션을 조작하기 위해 먼저 index.php를 편집합니다.

---

17 php.ini 파일은 만일을 위해 백업해두는 게 좋습니다. 디렉터리를 찾을 수 없을 때는 sudo find /etc - name php.ini와 같은 명령어 를 실행하여 해당 파일을 찾습니다.
18 레디스 클러스터인 경우에는 redis가 아니라 rediscluster를 지정합니다.

```
$ sudo vi /var/www/html/index.php
```

파일 내용은 다음과 같습니다. 먼저 session_start() 함수로 세션을 처리합니다. 클라이언트에서 세션 ID를 Cookie(PHPSESSID에 값을 저장) 등을 통해 확인하며, 일치하면 세션을 재개하고, 일치하지 않는 경우에는 세션 ID를 새로 생성합니다. $_SESSION 변수에 정보를 저장합니다.[19]

```php
<?php

session_start();

echo "session_id=" . session_id() . " ";
$count = isset($_SESSION['count']) ? $_SESSION['count'] : 0;

$_SESSION['count'] = ++$count;

echo $count;
```

다음으로 엔진엑스와 PHP FPM을 실행합니다.

```
$ sudo systemctl restart nginx
$ sudo systemctl enable nginx
$ sudo systemctl restart php8.1-fpm
$ sudo systemctl enable php8.1-fpm
```

브라우저에 접속하여 확인합니다. http://<서버 공개 IP 주소>/index.php 형식으로 접근하면 $_SESSION 변수에 저장되어 있는 count 값이 카운트되어 세션의 연결 상태를 확인할 수 있습니다.

```
session_id=0jn4h2l4j9ue2r2fpaen31pvpf 1
```

---

19 실제로 순수 PHP만으로 웹 애플리케이션을 관리하는 경우는 드뭅니다. 사용하는 애플리케이션별로 세션을 관리하는 방법은 문서를 확인하기 바랍니다.

```
session_id=0jn4h2l4j9ue2r2fpaen31pvpf 2
session_id=0jn4h2l4j9ue2r2fpaen31pvpf 3
```

레디스 서버에서 미리 MONITOR 명령어를 실행하여, 레디스 서버 내에 실행되는 명령어를 감시할 수 있게 해두면 다음과 같은 상황을 확인할 수 있습니다. 기본적으로는 키 접두사에 PHPREDIS_SESSION:이 추가되는 것을 확인할 수 있습니다.

```
127.0.0.1:6379> MONITOR
OK
1661754859.697739 [0 127.0.0.1:48458] "GET" "PHPREDIS_SESSION:0jn4h2l4j9ue2r2fpa
en31pv pf"
1661754859.697994 [0 127.0.0.1:48458] "SETEX" "PHPREDIS_SESSION:0jn4h2l4j9ue2r2f
paen31pvpf" "1440" "count|i:1;"
1661754860.422949 [0 127.0.0.1:48460] "GET" "PHPREDIS_SESSION:0jn4h2l4j9ue2r2fpa
en31pv pf"
1661754860.423224 [0 127.0.0.1:48460] "SETEX" "PHPREDIS_SESSION:0jn4h2l4j9ue2r2f
paen31pvpf" "1440" "count|i:2;"
1661754863.896600 [0 127.0.0.1:48462] "GET" "PHPREDIS_SESSION:0jn4h2l4j9ue2r2fpa
en31pv pf"
1661754863.896943 [0 127.0.0.1:48462] "SETEX" "PHPREDIS_SESSION:0jn4h2l4j9ue2r2f
paen31pvpf" "1440" "count|i:3;"
```

레디스 서버 내 키 목록을 확인하면 세션 키가 저장되었는지 확인할 수 있습니다.

```
127.0.0.1:6379> KEYS *
1) "PHPREDIS_SESSION:0jn4h2l4j9ue2r2fpaen31pvpf"
```

또한 PHPREDIS_SESSION:ra8p4tgjjcb0uvrkgjeetsds5a라는 키에 연결된 값을 확인해보면 count 값이 3인 것을 알 수 있습니다. 이전에 브라우저에서 세 번 접근을 수행한 후, 마지막에 $count 값이 3임을 확인했고 레디스에 저장된 값과 일치하는지 확인합니다.

```
127.0.0.1:6379> GET PHPREDIS_SESSION:0jn4h2l4j9ue2r2fpaen31pvpf
"count|i:3;"
```

TTL 명령어를 실행해보면, TTL 값이 설정되어 있는 것을 확인할 수 있습니다. 여기서는 php. ini 안에 session.gc_maxlifetime이 기본값으로 1440이 적용되어 있습니다. TTL이 1410 초 남아있으므로 1440-1410=30초만큼 시간이 경과했음을 알 수 있습니다.

```
127.0.0.1:6379> TTL PHPREDIS_SESSION:0jn4h2l4j9ue2r2fpaen31pvpf
(integer) 1410
```

이상으로 레디스로 세션 캐시를 구현해봤습니다. 실제 애플리케이션을 개발할 때는 프레임 워크의 기능을 통해 레디스를 호출하는 경우가 많습니다. 사용 방법은 프레임워크에 따라 많이 다르기 때문에 사용하고자 하는 서비스 문서를 확인하기 바랍니다. 그러나 설정 내용이나 작동 방식은 여기서 설명한 부분이 참고가 될 것입니다. 다음 칼럼에서도 자세하게 설명하고 있으므로 관심 있는 분은 읽어보기 바랍니다.

COLUMN 샘플 애플리케이션의 주의점

이 책에서는 세션 관리의 메커니즘을 쉽게 이해하기 위해 간단한 구현 예시를 사용하고 있습니다. 그러나 세션 ID는 제대로 된 방법으로 관리하지 않으면 제3자에게 노출되어 악용될 수 있습니다.

샘플 애플리케이션의 보안 대책에 대해서는 언급하지 않지만, 실제 애플리케이션을 만들 때는 다음과 같은 리스크에 주의해야 합니다.

- 세션 고정 공격
- 크로스 사이트 스크립팅(XSS) 공격
- 네트워크 도청
- 멀웨어 등 물리적 침입

예를 들어, 세션 ID 예측, 제3자에 의한 ID 탈취, 특정 ID를 강제로 사용하게 하는 등 다양한 방법으로 세션 ID가 부정하게 사용될 수 있습니다.

특별한 요구사항이 없는 경우, 사용 중인 웹 애플리케이션 등에서 제공하는 기능을 사용하기 바랍니다. 요구사항에 따라서는 자체적으로 준비해야 할 수도 있습니다. 그러나 안전한 세션 관리 시스템을 구현하려면 숙련된 기술이 필요하므로 섣불리 건드리는 것은 위험할 수 있습니다. 특히 오래된 버전의 소프트웨어 기능을 사용하는 경우에는 기본 설정이 업무 요구사항에 부합하는지 한 번 더 확인해야 합니다.

세션 관리 외에도 이 책에서 다루고 있는 샘플 애플리케이션을 포함해서 실제 애플리케이션을 개발할 때는 보안 측면 및 다음과 같은 사항 등 고려해야 할 점이 많습니다.

- 오류 핸들링이나 예외 처리, 검증 확인
- 문제 발생 시 롤백 기능을 포함한 트랜잭션 처리

그 외에도 고부하로 인한 영향을 완화하기 위해 리버스 프록시나 로컬 캐시를 활용하는 아키텍처를 적용하는 경우도 있습니다. 이 경우 캐시 정보의 일관성 관리가 중요합니다. 예를 들어, 특정 처리로 데이터를 업데이트했을 때, 오래된 데이터를 일부만 유지하고 있는 상황이 발생할 수 있으며, 캐시를 잘 다루기 위해서는 이런 상황을 고려해 제대로 관리되고 있는지 확인하는 것이 중요합니다. 또한 문제가 발생한 후 트러블슈팅을 진행할 때는 당시 캐시 데이터를 확인해야 하므로 다소 복잡해질 수 있습니다. 캐시가 없다면 부하에는 버틸 수 있는지, 성능이 허용될 수준인지 등을 고려해서 캐시의 필요성을 검토해보는 게 좋습니다.

이 책은 애플리케이션을 간단하게 구현해 이해하기 쉽게 하는 데 중점을 두고 있습니다. 따라서 이 장에서 다루는 샘플 애플리케이션에서는 기본적으로 앞서 언급한 우려 사항을 고려하고 있지 않습니다. 실제 운영환경에서 동작하는 코드는 다양한 상황을 예상해 대응해야 합니다. 이 책의 샘플 애플리케이션을 참고할 때는 주의해서 진행하기 바랍니다.

4.2.3 뉴스 게시 기능

List형을 사용해 뉴스 게시 기능을 구현해보겠습니다. 레디스 클라이언트는 PhpRedis, 웹 애플리케이션 프레임워크는 슬림 3^{Slim3}를 사용하여 서버를 구축합니다.[20][21]

이 애플리케이션에서는 사용자가 이름과 메시지를 입력하면 최근 열 개의 게시물이 표시되며, 새로운 메시지일수록 상단에 나타나도록 합니다.

---

20 http://www.slimframework.com/docs/v3/start/installation.html
21 http://www.slimframework.com/docs/v3/start/web-servers.html

이 애플리케이션은 SQL의 SELECT문을 사용하여 RDBMS만으로도 구현할 수 있습니다. 이렇게 하면 아키텍처나 데이터 일관성 관리도 간단해지지만 레디스를 사용하면 더 큰 장점을 얻을 수 있습니다.

이번 타임라인처럼 최신 데이터를 리스트 한쪽 끝에 저장하고, 오래된 데이터를 다른 쪽 끝에서 꺼내려는 상황을 구현하는 경우, 레디스의 List형을 사용해 잘 구현할 수 있습니다. 아키텍처나 데이터 관리는 다소 복잡해질 수 있지만, 코드는 더 직관적으로 구현할 수 있습니다. 또한 레디스를 앞단에 배치하여 캐시 서버로 사용함으로써 성능을 향상할 수 있습니다. 이러한 아키텍처를 적용하여 RDBMS의 부하를 줄일 수 있습니다.

지금부터 만들 애플리케이션의 읽기 작업 흐름은 다음과 같습니다. 쓰기 작업은 레디스에서만 수행됩니다.

그림 4-1 레디스를 프런트엔드에 배치한 캐시 서버[22]

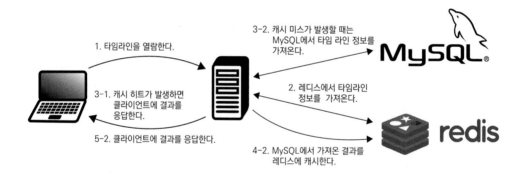

애플리케이션 생성

애플리케이션을 생성할 디렉터리를 만들고 이동합니다.

```
$ mkdir ListTimeline; cd $_
```

---

22 역자주_4-2의 경우, 3-2에서 이어지는 과정입니다. 5-2의 경우, 4-2에서 이어지는 과정입니다.

Composer를 통해 슬림3를 설치합니다. 템플릿 엔진은 트위그^{Twig}를 사용합니다.[23]

```
$ curl -sS https://getcomposer.org/installer | php
$ sudo mv composer.phar /usr/local/bin/composer
```

MySQL 설치

PHP에서 MySQL을 사용하기 위한 환경을 설정합니다.

```
$ sudo apt install mysql-server php8.1-mysql -y
$ sudo systemctl start mysql
$ sudo systemctl enable mysql
```

mysql 명령어로 버전을 표시하여 잘 설치되었는지 확인합니다.

```
$ mysql --version
mysql Ver 8.0.30-0ubuntu0.22.04.1 for Linux on x86_64 ((Ubuntu))
```

보안을 설정하려면 몇몇 질문에 답해야 합니다. 여기서는 비밀번호 검증^{Validation} 정책은 모두 0으로 하고, 그 외 질문은 모두 y로 설정해도 무방합니다.

```
$ sudo mysql_secure_installation
```

MySQL로 로그인합니다. root 사용자로 로그인하기 위해 sudo를 사용합니다.

```
$ sudo mysql -u root -p
```

애플리케이션에 접속하여 사용자를 생성합니다. 다음은 임의의 호스트(%)로 app 사용자를 생성하고 있습니다.

---

23 http://www.slimframework.com/docs/v3/features/templates.html

```
CREATE USER app@'%' IDENTIFIED BY 'P@ssw0rd';
GRANT ALL PRIVILEGES on sample.* to app@'%';
```

애플리케이션에서 사용할 MySQL의 데이터베이스 및 테이블을 생성합니다.

```
CREATE DATABASE sample DEFAULT CHARACTER SET utf8mb4;
USE sample
CREATE TABLE timeline (
    id INT NOT NULL AUTO_INCREMENT,
    name VARCHAR(128) NOT NULL,
    message VARCHAR(140),
    PRIMARY KEY (id)
);
```

exit 명령어로 MySQL 연결을 종료한 뒤, 생성한 사용자로 로그인이 가능한지 확인합니다. 확인되면 MySQL 설정은 완료됩니다.

```
$ mysql -u app -p
```

슬림 설치

앞서 사용한 Composer를 통해 PHP 경량 프레임워크인 슬림Slim3[24]을 설치합니다. 동시에 템플릿 엔진을 사용하기 위해 슬림에서 Twig라는 라이브러리도 같이 설치합니다.

```
$ composer require slim/slim:3.*
$ composer require slim/twig-view:2.*
```

슬림 애플리케이션을 구현합니다.

```
$ mkdir public templates
$ vi public/index.php
```

----

24 역자주_ 2023년 11월 기준으로 최신 버전은 슬림4이므로 공식 문서를 참조할 때는 주의하기 바랍니다.

index.php는 다음과 같은 내용으로 생성합니다.

코드 4-9 index.php

```php
<?php

use \Psr\Http\Message\ServerRequestInterface as Request;
use \Psr\Http\Message\ResponseInterface as Response;

require 'vendor/autoload.php';

$app = new \Slim\App;

$container = $app->getContainer();

// 메인 페이지를 템플릿 엔진 트위그로 렌더링합니다.
$container['view'] = function ($container) {
    // 템플릿 엔진 디렉터리를 지정하여 실행합니다(template).
    $view = new \Slim\Views\Twig('templates', []);

    $router = $container->get('router');
    $uri = \Slim\Http\Uri::createFromEnvironment(new \Slim\Http\Environment
    ($_SERVER));
    $view->addExtension(new \Slim\Views\TwigExtension($router, $uri));

    return $view;
};

// 메인 페이지를 표시합니다.
$app->get('/', function ($request, $response) {
    // templates 폴더 안의 timeline.html를 템플릿으로 하여 렌더링합니다.
    return $this->view->render($response, 'timeline.html', []);
});

// 메인 페이지에서 메시지 목록을 비동기로 가져옵니다.
$app->post('/timeline', function ($request, $response) {
```

```php
$user = $request->getParsedBodyParam('user');
$message = $request->getParsedBodyParam('message');
$isFirst = $request->getParsedBodyParam('isFirst');

$key = 'timeline';

// 레디스를 연결합니다.
$redis = new Redis();
$redis->connect('127.0.0.1',6379);

// MySQL을 연결합니다.
$db = new PDO('mysql:host=127.0.0.1;dbname=sample;charset=utf8mb4', 'app',
'P@ssw0rd');

// 게시한 메시지를 저장합니다.
if ($isFirst === 'false') {
    // 레디스에 저장하는 캐시 용도이므로, 백엔드가 되는 RDBMS의 MySQL에 INSERT문으로
    // 저장합니다.
    $statement = $db->prepare("INSERT INTO timeline (name, message) VALUES
    (:name, :message)");
    $statement->bindParam(':name', $user, PDO::PARAM_STR);
    $statement->bindValue(':message', $message, PDO::PARAM_STR);
    $statement->execute();
}

// 'LRANGE timeline 0 9' 형식으로 명령어를 실행하여 최근 열 개 게시물을 가져옵니다.
 $messages = $redis->lRange($key, 0, 9);

// 캐시로 메시지를 가져올 수 없는 경우, 다른 백엔드인 MySQL에서 데이터를 가져오고
// 레디스에 저장합니다.
 if (empty($messages)) {
    $redis->delete($key);
    $messages = [];
    // MySQL의 SELECT문으로 최근 열 개의 게시물을 가져옵니다.
    $statement = $db->query("SELECT name,message FROM timeline ORDER BY id
```

```
        DESC LIMIT 10", PDO ::FETCH_ASSOC);
        foreach($statement as $row) {
            $record = $row['name'] . ': ' . $row['message'];
            $messages[] = $record;
            // 'RPUSH timeline hayashier:hello' 형식으로 명령어를 실행하여 MySQL에서
            // 데이터를 가져와 레디스에 저장합니다.
            $redis->rPush($key, $record);
        }
        // 'EXPIRE timeline 60' 형식으로 명령어를 실행하여 레디스 리스트에 TTL을
        // 60초로 설정합니다.
        $redis->expire($key, 60);
    }

    return json_encode($messages);
});


$app->run();
```

HTML 파일을 생성합니다. 해당 파일은 PHP(슬림)에서 읽어 온 템플릿입니다. 앞서 생성한 뉴스를 게시하고 가져와서 표시하는 정도의 간단한 기능입니다.

```
$ vi templates/timeline.html
```

코드 4-10 timeline.html

```
<!DOCTYPE html>
<html>
    <head>
        <title>Redis Lists - Timeline</title>
        <style>
            #messages { margin: 50px 10px; }
            #messages li { padding: 5px 10px; list-style-type:none; }
            #messages li:nth-child(odd) { background: #eee; }
        </style>
    </head>
```

```html
<body>
    <h1>Redis Lists - Timeline</h1>
    <form id='send-message' onsubmit="sendMessage(event)">
        <div> User: <input type='text' id='user' /></div>
        <textarea cols='70' rows='3' id='message' autocomplete="off">
        </textarea>
        <button id='send'>Send</button>
    </form>
    <div id='status'>Let's send message!</div>
    <ul id='messages'>
    </ul>

    <script src="https://ajax.googleapis.com/ajax/libs/jquery/3.6.0/jquery.min.
    js"></script>
    <script>
        sendMessage(null);

        function sendMessage(event) {
            var isFirst = false;
        if (event == null) {
            isFirst = true;
      } else {
        event.preventDefault();
      }

    // 비동기 통신으로 순위 정보를 업데이트합니다.
    $.ajax({
        url: '/timeline',
        type: 'POST',
        dataType: "json",
        data: {
            user: $('#user').val(),
            message: $('#message').val(),
            isFirst: isFirst
        },
        timeout: 1000,
```

```
        })
        .done(function(messages) {
          if (!isFirst) $('#status').text('done!');

          $('#messages').empty();
          $.each(messages, function(index, message) {
            var record = message.split(':');
            $('#messages').append($('<li>').text(record[0] + " : " + record[1]));
          })
        }) .fail(function() {
          $('#status').text('Failed to send.');
        });
      }
    </script>
  </body>
</htl>
```

다음으로 서버를 실행합니다.

```
$ php -S 0.0.0.0:8888 -t public public/index.php
```

브라우저에서 http://<서버 공개 IP 주소>:8888에 접속하면 다음과 같은 화면을 확인할 수
있습니다.

그림 4-2 뉴스 게시 기능

레디스를 RDBMS와 함께 사용하기

[코드 4-11]에서는 List형 RPUSH 명령어를 사용하여 사용자와 메시지를 저장하고 있습니다. 레디스의 List형은 사용자 이름과 메시지 정보를 별도로 관리할 수 없기 때문에 사용자 이름과 메시지 이름 사이에 콜론(:)으로 구분하여 식별합니다. PhpRedis는 rPush 함수로 관련 기능을 제공합니다.

코드 4-11 index.php의 사용자와 메시지를 저장하는 부분

```
$redis->rPush($key, $record);
```

LRANGE 명령어를 사용해 최근 열 개 게시물을 가져옵니다. PhpRedis는 lRange 함수를 통해 관련 기능을 제공하고 있습니다.

코드 4-12 index.php 파일에서 최근 열 개 게시물을 가져오는 부분

```
$messages = $redis->lRange($key, 0, 9);
```

실제 운영환경에서 레디스를 단독으로 사용하는 경우는 거의 없습니다. 레디스는 주로 캐시 용도로만 사용하고, 백엔드는 별도의 영속성 계층으로서 MySQL과 같은 RDMBS에 데이터를 저장하는 경우가 많습니다.

다음과 같이 MySQL에도 메시지와 메시지를 게시한 사용자 이름을 저장합니다.

코드 4-13 index.php의 MySQL에도 저장하는 부분

```
$statement = $db->prepare("INSERT INTO timeline (name, message) VALUES (:name,
:message)");
$statement->bindParam(':name', $user, PDO::PARAM_STR);
$statement->bindValue(':message', $message, PDO::PARAM_STR);
$statement->execute();
```

특정 이유로 데이터를 읽어 오는 동안 데이터가 삭제된 경우, 백엔드인 MySQL에서 다음처럼 SELECT문으로 최신 메시지를 가져옵니다.

코드 4-14 index.php의 MySQL에서 데이터를 읽어오는 부분

```
$statement = $db->query("SELECT name,message FROM timeline ORDER BY id DESC",
PDO::FETCH_ASSOC);
```

코드 4-15 index.php에서 가져온 데이터를 캐시로 레디스에 저장하기

```
$redis->rPush($key, $record);
```

레디스에 캐싱한 데이터에 TTL을 설정합니다.

코드 4-16 index.php

```
$redis->expire($key, 60);
```

TTL이 만료된 경우 앞서 LRANGE 명령어로 조회 시 빈 데이터를 반환합니다. 이 경우에는 MySQL의 SELECT문으로 백엔드인 데이터베이스에서 데이터를 가져오는 동시에 레디스에도 다시 데이터를 캐싱합니다.

여기서는 작성한 메시지를 바로 확인할 필요는 없다고 가정합니다. 따라서 작성한 메시지는 영속화 계층인 MySQL에만 저장합니다. 반면, 읽기 작업은 기본적으로 캐시인 레디스에서 수행하지만 메모리에 데이터가 없는 경우에는 MySQL에서 읽어옵니다. 동시에 MySQL에서 가져온 데이터를 레디스에도 저장하여 캐시를 업데이트합니다.

레디스를 사용할 때 선택할 아키텍처는 요구사항에 따라 달라집니다(5.2절 참조). 여기서는 지연 로딩 방식을 통해 요청된 데이터만 캐싱하지 않아 레디스의 메모리를 절약할 수 있는 장점이 있습니다. 그러나 한편으론 오래된 데이터를 읽어올 수도 있고, 캐시 미스가 발생하면 오버헤드가 커진다는 단점도 있습니다.

한 단계 도약하기

이번에는 PHP 내장 웹 서버, 애플리케이션 서버, 레디스 서버, MySQL 서버를 모두 하나의 서버에 설치했습니다. 실제로는 서비스 규모나 요구사항에 맞춰 각 서버를 분리하고, 웹 서

버나 애플리케이션 서버는 로드 밸런서 아래에 두는 구성이 일반적입니다.

각 서버는 요구되는 특성이 다르기 때문에 앞서 언급한 것처럼 서버를 분리하면 각 컴포넌트의 상황에 따라 유연하게 대처할 수 있습니다.

가령, 레디스 서버 용량이 부족한 경우를 가정해보겠습니다. 읽기 용량이 부족한 경우, 레플리카를 추가하여 읽기 작업을 확장^{Scale Out}할 수 있습니다. 쓰기 용량이 부족한 경우에는 쓰기 작업도 확장하기 위해 수백 개의 샤드를 가진 레디스 클러스터를 구성할 수 있습니다. 레디스는 마이크로 초 단위 속도로 처리가 가능하기 때문에 전 세계 사용자 수만큼 대규모 트래픽을 수용하는 서비스라도 높은 가용성을 갖춘 구성으로 운영할 수 있습니다. 만약 모든 서버를 하나로 운영하고 있다면, 다른 서버에서 여유 용량이 있어도 여분을 많이 확보해야 하고, 확장성을 보장하도록 구성하기 어렵다는 문제가 있습니다.

또한 AWS^{Amazon Web Services} 환경의 EC2[25]에서 애플리케이션 서버를 실행하는 경우에는 ElastiCache[26](10.1절 참조) 같은 관리형 서비스를 활용하면 일상적인 운영 부담을 줄일 수 있으므로 서비스 사용을 검토해보기 바랍니다.

4.3 루비로 레디스 작업

루비로 Set형을 사용해 투표 관리 기능을 구현하는 방법을 소개합니다.

우선, redis-rb(루비)로 초기 설정을 진행합니다. APT를 통해 필요한 명령어나 라이브러리를 설치하고, rbenv로 루비 실행 환경을 구축합니다(일부는 설치가 완료된 상태입니다). 변경 내용을 읽어온 후, rbenv로 루비를 다운로드합니다(이 책에서는 루비 3.0.2를 예시로 듭니다). 마지막으로, redis-rb를 설치합니다.

---

25 정식 이름은 Amazon Elastic Compute Cloud(줄여서 Amazon EC2)입니다. 이 책에서는 줄여서 EC2로 표기합니다.
26 정식 이름은 Amazon ElastiCache for Redis입니다. 이 책에서는 줄여서 ElastiCache라고 표기합니다.

```
$ sudo apt install build-essential libssl-dev libreadline-dev zlib1g-dev
libgdbm-compat-dev libmysqlclient-dev ruby ruby-bundler ruby-dev -y
$ ruby -v
ruby 3.0.2p107 (2021-07-07 revision 0db68f0233) [x86_64-linux-gnu]
$ sudo gem install redis
```

4.3.1 redis-rb로 작업

redis-rb-client.rb라는 이름의 파일을 다음과 같은 내용으로 생성합니다. 앞에서 다룬 PHP 예시와 같으며, 루비로 SET foo bar 명령어를 실행한 후, GET foo 명령어로 foo 키값을 가져와 표시합니다.

```ruby
require 'redis'

redis = Redis.new # 인스턴스를 생성하고 연결을 설정하기

redis.set('foo', 'bar');    # SET foo bar
value = redis.get('foo'); # GET foo
puts value
```

다른 창에서 우분투를 연결하여 레디스 서버를 실행합니다.

```
$ redis-server
```

앞서 작성한 스크립트를 실행하고 기대한 대로 동작하는지 확인합니다.

```
$ ruby redis-rb-client.rb
bar
```

4.3.2 투표 관리

이번에는 Set형을 사용하여 투표 관리 기능을 구현합니다. 레디스 클라이언트는 redis-rb, 웹 애플리케이션 프레임워크는 시나트라[Sinatra]를 사용하여 서버를 구축합니다.[27] [28]

루비로 웹 애플리케이션을 개발할 때 루비 온 레일즈[Ruby on Rails]를 사용하는 분이 많을 겁니다. 이 책에서는 간단한 구현을 위해 시나트라를 사용하고 있지만, 루비 온 레일즈 같은 다른 프레임워크에서도 비슷하게 개발할 수 있습니다. GET이나 POST로 요청을 처리하는 부분, 레디스나 MySQL로 인스턴스를 생성하는 부분 등은 각 프레임워크의 사용법에 맞춰 작성해야 하지만 그 외 부분은 기본적으로 같은 방식으로 구현할 수 있습니다.

이 애플리케이션은 사용자 이름을 입력한 후 투표하고 싶은 후보자를 클릭합니다. 후보자 선택에 제한은 없지만, 후보자별로 한 사람당 한 번만 투표할 수 있습니다. 또한 각 후보자의 전체 투표 수 합계를 표시하게 되어 있습니다.

앞의 예시와 마찬가지로 SQL의 SELECT문을 사용해 RDBMS만으로도 구현할 수 있지만, 여기서는 앞단에 캐시 서버로 레디스를 사용하여 성능을 향상시킵니다. 집합은 레디스에서 데이터를 표현하는 데 매우 유용한 요소 중 하나이며, 특히 집합 연산을 사용하면 SQL로는 처리 비용이 클 수 있는 작업을 효율적으로 수행할 수 있습니다. 앞으로 만들 예시처럼, 레디스의 Set형을 잘 활용하면 애플리케이션 구현이 간단해지는 만큼 레디스의 장점을 활용할 수 있습니다. 여기서는 투표 관리를 집합으로 표현하여 레디스의 Set형을 사용하고 있습니다.

개발할 애플리케이션의 읽기 작업 흐름은 다음과 같습니다. 쓰기 작업의 경우 레디스와 MySQL 양쪽에서 수행됩니다.

---

27 http://sinatrarb.com
28 http://sinatrarb.com/intro.html

그림 4-3 레디스로 투표 관리 기능 구현하기[29]

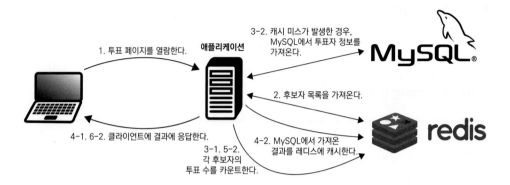

애플리케이션 생성

처음 애플리케이션을 생성할 디렉터리를 생성하고 이동합니다.

```
$ mkdir SetVoting; cd $_
```

Gemfile 파일을 생성하고 라이브러리를 지정하여 설치합니다.

```
$ vi Gemfile
```

코드 4-17 Gemfile

```
source 'https://rubygems.org'

gem 'sinatra'
gem 'sinatra-contrib'
gem 'redis'
gem 'mysql2'
```

---

29 역자주_분기 순서는 3-1의 경우, 4-1로 이어집니다. 3-2의 경우 4-2 → 5-2 → 6-2로 이어집니다.

```
$ bundle install
```

MySQL에 로그인합니다.

```
$ sudo mysql -u root -p
```

다음과 같이 테이블을 생성합니다.

```
USE sample
CREATE TABLE votes (
    id INT NOT NULL AUTO_INCREMENT,
    candidate VARCHAR(128) NOT NULL,
    voter VARCHAR(140),
    PRIMARY KEY (id)
);
```

파일 이름을 main.rb로 하여 시나트라 애플리케이션을 구현합니다.

```
$ vi main.rb
```

/ 경로에는 메인 페이지를 나타내고, /vote 경로에는 / 페이지에서 jQuery를 통한 Ajax 통신의 POST 요청 처리를 구현하고 있습니다.

```
require 'sinatra'
require 'sinatra/reloader'
require 'redis'
require 'mysql2'

# Redis에 연결합니다.
redis = Redis.new

# MySQL에 연결합니다.
mysql = Mysql2::Client.new(:host => '127.0.0.1', :username => 'app', :password
=> 'P@ssw0rd', :database => 'sample')
```

```ruby
# 메인 페이지를 위한 GET 메서드입니다.
get '/' do
  erb :index
end


# 메인 페이지에서 비동기 통신을 위한 POST 메서드입니다.
post '/vote' do
 # 후보에 대한 투표를 처리합니다.
  if !params[:candidate].empty? && !params[:voter].empty?
    # 영속성을 위해 MySQL에 데이터를 추가합니다.
      insert_statement = mysql.prepare("INSERT INTO votes (candidate, voter)
VALUES
      (?, ?)")
      result = insert_statement.execute(params[:candidate], params[:voter])


    # 'SADD candidate:1 hayashier' 같은 방식으로 명령어를 실행하여 레디스에 데이터를
    # 추가합니다.
      redis.sadd(params[:candidate], params[:voter])
  end

# 'SCAN 0 MATCH candidate:*' 같은 방식으로 명령어를 실행하여 후보자 목록을 가져옵니다.
    cursor = 0
  candidates = []
    loop {
      cursor, keys = redis.scan(cursor, :match => "candidate:*")
          candidates += keys
      break if cursor == "0"
  }

    # 캐시에서 메시지를 가져올 수 없는 경우 다른 백엔드인 MySQL에서 데이터를 읽고
    # 레디스에 저장합니다.
      if candidates.length <= 1
        # 영구화를 위해 MySQL에 데이터 추가합니다
        select_statement = mysql.prepare("SELECT candidate, voter FROM votes")
        result = select_statement.execute()
        counts = {}
```

```ruby
    candidates = []
    result.each { |element|
        # `SADD candidate:1 hayashier` 같은 방식으로 명령어를 실행하여 레디스에
        # 데이터를 추가합니다.
        redis.sadd(element["candidate"], element["voter"])
        candidates += [element["candidate"]]
    }
  end

  counts = {}
  candidates.each { |candidate|
      # 'CAN 0 MATCH candidate:*' 같은 방식으로 명령어를 실행하여
      # 각 후보자의 투표수를 카운트합니다.
      counts[candidate] = redis.scard(candidate)
  }
  counts = counts.sort.to_h
  counts.to_json
end
```

루비(시나트라)에서 불러온 템플릿으로 views/index.erb를 생성합니다.

```
$ mkdir views
$ vi views/index.erb
```

index.erb는 다음과 같은 내용으로 작성합니다. HTML 내용은 앞서 작성한 투표 실황을 전송하고, 읽어 와서 표시하는 간단한 내용입니다.

```html
<html>
    <head>
        <title>Redis Sets - Voting</title>
    </head>
<body>
    <h1>Redis Sets - Voting</h1>
    <form>
      Your Name: <input type="text" class="voter">
```

```
    <div class="vote">
        <input type="button" id="vote1" value="candidate:1">
        <input type="button" id="vote2" value="candidate:2">
        <input type="button" id="vote3" value="candidate:3">
        <input type="button" id="vote4" value="candidate:4">
    </div>
</form>

<div id="status">Let's vote!</div>
<div id="result"></div>

<script src="https://ajax.googleapis.com/ajax/libs/jquery/3.6.0/jquery.min.
js">
</script>
<script>
    getRanking(null,null);
    $('[id^=vote]').on('click', function() {
        $('#status').text('Now voting...');
        getRanking($('.voter').val(), $(this).val())

    })
    function getRanking(voter, candidate) {
    // 비동기 통신으로 랭킹을 갱신합니다.
    $.ajax({
        url: '/vote',
        type: 'POST',
        dataType: "json",
        data: {
          voter: voter,
          candidate: candidate
        },
        timeout: 1000,
    })
    .done(function(candidates) {
      $('#result').empty();
```

```
            $.each(candidates, function(candidate, count) {
                $('#result').append($('<li>').text(candidate + " : " + count));
            })
        })
        .fail(function() {
            $('#status').text('Failed to vote.');
        });
    } </script>
  </body>
</html>
```

외부에서의 접근을 허가하기 위해 -o 0.0.0.0 옵션을 지정합니다.

```
$ ruby main.rb -o 0.0.0.0
```

브라우저에서 http://〈서버 공개 IP 주소〉:4567에 접근하면 다음과 같은 페이지를 확인할 수
있습니다.

그림 4-4 투표 관리

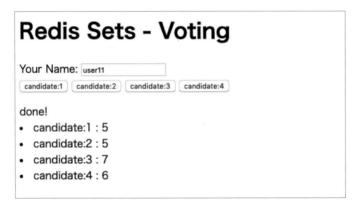

레디스를 RDBMS와 함께 사용하기

후보자별로 어떤 사용자가 투표했는지 관리하려면 사용자를 추가해야 합니다. 다음과 같이
MySQL에 INSERT문으로 자료를 저장하면 사용자를 추가할 수 있습니다.

```
insert_statement = mysql.prepare("INSERT INTO votes (candidate, voter) VALUES (?, ?)")
result = insert_statement.execute(params[:candidate], params[:voter])
```

MySQL에 데이터를 추가한 직후 Set형의 SADD 명령어를 사용하여 캐시인 레디스에도 데이터를 저장합니다. redis-rb는 sadd 함수로 관련 기능을 제공합니다.

```
redis.sadd(params[:candidate], params[:voter])
```

후보자 데이터 읽기 작업과 관련하여 후보자 관련 데이터를 저장한 키를 목록화하기 위해 SCAN 명령어를 사용합니다.[30] redis-rb는 scan 함수로 관련 기능을 제공합니다.

```
cursor = 0
candidates = []

loop {
    cursor, keys = redis.scan(cursor, :match => "candidate:*")
    candidates += keys
    break if cursor == "0"
}
```

각 후보자를 Set형의 집합으로 나타낸 후, SCARD 명령어를 사용해 고유한 요소 수를 계산합니다. redis-rb는 scard 함수로 관련 기능을 제공합니다.

```
counts[candidate] = redis.scard(candidate)
```

또한 레디스 엔진의 재시작 등 어떤 이유로 데이터가 메모리에서 삭제되는 경우에는 백엔드인 MySQL에서 다음과 같이 SELECT문으로 데이터를 가져옵니다.

```
select_statement = mysql.prepare("SELECT candidate, voter FROM votes")
result = select_statement.execute()
```

----

30 KEYS 계열 명령어를 사용하면 원하는 결과를 얻을 수 있지만, $O(N)$만큼의 시간 복잡도가 걸리게 됩니다. 그러나 레디스는 싱글 스레드로 동작하기 때문에 KEYS 명령어는 성능에 많은 영향을 줄 수 있어 추천하지 않습니다. 기본적으로 KEYS 명령어는 디버깅 용도에 사용합니다. 애플리케이션에서는 SCAN 계열의 명령어 사용을 권장합니다.

그 후에 MySQL로 가져온 데이터를 레디스에 다시 저장하여, 캐시를 갱신합니다.

```
redis.sadd(element["candidate"], element["voter"])
```

한 단계 도약하기

여기서는 작성한 메시지를 바로 확인할 필요가 있다고 가정합니다. 쓰기 작업은 영속화 계층인 MySQL과 캐시인 레디스 양쪽에서 수행합니다. 한편, 읽기 작업은 기본적으로 캐시인 레디스에서 수행하지만 메모리에 데이터가 없는 경우에는 MySQL에서 읽어옵니다. 동시에 MySQL에서 가져온 데이터를 레디스에도 저장하여 캐시를 업데이트합니다.

5.2절에서는 Write-through 방식으로 레디스를 사용했습니다. 이 방식은 레디스 서버의 캐시 데이터가 항상 최신 상태를 유지하므로 메모리에 데이터가 존재하는 한, 데이터를 읽어올 때 오버헤드가 낮다는 장점이 있습니다. 그러나 이 방법으로 모든 쓰기 데이터를 캐시로 사용하면 불필요한 캐시 데이터 생성으로 인한 메모리 낭비가 발생합니다. 또한 MySQL과 레디스 양쪽에 데이터를 기록하기 때문에 기록 오버헤드가 높아지는 단점도 있습니다. 앞서 설명한 지연 로딩 방식을 사용하면 읽기 작업 시 오버헤드가 발생할 수 있지만, Write-through 방식은 쓰기 작업 시 오버헤드가 더 높아집니다. 업데이트에 시간이 걸리는 것은 직관적으로 이해할 수 있기 때문에 사용자 경험 측면에서 더 쉽게 받아들일 수 있습니다. 따라서 최신 정보를 사용해야 하고, 캐시 데이터를 사용하는 경우에 검토해 볼 수 있습니다.

4.4 파이썬으로 레디스 작업

파이썬으로 레디스에서 작업하는 방법을 설명합니다. 여기서는 파이썬으로 레디스 스트림을 사용하여 실시간 채팅을 구현합니다.

파이썬은 인기 언어인 만큼 라이브러리가 많지만 이 책에서는 aioredis를 사용합니다. aioredis는 파이썬의 asyncio(비동기 I/O)를 지원하는 레디스의 라이브러리입니다. 먼저 우분투에서 순서대로 설치하는 방법을 다룹니다. 파이썬 3.6 이상 버전을 설치한 후, pip로 aioredis를 설치하면 됩니다.

```
$ sudo apt install python3-pip -y
$ pip3 install --user aioredis
```

4.4.1 aioredis로 작업

aioredis-client.py 파일을 다음 내용으로 생성합니다. PHP, 루비의 예시와 마찬가지로 파이썬에서도 SET foo bar 명령어를 실행한 후, GET foo 명령어로 foo 키값을 가져와 표시하는 내용입니다.

코드 4-18 aioredis-client.py

```python
import asyncio
import aioredis

async def main():
    # 레디스 인스턴스를 생성하고 연결을 확인합니다.
    redis = aioredis.from_url('redis://' + '127.0.0.1')
    await redis.set('foo', 'bar') # SET foo bar
    val = await redis.get('foo') # GET foo
    print(val)

    await redis.close() # 레디스와 연결을 끊습니다.

if __name__ == '__main__':
    loop = asyncio.new_event_loop()
    asyncio.set_event_loop(loop)
    loop.run_until_complete(main())
```

다른 창으로 우분투에 연결하여 레디스 서버를 실행합니다.

```
$ redis-server
```

먼저 실행 중인 창에서 생성한 스크립트를 실행합니다. 예상대로 동작하는지 확인합니다.

```
$ python3 aioredis-client.py
b'bar'
```

4.4.2 실시간 채팅

레디스 스트림을 사용하여 실시간 채팅을 구현합니다.

레디스 스트림은 레디스의 빠른 처리 능력을 활용하면서도 지금까지 배운 자료형이나 기능과 비교해 더 다양한 상황에 대응할 수 있도록 설계되었습니다(2.7.5절 참조). 따라서 앞으로 만들 채팅 시스템 같은 용도라면 레디스 스트림을 사용하는 것이 적합합니다. 만약 List형을 활용한다면 큐에 넣은 메시지를 꺼내 가져오는 형태로 표현할 수 있겠지만, 여러 클라이언트가 있는 경우, 한 클라이언트가 메시지를 가져오면 메시지가 삭제되기 때문에 다른 클라이언트는 같은 메시지를 처리할 수 없게 됩니다. Pub/Sub 기능으로 여러 클라이언트에 같은 메시지로 작업할 순 있지만, 이 방법도 역시 데이터를 유지하는 기능은 없기 때문에 채널을 구독하지 않은 동안 받지 못한 메시지는 다시 받을 수 없습니다. 각 메시지에 여러 필드를 가질 수 있다는 점은 Hash형과 비슷하지만 원래 Hash형은 스트림 처리를 목적으로 설계된 것은 아닙니다. 레디스 스트림을 사용하면 이렇게 다른 자료형에서 해결하기 어려운 상황을 잘 처리할 수 있습니다.

이 애플리케이션에서는 사용자 이름과 방 이름을 입력해 방에 입장하면 입장했다는 내용이 표시됩니다. 그 후, 자신이 보낸 메시지와 다른 사용자가 보낸 메시지를 실시간으로 교환할 수 있습니다. 브라우저에서 탭을 닫아서 채팅을 종료하면 다른 사용자에게는 그 사용자가 채팅방에서 퇴장했다는 내용이 표시됩니다. IRC^{Internet Relay Chat}[31]와 같은 도구를 떠올려 보면 이

----

31 역자주_IRC는 실시간 채팅 프로토콜로서, 개인 메시지를 통한 1:1 소통과 파일 공유를 포함한 채팅 및 대화 전송 기능이 있습니다.

해하기가 더 쉽습니다. 사용자가 특정 채널에 입장했을 때, 같은 채널에 있는 다른 사용자들에게 입장이 표시되며, 마찬가지로 누군가 IRC를 종료하면 같은 채널에 참가하고 있는 멤버에게 퇴장한 사실이 표시됩니다. 채널에 있는 동안에는 누군가 보낸 메시지를 실시간으로 받을 수 있고, 방에 있는 전원과 서로 메시지를 교환할 수 있지만 IRC에서 퇴장해 있는 동안 보내진 메시지는 받을 수 없습니다.

개발할 애플리케이션의 읽기 작업 흐름은 다음과 같습니다.

그림 4-5 레디스로 채팅 구현하기

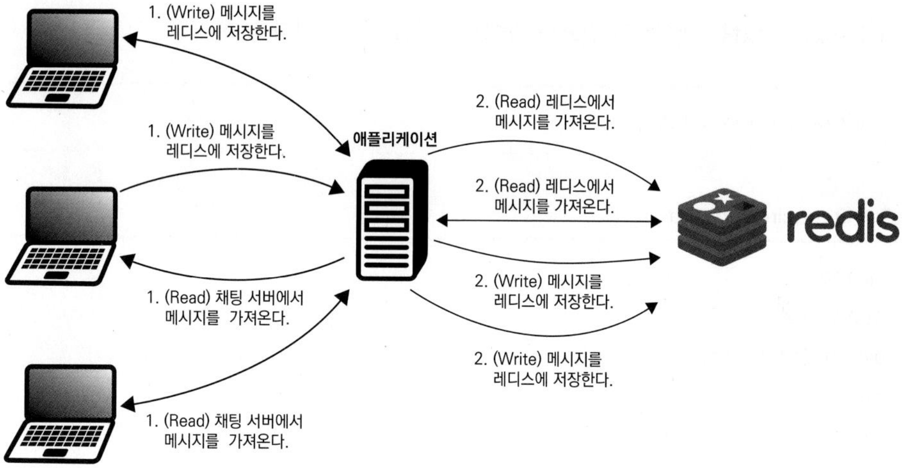

애플리케이션 생성

List형이나 Pub/Sub 기능도 레디스 스트림과 비슷한 용도로 사용할 수 있습니다. 그러나 채팅방에 여러 명이 있는 경우, 여러 사용자가 같은 메시지를 받을 수 있다는 점 때문에 레디스 스트림은 List형보다 확장성이 뛰어나다고 할 수 있습니다. 또한 연결되지 않는 동안 수신한 메시지도 나중에 레디스로 가져올 수 있다는 점에서도 Pub/Sub 기능보다 뛰어난 점입니다.

실시간 채팅에서 각 메시지를 스트림 데이터로 다룹니다. 레디스 스트림 기능을 사용하면 레디스의 장점뿐만 아니라 레디스를 캐시 서버가 아닌 데이터 저장소로 사용할 수 있습니다.

RDBMS의 SELECT문으로도 비슷한 작업이 가능하지만 채팅방에서 나와 있을 때는 메시지 보관이 필요 없다는 점 등 때문에 RDBMS의 영속성과 충돌하는 케이스도 있어, 빠르고 간단하게 사용할 수 있는 레디스를 사용합니다. 이번 애플리케이션은 WebSocket을 사용하는 것이 특징입니다. 자세한 내용은 뒷부분의 구현을 확인하기 바랍니다. 레디스 클라이언트는 aioredis,[32] [33] [34] 웹 애플리케이션 프레임워크는 FastAPI를 사용합니다.[35] [36]

먼저 애플리케이션을 생성할 디렉터리를 생성하고 이동합니다.

```
$ mkdir StreamChat; cd $_
```

requirements.txt를 생성하고 필요한 라이브러리를 설치합니다.

```
$ vi requirements.txt
```

코드 4-19 requirements.txt

```
fastapi
starlette
uvicorn[standard]
aioredis
uvloop
```

```
$ pip3 install -r requirements.txt --user
```

메인 애플리케이션을 생성하고, 이 파일에 FastAPI를 사용한 웹 애플리케이션을 구현합니다. streams-chat.py라는 이름으로 파일을 생성합니다.

```
$ vi streams-chat.py
```

----

32 https://github.com/aio-libs/aioredis
33 https://aioredis.readthedocs.io/
34 https://redislabs.com/blog/async-await-programming-basics-python-examples
35 https://fastapi.tiangolo.com/advanced/websockets/
36 FastAPI는 파이썬 3.6 이상에서 사용해야 하므로 주의하기 바랍니다.

```
from fastapi import FastAPI, Depends
from starlette.responses import HTMLResponse
from starlette.websockets import WebSocket
from starlette.staticfiles import StaticFiles
import asyncio
import uvloop
import uvicorn
import aioredis
import datetime


HOST = "0.0.0.0"
PORT = 8080
REDIS_HOST = HOST
REDIS_PORT = 6379
STREAM_MAX_LEN = 1000


app = FastAPI()


# index.html의 정적 파일 표시를 활성화합니다.
app.mount("/static", StaticFiles(directory="static"), name="static")


# 레디스 연결을 처리합니다.
redis = aioredis.from_url(
    'redis://' + REDIS_HOST)


# 메시지 읽기 처리를 정의합니다.
async def read_message(websocket: WebSocket, join_info: dict):
    connected = True
    is_first = True
    stream_id = '$'
    while connected:
        try:
            count = 1 if is_first else 100
            # 'XREAD COUNT 100 BLOCK 100000 STREAMS room1 $'와 같은 방식으로
```

```python
    # 명령어 실행하여 메시지를 수신하고 읽습니다.
    results = await redis.xread(
        streams={join_info['room']: stream_id},
        count=count,
        block=100000
    )
    for room, events in results:
        if join_info['room'] != room.decode('utf-8'):
            continue
        for e_id, e in events:
            now = datetime.datetime.now()

            # 웹소켓을 통해 같은 채널에 참가한 모든 사용자에게 메시지를
            # 전송합니다.
            await websocket.send_text(f"{now.strftime('%H:%M')} {e[b'msg'].
            decode('utf-8')}")
        # 마지막에 전달받은 ID를 보존한 후, 'XREAD COUNT 100 BLOCK 100000
        # STREAMS room1 <ID>' 같은 형태로 ID를 지정하여 실행하면 이어서
        # 메시지를 수신할 수 있습니다.
            stream_id = e_id
        if is_first:
            is_first = False
except:
    await redis.close()
    connected = False


# 메시지 쓰기 처리를 정의합니다.
async def write_message(websocket: WebSocket, join_info: dict):
    await notify(join_info, 'joined')

    connected = True
    while connected:
        try:
            data = await websocket.receive_text()
            # 'XADD room1 MAXLEN 1000 * username Taro msg "Hello, everyone!"'
```

```
                # 형식으로 새 메시지 작성을 실행합니다.
                await redis.xadd(join_info['room'],
                    {
                'username': join_info['username'],
                'msg': data
                },
                    id=b'*',
                maxlen=STREAM_MAX_LEN)
          except:
          # 예를 들어, 사용자가 브라우저 탭을 닫으면 다른 사용자에게
          # "사용자가 떠났습니다"라는 메시지를 보여줍니다.
              await notify(join_info, 'left')
              await redis.close()
              connected = False


# 사용자가 채팅방에 들어올 때 전체 사용자에게 "Taro has joined" 같은 메시지 알림을
# 보냅니다.
async def notify(join_info: dict, action: str):
    # 'XADD room1 MAXLEN 1000 * username Taro msg "Taro has joined"' 같은 형식으로
    # 명령어를 실행하여 신규 메시지를 작성합니다.
    await redis.xadd(join_info['room'],
                    {'msg': f"{join_info['username']} has {action}"},
                    id=b'*',
                     maxlen=STREAM_MAX_LEN)


async def get_joininfo(username: str = None, room: str = None):
    return {"username": username, "room": room}


# 웹소켓을 통한 통신을 합니다. async/await를 사용합니다.
@app.websocket("/ws")
async def websocket_endpoint(websocket: WebSocket, join_info: dict =
Depends(get_joininfo)):
    await websocket.accept()
    asyncio.set_event_loop_policy(uvloop.EventLoopPolicy())
    await asyncio.gather(write_message(websocket, join_info),
```

```
    read_message(websocket, join_info))

if __name__ == "__main__":
    uvicorn.run(app, host=HOST, port=PORT)
```

채팅을 표시할 HTML 페이지를 생성하고 FastAPI에서 읽어 옵니다.

```
$ mkdir static
$ vi static/index.html
```

index.html 페이지를 작성합니다.[37] 소스코드에 있는 IP 주소 203.0.113.10은 예시로 사용
가능한 공개 IP 주소 중 하나입니다.[38] 각자의 환경에 맞춰 변경해 사용하기 바랍니다. 다음
HTML은 앞서 생성한 채팅 메시지 내용을 게시하고 가져와 표시하는 간단한 내용입니다.

코드 4-21 index.html

```
<!DOCTYPE html>
<html>
<head>
    <title>Redis Streams - Chat</title>
    <style>
        #messages {margin: 50px 10px; }
        #messages li { padding: 5px 10px;  list-style-type: none; }
        #messages li:nth-child(odd) { background: #eee; }
    </style>
</head>
<body>
    <h1>Redis Streams - Chat</h1>
    <form name="join-info" id="join-info" action="" onsubmit="joinRoom(event)">
        User: <input type="text" name="username" id="username" />
        Room: <input type="text" name="room" id="room" />
        <button>Join</button>
```

---

37 https://fastapi.tiangolo.com/tutorial/static-files
38 https://tools.ietf.org/html/rfc5737

```
    </form>
    <ul id='messages'>
    </ul>
    <form action="" onsubmit="sendMessage(event)">
        <textarea cols="70" rows="10" id="messageText"></textarea>
        <button>Send</button>
    </form>

    <script src="https://ajax.googleapis.com/ajax/libs/jquery/3.6.0/jquery.min.js">
    </script>
    <script>
        // 웹소켓 통신입니다.
        var ws = null
        function joinRoom(event) {
            event.preventDefault()

            if (ws != null) ws.close();

            ws = new WebSocket("ws://203.0.113.10:8080/ws?" + $('#join-info').
            serialize())
            ws.onmessage = function(event) {
                $('#messages').append($('<li>').text(event.data));
                $('#messages').scrollTop($('#messages').get(0).scrollHeight);
            };
        }

        function sendMessage(event) {
            var username = $('#username').val()
            var input = $("#messageText").val()
            ws.send(username + " : " + input)
            $("#messageText").text('')
            event.preventDefault()
        }
    </script>
</body>
</html>
```

앞서 작성한 내용을 아래 명령어로 실행하면 8080번 포트로 서버가 실행됩니다.

```
$ python3 streams-chat.py
```

브라우저를 열어서 http://<서버 공개 IP 주소>:8080/static/index.html 형태로 페이지에 접근하면, 웹 소켓을 사용하여 실시간 채팅을 사용할 수 있습니다.[39][40] 여기서 서버 공개 IP 주소는 203.0.113.10입니다.[41]

그림 4-6 실시간 채팅

....

39 XADD 명령어와 XREAD 명령어는 async/await를 사용하여 읽기 및 쓰기 작업을 수행하지만 해당 레디스 작업은 비동기 처리가 아니면 작동하지 않는다는 점에 유의하기 바랍니다. 또한 FastAPI는 0.41.0 이상 및 Starlette 0.12.9 이상을 사용해야 하므로, 설치가 안 된다면 버전을 확인하기 바랍니다.

40 https://fastapi.tiangolo.com/release-notes

41 역자주_자신의 실행 환경에 맞춰 코드를 수정해서 실행해야 합니다.

레디스로 작업하기

[코드 4-22]에서는 XREAD 명령어를 사용하여 메시지 읽기 작업을 수행하고 있습니다. 여기서는 IRC처럼 채팅방에 입장한 후에 받은 메시지를 표시하므로 엔트리 ID에 특수 ID인 $를 사용합니다. 또한 명령어를 실행한 후 스트림에 새로 도착한 메시지의 ID를 기준으로 이후에 도착한 메시지를 읽도록 지정합니다. 처음부터 메시지를 받고 싶으면 엔트리 ID를 0으로 지정할 수 있습니다. 그다음 XREAD 명령어를 실행해 가져온 메시지의 엔트리 ID를 기록해둡니다. 다음에 XREAD 명령어를 실행했을 때는 기록한 엔트리 ID를 지정하여 해당 ID 이후 레디스 서버가 받은 메시지를 가져옵니다. aioredis는 xread 함수로 해당 기능을 제공합니다.

코드 4-22 streams-chat.py 메시지 읽어 오기

```
connected = True
is_first = True
stream_id = '$'
while connected:
    try:
        count = 1 if is_first else 100
        results = await redis.xread(
            streams={join_info['room']: stream_id},
            count=count,
            block=100000
        )
        for room, events in results:
            if join_info['room'] != room.decode('utf-8'):
                continue
            for e_id, e in events:
                now = datetime.datetime.now()
                await websocket.send_text(f"{now.strftime('%H:%M')} {e[b'msg'].
                decode('utf-8')}")
                stream_id = e_id
            if is_first:
                is_first = False
    except:
        connected = False
```

[코드 4-23]에서는 XADD 명령어를 사용해 메시지 쓰기 작업을 수행합니다. 레디스 스트림에서 각 엔트리는 다양한 필드를 포함하는 구조화된 데이터를 가질 수 있는데, 여기서는 'username'과 'msg'라는 두 필드를 엔트리 정보로 갖고 있습니다. 엔트리 ID는 서버에 추가한 새로운 엔트리에 신규 ID 할당을 의미하는 특수 ID인 '*'를 사용하고 있습니다. 또한 스트림 길이 제한은 MAXLEN 옵션으로 정할 수 있으며, aioredis에서는 해당 기능을 xadd 함수로 제공하고 있습니다.

코드 4-23 streams-chat.py 메시지 쓰기

```
await redis.xadd(join_info['room'],
    {
        'username': join_info['username'],
        'msg': data
    },
    id=b'*',
    maxlen=STREAM_MAX_LEN)
```

채팅방 입장 및 퇴장 메시지 추가는 다음 부분에서 수행됩니다. 메시지 쓰기와 마찬가지로 XADD 명령어를 사용하고 있습니다.

코드 4-24 streams-chat.py 입장 및 퇴장 메시지

```
await redis.xadd(join_info['room'],
        {'msg': f"{join_info['username']} has {action}"},
        id=b'*',
         maxlen=STREAM_MAX_LEN)
```

한 단계 도약하기

여기서는 레디스를 캐시 서버가 아닌, 임시적인 데이터 저장소로 사용하고 있습니다. 따라서 5.2절에서 설명하는 지연 읽기Delayed Reading나 Write-through 같은 방법을 사용하고 있지 않습니다. IRC 같이 애플리케이션을 실행하는 동안에만 메시지 교환만 가능한 상황을 가정

하고 있으므로 데이터를 저장하고 싶은 경우에는 적절하게 백업하는 것이 좋습니다. 또한 영속성을 고려하는 경우에는 캐시 서버에서 설명한 것과 같은 아키텍처를 참고하는 것도 좋고, 5.2절에서 나오는 마이그레이션으로 구현하는 방식도 좋습니다. 이 경우에는 RDBMS 같은 영속화 계층에 데이터를 저장하기 위해 배치 처리를 통해 저장합니다.

COLUMN 적절한 자료형 선택

레디스는 다루는 데이터 모델을 고려하여 적절한 자료형을 선택하는 것이 중요합니다.

이 장에서는 여러 자료형을 사용해 애플리케이션을 만들었습니다. 그러나 실제로 대규모 데이터를 다루는 경우, String형 이외의 자료형을 사용할 때는 신중해야 합니다.[42] 확장성이나 운용 면에서 앞으로 정말 문제가 없는지 생각해 볼 필요가 있습니다.

이번에는 List형이나 Set형을 사용해 설명했지만, 이 자료형들은 2장에서 언급했던 것처럼 성능적인 문제도 고려해서 사용해야 합니다. 예를 들어, 하나의 키에 매우 큰 Hash형 데이터를 다룬다고 가정하면, Hash형에서 실행하는 명령어 중에는 $O(N)$의 시간 복잡도로 처리하는 명령어도 있습니다. 이렇게 요소의 개수만큼 시간 복잡도가 커지는 명령어는 해시 크기에 따라 CPU를 많이 사용하는 경우도 있습니다. 데이터를 전부 Hash형으로 관리하게 되면 크기가 커지는 만큼 이런 명령어를 실행할 때 처리 속도가 길어져 결과적으로 서비스에 악영향을 줍니다.

아무리 레디스를 사용해도 성능이 충분히 나오지 않는다면 사용하는 의미가 없어지는 만큼, 하나의 키에 저장되는 데이터가 너무 커지면 성능 향상을 위해 노드를 추가해도 그 효과를 얻기 어렵습니다. 이를 해결하기 위해, 사용되는 트래픽을 고려해서 더 작은 단위로 나누어 Hash형으로 관리하는 방법을 생각하면 됩니다. 이 경우에는 listpack(레디스 7.0 미만은 ziplist) 내부 인코딩을 만족시키면 메모리 소비량도 최적화할 수 있습니다(2장 칼럼 참조). 그러나 Hash형 데이터를 더 세분화하면 관리 비용 역시 커질 수 있다는 점을 고려해야 합니다. 혹은 데이터 세트를 전체적으로 가져오는 것이 아니라 하위 세트만 처리하는 방법[43] 등을 생각해 볼 수 있지만, 번거로운 작업입니다.

---

42 String형은 성능 문제가 거의 없다는 장점이 있습니다.
43 HGETALL 명령어 대신 HGET 명령어나 HMGET 명령어를 사용하는 방법 등이 있습니다.

성능 문제에 직면한 경우에는 우선 작업을 멈추고 String형으로 데이터를 관리하는 방식으로 변경하는 것도 좋은 방법이 됩니다. 예를 들어, user:같은 형태로 공통 접두사를 키 이름으로 사용하면 String형으로도 데이터의 충분히 관리가 가능합니다.

자주 발생하는 문제의 예시로 하나의 Hash형 테이블에서 모든 사용자 ID를 관리하는 상황이 있습니다. users라는 키에 연결된 해시에 사용자를 추가할 때마다 필드는 userA, 값은 XXXXXXXXXX 같은 형태로 ID 정보를 저장한다고 하면, 사용자가 많아질수록 해시 크기가 커지므로 GB 단위의 거대한 해시 데이터가 생성될 수도 있습니다. 이렇게 되면 문제를 해결하기 무척 어려워지므로 미리 설계 단계에서 검토하는 것이 중요합니다.

가령, String형을 사용해 키 이름은 user:A:id, 값은 XXXXXXXXXX 형태로 저장하면 해시가 커지는 것을 피할 수 있습니다. 이러한 방식으로 나눠 사용하는 방법을 검토하기 바랍니다.

자료형 선택에 따라 성능이 얼마나 차이가 나는지 궁금한 분도 많을 겁니다. 그러나 성능은 워크로드Workload에 따라 달라지는 경우가 많아서 한마디로 정리하기가 어렵습니다.

따라서 실제 운영환경에서는 워크로드를 검증해보는 것이 가장 확실합니다. 간단하게는 벤치마크를 측정하는 방법도 있고, 실제 동작을 검증하면서 애플리케이션의 방향성을 고려해보기 바랍니다.

PART

02

실전

PART 02

실전

—

레디스 운용 관리

이 장에서는 레디스 기본 지식을 갖춘 사용자나 이미 운용 중이지만, 효과적으로 활용하려는 사람들을 위한 내용을 다룹니다. 레디스 서버의 아키텍처 구성 방법과 데이터 영속성, RDBMS 등에 대한 설명과 함께 레디스를 운용하면서 고려해야 할 점을 상세히 다룹니다.

1장부터 4장까지는 레디스의 기본 명령어와 애플리케이션 등의 구현 예시를 소개했습니다.

이 장에서는 이 책을 통해 기본 지식을 익혔거나, 이미 운용 중인 레디스를 더 효과적으로 활용하려는 분들을 위한 내용을 소개합니다. 또한 레디스 운용에 필요한 데이터 영속성이나 RDBMS 등 레디스 서버를 이용한 아키텍처 구성 방법도 설명합니다.

레디스 클라이언트를 사용하여 애플리케이션을 구현할 때 주의할 점을 포함해서 활용법 및 설정 파일인 redis.conf의 세부 내용, 보안 및 벤치마크 등을 다룹니다.

5.1 데이터 영속성

데이터 영속성은 데이터베이스를 운용할 때 빼놓을 수 없는 주제입니다. RDBMS는 버퍼 풀 Buffer Pool과 같이 메모리 내에 데이터를 저장하는 경우도 있지만, 기본적으로는 디스크에 데이터를 저장합니다. 하지만 레디스는 인메모리 데이터베이스의 특성상 기본적으로 모든 데이터를 메모리에서 처리하기 때문에 서버가 재시작되면 데이터가 유실될 수 있습니다.

단순한 캐시 서버로 사용하는 경우라면 아키텍처나 성능에 영향을 받을 순 있어도, 대부분의 경우 데이터 휘발성과 관련된 문제는 없습니다. 만약 데이터가 사라지더라도 RDBMS에서 다시 가져와 캐시로 복구할 수 있기 때문입니다. 그러나 실제로 구현할 때는 캐시 미스로 인해 RDBMS에 다시 데이터를 요청할 때 성능에 어느 정도 영향을 미치는지, 과부하가 발생하지 않는지 등을 사전에 충분히 검토해야 합니다.

현업에서는 레디스를 캐시 서버가 아닌 데이터 저장소처럼 데이터 영속성을 전제로 운용하는 경우가 있습니다. 주로 서버에서 데이터가 유실되었을 때 성능에 미치는 영향을 고려하지 않았을 때가 이에 해당합니다. 이러한 경우 유지보수를 할 때 문제가 발견되곤 합니다.

레디스에는 영속성을 위한 설정이 있지만, 영속성 관련 기능을 모두 활성화하는 것은 권장하지 않습니다. 성능과 내구성의 타협점을 찾고 그에 맞춰 설정해야 합니다. 레디스를 사용할 때는 이러한 트레이드오프를 고려하여 적절한 영속성 전략을 짜는 것이 중요합니다. 가령,

레디스에 저장된 데이터가 언제 필요할지 혹은 요구사항이나 데이터 특성에 따라 데이터를 영구적으로 저장할지, 백업 방법은 어떻게 할지 등을 고려해야 합니다.[01]

레디스는 스냅숏Snapshot과 AOF, 두 가지 방법으로 데이터의 영속성을 보장합니다.[02] 그리고 두 가지 방법을 조합해서 '스냅숏', 'AOF', '스냅숏+AOF', '영속성 사용하지 않음' 총 네 가지 방식으로 영속성 전략을 짤 수 있고, 이 방식을 사용해 백업을 만들 수도 있습니다. 기본적으로 AOF는 비활성화되어 있고, 스냅숏은 다음과 같은 조건이 기본값으로 설정되어 있습니다.

- 1시간 내에 최소 하나 이상의 키가 변경되는 경우입니다.
- 5분 내에 최소 100개 이상의 키가 변경되는 경우입니다.
- 1분 내에 최소 10,000개 이상의 키가 변경되는 경우입니다.

스냅숏은 특정 시점의 데이터베이스 내용을 RDB라는 형식의 파일로 저장하며 그 파일을 복원하는 형태로 데이터를 재사용할 수 있습니다. 예를 들어, 한 시간, 하루, 한 달로 기간을 설정하여 그 시점의 스냅숏을 생성합니다. 참고로 RDB는 Redis DataBase의 머리글자입니다.

AOF는 Append-Only File의 머리글자로, 추가 전용 파일을 의미합니다. 레디스에 쓰기 작업을 수행하면 이 파일에 데이터를 차례로 기록하는 형식으로 진행됩니다. 이 파일을 기반으로 레디스를 시작할 때 로그 파일 데이터를 재생하는 방식으로 데이터를 복원합니다.

다음은 스냅숏과 AOF의 세부 내용을 순서대로 살펴보고, 두 방법을 비교하여 상황에 따른 사용법에 대해 알아봅니다.

5.1.1 스냅숏

먼저 스냅숏의 특징을 배워봅니다. 앞서 설명했지만, 스냅숏은 특정 시점의 데이터베이스 내에 있는 내용을 RDB라는 형식의 파일로 저장합니다(자세한 내용은 이 장의 칼럼 'RDB 파일 형식'을 참조하기 바랍니다).

....

01 물론 레디스뿐 아니라 RDBMS에도 백업해둬야 합니다.
02 https://redis.io/docs/latest/operate/oss_and_stack/management/persistence/

스냅숏은 자동 혹은 수동으로 생성할 수 있습니다. 수동으로 스냅숏을 생성하는 경우에는 SAVE 명령어 혹은 BGSAVE 명령어를 사용합니다. SAVE 명령어는 동기 방식으로, BGSAVE는 비동기 방식으로 처리합니다.

레디스는 기본적으로 싱글 스레드로 요청을 처리하기 때문에 SAVE 명령어는 동일한 스레드 내에 RDB 파일을 생성합니다. 그러나 이 동작은 덤프Dump 중에 다른 요청을 차단하므로 실제 운영환경에서는 사용을 권장하지 않습니다.

BGSAVE 명령어는 백그라운드에서 다음과 같은 처리를 수행합니다.

1. 요청을 처리 중인 프로세스에서 RDB 파일을 덤프하기 위한 자식 프로세스를 포크fork 처리하여 생성합니다.
2. 자식 프로세스는 데이터 세트 전체를 임시 RDB 파일로 덤프합니다.
3. 덤프 처리가 완료되면 설정된 RDB 파일 이름으로 변경합니다.

요청을 처리하는 스레드와는 별도로 스냅숏을 생성하기 때문에 요청 처리 작업에 미치는 영향을 줄일 수 있습니다. 또한 자동으로도 스냅숏을 생성할 수 있는데, 이 경우 스냅숏은 정해진 시간 내에 최소 몇 개의 키가 변경되었는지를 기준으로 설정합니다. 다른 덤프 처리가 실행 중이 아니라면 BGSAVE 명령어가 실행되어 전체 데이터를 디스크 내의 파일로 덤프합니다.

스냅숏은 설정 파일의 save 지시자를 통해 설정하며 여러 개를 지정할 수도 있습니다. 여러 save 지시자를 설정하는 경우에는 이전 스냅숏 생성 이후에 조건이 하나라도 만족하는 경우에 생성합니다. 자동 생성을 비활성화하려면 해당 내용을 주석으로 처리하거나 삭제합니다.

이외에 설정 파일의 자세한 내용은 5.5절에서 설명합니다.

파일을 출력하는 디렉터리는 dir 지시자로, RDB 파일 이름은 dbfilename 지시자로 지정합니다.

RDB 파일을 덤프하기 위한 자식 프로세스를 생성할 때는 CoWCopy on Write(11.1.5절 참조)의 메커니즘을 사용하여 메모리를 확보합니다. 따라서 부모 프로세스 및 자식 프로세스에 쓰기 작업을 수행할 때 내용 차이가 발생하는 경우에는 그 차이만큼 메모리 영역을 추가로 사용하

게 됩니다.[03]

BGSAVE 명령어처럼 RDB를 생성하여 백업하는 방식은 포크로 처리할 때 성능에 영향을 줄 수 있습니다. 따라서 이 방식을 사용할 때는 다음 사항을 확인해야 합니다.

1. 스냅숏을 사용하기 위한 메모리가 충분한지 확인합니다.
2. 문제없이 레플리카에서 스냅숏을 가져올 수 있는지 확인합니다.
3. 서비스에 지장이 없는 시간에 스냅숏을 생성하는지 확인합니다.

1번의 경우, ElastiCache와 같은 관리형 서비스를 사용할 때, reversed-memory-percent(또는 reversed-memory)와 같은 매개변수를 사용할 수도 있습니다.[04] 3번의 경우, ElastiCache로 자동 백업 기능을 사용할 때, 백업 윈도우로 백업 시작 시간을 설정할 수도 있습니다.

생성한 파일을 cron 작업이나 system.timer를 통해 복원하기 위해 정기적으로 Amazon S3 Amazon Simple Storage Service 등에 저장하는 운영 방식도 있습니다. 복원을 위해 지정한 디렉터리에 RDB 파일을 배치하여 실행합니다.

그 외에도 파일 압축, 체크섬, RDB 파일 백업 시의 쓰기 작업 수용 여부 등을 튜닝할 수도 있으며, RDB 파일을 덤프할 때 문자열 객체를 LZF로 압축할지 여부를 묻는 옵션도 있습니다. RDB 파일을 압축하면 크기를 줄일 수는 있지만, 그 대신 CPU 사용량이 증가하는 단점이 있습니다. rdbcompression 지시자를 통해 제어할 수 있으며, 기본값은 yes입니다. 또한 RDB 파일 끝에 CRC64 체크섬을 추가하여 파일이 손상되지 않았는지 확인합니다. 이 기능이 활성화되어 있으면, RDB 파일을 저장하고 읽을 때 대략 10% 정도 성능이 저하됩니다.

마지막 백그라운드에서 스냅숏 저장 처리에 실패하게 되면, 레디스는 기본적으로 쓰기 작업 요청을 수락하지 않습니다. 이렇게 동작하는 이유는 문제가 발생한 경우, 데이터 손실 가

---

03 ElastiCache는 CoW 방식입니다. 따라서 메모리가 여유롭지 않을 때, 요청을 처리하는 동일 스레드에서 백업을 생성하도록 하여 OOM과 같은 문제가 발생하지 않도록 설계되었습니다. 그러나 성능에는 영향을 미칠 수 있으므로 메모리가 충분한 상황에서 사용해야 하며, 레디스 6 이후부터는 기능을 개선했습니다.
https://docs.aws.amazon.com/ko_kr/AmazonElastiCache/latest/red-ug/backups.html

04 2017년 3월 16일 기준으로 이전에 사용했다면 reversed-memory, 이후에 사용했다면 reversed-memory-percen라는 매개변수 이름입니다.

능성이 있으므로 영속성을 위해 문제를 관리자에게 알리려고 하기 때문입니다. 따라서 레디스 서버의 영구 저장 처리를 적절하게 모니터링할 수 있다면 해당 기능을 비활성화하고 스냅숏 생성에 실패했을 때도 쓰기 요청을 계속해서 수락하게 할 수 있습니다. 이 설정은 stop-writes-on-bgsave-error 지시자로 설정할 수 있습니다.

또한 스냅숏을 생성하는 중에 4MB(레디스 7.0 이전에는 32MB)의 데이터가 생성될 때마다 fsync를 수행할 수 있습니다. 이 방식을 통해 파일에서 디스크로 데이터 커밋을 단계적으로 진행함으로써 지연이 커지는 것을 피할 수 있으며 rdb-save-incremental-fsync 매개변수로 제어할 수 있습니다.

COLUMN CRC

CRC$^{Cyclic Redundancy Check}$(순환 중복 검사)는 순환 부호를 사용한 오류 검출 부호 중 하나로, 데이터 전송 중 발생하는 오류를 탐지하기 위해 자주 사용됩니다. 송신 측은 정해진 생성 다항식$^{Generator Polynomial}$으로 데이터를 나눈 나머지를 검사 데이터로 추가하여 전송하고, 수신 측은 동일한 생성 다항식을 사용하여 데이터를 나눕니다. 나눈 나머지를 대조하여 수신 데이터의 오류나 손실을 탐지합니다. 생성 다항식은 데이터를 나타내는 비트 열을 다항식으로 표현했을 때, 그보다 낮은 차수이면서 나눌 수 있는 다항식을 코드로 간주하고, 나누는 쪽의 다항식이 됩니다.

k비트 정보를 $p(x)$라 할 때, X^{n-k}를 곱하고 n비트값을 고려합니다. 생성 다항식 $G(x)$로 나눈 나머지를 $R(x)$라고 하면, 다음과 같이 표현됩니다.

$$x^{n-k} * P(x) = Q(x) * G(x) + R(x)$$

이것을 $F(x)$라 하겠습니다.

$$F(x) = Q(x)G(x) + R(x)$$

수신 측에서는 전송된 $F(x)$에 전송 경로에서의 오류 $E(x)$가 추가되어 $A(x) = F(x) + E(x)$가 수신됩니다. $A(x)$를 생성 다항식 $G(x)$로 나누고 나머지 $R(x)$를 구하여 0이 아니면 오류로 판단합니다. 이러한 경우, n비트로 전송되며, k비트는 대상 데이터의 크기가 됩니다. 따라서 전송 효율은 k/n가 됩니다.

또한 CRC는 고정 길이 값을 확인하기 때문에 해시 함수로 사용되는 경우도 있습니다. 레디스에서는 RDB 파일의 체크섬을 활성화하면(rdbchecksum 지시자가 yes일 때) CRC64를 사용합니다. 또한 레디스 클러스터의 해시 슬롯 계산에는 CRC16으로 키 관련 값을 계산하여 16,384로 나눈 나머지를 사용합니다(8.3.1절 참조). 레디스 개발자인 안티레즈는 이를 통해 다양한 워크로드가 16,384개의 슬롯에 균등하게 분산되는 것을 확인했다고 밝혔습니다.[05] CRC64는 65비트 상수에 해당하는 생성 다항식을 사용하여 64비트 CRC를, CRC16은 17비트 상수에 해당하는 생성 다항식을 사용하여 16비트 CRC를 계산합니다.

실제 사용되는 생성 다항식의 세부 사항은 CRC64는 crc64.c[06], CRC16은 crc16.c[07]에서 확인할 수 있습니다.

5.1.2 AOF

앞서 스냅숏은 특정 시점의 상태를 저장한다고 설명했습니다. 레디스 서버에 문제가 발생했을 때, 마지막 스냅숏 이후 데이터는 당연히 손실됩니다. 반면에 AOF는 거의 실시간 백업처럼 작성 중인 파일 끝에 계속 추가하여 기록하기 때문에 내구성이 높다는 특징이 있습니다. 하지만 파일의 끝에 계속 추가하여 기록하는 특성 때문에 AOF 파일은 각 스냅숏으로 생성한 RDB 파일보다 크기가 커지는 경향이 있습니다. 또한 재시작 시 AOF 파일의 명령어 내용을 다시 재생하여 메모리에 적재하는 형식이므로 파일 크기가 크면 클수록 재시작 시간이 길어집니다.

레디스 서버는 요청받은 명령어를 파일에 기록하기 위해서 우선 파일을 버퍼에 유지하는데, 이 버퍼를 AOF 버퍼라 합니다. 이후 레디스 혹은 운영체제가 버퍼에 있는 데이터를 플러시하여 디스크 내의 파일에 영구적으로 저장합니다.

스냅숏은 자동 또는 수동 생성을 설정할 수 있지만, AOF는 자동 생성만 할 수 있습니다. AOF는 대부분의 환경에서 기본적으로 활성화되어 있지 않으며, AOF를 활성화하기 위해 설

---

05 https://redis.io/docs/reference/cluster-spec/
06 https://github.com/redis/redis/blob/7.0.4/src/crc64.c
07 https://github.com/redis/redis/blob/7.0.4/src/crc16.c

정 파일의 appendonly 지시자를 지정합니다.

레디스 7.0 이전에는 파일을 출력하는 디렉터리를 스냅숏과 동일하게 dir 지시자로 설정할 수 있으며 AOF 파일 이름은 appendfilename 지시자로 설정할 수 있습니다. 레디스 7.0 이후부터는 멀티 파트 AOF 기능이 탑재되어, 파일을 출력하는 디렉터리가 스냅숏과 분리되어 appenddirname 지시자로 설정할 수 있으며, AOF 파일 이름은 appendfilename 지시자로 설정한 값의 접두사로 사용됩니다. 그 외에 파일 유형에 따라 .1.base.rdb(기본 파일), .1.incr.aof(추가 전용 파일), .manifest(매니페스트 파일)[08]라는 접미사가 추가됩니다.

AOF는 fsync로 디스크에 쓰기 작업을 수행하며 appendfsync 지시자 설정으로 다음과 같이 자동 생성 시점을 설정할 수 있습니다.

- always
- everysec
- no

always를 선택한 경우, 쓰기 작업마다 데이터를 버퍼에서 디스크로 플러시합니다. 작업마다 수행되기 때문에 문제가 발생하더라도 최대 하나의 명령어만 손실됩니다. 이 방식은 데이터 손실에 대한 내구성은 높지만, 성능에 큰 영향을 줄 수 있습니다. no를 선택한 경우, 운영체제가 설정한 적절한 시점에 실행됩니다. everysec을 선택한 경우, pthread에서 백그라운드 스레드를 생성하여 매초마다 버퍼에서 디스크로 데이터를 플러시합니다.[09] [10] 이 작업은 매초마다 수행되기 때문에 문제가 발생하더라도 최대 1초 동안 실행된 명령어만 손실됩니다. always만큼 데이터 손실 내구성이 강하지는 않지만, 성능에 미치는 영향도 적기 때문에 기본적으로 always와 no의 균형을 갖춘 everysec을 설정하여 사용하기를 권장하며 기본값으로도 설정되어 있습니다.

appendfsync 설정이 always나 everysec로 되어있는 경우, 백그라운드 스냅숏 생성이나

---

08 역자주_매니페스트 파일은 컴퓨터에서 파일을 관리하기 위한 메타데이터를 포함하는 파일을 의미합니다.
09 https://github.com/redis/redis/blob/7.0.4/src/aof.c#L910-L914
10 https://github.com/redis/redis/blob/7.0.4/src/bio.c#L158-L163

AOF 재작성 등의 작업은 대량 입출력을 발생시킵니다. 대량의 입출력 중에는 요청을 처리하는 프로세스에서 호출되지 않도록 운영체제에서 no-appendfsync-on-rewrite 지시자로 제어합니다. 이때, 백그라운드에서 스냅숏 생성이나 AOF 재작성 처리 중에는 appendfsync 지시자의 값이 no인 상태가 됩니다. 그렇기 때문에 지연 시간 같은 문제가 특별히 없다면 데이터 손실의 내구성 관점에서 이 기능을 비활성화합니다.

파일 크기가 커지면 자동으로 AOF 재작성 기능을 통해 BGREWRITEAOF 명령어 처리가 수행됩니다. 이미 삭제되거나 만료된 키, 같은 키에 여러 작업을 하는 경우 등을 통합하여 파일 크기를 줄이는 작업이 수행됩니다. AOF 재작성은 파일 변경을 감지하여 실행되는데, 구체적으로는 시작 시 파일 크기 혹은 이전에 재작성 후 파일 크기와 현재 파일 크기를 비교하여 설정값을 초과하는 변화가 있으면 재작성합니다. 또한 파일 크기가 작아도 다시 처리가 트리거^{Trigger}되지 않도록 대상 파일의 크기를 최소값으로 설정할 수 있습니다. 트리거의 비율은 auto-aof-rewrite-percentage 지시자로, 파일의 최소 크기는 auto-aof-rewrite-min-size 지시자로 변경할 수 있습니다.

AOF 메커니즘

이제 레디스 7.0 이전의 AOF의 재작성^{Rewrite} 처리, 레디스 7.0 이후의 멀티 파트 AOF 처리에 대해 설명합니다. 우선 레디스 7.0 이전의 AOF 재작성 처리 흐름은 다음과 같습니다.

1. 요청 처리 중인 프로세스에서 AOF를 재작성하기 위해 자식 프로세스를 포크하여 생성합니다.
2. 자식 프로세스는 새로운 AOF 파일을 생성한 후 재작성 결과를 저장합니다.
3. 자식 프로세스가 새로운 AOF 파일의 재작성을 완료하면 부모 프로세스에 신호를 보냅니다.
4. 신호를 받은 부모 프로세스는 포크 이후의 쓰기 작업 내용을 AOF 재작성 버퍼에 저장해두었다가 이를 자식 프로세스에 전송합니다. 자식 프로세스는 이 데이터의 차이를 새롭게 생성된 AOF 파일에 반영합니다.
5. 오래된 AOF 파일을 새 AOF 파일로 교체합니다.

AOF 파일을 재작성하기 위해 자식 프로세스를 생성할 때, 메모리 할당은 스냅숏과 마찬가지로 CoW 메커니즘을 사용합니다. 즉, 부모 프로세스와 자식 프로세스에서 쓰기 작업이 발생하고 내용에 차이가 생길 경우, 해당 차이만큼 별도의 메모리를 할당합니다.

AOF 재작성 과정 중에는 중간에 실패해도 문제가 없도록 현재 사용 중인 AOF 파일에 지속적으로 쓰기 작업 명령이 추가됩니다. 새로운 AOF 파일 생성이 완료되면 오래된 파일을 교체합니다.

레디스 서버를 시작할 때 AOF 파일을 불러오는 과정에서 파일의 손실이 확인되면 기본적으로 가능한 한 많은 데이터를 읽어오도록 설정되어 있습니다. 하지만 데이터 무결성을 위해 일부러 오류를 만들어 반환하여 서버가 실행되지 않도록 할 수 있습니다. 이 경우 redis-check-aof 도구를 사용하여 AOF 파일을 수정해야 합니다. aof-load-truncated 지시자를 사용해 관련 설정을 할 수 있으며 매개변수는 파일이 손상되었을 경우가 아니라, 파일 형식은 정상이지만 중간에 잘려있는 부분이 있을 때 유효합니다.

자식 프로세스에서 AOF 파일을 재작성할 때, 4MB(레디스 7.0 미만에서는 32MB)마다 디스크로 플러시할 수 있습니다. 이를 통해 파일에서 디스크로의 커밋 처리를 점진적으로 수행함으로써 지연을 방지할 수 있으며, aof-rewrite-incremental-fsync 지시자를 사용하여 이를 제어할 수 있습니다.

레디스 7.0 이후에는 멀티파트 AOF 기능을 도입했습니다.[11] 레디스 7.0 이전까지는 AOF의 재작성을 처리할 때 메모리 소비나 디스크의 입출력이 많아지는 문제가 있었습니다. 이러한 문제를 해결하기 위해 멀티파트 AOF에서는 하나였던 AOF 파일을 데이터 세트 전체를 보유하는 기본 파일과 이후에 추가된 부분을 보유하는 추가 파일로 분할합니다. 추가 파일은 여러 개가 존재할 수도 있습니다. 히스토리 파일도 생성되지만 기본적으로는 자동으로 삭제됩니다.[12]

멀티파트 AOF에서의 AOF 재작성 처리 과정은 다음과 같습니다.

1. 요청 처리 중인 프로세스에서 AOF를 재작성하기 위해 자식 프로세스를 포크하여 생성합니다.
2. 부모 프로세스는 추가용 AOF 파일을 생성합니다.
3. 자식 프로세스는 재작성 로직을 실행하여 새로운 베이스 AOF 파일을 생성합니다.

---

11 https://github.com/redis/redis/pull/9788
12 기본 redis.conf에는 없지만, aof-disable-auto-gc 지시자를 yes로 하면 자동 삭제를 비활성화할 수 있습니다.
https://github.com/redis/redis/blob/7.0.4/src/config.c#L2975

4. 부모 프로세스가 새롭게 생성된 베이스 파일과 추가 파일의 정보를 임시로 생성된 매니페스트 파일에 업데이트합니다.

5. 새로운 베이스 파일과 추가 파일이 준비되면, 매니페스트 파일을 반영하기 위해 교체합니다.

6. 오래된 베이스 파일과 추가 파일을 히스토리 파일로 변환하고 원래 파일을 삭제합니다.

레디스 7.0 미만에서는 부모 프로세스가 자식 프로세스로 추가 데이터를 전송하는 과정이 필요했지만, 멀티파트 AOF에서는 이런 과정이 불필요하기 때문에 CPU 처리 시간도 줄어듭니다.

이러한 작동 방식으로 인해 기존의 AOF 파일의 백업은 단순히 파일을 복사하기만 하면 충분했습니다. 하지만 멀티파트 AOF를 사용할 때는 백업 시 AOF 재작성을 일시적으로 비활성화하지 않으면 파일이 망가질 수 있습니다. 따라서 AOF 재작성이 실행되고 있지 않은지를 확인한 후에 AOF 파일을 복사해야 합니다.

구체적으로는 auto-aof-rewrite-percentage 지시자의 값을 0으로 설정하여 AOF 재작성을 비활성화합니다. 그 후 INFO persistence 명령을 실행하여 aof_rewrite_in_progress의 값이 1이면 0이 될 때까지 AOF 재작성 처리가 완료될 때까지 대기합니다.

5.1.3 스냅숏과 AOF 비교

앞서 언급했듯이 스냅숏은 메모리 내 데이터를 덤프하는 형태로 생성됩니다. 정기적으로 스냅숏을 생성하고 있는 경우, 백업 후 문제가 발생하면 그 기간의 데이터가 손실될 수 있습니다. 또한 덤프 생성에 있어서는 요청을 처리하는 프로세스를 포크하여 덤프하는 과정이 진행되기 때문에 포크 자체에 의한 영향이 있을 수 있습니다.

AOF는 레디스에서 실행된 명령을 추가 방식으로 기록합니다. 문제가 발생해도 바로 직전까지의 데이터는 파일에 기록되어 있습니다. 그러므로 데이터 손실을 전혀 허용되지 않는 경우에는 AOF를 사용해야 합니다.

하지만 AOF를 활성화하면 쓰기 성능이 저하될 수 있어서 AOF를 활성화할지의 여부에 따라 아키텍처 측면에서의 검토가 필요할 수 있습니다. 또한 레디스 서버를 시작할 때 파일 로딩에 시간이 걸릴 수 있으며 AOF 파일의 크기 증가로 인한 관리 문제도 있을 수 있습니다.

스냅숏과 AOF의 장단점은 다음과 같습니다.

- **스냅숏**
  - 장점
    - 특정 시점의 상태를 덤프하며 파일 크기가 작습니다.
    - 자식 프로세스의 포크 처리 시에만 성능에 영향을 미칩니다. 나머지 처리는 백그라운드에서 수행되어 성능에 미치는 영향이 작습니다.
    - AOF보다 빠르게 시작할 수 있습니다.
    - 레디스 5.0 이상에서는 LFU[Last Frequently Used] 또는 LRU[Least Recently Used] 정보를 포함하여 복원 직후부터 더 정확한 데이터를 관리할 수 있습니다.[13][14]
  - 단점
    - 문제가 발생하면 이전 스냅숏 이후의 데이터가 손실되므로 데이터 손실에 대한 내구성이 AOF에 비해 낮습니다.

- **AOF**
  - 장점
    - 데이터 내구성이 높습니다.
  - 단점
    - 트랜잭션 로그를 REDO 로그 형태로 기록하며, 실제 데이터를 기록하지 않기 때문에 같은 데이터 세트라도 AOF 파일 크기가 더 커질 수 있습니다(단, AOF 재작성 기능으로 크기를 줄일 수 있습니다).
    - 스냅숏보다 성능 저하에 미치는 영향이 더 큽니다(appendfsync 지시자의 정책에 따라 영향도 다릅니다).
    - 레디스 서버를 시작할 때 파일 로딩에 시간이 걸릴 수 있습니다.
    - 과거에 BRPOPLPUSH와 같이 차단을 포함하는 명령어에서 동일한 데이터 세트로 정확히 복원되지 않는 버그 사례가 존재합니다(스냅숏에는 없습니다).

---

13 https://raw.githubusercontent.com/antirez/redis/5.0/00-RELEASENOTES
14 레디스 5.0부터 스냅숏에 사용되는 RDB 파일에 LFU 및 LRU 정보가 포함되었습니다. RDB 파일에서 스냅숏을 복원한 후 사용되는 메모리 크기가 maxmemory를 초과할 경우, maxmemory-policy에서 설정한 값을 고려합니다. LFU/LRU를 사용하는 정책으로 설정한 경우, 스냅숏 생성 시 각 데이터의 LFU/LRU 상태를 유지하는 형태로 진행되어 스냅숏 생성 전 상태를 고려할 수 있게 되었습니다.

- ElastiCache 같은 관리형 서비스를 사용할 경우, AOF의 복원 효과가 없는 상황이 있을 수 있습니다. 인프라 장애가 발생하면 노드 교체가 이루어지는데, AOF 파일은 임시 저장소에 저장되므로 교체된 이후 노드에는 적용할 수 없습니다.

- (레디스 7.0 미만) AOF 재작성 중 쓰기 작업이 많이 발생하면 메모리 소비가 크게 증가합니다.

- (레디스 7.0 미만) AOF 재작성 중에 모든 쓰기 작업이 디스크에 두 번 기록되는 중복 처리가 발생합니다.

- (레디스 7.0 미만) 재작성 과정 중 발생하는 쓰기 작업을 마지막에 새로운 AOF 파일에 기록하고 fsync할 경우에는 작업이 멈출 수 있습니다.

데이터를 안전하게 보관하기 위해 스냅숏과 AOF를 동시에 활성화할 수도 있습니다. 스냅숏과 AOF가 함께 존재하는 경우에는 AOF가 먼저 적재됩니다. AOF가 데이터의 일관성을 더 잘 유지하기 때문입니다. 안티레즈는 AOF만 사용하는 것은 권장하지 않으며 AOF의 버그로 인한 데이터 손실을 방지하기 위해 두 가지를 모두 활성화하라고 권장하고 있습니다.

오픈소스 레디스는 기본적으로 스냅숏/AOF 혼합 형식이 활성화되어 있습니다. 레디스는 먼저 AOF 파일의 첫 다섯 글자를 확인합니다.[15] REDIS라는 문자열로 시작하는 경우 AOF 파일은 혼합 형식으로 간주합니다. 그 후 레디스 서버는 먼저 스냅숏을 읽고, 그다음에 AOF를 읽습니다.[16] 이 동작을 통해 데이터 손실 위험을 최소화하면서도 레디스 재시작 시간을 단축합니다.

또한 AOF를 활성화하지 않은 경우에는 AOF 파일에 명령이 추가되지 않으며, 혼합 형식으로도 설정할 수 없습니다. 스냅숏/AOF 혼합 형식은 aof-use-rdb-preamble 지시자로 설정할 수 있으며, 기본적으로 활성화(yes)되어 있습니다.[17]

AOF 활성화도 검토가 필요합니다. 유스케이스에 따라 다르지만, 기본적으로 스냅숏을 정기적으로 생성하는 것을 추천합니다. 스냅숏 생성 간의 데이터 손실이 우려되고, 지속성이 필요한 경우라면 백엔드 RDBMS의 데이터로 저장하는 방식으로 운영할 수도 있습니다. 저자는 스냅숏을 활성화해야 한다고 권장하며, 생성 빈도는 기본 설정을 사용하면 대부분 문제가

---

15 레디스 4.0 이후부터 이 방식으로 동작합니다.

16 https://raw.githubusercontent.com/antirez/redis/4.0/00-RELEASENOTES

17 레디스 5.0 이전에는 기본적으로 비활성화되어 있었습니다.

없다고 생각합니다. 추가로 비즈니스 요구에 따라 어느 정도로 데이터 손실을 줄이고 싶은 지, 스냅숏 생성 시 성능에 미치는 영향을 어느 정도로 허용하는지에 따라 빈도를 조정합니 다. 만약 성능 저하를 감수하더라도 데이터 손실 위험을 피하고 싶은 경우라면 AOF 활성화 와 빈도를 재검토합니다.[18] 캐시 서버로 사용하는 경우 데이터 지속성에 대해 RDBMS와의 병행 사용을 고려해야 합니다.

AWS에서는 MemoryDB[19]라는 서비스를 제공합니다(10.1절 칼럼 참조). MemoryDB는 멀티 AZ$^{Multi-AZ}$[20]에서 지속성 있는 레디스 호환 인메모리 데이터베이스로, 캐시 용도뿐만 아 니라 주 데이터베이스로 사용할 수 있습니다. 또한 마이크로 초 단위로 읽기 작업을, 밀리 초 단위로 쓰기 작업을 수행하면서 데이터의 내구성을 제공하는 서비스입니다. AOF의 문제점 과 데이터 내구성이 염려되는 경우에 사용을 고려해 볼 가치가 있습니다.

5.1.4 데이터 삭제 패턴

레디스는 데이터 영속화 기능이 있지만, 데이터가 메모리에만 저장된 상태에서는 예기치 않 게 데이터가 삭제될 가능성이 있습니다. 실제로 레디스를 운용하면서도 레디스에서 데이터 가 사라진 원인을 모르는 경우를 종종 보게 되는데, 이 현상이 장애 때문인지 아니면 의도하 지 않은 조작 때문인지 원인을 파악하고 있어야 합니다. 즉, 레디스의 내구성을 고려하면서 도 내부적으로 어떻게 데이터를 삭제하는지도 알아둘 필요가 있습니다. 원인을 특정한 후에 는 왜 그런 상황이 발생했는지를 이해해서 문제가 발생한 이후뿐만 아니라 사전에 충분히 검 토하고 예방하는 것이 중요합니다.

---

18 관리형 서비스에서는 AOF 사용을 권장하지 않는 경우가 있습니다. ElastiCache에서는 기본적으로 AOF가 비활성화되어 있으며, 2.8.22 버전 이전에서만 사용할 수 있습니다. 또한 AOF를 사용할 수 없는 서비스도 존재하며, 관리형 서비스에서 AOF를 활성화한 경 우라도 노드 장애로 인한 노드 교체 등이 발생하면 복원이 불가능할 수 있습니다. 그렇기 때문에 데이터의 영속성을 고려한다면 스냅숏 을 생성해두는 것을 추천합니다. 경우에 따라 다르지만, 기본적으로는 AOF 대신 정기적인 스냅숏 생성 방식을 권장합니다. 스냅숏 생성 시 성능에 미치는 영향도 고려한다면, 레플리케이션 구성 후 레플리카에서 스냅숏을 생성하는 것도 생각해볼 수 있습니다. 마지막으로 영속화를 위해 RDBMS 같은 백엔드 데이터베이스를 함께 사용하고, 데이터 손실이 발생했을 때 백엔드 데이터베이스에서 복원할 수 있도록 설계하는 것이 좋습니다.

19 정식 명칭은 Amazon Memory DB for Redis지만, 이 책에서는 MemoryDB로 표기합니다.

20 역자주_리전 하나에 여러 데이터 센터가 포진하는 것을 말합니다.

다음은 데이터가 손실될 수 있는 몇 가지 상황을 소개합니다.

- **엔진 재시작**
- **레디스 서버 전체 장애**
- **명령어 실행**
  - DEL/HDEL/XDEL 명령어
  - FLUSHALL/FLUSHDB 명령어
  - UNLINK 명령어
- **TTL 만료**
  - EXPIRE/EXPIREAT/PEXPIRE/PEXPIREAT 명령어
  - SET 명령어의 EX 옵션
- **강제 제거**
- **비동기 레플리케이션**
- **레디스 클러스터의 네트워크 단절**
- **기타**
  - 키 이름 재설정(RENAME 명령어로 이름을 변경한 후 예전 키 이름을 지정하는 경우)
  - 잘못된 데이터베이스 선택(이 장의 칼럼 중 '데이터베이스' 참조)
  - 데이터가 아예 삽입되지 않은 경우

메모리에만 존재하는 데이터는 엔진을 재시작하면 사라집니다. 레디스 레플리케이션 구성 상태에서 마스터를 재시작할 때 비어 있는 마스터의 데이터를 레플리카에 복제하며, 이 과정에서 전체 캐시 노드가 비워질 수 있습니다. 이런 이유로 관리형 서비스에서는 설정에 따라 엔진 재시작을 제한하는 경우도 있습니다.

마스터와 레플리카 전체에서 동시에 장애가 발생하는 경우는 드물지만, 이 경우에도 데이터 손실 가능성이 있습니다. 또한 의도치 않게 삭제 명령이 실행돼서 데이터가 사라질 수도 있습니다. INFO Commandstats를 실행하면 과거에 실행된 명령의 통계를 확인할 수 있으므로

참고하기 바랍니다.[21]

또 다른 경우는 키가 만료되어 데이터가 삭제되는 경우입니다. EXPIRE 명령어나 SET 명령어의 EX 옵션 등으로 키에 TTL을 설정할 수 있습니다. INFO Stats 명령어의 expired_로 시작하는 항목을 통해 만료된 키 상태를 확인할 수 있으며, INFO Commandstats 명령어의 데이터베이스별 avg_ttl 값으로 TTL의 평균값을 확인하여 키에 설정된 TTL을 대략적으로 참고할수 있습니다. TTL이 만료된 후 데이터가 어떻게 처리되는지는 9.2.1절을 참조하세요.

데이터 사용량이 maxmemory를 초과하고 maxmemory-policy 지시자의 값이 noeviction 이외로 설정된 경우, 데이터 제거가 이루어집니다. INFO Stats 명령의 evicted_keys 항목으로 제거 상황을 확인할 수 있습니다.

레디스의 레플리케이션은 비동기 형태를 취합니다. 따라서 아직 레플리카까지 데이터가 반영되지 않은 상태에서 서버 강제 중단 등으로 마스터가 다운되면 데이터 손실이 발생할 수 있습니다.

레디스 클러스터에서 네트워크 단절 장애가 영향을 미칠 수도 있습니다. 하나의 클러스터가 네트워크 단절로 인해 두 개로 나뉘었다고 가정합니다. 레디스 클러스터는 과반수의 마스터가 작동하는 것을 전제로 합니다. 그렇지 않은 클러스터의 데이터는 손실될 수 있습니다 (8.1.3절 참조).

키 이름 변경, 조작 실수나 레디스 데이터베이스 선택 오류를 감지하기 위해 키 공간 알림 기능이나 MONITOR 명령어를 사용해 레디스 서버 내의 작업 상태를 모니터링할 수 있습니다.

클라우드나 관리형 서비스를 사용하는 경우에는 추가로 고려해야 할 점도 있습니다. 예를 들어, ElastiCache는 다음과 같은 패턴으로 데이터를 최대한 보존합니다. 계획된 작업인 경우 사전에 대응할 수 있지만, 데이터 삭제가 우려된다면 백업하는 것이 좋습니다.

---

21 ElastiCache를 사용하는 경우, 각 명령어의 실행 경향을 나타내는 메트릭스가 제공되지만, FLUSHALL/FLUSHDB, SCAN 계열 명령어는 키의 실행 횟수를 나타내는 메트릭스에 반영되지 않기 때문에 주의해야 합니다. 따라서 INFO Commandstats 명령어를 통해 확인할 필요가 있습니다.

- 장애 자동 복구에 따른 캐시 노드 교체

- 엔진 버전 업그레이드 과정

- 스케일업 과정(캐시 노드 타입 변경)

- 장애 조치 시 동기화

데이터 삭제 패턴을 살펴본 후 어떤 작업이나 메커니즘으로 인해 삭제되었는지 원인을 파악하고 왜 그런 상황이 발생했는지 고민해야 합니다. 여러 원인이 있지만 주로 다음과 같은 상황에서 발생합니다.

- 캐시 노드 및 스토리지 고장과 같은 장애

- 유지보수 등 인위적 조작 또는 시스템에 의한 기계적 처리

- 운영 실수 등 의도치 않은 인위적 조작

- 애플리케이션 버그

캐시 노드나 스토리지의 고장 같은 장애가 발생했을 때, 캐시 서버로 사용하는 경우를 생각해 봅니다. 이 경우, 장애가 발생한 동안에는 백엔드 RDBMS에서 원본 데이터를 가져오는 방식으로 애플리케이션을 구현할 수 있습니다. RDBMS에서 증가하는 부하로 인한 영향도 따로 고려할 필요는 없지만, 대부분 지연 시간의 증가 정도에 그칩니다.

관리형 서비스를 사용하는 경우, 캐시 노드에서 장애가 발생하면 자동으로 노드가 교체되므로 재시도 처리 등 대처를 할 수 있습니다. 하지만 영속성을 전제로 하여 사용하는 경우 이러한 대처만으론 충분하지 않을 수 있습니다. 5.2.4절에서 더 자세히 설명하겠지만, 그런 요구 사항이 필요한 경우라면 레디스를 꼭 사용해야 하는지 검토할 필요가 있습니다.

현업에서 중요한 데이터를 일부 레디스 서버에 올려두는 경우도 있을 수 있습니다. 데이터 저장소로 사용할 경우의 위험성을 감안하고 레디스를 사용하기로 결정했다면, 레디스 층Layer 만으로는 보장되지 않는 부분을 다른 방법으로 커버할 수 있도록 사전에 대처 방안을 마련해야 합니다. 사용 환경에 따라 하드웨어, 운영체제, 레디스 등 각 계층에서 어떤 대응을 할 수 있는지 사전에 조사해야 합니다.

가령, RDB 파일의 백업을 복사해두고 복원할 수 있다면 캐시 노드나 하드웨어 레벨에서 문

제가 발생해도 데이터를 복구할 수 있습니다. 반대로 백업 및 복원 준비가 되어 있지 않다면 데이터 복구가 어려울 수 있습니다.

유지보수 관련 대응은 대부분 예측할 수 있지만 만약 예측할 수 없는 경우에는 내부 부서 간의 조정을 통해 연락 체계를 구축해야 합니다. 관리형 서비스인 경우, 실행 시간을 설정하거나 이메일 등으로 알림을 받을 수도 있고 알림을 인지할 수 있도록 하는 것이 중요합니다(10장 참조). 구체적인 방법은 유지보수 내용에 따라 크게 달라질 수 있으므로 그때마다 내용을 미리 파악해야 합니다.

예를 들어, 운영 실수에 의한 데이터 소실을 방지하기 위해 필요 이상의 권한을 부여하지 않도록 하는 방법 등을 생각해볼 수 있습니다. 레디스 기능 중에는 레디스 6 이후부터 사용 가능한 ACL(5.6.2절 참조)을 통해 사용자별로 어떤 명령을 실행하거나 조작하는 키의 범위를 제어할 수 있는 기능이 있습니다. 이를 통해 관계자가 아닌 사람이 잘못하여 데이터를 삭제하는 것을 사전에 방지할 수 있습니다. 또한 rename-command 명령어를 사용하여 명령어 이름을 변경하고 의도하지 않은 조작을 피하는 방법도 있습니다(5.6절 참조).

하지만 사람이 조작하는 것이기 때문에 허용된 범위 내에서도 실수가 발생할 수 있습니다. 이런 경우를 대비해 스냅숏 기능이나 AOF를 일정한 주기로 생성해 백업을 자주하는 것이 좋습니다. 이를 통해 서비스에 큰 영향이 가지 않도록 5.1.1절이나 5.1.2절 내용을 숙지하기 바랍니다.

레디스를 사용하는 애플리케이션의 버그로 인해 데이터가 의도치 않게 삭제되거나 업데이트되는 경우도 있습니다. 이런 경우에도 운영 실수와 마찬가지로 일정한 빈도로 백업을 하는 것이 중요합니다.

레디스 7.0 이후부터는 AOF를 통해 PITR^Point In Time Recovery 기능을 사용할 수 있습니다.[22] 이 기능을 사용하면 특정 시점으로 데이터를 복원할 수 있어 복구 대응이 더 쉬워지고 유연해집니다. aof-timestamp-enabled 명령어로 활성화할 수 있지만 AOF 파일의 포맷이 변경되어 기존 AOF 파서와의 호환성 문제가 발생할 수 있으므로 기본적으로는 비활성화되어 있습니

---

22 https://github.com/redis/redis/pull/9326

다. redis-check-aof 명령어의 --truncate-to-timestamp 옵션을 사용하여 타임스탬프를 지정할 수 있습니다.

PITR을 사용할 수 없는 환경에서는 일정 빈도로 백업한 스냅숏이나 AOF에서 복원해야 합니다. 캐시 서버로만 사용하는 경우에는 일시적인 지연 증가만으로 복원하거나 데이터를 다시 계산하여 복원할 수도 있습니다. 업무 요구사항과 레디스의 사용 방법에 따라 적절한 대응 방안을 고려하는 것이 중요합니다.

COLUMN RDB 파일 형식

레디스는 메모리 내의 데이터 스냅숏에 RDB 파일을 사용합니다. RDB 파일은 이진 형식의 포맷으로, 예를 들면 다음과 같은 내용이 됩니다.

```
$ hexdump -C dump.rdb
00000000 52 45 44 49 53 30 30 31 30 fa 09 72 65 64 69 73  |REDIS0010..redis|
00000010 2d 76 65 72 05 37 2e 30 2e 34 fa 0a 72 65 64 69  |-ver.7.0.4..redi|
00000020 73 2d 62 69 74 73 c0 40 fa 05 63 74 69 6d 65 c2  |s-bits.@..ctime.|
00000030 4d 67 0c 63 fa 08 75 73 65 64 2d 6d 65 6d c2 b8  |Mg.c..used-mem..|
00000040 d9 0f 00 fa 08 61 6f 66 2d 62 61 73 65 c0 00 fe  |.....aof-base...|
00000050 00 fb 02 00 12 06 6d 79 6c 69 73 74 01 02 15 15  |......mylist....|
00000060 00 00 00 02 00 85 6c 66 6f 6f 33 06 85 6c 66 6f  |......lfoo3..lfo|
00000070 6f 32 06 ff 00 03 66 6f 6f 03 62 61 72 fe 01 fb  |o2....foo.bar...|
00000080 03 01 02 05 6d 79 73 65 74 03 07 6d 65 6d 62 65  |....myset..membe|
00000090 72 31 07 6d 65 6d 62 65 72 32 07 6d 65 6d 62 65  |r1.member2.membe|
000000a0 72 33 10 06 6d 79 68 61 73 68 c3 31 40 47 13 47  |r3..myhash.1@G.G|
000000b0 00 00 00 08 00 86 66 69 65 6c 64 31 07 86 76 61  |......field1..va|
000000c0 6c 75 65 20 07 60 0f 00 32 a0 0f 20 07 60 0f 00  |lue .`.2.. `.|
000000d0 33 a0 0f 20 07 60 0f 00 34 a0 0f 02 34 07 ff fc  |3.. `.4..4..|
000000e0 06 aa 74 e8 82 01 00 00 00 04 66 6f 6f 31 04 62  |..t.......foo1.b|
000000f0 61 7a 31 ff e0 8b 19 48 8a 23 ea e2              |az1....H.#..|
000000fc
```

redis-check-rdb 도구를 사용해서 이진 형식 포맷을 해석할 수 있습니다.

```
$ redis-check-rdb dump.rdb
[offset 0] Checking RDB file dump.rdb
[offset 26] AUX FIELD redis-ver = '7.0.4'
[offset 40] AUX FIELD redis-bits = '64'
[offset 52] AUX FIELD ctime = '1661757261'
[offset 67] AUX FIELD used-mem = '1038776'
[offset 79] AUX FIELD aof-base = '0'
[offset 81] Selecting DB ID 0
[offset 127] Selecting DB ID 1
[offset 252] Checksum OK
[offset 252] \o/ RDB looks OK! \o/
[info] 5 keys read
[info] 1 expires
[info] 0 already expired
```

위 RDB 파일은 아래 작업을 통해 작성한 것입니다.

```
127.0.0.1:6379> SET foo bar
OK
127.0.0.1:6379> LPUSH mylist lfoo2 lfoo3
(integer) 2
127.0.0.1:6379> SELECT 1
OK
127.0.0.1:6379[1]> SET foo1 baz1 EX 100
OK
127.0.0.1:6379[1]> HMSET myhash field1 value1 field2 value2 field3 value3
field4 value4
OK
127.0.0.1:6379[1]> SADD myset member1 member2 member3
(integer) 3
127.0.0.1:6379[1]> SAVE
OK
```

앞서 확인한 RDB 파일은 아래 내용으로 구성되어 있습니다.[23][24]

그림 5-1 RDB 파일 내용

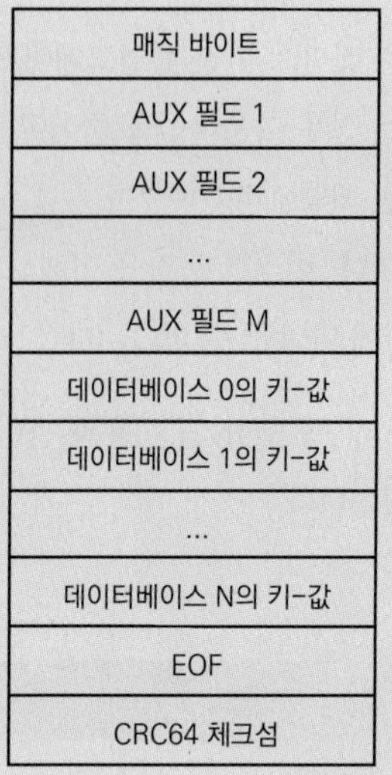

매직 바이트
AUX 필드 1
AUX 필드 2
...
AUX 필드 M
데이터베이스 0의 키-값
데이터베이스 1의 키-값
...
데이터베이스 N의 키-값
EOF
CRC64 체크섬

RDB 파일은 매직 바이트로 시작하며, REDIS + <RDB 버전>으로 구성됩니다. 예를 들어, REDIS0010은 버전 10을 사용하고 있음을 의미합니다.[25] RDB의 버전은 RDB 파일을 덤프하여 확인할 수 있지만, 매번 이 방식으로 확인하는 것은 번거로울 수 있습니다. 레디스의 소스코드 내 rdb.h 파일에 있는 RDB_VERSION 상수를 통해서도 RDB 버전을 확인할 수 있습니다.[26] 레디스의 각 버전은 하나의 RDB 버전과 대응됩니다.

또한 RDB 버전은 레플리케이션을 수행할 수 있는 마스터와 레플리카 간의 엔진 버전 차이에 영향을 미칩니다. RDB 버전이 같으면 기본적으로 마스터와 레플리카의 엔진 버전이 달라도 레플리케이션이 가능하지만 레디스 3.2.1 이전 버전에서는 다른 RDB 버전을 사용하는 레디스 간에는 버전 호환성이 없었습니다. 그러나 그 이후의 버전에서는 더 오래된 RDB 버전이라도 복원할 수 있도록 개선되었습니다.[27]

---

23 https://redis.io/docs/reference/internals/rdd/

24 https://github.com/sripathikrishnan/redis-rdb-tools/wiki/Redis-RDB-Dump-File-Format

25 https://github.com/sripathikrishnan/redis-rdb-tools/blob/master/docs/RDB_Version_History.textile

26 https://github.com/redis/redis/blob/7.0.4/src/rdb.h#L39-L41

27 https://raw.githubusercontent.com/antirez/redis/3.2/00-RELEASENOTES

따라서 레플리카가 레디스 3.2.1 이후 버전이라면, 마스터의 RDB 버전이 레플리카의 RDB 버전보다 오래되었더라도 호환성이 있어 레플리케이션이 가능합니다. 즉, 3.2.1 버전을 기준으로 오래된 버전의 캐시 노드의 레플리케이션 가능 여부가 구분됩니다.

이와 같은 RDB 버전 간의 동작은 레디스 버전을 업그레이드할 때 활용할 수 있습니다. 레디스 엔진의 버전을 업그레이드하는 경우 다운타임을 줄이고 싶을 때, 레플리케이션 구성에서 레플리카를 먼저 업그레이드한 후 페일오버Filover[28]를 수행하고, 그 후에 새 마스터를 업그레이드하는 방법을 생각할 수 있습니다. 이러한 동작을 이해하고 있으면, 페일오버 전후에 시스템이 정상적으로 작동하는지 사전에 파악할 수 있습니다.

AUX 필드에는 RDB의 메타데이터, 즉 RDB의 내용과 관련된 여러 정보가 포함되어 있습니다. 현재는 다음과 같은 유형이 있습니다.

표 5-1 RDB의 메타데이터 정보

메타데이터	설명
redis-ver	레디스 버전이다.
redis-bits	레디스가 실행 중인 호스트의 아키텍처다.
ctime	RDB 파일이 생성된 유닉스 시간이다.
used-mem	메모리 사용량이다.
repl-stream-db	레플리케이션 시 선택한 데이터베이스 번호다.
repl-id	마스터 레플리케이션 ID다.
repl-offset	마스터 레플리케이션 오프셋이다.
aof-base	멀티 패드 AOF 사용 여부[29]를 결정한다.
lua	재시작 후 부분 동기화 시 레플리카에서 마스터가 보낸 레플리케이션 백로그 안에서 스크립트 캐시를 사용하여 EVALSHA 명령을 처리한다.

각 항목 앞에는 opcode로 FA 바이트가 사용되며, 필드 이름과 그 값이 뒤에 옵니다. 그 다음에는 데이터베이스별로 키와 값의 쌍 정보가 뒤에 옵니다. 각 데이터베이스 정보의 시작 부분

---

28 역자주_컴퓨터 서버, 시스템, 네트워크 등에서 이상이 생겼을 때 예비 시스템으로 자동전환되는 기능입니다. 통상 장애 극복 기능으로도 해석합니다.

29 레디스 7.0 이전에는 aof-preamble이라는 항목이 사용되어, AOF와 RDB를 합친 형식을 사용할지 여부를 표시했습니다. https://github.com/redis/redis/pull/10283

에는 opcode로 FE 바이트가 사용되고, 이어서 데이터베이스 번호가 옵니다. 이 예시로는 fe 00이나 fe 01로 되어 있는 부분을 확인할 수 있습니다. 이는 그 이후의 데이터베이스 0번과 1번의 정보가 각각 이어진다는 것을 의미합니다.

다음으로, opcode로 FB 바이트가 사용되며, 해당 데이터베이스 내의 키 개수와 TTL이 설정된 키 개수가 차례로 표시됩니다. 이 예시로는 데이터베이스 0에서 fb 02 00, 데이터베이스 1에서 fb 03 01로 되어 있습니다. 각각 데이터베이스 0에서는 키가 두 개이고 TTL이 설정된 키가 0개, 데이터베이스 1에서는 키가 세 개이고 TTL이 설정된 키가 한 개임을 나타냅니다.

그 후에 실제 데이터 세트의 데이터가 이어집니다. 각 키와 값의 쌍 앞에 FD 바이트가 opcode로 사용되는 경우, 만료 시간이 초 단위로 저장됩니다. FC 바이트가 사용되는 경우, 만료 시간이 밀리 초 단위로 저장됩니다. 키와 값의 쌍 앞에 opcode가 없는 경우는 만료 시간이 설정되지 않았다는 것을 의미합니다. 그 후에는 값의 타입, 레디스의 문자열 인코딩된 키, 값의 타입에 따라 인코딩된 값이 이어집니다.

값의 유형은 다음과 같습니다.

1. String형 인코딩
2. List형 인코딩
3. Set형 인코딩
4. Sorted Set형 인코딩
5. Hash형 인코딩
6. Sorted Set형의 버전(정밀도 부동소수점 수를 이진 형식으로 저장한다.)
7. 모듈
8. 모듈 버전 2
9. zipmap형 인코딩
10. zipList형 인코딩의 List형
11. intSet형 인코딩
12. ziplist 인코딩의 Sorted Set형
13. ziplist 인코딩의 Hash형
14. quicklist 인코딩의 List형
15. listpack 인코딩의 레디스 스트림

16. listpack 인코딩의 Hash형

17. listpack 인코딩의 Sorted Set형

18. quicklist 인코딩의 List형 버전 2

19. listpack 인코딩의 레디스 스트림 버전 2

문자열 인코딩에는 다음과 같은 유형이 있습니다.

- 길이 접두사가 있는 문자열
- 8, 16, 32비트 정수
- LZF 압축 문자열

길이 인코딩 시, 1바이트를 읽을 때 첫 2비트가 11로 시작하고, 그 다음 정수가 0, 1, 2 중 하나이면 뒤에 각각 8, 16, 32비트 정수가 옵니다. 첫 2비트가 11로 시작하고, 나머지 6비트가 4이면 LZF 압축 문자열입니다. 첫 2비트가 00인 경우 나머지 6비트가 길이를 나타내고, 01인 경우 추가로 1바이트를 읽어 14비트가 길이를 나타냅니다. 01인 경우 나머지 6비트는 무시되고, 추가적인 4바이트를 읽어 그 4바이트가 길이를 나타냅니다. 이후 데이터 유형에 따라 인코딩된 값이 이어집니다.

데이터 세트의 정보가 끝나면, EOF를 나타내는 FF 바이트가 사용됩니다. 마지막으로, RDB의 체크섬 기능이 활성화되어 있으면 8바이트 CRC64 체크섬이 부여됩니다. 이 예시에서는 e0 8b 19 48 8a 23 ea e2 부분이 해당합니다.

5.2 캐시 서버로서 레디스 아키텍처

레디스 용도는 크게 두 가지로 나뉩니다. 데이터가 사라져도 상관없는 캐시 서버로 사용하는 경우와 데이터를 영구적으로 저장하는 데이터 저장소로 사용하는 경우입니다. 이 절에서는 레디스를 캐시 서버로 사용하는 경우의 캐시 전략에 대해 설명합니다.[30] 캐시 전략은 몇 가지 패턴이 있으며, 이 패턴에 따라 레디스를 어떤 아키텍처로 사용할 것인지를 결정합니다.

---

[30] https://docs.aws.amazon.com/AmazonElastiCache/latest/red-ug/Strategies.html

실제 환경에서 다양한 상황이 발생할 수 있지만, 여기서는 읽기 작업과 쓰기 작업 관점으로 분류하여 설명합니다. 두 관점을 조합한 아키텍처도 고려할 수 있습니다. 먼저 레디스를 다루는 데 있어 최소한 지연 로딩^{Lazy Loading/Cache-Aside} 패턴과 Write-Through 패턴을 숙지하고 있어야 합니다.

5.2.1 읽기 관점 아키텍처

읽기 관점 아키텍처에는 두 가지 패턴이 있습니다.

- 지연 로딩(Lazy Loading/Cache-Aside) 패턴
- Read-Through 패턴

지연 로딩 패턴

지연 로딩 패턴은 데이터를 읽어오는 관점에서 접근한 아키텍처입니다. 원본 데이터는 MySQL과 같은 RDBMS에 저장하고, 레디스는 그 앞단에 배치하는 형태로 사용합니다. 애플리케이션은 다음과 같은 흐름으로 처리합니다.

1. **애플리케이션은 레디스에 데이터를 요청합니다.**
2. **요청된 데이터가 레디스 서버에 존재하는지, 유효 기간 내인지에 따라 처리 내용을 분기합니다.**
   - 2-1. 요청된 데이터가 레디스 서버에 존재하고 유효 기간 내에 있는 경우라면 레디스에서 애플리케이션 으로 응답합니다.
   - 2-2. 요청된 데이터가 레디스 서버에 존재하지 않거나, 존재하더라도 유효 기간이 지난 경우라면 다음 과 같이 응답합니다.
     - 2-2-1. 애플리케이션은 백엔드 데이터베이스에서 데이터를 가져옵니다.
     - 2-2-2. 애플리케이션은 가져온 데이터를 레디스의 캐시에 업데이트합니다.

그림 5-2 지연 로딩 패턴

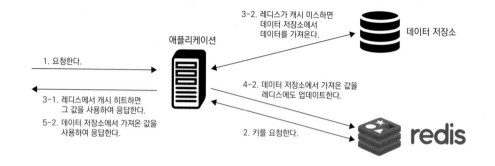

이 아키텍처의 주요 장단점은 다음과 같습니다.

- **장점**
  - □ 레디스 캐시 노드 장애 시 다운타임을 줄일 수 있으며, 백엔드로의 데이터 접근에 수반되는 지연 시간의 영향을 최소화할 수 있습니다.
  - □ 요청된 데이터만 캐시에 저장하므로, 사용하지 않는 데이터를 캐시로 사용하는 공간이 작습니다.

- **단점**
  - □ 가져온 데이터가 오래되었을 수 있습니다.
  - □ 캐시 미스 시 오버헤드가 큽니다.

물론 애플리케이션을 어떻게 구현하느냐에 따라 장단점은 달라질 수 있습니다.

Read-Through 패턴

Read-Through 패턴에 대해서도 간단히 소개하자면, Read-Through 패턴은 지연 읽기 패턴의 변형과 같은 아키텍처입니다.

Read-Through 패턴 역시 지연 읽기 패턴과 같이, 레디스에 데이터를 요청하고 캐시 미스가 발생했을 때 데이터베이스에서 캐시로 데이터를 읽어오는 방식을 사용합니다. 지연 읽기 패턴과 가장 큰 차이점은 데이터베이스에서 데이터를 읽어오는 작업을 애플리케이션에서 직접 처리할 필요가 없다는 점입니다. 대신에 라이브러리 등을 사용하여 데이터베이스에서 레디스로 데이터를 읽어오는 과정을 처리해야 합니다.

레디스의 내장 기능으로는 제공되지 않으므로, 서드파티 소프트웨어나 모듈 등을 통해 이러한 기능이 가능한지 확인할 필요가 있습니다.

5.2.2 쓰기 관점 아키텍처

쓰기 관점 아키텍처로는 다음 세 가지 패턴을 소개합니다.

- Write-Through 패턴
- Write-Back 패턴
- Write-Around 패턴

Write-Through 패턴

Write-Through 패턴은 데이터 쓰기 작업을 할 때의 관점에서 접근한 아키텍처입니다. 이 패턴에서 애플리케이션은 다음과 같은 흐름으로 처리합니다.

1. 애플리케이션은 데이터베이스에 데이터를 저장합니다.
2. 애플리케이션은 1번과 같은 데이터를 레디스 서버에도 저장합니다.

그림 5-3 Write-Through 패턴

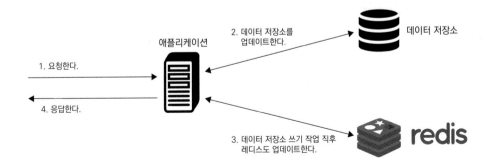

이 아키텍처의 주요 장점과 단점은 다음과 같습니다.

- **장점**
  - 레디스 서버 내의 캐시 데이터가 항상 최신 상태를 유지합니다.
  - 읽기 작업 시 오버헤드가 적습니다.

- **단점**
  - 사용하지 않는 캐시 데이터 생성 가능성이 있습니다.
  - 쓰기 작업 시 데이터베이스와 캐시에 모두 쓰기를 해야 하므로 오버헤드가 큽니다.

Write-Through 패턴은 데이터의 읽기 작업보다 쓰기 작업 때 지연 시간이 다소 증가해도 괜찮은 경우에 효과적인 방법입니다. 하지만 데이터베이스가 변경될 때마다 레디스 서버에 쓰기 작업을 수행하기 때문에 사용하지 않는 데이터가 레디스에 저장될 수 있습니다.

새로 시작하거나 캐시 노드에 장애가 발생해서 새로운 캐시 노드를 추가한 경우에는 캐시에 데이터가 존재하지 않게 됩니다. 이와 유사한 패턴으로, 데이터베이스에 저장된 데이터를 레디스의 메모리에 복사해두는 아키텍처도 생각할 수 있습니다. 이 경우, 데이터베이스와 레디스 서버에 쓰기 작업을 동시에 수행하므로 데이터 세트 전체가 최신 상태를 유지합니다.

Write-Back 패턴

Write-Back 패턴은 캐시에 저장 후, 일정 시간이 지연되면 데이터베이스를 비동기 방식으로 주기적인 업데이트를 하는 방식입니다. 데이터베이스가 RDBMS인 경우, 데이터를 영구적으로 저장하는 시점에 정규화하여 테이블에 저장합니다.

그림 5-4 Write-Back 패턴

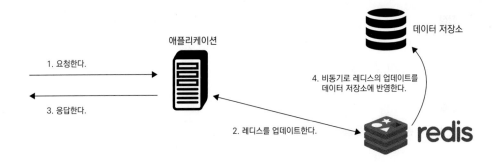

Write-Back 패턴은 지연 읽기나 Write-Through 패턴과 같은 아키텍처에서 쓰기/읽기 작업 시 발생하는 오버헤드를 줄일 수 있어 쓰기 작업을 빠르게 처리할 수 있습니다. 하지만 그 사이, 레디스에 문제가 발생하는 경우에는 데이터 손실 위험이 있기 때문에 애플리케이션의 특성, 데이터의 특성, 복구 방법 등을 사전에 충분히 검토해야 합니다. 즉, Write-Back 패턴은 성능을 우선하지만 데이터 손실이 발생하는 상황을 가정해도 큰 문제없는 최악의 경우에 고려하는 패턴입니다. 복구할 때는 사전에 계획적으로 생성한 스냅숏으로 데이터를 복원합니다. 스냅숏 생성 이후에 저장된 데이터는 AOF를 사용하여 디스크에 플러시하지 않은 경우에는 손실을 감수해야 할 수도 있습니다.

Write-Back 패턴의 변형으로 마이그레이션Migration 패턴도 있습니다. 예를 들어, 이벤트 등의 이유로 일시적으로 많은 요청이 발생하는 기간에는 레디스에 데이터를 저장하고, 이벤트 종료 후 등의 특정 시점에 백엔드 데이터베이스에 영속화합니다. 이 경우에도 장점과 단점은 비슷합니다. 아키텍처가 단순해질 수 있지만, 데이터 손실 위험이 그만큼 커질 수 있습니다.

이러한 패턴들은 캐시와 데이터베이스 간의 데이터 일관성을 어떻게 유지할지도 미리 고려해야 합니다. 예를 들어, RDBMS 등의 데이터베이스에는 영속화된 데이터와 영속화 이전에 캐시 노드에 장애가 발생하여 소실된 데이터가 공존할 수 있습니다. 만약 이 두 데이터를 동시에 처리하게 되면 일관성 문제가 발생하게 됩니다. 따라서 캐시 서버에 언제든지 장애가 발생할 수 있다는 것을 염두에 두고, 그러한 상황이 발생해도 문제가 없도록 사전에 계획을 세워야 합니다.

이 아키텍처의 주요 장점과 단점은 다음과 같습니다.

- **장점**
  - □ 레디스 서버 내의 캐시 데이터가 항상 최신 상태를 유지할 수 있습니다.
  - □ 쓰기 작업을 빠르게 처리할 수 있습니다.

- **단점**
  - □ 데이터 손실 위험이 높습니다.

Write-Around 패턴

Write-Around 패턴은 데이터를 직접 데이터베이스에 저장하는 방식입니다. AWS DMS[31]와 같은 CDC$^{\text{Change Data Capture}}$ 기능을 사용하여 데이터베이스에서 레디스로 변경 내용을 레플리케이션하고, 레디스에서 직접 데이터를 읽어올 수도 있습니다.[32][33]

그림 5-5 Write-Around 패턴

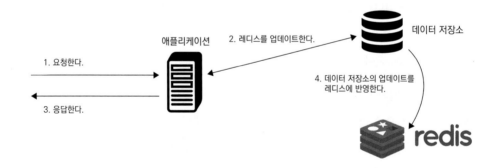

이 아키텍처의 주요 장점과 단점은 다음과 같습니다.

- **장점:** 데이터 손실 위험이 낮습니다.
- **단점:** 구현 방법과 읽기 관점의 아키텍처에 따라 달라질 수 있습니다.

---

31 정식 명칭은 AWS Database Migration Service입니다. 이 책에서는 AWS DMS로 사용합니다.

32 https://docs.aws.amazon.com/ko_kr/dms/latest/userguide/CHAP_Target.Redis.html

33 https://aws.amazon.com/blogs/database/replicate-your-data-from-amazon-aurora-mysql-to-amazon-elasticache-for-redis-using-aws-dms

5.2.3 아키텍처 안티 패턴

실제 사례 중에 레디스 캐시 노드의 다운으로 애플리케이션을 사용할 수 없는 경우가 있습니다. 만약 이런 상황이 발생한다면 아키텍처를 제대로 설계했는지 검토할 필요가 있습니다. 애플리케이션과 데이터의 특성, 요구사항 등을 다시 확인하고, 재시도 처리 등 애플리케이션의 구현이나 아키텍처도 재검토해야 합니다.

지연 로딩 아키텍처에서 캐시 노드가 다운된 경우에 미치는 영향도 사전에 고려해야 하는 대상입니다. 백엔드 데이터베이스에서 데이터를 가져옴으로써 애플리케이션의 다운타임을 최소화하고 지연 시간만으로 문제를 해결할 수 있는지 확인하는 것이 좋습니다. 레디스의 부하로 인해 데이터베이스의 문제가 발생하거나 데이터베이스 클라이언트 측의 설정 등으로 인한 타임아웃에도 주의해야 합니다.

5.2.4 데이터 저장소로서의 레디스 아키텍처

애플리케이션 또는 데이터의 특성에 따라 레디스의 고유 기능을 사용하여 관계형 데이터베이스에서 구현하기 어려운 상황이나 작은 데이터의 빈번한 쓰기 작업이 필요한 경우가 있을 수 있습니다. 이러한 경우, 레디스를 데이터 저장소로 사용하면서 목적에 따라 관계형 데이터베이스와 병행하여 사용하는 것도 고려해볼 수 있습니다. 각기 다른 시스템의 장점과 단점을 활용하여 적절하게 분리하고 사용할 수 있습니다.

그러나 레디스를 데이터 저장소로 사용할 때는 주의해야 할 사항이 많으며, 사용하기 전에 이러한 문제를 해결할 수 있는지 사전에 신중하게 고려해야 합니다. 주의사항은 다음과 같습니다.

- 사용하는 레디스의 기능이 데이터 저장소로서의 요구사항을 충족하는지를 확인해야 합니다.
- 문제 발생 시 복구 방법을 확인해야 합니다.
- 다른 관계형 데이터베이스 등과 결합하여 사용할 경우 롤백 발생 시 데이터의 일관성 측면에서 애플리케이션 구현에 문제가 없는지의 여부를 고려해야 합니다.
- 레디스의 레플리케이션 기능이나 스냅숏 생성을 사전에 준비합니다.

캐시 서버와 데이터 저장소의 역할이 다른데도 하나의 캐시 노드로 해결하려고 한다면 관리가 복잡해집니다. 비용 측면의 요구사항에 따라 다르겠지만, 리소스를 추가하고 목적별로 캐시 노드를 분리하는 것이 적절합니다.

레디스는 단독 데이터 저장소로서도 상당한 성능을 갖추고 있습니다. 그러나 유일한 데이터 저장소로 사용할 경우에는 적절한 유스케이스인지 신중하게 확인해야 합니다. 레디스는 영속성 등의 트레이드오프가 있습니다. 레디스의 데이터 유형이나 기능을 반드시 사용해야 하는 상황을 제외하고는 RDBMS가 적합한 경우가 많습니다. 실제로 안티레즈도 기존 데이터베이스에서 전환할 필요가 없다고 생각하고 있으며, 레디스를 점진적으로 도입하고 새 기능 제작부터 시작하는 것을 권장하고 있습니다.[34]

AWS에서는 레디스 관련 서비스로 ElastiCache를 제공하고 있으며 이 외에도 MemoryDB라는, 멀티 AZ로 구성되어 있는 레디스 호환 인메모리 데이터베이스 서비스를 제공합니다 (10.1절 칼럼 참조). MemoryDB는 주요 특징으로는 캐시 용도뿐만 아니라 메인 데이터베이스 및 데이터 저장소로도 사용할 수 있다는 점이 있습니다.

5.3 모범 사례

이 절에서는 레디스를 더 잘 다루기 위해 미리 확인해두면 좋은 사항들을 모범 사례로 정리했습니다. 무척 중요한 내용이니 전부 확인하기를 바랍니다.

5.3.1 TTL 설정

레디스를 캐시 서버로 사용하는 경우, 기본적으로 데이터가 소실되어도 큰 문제가 없는 데이터를 저장합니다. 데이터 저장소로 사용하는 것이 아닌 이상 장기간 데이터를 저장할 필요가 없으며, 필요한 기간 이상으로 데이터를 저장하는 것은 오히려 좋지 않은 사용 방법입니다.

---

34 http://oldblog.antirez.com/post/take-advantage-of-redis-adding-it-to-your-stack.html

그러므로 캐시에 저장하는 데이터 키에는 캐시에 보관할 최소 시간을 TTL로 설정하고, 시간이 지나면 만료되도록 설정합니다.

'5.2 캐시 서버로서 레디스 아키텍처'와 '4.2.3 뉴스 게시 기능'에서 설명했듯이, 레디스를 캐시 서버로 사용하는 경우에는 지연 로딩 패턴을 통해 메모리에 데이터가 있다면 해당 데이터를 반환합니다. 캐시 데이터가 없는 경우에는 백엔드의 RDBMS 등 데이터베이스에서 데이터를 가져오게 되고 캐시 데이터는 최신 상태가 됩니다. TTL을 너무 짧게 설정하면 RDBMS 등 데이터베이스에 부담을 줄 수 있으므로 TTL 값을 적절하게 설정해야 합니다.

또한 TTL 설정을 통해 데이터가 지나치게 노후화되는 것을 방지할 수 있습니다. 이렇게 하면 백엔드 데이터베이스에서 캐시 업데이트가 원활하게 이루어지도록 하여 데이터를 최신 상태로 유지할 수 있고, 불필요한 데이터로 인한 메모리 압박도 방지할 수 있습니다.

TTL을 설정하려면 SET 명령어의 EX/PX 옵션 또는 EXAT/PXAT 옵션 등을 사용하면 됩니다. 또한 SET 명령어를 사용할 수 없는 경우에도 EXPIRE, PEXPIRE, EXPIREAT, PEXPIREAT 등의 명령어로 TTL을 설정할 수 있습니다. 설정된 TTL을 비활성화하려면 PERSIST 명령어를 사용합니다. 자세한 내용은 2.2.6절이나 2.7.6절을 참조하기 바랍니다.

TTL 확인

각 데이터베이스 내 키의 TTL 설정 상태는 INFO Keyspace 명령어 실행 결과로 확인할 수 있습니다.[35] 예를 들어, 해당 명령어를 실행하면 다음과 같은 출력 결과를 얻을 수 있습니다. keys는 데이터베이스 내의 키 개수, expires는 데이터베이스 내 TTL이 설정된 키 개수, avg_ttl 값은 레디스 서버 내 각 데이터베이스의 평균 TTL을 밀리 초 단위로 나타낸 것입니다.

```
127.0.0.1:6379> INFO Keyspace
# Keyspace
db0:keys=1002,expires=0,avg_ttl=0
db1:keys=2,expires=0,avg_ttl=0
```

---

35 ElastiCache를 사용하는 경우에는 TTL이 설정된 키의 수를 CurrVolatileItems 메트릭으로 확인할 수 있습니다. 캐시 전체의 키 수는 CurrItems 메트릭으로 확인할 수 있으므로, 전체 중 얼마나 많은 키에 TTL이 설정되어 있는지를 가늠해볼 수 있습니다.

이 경우, 0번 데이터베이스에는 1,002개의 키가 저장되지만 TTL이 설정된 키가 없다는 것을 확인할 수 있습니다. 이처럼 데이터베이스 내의 전체 키 개수와 TTL이 설정된 개수를 확인하여 TTL 설정 상태를 관리할 수 있습니다. 이때 캐시 서버로 사용되는 키 개수가 얼마나 되는지, 데이터 저장소로 사용되는 키가 얼마나 되는지 등을 업무 요구사항에 따라 고려하고 비교하는 것이 좋습니다.

하지만 구체적으로 어떤 키에 TTL이 설정되지 않은지는 이 결과로 알 수 없습니다. 확인이 필요한 경우에는 레디스 클라이언트를 사용하는 애플리케이션 구현 내용 중 데이터를 저장하는 부분을 확인하여 추측해야 합니다. 이 방법도 확인이 어렵다면 SCAN 명령어 등으로 키 목록을 찾아, TTL 명령어로 각 키에 설정된 남은 TTL 값을 확인하는 것이 가장 확실합니다.

또한 avg_ttl 값으로부터 데이터베이스 내의 평균 TTL을 밀리 초 단위로 확인할 수 있기 때문에 값이 너무 크게 설정되지 않은지 등을 참고할 수 있습니다. 가령, 데이터가 하루 한 번 주기로 업데이트된다면, TTL도 그 정도의 값으로 설정해두면 충분합니다.

반대로 업데이트 빈도가 높지만 참조 횟수도 높은 데이터의 경우에는 TTL을 초 단위 등으로 짧게 설정해 두는 상황이 있을 수 있습니다. 이 경우 avg_ttl로 확인한 데이터베이스 내의 평균 TTL에, 요구사항에 맞는 값이 설정되어 있는지 참고할 수 있습니다. 하지만 1.2.4절에서도 간단히 언급했듯이, 아키텍처에 따라 다르지만 캐시 서버는 쓰기 빈도가 낮고 읽기 처리가 중심일 때 가장 효과적이므로 애플리케이션의 쓰기 빈도의 비중이 높다면 레디스를 캐시 서버로 사용하는 것이 과연 효과가 있는지 다시 고려해보는 것이 좋습니다.

5.3.2 제거 정책 설정

메모리 사용량이 maxmemory 지시자로 설정된 값에 도달하면, 레디스는 메모리 확보를 위해 키를 제거[Eviction]합니다. 이때 제거 방식은 maxmemory-policy 지시자로 설정된 정책에 따라 결정됩니다(9.2.2절 참조).

캐시 서버나 데이터 저장소 등 용도와 상관없이 이 정책을 설정하는 것이 좋으며, maxmemory

-policy 지시자를 통해 설정할 수 있습니다. 캐시 서버로 사용하는 경우, 다음과 같은 정책 중에서 선택하는 것을 고려해볼 수 있습니다.

- TTL이 설정된 키를 대상으로 하는 volatile-로 시작하는 정책을 선택합니다.
- 데이터 저장소로도 사용하는 경우, 모든 키를 대상으로 하는 allkeys-로 시작하는 정책을 선택합니다.

LRU, LFU, 랜덤, TTL을 기반으로 한 정책 선택은 애플리케이션과 데이터의 특성을 고려하여 설정해야 합니다. 그러나 메모리 제거는 TTL을 통한 만료 처리 방식과 비교하면 처리 비용이 더 클 수 있습니다. 앞서 언급했듯이, 키에 TTL을 설정할 수 있는지를 먼저 확인하는 것이 좋습니다.

5.3.3 백업

백업에는 스냅숏과 AOF^Append Only File의 두 가지 방법이 있습니다. 이 중에서 스냅숏을 생성할 때 특히 중요한 메모리 확보, 스냅숏 생성 시점, 레플리카로부터 생성하기 등에 대해 중점적으로 살펴봅니다.

스냅숏은 요청을 처리하는 스레드로부터 일반 포크 처리를 통해 생성된 새로운 스레드로 RDB 파일이 생성되는 방식으로 만들어집니다. 이때, 백업 등 데이터 세트 이외의 메모리 할당에는 CoW라는 방식을 사용합니다. 포크 처리로 생성된 스레드는 포크 처리 직후 부모 스레드와 같은 범위의 메모리 영역을 사용합니다. 그 후 마스터와 레플리카에서 변경이 발생하면 각각 개별적으로 메모리 영역을 준비해서 기존에 공유하던 메모리 영역에서 분리하여 사용합니다. 따라서 읽기 작업만 하는 워크로드라면 스냅숏 생성 중에도 메모리 사용량이 크게 증가하지 않지만, 쓰기 작업이 많은 워크로드에서는 최대 두 배 가까이 메모리 소비가 증가할 수 있습니다. 따라서 레디스를 사용할 때, 데이터 영역에 사용하는 메모리양은 레디스가 사용할 수 있는 메모리양의 50% 정도를 여유로 두는 게 바람직합니다. 그 외 영역은 스냅숏이나 레플리케이션 등 데이터 외의 처리를 위해 메모리 확보에 신경써야 합니다.

관리형 서비스를 이용하는 경우, 데이터 이외의 용도로 사용하는 메모리 영역을 예약할 수 있는 설정이 가능한 경우가 있으므로 활용을 고려하기 바랍니다. ElastiCache는 reserved-memory-percent(또는 reserved-memory) 지시자를 제공합니다. ElastiCache에서는 일반적으로 메모리가 부족할 때 포크 처리 없이 스냅숏을 생성하는 기능을 사용합니다. 이 기능을 사용하면 포크 작업 중 쓰기 작업이 많아질 때 발생하는 문제들(CoW로 인한 메모리 사용 증가, OOM 등)을 예방할 수 있습니다. 레디스는 싱글 스레드로 요청을 처리하기 때문에 같은 스레드에서 스냅숏을 생성하면 그 사이 처리해야 하는 요청에 영향을 주게 되며, 이 과정이 지연 시간의 증가로 이어질 수 있습니다. CoW로 메모리 사용이 증가해도 두 배까지 증가하지는 않으니 25% 정도의 메모리만 확보해도 충분합니다.

백업 시점에도 주의가 필요합니다. 백업을 위해 스냅숏을 생성하는 경우, 앞서 언급한 바와 같이 서비스에 영향이 미칠 수 있습니다. 가능하면 서비스에 미치는 영향이 가장 적은 시간대에 실행하는 것을 검토해야 합니다.

레플리카에서 스냅숏을 생성하는 경우, 스냅숏은 일반적으로 요청을 처리하는 스레드에서 포크 처리를 하여 새로운 스레드에서 RDB 파일을 생성합니다. 이 경우, 포크 작업 자체 및 환경에 영향을 받아 처리 시간 문제가 발생할 수 있습니다. 따라서 위에서 언급한 서비스에 미치는 영향을 고려하면, 스냅숏은 마스터보다 레플리카에서 생성하는 방식이 쓰기 작업을 수행하는 서비스에 미치는 영향을 줄일 수 있습니다. 단, 레디스의 레플리케이션은 비동기 방식이므로, 마스터와 레플리카 간에 약간의 차이가 있을 수 있다는 점에 주의합니다.

레플리카에서 스냅숏을 생성하는 경우라도 쓰기 작업이 많은 상황에서는 레플리케이션 처리가 제대로 이뤄지지 않을 수 있습니다. 지연이 발생하면 출력 버퍼에 데이터가 쌓여 버퍼 용량을 초과하게 되고, 이 경우 누락된 데이터를 추적하기 위해 완전 동기화가 이루어질 수 있습니다. 완전 동기화가 발생하면 마스터의 요청 처리에도 영향을 주게 되므로 레플리카에서 스냅숏을 생성하고 있더라도 마스터와 레플리카 양쪽 모두에 요청-응답 처리에 영향을 미치게 됩니다. 따라서 양쪽 모두에 메모리에 여유가 있는지 확인하는 것이 중요합니다.

5.3.4 커넥션 풀링

데이터베이스에서 매번 새롭게 연결Connection을 만들면 그에 따른 비용과 오버헤드가 발생합니다. 특히 새로운 연결이 많으면 문제가 커지면서 지연 시간 증가로 이어질 수 있습니다. 이런 경우 클라이언트에서 커넥션 풀링Connection Pooling 기능을 제공하는 경우가 있습니다. 커넥션 풀링을 사용하면 연결을 재사용할 수 있어서 처리 효율성을 높일 수 있습니다. 따라서 사용 중인 레디스 클라이언트에서 이 기능을 지원하는지 확인하고, 지원한다면 활용하는 것이 좋습니다. 최대 동시 연결 수뿐만 아니라, 새로운 연결이 많은 경우에도 문제가 발생하여 지연 시간에 영향을 줄 수 있으므로 이 부분을 모니터링해야 합니다.

최대 동시 연결 수는 maxclients 지시자로 설정할 수 있으며, 기본값은 10,000입니다.[36] 이 값은 레디스의 기본값으로 설정되어 있으며, 관리형 서비스를 사용하는 경우에는 65,000으로 고정되어 변경할 수 없는 경우도 있습니다. 또한 레디스가 열 수 있는 파일 디스크립터의 최대 개수는 커널에 의해 소프트 제한[37]이 걸려 있습니다. 클라이언트의 최대 개수에 32를 더한 값이 상한선으로 설정됩니다. 이 32란 값은 데이터의 영속성, 소켓의 리스닝Listening, 로그 파일 등의 내부 작업을 위해 레디스가 예약한 수입니다. 설정이 불가능한 경우, 실제 처리 가능한 값으로 최대 클라이언트 수를 조정합니다.[38][39]

5.3.5 재시도 처리

애플리케이션의 클라이언트와 레디스 서버 간 통신이 일시적으로 중단되었을 때, 클라이언트 측에서 재시도Retry 처리를 수행하는 것이 효과적일 수 있습니다. 재시도 처리를 수행할 때는 재시도 횟수, 타임아웃 값, 재시도 간격, 재시도 횟수의 상한선 설정 같은 중요한 요소를 고려해야 합니다. 경우에 따라서는 지터Jitter라고 불리는 무작위성을 추가하여 재시도를 분산

---

36 https://github.com/redis/redis/commit/58732c23d53d6fc652668a516556ea182b0ed0f8#diff-1a75827fc1e080d1600e2a6843aa311d

37 역자주_시스템의 자원 한계를 결정하는 개념이며, 크게 소프트 제한과 하드 제한이 있습니다. 소프트 제한은 사용자가 필요에 따라 증가시킬 수 있는 자원의 최대치이며, 하드 제한은 소프트 제한 이상의 자원이 필요한 경우에만 사용하는 개념입니다.

38 https://github.com/redis/redis/blob/7.0.4/src/server.h

39 https://github.com/redis/redis/blob/7.0.4/src/server.c

시키는 방법도 사용됩니다.

저자가 추천하는 재시도 방법은 지수 백오프Exponential Backoff 알고리즘[40]에 기반한 방법입니다. 처음 접속 시도에 실패하면 짧은 시간 동안 대기한 후 다시 시도합니다. 성공하면 종료되지만, 실패할 경우 이전 대기 시간의 두 배를 기다린 후 다시 시도합니다. 이런 식으로 재시도 간격 시간을 지수적으로 늘려가는 방식입니다. 무한으로 재시도하지 않도록 재시도 횟수의 상한선도 설정하는 것이 일반적입니다. 여러 클라이언트가 동시에 재시도를 할 경우, 레디스 서버에 집중적인 부하가 발생할 수 있는데 이때 지터를 활용할 수 있습니다. 지터는 재시도 간격 시간을 단순히 두 배 증가시키는 것뿐 아니라, 무작위로 짧은 시간을 추가하여 여러 클라이언트에서 동시 접속하는 반복 상황을 피하고, 레디스 서버의 과부하를 줄일 수 있습니다.

애플리케이션과 데이터의 특성을 고려하여 각종 매개변수 값을 적절하게 설정해야 합니다. redis-py나 PhpRedis와 같은 클라이언트는 지수 백오프 기능을 제공하기도 합니다.[41] [42] 현재 사용 중인 버전에서 지원하지 않더라도 최신 버전에서는 지원할 수 있으므로, 사용 중인 레디스 클라이언트의 문서를 확인해보는 것이 좋습니다.

5.3.6 기타 모범 사례

클라이언트 측에 설정된 소켓의 타임아웃 값을 확인하면 좋습니다. 이 값은 적어도 1초 이상으로 설정하는 것을 권장합니다. 값이 너무 작으면 레디스 서버에 대한 부하가 증가할 때마다 소켓을 통한 데이터 송수신에 시간이 걸려, 타임아웃 오류를 자주 발생시킬 수 있습니다. 하지만 값이 너무 크면 연결 문제를 감지하는 데 시간이 오래 걸릴 수 있으므로 요구사항에 맞추어 균형 잡힌 값으로 설정해야 합니다. 클라이언트의 종류나 버전에 따라서는 소켓 연결에 필요한 시간, 타임아웃과 소켓의 타임아웃 설정을 동일한 매개변수로 제어하는 경우도 있

---

40 역자주_네트워크에서 일시적인 오류가 발생했을 때, 재시도 간격을 점진적으로 늘려가며 재시도를 수행하는 알고리즘입니다.
　　　https://aws.amazon.com/blogs/architecture/exponential-backoff-and-jitter/
41 https://github.com/redis/redis-py/pull/1494
42 https://github.com/phpredis/phpredis/pull/1986

으므로 사용 중인 클라이언트의 문서에서 사양을 확인하기 바랍니다.

레디스 서버에 연결하기 위해 FQDN^{Fully Qualified Domain Name}[43]을 사용하고 있고, 클라이언트 측에서 DNS 캐시를 사용하는 경우라면 TTL을 작게 설정하는 것이 좋습니다. 값이 너무 작으면 이름 조회 빈도가 늘어나 오버헤드가 증가할 수 있습니다. 그러나 TTL 값이 크면 문제 발생 시 캐시 노드에 접근할 수 없는 시간이 길어질 수 있으므로 요구사항에 맞게 균형 잡힌 값으로 설정해야 합니다. 호스트 존에서 직접 해당 레코드를 검색하거나, 그렇지 않은 경우에도 dig 〈엔드포인트〉를 실행하여 ANSWER SECTION에서 해당 레코드의 TTL을 확인할 수 있습니다. 이 값보다 작은 값을 캐시 시간으로 설정하는 것을 하나의 기준으로 삼아 검토하는 것을 추천합니다.

AWS에서 발표한 블로그 「Best practices: Redis clients and Amazon ElastiCache for Redis(모범 사례: 레디스 클라이언트 및 레디스용 Amazon ElastiCache)」[44]와 「Optimize Redis Client Performance for Amazon ElastiCache and MemoryDB(Amazon ElastiCache 및 MemoryDB를 위한 레디스 클라이언트 성능 최적화)」[45]도 참고할 만합니다. 클라이언트 측에서 어떤 점을 고려해야 하는지, 클라이언트 구현에 따른 효과 정도 등을 참고할 수 있습니다. 레디스에서 발표한 「7 Redis Worst Practices(레디스의 일곱 가지 최악의 사례)」[46]도 참고하면 좋습니다.

5.4 캐시 노드 크기 조정

레디스 서버를 구축할 때 캐시 노드의 크기를 어느 정도로 할지, 얼마나 준비해야 하는지 판단이 어려울 수 있습니다. 여기서는 대략적인 기준에 대해 설명합니다.

---

43 역자주_FQDN은 Fully Qualified Domain Name의 머리글자로, '절대 도메인 네임' 또는 '전체 도메인 네임'이라고도 하며 도메인 전체 이름을 표기하는 방식입니다. 즉, www와 같은 호스트와 뒷부분 주소인 도메인을 한꺼번에 표기하는 방식이 FQDN입니다. 부분 경로만 표기하는 경우 PQDN이라고 합니다.

44 https://aws.amazon.com/blogs/database/best-practices-redis-clients-and-amazon-elasticache-for-redis/

45 https://aws.amazon.com/ko/blogs/database/optimize-redis-client-performance-for-amazon-elasticache/

46 https://redis.com/blog/7-redis-worst-practices/

5.4.1 크기 조정 기준

레디스 서버를 구축할 때는 캐시 노드 크기를 결정하기 어려울 수 있습니다. 이 절에서는 크기를 결정하는 대략적인 기준에 대해 설명합니다.

레디스 클러스터

먼저 레디스 클러스터의 필요성을 생각해봅니다. 레디스 클러스터를 구축하는 경우, 최소 세 개의 캐시 노드를 마스터로 설정해야 합니다.[47]

- **레디스 클러스터를 사용할 것인지 결정합니다.**
  1. 레디스 클러스터를 사용할 필요가 있는지(일반 레디스 서버만으로도 충분한지) 결정합니다.
  2. 사용 중인 클라이언트가 레디스 클러스터를 지원하는지 확인합니다.

레디스 클러스터는 주로 부하가 높은 쓰기 작업을 처리하는 경우나 높은 가용성이 요구되는 경우에 필요합니다. 또한 요구되는 메모리 용량이 매우 큰 경우에는 캐시 노드를 늘려 메모리 용량을 확장할 수 있는 레디스 클러스터가 필요하기도 합니다.

레디스 클러스터를 사용하기로 결정했다면, 캐시 노드의 개수도 늘어나지만 내부 동작 방식 등 이해해야 할 내용이 늘어납니다. 용도와 부하를 고려했을 때 레디스 클러스터 없이도 충분히 처리할 수 있는 경우가 있으므로 레디스 클러스터가 꼭 필요한 것이 아니라면 사용하지 않아도 됩니다.

물론 사용하려고 해도 클라이언트가 레디스 클러스터를 지원하지 않을 수 있습니다.[48] 따라서 클라이언트에 해당 기능이 준비되어 있는지 확인하되, 레디스 클러스터가 필요하다면 호환되는 클라이언트를 사용하기 바랍니다.[49]

---

47 OSS판 레디스의 경우에 해당합니다. 관리형 서비스의 경우, 반드시 그렇지는 않지만 레디스 클러스터의 메커니즘을 활용하려면 기본적으로 최소 세 개의 마스터를 준비해야 합니다.

48 레디스 클러스터의 자세한 내용이나 뒤에 나오는 샤드의 의미는 8.1절에서 설명합니다. 필요한 내용을 적절히 선택하여 참조하기 바랍니다.

49 레디스 클러스터가 호환되지 않은 클라이언트라고 하더라도 레디스 클러스터를 사용할 수 있는 수단이 제공되는 경우도 있습니다. 꼭 필요한 경우라면, 레디스 프록시 서드 파티 프로그램와 같은 서비스를 검토할 수 있습니다.

실제 용도에 맞는 요구사항 추정

다음으로, 제공하는 서비스의 요구사항을 고려하여 레디스 서버가 다음 항목에 대해 어느 정도로 데이터를 처리해야 하는지 고려해야 합니다.

1. 전체 데이터양
2. 최대치일 때 총 키의 개수
3. 하나의 키 당 평균 크기 및 최대 크기
4. 초당 키의 작업 수
5. 네트워크 트래픽
6. 실행되는 명령어 내역

가장 중요한 것은 전체 데이터양입니다. 캐시 노드 전체에 데이터를 다 저장하지 못하면 메모리가 부족해집니다. 레디스 클러스터가 아닌 레디스를 서버로 사용하는 경우, 전체 데이터양을 저장할 수 있는 메모리가 장착된 캐시 노드를 사용해야 합니다.

레디스 클러스터에서 데이터가 샤드 간에 균등하게 분산된다고 하면 전체 데이터양을 샤드 수로 나눈 메모리 크기를 가진 캐시 노드를 사용하면 됩니다. 그러나 실제로 샤드 간에 데이터가 균등하게 분산되는 경우는 매우 세심하게 설계한 경우를 제외하고는 거의 없으므로 메모리 용량의 여유가 있는 노드를 선택하는 것을 권합니다. 레디스 클러스터를 사용하는 경우, 메모리가 큰 캐시 노드의 샤드 수를 줄일지, 메모리가 작은 캐시 노드의 샤드 수를 늘릴지도 검토해봐야 합니다.

캐시 노드를 선택할 때 캐시 노드가 너무 작으면 노드가 처리할 수 있는 네트워크 대역폭이나 처리량이 한계를 초과할 수도 있습니다. 따라서 전체 데이터양을 대략적이라도 파악하고, 여유를 갖고 처리할 만큼 큰 캐시 노드를 사용해야 합니다. 또한 키 하나 당 크기가 큰 경우도 고려해야 합니다. 예를 들어, Hash형인 키 하나에 매우 큰 해시가 저장되어 있는 경우, 샤드가 여러 개 있어도 데이터 분산이 어려울 수 있습니다.

4장에서도 간단히 언급했지만, 확장성과 운영 측면을 고려하면 다루는 데이터 모델에 따라 자료형을 선택하는 것이 중요합니다. 그러나 특히 대규모 데이터를 다룰 경우, String형 이외의 자료형을 사용할 때는 신중해야 할 필요가 있습니다. 바로 사용하기보다는 String형을 통해 데이터를 쉽게 분산하여 관리할 수 있는 방법을 찾는 것이 좋습니다.

사용하는 명령어의 유형도 고려해야 할 사항입니다. 예를 들어, $O(1)$처럼 복잡도가 작은 명령어가 많은 경우에는 특별한 문제가 없습니다. 그러나 $O(N)$ 복잡도처럼 요소의 개수(N)에 비례하여 실행 시간이 길어지는 명령어가 많은 경우, 해당 샤드의 부하가 커질 수 있습니다. 이러한 점들을 고려하여 캐시 노드의 크기나 수를 결정합니다. 레디스 클러스터의 경우, 샤드 수 등을 결정한 후 실제로 처리할 수 있는지를 실제 환경과 동일하거나 그에 가까운 워크로드로 테스트하는 것이 가장 좋습니다.

지금까지 캐시 노드의 크기 조정을 미리 검토하는 방법을 설명했지만, 처음에는 대략적인 규모를 파악하는 것도 좋은 접근 방법입니다. 개별 캐시 노드에 벤치마크(5.7절 참조)를 수행하고, 각 노드가 처리할 수 있는 요청 개수를 살펴보는 것도 방법입니다. 초당 얼마나 많은 데이터 요청을 처리해야 하는지에 따라 필요한 캐시 노드의 개수를 대략적으로 계산합니다. 그 후 레디스 서버를 시작하여 전체적으로 벤치마크를 다시 수행한 후 검증해야 합니다.

특히 OSS 버전의 레디스 클러스터의 경우, 반드시 노드 수에 비례하여 성능이 향상되는 것은 아닙니다. 대규모 환경에서도 레디스 클러스터는 많이 사용되고 있습니다. 그러나 대규모 클러스터에서는 헬스 체크Health Check[50]를 위한 메시지의 양이 많아지므로 약간의 성능 저하나 운영의 불안정성이 발생할 수도 있습니다.[51]

레디스 클러스터의 동작 원리에 대해서는 8장에서 자세히 설명합니다. 테스트할 때는 워크로드로 부하를 가하고 있는 동안 다양한 메트릭을 모니터링하는 것이 중요합니다. 병목 현상이 되는 값이 있는지 확인하고, 필요에 따라 스케일 아웃/스케일 인 또는 스케일 업/스케일 다운 등의 결정을 내리는 데 참고해야 합니다. 메트릭 모니터링 방법에 대해서는 10.3.1절에서 설명합니다. AWS에서의 모니터링 방법을 설명하고 있지만, 다른 서비스를 사용하는 경우에도 읽어보고 적절하게 적용하면 큰 도움이 될 것입니다.

....

50 역자주_서버의 상태를 주기적으로 확인하여 서버의 정상 작동 여부를 판단하는 과정을 말합니다.
51 현재는 이러한 동작 개선을 포함한 레디스 클러스터 버전 2를 구상하고 있습니다. https://github.com/redis/redis/issues/8948

클라우드의 크기 조정

클라우드 서비스를 사용하는 경우에는 백업 기능 지원 여부, 노드 크기별 특성, 레디스 버전 별로 서비스 특유의 엔진 기능 등도 고려해야 합니다.

기능과 제한 사항을 확인하고, 레디스 클러스터를 사용하는 데 있어서 비즈니스 요구사항을 충족하는지 사전에 문서를 통해 확인해야 합니다.

5.5 설정 파일 redis.conf

레디스 서버는 설정 파일을 통해 동작을 사용자화^{Customize}할 수 있고 각종 기능의 활성화/비활 성화 및 튜닝에 주로 사용됩니다. 설정 파일에서 지시자(항목)와 해당 값을 입력하여 동작을 지정할 수 있습니다.[52]

```
지시자 값

지시자 값1, 값2, ... 값N
```

특별한 요구사항이 없다면 무분별하게 여러 매개변수를 조정하기보다는 기본 설정 상태로 사용하는 것이 좋습니다. 요구사항이나 환경에 따라 필요한 부분만 변경하여 사용합니다.

설정 파일을 작성할 때는 기본적으로 제공되는 redis.conf를 편집하거나 이를 복사하여 편 집하거나 또는 처음부터 직접 설정을 작성할 수 있습니다. 사용자 정의한 파일을 배치할 위 치는 어디든 상관없으며, 파일 이름도 원하는 대로 지정하면 됩니다. redis-server 〈설정 파 일 경로〉를 실행하여 레디스 서버를 실행하면 설정이 적용됩니다.[53]

기본으로 제공되는 redis.conf의 위치는 설치 환경이나 방법에 따라 다릅니다. 예를 들어 APT나 Yum과 같은 패키지 관리자를 사용하여 설치한 경우에는 /etc/redis/redis.conf 또

---

52 https://redis.io/docs/manual/config/
53 여기서는 실험할 때의 로그 출력을 확인하거나, 장애 전환 시 동작을 확인하기 위해 Systemd와 같은 시스템 및 서비스 관리자를 사용 하지 않고 시작하는 방식을 가정합니다. Systemd를 사용하는 경우에도 설정 파일의 편집 방법은 동일합니다.

는 /etc/redis.conf와 같은 위치에 배치됩니다.[54] 이미 실행 중인 레디스 서버의 설정 파일이 기본값이 아닌 것이 적용되어 있는지 확인하려면 INFO Server 명령어의 config_file을 확인하면 됩니다. 설정 파일 이름은 redis.conf 이외의 이름을 사용하는 경우도 있으므로, 이 책에서는 이러한 경우를 '설정 파일'이라고 표기합니다.

설정 변경은 CONFIG SET 명령어[55]나 redis-server 명령어 옵션으로 전달하는 방법도 있습니다. 이 방법은 테스트 목적으로 간단한 동작을 확인할 때 사용하는 것은 괜찮지만, 실제 운영환경에서 이 방법으로 모든 것을 관리하는 것은 추천하지 않습니다.

기본적으로 설정 파일을 변경하면 그때마다 레디스 서버를 다시 시작해야 하지만 CONFIG SET 명령어를 사용하면 바로 설정 변경을 적용해볼 수 있습니다. 설정값을 확인하려면 CONFIG GET <지시자 이름>을 사용합니다.[56] 지시자 이름에 * 같은 임의의 문자열을 매칭하는 패턴 매칭도 사용할 수 있습니다. 레디스 7.0.0 이상에서는 여러 지시자의 값을 동시에 가져오고 설정하는 과정도 동시에 실행할 수 있습니다.[57]

현재 설정을 설정 파일에 반영하려면 CONFIG REWRITE 명령어를 실행합니다.[58] 그러나 이 기능을 지원하지 않는 지시자도 있습니다. 지원하는 지시자는 CONFIG GET * 명령어로 확인할 수 있습니다.

redis-server 명령어 옵션으로 설정을 전달할 때는 지시자 이름 앞에 --를 붙입니다. 예를 들어, port 지시자는 --port 6380 옵션처럼 사용합니다.

실제 운영환경에서는 기본적으로 설정 파일을 편집하는 방식을 활용합니다. 다음은 설정 파일의 각 항목에 대한 설명입니다.

---

54 설정 파일을 찾을 수 없는 경우, sudo find / -name redis.conf -type f 2> /dev/null을 실행하여 찾아보는 것이 좋습니다(특정 용도의 시스템 볼륨 등을 제외하려면 sudo find / -name redis.conf -type f -not -path "/System/Volumes/" 2> /dev/null과 같이 -not -path "/Path/To/" 옵션으로 대상 디렉터리를 제외).

55 https://redis.io/commands/config-set/

56 https://redis.io/commands/config-get/

57 https://github.com/redis/redis/pull/9748, https://github.com/redis/redis/pull/9914

58 https://redis.io/commands/config-rewrite

표 5-2 네트워크 관련 지시자

지시자	상세 설명
bind	레디스 서버가 연결을 받아들이는 인터페이스의 IP 주소다. 여러 개를 지정할 경우, 공백으로 구분하여 나열한다.
bind-source-addr	(레디스 7.0 이상) 외부 연결(레플리카에서 마스터로, 클러스터 버스 연결 등)을 특정 IP 주소와 연결한다.
protected-mode	보호모드다. 활성화하면 bind 지시자가 지정되지 않았거나, 패스워드가 설정되지 않은 경우, 루프백 인터페이스와 유닉스 도메인 소켓에서만 접근할 수 있다.
enable-protected-configs	(레디스 7.0 이상) PROTECTED_CONFIG 플래그가 부여된 설정 변경을 차단한다.[59][60]
enable-debug-command	(레디스 7.0 이상) DEBUG 명령어를 차단한다.
enable-module-command	(레디스 7.0 이상) MODULE 명령어를 차단한다.
port	연결을 허용할 때 사용되는 포트 번호다. 기본값은 6379번 포트이고, 비활성화하는 경우에는 0을 지정한다.
tcp-backlog	SYN 큐(미완성 연결 큐)와 Accept 큐(완성된 연결 큐)의 두 가지 큐로 구성된다. 후자의 TCP는 ESTABLISHED 상태에서 사용되는 Accept 큐의 크기다. 초당 요청이 많은 상황에서는 높게 설정할 필요가 있다.
unixsocket	연결을 허용하는 유닉스 소켓의 경로다. 비활성화가 기본값이므로 유닉스 소켓으로는 연결을 허용하지 않는다.
unixsocketperm	유닉스 소켓 권한을 허용한다.
timeout	클라이언트가 유휴 상태인 경우, 연결을 종료하기까지의 초 단위 시간이다. 0으로 설정하면 비활성화된다.
tcp-keepalive	TCP Keep-Alive에서 TCP의 ACK를 보내는 간격이다. 클라이언트의 비정상 상황 감지나 연결 유지에 필요하다.
socket-mark-id	(레디스 7.0 이상) 라우팅이나 필터링 기능을 설정하려고 대기하는 소켓을 고유 ID로 표시하기 위해 운영체제 고유의 메커니즘을 적용한다.

---

59 레디스 7.0에서 도입된 enable-가 접두사인 지시자는 공격 범위를 줄이기 위해 기본값이 비활성화(no)되어 있습니다. 활성화하기 위해서는 yes 값을, 로컬에서 접속만 허용하기 위해서는 local 값을 설정합니다.

60 레디스 7.0.4 당시에는 dbfilename 지시자와 dir 지시자에만 이 플래그가 설정되어 있었습니다.

표 5-3 TLS 관련 지시자(레디스 6.0 이후)

지시자	상세 설명
tls-port	TLS 활성화 및 TLS 접속으로 수신한 포트 번호를 지정한다.
tls-cert-file	서버 인증에 사용할 X.509 증명서 파일 이름을 PEM 형식으로 지정한다.
tls-key-file	서버 인증에 사용할 비밀 키를 PEM 형식으로 지정한다.
tls-key-file-pass	서버 인증에 사용할 키 파일에 패스프레이즈(Pass phrase)[61]를 설정한 경우, 패스프레이즈를 지정한다.
tls-client-cert-file	클라이언트 인증에 사용할 X.509 증명서 파일 이름을 PEM 형식으로 지정한다.
tls-client-key-file	클라이언트 인증에 사용할 비밀 키다. PEM 형식으로 지정한다.
tls-client-key-file-pass	클라이언트 인증에 사용할 키 파일에 패스프레이즈를 설정한 경우, 패스프레이즈를 지정한다.
tls-dh-params-file	디피-헬만 키 교환을 활성화하기 위해 DH 매개변수 파일을 지정한다.
tls-ca-cert-file	신뢰할 수 있는 루트 CA로서 CA 증명서 번들 파일을 필요에 따라 지정한다.
tls-ca-cert-dir	신뢰할 수 있는 루트 CA로, CA 증명서 디렉터리를 필요에 따라 지정한다.
tls-auth-clients	TLS 사용 시 기본 동작을 클라이언트 증명서를 요구하는 동작으로 변경한다.
tls-replication	레플리케이션 연결 시 TLS를 사용하도록 변경한다.
tls-cluster	레디스 클러스터-클러스터 버스 연결 시 TLS를 사용하도록 변경한다.
tls-protocols	사용할 TLS 버전을 지정한다. 여러 버전 설정 시 공백으로 구분한다.
tls-ciphers	TLS 1.2 이하에서 사용할 암호를 지정한다.
tls-ciphersuites	TLS 1.3에서 사용할 암호화 스위트를 지정한다.
tls-prefer-server-ciphers	암호화 스위트 협상 시 서버의 우선순위 활성화 여부를 결정한다. 클라이언트의 우선순위를 따르는 게 기본값이다.
tls-session-caching	TLS 세션을 비활성화하는 경우에 지정한다.
tls-session-cache-size	TLS 세션의 캐싱 수량을 변경한다.
tls-session-cache-timeout	TLS 세션의 캐시 타임아웃 값을 변경한다.

----

61 역자주_일반적인 패스워드보다 긴 문자열로, 여러 단어를 조합하여 만든 암호입니다.

표 5-4 프로세스 관리 관련 지시자

지시자	상세 설명
daemonize	데몬으로 시작할지의 여부를 결정한다.
supervised	Upstart나 Systemd를 통해 레디스를 시작하는 경우 제어 대상을 지정한다. auto/systemd/upstart/no 중에서 선택한다.
pidfile	데몬으로 시작할 때 PID 파일 경로를 가능한 한 생성한다.
loglevel	로그 파일의 출력 수준을 설정한다. debug/verbose/notice/warning 중에서 설정하는데, debug는 가장 상세한 정보를 제공하고 warning은 중요한 메시지만 기록한다.
logfile	로그 파일 출력 경로다. 빈 문자열인 경우, 데몬이 아닐 때는 표준 출력으로, 데몬이 시작될 때는 /dev/null로 출력한다.
syslog-enabled	syslog를 활성화할지의 여부를 결정한다.
syslog-ident	syslog의 식별자를 확인한다.
syslog-facility	syslog 시설(로그 유형)을 user 혹은 local0부터 local7까지 중에서 선택한다.

표 5-5 스냅숏 관련 지시자

지시자	상세 설명
save	RDB 파일의 생성 빈도를 나타낸다. 수 초 이내에 최소 몇 개의 키에 변화가 있을 때 실행할지를 지정한다. 여러 조건을 설정할 수 있다.
stop-writes-on-bgsave-error	마지막 BGSAVE 명령어가 실패하면 레디스 쓰기 작업을 중단하며 관리자가 이를 인지할 수 있도록 한다.
rdbcompression	RDB로 덤프할 때 LZF를 사용하여 문자열 객체를 압축한다. CPU와 메모리 사용 효율과의 트레이드오프를 나타낸다.
rdbchecksum	RDB 버전 5 이상에서 파일 끝에 CRC64 체크섬을 두어 파일 손상을 방지한다.
dbfilename	RDB 파일 이름을 확인한다.
dir	RDB 파일과 AOF 파일을 생성하는 디렉터리 경로를 확인할 수 있다.
rdb-save-incremental-fsync	스냅숏 생성 중에 4MB(레디스 7.0 이전은 32MB)의 데이터가 생성될 때마다 디스크로 플러시할지의 여부를 결정한다. 파일에서 디스크로 커밋 작업을 점진적으로 수행해 큰 지연을 방지한다.

지시자	상세 설명
sanitize-dump-payload	(레디스 6 이상) RDB 파일 읽기 작업이나 RESTORE 명령어를 사용하는 경우 ziplist나 listpack 등 검사를 활성화하는 데 사용한다.

표 5-6 AOF 관련 지시자

지시자	상세 설명
appendonly	AOF 기능의 사용 여부를 설정한다.
appendfilename	(레디스 7.0 이상) AOF 파일 이름의 접두사를 설정한다. (레디스 7.0 미만) AOF 파일 이름을 설정한다.
appenddirname	(레디스 7.0 이상) AOF 파일이 저장되는 디렉터리를 설정한다.
appendfsync	AOF에서 버퍼에서 디스크로 플러시하는 간격을 설정한다. always/everysec/no 중에서 선택한다.
no-appendfsync-on-rewrite	BGSAVE 또는 BGREWRITEAOF 명령어 실행 중에는 AOF 디스크 플러시로 인한 대량의 I/O가 레디스를 장시간 차단하므로 그동안 디스크 플러시를 실행하지 않도록 설정한다.
auto-aof-rewrite-percentage	auto-aof-rewrite-min-size 지시자에 설정된 값 이하의 크기면서, 마지막 재작성 이후에 지정한 비율만큼 AOF 파일 크기가 커졌을 때 재작성한다.
auto-aof-rewrite-min-size	auto-aof-rewrite-percentage 지시자에 설정된 비율에 도달하고 AOF 파일 크기가 지정된 값 이상일 때 AOF를 재작성한다.
aof-load-truncated	레디스가 실행되는 시스템이 장애가 발생하여 ext4 파일 시스템이 data-ordered 옵션 없이 마운트[62]되어 있는 경우, 레디스 시작 시 AOF를 메모리에 적재하는 과정에서 파일이 잘려 있을 수 있다. 이때 가능한 범위 내에서 적재할지 아니면 오류를 반환할 것인지 결정한다.
aof-use-rdb-preamble	(레디스 4.0 이상) RDB/AOF 혼합 포맷을 지원한다. 활성화하면 레디스 서버는 먼저 RDB를 읽은 후 AOF를 적재하는 동작을 수행한다.
aof-rewrite-incremental-fsync	백그라운드에서 AOF 재작성 과정 중에 4MB(레디스 7.0 미만은 32MB)의 데이터가 생성될 때마다 디스크로 플러시할지 여부를 설정한다. 파일에서 디스크로 커밋 작업을 점진적으로 수행하여 큰 지연을 방지한다.
aof-timestamp-enabled	(레디스 7.0 이상) 특정 시간의 데이터를 복원하기 위해 AOF에 타임스탬프 주석을 기록한다. 기존 AOF 파서와의 호환성 문제를 고려하여 기본적으로 비활성화된다.

---

62 역자주_마운트는 운영체제에서 시스템을 사용할 수 있도록 연결하는 작업을 의미합니다. 즉, '마운트되어 있다'라는 말은 파일 시스템이 연결되어 있어, 해당 시스템의 데이터에 접근할 수 있는 상태가 되었다는 것을 의미합니다.

표 5-7 레플리케이션 관련 지시자

지시자	상세 설명
replicaof	레플리카의 경우, 마스터 IP 주소와 포트 번호를 기술한다.
masterauth	레플리카 설정에서 마스터가 패스워드 인증(requirepass 지시자 사용)을 사용할 때, 설정된 패스워드를 지정한다.
masteruser	(레디스 6 이상) 레디스 ACL 기능을 사용할 때, 레플리케이션 기능에 필요한 명령을 실행할 수 있는 특별 사용자를 지정한다.
replica-serve-stale-data	레플리카가 마스터와 연결이 끊겼을 경우, 가능한 한 오래된 데이터로 응답할지의 여부를 설정한다.
replica-read-only	레플리카가 읽기 전용인지, 쓰기를 허용할지를 설정한다. 임시로 쓰기를 허용해 해당 데이터로 처리하는 경우에 유용하다. 재동기화 시에 삭제된다.
repl-diskless-sync	디스크 없는 레플리케이션을 통한 동기화 사용 여부를 설정한다.
repl-diskless-sync-delay	새로운 레플리카 추가 시, 일정 시간을 기다린 후 포크 처리를 하여 각 레플리카에 병렬로 RDB 파일을 전송한다.
repl-diskless-sync-max-replicas	(레디스 7.0 이상) 지정된 레플리카 수만큼 연결 상태가 되면 지연 시간을 기다리지 않고 레플리케이션을 시작한다.
repl-ping-replica-period	레플리카가 마스터에게 PING을 보내는 간격을 설정한다.
repl-timeout	레플리케이션 타임아웃을 설정한다. 레플리카 입장에서는 SYNC 중의 대량 전송 I/O, 마스터로부터의 데이터, PING이 대상이고 마스터 입장에서는 레플리카로부터의 REPLCONF ACK의 ping이 대상이다.
repl-disable-tcp-nodelay	레플리카에서 TCP_NODELAY를 비활성화할지의 여부를 설정한다. 높은 트래픽이나 마스터-레플리카 간 거리가 멀 경우, 패킷을 지연시켜 묶어서 보내는 방법으로 레플리케이션 대역폭을 감소시킨다.
repl-backlog-size	레플리케이션 중단 시 복구 후 부분 동기화를 위해 중단 기간 동안 마스터로의 쓰기 작업을 저장해두는 버퍼의 크기를 설정한다.
repl-backlog-ttl	레플리케이션 중단 시 부분 동기화를 위해 저장한 중단 기간 동안 마스터 쓰기 작업을 버퍼에 저장하는 기간을 설정한다.
repl-diskless-load	(레디스 6 이상) 레플리케이션 시 RDB 파일의 디스크 없이 읽기를 활성화하는 경우에 사용한다. 소켓에서 직접 데이터를 분석하는 옵션(disabled, on-empty-db, swapdb)을 사용할 수 있다(데이터 손실 위험이 있으므로 아직은 실험 단계다).

replica-priority propagation-error-behavior	(레디스 센티널의 경우) 장애가 발생할 경우 승격될 레플리카를 선택할 때 우선순위(레디스 7.0 이상)를 결정한다. 마스터에서 레플리카로 명령어 처리 중 또는 AOF 파일에서 읽을 때 발생한 오류를 어떻게 처리할지 제어한다. 기본적으로 오류를 무시하고 계속 처리한다.
replica-ignore-disk-write-errors	(레디스 7.0 이상) 마스터에서 받은 명령을 디스크에 기록할 수 없는 경우 레플리카의 동작을 제어한다. 기본적으로 서버 강제 중단을 설정한다.
min-replicas-to-write	min-replicas-max-lag 지시자로 지정한 값보다 지연 시간이 짧은 레플리카가 특정 개수(설정한 값)보다 적어지면 저장된 데이터가 손실되는 위험을 줄이기 위해 마스터로의 쓰기 작업을 중지한다.
min-replicas-max-lag	min-replicas-to-write 지시자를 사용하여 레플리케이션 지연 시간의 임계값 설정한다.
replica-announce-ip	도커와 같은 컨테이너 환경에서 NAT나 포트 포워딩을 사용하는 경우 또는 ROLE 명령어나 INFO 명령어의 Replication 부문에서 IP 주소나 포트 번호를 사용할 경우에 IP 주소나 포트 번호가 변경되어 오작동을 일으킬 수 있으므로 지정한 IP 주소를 보고한다.
replica-announce-port	replica-announce-ip 지시자와 같은 이유로 지정된 포트 번호를 보고한다.
replica-announced	(레디스 6.0 이상, 레디스 센티널의 경우) 레디스 센티널에서 활성화된 레플리카를 보고 결과에서 제외한다.
rdb-del-sync-files	(레디스 6.0 이상) 완전 동기화 후 남은 RDB 파일을 삭제한다. AOF와 스냅숏이 비활성화된 경우에만 활성화할 수 있다.

표 5-8 레디스 클러스터 관련 지시자

지시자	상세 설명
cluster-enabled	레디스 클러스터 사용 여부를 결정한다.
cluster-config-file	레디스 클러스터 구성에 사용되는 자동 생성된 설정 파일 이름을 설정할 수 있다. 재시작 시 클러스터 재가입을 할 수 있다.
cluster-node-timeout	레디스 클러스터 노드 간 통신 타임아웃을 설정하는 시간(밀리 초)을 설정한다.
cluster-port	레디스 클러스터 버스에 바인딩할 포트 번호를 설정한다.

cluster-replica-validity-factor	오래된 데이터를 가진 레플리카는 마스터 승격 대상에서 제외할 수 있으며, 그때 노드 간 통신 타임아웃에 특정 비율을 곱하여 추정할 때 사용되는 비율을 설정한다. 값이 클수록 오래된 데이터를 많이 허용한다.
cluster-migration-barrier	정상 레플리카가 없는 마스터가 하나라도 있을 때, 가장 많은 레플리카를 가진 마스터의 레플리카를 정상이 아닌 마스터의 레플리카로 자동으로 마이그레이션할 수 있는지의 여부를 결정한다. 그때 마스터는 최소한 유지해야 하는 레플리카 수다.
cluster-allow-replica-migration	샤드 간의 레플리카 이동을 비활성화할 때 사용한다.
cluster-allow-reads-when-down	클러스터가 정상이 아닐 때 읽기 쿼리 허용 여부를 지정한다.
cluster-allow-pubsubshard-when-down	(레디스 7.0 이후) 클러스터 전체가 정상이 아닐 때도 Pub/Sub 기능을 사용하도록 할지를 설정할 수 있다.
cluster-link-sendbuf-limit	(레디스 7.0 이후) 클러스터 버스 링크의 send buffer 메모리 크기의 상한을 제어한다.
cluster-announce-hostname	(레디스 7.0 이후) 캐시 노드의 호스트 이름을 설정한다.
cluster-preferred-endpoint-type	(레디스 7.0 이후) 클라이언트가 클러스터에 어떻게 연결해야 하는지 알린다(ip, hostname, unknown-endpoint).
cluster-require-full-coverage	사용할 수 없는 해시 슬롯이 하나라도 감지되면 클러스터 전체의 쿼리를 수락할지, 중지할지의 여부를 설정한다.
cluster-replica-no-failover	수동 조작이 아닌 경우, 마스터 장애 시 레플리카의 승격을 방지한다. 데이터 센터 간 마스터가 운영하는 호스트가 있는 데이터 센터에 장애가 발생했을 때 대처 방안 등을 상정한다.
cluster-announce-ip	(레디스 4.0 이후) 도커 같은 컨테이너 환경에서 NAT나 포트 포워딩을 사용하는 경우, 레디스 클러스터를 운영하기 위해 클러스터 내 다른 노드에 알릴 자신의 IP 주소를 설정한다.
cluster-announce-port	cluster-announce-ip 지시자와 마찬가지로 보고할 포트 번호를 설정한다.
cluster-announce-bus-port	cluster-announce-ip 지시자과 마찬가지로 보고할 클러스터 버스 포트 번호를 설정한다.
cluster-announce-tls-port	(레디스 6.0 이후) cluster-announce-ip 지시자와 마찬가지로 보고할 TLS 연결 포트 번호를 설정한다.

표 5-9 ACL 기능 관련 지시자(레디스 6.0 이후)

지시자	상세 설명
aclfile	ACL(접근 제어 목록) 기능의 핵심으로, 어떤 사용자가 어떤 명령을 사용할 수 있는지 설정하는 외부 파일 지정한다.
user	ACL 기능을 사용하여 사용자별로 제어하고자 할 때, 외부 파일 대신 설정 파일에 직접 기록할 수도 있다. aclfile과 users 중 하나만 사용할 수 있다.
acllog-max-len	실패한 명령어나 ACL 관련 인증 이벤트를 추적하는 로그 항목 수를 설정한다.
acl-pubsub-default	Pub/Sub 채널을 ACL 규칙 기능으로 제어한다.[63]

표 5-10 클라이언트 추적 관련 지시자(레디스 6.0 이후)

지시자	상세 설명
tracking-table-max-keys	클라이언트 측 캐시에 사용되는 비활성화 테이블에 보관할 수 있는 키의 최대 개수다.

표 5-11 보안 관련 지시자

지시자	상세 설명
requirepass	레디스 인증 기능에서 명령어 실행 전에 명령어 실행을 허용하기 위해 AUTH 명령어로 지정되는 패스워드를 설정한다.
rename-command	명령어 실행을 제한하기 위해 추측하기 어려운 명령어 이름으로 변경하거나 비활성화한다. 향후 폐지될 예정(deprecated)이다.

표 5-12 클라이언트 관련 지시자

지시자	상세 설명
maxclients	동시에 연결할 수 있는 최대 클라이언트 수를 설정한다. 이 중 32개는 레디스가 내부적으로 사용하는 파일 디스크립터로 사용한다. 그러나 운영체제에서 열 수 있는 파일 디스크립터의 수를 초과할 수 없으며, 설정보다 적은 경우에는 운영체제 설정에 맞춰 조정한다.

---

63 레디스 6.2 이후부터 사용할 수 있습니다. 레디스 7.0 이후에는 기본적으로 거부로 설정되어 있습니다. 이전 버전에서는 이전 버전과 호환성을 유지하기 위해 기본적으로 모든 채널을 허용했습니다. 해당 지시자는 거부할 때 사용하며, 명시적으로 거부 설정을 사용하는 것을 권장합니다.

표 5-13 메모리 최대 사용량 관련 지시자

지시자	상세 설명
maxmemory	레디스 서버가 사용할 수 있는 최대 메모리양을 설정한다.
maxmemory-clients	(레디스 6.0 이상) 레디스 서버가 클라이언트 연결에 대해 사용할 수 있는 최대 메모리양을 설정한다.
maxmemory-policy	maxmemory 지시자에서 지정한 값에 도달했을 때 메모리에서 제거할 키를 선택하는 방법에 대한 정책을 설정한다.
maxmemory-samples	maxmemory-policy에서 제거할 키 후보를 선택할 때, 후보가 되는 무작위로 선택된 키의 수를 설정한다.
maxmemory-eviction-tenacity	(레디스 6.0 이상) 제거에 소요되는 시간을 조정한다. 쓰기 작업이 많은 경우에는 값을 증가시켜 효율적으로 제거할 수 있지만, 지연 시간도 증가한다. 0 이상 100 이하의 값으로 지정한다.
replica-ignore-maxmemory	(레디스 5.0 이상) 레플리카가 maxmemory를 무시하게 만든다. 키 제거는 마스터에서 수행한다.
lfu-log-factor	LFU에서 사용하는 Morris 방식의 카운팅 방법에 사용되는 지수를 설정한다.
lfu-decay-time	LFU에서 빈도를 계산하는 데 필요한 카운터 값을 감소시키는 데 필요한 시간을 설정한다.

표 5-14 동적 단편화 제거 관련 지시자(레디스 4.0 이상)

지시자	상세 설명
activedefrag	동적 단편화 제거의 활성화/비활성화를 제어한다.
active-defrag-ignore-bytes	메모리 단편화로 인해 효율적으로 사용할 수 없는 메모리의 최소 크기 임계값을 설정한다.
active-defrag-threshold-lower	메모리 단편화 비율의 최소 임계값을 설정한다.
active-defrag-threshold-upper	메모리 단편화 비율의 최대 임계값을 설정한다.
active-defrag-cycle-min	CPU 사용률의 최소 임계값을 설정한다.
active-defrag-cycle-max	CPU 사용률의 최대 임계값을 설정한다.
active-defrag-max-scan-fields	Set/Hash/Sorted Set/List형을 조각 모음 대상 선정 시 최대 필드 수를 설정한다.
jemalloc-bg-thread	(레디스 6 이상) Jemalloc에 의한 퍼지 작업의 백그라운드 처리를 비활성화할 때 사용한다.

동적 단편화 제거 관련 지시자에는 실행을 판단하기 위해 사용하는 매개변수가 많습니다.

표 5-15 그 외 메모리 관리 관련 지시자

지시자	상세 설명
client-output-buffer-limit	클라이언트 출력 버퍼 크기를 설정한다. 클라이언트의 종류에 따라 normal/replica/pubsub 등을 설정할 수 있으며, 하드 제한 크기와 소프트 제한 크기, 그리고 소프트 제한을 초과했을 때 클라이언트 연결을 끊을지 판단하는 데 필요한 시간을 설정한다.
client-query-buffer-limit	클라이언트의 쿼리 버퍼 크기를 설정한다.
proto-max-bulk-len	실제 실행한 명령어 자체 크기를 제한한다. 또한 client-query-buffer-limit 지시자는 RESP 포맷을 포함한 바이트 수에 의해 제한된다.
activerehashing	액티브 리해싱 기능 활성화 여부를 결정한다.
active-expire-effort	(레디스 6.0 이상) 빠른 만료 주기에 해당하는 설정이다. 설정값이 커질수록 메모리 사용 효율이 높아지지만, 그만큼 CPU 사용량이 증가하고, 주기가 길어지면서 지연 시간이 증가할 수 있다.

표 5-16 타이머 이벤트 관련 지시자

지시자	상세 설명
hz	1초 동안 지정한 값만큼 레디스에서 처리된 타이머 이벤트를 실행한다.
dynamic-hz	(레디스 5.0 이후) hz 지시자 값을 기반으로 해서, 연결 클라이언트 수에 비례하여 유휴 상태 CPU 사용량을 조정할 수 있다.

타이머 이벤트는 레디스 서버 백그라운드에서 일정 시간마다 실행됩니다.

표 5-17 Lazy Free 기능 관련 지시자(레디스 4.0 이후)

지시자	상세 설명
lazyfree-lazy-eviction	키가 메모리에서 제거될 때 Lazy Freeing 기능을 통해 비동기적으로 삭제할지를 설정할 수 있다.
lazyfree-lazy-expire	만료된 키를 회수할 때 Lazy Freeing 기능을 통해 비동기적으로 삭제할지를 설정할 수 있다.

lazyfree-lazy-server-del	RENAME나 SUNIONSTORE 명령어와 같이 명령어의 부수 효과로 인해 원본 데이터가 삭제될 때 Lazy Freeing 기능을 사용해 비동기적으로 삭제할지를 설정할 수 있다.
lazyfree-lazy-user-del	Lazy Freeing 기능을 사용해 DEL 명령어를 UNLINK 명령어처럼 백그라운드에서 처리할지를 설정할 수 있다.
lazyfree-lazy-user-flush	Lazy Freeing 기능을 사용해 FLUSHALL 또는 FLUSHDB 명령어에 ASYNC 옵션을 사용할 때와 같이 백그라운드에서 처리할지를 설정할 수 있다.
replica-lazy-flush	레플리카가 전체 데이터베이스 내용을 완전히 동기화하면서 기존 데이터베이스 내용을 삭제할 때 Lazy Freeing 기능을 통해 비동기적으로 삭제할지 설정할 수 있다.

표 5-18 멀티 스레드 관련 지시자(레디스 6.0 이후)

지시자	상세 설명
io-threads	멀티 스레드 요청을 처리한 후 사용자에게 데이터를 반환하는 소켓에 쓰기 작업을 할 때 사용하는 스레드 수를 결정한다.
io-threads-do-reads	멀티 스레드 처리 기능이다. 클라이언트의 요청 데이터를 읽는 부분도 같이 처리하도록 설정한다.

표 5-19 커널 OOM 제어 관련 지시자(레디스 6.0 이후)

지시자	상세 설명
oom-score-adj	커널의 OOM Killer에 메모리가 부족한 경우 어떤 프로세스를 종료해야 할지에 대한 힌트를 활성화할 때 사용한다. no, yes(relative의 별칭), absolute, relative
oom-score-adj-values	oom_score_adj을 조정하는 값을 설정한다. oom-score-adj 값이 relative일 경우는 oom_score_adj 값과의 상대값이 사용되며, absolute 또는 yes일 때는 절대값을 사용한다. 공백으로 구분하여 마스터, 레플리카, 백그라운드 자식 프로세스의 값 세 개를 지정한다.

표 5-20 커널 Transparent Huge Page 제어 관련 지시자(레디스 6.0 이후)

지시자	상세 설명
disable-thp	Transparent Huge Page 제어를 활성화할 때 사용한다. 메모리 페이지가 커지는 문제를 방지하여 CoW로 인한 지연 방지를 위해 설정한다.

표 5-21 명령어 실행의 타임아웃을 설정하는 지시자

지시자	상세 설명
busy-reply-threshold	루아나 레디스 함수, allow-busy 플래그가 설정된 MODULES 명령어를 실행할 때 타임아웃을 설정한다.
lua-time-limit	이페머럴 스크립트의 타임아웃 시간을 설정한다(밀리 초). 레디스 7.0 이상에서는 busy-reply-threshold 지시자의 별칭으로 사용된다.

표 5-22 슬로우 로그 관련 지시자

지시자	상세 설명
slowlog-log-slower-than	슬로우 로그를 기록한 임계값이 되는 시간(마이크로 초 단위)을 설정한다.
slowlog-max-len	슬로우 로그를 유지하는 엔트리 수를 설정한다.

표 5-23 지연 모니터 관련 지시자

지시자	상세 설명
latency-monitor-threshold	지연 시간 모니터링에서 작업을 기록하는 임계값이 되는 시간(밀리 초 단위)이다.

표 5-24 지연 트래킹 기능 관련 지시자(레디스 7.0 이후)

지시자	상세 설명
latency-tracking	지연 트래킹 기능 활성화 및 비활성화를 제어한다.
latency-tracking-info-percentiles	INFO latencystats 명령어로 출력하는 지연 시간의 백분위 분포를 설정한다.

지연 트래킹은 명령어별로 지연 시간을 추적하여 INFO latencystats 명령어로 백분위 분포를 출력하거나, LATENCY 명령어에 누적된 지연 시간 분포를 활성화합니다.

표 5-25 키 공간 알림 기능 관련 지시자

지시자	상세 설명
notify-keyspace-events	키 공간 알림 기능으로 통지하는 이벤트 종류를 설정한다.

표 5-26 내부 인코딩 관련 지시자(레디스 7.0 이후)

지시자	상세 설명
hash-max-listpack-entries	Hash형으로 listpack 내부 인코딩을 선택할 때 충족해야 하는 엔트리 수의 최대값을 설정한다.
hash-max-listpack-value	Hash형으로 listpack 내부 인코딩을 선택할 때 충족해야 하는 최대값을 설정한다.
list-max-listpack-size	리스트 노드당 추가할 수 있는 최대 요소의 개수 또는 최대 크기를 지정한다. 양수인 경우 요소의 개수를 의미하고, 음수인 경우 해당 크기를 나타낸다.
zset-max-listpack-entries	Sorted Set형으로 listpack 내부 인코딩을 선택할 때 충족해야 하는 엔트리 수의 최대값을 설정한다.
zset-max-listpack-value	Sorted Set형으로 listpack 내부 인코딩을 선택할 때 충족해야 하는 값의 최대 크기를 설정한다.

표 5-27 내부 인코딩 관련 지시자(레디스 7.0 이전)

지시자	상세 설명
hash-max-ziplist-entries	Hash형으로 ziplist 내부 인코딩을 선택할 때 충족해야 하는 엔트리 수의 최대값을 설정한다.
hash-max-ziplist-value	Hash형으로 ziplist 내부 인코딩을 선택할 때 충족해야 하는 값의 최대 크기를 설정한다.
list-max-ziplist-size	리스트 노드당 추가할 수 있는 최대 요소 수 또는 최대 크기를 설정한다. 양수인 경우 요소 수를 의미하고, 음수인 경우 해당 크기를 나타낸다.
zset-max-ziplist-entries	Sorted Set형으로 ziplist 내부 인코딩을 선택할 때 충족해야 하는 엔트리 수의 최대값을 설정한다.

zset-max-ziplist-value	Sorted Set형으로 ziplist 내부 인코딩을 선택할 때 충족해야 하는 값의 최대 크기를 설정한다.

레디스 7.0 이전에는 List형, Hash형, Sorted Set형에 ziplist를 사용했지만, 레디스 7.0 이후에는 listpack을 사용합니다.

표 5-28 내부 인코딩 관련 지시자(레디스 7.0 이전과 이후 공통)

지시자	상세 설명
list-compress-depth	리스트 양쪽 끝에서 압축 대상에서 제외되는 리스트의 깊이를 설정한다.
set-max-intset-entries	Set형으로 intset 내부 인코딩을 선택할 때, 모든 요소가 정수이며 충족해야 하는 엔트리 수의 최대값을 설정한다.
hll-sparse-max-bytes	HyperLogLog로 Sparse 내부 인코딩을 선택할 때 충족해야 하는 최대 크기를 설정한다.
stream-node-max-bytes	레디스 스트림에서 끝에 엔트리를 추가하기 위해 충족해야 하는 최대 크기를 설정한다.
stream-node-max-entries	레디스 스트림에서 끝에 엔트리를 추가하기 위해 충족해야 하는 최대 엔트리 수를 지정한다.

표 5-29 CPU Affinity 관련 지시자(레디스 6.0 이후)

지시자	상세 설명
server_cpulist	레디스 서버 및 I/O 스레드에 사용할 CPU 목록을 지정한다.
bio_cpulist	bio 스레드에 사용할 CPU 목록을 지정한다.
aof_rewrite_cpulist	AOF 재작성 자식 프로세스에 사용할 CPU 목록을 지정한다.
bgsave_cpulist	BGSAVE 명령을 실행하는 자식 프로세스에 사용할 CPU 목록을 지정한다.

일반적으로 리눅스 커널이 프로세스 및 스레드를 어떤 CPU 프로세서에서 실행할지 결정하지만 사용자가 CPU 친화성Affinity을 제어함으로써 서버의 성능을 최대한 끌어올릴 수 있습니다. CPU 친화성 관련 지시자는 설정 파일을 통해 지정하고 제어할 수 있습니다. 또한 CPU 친화성은 taskset 명령어(유닉스 명령어)를 통해서도 조절할 수 있으며, CPU 리스트의 기술 방식은 taskset 명령어와 동일합니다.

표 5-30 셧다운 시 동작 관련 지시자(레디스 7.0 이후)

지시자	상세 설명
shutdown-timeout	셧다운 시 데이터 손실을 방지하기 위해 지정한 시간만큼 대기한 후, 지연된 레플리카와 싱크를 맞추는 시간을 제공한다.
shutdown-on-sigint	SIGINT를 받았을 때 셧다운 동작을 제어한다(default, save, nosave, now, force).
shutdown-on-sigterm	SIGTERM을 받았을 때 셧다운 동작을 제어한다(default, save, nosave, now, force).

표 5-31 어떤 분류에도 속하지 않은 지시자

지시자	상세 설명
include	설정 파일을 여러 개로 나눈 경우, 별도의 파일 읽기를 진행한다. 중복되는 지시자가 있는 경우 마지막 것으로 덮어쓴다.
loadmodule	시작 시 모듈을 적재한다. 복수 지정이 가능하다.
databases	데이터베이스 수를 지정한다. 권장하지 않는 기능이다.
always-show-logo	레디스 시작 시 ASCII 아트 로고를 표시할지 여부를 결정한다.
crash-log-enabled	(레디스 6 이상) 내장된 충돌 로그 기능을 비활성화할 때 사용한다.
crash-memcheck-enabled	(레디스 6 이상) 내장된 충돌 로그를 출력할 때 실행되는 메모리 검사를 비활성화할 때 사용한다. 레디스를 더 빨리 종료하고 싶을 때 사용한다.
set-proc-title	(레디스 6 이상) top 명령어나 ps 명령어로 출력되는 프로세스 정보에 런타임 정보를 추가하는 등 타이틀 변경 작업을 비활성화할 때 사용한다.
proc-title-template	(레디스 6 이상) 프로세스 정보로 표시될 프로세스 타이틀 템플릿을 설정할 때 사용한다.
ignore-warnings	(레디스 6 이상) 시스템 상태가 좋지 않을 경우 경고를 출력하여 시작하지 못하는 경우, 억제할 경고 목록을 스페이스로 구분하여 지정할 수 있다.
gopher-enabled	(레디스 6 한정) 보너스 또는 장난 같은 기능으로, 텍스트 기반 검색 시스템 Gopher를 활성화한다. 레디스 10주년에 추가되었다.[64]

---

64 https://redis.io/docs/reference/gopher/

5.6 보안

레디스는 신뢰할 수 있는 환경에서만 접근할 수 있도록 설계되었습니다. 완전한 인증 기능이나 접근 제어는 고려되지 않았고, 성능의 극대화 및 구현의 단순성에 초점을 맞춰 개발되었습니다.[65][66]

신뢰할 수 없는 환경에서 레디스에 접근할 때는 ACL^Access Control List(접근 제어 목록) 기능을 사용하거나 사용자 입력을 검증하는 중간 계층을 추가하는 방식을 권장합니다. 이러한 방법들을 통해 의도치 않은 접근으로 인한 취약점을 방지합니다.

일반적으로 ACL 기능은 특정 리소스에 대해 접근 권한과 가능한 작업을 지정한 목록으로 제어합니다. 레디스는 버전 6부터 ACL 기능을 지원하며, 독립적으로 사용할 수 있습니다. ACL 기능은 신뢰할 수 없는 환경으로부터의 접근을 방지하는 데 사용할 수 있으며, 신뢰할 수 있는 환경에서 접근하더라도 최소한의 접근 수준만 부여하여 보안을 강화할 수 있습니다. 사용자 입력을 검증하는 계층의 역할은 웹 애플리케이션 등이 맡게 됩니다.

5.6.1 보안 설정

네트워크 보안 설정은 여러 관점에서 살펴볼 필요가 있는데, 각 내용을 모두 검토하는 것이 좋습니다.

네트워크 보안

bind 지시자를 통해 IP 주소를 지정할 수 있습니다.

데이터 전송 시 암호화는 OSS 버전의 레디스에서는 6.0 이상부터 사용할 수 있습니다.[67][68]

---

65 https://redis.io/docs/latest/operate/oss_and_stack/management/security/
66 http://antirez.com/news/96
67 https://redis.io/docs/latest/operate/rc/security/encryption-at-rest/
68 http://www.antirez.com/news/131

69 이전 버전에서는 Spiped[70]나 stunnel[71]과 같은 도구를 설치하여 전송 시 암호화를 지원해야 했습니다. ElastiCache와 같은 관리형 서비스는 6.0 이전 버전에서도 저장 시 암호화 기능에 더해 전송 시 TLS 통신 기능을 제공하기도 합니다.[72][73] TLS 기능을 사용하려면 클라이언트 측에서도 이 기능을 지원해야 하므로 사용하는 클라이언트에 TLS 관련 옵션이 있는지 확인해야 합니다. redis-cli 명령어는 --tls 옵션을 사용합니다. 클라이언트가 TLS를 지원하지 않는 경우, 앞서 언급한 Spiped나 stunnel과 같은 프록시를 사용할 수도 있습니다. 예를 들어, 6.0 이전에는 redis-cli 명령어가 TLS를 지원하지 않지만, 이 프록시를 사용하면 TLS 통신이 가능해집니다.

또한 기본적으로 보호 모드Protected mode가 활성화되어 있습니다. 이 모드가 활성화되어 있을 때는 루프백 인터페이스와 유닉스 도메인 소켓에서만 접근할 수 있습니다.

명령어 제한

외부로부터 명령어 실행을 방지하기 위해 특정 명령어를 비활성화할 수 있습니다.[74] 명령어 이름을 예측할 수 없는 이름으로 변경하는 방식으로 실행됩니다. 예를 들어, 일반 사용자에게 필요하지 않은 CONFIG/FLUSHALL/FLUSHDB 같은 명령어의 실행을 제한합니다.

rename-command 지시자를 사용하여 rename-command CONFIG b840fc02d524045429941cc15f59e41cb7be6c52와 같이 설정 파일에 기록합니다. 명령어 이름 변경에는 CONFIG 명령어가 사용됩니다. 그러나 레디스 6.0 이후에는 ACL 기능으로 이러한 요구사항을 충족시킬 수 있으므로 rename-command는 곧 폐지될 예정입니다.

일부 관리형 서비스에서는 CONFIG 명령어를 제한하는 경우도 있습니다. 예를 들어 Elasti

---

69 http://antirez.com/news/132

70 http://www.tarsnap.com/spiped.html

71 https://www.stunnel.org/

72 https://docs.aws.amazon.com/AmazonElastiCache/latest/red−ug/in−transit−encryption.html

73 https://docs.aws.amazon.com/AmazonElastiCache/latest/red−ug/at−rest−encryption.html

74 암호 통화 마이닝을 사용해서 미인증 상태의 레디스 서버를 노리는 공격 사례가 나타나고 있습니다.
https://github.com/redis/redis/issues/4791
https://thehackernews.com/2022/09/over−39000−unauthenticated−redis.html

Cache는 5.0.3 이후 rename-commands 매개변수를 제공하며, 이를 통해 명령어 이름을 변경할 수 있습니다.[75]

인증

레디스에서는 requirepass 명령어를 통해 설정 파일에 패스워드를 설정함으로써 인증할 수 있는 기능을 제공합니다. 클라이언트는 AUTH 명령어를 사용하여 패스워드를 지정하고 연결합니다. 그러나 AUTH 명령어의 전송 자체는 암호화되지 않기 때문에 도청에는 효과가 없습니다.

레디스 6.0 이상에서는 ACL 기능도 사용할 수 있습니다. 이 기능을 통해 사용자를 생성하고 인증 패스워드를 설정할 수 있으며, 실행할 명령어와 접근 가능한 키 연결을 세밀하게 제한할 수 있게 되었습니다. 이 기능은 신뢰할 수 없는 환경에서 접근하는 것을 방지하고, 신뢰할 수 있는 클라이언트의 접근도 최소한의 수준으로 제한함으로써 보안을 강화할 수 있습니다.[76][77] 이를 통해 소프트웨어 오류나 사람의 실수로 발생할 수 있는 데이터 및 설정 손실을 방지하여 안전성을 높일 수도 있습니다.

requirepass 명령어를 사용한 패스워드 설정 방법은 여전히 유효하지만 기본 사용자인 default 사용자에게 적용되는 형태로 작동합니다. 또한 ACL 기능 도입 이전에는 rename-command 지시자 기능을 사용하여 명령어를 비활성화하는 방법이 사용되었지만, 이제는 ACL 기능을 통해 동일한 효과를 낼 수 있습니다. ElastiCache에서는 AWS IAM[Identity and Access Management]을 인증 수단으로 사용할 수 있습니다(레디스 7.0 이상).

외부 클라이언트에서 공격

외부 클라이언트가 시스템 취약점을 노리고 만든 특별한 데이터로 공격할 수도 있습니다. 예를 들어, 해시 테이블에서 동일한 버킷으로 해시되는 문자열을 입력하여 CPU 소모의 복잡도

---

[75] https://docs.aws.amazon.com/AmazonElastiCache/latest/red-ug/supported-engine-versions.html
[76] https://redis.io/docs/latest/operate/oss_and_stack/management/security/acl/
[77] http://antirez.com/news/131

가 $O(N)$만큼 증가하거나, DoS 공격을 유발할 수도 있습니다. 이를 방지하기 위해 실행할 때마다 의사 난수Pseudo Random 함수의 시드를 사용하는 방법이 있습니다. SORT 명령어(qsort 알고리즘)는 현재 완전히 랜덤화되지 않았기 때문에 입력에 따라서는 최악의 경우가 될 수 있습니다.

문자열 이스케이핑Escaping 및 NoSQL 삽입에 대한 고려도 필요합니다. 레디스 프로토콜에서는 문자열 이스케이핑 개념이 없어 일반적으로는 삽입을 할 수 없지만 신뢰할 수 없는 소스를 사용한 루아 스크립트의 본문을 작성하는 것을 피해야 합니다.

코드 보안

레디스는 버퍼 오버플로우, 포맷 버그, 기타 메모리 손상 문제를 방지하기 위해 설계되었습니다. 그러나 CONFIG 명령어를 통해 RDB 파일 디렉터리 등의 경로를 변경할 수 있으므로 이것이 보안 문제로 이어질 수 있습니다. 레디스 운영에는 기본적으로 루트 권한이 필요하지 않습니다. 이때는 불필요한 권한이 없는 레디스 전용 사용자를 생성하여 이 사용자의 권한으로 운영함으로써 대처할 수 있습니다.

5.6.2 ACL 기능

레디스 6.0부터 도입된 ACL 기능을 통해 레디스에서도 접근 제한 기능을 구현할 수 있게 되었습니다.[78] 이는 보안 측면에서 매우 중요한 기능이므로 자세하게 설명합니다.

레디스는 지금까지 성능과 편의성을 위해 신뢰할 수 있는 환경에서의 접근만을 허가하는 보안 모델을 채택했습니다. 그러나 최근에는 엔터프라이즈 환경처럼 접근 권한이 엄격하게 관리되는 환경도 많습니다. 이런 상황을 반영해서 레디스 6.0에서 ACL을 사용할 수 있게 되면서 더 다양한 환경에서 보안 모델을 도입하기 쉬워졌습니다.

---

78 ElastiCache에서는 ACL기능을 지원하기 위해 RBAC(Role-Based Access Control)를 제공합니다. 다른 클라우드를 사용하는 경우에는 각각의 클라우드에서 어떻게 ACL 기능을 사용할 수 있는지에 대해서는 관련 문서를 확인하기 바랍니다.

ACL의 주요 유스케이스는 다음과 같습니다.

1. 신뢰할 수 없는 클라이언트에게는 접근을 허용하지 않고, 신뢰할 수 있는 클라이언트에게만 최소한의 접근 권한을 부여합니다.
2. 사용자의 실수를 예방합니다.
3. 관리형 서비스입니다.

1번의 경우, 특정 목적으로 연결된 클라이언트가 사용할 수 있는 명령어나 키만을 지정하여 접근을 허용할 수 있습니다. 예를 들어, 읽기 전용 클라이언트에게는 읽기 권한만 부여하는 용도를 생각해볼 수 있습니다. ACL 기능을 통해 키 접두사를 설계함으로써 기밀 정보에는 일부 사용자만 접근하게 할 수 있습니다.

2번의 경우, 소프트웨어 버그로 인해 의도하지 않은 키 조작을 방지합니다. 또는 실제 운영환경의 레디스 서버에 로그인 중 실수로 KEYS 명령어와 같은 무거운 처리를 실행하거나, FLUSHALL 명령어를 실행하여 데이터베이스 내의 데이터를 삭제하는 등의 운영 실수를 방지합니다. 인간의 실수를 완전히 막기란 어려운 일이기 때문에 실수해도 문제가 되지 않도록 시스템 측면에서 준비하는 것이 중요합니다.

3번의 경우, 다양한 클라우드 제공 업체나 관리형 서비스로서 레디스가 제공되는 경우, 제공 업체 측에서 일부 관리하고 있어 사용자 측에서는 일부 명령어나 하위 명령어가 제한될 수 있습니다. 이러한 용도에도 ACL 기능을 활용할 수 있습니다.

레디스의 ACL 기능은 실행 가능한 명령어, 접근 가능한 Pub/Sub 채널 이름, 접근 가능한 키 범위 등 크게 세 가지 관점에서 접근을 제어합니다. 이전에는 requirepass 지시자를 사용하여 패스워드를 설정했지만, ACL 기능으로 동일한 기능을 구현할 수 있습니다. requirepass 지시자는 호환성을 위해 남아있을 뿐, ACL 기능과 동시에 사용할 수는 없습니다. 이전에는 명령어를 비활성화하기 위해 rename-command 명령어를 사용하여 CONFIG 같은 중요한 명령어를 다른 이름으로 변경하여 사용했으나, 이제는 ACL 기능으로 이를 대체할 수 있고, rename-command는 현재 사용을 권장하지 않습니다.

레디스 7.0 이후에는 ACL 버전 2로 기능이 개선되었습니다. 호환성을 지원하므로 기존과 동일하게 사용할 수 있습니다. 버전 2에는 크게 다음과 같은 기능이 추가되었습니다.

- 한 사용자에게 여러 독립적인 규칙을 지정할 수 있는 선택자^{Selectors} 기능이 추가되었습니다.
- 읽기 전용 혹은 쓰기 전용을 지정할 수 있는 키 허용^{Key Permissions} 기능이 추가되었습니다.

이러한 ACL 기능을 통해 구현할 수 있는 제어 내용의 자세한 사항과 설정 방법을 확인하겠습니다.

ACL 기능을 통한 제어 내용

실제 사례를 살펴봅니다. ACL LIST 명령어를 실행하여 레디스 서버 내에 사용 가능한 사용자 및 각 접근 제어 상세 내용을 확인합니다. 기본 상태는 default라는 사용자 이름으로 패스워드 인증 없이 모든 키에 모든 명령어를 실행할 수 있는 상태입니다. 이 default 사용자는 ACL 기능이 생기기 이전 레디스 버전과 호환되기 위해 제공됩니다.

```
127.0.0.1:6379> ACL LIST
1) "user default on nopass ~* &* +@all"
```

ACL 기능의 각 사용자에 설정된 ACL 규칙은 다음과 같은 포맷으로 구성되어 있습니다.

```
user USERNAME <on/off> [sanitize-payload/skip-sanitize-payload] PASSWORD ~KEY_
PATTERN &PUBSUB_PATTERN <+/->COMMAND_PATTERN
```

각 항목은 어떤 순서로든 지정할 수 있지만, 실제 사용자에게 적용되는 규칙은 왼쪽에서 오른쪽 순으로 해석됩니다. 규칙의 순서가 중요하다는 것을 기억하기 바랍니다.

user USERNAME에서 USERNAME 부분에는 실제 사용할 사용자 이름을 명시합니다. 이전 예시에서는 default 사용자를 선언하고 있습니다. <on/off> 부분에서는 해당 사용자를 활성화(on) 또는 비활성화(off)합니다.

레디스 6.2부터는 sanitize-dump-payload 명령어를 사용하여 RDB 파일을 읽거나 RESTORE

명령어를 실행할 때 검사 여부를 제어할 수 있습니다. clients 값을 설정한 경우는 다음 조건을 제외하곤 사용자 검사를 실행합니다.

- RDB 파일이나 마스터 연결에서 RESTORE 명령어
- ACL 기능으로 skip-sanitize-payload 플래그를 부여받은 사용자

ACL 기능은 기본적으로 sanitize-payload가 적용되어 있습니다.

PASSWORD 부분에서는 사용자의 패스워드를 설정합니다. 예를 들어, P@ssw0rd와 같은 패스워드를 설정하는 경우에는 >P@ssw0rd처럼 작성합니다. 각 사용자는 여러 개의 패스워드를 설정할 수 있습니다. 삭제하는 경우에는 <P@ssw0rd처럼 설정하여 삭제합니다.[79] SHA256으로 해싱한 패스워드를 추가하거나 제거할 수도 있습니다. 패스워드 추가는 #HASHED_PASSWORD, 삭제는 !HASHED_PASSWORD처럼 앞에 '#'과 '!'를 붙입니다. 최대 64글자까지 소문자이면서 16진수로 표기 가능한 문자열만 사용할 수 있습니다. nopass를 사용한 경우, 사용자에게 설정된 패스워드 정보가 삭제됩니다. 한 명의 사용자에게 여러 개의 패스워드를 설정하고자 하는 경우에는 패스워드를 온라인으로 갱신할 수 있습니다. resetpass를 사용한 경우, 사용자에게 설정된 패스워드 정보가 삭제됩니다. 한 명의 사용자에게 여러 개의 패스워드를 설정하고자 하는 경우에는 패스워드를 온라인으로 갱신할 수 있습니다. 이때, 기존 패스워드로 접속중인 상황에서 새로운 패스워드를 추가로 설정합니다. 그 후, 애플리케이션 측의 클라이언트에 설정된 패스워드를 새로 교체한 다음, ACL 기능에서 기존 패스워드 정보를 삭제함으로써 업데이트할 수 있습니다.

~KEY_PATTERN 부분은 접근을 허용할 키의 범위를 지정합니다. 예를 들어, 이름이 sess:으로 시작하는 키에 대한 접근을 제한하려면 ~sess:*와 같이 작성합니다. 모든 키에 대한 접근을 허용하려면 ~* 또는 allkeys라고 작성합니다. resetkeys는 이전에 허용한 모든 키에 대한 접근을 취소합니다.

레디스 6.2부터 &PUBSUB_PATTERN 부분을 통해 Pub/Sub 기능에서 사용자가 접근할 수 있는 채널의 범위를 지정할 수 있으며, 모든 채널에 대한 접근을 허용하려면 &* 또는 allchannels

---

79 실제로 패스워드를 설정할 때는 예시에 나온 기본 패스워드처럼 복잡한 패스워드로 설정해야 합니다.

라고 지정합니다.

<+/->COMMAND_PATTERN 부분은 접근을 허용할 명령어를 지정합니다. 예를 들어, GET 명령어를 허용하려면 +get으로 표시하고, 허용을 취소하려면 -get으로 표시합니다. 특정 명령어의 하위 명령어만 추가하려면 명령어 이름 뒤에 | 구분자와 함께 하위 명령어를 지정합니다. 예를 들어, CLIENT SETNAME 명령어의 경우 +client|setname처럼 지정합니다. 레디스 7.0 미만에서는 -을 사용해 삭제하도록 지정할 수 없기 때문에 -나 |를 사용하려면 레디스 7.0 이상 버전을 사용해야 합니다.

+ 또는 - 뒤에 @을 사용하여 명령어 카테고리 단위로 접근을 허용 또는 삭제할 수 있습니다. 예를 들어, 모든 명령어를 허용하려면 +@all이라고 지정합니다. 사용 가능한 다른 카테고리는 ACL CAT 명령어로 확인할 수 있습니다.

```
127.0.0.1:6379> ACL CAT
 1) "keyspace"
 2) "read"
 3) "write"
 4) "set"
 5) "sortedset"
 6) "list"
 7) "hash"
 8) "string"
 9) "bitmap"
 1) "hyperloglog"
 2) "geo"
 3) "stream"
 4) "pubsub"
 5) "admin"
 6) "fast"
 7) "slow"
 8) "blocking"
 9) "dangerous"
10) "connection"
```

```
11) "transaction"
12) "scripting"
```

각 카테고리에 포함된 명령어는 ACL CAT <CATEGORY_NAME> 형태로 지정하여 확인합니다. 다음은 keyspace 카테고리에 포함된 명령어를 확인하는 예시입니다.

```
127.0.0.1:6379> ACL CAT keyspace
 1) "expireat"
 2) "ttl"
 3) "expire"
 4) "pexpireat"
 5) "persist"
 6) "scan"
 7) "migrate"
 8) "rename"
 9) "dbsize"
10) "flushdb"
11) "exists"
12) "restore-asking"
13) "type"
14) "copy"
15) "object¦freq"
16) "object¦encoding"
17) "object¦idletime"
18) "object¦help"
19) "object¦refcount"
20) "pexpiretime"
21) "flushall"
22) "restore"
23) "move"
24) "expiretime"
25) "keys"
26) "unlink"
27) "renamenx"
28) "dump"
```

29) "touch"
30) "randomkey"
31) "swapdb"
32) "pexpire"
33) "pttl"
34) "del"

---

allcommands는 +@all, nocommands는 -@all의 별칭으로 사용할 수 있습니다.

reset은 사용자 생성 후와 같은 상태를 유지하기 위한 명령어입니다. 즉, resetpass, resetkeys, off, -@all을 모두 실행한 상태가 됩니다.

지금까지의 설명을 다시 떠올리면서, 기본 상태로 생성한 default 사용자의 상태를 다시 확인해봅니다. user default on nopass ~* &* +@all과 같이 지정되어 있는 것을 확인할 수 있습니다. default라는 사용자 이름에 패스워드 인증 없이, 모든 키에 대해 모든 명령어를 실행할 수 있는 상태라는 것을 알 수 있습니다.

ACL 기능 설정 방법

ACL 기능을 제어하는 방법은 크게 세 가지가 있습니다.

1. ACL SETUSER 명령어를 사용합니다.
2. 설정 파일에 user 지시자를 지정합니다.
3. 설정 파일에 aclfile 지시자를 통해 acl.conf와 같은 외부 파일을 지정합니다.

예를 들어 보겠습니다. 읽기 전용 사용자를 만들고 싶을 때는 ACL SETUSER 명령어를 사용하여 ACL SETUSER myuser on >P@ssw0rd ~* +@read처럼 실행합니다. 설정 파일에 user 지시자를 지정하는 경우, user myuser on >P@ssw0rd ~* +@read와 같이 행을 추가합니다.

aclfile 지시자를 사용하여 acl.conf 같은 별도의 ACL 파일을 지정하는 방법의 경우, user 지시자를 줄바꿈으로 나열한 것을 acl.conf 등의 파일에 기록합니다. 기록된 파일을 aclfile /etc/redis/acl.conf와 같이 지정합니다. 설정 파일에 user 지시자를 직접 기록하는 방법과

ACL 파일을 aclfile 지시자로 지정하는 방법은 동시에 사용할 수 없습니다. 따라서 간단한 유스케이스에는 전자를 사용하고, 여러 사용자를 지정하는 등의 환경에서는 후자를 사용하는 등의 방침으로 사용을 구분합니다.

레플리케이션 기능에서 전용 사용자를 생성하여 명령어를 제한하고 싶은 경우는 다음과 같이 실행합니다.

```
ACL setuser replica-user on >somepassword +psync +replconf +ping
```

다음으로 myuser라는 사용자 이름으로 패스워드는 P@ssw0rd, 모든 키에 접근을 허용하는 읽기 전용 사용자를 만드는 예시를 설명합니다.

ACL SETUSER myuser on > P@ssw0rd ~* +@read 명령어를 실행합니다.

```
127.0.0.1:6379> ACL SETUSER myuser on >P@ssw0rd ~* +@read
OK
```

ACL LIST 명령어를 실행하면 사용자 정보와 접근 제어 정보 내용을 확인할 수 있지만, myuser 사용자 정보도 추가된 것을 알 수 있습니다.

```
127.0.0.1:6379> ACL LIST
1) "user default on nopass ~* &* +@all"
2) "user myuser on #b03ddf3ca2e714a6548e7495e2a03f5e824eaac9837cd7f159c67b90fb
4b7342 ~* resetchannels -@all +@read"
```

또한 ACL SETUSER myuser +set과 SETUSER myuser +get 명령어처럼 ACL SETUSER 명령어를 여러 번 실행한 경우, +set과 +get 양쪽에서 확인 가능한 형태가 됩니다.

레디스 7.0 이후 설정한 ACL이 실제 기능하는지 확인하기 위한 '드라이 런Dry Run'이라는 추가 기능도 있습니다. 다음과 같이 DRYRUN 하위 명령어를 실행하면 실제 실행한 명령어에 영향 받지 않고, ACL을 통해 규칙을 통과하는지 확인할 수 있습니다.

```
127.0.0.1:6379> ACL DRYRUN myuser SET key1
(error) ERR wrong number of arguments for 'set' command
```

생성된 사용자는 AUTH <USERNAME> <PASSWORD>와 같은 형태로 사용자 이름과 패스워드를 인수로 하여 AUTH 명령어를 실행합니다. ACL 기능이 없었을 때는 AUTH <PASSWORD>처럼 AUTH 명령어는 패스워드만 인수로 받는 형태였지만, 현재는 호환성을 위해 양쪽 포맷을 지원합니다.

```
127.0.0.1:6379> AUTH myuser P@ssw0rd
OK
```

잘못된 패스워드로 로그인하면 어떻게 되는지도 확인합니다. 사용자 이름과 패스워드 조합이 다른 경우, 사용자가 비활성화되는 것을 오류문으로 확인할 수 있습니다.

```
127.0.0.1:6379> AUTH myuser wrongpassword
(error) WRONGPASS invalid username-password pair or user is disabled.
```

또한 ACL 기능으로 보안 이벤트 목록을 확인할 수 있습니다. ACL LOG 명령어를 실행하면, 이벤트 목록을 확인할 수 있습니다. 인증에 실패한 정보나 접속한 클라이언트 정보 등 자세한 내용을 확인할 수 있습니다. 명령어 실행이 거부된 경우나 인증에 실패한 경우 등은 로그에 기록되고, 메모리에서 유지됩니다.

```
127.0.0.1:6379> ACL LOG
1) 1) "count"
   1) (integer) 1
   2) "reason"
   3) "auth"
   4) "context"
   5) "toplevel"
   6) "object"
   7) "AUTH"
   8) "username"
```

```
  1)  "myuser"
  2)  "age-seconds"
  3)  "28.617999999999999"
  4)  "client-info"
  5)  "id=3 addr=127.0.0.1:48490 laddr=127.0.0.1:6379 fd=8 name= age=192
idle=0 flags=N db=0 sub=0 psub=0 ssub=0 multi=-1 qbuf=46 qbuf-free=20428
argv-mem=23 multi-mem=0 rbs=1024 rbp=0 obl=0 oll=0 omem=0 tot-mem=22319
events=r cmd=auth user=myuser redir=-1 resp=2"
```

허용되지 않은 쓰기 명령어를 실행하면, 권한이 없다는 오류문이 반환됩니다.

```
127.0.0.1:6379> SET samplekey test
(error) NOPERM this user has no permissions to run the 'set' command
```

ACL LOG 명령어로, 명령어 실패에 대한 내용도 추가로 기록됩니다.

```
  1)  1)  "count"
      2)  (integer) 1
      3)  "reason"
      4)  "command"
      5)  "context"
      6)  "toplevel"
      7)  "object"
      8)  "set"
      9)  "username"
     10)  "myuser"
     11)  "age-seconds"
     12)  "16.823"
     13)  "client-info"
     14)  "id=4 addr=127.0.0.1:48492 laddr=127.0.0.1:6379 fd=8 name= age=74
idle=0 flags=N db=0 sub=0 psub=0 ssub=0 multi=-1 qbuf=38 qbuf-free=20436
argv-mem=16 multi-mem=0 rbs=1024 rbp=0 obl=0 oll=0 omem=0 tot-mem=22312
events=r cmd=set user=myuser redir=-1 resp=2 "
```

보안 이벤트로 유지되는 엔트리의 최대 개수는 acllog-max-len 지시자로 제어할 수 있으며, 기본값은 128입니다. ACL LOG RESET 명령어를 실행하면 ACL 로그를 초기화합니다.

▬— 선택자

ACL에서 여러 규칙을 지정한 경우, 규칙의 순서가 중요합니다. 왼쪽에서 오른쪽 순으로 따라가며 해석됩니다. 즉, 일련의 규칙 사이에는 의존 관계가 있습니다. 이때 OR 조건을 적용하고 싶은 경우가 있을 수 있습니다. 가령, sample-과 test- 접두사를 가진 키에 대해서만 SET 명령어를 허용하고, sample- 접두사를 가진 키들만 GET 명령어를 허용하는 경우, ACL에서 선택자 기능을 사용할 수 있습니다(레디스 7.0 이후). 첫 번째 루트 권한 다음에, 선택자라고 불리는 것을 괄호로 둘러싸서 지정합니다. 아래 실행 예는 +SET ~test-*를 루트 권한으로 하고, 선택자로 +SET ~sample-*와 +GET ~sample-*를 지정하고 있습니다.

```
127.0.0.1:6379> ACL SETUSER myuser on >P@ssw0rd +SET ~test-* (+SET ~sample-*)
(+GET ~sample-*)
OK
```

앞의 명령어를 실행하면 접두사가 sample-과 test-인 키만 SET 명령어를 실행할 수 있으며 다른 접두사인 key-1 키로는 실행할 수 없습니다.

```
127.0.0.1:6379> AUTH myuser P@ssw0rd
OK
127.0.0.1:6379> SET test-1 value-1
OK
127.0.0.1:6379> SET sample-1 value-1
OK
127.0.0.1:6379> SET key-1
(error) ERR wrong number of arguments for 'set' command
```

한 번 추가한 선택자는 나중에 변경할 순 없지만, clearselectors 키워드로 모두 삭제할 수는 있습니다.

■── 키 허용

~KEY_PATTERN 형식을 사용해 키에 대한 접근 범위를 지정합니다. 여기서 ~는 키 패턴 앞에 붙습니다. 레디스 7.0 이상에서는 %PERMISSION~KEY_PATTERN 형태로 지정하여, %와 함께 권한의 종류를 지정할 수 있습니다. 읽기와 쓰기는 각각 %R과 %W를 사용합니다. 이들을 조합하여 지정할 수도 있으며, %RW~KEY_PATTERN처럼 지정하면 ~KEY_PATTERN과 동일한 의미가 됩니다.

다음 실행 예시는 %W~sample-*처럼 지정하여 sample- 접두사가 붙은 키에 대해 쓰기 작업은 가능하지만 읽기 작업은 할 수 없도록 설정하고 있습니다.

```
127.0.0.1:6379> ACL SETUSER myuser on >P@ssw0rd +@all %W~sample-*
OK
```

기대한 대로 동작하는지 확인할 수 있습니다.

```
127.0.0.1:6379> AUTH myuser P@ssw0rd
OK
127.0.0.1:6379> SET sample-1 value-1
OK
127.0.0.1:6379> GET sample-1
(error) NOPERM this user has no permissions to access one of the keys used as
arguments
```

ACL 기능 관련 명령어

현재 사용하는 ACL 기능 관련 명령어의 종류는 다음과 같습니다.

표 5-32 ACL 기능 관련 명령어

명령어	설명
ACL CAT	명령어 제어에 사용 가능한 카테고리 목록을 표시한다. 인수로 카테고리를 지정한 경우, 지정한 카테고리에서 사용할 수 있는 명령어 목록을 표시한다.
ACL DELUSER	ACL 사용자를 삭제한다. 삭제된 사용자가 접속 중인 경우에는 접속을 종료한다.
ACL DRYRUN	인수로 지정한 명령어를 실제로 실행하지 않고, 설정한 ACL을 통해 통과 여부를 확인할 수 있다(레디스 7.0 이상).
ACL GENPASS	SHA256로 해싱한 패스워드를 생성한다. 옵션에서 인수로 숫자를 지정한 경우, 그 비트 수만큼 패스워드를 생성한다.
ACL GETUSER	ACL 사용자의 상세 정보를 표시한다.
ACL HELP	ACL 명령어 사용법 및 하위 명령어 내용을 표시한다.
ACL LIST	ACL 사용자 목록 및 각 ACL 규칙을 표시한다.
ACL LOAD	ACL 파일에서 ACL 사용자를 불러온다.
ACL LOG	ACL 로그 엔트리를 표시한다. 인수로 숫자를 지정한 경우, 그 수만큼 과거 로그를 표시한다. 인수로 RESET을 지정하여 ACL 로그를 삭제한다.
ACL SAVE	현재 설정을 ACL 파일에 저장한다.
ACL SETUSER	사용자를 추가하거나 권한을 변경한다.
ACL USERS	ACL 사용자 목록을 표시한다.
ACL WHOAMI	현재 접속된 사용자 이름을 표시한다.

5.7 벤치마크

레디스 처리 속도는 CPU, 네트워크 대역폭, 데이터 크기, 캐시 히트율, RTT 등 다양한 요인의 영향을 받습니다. 레디스를 사용할 때는 애플리케이션의 특성을 고려하여 처리 속도를 확인하는 것이 중요합니다.

레디스에 포함된 redis-benchmark 명령어를 사용하면 앞서 언급한 요소들에 대한 벤치마크를 수행할 수 있습니다.[80] 실제 애플리케이션 상황을 고려하여 레디스 클라이언트 수, 데이터 크기, 사용하는 명령어 등을 변경하며 상황을 설정할 수 있습니다. 또한 파이프라인을 사용할 때의 성능 향상 정도도 확인할 수 있습니다. 이 결과를 바탕으로 레디스 서버의 다양한 메트릭의 경향과 문제 발생 여부를 검토할 수 있습니다.

실제 애플리케이션 관점에서 평가할 때는 애플리케이션과 동일한 호스트에서 테스트하면 보다 실제에 가까운 상황을 확인할 수 있습니다.

redis-benchmark 명령어는 다양한 옵션이 있으며, --help 옵션을 사용하면 실행 방법과 예시를 포함하여 옵션의 상세 내용을 확인할 수 있습니다.

표 5-33 redis-benchmark 명령어 옵션

옵션	설명	기본값
-h	레디스 서버 호스트 이름을 지정한다.	127.0.0.1
-p	레디스 서버 포트 번호를 지정한다.	6379
-s	서버 소켓을 지정한다.	
-a	인증 패스워드를 지정한다.	
--user	인증 사용자(ACL 기능)를 지정한다.	
-u	Server URI을 지정한다.	
-c	병렬 접속할 클라이언트 수를 지정한다.	50
-n	요청 총 합계를 지정한다.	100000
-d	SET/GET 명령어를 수행할 때 전송할 데이터의 크기를 바이트 단위로 지정한다.	3
--dbnum	지정한 데이터베이스 번호를 지정한다.	0
-3	RESP3 프로토콜 모드로 세션을 시작한다.	
--threads	멀티 스레드를 활성화한다.	
--cluster	클러스터 모드를 활성화한다.	

---

80 https://redis.io/docs/reference/optimization/benchmarks/

--enable-tracking	클라이언트 추적을 활성화한다.	
-k	Keep alive 사용 유무를 지정한다.	1
-r	SET, GET, INCR, LPUSH 등 명령어에 사용될 키 공간 크기를 설정한다(예) SET 명령어의 경우 사용될 값의 다양성을 설정한다).	
-P	파이프라인에서 처리될 요청 수를 설정한다.	1
-q	출력 내용 요약 및 각 명령어의 초당 요청 수만 표시한다.	
--precision	지연 시간 출력에 표시될 소수점 이하 자릿수를 설정한다.	
--csv	CSV 형식으로 결과를 출력한다.	
-l	redis-benchmark 명령을 멈추지 않고 무한히 수행한다.	
-t	벤치마크에 사용할 명령어 목록을 지정한다. 여러 개의 명령어를 테스트 할 경우 콤마로 구분하여 지정한다.	
-I	지정한 숫자만큼 유휴 상태의 연결을 생성하고 대기한다.	
-x	사용자 프롬프트로부터 명령의 마지막 인수를 입력받는다.	
--tls	TLS 연결을 사용한다.	
--sni	SNI(Server Name Indication)을 사용하여 지정한 호스트 이름으로 TLS 통신을 한다.	
--cacert	검증에 사용할 CA 인증서 파일을 인수로 지정한다.	
--cacertdir	신뢰하는 CA 인증서가 저장된 디렉터리를 인수로 지정한다.	
--insecure	증명서 검증을 생략한다.	
--cert	인증에 사용할 클라이언트 증명서를 인수로 지정한다.	
--key	인증에 사용할 비밀 키 파일을 인수로 지정한다.	
--tls-ciphers	TLS에서 사용할 암호 스위트 목록의 우선순위를 지정한다(TLS 1.2 이하).	
--tls-ciphersuites	TLS에서 사용할 암호 스위트 목록의 우선순위를 지정한다(TLS 1.3).	
--help	도움말을 표시한다.	
--version	버전을 표시한다.	

다음과 같이 실행합니다.

```
$ redis-benchmark -h 172.31.3.237 -p 6379 -n 100000 -r 10000 -P 10 -c 100 -d 15
====== PING_INLINE ======
  100000 requests completed in 0.31 seconds 100 parallel clients
  15 bytes payload
  keep alive: 1
  host configuration "save": 3600 1 300 100 60 10000
  host configuration "appendonly": no
  multi-thread: no

Latency by percentile distribution:
0.000% <= 0.503 milliseconds (cumulative count 10)
50.000% <= 1.271 milliseconds (cumulative count 50340)
75.000% <= 2.311 milliseconds (cumulative count 75060)
87.500% <= 4.087 milliseconds (cumulative count 87510)
93.750% <= 5.767 milliseconds (cumulative count 93760)
96.875% <= 7.711 milliseconds (cumulative count 96890)
98.438% <= 8.767 milliseconds (cumulative count 98440)
99.219% <= 9.615 milliseconds (cumulative count 99220)
99.609% <= 11.407 milliseconds (cumulative count 99620)
99.805% <= 11.471 milliseconds (cumulative count 99810)
99.902% <= 11.527 milliseconds (cumulative count 99910)
99.951% <= 11.559 milliseconds (cumulative count 99970)
99.976% <= 11.575 milliseconds (cumulative count 99990)
99.994% <= 11.591 milliseconds (cumulative count 100000)
100.000% <= 11.591 milliseconds (cumulative count 100000)
:
```

이전 실행 예시에서는 명령어별로 초당 요청 수 및 전체 요청의 처리에 걸린 시간, 그리고 지정한 매개변수의 값과 함께 시간이 걸린 요청의 분포도 확인할 수 있었습니다. -q 옵션을 사용하면, 명령어별 초당 요청 수만 출력됩니다.

```
$ redis-benchmark -h 172.31.3.237 -n 100000 -r 10000 -q -P 10 -c 100 -d 15
```

```
PING_INLINE: 344827.59 requests per second, p50=1.359 msec
PING_MBULK: 209643.61 requests per second, p50=2.927 msec
SET: 236406.61 requests per second, p50=2.359 msec
GET: 546448.06 requests per second, p50=1.471 msec
INCR: 469483.56 requests per second, p50=1.823 msec
LPUSH: 460829.50 requests per second, p50=1.863 msec
RPUSH: 478468.88 requests per second, p50=1.791 msec
LPOP: 469483.56 requests per second, p50=1.831 msec
RPOP: 490196.09 requests per second, p50=1.735 msec
SADD: 558659.19 requests per second, p50=1.431 msec
HSET: 413223.16 requests per second, p50=2.111 msec
SPOP: 578034.69 requests per second, p50=0.983 msec
ZADD: 291545.19 requests per second, p50=3.127 msec
ZPOPMIN: 574712.69 requests per second, p50=0.967 msec
LPUSH (needed to benchmark LRANGE): 462962.94 requests per second, p50=1.863 msec
LRANGE_100 (first 100 elements): 83263.95 requests per second, p50=6.431 msec
LRANGE_300 (first 300 elements): 23719.16 requests per second, p50=15.639 msec
LRANGE_500 (first 500 elements): 13781.70 requests per second, p50=19.279 msec
LRANGE_600 (first 600 elements): 11576.75 requests per second, p50=19.631 msec
MSET (10 keys): 131578.95 requests per second, p50=7.095 msec
```

-t 옵션을 사용하면 벤치마크할 명령을 제한할 수 있습니다. 다음 예시처럼 -t set, get, lpush, rpop, sadd, spop과 같이 지정하면, SET/GET/LPUSH/RPOP/SADD/SPOP 명령어만으로도 벤치마크를 수행할 수 있습니다. 또한 -t 옵션을 사용하지 않고 실행할 명령을 직접 지정할 수도 있습니다.

```
$ redis-benchmark -h 172.31.3.237 -p 6379 -n 100000 -r 10000 -q -t
set,get,lpush,rpop,sadd,spop -P 10 -c 100 -d 15
SET: 317460.31 requests per second, p50=2.343 msec
GET: 398406.41 requests per second, p50=1.519 msec
LPUSH: 276243.09 requests per second, p50=2.135 msec
RPOP: 483091.78 requests per second, p50=1.759 msec
SADD: 552486.19 requests per second, p50=1.455 msec
SPOP: 584795.31 requests per second, p50=0.975 msec
```

--csv 옵션을 사용해 결과를 파싱하기 쉬운 CSV 형식으로 출력할 수도 있습니다.

```
$ redis-benchmark -h 172.31.3.237 -p 6379 -n 100000 -r 10000 -q -P 10 -c 100 -d 15 --csv
"test","rps","avg_latency_ms","min_latency_ms","p50_latency_ms","p95_latency_ms","p99_
latency_ms"," max_latency_ms"
"PING_INLINE","448430.47","1.539","0.368","1.143","4.863","7.087","8.239"
"PING_MBULK","306748.47","2.613","0.264","1.655","7.151","10.127","15.559"
"SET","328947.38","2.554","0.712","2.199","5.127","8.223","11.983"
"GET","370370.34","2.053","0.544","1.431","5.703","10.135","18.143"
"INCR","465116.28","1.860","1.048","1.839","2.423","2.767","3.511"
"LPUSH","462962.94","1.890","0.784","1.871","2.431","2.711","3.215"
"RPUSH","476190.50","1.818","0.704","1.791","2.391","2.695","3.255"
"LPOP","467289.72","1.854","0.800","1.831","2.471","2.815","3.439"
"RPOP","485436.91","1.777","0.856","1.759","2.351","2.647","3.319"
"SADD","543478.25","1.518","0.656","1.471","2.215","2.703","3.359"
"HSET","420168.06","2.083","1.000","2.071","2.639","3.031","3.935"
"SPOP","588235.31","1.182","0.344","0.983","2.775","3.399","4.367"
"ZADD","292397.66","3.110","1.432","3.111","3.687","3.871","4.511"
"ZPOPMIN","571428.56","1.206","0.384","0.975","3.103","3.799","4.679"
"LPUSH (needed to benchmark LRAN GE)","471698.12","1.843","0.800","1.823","2.375","2.631","3.311"
"LRANGE_100 (first 100 elemen ts)","83263.95","6.894","1.176","6.191","12.559","14.543","16.687"
"LRANGE_300 (first 300 elemen ts)","23963.58","14.904","2.208","13.375","28.815","36.863","40.191"
"LRANGE_500 (first 500 elemen ts)","13721.19","20.846","5.656","19.551","33.951","47.199","56.543"
"LRANGE_600 (first 600 elemen ts)","11704.12","ㅋ22.046","6.064","20.303","40.223","53.055","67.391"
"MSET (10 keys)","134408.59","6.897","1.848","6.919","7.815","8.471","9.607"
```

레디스에 사용할 수 있는 몇 가지 다른 벤치마크 도구도 있습니다. 대표적으로 레디스의 memtier_benchmark[81]나 트위터의 rpc-perf[82]를 꼽을 수 있습니다. redis-benchmark 는 레디스 6.0 이후 --cluster 옵션을 사용하여 레디스 클러스터에 대한 벤치마크를 수행 할 수 있습니다.[83][84] memtier_benchmark에서는 레디스 6.0 이전 버전부터 레디스 클러스

---

81 https://github.com/redislabs/memtier_benchmark
82 https://github.com/twitter/rpc-perf
83 https://raw.githubusercontent.com/antirez/redis/6.0-rc1/00-RELEASENOTES
84 https://github.com/redis/redis/pull/5889

터 지원, TLS 지원, 다양한 크기 범위와 데이터 접근 방식 등의 옵션을 제공하며, SETRANGE/
GETRANGE 명령도 사용할 수 있습니다.[85] [86] [87]

벤치마크를 실행할 때 몇 가지를 주의해야 합니다. 벤치마크는 어디까지나 가상적인 상황을
재현하여 테스트하는 것이기 때문에 실제로 애플리케이션을 배포하고 트래픽을 받을 때는
벤치마크로 커버되지 않는 상황에 직면할 수 있습니다. 따라서 벤치마크는 대략적인 참고용
으로만 사용하고, 가능한 한 실제 운영환경과 유사한 환경에서 테스트하는 것이 좋습니다.

COLUMN 레디스와 멤케시디 벤치마크

때로는 다른 소프트웨어와의 성능을 비교하기 위해 벤치마크를 수행하는 경우도 있습니다.
레디스 개발자인 안티레즈는 레디스와 멤케시디를 비교하는 벤치마크 테스트를 수행했고[88],
이에 대해 멤케시디 창시자인 도만도dormando가 응답하면서 벤치마크 내용과 관련해 양측 간에
약간의 논쟁이 있었습니다.[89] [90] [91]

멤케시디가 레디스보다 뛰어나다, 반대로 레디스가 더 뛰어나다는 등 벤치마크 실행 기준에
따라 나타나는 성능이 달라졌습니다.

레디스는 주로 싱글 스레드로 요청을 처리하고, 멤케시디가 멀티 스레드로 처리하기 때문에
성능 측면에서 멤케시디가 더 낫다고 생각하는 사람들도 있습니다. 하지만 저자는 다음과 같
은 이유로 사람들의 의견에 회의적입니다.

- 레디스와 멤케시디는 사용법이 달라 단순 비교가 어렵습니다.
- 레디스의 성능이 멤케시디보다 떨어진다고 단정 지을 수 없습니다.
- 레디스의 성능 문제는 대부분 회피할 수 있습니다.

---

85 https://github.com/redis/redis/issues/2191

86 https://redislabs.com/blog/memtier_benchmark-a-high-throughput-benchmarking-tool-for-redis- memcached/

87 https://redislabs.com/blog/new-in-memtier_benchmark-pseudo-random-data-gaussian-access-pattern-and-range-manipulation/

88 http://oldblog.antirez.com/post/redis-memcached-benchmark.html

89 https://dormando.livejournal.com/525147.html

90 http://oldblog.antirez.com/post/update-on-memcached-redis-benchmark.html

91 안티레즈는 같은 기능을 완성하는 데 개발 속도가 늦어지는 점, 버그 수정이나 복잡한 명령어 처리의 어려움 등을 이유로 레디스를 멀티 스레드 기반으로 개발하지 않았다고 밝혔습니다.

레디스와 멤케시디는 사용하는 상황이 다르며, 레디스의 복잡한 원자적 처리와 멤케시디의 단순 처리를 비교하는 것은 어렵습니다. 레디스는 기본적으로 싱글 스레드로 처리하지만 프로세스 수를 늘리면 멀티 코어의 이점을 활용할 수 있습니다. 또한 멤케시디에서 어려운 경우라도 레디스는 시스템 확장을 통해 초당 처리할 수 있는 명령어 수가 증가될 수 있습니다. 이처럼 벤치마크 결과로 반드시 멤케시디가 뛰어나다고 단정 지을 수 없습니다.

레디스의 성능 문제는 대부분 해결할 수 있습니다. 예를 들어, 복잡도가 높은 명령어나 루아 스크립트를 처리하는 데 CPU 사용률이 100%에 도달하는 경우, 레디스의 싱글 스레드 성능에 영향을 줄 수 있습니다. 이러한 문제는 명령어나 스크립트의 내용 변경으로 회피할 수 있습니다.[92]

저자는 싱글 스레드 모델이라는 이유만으로 레디스를 피하고 멤케시디를 선택하는 것은 권장하지 않습니다. 싱글 스레드 모델이 직접적인 성능 문제로 이어지는 경우는 드뭅니다. 문제가 발생하더라도 앞서 언급한 명령어나 스크립트 변경, 멀티 스레드 기능, 캐시 노드에 대한 부하 분산[93]으로 대응할 수 있습니다.

레디스 성능이 신경 쓰이는 경우에는 다른 솔루션으로 전환하기 전에, 잘못 사용하는 부분을 개선하고 적절한 기능을 활용한다면 더 큰 이점을 가져올 수 있습니다. 최종적으로는 유스케이스, 데이터 모델, 업무 요구사항 등을 고려하여 결정해야 합니다. 물론 유스케이스에 따라 멤케시디가 더 나은 경우도 있습니다.

5.8 멀티 스레드 처리

앞서 언급했듯이, 레디스는 주로 싱글 스레드로 요청을 처리하지만 부분적으로 멀티 스레드로 처리합니다. 예를 들어, UNLINK 명령어는 삭제할 키를 먼저 백그라운드에서 큐에 넣어두기 때문에 다른 스레드에 의해 비동기적으로 순차적으로 삭제할 수 있습니다(Lazy Freeing).[94] lazyfree-lazy-user-del 지시자(레디스 6.0 이상)의 값을 yes로 설정하면,

---

92 워크로드에 따라서 어쩔 수 없이 싱글 스레드의 성능 저하를 피할 수 없는 경우가 있습니다.

93 읽기 쿼리인 경우 레플리카를 추가하거나, 쓰기 쿼리인 경우 레디스 클러스터로 샤드를 추가하는 방법 등이 있습니다.

94 레디스 4.0 이후부터 사용 가능합니다.

DEL의 동작이 UNLINK와 같아집니다(기본값은 no).

레디스 6.0 이상에서는 옵션으로 I/O 부분의 멀티 스레드 처리를 활성화할 수 있습니다. 구체적으로 어떤 부분이 멀티 스레드화되어 있는지 이해하기 위해, 레디스가 요청을 받을 때 어떻게 동작하는지 설명하겠습니다.

먼저 레디스는 메인 스레드로 연결 설정 요청을 받습니다. 그 후, 소켓을 생성하고 읽기 작업을 대기하는 큐에 정보를 넣습니다. 메인 스레드에서 읽기 이벤트 처리를 마친 후, I/O 스레드에 순서대로 작업을 할당합니다. 메인 스레드는 I/O 스레드가 소켓에서 읽기 작업이 완료되기를 기다린 후, 분석된 명령을 받아 해당 명령을 실행합니다. 이후, 메인 스레드는 I/O 스레드가 결과를 소켓에 저장하기를 기다립니다. 저장한 후, 메인 스레드는 큐에서 요청을 삭제하고 다음 요청을 받습니다.

그림 5-6 레디스의 멀티 스레드 동작 이미지

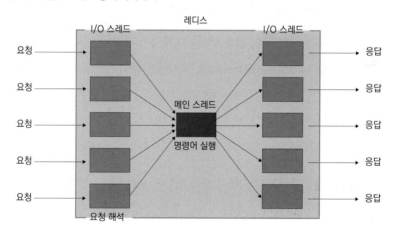

레디스 서버에서 요청을 처리한 후 사용자에게 데이터를 반환할 때 소켓에 쓰기 작업을 수행합니다. 레디스 6.0부터 멀티 스레드를 사용할 수 있게 되면서 이 I/O 처리 부분을 여러 스레드가 분담하여 처리할 수 있게 되었습니다. io-threads 지시자로 스레드 개수를 설정할 수 있습니다.

하지만 분석된 명령 내용을 실행하는 데이터 접근 부분은 기본적으로 여전히 싱글 스레드라는 점에 주의해야 합니다. 이 데이터 접근 부분에서 멀티 스레드를 사용하면, 메모리 공유에 따른 락 경쟁 등을 고려한 시스템이 필요합니다. 결과적으로 성능 저하나 레디스 구조가 복잡해질 수 있습니다. 레디스는 간단하면서도 빠른 처리를 위해 싱글 스레드 사용을 채택하고 있습니다.[95][96]

공식적으로는 스레드화된 I/O는 CPU를 많이 소모하기 때문에 성능 문제가 발생할 경우에만 멀티 스레드로 처리할 것을 권장하고 있으며, 기본적으로 비활성화되어 있습니다. 또한 4코어 이상의 기계에서만 이 기능을 사용하고, 여분으로 최소 한 개의 코어를 남기고 스레드를 사용하는 설정을 제안하고 있습니다.

클라이언트의 요청과 관련해 소켓에서의 읽기 작업 처리도 멀티 스레드로 처리하도록 활성화할 수 있습니다. 사용자가 보낸 요청 내용을 소켓에서 읽어오고, 요청 내용을 분석하는 작업을 여러 스레드가 분담하여 처리할 수 있습니다. io-threads-do-reads 지시자로 활성화(yes 값) 및 비활성화(no 값)을 설정할 수 있습니다.

공식적으로는 io-threads 지시자의 값을 8보다 크게 설정해도 큰 도움이 되지 않는다고 언급하고 있습니다. 또한 io-threads-do-reads 지시자로 클라이언트 요청 내용을 소켓에서 읽는 부분을 멀티 스레드화하는 경우에도 마찬가지로 언급하고 있습니다. 하지만 실제로는 워크로드에 크게 의존하기 때문에 실제 운영환경의 서비스 워크로드 및 그에 근접한 환경에서 검증하는 것이 좋습니다.

redis-benchmark로 멀티 스레드 처리를 검증할 때는 --threads 옵션에 레디스의 스레드 개수에 맞춰 지정하지 않으면, 멀티 스레드 처리를 통한 충분한 성능 향상을 확인하기 어려울 수 있습니다. 다른 벤치마크 도구로 검증할 때도 마찬가지입니다.

---

[95] 레디스와 호환되는 KeyDB와 Dragonfly는 데이터 접근 부분을 멀티 스레드로 처리를 하는 등의 차별점이 있습니다. 그로 인해 이런 시스템들이 특정 상황에서 더 높은 성능을 보일 수 있습니다. 하지만 이러한 상황에서도 레디스 클러스터(8장 참조)는 동일 노드 또는 다른 노드의 CPU 코어를 활용하여 성능을 향상시킬 수 있으며, 때로는 이 방법이 더 높은 성능을 제공할 수 있습니다. 따라서 멀티 스레드 접근 방식이 언제나 모든 상황에서 더 나은 성능을 제공하는 것은 아닙니다.
https://redis.com/blog/redis-architecture-13-years-later
https://github.com/Snapchat/KeyDB
https://github.com/dragonflydb/dragonfly

[96] https://github.com/redis/redis/blob/7.0.4/MANIFESTO

멀티 스레드 처리를 활성화한 상태에서는 TLS 기능을 사용할 수 없다는 점도 주의해야 합니다.[97]

또한 클라우드나 관리 서비스를 사용하는 경우에는 멀티 스레드 기능을 사용하지 않고, 레디스 6.0 이전부터 사용 가능한 독자적인 멀티 스레드 처리가 적용될 수 있습니다. TLS 환경에서도 멀티 스레드 처리를 사용할 수 있는 경우도 있으므로, 사용하는 서비스의 문서 등에 해당 기능이 없는지 확인하는 것을 추천합니다.

5.9 DEBUG 명령어

레디스는 디버깅 용도로 DEBUG 명령어를 제공합니다. 관련 문서에는 DEBUG OBJECT와 DEBUG SEGFAULT 두 가지 유형만 기술되어 있지만, 레디스 7.0.4를 기준으로 총 38종류의 하위 명령어가 준비되어 있습니다. 기본적으로 문서에 있지 않은 명령어는 갑자기 삭제될 가능성이 있으므로, 디버깅 시 문제를 해결하는 데 도움이 되는 하위 명령어가 있다면 사용해보는 것이 좋습니다. 단, 어디까지나 디버깅 용도로만 사용해야 하며, 실제 운영환경에서 사용하지 않도록 주의해야 합니다. 관리형 서비스는 명령어 사용이 제한될 수 있습니다.

표 5-34 DEBUG 명령어

하위 명령어	설명
AOF-FLUSH-SLEEP <마이크로 초>	AOF 버퍼를 플러시하기 전에 레디스 서버를 지정된 시간(초) 동안 일시 정지시킨다.
ASSERT	어설션[98] 실패로 인해 서버를 강제로 중단한다.
CHANGE-REPL-ID	노드의 레플리케이션 ID를 변경한다. 레플리케이션 하위 시스템 테스트에만 사용할 것을 권장한다.
CONFIG-REWRITE-FORCE-ALL	원본 설정 파일에 포함되지 않은 키워드와 기본값을 포함한 모든 설정 옵션을 출력한다.

---

97 https://github.com/redis/redis/blob/7.0.4/TLS.md

98 역자주_어설션(Assertion)이란 특정 조건이 참인지를 검증하는 데 사용되는 방식입니다. 코드 내에서 논리적인 가정을 설정하고, 이 가정이 참이 아닐 경우 프로그램이 오류 메시지를 발생시키고 종료되도록 합니다.

CRASH-AND-RECOVER 〈밀리 초〉	레디스 3.2.0 이상에서 사용할 수 있다. 서버 강제 중단 후 지정된 시간(밀리 초) 후에 재시작한다.
DIGEST	현재 데이터베이스 내용을 나타내는 16진수 서명에 출력한다.
DIGEST-VALUE 〈키〉 [〈키〉 . . .]	지정한 모든 키값의 16진수 서명이다.
ERROR 〈문자열〉	주어진 문자열을 메시지로 하는 레디스 오류 메시지를 발생시킨다.
LEAK 〈문자열〉	짧은 문자열로 메모리 누수를 발생한다.
LOG 〈메시지〉	레디스 서버의 로그에 주어진 문자열을 작성한다. 레디스 5.0.0 이상에서 사용할 수 있다.
HTSTATS 〈데이터베이스 번호〉	지정한 레디스 데이터베이스의 해시테이블 통계 반환한다. 레디스 3.2.0 이상에서 사용할 수 있다.
HTSTATS-KEY 〈키 이름〉	지정된 키가 값으로 저장된 해시테이블의 정보를 반환한다. HSTATS와 유사하고 레디스 5.0.0 이상에서 사용할 수 있다.
LOADAOF	디스크 내 AOF 버퍼를 플러시하고 메모리 중 AOF를 재적재한다.
REPLICATE 〈문자열〉	인수로 지정한 문자열을 레플리카에 레플리케이션한다.
MALLCTL	말록[99]으로 튜닝된 정숫값을 가져오고 저장한다.
MALLCTL-STR	말록으로 튜닝된 문자열 값을 가져오고 저장한다.
OBJECT 〈키 이름〉	지정된 키에 저장된 데이터의 세부 정보를 출력한다.
DROP-CLUSTER-PACKET-FILTER 〈메시지 종류〉	클러스터 관련된 통신 메시지 중 필터링된 종류에 해당하는 모든 패킷을 삭제한다.
OOM	레디스 서버에 OOM이 발생한 상태를 에뮬레이션하고 서버를 종료한다.
PANIC	서버를 강제 중단시키는 패닉 시뮬레이션이다.
POPULATE 〈숫자〉 [접두사] [크기]	지정한 숫자에 해당하는 key:〈숫자〉 형식의 키와 value:〈숫자〉 형식의 데이터를 생성한다. 접두사에는 키 이름의 첫 문자, 크기에는 값의 크기를 지정한다.
PROTOCOL 〈자료형〉	자료형의 테스트 값으로 응답한다.
RELOAD	디스크 내에 RDB 파일을 저장하고 메모리에 다시 적재한다.

---

99 역자주_말록(malloc)은 C 언어에서 동적 메모리 할당을 위해 사용되는 함수입니다. 지정된 크기의 메모리 블록을 할당하고, 할당된 메모리의 시작 주소를 반환합니다.

RESTART	정상적으로 재시작을 수행한다. 설정 파일이나 데이터베이스를 저장하고 재시작한다. 레디스 3.2.0 이상에서 사용할 수 있다.
SDSLEN 〈키 이름〉	키와 값 및 저수준 SDS 문자열 정보를 표시한다.
SEGFAULT	sigsegv 명령어로 서버를 강제 중단한다. 개발 중 버그 시뮬레이션에 사용한다.
SET-ACTIVE-EXPIRE 〈0 ¦ 1〉	TTL이 만료된 키를 능동적으로 회수 활성화 여부를 결정한다.
QUICKLIST-PACKED-THRESHOLD	quicklist로 압축할 임계값을 설정한다.
SET-SKIP-CHECKSUM-VALIDATION 〈0 ¦ 1〉	RDB 파일 및 RESTORE 명령어 페이로드에 대한 체크섬 확인 활성화 여부를 결정한다.
SLEEP 〈초단위 숫자〉	지정한 시간만큼 레디스 서버를 정지한다.
STRINGMATCH-TEST	stringmatchklen 함수 관련 fuzz 테스트를 실행한다.
STRUCTSIZE	레디스 코어 C 구조체 크기(바이트) 수를 표시한다. 레디스 3.2.0 이상에서 사용할 수 있다.
LISTPACK 〈키 이름〉	주어진 키의 listpack 인코딩에 대한 저수준 정보를 표시한다.
QUICKLIST 〈키 이름〉	주어진 키의 quicklist 인코딩에 대한 저수준 정보를 표시한다.
CLIENT-EVICTION	클라이언트의 백업 풀에 대한 저수준 정보를 표시한다. (maxmemory-clients)
PAUSE-CRON 〈0 ¦ 1〉	주기적인 cron 작업 처리의 중단 활성화 여부를 결정한다.
REPLYBUFFER PEAK-RESET-TIME 〈NEVER¦¦RESET¦time〉	클라이언트 리플라이 버퍼의 최대치 초기화 간의 대기 시간(밀리초)을 설정한다.
REPLYBUFFER RESIZING 〈0 ¦ 1〉	리플라이 버퍼의 리사이즈 크론잡 활성화 여부를 결정한다.

하위 명령어 관련 내용은 DEBUG HELP 명령어로 확인할 수 있습니다. 특히 편리하게 사용할 수 있는 DEBUG SEGFAULT와 DEBUG POPULATE 명령어를 소개합니다.

DEBUG SEGFAULT는 레디스 서버를 강제로 중단할 수 있습니다. 예를 들어, 레플리케이션을 페일오버Failover[100]시켜 애플리케이션의 동작을 테스트하는 등의 방식으로 활용할 수 있습니다. 실행하면 다음과 같이 레디스 서버와 연결이 끊어집니다.

---

[100] 역자주_컴퓨터 서버, 시스템, 네트워크 등에서 이상이 생겼을 때 예비 시스템으로 자동전환되는 기능입니다. '시스템 대체 작동' 또는 '장애 조치'라고도 합니다.

```
127.0.0.1:6379> DEBUG SEGFAULT
Error: Server closed the connection
(0.71s)
```

레디스 서버에 Stack Trace와 레지스터 값, INFO 명령어 등 디버그에 필요한 정보가 출력되는 것을 확인할 수 있습니다.

```
=== REDIS BUG REPORT START: Cut & paste starting from here ===
16825:M 29 Aug 2022 08:03:56.515 # Redis 7.0.4 crashed by signal: 11, si_code: 2
16825:M 29 Aug 2022 08:03:56.515 # Accessing address: 0x7f9cf9675000
16825:M 29 Aug 2022 08:03:56.515 # Crashed running the instruction at:
0x55697ce8b9f7

------ STACK TRACE ------
EIP:
redis-server 127.0.0.1:6379(debugCommand+0x277)[0x55697ce8b9f7]

Backtrace:
/lib/x86_64-linux-gnu/libc.so.6(+0x42520)[0x7f9cf8df6520]
redis-server 127.0.0.1:6379(debugCommand+0x277)[0x55697ce8b9f7]
redis-server 127.0.0.1:6379(call+0xee)[0x55697ce148ee]
redis-server 127.0.0.1:6379(processCommand+0x820)[0x55697ce160d0]
redis-server 127.0.0.1:6379(processInputBuffer+0x107)[0x55697ce31237]
redis-server 127.0.0.1:6379(readQueryFromClient+0x318)[0x55697ce31778]
redis-server 127.0.0.1:6379(+0x17363c)[0x55697cf0863c]
redis-server 127.0.0.1:6379(aeProcessEvents+0x1e2)[0x55697ce0c2b2]
redis-server 127.0.0.1:6379(aeMain+0x1d)[0x55697ce0c5ed]
redis-server 127.0.0.1:6379(main+0x358)[0x55697ce03d98]
/lib/x86_64-linux-gnu/libc.so.6(+0x29d90)[0x7f9cf8dddd90]
/lib/x86_64-linux-gnu/libc.so.6(__libc_start_main+0x80) [0x7f9cf8ddde40]
redis-server 127.0.0.1:6379(_start+0x25)[0x55697ce04425]

------ REGISTERS ------
16825:M 29 Aug 2022 08:03:56.518 #
RAX:00007f9cf9675000 RBX:0000000000000002
```

```
RCX:00007f9cf8ed2bd7 RDX:0000000000000001
RDI:0000000000000000 RSI:0000000000001000
RBP:00007f9cf86c9600 RSP:00007ffe55d734c0
:
=== REDIS BUG REPORT END. Make sure to include from START to END. ===

        Please report the crash by opening an issue on github:

                http://github.com/redis/redis/issues

    If a Redis module was involved, please open in the module's repo instead.

    Suspect RAM error? Use redis-server --test-memory to verify it.

    Some other issues could be detected by redis-server --check-system
Segmentation fault (core dumped)
```

DEBUG POPULATE는 여러 데이터를 생성할 때 사용합니다. 다음은 DEBUG POPULATE 1000 명령어를 실행한 결과입니다. 동작을 검증할 때 샘플 데이터를 간단히 생성하려는 경우에 사용하면 편리합니다.

```
127.0.0.1:6379> DEBUG POPULATE 1000
OK
127.0.0.1:6379> KEYS *
    1) "key:450"
    2) "key:439"
    3) "key:399"
    :
1000) "key:911"
127.0.0.1:6379> GET key:450
"value:450"
```

레디스에서 데이터베이스는 네임스페이스와 유사한 개념입니다. 레디스는 단일 캐시 노드 내에서 여러 개의 데이터베이스를 가질 수 있으며, 각 데이터베이스는 격리된 공간으로 작동합니다. 이는 서로 다른 데이터베이스에서 동일한 이름의 키를 가질 수 있음을 의미합니다.

그림 5-7 여러 데이터베이스와 키의 관계

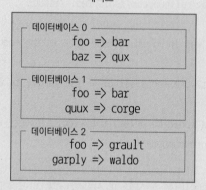

레디스에서 FLUSHDB, SWAPDB, RANDOMKEY와 같은 명령어들은 데이터베이스 단위로 실행됩니다. RDB/AOF 파일에서는 모든 데이터베이스가 동일한 파일로 저장됩니다.

기본값으로는 데이터베이스 0번이 선택됩니다. 다른 데이터베이스로의 접근은 SELECT 명령어를 사용하여 전환할 수 있습니다. 데이터베이스의 수는 databases 지시자로 제어합니다.

```
127.0.0.1:6379> SET foo bar0
OK
127.0.0.1:6379> SELECT 1
OK
127.0.0.1:6379[1]> GET foo
(nil)
```

0번 데이터베이스가 선택된 경우에는 특별히 표시가 없지만, 다른 데이터베이스가 선택된 경우에는 포트 번호 옆에 데이터베이스 번호가 표시됩니다. 실행 예시처럼 다른 데이터베이스에서는 동일한 키라도 다르게 인식됩니다. 따라서 데이터베이스가 다르다면 동일한 키 이름을 사용해도 각각의 용도로 사용할 수 있지만 이 기능은 권장되지 않습니다.[101] 또한 레디스 클러스터에서는 여러 데이터베이스를 지원하지 않습니다.[102] Pub/Sub 기능은 다른 데이터베이스에서 메시지를 분리하여 관리하지 않으며, 모든 데이터베이스의 메시지를 받습니다. 따라서 채널 이름을 접두사로 사용하여 메시지 발행 대상을 제어하는 등의 방법으로 대처해야 합니다.

101 https://groups.google.com/forum/#!msg/redis-db/vS5wX8X4Cjg/8ounBXitG4sJ
102 https://redis.io/docs/reference/cluster-spec/

트러블슈팅

이 장에서는 INFO 명령어부터 트러블슈팅에 도움이 되는 다양한 명령어와 기능을 자세하게 다룹니다. 주로 INFO 명령어를 사용하여 엔진 내부 상황을 확인하지만, 지연 현상이나 메모리 관련 문제에 대응하기 위해서 다른 레디스 기능을 활용하기도 합니다.

이 장에서는 레디스의 트러블슈팅Troubleshooting에 대해 설명합니다. RDBMS의 트러블슈팅[01] 관련 자료는 많이 찾아볼 수 있지만, 레디스와 관련된 자료는 많이 부족하기 때문에 이 장에서 자세하게 다뤄봅니다. 트러블슈팅은 엔진 내부 상황을 확인하기 위해 주로 INFO 명령어를 사용합니다. 하지만 지연 현상이나 메모리 관련 문제가 발생했을 때는 INFO 명령어만으로 대응하기 어려우며 레디스의 다른 기능을 활용해야 합니다.

먼저 지연이나 메모리 관련 문제가 발생했을 때는 다음과 같은 관점으로 문제를 구분합니다.

- 특정 명령어만 느려지거나 전반적으로 명령어 처리가 늦어지는지의 여부
- 특정 캐시 노드에서만 문제가 발생하는지 또는 모든 캐시 노드에서 문제가 발생하는지의 여부
- 특정 클라이언트에서만 문제가 발생하는지 또는 다른 클라이언트에서도 문제가 발생하는지의 여부
- 지속적으로 발생하는 문제인지 아니면 특정 시간에만 발생하는지(발생 시간대)의 여부
- 문제 발생 빈도는 얼마나 되는지의 여부

10.3절에서도 트러블슈팅을 설명하지만 주로 클라우드에서의 트러블슈팅에 대해 간략하게 설명하고 있습니다. 10.3절에는 OSS 버전의 레디스를 서버로 구축하고 운영하는 경우에 그대로 적용하기 어렵고 번거로울 수 있지만 참고할 만한 내용이 많습니다. 현재 발생하고 있는 상황을 어떻게 판단하고 어떤 대응이 필요한지를 설명하고 있으므로 이 장에서 다루는 내용과 함께 참고하기 바랍니다.

클라우드를 사용하지 않는 방법으로는 프로메테우스Prometheus와 함께 레디스용 Exporter를 사용하여 여러 데이터를 수집하는 방법이 있습니다.[02] 이 방법은 타임스탬프별로 지연 시간이나 시간당 각종 명령어 실행 횟수 등의 메트릭 값을 확인할 수 있어 운영뿐만 아니라 트러블슈팅에도 도움이 됩니다.

---

01 역자주_문제 해결의 일종으로, 망가진 제품, 또는 기계 시스템의 망가진 프로세스를 수리하는 일에 주로 적용됩니다. 문제 해결을 위해 문제 원인을 논리적이고 올바르게 찾는 일이며, 제품이나 프로세스의 운영을 재개할 수 있게 합니다.
02 https://prometheus.io/docs/instrumenting/exporters/

6.1 INFO 명령어로 서버 정보 읽기

INFO 명령어는 레디스 서버 상태를 파악할 때 사용합니다.[03] 실행 예시는 다음과 같습니다.

```
127.0.0.1:6379> INFO
# Server
redis_version:7.0.4
redis_git_sha1:00000000
redis_git_dirty:0
redis_build_id:c7d71d4b63066c
redis_mode:standalone
os:Linux 5.15.0-1011-aws x86_64
arch_bits:64
monotonic_clock:POSIX clock_gettime
multiplexing_api:epoll
atomicvar_api:c11-builtin
gcc_version:11.2.0
process_id:16706
process_supervised:no
run_id:9d3744fe9b200ea50324f5ab6aab8ed8fe9ada1e
tcp_port:6379
server_time_usec:1661758523453058
uptime_in_seconds:65
uptime_in_days:0
hz:10
configured_hz:10
lru_clock:814139
executable:/home/ubuntu/redis-server
config_file:/home/ubuntu/redis.conf
io_threads_active:0

# Clients
connected_clients:1
cluster_connections:0
maxclients:10000
client_recent_max_input_buffer:8
client_recent_max_output_buffer:0
blocked_clients:0
```

---

03 https://redis.io/commands/info

```
tracking_clients:0
clients_in_timeout_table:0

# Memory
used_memory:1038272
used_memory_human:1013.94K
used_memory_rss:10813440
used_memory_rss_human:10.31M
used_memory_peak:1038272
used_memory_peak_human:1013.94K
used_memory_peak_perc:100.22%
used_memory_overhead:933892
used_memory_startup:862952
used_memory_dataset:104380
used_memory_dataset_perc:59.54%
allocator_allocated:1183696
allocator_active:1507328
allocator_resident:4087808
total_system_memory:2033610752
total_system_memory_human:1.89G
used_memory_lua:31744
used_memory_vm_eval:31744
used_memory_lua_human:31.00K
used_memory_scripts_eval:0
number_of_cached_scripts:0
number_of_functions:0
number_of_libraries:0
used_memory_vm_functions:32768
used_memory_vm_total:64512
used_memory_vm_total_human:63.00K
used_memory_functions:184
used_memory_scripts:184
used_memory_scripts_human:184B
maxmemory:0
maxmemory_human:0B
maxmemory_policy:noeviction
allocator_frag_ratio:1.27
allocator_frag_bytes:323632
allocator_rss_ratio:2.71
allocator_rss_bytes:2580480
rss_overhead_ratio:2.65
```

```
rss_overhead_bytes:6725632
mem_fragmentation_ratio:10.65
mem_fragmentation_bytes:9798056
mem_not_counted_for_evict:0
mem_replication_backlog:20508
mem_total_replication_buffers:20504
mem_clients_slaves:0
mem_clients_normal:1800
mem_cluster_links:0
mem_aof_buffer:0
mem_allocator:jemalloc-5.2.1
active_defrag_running:0
lazyfree_pending_objects:0
lazyfreed_objects:0

# Persistence
loading:0
async_loading:0
current_cow_peak:0
current_cow_size:0
current_cow_size_age:0
current_fork_perc:0.00
current_save_keys_processed:0
current_save_keys_total:0
rdb_changes_since_last_save:0
rdb_bgsave_in_progress:0
rdb_last_save_time:1661758458
rdb_last_bgsave_status:ok
rdb_last_bgsave_time_sec:-1
rdb_current_bgsave_time_sec:-1
rdb_saves:0
rdb_last_cow_size:0
rdb_last_load_keys_expired:1
rdb_last_load_keys_loaded:4
aof_enabled:0
aof_rewrite_in_progress:0
aof_rewrite_scheduled:0
aof_last_rewrite_time_sec:-1
aof_current_rewrite_time_sec:-1
aof_last_bgrewrite_status:ok
aof_rewrites:0
```

```
aof_rewrites_consecutive_failures:0
aof_last_write_status:ok
aof_last_cow_size:0
module_fork_in_progress:0
module_fork_last_cow_size:0

# Stats
total_connections_received:1
total_commands_processed:2
instantaneous_ops_per_sec:0
total_net_input_bytes:81
total_net_output_bytes:91
total_net_repl_input_bytes:0
total_net_repl_output_bytes:0
instantaneous_input_kbps:0.00
instantaneous_output_kbps:0.00
instantaneous_input_repl_kbps:0.00
instantaneous_output_repl_kbps:0.00
rejected_connections:0
sync_full:0
sync_partial_ok:0
sync_partial_err:0
expired_keys:0
expired_stale_perc:0.00
expired_time_cap_reached_count:0
expire_cycle_cpu_milliseconds:0
evicted_keys:0
evicted_clients:0
total_eviction_exceeded_time:0
current_eviction_exceeded_time:0
keyspace_hits:0
keyspace_misses:0
pubsub_channels:0
pubsub_patterns:0
pubsubshard_channels:0
latest_fork_usec:0
total_forks:0
migrate_cached_sockets:0
slave_expires_tracked_keys:0
active_defrag_hits:0
active_defrag_misses:0
```

```
active_defrag_key_hits:0
active_defrag_key_misses:0
total_active_defrag_time:0
current_active_defrag_time:0
tracking_total_keys:0
tracking_total_items:0
tracking_total_prefixes:0
unexpected_error_replies:0
total_error_replies:0
dump_payload_sanitizations:0
total_reads_processed:3
total_writes_processed:2
io_threaded_reads_processed:0
io_threaded_writes_processed:0
reply_buffer_shrinks:1 reply_buffer_expands:0

# Replication
role:master
connected_slaves:0
master_failover_state:no-failover
master_replid:0ace726df624c7219be237524589dc7ec5f4aa78
master_replid2:0000000000000000000000000000000000000000
master_repl_offset:46
second_repl_offset:-1
repl_backlog_active:1
repl_backlog_size:1048576
repl_backlog_first_byte_offset:1
repl_backlog_histlen:46

# CPU
used_cpu_sys:0.033199
used_cpu_user:0.050588
used_cpu_sys_children:0.000000
used_cpu_user_children:0.000000
used_cpu_sys_main_thread:0.034001
used_cpu_user_main_thread:0.049549

# Modules

# Errorstats
```

```
# Cluster
cluster_enabled:0

# Keyspace
db0:keys=1002,expires=0,avg_ttl=0
db1:keys=2,expires=0,avg_ttl=0
```

7.0.4 버전을 기준으로 INFO 명령어의 출력 결과는 다음 13가지 부문[Section]으로 구성됩니다.[04] 각 부문의 유무와 항목은 버전에 따라 다를 수 있습니다. 실행한 결과와 여기에 기재된 내용이 다를 경우, 이는 실행 중인 레디스 버전의 차이로 인한 것일 수도 있습니다.

- **Server**: 레디스 서버 관련 일반 정보
- **Clients**: 클라이언트 연결 정보
- **Memory**: 레디스 서버 메모리 사용 상황
- **Persistence**: RDB/AOF 정보
- **Stats**: 통계 일반
- **Replication**: 마스터/레플리카 정보
- **CPU**: CPU 사용 통계 정보
- **Modules**: 적재된 모듈에 대한 추가 정보
- **Commandstats**: 레디스 명령어 통계
- **Errorststs**: 레디스 내에서 발생한 다양한 오류 추적 정보
- **Latencystats**: 지연 시간의 백분위 분포 통계(레디스 7.0 이상)
- **Cluster**: 레디스 클러스터 정보
- **Keyspace**: 데이터베이스 관련 정보

인수 없이 INFO 명령어를 실행하면 commandstats 부문을 제외한 모든 부문이 표시됩니다. INFO ALL 명령어를 실행하면 commandstats 부문을 포함한 모든 부문이 표시됩니다. 인수를 지정하지 않는 경우 INFO DEFAULT 명령어 내용이 실행됩니다. 레디스 6 이후부터는 INFO EVERYTHING 명령어를 실행하면 모듈이 생성한 부문도 포함하여 모든 부문이 표시됩니다.

....
04 여기서는 INFO 명령어만 단독으로 사용하고 있으므로 12가지 항목만 표시됩니다.

INFO Replication과 같이 INFO ⟨부문 이름⟩ 명령어로 지정하면, 지정된 부문의 정보만 필터링할 수 있습니다.

출력 내용의 각 부문 이름은 샵(#)으로 시작하며 한 칸의 공백 뒤로 첫 글자는 대문자, 나머지는 소문자로 이어지는 부문 이름이 표시됩니다. 부문 내의 각 항목은 항목명 뒤에 콜론(:)으로 구분되고 그 뒤에 값이 이어집니다. 이처럼 일정한 형식에 따라 표시되므로, 프로그램 등을 통해 분석하기 쉽습니다.

이어서 각 부문별로 자세히 설명합니다.

■── Server 부문

레디스 서버와 관련된 일반 정보를 표시합니다. 예를 들어, 다음과 같은 내용을 확인할 때 자주 사용합니다.

- 클라이언트에서 레디스 서버의 버전을 확인할 때(마이너 버전 포함) 사용합니다.
- 레디스 서버가 의도치 않게 재시작되지 않았는지 확인할 때 사용합니다.
- 서버가 시작된 후 경과한 시간을 확인할 때 사용합니다.
- 어떤 경로에서 레디스 서버를 실행하고 있는지 확인할 때 사용합니다.
- 현재 적재된 설정 파일을 확인할 때 사용합니다.

이 부문에는 다음과 같은 정보가 포함됩니다.

표 6-1 Server 부문 정보

항목	상세 정보
redis_version	레디스 서버 버전을 표시한다.
redis_git_sha1	깃 SHA1을 표시한다.
redis_git_dirty	깃 더티 플래그를 표시한다.
redis_build_id	빌드 ID를 표시한다.
redis_mode	레디스 서버 모드(standalone, sentinel, cluster)를 표시한다.
os	레디스 서버 호스트 운영체제 종류를 표시한다.

arch_bits	아키텍처(32비트, 64비트)를 표시한다.
monotonic_clock	명령어 실행 시간 측정에 사용하는 클럭 종류를 표시한다.
multiplexing_api	레디스가 사용 중인 운영체제의 이벤트 루프 종류를 표시한다.
atomicvar_api	Atomicvar API 종류(atomic-builtin, sync-builtin, pthread-mutex)를 표시한다.
gcc_version	레디스 서버 컴파일에 사용된 GCC 컴파일러 버전을 표시한다.
process_id	레디스 서버 프로세스 ID를 표시한다.
process_supervised	레디스 서버 프로세스 관리하는 시스템 및 서비스 매니저(upstart, systemd, unknown, no)를 표시한다.
run_id	레디스 서버를 특정하기 위해 무작위로 생성한 값을 표시한다.
tcp_port	레디스가 명령 수신을 위해서 대기 중인 프로세스를 TCP 포트 번호를 표시한다.
server_time_usec	시스템 유닉스 시간(마이크로 초)을 표시한다.
uptime_in_seconds	레디스 서버 시작 후 경과한 시간(초 단위)을 표시한다.
uptime_in_days	레디스 서버 시간 후 경과한 시간(일 단위)을 표시한다.
hz	초당 백그라운드 처리 호출 빈도(11.1.3절 참조)를 표시한다.
configured_hz	레디스 서버에서 설정된 백그라운드 프로세스가 1초 동안 호출된 횟수를 표시한다.
lru_clock	LRU를 관리하기 위해 매 분마다 증가시키는 클럭을 표시한다.
executable	레디스 서버를 실행한 파일 경로를 표시한다.
config_file	redis-server를 실행할 때 지정한 설정 파일 경로를 표시한다.
io_threads_active	I/O 스레드 활성화 여부 플래그를 표시한다.

이 중 몇 가지를 살펴보겠습니다. redis_version은 레디스 서버 버전을 알 수 있고, redis_mode는 현재 레디스가 어떤 모드로 운영되는지 확인할 수 있습니다. 스탠드얼론Standalone 모드를 사용할 때는 standalone으로, 레디스 센티널을 사용할 때는 sentinel로, 레디스 클러스터를 사용할 때는 cluster로 표시됩니다. uptime_in_seconds, uptime_in_days는 레디스 서버가 시작된 후 경과한 시간을 각각 초 단위, 일 단위로 나타냅니다. 의도치 않은 재시작이 발생했는지 확인할 때 사용됩니다.

executable은 운영 중인 Redis-server가 어떤 파일에서 시작되었는지 확인할 수 있습니다. 설치 방법에 따라 /usr/bin/redis-server나 /data/redis-server 등이 있을 수 있습니다. 설정 파일을 지정하여 시작한 경우 config_file에서 어떤 설정 파일이 적용되어 운영되고 있는지 확인할 수 있습니다.

▪— Clients 부문

클라이언트Client 정보를 나타냅니다. 현재 클라이언트의 연결 현황 등 클라이언트 정보를 파악하기 편리합니다.

표 6-2 Clients 부문 정보

항목	상세 정보
connected_clients	현재 클라이언트 연결 수(레플리카 연결은 제외)를 표시한다.
cluster_connections	클러스터 버스에 사용된 대략적인 소켓 수를 표시한다.
maxclients	maxclients 설정 지시자 값을 표시한다.
client_recent_max_input_buffer	최근 클라이언트 연결 중 가장 큰 입력 버퍼를 표시한다.
client_recent_max_output_buffer	최근 클라이언트 연결 중 가장 큰 출력 버퍼를 표시한다.
blocked_clients	블로킹으로 인해 보류 중인 클라이언트 수를 표시한다.
tracking_clients	클라이언트 측 캐시로 트래킹된 클라이언트 수를 표시한다.
clients_in_timeout_table	클라이언트 타임아웃 테이블 안의 클라이언트 수를 표시한다.

blocked_clients는 BLPOP, BRPOP, BRPOPLPUSH 명령어와 같은 블로킹 연산이나 WAIT 명령어로 인해 대기 중인 클라이언트 수입니다.

▪— Memory 부문

메모리Memory 사용량 관련 내용을 표시합니다(메모리 관리는 9.1절 참조).[05]

----

05 [표 6-3]에서 말하는 '사람이 이해하기 쉬운 형식'은 B(바이트) / K(킬로) / M(메가) / G(기가) / T(테라) / P(페타)와 같은 단위로 표기하는 것을 의미합니다.

표 6-3 Memory 부문 정보 ①

항목	상세 정보
used_memory	메모리 할당자(jemalloc 등)로 할당된 메모리양(바이트 단위)을 표시한다.
used_memory_human	used_memory를 사람이 이해하기 쉬운 형식으로 표시한다.[06]
used_memory_rss	운영체제가 감지하는 레디스에 할당된 메모리양(RSS, 바이트 단위)을 표시한다.
used_memory_rss_human	used_memory_rss를 사람이 이해하기 쉬운 형식으로 표시한다.
used_memory_peak	레디스로 사용된 최고 메모리양(바이트 단위)을 표시한다.
used_memory_peak_human	used_memory_peak를 사람이 이해하기 쉬운 형식으로 표시한다.
used_memory_peak_perc	used_memory_peak을 use_memory로 나눈 백분율 값을 표시한다.

운영체제가 인식하는 레디스에 할당된 메모리양(RSS)은 앞으로 RSS로 표기합니다. RSS에 대한 자세한 내용은 이 장의 칼럼을 참조하세요.

메모리 사용량 내역을 구체적으로 확인하고자 하는 경우, 위의 항목과 함께 아래 항목도 확인할 수 있습니다.

표 6-4 Memory 부문 정보 ②

항목	상세 정보
used_memory_overhead	레디스 서버에 할당된 내부 데이터 구조 관리를 위한 오버헤드의 총 메모리양(바이트 단위)을 표시한다.
used_memory_startup	레디스 시작 시 사용되는 초기 메모리양(바이트 단위)을 표시한다.
used_memory_dataset	데이터 세트를 통해 사용된 메모리양(바이트 단위)을 표시한다.
used_memory_dataset_perc	레디스 프로세스가 인식하는 메모리양에서 시작 시 초기 메모리를 제외한 메모리 중 데이터 세트가 차지하는 비율(백분율)을 표시한다.
used_memory_lua	루아 엔진에 사용되는 메모리양(바이트 단위, 폐지 예정)을 표시한다.
used_memory_lua_human	used_memory_lua를 사람이 이해하기 쉬운 형식으로 표시한다(폐지 예정).

....
06 _human 접미사가 붙은 항목은 '사람이 이해하기 쉬운 형태'로 표시합니다.

number_of_cached_scripts	캐시된 스크립트 개수를 표시한다.
number_of_functions	레디스 함수 개수를 표시한다.
number_of_libraries	레디스 함수 라이브러리 개수를 표시한다.
used_memory_vm_eval	이페머럴 스크립트가 루아 인터프리터에 사용하는 메모리 크기(바이트 단위)를 표시한다.
used_memory_scripts_eval	이페머럴 스크립트가 사용하는 메모리 오버헤드 양(바이트 단위)을 표시한다.
used_memory_vm_functions	레디스의 모든 엔진에서 실행되는 함수들이 사용하는 메모리 총량(바이트 단위)을 표시한다.
used_memory_functions	레디스의 모든 엔진에서 실행되는 함수들이 발생시키는 메모리 오버헤드 총량(바이트 단위)을 표시한다.
used_memory_vm_total	used_memory_vm_eval과 used_memory_vm_functions 총 메모리 크기(바이트 단위)를 표시한다.
used_memory_vm_total_human	used_memory_vm_total을 사람이 이해하기 쉬운 형식으로 표시한다.
used_memory_script	used_memory_scripts_eval과 used_memory_functions의 총 메모리 크기(바이트 단위)를 표시한다.
used_memory_scripts_human	used_memory_scripts를 이해하기 쉬운 형식으로 표시한다.

메모리 사용량을 확인할 때는 레디스 서버가 사용할 수 있는 최대 메모리양을 주의 깊게 확인해야 합니다. 또한 사용 중인 메모리가 maxmemory 값에 도달했을 때, 어떻게 동작할지 정책을 확인하는 것도 중요합니다. 각 내용들은 다음 항목을 통해 확인할 수 있습니다.[07]

표 6–5 Memory 부문 정보 ③

항목	상세 정보
maxmemory	설정 파일에 설정한 maxmemory 지시자 값을 표시한다.
maxmemory_human	maxmemory를 사람이 이해하기 쉬운 형태로 표시한다.
maxmemory_policy	설정 파일에 설정한 maxmemory-policy 지시자 값을 표시한다.

---

07 ElastiCache를 사용한다면, 스냅숏이나 레플리케이션처럼 데이터 세트 외에 사용하는 메모리 영역을 reserved-memory-percent(reserved-memory) 매개변수로 확인할 수 있습니다. maxmemory 값은 INFO 명령어로 확인할 수 있으며, 여기 나오는 매개변수들을 사용합니다.

레디스 서버를 운영할 때, 메모리 단편화^{fragmentation} 문제가 발생할 수 있습니다. 이때, mem_fragmentation_ratio 값이 중요한 참고 지표가 됩니다. 또한 동적 단편화 제거^{Active} ^{Defragmentation}**08**가 실행 중인지 여부를 확인하거나, Lazy Freeing 기능을 통해 비동기로 삭제할 때 대기 중인 객체의 수를 확인할 수 있습니다.

표 6-6 Memory 부문 정보 ④

항목	상세 정보
mem_fragmentation_ratio	used_memory 대비 used_memory_rss의 비율을 표시한다.
mem_fragmentation_bytes	used_memory_rss에서 used_memory를 뺀 메모리양(바이트 단위, 레디스 5.0.0 이후)을 표시한다.
mem_not_counted_for_evict	AOF 버퍼와 레플리카용 클라이언트 출력 버퍼로 사용한 메모리양의 총합을 표시한다. 제거할 때 카운트 되지 않은 메모리양을 포함한다.
mem_replication_backlog	레플리케이션 로그에 의해 사용된 메모리양을 표시한다.
mem_total_replication_buffers	레플리케이션 버퍼에 의해 사용되고 있는 총 메모리양을 표시한다.
mem_clients_slaves	레플리카용 클라이언트 출력 버퍼에서 사용된 메모리양을 표시한다.
mem_clients_normal	클라이언트용 클라이언트 출력 버퍼에서 사용된 메모리양을 표시한다.
mem_cluster_links	클러스터 버스 상호 연결에 의해 사용되는 메모리양을 표시한다.
mem_aof_buffer	AOF 버퍼에 의해 사용된 메모리양을 표시한다.
mem_allocator	컴파일 시 사용된 메모리 할당자를 표시한다.
active_defrag_running	동적 단편화 제거가 활성화된 상태인지 확인한다.
lazyfree_pending_objects	비동기 삭제 대기 중인 객체 수를 확인한다.
lazyfreed_objects	비동기로 삭제된 객체 수를 확인한다.

다음은 메모리 사용량 내역을 확인하기 위한 항목들입니다. 저자의 경험상 트러블슈팅할 때 이렇게까지 자세하게 확인하는 경우는 거의 없지만, 만일에 대비해서 알아두면 좋습니다.

----

08 역자주_레디스에서 단편화 제거(Defragmentation)는 레디스 서버 내의 메모리 내 데이터 구조의 최적화 작업을 의미합니다. 이 작업은 레디스 서버가 실행 중일 때도 동작하기 때문에 동적(Active)이라는 표현이 붙었습니다.

표 6-7 Memory 부문 정보 ⑤

항목	상세 정보
allocator_allocated	프로세스에 할당된 전체 메모리 할당량을 고려한 메모리양(바이트 단위)을 표시한다.
allocator_active	allocator_resident 중 메모리 할당자가 재사용을 위해 예약한 메모리 크기를 포함하지 않는 메모리양을 표시한다.
allocator_resident	RSS 중 공유 라이브러리나 기타 힙 매핑이 아닌 메모리 영역에서 온 메모리양을 표시한다.
total_system_memory	레디스가 실행 중인 호스트의 총 메모리양을 표시한다.
total_system_memory_human	total_system_memory를 사람이 이해하기 쉬운 형태로 표시한다.
allocator_frag_ratio	allocator_allocated 대비 allocator_active의 비율을 표시한다.
allocator_frag_bytes	allocator_active에서 allocator_allocated를 제외한 메모리양을 표시한다.
allocator_rss_ratio	allocator_active 대비 allocator_resident의 비율을 표시한다.
allocator_rss_bytes	allocator_resident에서 allocator_active를 제외한 메모리양을 표시한다.
rss_overhead_ratio	allocator_resident 대비 used_memory_rss의 비율을 표시한다.
rss_overhead_bytes	used_memory_rss에서 allocator_resident를 제외한 메모리양을 표시한다.

이 중에서 몇 가지만 골라서 살펴보겠습니다.

used_memory는 레디스에서 인식하고 있는 현재 사용 중인 메모리양을 보여줍니다.[09] 일반적으로 레디스 엔진의 메모리 사용량은 이 값으로 확인합니다.

used_memory_rss는 RSS^{Resident Set Size} 크기, 즉, 운영체제가 인식하고 있는 레디스에 할당된 메모리양을 의미합니다. 단편화가 심한 상황에서는 레디스 엔진이 인식하는 것보다 운영체제에서 인식하는 메모리양이 더 클 수 있습니다.

이런 경우, used_memory_rss를 used_memory로 나눈 값인 mem_fragmentation_ratio를 참

---

09 zmalloc 내에서 메모리 할당자를 통해 메모리를 확보합니다. 메모리 할당자에는 jemalloc이나 libc, tcmalloc을 사용합니다. zmalloc에 관한 자세한 내용은 11장 칼럼을 확인하기 바랍니다.

고할 수 있습니다. 경험상 이 값이 1.5를 넘으면 단편화가 심하기 때문에 성능에 영향을 줄 수 있습니다. 반대로 1.0 미만인 경우 스왑^{swap}[10]이 발생할 가능성이 있습니다. 이런 상황의 대처 방법은 '10.3 클라우드를 활용한 트러블슈팅'에서 다루는 내용을 참고하기 바랍니다. 이 값은 /proc/〈프로세스 ID〉/stat라는 가상 파일에서 가져옵니다. 실제 가상 파일 내용은 다음과 같습니다. 이 중 24번째 항목이 RSS에 해당하는 필드로, 이 값이 사용됩니다.

```
23260(redis-server) S 1 23260 23260 0 -1 4194624 550 0 0 0 359 373 0 0 20 0 4 0 1043286944 163323904
1240 18446744073709551615 1 1 0 0 0 0 0 4097 17610 0 0 0 17 0 0 0 0 0 0 0 0 0 0 0 0 0 0 0
```

used_memory_overhead는 레디스 서버에 할당된 내부 데이터 구조 관리를 위한 오버헤드 메모리 총량(바이트 단위)을 의미합니다. 예를 들어, 클라이언트 출력 버퍼, 복제 백로그 등 데이터 세트 이외에 사용되는 메모리가 오버헤드로 계산됩니다.

used_memory_dataset는 레디스 서버 내에서 데이터 세트로 사용되는 메모리양을 의미하며, used_memory에서 used_memory_overhead를 뺀 값입니다.

used_memory_peak는 최대 시간에 사용된 최대 메모리 사용량을 나타냅니다. 일반적으로 used_memory 대비 used_memory_peak의 비율을 백분율로 나타낸 used_memory_peak_perc로 확인합니다. 예를 들어, 이 값이 작고 최근 메모리 사용량이 크지 않은 경우에는 과도한 용량을 확보하고 있을 수 있으므로 기계 사양을 줄여 비용을 절감할 수 있습니다. 또는 일시적으로 메모리 사용량이 많아져 평균값으로는 상황을 파악하기 어려울 때 참조할 수 있습니다.

메모리 사용 현황을 더 정밀하게 분석하기 위해서는 allocator_로 시작하는 항목들도 같이 확인할 수도 있지만, 기본적으로 이러한 내용을 이해하고 있으면 충분합니다.

active_defrag_running은 동적 단편화 제거가 활성화되어 있는지 확인할 수 있습니다.

lazyfree_pending_objects는 비동기 삭제 대기 중인 객체 수를 나타냅니다. 더 구체적으로는 레디스 4.0부터 사용 가능한 UNLINK 명령어나 FLUSHALL/FLUSHDB 명령어의 ASYNC 옵션으로

---

10 역자주_스왑이란 주 메모리가 부족한 경우 추가적인 메모리 공간을 확보하기 위해 사용하는 가상 메모리를 의미합니다.

인한 비동기 삭제 시 대기 중인 객체 수입니다. DEL 명령어나 이전 버전의 FLUSHALL/FLUSHDB 명령어는 $O(N)$의 시간 복잡도이기 때문에 삭제 대상 키가 많을 경우에는 처리 시간이 길어집니다. 레디스는 싱글 스레드도 처리한다는 특성이 있으므로 이 기간 동안 다른 연결이 대기 상태가 될 수 있습니다. 비동기 삭제를 사용하면 백그라운드에서 삭제할 수 있습니다.

COLUMN RSS

RSS는 프로세스가 사용하는 메모리양의 크기를 나타내는 방법 중 하나입니다. 관련 용어 및 개요는 다음과 같습니다.

표 6-8 RSS 관련 정보

항목	상세 정보
VSS(Virtual Set Size)	프로세스가 접근 가능한 가상 메모리다. 미사용 메모리를 포함한다.
RSS(Resident Set Size)	운영체제가 실제로 프로세스를 위해 확보한 물리 메모리양이다. 프로세스가 독점적으로 사용하는 메모리양과 공유 라이브러리가 사용하는 메모리양의 합이다.
PSS(Proportion Set Size)	프로세스가 독점적으로 사용하는 물리적 메모리양이다. 공유 라이브러리가 사용하는 메모리양의 프로세스 수만큼 나눠 합산한 양이다.
USS(Unique Set Size)	프로세스가 독점적으로 사용하는 물리적 메모리양이다. 공유 메모리는 제외한다.

말록Malloc이나 포크Fork가 수행될 때 가상 메모리가 확보되면 VSS가 증가하지만 해당 시점에 RSS는 증가하지 않습니다. 하지만 쓰기 작업이 수행될 때 RSS는 증가합니다. 레디스에서 자주 사용되는 RSS는 레디스가 데이터 등을 위해 사용하는 메모리양이 아니라, 운영체제가 레디스를 위해 할당한 메모리양을 나타내는 맥락에서 사용됩니다. 이는 단편화 상태 등을 판단하는 데 유용한 정보가 됩니다.

▪── Persistence 부문

영속성Persistence과 관련된 정보가 표시됩니다. 레디스에서 영속성 기능은 스냅숏(RDB 파일)과 AOF 정보를 의미합니다. 예를 들어, 스냅숏이나 AOF 파일 생성 중인지의 여부와 마지막 실행 결과 및 생성에 소요된 시간 등을 확인할 수 있습니다. 문제가 발생하면 스냅숏 생성이나 AOF 파일의 재작성으로 인해 영향을 받았는지 확인합니다.

표 6-9 Persistence 부문 정보

항목	상세 정보
loading	RDB 혹은 AOF 파일을 읽는 중인지 여부를 확인한다.
async_loading	
current_cow_size	포크 처리 중 CoW로 인한 메모리 사용 크기를 확인한다.
current_cow_size_age	포크 처리 중 CoW로 인한 메모리 사용 크기가 마지막으로 업데이트된 후 경과한 시간을 확인한다.
current_fork_perc	현재 포크 처리 진행률이다. current_save_keys_total 대비 current_save_keys_processed 비율을 확인한다.
current_save_keys_processed	현재 저장 처리 중 처리 완료된 키 개수를 확인한다.
current_save_keys_total	현재 저장 작업이 시작되는 시점의 키 개수를 확인한다.
rdb_changes_since_last_save	마지막 RDB 파일 저장 이후 변경된 사항 수를 확인한다.
rdb_bgsave_in_progress	BGSAVE 명령어로 스냅숏(RDB 파일)의 생성 여부를 확인한다.
rdb_last_save_time	마지막으로 스냅숏(RDB 파일)의 생성이 정상적으로 수행된 시간을 표시한다.
rdb_last_bgsave_status	마지막으로 수행된 BGSAVE 명령의 상태(ok, err)를 표시한다.
rdb_last_bgsave_time_sec	마지막으로 수행된 BGSAVE 명령의 지속 시간(초)을 표시한다.
rdb_current_bgsave_time_sec	현재 진행 중인 BGSAVE 명령의 지속 시간(초)을 표시한다.
rdb_saves	레디스 서버 시작 이후 스냅숏 생성 횟수를 표시한다.
rdb_last_cow_size	스냅숏(RDB 파일) 생성 중 CoW로 할당된 메모리 크기를 표시한다.
rdb_last_load_keys_expired	TTL이 설정된 키 중 마지막 RDB 읽기 작업 시 삭제된 키 개수를 표시한다.
rdb_last_load_keys_loaded	마지막 RDB 읽기 작업 시 적재된 키 개수를 표시한다.
aof_enabled	AOF 활성화 여부를 표시한다.
aof_rewrite_in_progress	AOF 재작성 여부를 표시한다.

aof_rewrite_scheduled	현재 RDB 파일 생성 완료 후 AOF 재작성 예정 여부를 표시한다.
aof_last_rewrite_time_sec	마지막으로 수행된 AOF 재작성 지속 시간(초 단위)을 표시한다.
aof_current_rewrite_time_sec	현재 진행 중인 AOF 재작성 지속 시간(초 단위)을 표시한다.
aof_last_bgrewrite_status	마지막으로 수행된 AOF 재작성 상태(ok, err)를 표시한다.
aof_rewrites	서버 시작 이후 AOF 재작성 횟수를 표시한다.
aof_rewrites_consecutive_failures	AOF 재작성 연속 실패 횟수를 표시한다.
aof_last_write_status	마지막으로 수행된 AOF 쓰기의 상태(ok, err)를 표시한다.
aof_last_cow_size	마지막으로 수행된 AOF 재작성 시 CoW로 할당된 메모리 크기를 표시한다.
module_fork_in_progress	모듈의 포크 처리 진행 중인지 여부를 확인한다.
module_fork_last_cow_size	마지막 모듈의 포크 처리 중 CoW로 인한 메모리 소비 크기를 표시한다.

성능상 문제가 발생했을 때, rdb_bgsave_in_progress 값이 1이라면 스냅숏 생성 중에 포크 처리의 영향을 받고 있을 수 있습니다. 반대로 높은 부하로 인해 복제 링크가 끊어져서 스냅 숏을 새로 생성하는 과정에서 값이 커질 수도 있습니다. 어떤 상황이더라도 해당 값을 참고 하여 원인을 파악할 수 있다는 점에서 해당 값은 유용하지만 스냅숏을 생성하는 것이 문제의 원인인지 결과인지를 제대로 파악하는 것이 중요합니다.

rdb_last_bgsave_status는 마지막 스냅숏 생성 시의 결과를 확인할 수 있습니다. 스냅숏 생성 시간이 오래 걸릴 것으로 예상되면 rdb_current_bgsave_time_sec 값으로 확인할 수 있습니다.

AOF에서도 스냅숏과 비슷한 정보를 확인할 수 있습니다. AOF가 활성화되면 aof_enabled 의 값이 1이 되며, AOF를 사용하는 경우 스냅숏 생성 시와 마찬가지로 포크 처리로 인한 영 향을 받을 수 있습니다. aof_rewrite_in_progress 값이 1이면 AOF 재작성이 진행되고 있 다는 것을 의미합니다.

AOF가 활성화된 경우(aof_enabled가 1일 때)라면, 다음과 같은 추가 정보가 표시됩니다.

표 6-10 AOF가 활성화된 경우의 추가 정보

항목	상세 정보
aof_current_size	현재 AOF 파일의 크기를 확인한다.
aof_base_size	마지막으로 시작되거나 재작성된 시점의 AOF 파일 크기를 확인한다.
aof_pending_rewrite	현재 실행 중인 RDB 파일 생성을 완료한 후 AOF 재작성이 예정되어 있는지 여부(aof_rewrite_scheduled와 동일한 정보)를 확인한다.
aof_buffer_length	AOF 버퍼의 크기를 확인한다.
aof_rewrite_buffer_length	AOF 재작성 버퍼의 크기를 확인한다.
aof_pending_bio_fsync	백그라운드 I/O 큐에서 대기 중인 fsync 작업의 수를 확인한다.
aof_delayed_fsync	지연된 fsync 작업의 수를 확인한다.

RDB 혹은 AOF 파일 덤프 중(loading이 1일 때)이라면, 다음과 같은 정보를 추가로 표시합니다.

표 6-11 RDB 혹은 AOF 파일 덤프 중일 경우의 추가 정보

항목	상세 정보
loading_start_time	RDB 혹은 AOF 파일 적재 시작 시간을 확인한다.
loading_total_bytes	RDB 혹은 AOF 파일 적재 중 파일 크기의 합계를 확인한다.
loading_loaded_bytes	RDB 혹은 AOF 파일 적재 완료 후 크기를 확인한다.
loading_loaded_perc	RDB 혹은 AOF 파일 적재 완료 비율을 확인한다.
loading_eta-_seconds	RDB 혹은 AOF 파일 적재 완료에 걸리는 예상 시간(초 단위)을 확인한다.

■── Stats 부문

Stats라는 이름에서 알 수 있듯이 다양한 통계 데이터가 집약되어 있습니다. 성능 개선 작업할 때는 이 통계 데이터를 유용하게 활용할 수 있습니다. 예를 들어, 성능에 문제가 있다면 연결 수를 가장 먼저 확인해야 합니다. 특히 현재 연결된 수와 함께 시간당 새롭게 연결된 수를 주의 깊게 봐야 합니다. 현재 연결 수는 rejected_connections의 제한 값에 도달했는지로 확인할 수 있으며,[11] 시간당 새로운 연결 수는 total _connections_received를 기반으로 계산하여 호스트의 제한 값에 도달했는지 확인합니다. 만약 메모리 사용량이 큰 상황이라면 이 값을 사용해 필요한 값을 계산하여 호스트 제한값을 초과하진 않았는지 확인합니다.

만약 성능 문제가 발생한 와중에 해당 시간대에 레플리케이션이 끊어졌다면 sync_*로 완전 동기화 또는 부분 동기화가 진행되었는지 확인하는 방법도 유용합니다. 특히 완전 동기화가 발생한 경우에는 성능에 미치는 영향이 클 가능성이 높습니다. 이외에도 캐시 미스(Keyspace_misses)와 캐시 히트율(Keyspace_hits) 계산 등 운영 관리에 중요한 정보가 많이 포함되어 있습니다.

표 6-12 Stats 부문 통계 정보

항목	상세 정보
total_connections_received	레디스 서버가 수신한 총 연결 수를 표시한다.
total_commands_processed	레디스 서버가 처리한 총 명령어 수를 표시한다.
instantaneous_ops_per_sec	초당 처리한 명령어 수를 표시한다.
total_net_input_bytes	네트워크에서 수신한 총 바이트 수를 표시한다.
total_net_output_bytes	네트워크에 전송된 총 바이트 수를 표시한다.
total_net_repl_input_bytes	레플리케이션 처리를 위해 네트워크에서 수신한 총 바이트 수를 표시한다.
total_net_repl_output_bytes	레플리케이션 처리를 위해 네트워크에서 전송한 총 바이트 수를 표시한다.
instantaneous_input_kbps	초당 네트워크 읽기 속도(KB/s)를 표시한다.
instantaneous_output_kbps	초당 네트워크 쓰기 속도(KB/s)를 표시한다.
instantaneous_input_repl_kbps	초당 레플리케이션을 위해 네트워크 읽기 속도(KB/s)를 표시한다.
instantaneous_output_repl_kbps	초당 레플리케이션을 위해 네트워크 쓰기 속도(KB/s)를 표시한다.
rejected_connections	maxclients 설정 값으로 인해 거부된 연결 수를 표시한다.
sync_full	레플리카와 완전 동기화가 수행된 수를 표시한다.

---

[11] 연결 중인 클라이언트 개수를 별도로 계산할 수 있습니다.

sync_partial_ok	부분 동기화 요청이 수락된 횟수를 표시한다.
sync_partial_err	부분 동기화 요청이 거부된 횟수를 표시한다.
expired_keys	만료된 키의 총 개수를 표시한다.
expired_stale_perc	샘플링된 키 중 만료된 키의 비율을 표시한다.
expired_time_cap_reached_count	만료 확인 시간 제한 초과 횟수를 표시한다.
expire_cycle_cpu_milliseconds	만료 주기 처리에 소요된 CPU 시간(밀리 초 단위)을 표시한다.
evicted_keys	maxmemory 지시자 값에 의해 제거된 키 개수를 표시한다.
evicted_clients	maxmemory-clients 지시자 값에 의해 제거된 클라이언트 수를 표시한다.
total_eviction_exceeded_time	레디스 서버 시작 후, 메모리 사용량이 초과된(used_memory 지시자값이 maxmemory 지시자 값보다 컸던) 총 시간(마이크로 초 단위)을 표시한다.
current_eviction_exceeded_time	메모리 사용량이 초과 상태(used_memory 지시자 값이 maxmemory 지시자 값보다 큰 상태)의 지속 시간(마이크로 초 단위)을 표시한다.
keyspace_hits	캐시 호출 성공 횟수를 표시한다.
keyspace_misses	캐시 호출 실패 횟수를 표시한다.
pubsub_channels	클라이언트가 구독 중인 모든 채널 수를 표시한다.
pubsub_patterns	클라이언트가 구독 중인 모든 패턴 수를 표시한다.
pubsubshard_channels	Shared Pub/Sub 기능으로 만들어진 채널 수를 표시한다.
latest_fork_usec	마지막 포크 처리 시간(마이크로 초 단위)을 표시한다.
total_forks	서버 시작 이후 포크 처리 횟수를 표시한다.
migrate_cached_sockets	MIGRATE 명령어를 위해 개방된 소켓 수를 표시한다.
slave_expires_tracked_keys	레플리카에서 추적 중인 만료된 키의 개수를 표시한다.
active_defrag_hits	동적 단편화 제거 과정에서 재할당된 값의 개수를 표시한다.
active_defrag_misses	동적 단편화 제거 과정에서 할당이 중단된 값의 개수를 표시한다.
active_defrag_key_hits	동적 단편화 제거를 통해 처리된 키의 개수를 표시한다.
active_defrag_key_misses	동적 단편화 제거로 처리하지 못한 키의 개수를 표시한다.

total_active_defrag_time	동적 단편화 제거 과정을 수행한 총 시간을 표시한다.
current_active_defrag_time	현재 진행 중인 동적 단편화 제거를 확인한다.
tracking_total_keys	클라이언트 측 캐시 기능으로 레디스 서버가 추적하는 총 키의 개수를 표시한다.
tracking_total_items	추적되고 있는 각 키와 관련해서 클라이언트가 저장하고 있는 데이터 항목의 총 개수를 표시한다.
tracking_total_prefixes	레디스가 클라이언트 측 캐시 사용 시 추적하고 있는 접두사의 개수를 표시한다.
unexpected_error_replies	AOF 읽기 작업 또는 레플리케이션 오류 종류, 예상치 못한 오류 응답 수를 표시한다.
total_error_replies	실행 전에 거부된 명령어와 실행 중 발생한 명령어의 총합을 표시한다.
dump_payload_sanitizations	사용자 연결 및 RDB 파일이나 ESTORE 명령어의 페이로드를 읽을 때 내부 인코딩 데이터 일관성을 검증한 횟수를 표시한다.
total_reads_processed	읽기 작업 이벤트 처리를 표시한다.
total_writes_processed	쓰기 작업 이벤트 처리를 표시한다.
io_threaded_reads_processed	메인 스레드와 I/O 스레드를 통해 처리된 읽기 작업 이벤트 수를 표시한다.
io_threaded_writes_processed	메인 스레드와 I/O 스레드를 통해 처리된 쓰기 작업 이벤트 수를 표시한다.
reply_buffer_shrinks	출력 버퍼가 축소된 총합을 표시한다.
reply_buffer_expands	출력 버퍼가 확장된 총합을 표시한다.

▪— Replication 부문

레플리케이션Replication 관련 정보를 다룹니다. 레플리케이션에 문제가 발생했을 때 레플리카의 개수나 각각의 지연 상태 및 레플리케이션 연결 상태 등을 확인할 때 사용합니다.

표 6-13 Replication 부문 관련 정보

항목	상세 정보
role	마스터나 레플리카 역할(master, slave)을 표시한다.

role은 캐시 노드 역할을 나타내며, 마스터인 경우 master, 레플리카인 경우 slave를 표시합니다. 레플리케이션 구조에서는 최상위 노드만 마스터가 됩니다.

role이 레플리카인 경우에는 다음 정보들이 표시됩니다.

표 6-14 role이 레플리카인 경우의 정보

항목	상세 정보
master_host	마스터 IP 주소 및 호스트 이름을 표시한다.
master_port	마스터가 실행 중인 TCP 포트 번호를 표시한다.
master_link_status	레플리케이션 링크 상태(up, down)를 표시한다.
master_last_io_seconds_ago	마스터와 마지막으로 통신한 뒤 경과한 시간(초 단위)을 표시한다.
master_sync_in_progress	마스터가 레플리카와 동기화 중인지 여부를 표시한다.
slave_repl_offset	레플리케이션 오프셋을 표시한다.
master_sync_left_bytes	레플리케이션 과정 중 동기화 완료까지 남은 크기(바이트 단위)를 표시한다.
master_sync_last_io_seconds_ago	레플리케이션 과정 중 동기화 처리 중에 마지막 I/O가 전송된 후 경과 한 시간(초 단위)을 표시한다.
master_link_down_since_seconds	레플리케이션 과정 중 링크가 다운된 후 경과한 시간(초 단위)을 표시한다.
repl_sync_enabled	(ElastiCache) 동기화가 활성화되었는지를 표시한다.
slave_read_reploff	(ElastiCache) 마스터 읽기 작업 레플리케이션 오프셋을 표시한다.
slave_priority	페일오버 우선순위를 표시한다.
slave_read_only	레플리카가 읽기 전용인지를 확인한다.

master_host와 master_port는 각각 마스터 서버의 IP 주소와 포트 번호를 나타냅니다. master_link_status는 마스터와의 연결 상태를 나타내며, 연결이 정상이면 up, 연결이 끊어지면 down으로 표시됩니다. 이 정보들은 마스터 서버에만 표시되며, 레플리케이션에 문제가 발생하면 이 값을 확인하는 것이 좋습니다.

표 6-15 레플리케이션 문제 발생 시 확인해야 하는 정보

항목	상세 정보
slaveX(X는 0부터 시작하는 정수)	(connected_slaves가 1보다 큰 경우, 레플리카 숫자만 표시) IP 주소, 포트 번호, 노드 상태(online, wait_bgsave, send_bulk), 레플리케이션 오프셋, 랙(lag)을 표시한다.

slaveX는 connected_slaves 값이 1보다 큰 경우, 레플리카의 개수만큼 다음처럼 표시합니다. 레플리카별로 IP 주소, 포트 번호, 노드 상태, 레플리케이션 오프셋, 랙을 표시합니다.

```
slave0:ip=10.0.0.94,port=6379,state=online,offset=14670508,lag=0
```

다음은 마스터, 레플리카에 공통적으로 표시되는 내용입니다.

표 6-16 마스터, 레플리카에 공통적으로 표시되는 정보

항목	상세 정보
connected_slaves	연결 중인 레플리카 개수를 표시한다.
master_failover_state	페일 오버 진행 상태(no-failover, failover-in-progress, waiting-for-sync, unknown)를 표시한다.
min_slaves_good_slave	min-slaves-to-write가 활성화된 경우, 정상적인 레플리카의 개수를 표시한다.
master_replid	레디스 서버의 레플리케이션 ID를 표시한다.
master_replid2	레디스 서버의 두 번째 레플리케이션 ID, 페일오버 시 PSYNC 사용을 확인한다.
master_repl_offset	현재 레플리케이션 오프셋을 표시한다.
second_repl_offset	수신한 레플리케이션 ID까지의 오프셋을 표시한다.
repl_backlog_active	레플리케이션 백로그의 활성화 여부를 확인한다.
repl_backlog_size	레플리케이션 백로그의 총 버퍼 크기를 표시한다.
repl_backlog_first_byte_offset	레플리케이션 백로그 버퍼의 마스터 오프셋을 표시한다.
repl_backlog_histlen	레플리케이션 백로그 버퍼 내 데이터 크기(바이트 단위)를 표시한다.

마스터와 각 레플리카 간의 레플리케이션 랙은 다음과 같이 계산합니다. 이를 통해 지연되고 있는 데이터의 크기를 계산할 수 있습니다. 마스터 데이터가 레플리카에 잘 반영되지 않는 경우에 활용할 수 있습니다.

레플리케이션 랙 = master_repl_offset 값 − slaveX(X는 0부터 시작하는 정수) 각 항목의 offset 값

다음 예시는 마스터와 레플리카가 각각 하나씩 있는 구성입니다. master_repl_offset과 레플리카의 오프셋 값을 나타내는 slave0의 offset 값이 모두 3528임을 확인할 수 있습니다. 이 두 값이 같다는 것은 레플리케이션 지연이 없음을 의미하며, 값의 단위는 바이트입니다.

```
127.0.0.1:6379> INFO Replication
# Replication
role:master
connected_slaves:1
slave0:ip=172.18.0.2,port=6379,state=online,offset=3528,lag=0
master_failover_state:no-failover
master_replid:62509463155149574b58deea48246db9f91e459f
master_replid2:0000000000000000000000000000000000000000
master_repl_offset:3528
second_repl_offset:-1
repl_backlog_active:1
repl_backlog_size:1048576
repl_backlog_first_byte_offset:1
repl_backlog_histlen:3528
```

▪— CPU 부문

CPU 관련 정보가 표시됩니다. 예를 들어, 성능 문제가 발생한 경우 현재 CPU 사용량을 확인하는 것도 물론 중요하지만 INFO 명령어로 확인하는 CPU 값은 레디스 서버가 시작된 이후 누적된 CPU 시간을 나타내므로 직관적으로 확인하기 어렵습니다. 대신 CPU 사용률을 확인하기 위해 정기적으로 INFO 명령어 값을 가져와 계산하는 등의 방법이 필요합니다. 일반적으로는 서드파티 모니터링 도구나 클라우드 관리형 서비스 호스트를 사용하면 CPU 사용률을

별도로 제공하는 경우가 많으므로 이를 활용하게 됩니다.

표 6-17 CPU 부문 정보

항목	상세 정보
used_cpu_sys	레디스 서버가 사용한 시스템 모드의 CPU 시간을 표시한다.
used_cpu_user	레디스 서버가 사용한 사용자 모드의 CPU 시간을 표시한다.
used_cpu_sys_children	백그라운드 처리에 사용된 시스템 모드의 CPU 시간을 표시한다.
used_cpu_user_children	백그라운드 처리에 사용된 사용자 모드의 CPU 시간을 표시한다.
used_cpu_sys_main_thread	레디스 서버의 메인 스레드가 사용한 시스템 모드의 CPU 시간을 표시한다.
used_cpu_user_main_thread	레디스 서버의 메인 스레드가 사용한 사용자 모드의 CPU 시간을 표시한다.

■— Modules 부문

레디스 6 이후 등장한 모듈modules 관련 정보를 나타냅니다. 다음과 같은 형식으로 나타낼 수 있으며, 모듈별로 행이 추가되는 형태가 됩니다.

```
module:name=mymodule,ver=1,api=1,filters=0,usedby=[],using=[],options=[]
```

각 항목별 의미는 다음과 같습니다.

표 6-18 Modules 부문 정보

항목	설명
name	모듈 이름을 확인한다.
ver	모듈 버전을 확인한다.
apiver	모듈 API 버전을 확인한다.
filters	모듈에 등록한 필터 수를 확인한다.
usedby	해당 모듈 API를 사용하는 모듈 목록을 확인한다.
using	해당 모듈의 API 일부를 사용하는 모듈 목록을 확인한다.
options	모듈 옵션 및 기능을 확인한다.

Commandstats 부문

각 레디스 명령어 통계Commandstats와 관련한 정보를 보여줍니다. INFO ALL 명령어나 INFO Commandstats, INFO EVERYTHING 명령어를 실행할 때 표시되는 부문이며, INFO 명령어 및 INFO Default로는 표시되지 않습니다.

예를 들어, 레디스 서버에서 실행되는 특정 명령어 때문에 CPU 사용률이 100%에 도달하는 경우가 있습니다. 이런 문제가 발생하면, 슬로우 로그와 함께 Commandstats 부문의 결과를 확인하여 복잡도가 큰 명령어가 과도하게 사용되고 있지 않은지 파악하는 데 사용합니다.

Commandstats 부문의 내용은 다음과 같습니다. 여기서 xxx는 소문자로 표기된 명령어 이름을 나타냅니다.

표 6-19 Commandstats 부문 정보

항목	상세 정보
cmdstat_xxx	호출 횟수, 명령어 실행에 소요된 총 CPU 시간, 명령어 실행에 소요된 평균 CPU 시간(마이크로 초 단위), 호출이 거부된 횟수, 호출에 실패한 횟수를 표시한다.

Commandstats 부문은 다음과 같은 내용을 표시합니다.

- 레디스 서버 내에 실행된 명령어별 호출 횟수
- 명령어 실행에 소요된 총 CPU 시간
- 명령어 실행에 소요된 평균 CPU 시간(마이크로 초 단위)
- 호출이 거부된 횟수
- 호출에 실패한 횟수

다음 예시를 살펴보면 GET 명령어는 한 번 호출되었고, 총 실행 시간은 12마이크로 초였으며, 평균 CPU 시간은 호출당 12마이크로 초였음을 알 수 있습니다. 그리고 호출이 거부되거나 실행에 실패한 경우가 없다는 것도 알 수 있습니다. 문제가 발생했을 때는 usec_per_call 값을 확인합니다. 만약 개별 명령어의 평균 실행 시간이 긴 경우, 해당 명령어로 인해 문제가 발생했을 가능성을 생각해볼 수 있습니다.

```
cmdstat_get:calls=1,usec=12,usec_per_call=12.00,rejected_calls=0,failed_calls=0
```

Latencystats 부문

명령어 지연 시간 통계[Latencystats] 정보를 나타냅니다. INFO ALL 명령어나 INFO Latencystats, INFO EVERYTHING 명령어를 실행할 때 표시되는 부문이며, INFO 명령어 및 INFO Default로는 표시되지 않습니다.

표 6-20 Latencystats 부문 정보

항목	상세 정보
latency_percentiles_usec_xxx	여러 명령어의 지연 시간의 백분율 분포를 확인한다.

기본값으로는 다음과 같이 p50, p99, p99.9 값이 출력됩니다.

```
latency_percentiles_usec_get:p50=12.031,p99=12.031,p99.9=12.031
```

latency-tracking 지시자의 기본값은 yes이며, 기본적으로 활성화되어 있습니다. 백분율 분포를 변경하려면 latency-tracking-info-percentiles 지시자의 값을 변경해야 합니다.

Errorstats 부문

오류 통계[Errorstats]를 표시합니다(레디스 6 이후부터 가능). 다음과 같은 형식으로 오류 종류별 카운트가 표시됩니다.

```
errorstat_ERR:count=7
```

Cluster 부문

클러스터[Cluster] 관련 정보를 표시합니다. 현재 실행 중인 레디스 서버에 클러스터 모드가 활성화되어 있는지 여부를 확인할 수 있습니다.

표 6-21 Cluster 부문 정보

항목	상세 정보
cluster_enabled	레디스 클러스터가 활성화되어 있는지를 확인한다.

Keyspace 부문

Keyspace 부문은 키 관련 정보를 표시합니다. 예를 들어, 레디스 서버 내에 여러 데이터베이스가 사용되고 있는지 확인하거나, 메모리가 부족한 상황에서 TTL이 키에 적절히 설정되었는지 참고하는 데 자주 사용됩니다. 이 부문의 내용은 다음과 같으며, X는 데이터베이스 번호를 의미합니다.

표 6-22 Keyspace 부문 정보

항목	상세 정보
dbX	키 개수, 만료된 키 개수, 평균 TTL을 확인한다.

Keyspace 부문에서는 데이터베이스별로 키의 수, 만료될 키의 수, 평균 TTL이 다음과 같은 형식으로 표시됩니다. avg_ttl이 0이라면 TTL이 설정된 키가 없음을 의미합니다. 유스케이스에 따라 필요하면 TTL 설정을 고려해야 합니다.

```
db0:keys=123456,expires=0,avg_ttl=0
```

모듈 생성 부문

모듈은 레디스 6.0 이후부터 INFO 명령어를 통해 관련 정보를 표시할 수 있게 되었습니다. 기본적으로는 표시되지 않지만, INFO MODULES 명령어 혹은 INFO EVERYTHING 명령어를 통해 표시할 수 있습니다.

6.2 지연 시간 조사

이제 실제 조사 방법에 대해 설명하겠습니다.

명령어를 실행하는 데 시간이 많이 걸리면 앞서 언급했던 INFO 명령어의 Commandstats 부문에서 각 명령어의 실행 횟수와 실행당 평균 소요 시간 등을 확인할 수 있습니다. 또한 슬로우 로그와 지연 시간 모니터링을 함께 활용하면 더 자세한 정보를 파악할 수 있습니다.

이때 워크로드로 인해 CPU 사용량이 높아진 것으로 파악되는 경우, 저자는 우선 슬로우 로그와 함께 INFO 명령어의 Commandstats 부문(또는 INFO Commandstats)을 확인하며 주로 과거의 실행 기록과 정기적인 실행 결과의 차이를 비교합니다.

또한 KEYS * 명령어나 루아(에퍼메럴 스크립트, 레디스 함수), 트랜잭션 처리 및 계산량이 많은 명령어 등 시간이 많이 소요되는 처리가 없는지도 확인해야 합니다.

저자는 지연 시간을 조사할 때, 다른 정보만으로도 충분하기 때문에 redis-cli의 지연 시간 관련 옵션과 LATENCY 명령어를 자주 사용하지는 않습니다. 그러나 다른 모니터링 도구를 설치하지 않았고 필요한 정보가 있는 경우 또는 평소에 사용하지 않더라도 필요한 경우를 대비하여 내용을 숙지해두는 것도 좋습니다.

6.2.1 슬로우 로그

레디스는 슬로우 로그SLOWLOG 기능도 제공합니다. 슬로우 로그는 레디스 서버에서 쿼리 실행 시간이 긴 것들을 로그로 기록하는 기능입니다.[12]

예를 들어, CPU 사용률이 높아서 문제가 발생했다고 판단되는 상황을 가정해봅시다. 만약 원인이 레디스 서버 내에서 실행된 명령어라면 슬로우 로그를 사용해 원인이 되는 명령어를 특정하여 애플리케이션에서 어떻게 개선할지를 결정하는 데 도움이 됩니다.

슬로우 로그는 두 가지 지시자를 통해 설정 파일에서 조정할 수 있습니다.

---

12 https://redis.io/commands/slowlog

slowlog-log-slower-than 지시자는 마이크로 초 단위로 임계값을 설정하여, 이 값보다 더 오래 걸린 쿼리를 기록합니다.

slowlog-max-len 지시자는 레디스 서버가 유지할 엔트리 수를 지정합니다. 다른 설정에서는 초나 밀리 초 단위가 주로 사용되지만, 슬로우 로그에서는 마이크로 초 단위로 작동한다는 점에 주의해야 합니다.

slowlog-log-slower-than 지시자 값이 음수인 경우, 슬로우 로그 기능이 비활성화되고, 0이 면 모든 쿼리가 기록됩니다. slowlog-max-len 지시자의 값이 크면 그만큼 메모리 소비도 크 기 때문에 주의해야 합니다.

슬로우 로그를 조회할 때는 SLOWLOG GET 10처럼 명령어를 사용하여 지정된 숫자만큼의 엔트 리를 조회할 수 있으며, 슬로우 로그 조건에 해당하는 최근 항목들을 표시합니다.

각 슬로우 로그 엔트리 예시는 다음과 같습니다. 첫 번째는 각 슬로우 로그 엔트리에 할당되 는 고유 식별자를 나타냅니다. 두 번째는 유닉스 타임스탬프, 세 번째는 실행에 소요된 시간 (마이크로 초 단위), 네 번째는 실행된 명령어가 공백으로 구분된 각 요소가 표시됩니다. 레 디스 4.0 이후 버전에서는 다섯 번째 요소로 〈클라이언트 IP 주소〉:〈포트 번호〉 형태로 표시 되고, 여섯 번째 요소는 CLIENT SETNAME 명령어로 설정된 클라이언트 이름이 표시됩니다. 기 본값은 빈 문자열(" ")입니다.

```
2) 1) (integer) 54
   2) (integer) 1574582097
   3) (integer) 206750
   4) 1) "debug"
      2) "sleep"
      3) ".2"
   5) "127.0.0.1:50618"
   6) ""
 :
```

성능 문제의 원인을 조사할 때는 유닉스 타임스탬프를 사용하여 해당 시간에 일치하는 엔트리를 확인해야 합니다. 실행 시간이 특히 큰 엔트리가 있다면, 그것이 문제의 주요 원인일 수 있습니다. 해당 엔트리의 실행 명령어를 확인하면 원인이 되는 명령어를 파악할 수 있습니다. 또한 해당 클라이언트 정보도 확인할 수 있으므로, 특정 클라이언트에만 문제가 발생하는 경우에는 연결의 원인이 되는 호스트의 조사로 이어질 수 있습니다.

SLOWLOG LEN 명령 슬로우 로그의 엔트리 수를 확인할 수 있고, SLOWLOG RESET 명령어로 슬로우 로그에 관련 통계를 초기화할 수도 있습니다.

```
127.0.0.1:6379> SLOWLOG LEN
(integer) 56
127.0.0.1:6379> SLOWLOG RESET
OK
127.0.0.1:6379> SLOWLOG LEN
(integer) 0
```

6.2.2 redis-cli 옵션

redis-cli는 지연 시간 검출용 옵션을 통해 지연 시간을 확인할 수 있습니다. 옵션에는 --latency, --latency-history, --latency-dist, --intrinsic-latency가 있으며, 각 항목에 대한 설명은 다음과 같습니다.

표 6-23 redis-cli 옵션

옵션	상세 정보
--latency	지연 시간 정보를 계속 수집하며, 최소값, 최대값, 평균치 통계를 계속해서 출력한다. Ctrl+C로 종료한다.
--latency-history	--latency 옵션과 같지만 기본적으로 15초 단위로 줄바꿈되며, 통계를 다시 초기화해서 계산한다.
--latency-dist	지연 시간과 비율에 따라 색상으로 구분된 스펙트럼을 표시한다.
--intrinsic-latency	지정한 시간만큼 시스템 고유 지연 시간을 측정한다.

--latency 옵션의 실행 예시를 보겠습니다. 해당 옵션은 Ctrl + C로 종료할 때까지 샘플링을 계속합니다. 또한 PING 명령어를 계속해서 사용하면서 redis-cli를 실행하고 있는 클라이언트와 레디스 서버 간 지연 시간을 측정하는 방식을 통해 네트워크로 인해 문제가 발생했는지 알아낼 수 있습니다. 이 같은 방식을 통해 클라이언트와 레디스 서버 간 네트워크 문제 가능성이 있는 경우에 활용할 수 있습니다.

```
$ redis-cli --latency
min: 0, max: 1, avg: 0.11(2176 samples)^C
```

--raw 옵션, --csv 옵션 또는 TTY가 아닌 곳으로 출력을 리다이렉트할 경우, 기본적으로 1초 간의 샘플링 결과가 표시됩니다.

```
$ redis-cli --latency --raw
0 1 0.09 100
```

다음은 --latency-history 옵션의 출력 예시입니다. -i <number> 옵션으로 샘플링 시간을 지정할 수 있습니다. --latency 옵션과 마찬가지로 네트워크 문제 원인을 분석하는 데 활용하는 것이 좋습니다. 이 옵션은 시간이 지남에 따른 지연 시간의 추이를 확인하는 데 유용합니다. 네트워크를 사용하다 보면 문제가 발생해서 상황이 변동될 수 있는 경우가 있을 수 있습니다. 그런 경우에는 --latency 옵션으로 한 번만 데이터를 수집할 것이 아니라, --latency-history 옵션을 통해 일정 시간 간격마다 지연 시간 값의 변동 추세를 파악하기 위해 실행해보는 것이 좋습니다.

```
$ redis-cli --latency-history -i 5
min: 0, max: 4, avg: 0.13(487 samples) -- 5.00 seconds range
min: 0, max: 4, avg: 0.13(488 samples) -- 5.01 seconds range
min: 0, max: 1, avg: 0.11(488 samples) -- 5.00 seconds range
min: 0, max: 1, avg: 0.09(150 samples)^C
```

--latency-dist 옵션을 실행하면, 지연 시간과 비율에 따라 색으로 구분된 스펙트럼 표시

가 됩니다. 기본적으로 1초마다 .-*#123456789ABCDEFGHIJKLMNOPQ? 문자열에 걸린 시간이 많을수록 오른쪽에 색이 칠해지고, 비율이 높을수록 회색에서 빨간색으로 변합니다. -i ⟨number⟩ 옵션으로 간격을 지정할 수 있습니다.

```
$ redis-cli --latency-dist
```

--intrinsic-latency 옵션은 시스템 고유 지연 시간을 지속적으로 측정합니다. 지연 시간의 최대치가 갱신될 때마다 줄바꿈한 후 업데이트됩니다.[13] 시스템 호출과 관련된 프로세스를 제외하고, 실행 중인 프로세스를 커널이 최대 얼마나 오랫동안 지연시키고 있는지 측정하기 위해 사용합니다. 따라서 레디스 서버가 운영되고 있는 동일한 호스트에서 실행해야 합니다.

```
$ redis-cli --intrinsic-latency 10
Max latency so far: 1 microseconds.
Max latency so far: 11 microseconds.
Max latency so far: 47 microseconds.
Max latency so far: 1930 microseconds.
Max latency so far: 3958 microseconds.
Max latency so far: 5766 microseconds.
Max latency so far: 6438 microseconds.

212091410 total runs(avg latency: 0.0471 microseconds / 47.15 nanoseconds per run).
Worst run took 136544x longer than the average latency.
```

6.2.3 지연 시간 모니터링

지연 시간 모니터링 기능은 지연 시간 관련 트러블슈팅에 활용할 수 있습니다.[14] 이러한 기능을 통해 문제가 발생할 수 있는 여러 동작을 이벤트로 포착합니다. 또한 이벤트별로 지연 시간 스파이크를 시계열로 기록할 수 있습니다.

---

13 https://github.com/redis/redis/blob/7.0.4/src/redis-cli.c#L8826-L8861
14 https://redis.io/docs/latest/operate/oss_and_stack/management/optimization/latency-monitor/

명령어를 실행할 때는 슬로우 로그나 INFO commandstats의 usec_per_call 등을 확인하는 것이 유용합니다. 이러한 정보들을 활용해도 원인을 파악하기 어려운 경우에는 지연 시간 모니터링 기능을 사용해보는 것이 좋습니다. 여기서 얻은 정보와 슬로우 로그를 대조하면 더 상세한 정보를 확인할 수 있습니다. 또한 최근의 경향이나 특정 이벤트의 경향 분석 결과를 확인할 때도 지연 시간 모니터링 기능을 사용할 수 있습니다.

지연 시간 모니터링 기능은 LATENCY 명령어를 통해 사용할 수 있으며, 여섯 가지 하위 명령어를 제공합니다. 하위 명령어와 개요는 LATENCY HELP로 확인할 수 있습니다.[15]

```
127.0.0.1:6379> LATENCY HELP
 1) LATENCY <subcommand> [<arg> [value] [opt] ...]. Subcommands are:
 2) DOCTOR
 3)     Return a human readable latency analysis report.
 4) GRAPH <event>
 5)     Return an ASCII latency graph for the <event> class.
 6) HISTORY <event>
 7)     Return time-latency samples for the <event> class.
 8) LATEST
 9)     Return the latest latency samples for all events.
 1) RESET [<event> ...]
 2)     Reset latency data of one or more <event> classes.
 3)     (default: reset all data for all event classes)
 4) HISTOGRAM [COMMAND ...]
 5)     Return a cumulative distribution of latencies in the format of a
        histogram for the specified command names.
 6)     If no commands are specified then all histograms are replied.
 7) HELP
 8)     Prints this help.
```

지연 시간 모니터링 기능은 기본적으로 비활성화되어 있지만, 사용하는 메모리양이 매우 적기 때문에 지연 시간 문제가 발생하기 전에 활성화하는 것이 좋습니다. 물론 메모리 사용량

---

15 https://redis.io/commands/latency-help/

이 적다고 하더라도 데이터 수집 시 영향을 줄 수 있다는 사실도 주의해야 합니다. 또한 애플리케이션의 요구사항에 따라 지연 시간의 허용 범위가 달라질 수 있으므로 기본 설정된 임계값이 적절한지 확인해야 합니다. 매개변수는 latency-monitor-threshold 지시자로 설정 가능하며, 임계값을 밀리 초 단위로 지정합니다.

지연 시간 모니터링 기능의 특징 중 하나로 진단 기능이 있습니다. LATENCY DOCTOR 명령어를 사용할 수 있으며, 관찰된 증상으로부터 어떤 조치를 취해야 하는지 등의 조언을 사람이 확인하기 쉬운 형태로 확인할 수 있습니다.[16] 지연 시간 스파이크 간의 기간, 그 사이에 발생한 스파이크 수, 평균 시간, 평균 절대 편차MAD, Mean Absolute Deviation의 통계 데이터가 표시됩니다. 이벤트별로 추가 상세 정보가 표시될 수도 있습니다.

다음은 LATENCY DOCTOR 명령어의 실행 예시입니다. command 이벤트에서 지연 시간 스파이크를 확인하여, 다음 사항을 확인하라고 조언하고 있습니다.

- 어떤 명령어의 실행이 느린지 슬로우 로그로 확인합니다.
- 거대한 객체의 삭제나 만료, 제거 처리가 블로킹되어 있는지 확인합니다.

```
127.0.0.1:6379> LATENCY DOCTOR
Dave, I have observed latency spikes in this Redis instance. You don't mind
talking about it, do you Dave?

1. command: 29 latency spikes(average 1251ms, mean deviation 1678ms, period
97.62 sec). Worst all time event 12036ms.

I have a few advices for you:

- Check your Slow Log to understand what are the commands you are running which
are too slow to execute. Please check http://redis.io/commands/slowlog for more
information.
- Deleting, expiring or evicting(because of maxmemory policy) large objects is
a blocking operation.
```

---

[16] https://redis.io/commands/latency-doctor

If you have very large objects that are often deleted, expired, or evicted, try to fragment those objects into multiple smaller objects.

LATENCY 이벤트는 레디스 7.0.4 기준으로 다음과 같은 LATENCY 이벤트가 있습니다.[17] 이 이벤트들은 LATENCY LATEST 명령어로 이벤트 이름을 확인할 수 있으며, LATENCY HITSTORY, LATENCY GRAPH 명령어의 이벤트 이름을 지정하여 실행합니다.

표 6-24 LATENCY 이벤트 정보

항목	상세 정보
fork	RDB, AOF 생성 시 실행한 프로세스의 포크 처리에 시간이 걸린 이벤트다.
rdb-unlink-temp-file	백그라운드로 RDB 파일 생성 신호가 종료될 때 PID 관련 파일 삭제하는 데 시간이 걸린 이벤트다.
eviction-del	키에 저장할 메모리가 부족할 때, 키 하나 삭제할 때 시간이 걸리는 이벤트다.
eviction-cycle	키에 저장할 메모리가 부족할 때, 데이터 삭제에 시간이 걸리는 이벤트다. 단, eviction-del 시간은 포함하지 않는다.
aof-write-pending-fsync	appendfsync 옵션에서 everysec을 지정할 때, 1초마다 실행되는 AOF 스레드가 fsync를 실행하는 동안에 임계값 이상의 시간이 소요된 이벤트다.
aof-write-active-child	AOF나 RDB 처리 시 별도 스레드를 통해 백그라운드 처리할 때 레디스 서버의 쓰기 작업에 시간이 걸린 이벤트다.
aof-write-alone	aof-write-event에서 aof-write-pending-fsync, aof-write-active-child를 제외한 이벤트다.
aof-write	aof-write-pending-fsync, aof-write-active-child, aof-write-alone을 합친 이벤트다.
aof-fsync-always	appendfsync에서 always를 지정했을 때, fsync 실행 중에 임계값을 초과하는 시간이 걸린 이벤트다.
aof-fstat	파일 크기나 다른 파일 정보를 가져오는 데 시간이 걸린 이벤트다.
aof-rewrite-diff-write	AOF 스레드 처리가 완료된 후 부모 프로세스에서 AOF 버퍼의 내용을 디스크에 기록하는 데 시간이 걸린 이벤트다.
aof-rewrite-done-fsync	AOF 스레드 처리 중 fsync 시스템 콜이 완료되는 데 시간이 걸린 이벤트다.

---

17 https://github.com/redis/redis/blob/7.0.4/src/latency.c

aof-rename	AOF 스레드에서 부모 프로세스의 쓰기 작업이 완료된 후 파일 이름 변경 (Rename) 작업에 시간이 걸린 이벤트다.
expire-cycle	만료된 키를 정기적으로 회수하는 과정에서 시간이 걸린 이벤트다.
expire-del	만료된 키를 정기적으로 회수하는 과정에서 키 삭제 시간이 걸린 이벤트다.
active-defrag-cycle	동적 단편화 제거가 진행되는 동안 시간이 걸린 이벤트다.
fast-command	주로 $O(1)$ 또는 $O(logN)$ 복잡도를 가진 명령어에 관련된 이벤트다.
command	fast-command 외의 다른 명령어에 관련된 이벤트다.
command-unblocking	클라이언트에 의해 블록 처리가 완료되고 언블로킹하는 데 시간이 걸린 이벤트다.
while-blocked-cron	RDB 또는 AOF 로딩 중이거나 스크립트가 블록된 상태에서 주기적으로 작업을 수행하는 동안 시간이 걸린 이벤트다.

fast-command 이벤트 관련 명령어는 GET, SETNX, STRLEN, UNLINK, EXISTS, GETBIT, INCR, DECR, MGET, RPUSH, LPUSH, RPUSHX, LPUSHX, RPOP, LPOP, LLEN, SADD, SREM, SMOVE,SISMEMBER, SCARD, SPOP, SDIFF, ZADD, ZINCRBY, ZREM, ZCOUNT, ZLEXCOUNT, ZCARD, ZSCORE, ZRANK, ZREVRANK, ZPOPMIN, ZPOPMAX, BZPOPMIN, BZPOPMAX, HSET, HSETNX, HGET, HMSET, HMGET, HINCRBY, HINCRBYFLOAT, HDEL, HLEN, HSTRLEN, HEXISTS, INCRBY, DECRBY, INCRBYFLOAT, SELECT, SWAPDB, MOVE, RENAMENX, EXPIRE, EXPIREAT, PEXPIRE, PEXPIREAT, DBSIZE, AUTH, PING, ECHO, LASTSAVE, TYPE, MULTI, DISCARD, TTL, TOUCH, PERSIST, REPLICAOF(SLAVEOF), PUSBLISH, WATCH, UNWATCH, ASKING, READONLY, READWRITE, TIME, PFADD, XADD, XLEN, XSETID, XACK, XCLAIM, XDEL, XTRIM입니다.[18]

LATENCY GRAPH ⟨event-name⟩ 명령어를 사용하면 지연 시간 경향에 대해 ASCII 아트로 표현된 그래프로 대략적인 이미지를 파악할 수 있습니다.[19] 이 명령어의 인수로 지정된 이벤트에 대해 지연 시간 모니터링 기능에서 설정된 임계값을 초과한 경우, 시계열로 표시됩니다.

---

18 특정 명령어가 fast-command 이벤트와 관련이 있는지 확인하는 방법이 있습니다. COMMAND 명령어의 실행 결과에서 각 명령어의 설명을 확인하거나, COMMAND INFO 명령어에 명령어 이름을 인자로 지정한 후에 실행하면 상세한 정보를 확인할 수 있습니다. 각 명령어의 설명 중 세 번째 요소에 fast라는 문자열이 포함되어 있다면, 그 명령어가 fast-command 이벤트와 관련 있음을 확인할 수 있습니다.

19 https://redis.io/commands/latency-graph

다음은 LATENCY GRAPH command 명령어를 실행한 예시입니다.

```
127.0.0.1:6379> LATENCY GRAPH command
command - high 12036 ms, low 119 ms(all time high 12036 ms)
--------------------------------------------------------------------------------
        #
        |
     #  |_#
____  #|_||||_____

2222266665431115555554433333
22222mmmmmmmmmm9765431098765
mmmmm sssssssssssss
```

명령어를 실행하면 표시 범위 내에서 지연 시간 값이 높았던 시간과 낮았던 시간, 그리고 전체적으로 값이 가장 높았던 시간을 표시한 후, −로 구분선을 그어 그 다음에 실제 ASCII 아트로 만들어진 그래프가 표시됩니다.

그래프 내용은 수직 방향으로 읽도록 그려지며, 최대 및 최소 지연 시간 값에 맞춰 정규화되어 표시됩니다. 또한 _만 있는 열은 최소값에 해당하는 이벤트를, |가 가장 수직 방향으로 긴 것은 가장 큰 값에 해당하는 이벤트를 나타냅니다.

ASCII 아트 그래프 다음에는 각 이벤트 시간을 초(s)/분(m)/시간(h)/일(d) 단위로 표시합니다. 앞의 예시에서는 22분 전부터 이벤트가 표시되어, 마지막은 35초 전의 내용이 기록되어 있습니다. 또한 6분 전에는 12036밀리 초로 지연 시간이 가장 길었던 이벤트가 있었던 것을 확인할 수 있습니다.

LATENCY HISTORY <event-name> 명령어를 사용하면, 시계열로 지연 시간 이벤트의 원시 데이터를 얻을 수 있으며, 이를 활용해 애플리케이션 분석 등에 사용할 수 있습니다.[20] 지정된 이벤트는 최대 160개까지의 유닉스 타임스탬프와 지연 시간의 밀리 초를 확인할 수 있습니다.

----

20 https://redis.io/commands/latency-history

다음은 LATENCY HISTORY command 명령어를 실행한 예시입니다.

```
127.0.0.1:6379> LATENCY HISTORY command
1) 1) (integer) 1574579305
   2) (integer) 125
2) 1) (integer) 1574579306
   2) (integer) 206
3) 1) (integer) 1574579308
   2) (integer) 324
4) 1) (integer) 1574579311
   2) (integer) 531
:
:
```

LATENCY LATEST 명령어는 다양한 이벤트를 횡단하여 가장 최근의 이벤트 기록을 확인할 수 있게 해줍니다. 출력 내용으로는 순서대로 이벤트 이름/유닉스 타임스탬프/지연 시간의 밀리초/레디스 시작 이후 및 LATENCY RESET 명령어 실행 이후 발생한 지연 시간의 최대값을 확인할 수 있습니다.[21]

다음은 LATENCY LATEST 명령어를 실행한 예시입니다.

```
127.0.0.1:6379> LATENCY LATEST
1) 1) "command"
   2) (integer) 1574580622
   3) (integer) 121
   4) (integer) 12036
```

LATENCY RESET <event-name> 명령어를 사용하면, 지정된 이벤트에 관한 지연 시간 통계 정보를 초기화할 수 있습니다. 초기화할 내용이 있고 명령어가 정상적으로 실행되었을 경우, 값으로 1이 반환됩니다. 이벤트 이름을 생략할 경우, 모든 이벤트가 초기화됩니다.[22]

21 https://redis.io/commands/latency-latest
22 https://redis.io/commands/latency-reset

다음은 LATENCY RESET 명령어를 실행한 예시입니다.

```
127.0.0.1:6379> LATENCY RESET
(integer) 1
```

LATENCY HISTOGRAM 명령어는 명령어별로 지연 시간의 누적 분포를 히스토그램 형태로 반환
합니다. 명령어 이름을 지정할 수도 있습니다.[23]

```
127.0.0.1:6379> LATENCY HISTOGRAM
  1) "set"
  2) 1) "calls"
     2)(integer) 1
     3) "histogram_usec"
     4) 1) (integer) 1056
        2) (integer) 1
  3) "debug"
  4) 1) "calls"
     2)(integer) 2
     3) "histogram_usec"
     4) 1) (integer) 528
        2) (integer) 2
  5) "get"
  6) 1) "calls"
     2)(integer) 2
     3) "histogram_usec"
     4) 1) (integer) 4
        2) (integer) 2
  :
```

---

23 레디스 7.0 이후부터 사용 가능합니다. https://redis.io/commands/latency-histogram/

COLUMN 소프트웨어 워치독

소프트웨어 워치독 기능은 지정된 임계값의 시간을 밀리 초 단위로 설정하며, 명령어 실행 시 실행 시간이 임계값을 초과하면, 레디스 서버 측에 EIP 레지스터와 백트레이스를 출력할 수 있는 기능입니다. 트러블슈팅에 도움이 될 수 있지만, 아직까지는 실험적인 기능입니다.[24] [25]

이 기능은 지연 시간 문제를 트러블슈팅할 때 다른 디버그 수단으로는 문제를 해결할 수 없는 경우에는 사용할 수 있는 최종 수단이며, 일시적으로 활성화하여 사용합니다. 그러나 실제 운영환경에서 사용하더라도 실험적인 기능이므로 사용 전에 백업을 하는 등 충분한 주의가 필요합니다.

사용하기 위해서는 CONFIG SET 명령어로 watchdog-period 매개변수에 임계값으로 설정할 시간을 밀리 초 단위로 지정합니다 이 기능은 설정 파일에서는 설정할 수 없으며 비활성화 시에는 값을 0으로 지정합니다.

```
127.0.0.1:6379> CONFIG SET watchdog-period 500
OK
```

DEBUG SLEEP 0.5 명령어처럼 0.5초 동안 슬립하는 명령을 실행하면, 워치독 타이머가 만료되어 레디스 서버 측에서 EIP 레지스터와 백트레이스를 확인할 수 있습니다.

```
16842:signal-handler(1661760961)
--- WATCHDOG TIMER EXPIRED ---

------ STACK TRACE ------
EIP:
/lib/x86_64-linux-gnu/libc.so.6(clock_nanosleep+0xc8)[0x7f6610734868]

Backtrace:
/lib/x86_64-linux-gnu/libc.so.6(+0x42520)[0x7f6610691520]
/lib/x86_64-linux-gnu/libc.so.6(clock_nanosleep+0xc8)[0x7f6610734868]
/lib/x86_64-linux-gnu/libc.so.6(__nanosleep+0x17)[0x7f66107396e7]
```

---

[24] https://groups.google.com/d/msg/redis-db/2sSnSTgHJmM/bfV6etDMYZwJ
[25] https://redis.io/docs/reference/optimization/latency/

```
redis-server 127.0.0.1:6379(debugCommand+0x147a)[0x55d15a3e6bfa]
redis-server 127.0.0.1:6379(call+0xee)[0x55d15a36e8ee]
redis-server 127.0.0.1:6379(processCommand+0x820)[0x55d15a3700d0]
redis-server 127.0.0.1:6379(processInputBuffer+0x107)[0x55d15a38b237]
redis-server 127.0.0.1:6379(readQueryFromClient+0x318)[0x55d15a38b778]
redis-server 127.0.0.1:6379(+0x17363c)[0x55d15a46263c]
redis-server 127.0.0.1:6379(aeProcessEvents+0x1e2)[0x55d15a3662b2]
redis-server 127.0.0.1:6379(aeMain+0x1d)[0x55d15a3665ed]
redis-server 127.0.0.1:6379(main+0x358)[0x55d15a35dd98]
/lib/x86_64-linux-gnu/libc.so.6(+0x29d90)[0x7f6610678d90]
/lib/x86_64-linux-gnu/libc.so.6(__libc_start_main+0x80)[0x7f6610678e40]
redis-server 127.0.0.1:6379(_start+0x25)[0x55d15a35e425]
16842:signal-handler(1661760961) --------
```

6.3 메모리 문제

레디스 명령어 중 메모리 사용량을 확인할 수 있는 MEMORY 명령어가 있습니다. 기존에도 INFO 명령어로 확인할 수 있었지만, MEMORY 명령어를 통해 더 자세히 확인할 수 있게 되었습니다.[26] [27] [28]

MEMORY 명령어는 여섯 가지 하위 명령어를 제공합니다. MEMORY HELP 명령어를 실행하면 사용 가능한 하위 명령어와 그 개요에 대해 확인할 수 있습니다.[29]

```
127.0.0.1:6379> MEMORY HELP
1) MEMORY <subcommand> [<arg> [value] [opt] ...]. Subcommands are:
2) DOCTOR
3)    Return memory problems reports.
```

---

26 http://antirez.com/news/110

27 https://groups.google.com/forum/#!msg/redis-db/5Kh3viziYGQ/58TKLwX0AAAJ

28 https://raw.githubusercontent.com/antirez/redis/4.0/00-RELEASENOTES

29 https://redis.io/commands/memory-help

4) MALLOC-STATS

5)   Return internal statistics report from the memory allocator.

6) PURGE

7)   Attempt to purge dirty pages for reclamation by the allocator.

8) STATS

9)   Return information about the memory usage of the server.

10) USAGE <key> [SAMPLES <count>]

11)   Return memory in bytes used by <key> and its value. Nested values are

12)   sampled up to <count> times(default: 5, 0 means sample all).

13) HELP

14)   Prints this help.

메모리 문제와 관련하여 LATENCY DOCTOR 명령어와 같은 진단 기능이 제공되었습니다. MEMORY DOCTOR 명령어는 레디스 7.0.4 기준으로 다음과 같은 기준으로 판단이 이루어집니다.[30][31]

1. 메모리 사용량이 5MB 이상인지

2. 최대 시간 시 메모리 사용량이 현재 사용 중인 메모리량의 150% 이상인지

3. RSS가 크고, 프래그먼테이션이 1.4 이상이며, 메모리 사용량이 10MB 이상인지

4. 메모리 할당자에서 외부 프래그먼테이션이 1.1 이상이며, 메모리 사용량이 10MB 이상인지

5. 메모리 할당자에서 RSS가 크고, 프래그먼테이션이 1.1 이상이며, 메모리 사용량이 10MB 이상인지

6. 이페머럴 스크립트나 모듈 등 메모리 할당자가 아닌 프로세스에 의한 외부 프래그먼테이션이 1.1 이상이며, 메모리 사용량이 10MB 이상인지

7. 각 클라이언트가 클라이언트 출력 버퍼에서 평균 200KB 이상의 메모리를 사용하는지

8. 각 레플리카가 클라이언트 출력 버퍼에서 평균 10MB 이상의 메모리를 사용하는지

9. 이페머럴 스크립트가 1000개 이상 캐시되어 있는지

127.0.0.1:6379> MEMORY DOCTOR
Sam, I detected a few issues in this Redis instance memory implants:

---

30 https://redis.io/commands/memory-doctor
31 https://github.com/redis/redis/blob/7.0.4/src/object.c#L1263-L1331

* High total RSS: This instance has a memory fragmentation and RSS overhead greater than 1.4(this means that the Resident Set Size of the Redis process is much larger than the sum of the logical allocations Redis performed). This problem is usually due either to a large peak memory(check if there is a peak memory entry above in the report) or may result from a workload that causes the allocator to fragment memory a lot. If the problem is a large peak memory, then there is no issue. Otherwise, make sure you are using the Jemalloc allocator and not the default libc malloc. Note: The currently used allocator is "jemalloc-5.1.0".

I'm here to keep you safe, Sam. I want to help you.

데이터가 충분하지 않은 경우에는 다음과 같이 진단에 실패합니다.

127.0.0.1:6379> MEMORY DOCTOR
Hi Sam, this instance is empty or is using very little memory, my issues detector can't be used in these conditions. Please, leave for your mission on Earth and fill it with some data. The new Sam and I will be back to our programming as soon as I finished rebooting.

MEMORY STATS 명령어는 다음 항목을 통해 메모리의 세부 내용을 확인할 수 있습니다.[32]

표 6-25 MEMORY STATS 명령어의 상세 정보

메트릭	상세 정보
peak.allocated	최대 시간의 메모리 사용량(바이트 단위, INFO 명령의 used_memory_peak와 동일)을 확인한다.
total.allocated	메모리 할당자를 사용하여 레디스에 의해 할당된 총 메모리양(바이트 단위, INFO 명령의 used_memory와 동일)을 확인한다.
startup.allocated	레디스 시작 시 사용하는 초기 메모리양(바이트 단위, INFO 명령의 used_memory_startup과 동일)을 확인한다.
replication.backlog	레플리케이션 백로그의 크기(바이트 단위, INFO 명령어의 repl_backlog_active과 동일)를 확인한다.

32 https://redis.io/commands/memory-stats

clients.slaves	모든 레플리카의 오버헤드 총 크기(바이트 단위)를 확인한다.
clients.normal	모든 클라이언트의 오버헤드 총 크기(바이트 단위)를 확인한다.
cluster.links	클러스터 내 노드 간 연결을 유지하는 데 사용되는 메모리양(바이트 단위)을 확인한다.
aof.buffer	현재 AOF 버퍼와 AOF 재작성 버퍼의 총 크기(바이트 단위, INFO 명령어의 aof_buffer_length와 aof_rewrite_buffer_length를 합한 값)를 확인한다.
lua.caches	이페머럴 스크립트 캐시의 오버헤드 총 크기(바이트 단위)를 확인한다.
functions.caches	레디스 함수에서 사용 가능한 모든 종류의 엔진(현재는 루아만)의 오버헤드 총 크기(바이트 단위)를 확인한다.
overhead.hashtable.main	(데이터베이스별 표시) 레디스 서버 메인 해시 테이블 오버헤드를 확인한다.
overhead.hashtable.expires	(데이터베이스별 표시) 레디스 서버 만료 관리 해시 테이블 오버헤드를 확인한다.
overhead.hashtable.slot-to-keys	(데이터베이스별 표시) 레디스 클러스터에서 동일한 슬롯 내 키에 사용되는 양방향 연결 리스트의 메타데이터 오버헤드를 확인한다.
overhead.total	전체 오버헤드 총합(INFO 명령어의 used_memory_overhead와 동일)을 확인한다.
keys.count	레디스 서버 내 모든 데이터베이스에 저장된 키의 총 개수를 확인한다.
keys.bytes-per-key	total.allocated에서 startup.allocated을 뺀 값에 대한 키 당 평균 크기를 확인한다.
dataset.bytes	데이터 세트 크기(바이트 단위, INFO 명령어의 used_memory_dataset와 동일)를 확인한다.
dataset.percentage	total.allocated에서 startup.allocated을 제외한 값 대비 dataset.bytes의 비율을 확인한다.
peak.percentage	total.allocated 대비 peak.allocated의 비율을 확인한다.
allocator.allocated	할당된 전체 메모리양(바이트 단위, INFO 명령어의 allocator_allocated와 동일)을 확인한다.

allocator.active	메모리 할당자가 재사용을 위해 예약한 메모리를 제외한 메모리양(바이트 단위, INFO 명령어의 allocator_active와 동일)을 확인한다.
allocator.resident	RSS 중 공유 라이브러리나 기타 힙 매핑이 아닌 메모리 부분(INFO 명령어의 allocator_resident와 동일)을 확인한다.
allocator-fragmentation.ratio	allocator.allocated 대비 allocator.active의 비율(INFO 명령어의 allocator_frag_ratio와 동일)을 확인한다.
allocator-fragmentation.bytes	allocator.active에서 allocator.allocated을 뺀 메모리양(INFO 명령어의 allocator_frag_bytes와 동일)을 확인한다.
allocator-rss.ratio	allocator.active 대비 allocator.resident의 비율(INFO 명령어의 allocator_rss_ratio와 동일)을 확인한다.
allocator-rss.bytes	allocator.resident에서 allocator.active를 뺀 메모리양(INFO 명령어의 allocator_rss_bytes와 동일)을 확인한다.
rss-overhead.ratio	allocator.resident 대비 used_memory_rss의 비율(INFO 명령의 rss_overhead_ratio와 동일)을 확인한다.
rss-overhead.bytes	INFO 명령어의 used_memory_rss에서 allocator.resident를 제외한 메모리양(바이트 단위, INFO 명령어의 rss_overhead_bytes와 동일)을 확인한다.
fragmentation	INFO 명령어의 used_memory 대비 INFO 명령어의 used_memory_rss의 비율(INFO 명령어의 mem_fragmentation_ratio와 동일)을 확인한다.
fragmentation.bytes	INFO 명령어의 used_memory_rss에서 INFO 명령어의 used_memory를 뺀 메모리양의 바이트 수(INFO 명령어의 mem_fragmentation_bytes와 동일)를 확인한다.

overhead.total의 자세한 내용은 9.1절 INFO 명령어 부분의 used_memory_overhead 설명을 참조하기 바랍니다.

다음은 MEMORY STATS 명령어 실행 예시입니다. overhead.hashtable.main과 overhead.hashtable.expires는 데이터베이스별로 표시됩니다.

```
127.0.0.1:6379> MEMORY STATS
 1) "peak.allocated"
 2) (integer) 1362816
```

```
 3) "total.allocated"
 4) (integer) 1331744
 5) "startup.allocated"
 6) (integer) 862952
 7) "replication.backlog"
 8) (integer) 20508
 9) "clients.slaves"
 1) (integer) 0
 2) "clients.normal"
 3) (integer) 1800
 4) "cluster.links"
 5) (integer) 0
 6) "aof.buffer"
 7) (integer) 0
 8) "lua.caches"
 9) (integer) 0
10) "functions.caches"
11) (integer) 184
12) "db.0"
13) 1) "overhead.hashtable.main"
    1) (integer) 48232
    2) "overhead.hashtable.expires"
    3) (integer) 0
    4) "overhead.hashtable.slot-to-keys"
    5) (integer) 0
14) "overhead.total"
15) (integer) 933676
16) "keys.count"
17) (integer) 1001
18) "keys.bytes-per-key"
19) (integer) 468
20) "dataset.bytes"
21) (integer) 398068
22) "dataset.percentage"
23) "84.913566589355469"
```

```
24) "peak.percentage"
25) "97.720016479492188"
26) "allocator.allocated"
27) (integer) 1563640
28) "allocator.active"
29) (integer) 1949696
30) "allocator.resident"
31) (integer) 4530176
32) "allocator-fragmentation.ratio"
33) "1.2468956708908081"
34) "allocator-fragmentation.bytes"
35) (integer) 386056
36) "allocator-rss.ratio"
37) "2.3235294818878174"
38) "allocator-rss.bytes"
39) (integer) 2580480
40) "rss-overhead.ratio"
41) "2.488245964050293"
42) "rss-overhead.bytes"
43) (integer) 6742016
44) "fragmentation"
45) "8.5969038009643555"
46) "fragmentation.bytes"
47) (integer) 9961000
```

MEMORY MALLOC-STATS 명령어는 메모리 할당자의 내부 통계 정보를 확인할 수 있습니다.[33] 현재는 jemalloc만 사용 가능하며, jemalloc의 버전이나 빌드 시의 설정 등을 확인할 수 있습니다.

Jemalloc을 간단히 소개하면, 메모리 단편화 감소를 주요 목표 중 하나로 삼고 있습니다. Jemalloc은 단편화를 줄이기 위한 메커니즘으로, 작은 크기의 메모리 할당을 위한 다양한 크기의 클래스를 제공합니다. 실제로 메모리를 할당할 때는 대상 메모리보다 크기가 큰 클래

---

[33] https://redis.io/commands/memory-malloc-stats

스 중 가장 작은 클래스에 할당하는 방식을 사용합니다. MEMORY MALLOC-STATS 명령어를 통해 이러한 할당 상태 등도 확인할 수 있습니다.

```
127.0.0.1:6379> MEMORY MALLOC-STATS
___ Begin jemalloc statistics ___
Version: "5.2.1-0-g0"
Build-time option settings
    config.cache_oblivious: true
    config.debug: false
    config.fill: true
    config.lazy_lock: false
    config.malloc_conf: ""
    config.opt_safety_checks: false
    config.prof: false
    config.prof_libgcc: false
    config.prof_libunwind: false
    config.stats: true
    config.utrace: false
    config.xmalloc: false
Run-time option settings
    opt.abort: false
    opt.abort_conf: false
    opt.confirm_conf: false
    opt.retain: true
    opt.dss: "secondary"
    opt.narenas: 8
    opt.percpu_arena: "disabled"
    opt.oversize_threshold: 8388608
    opt.metadata_thp: "disabled"
    opt.background_thread: false(background_thread: true)
    opt.dirty_decay_ms: 10000(arenas.dirty_decay_ms: 10000)
    opt.muzzy_decay_ms: 0(arenas.muzzy_decay_ms: 0)
    opt.lg_extent_max_active_fit: 6
    opt.junk: "false"
    opt.zero: false
```

opt.tcache: true

opt.lg_tcache_max: 15

opt.thp: "default"

opt.stats_print: false

opt.stats_print_opts: ""

Arenas: 9

Quantum size: 8

Page size: 4096

Maximum thread-cached size class: 32768

Number of bin size classes: 39

Number of thread-cache bin size classes: 44

Number of large size classes: 196

Allocated: 1592984, active: 1982464, metadata: 2608256(n_thp 0), resident: 4562944, mapped: 8273920,

retained: 114688

:

large: size ind allocated nmalloc(# / sec) ndalloc(# / sec) nrequests(# / sec) curlextents

size	ind	allocated	nmalloc	/ sec	ndalloc	/ sec	nrequests	/ sec	curlextents
16384	39	49152	4	0	1	0	6	0	3
20480	40	204800	18	0	8	0	35	0	10
24756	41	368640	15	0	0	0	15	0	15

32768	43	32768	1	0	0	0	1	0	1
40960	44	0	1	0	1	0	1	0	0

81920	48	81920	1	0	0	0	1	0	1
98304	49	0	1	0	1	0	1	0	0

131072	51	131072	1	0	0	0	1	0	1

229376	54	0	1	0	1	0	1	0	0

327680	56	327680	1	0	0	0	1	0	1
---									

extents: size ind ndirty dirty nmuzzy muzzy nretained ntotal total

```
 4096   0   0   0   0   5   20480   5   20480
 8192   1   0   0   0   3   24576   3   24576
12288   2   0   0   0   1   12288   1   12288
16384   3   0   0   0   2   32768   2   32768
         ---
24576   5   0   0   0   1   24576   1   24576
         ---
--- End jemalloc statistics ---
```

MEMORY PURGE 명령어는 메모리 할당자가 더티 페이지를 회수하도록 지시합니다.[34] 현재는 jemalloc에 할당자에 대해서만 사용할 수 있습니다.[35] 예를 들어, 최대 시간에 현재보다 많은 메모리를 사용하고 있으나 jemalloc이 메모리를 즉시 해제하지 않는 경우나 다른 메모리를 재사용하고자 할 때 유용하게 활용할 수 있습니다.

```
127.0.0.1:6379> MEMORY PURGE
OK
```

MEMORY USAGE 명령어는 키와 그에 연관된 값, 오버헤드를 포함하여 데이터를 저장하는 데 필요한 메모리양의 크기(바이트 단위)를 나타냅니다.[36] 명령어에 이어 SAMPLES <number> 옵션을 추가하면, 중첩된 데이터 구조에 대해 샘플링할 데이터 수를 지정할 수 있습니다. List, Hash, Set, Sorted Set 등 여러 요소로 구성된 데이터 구조에서는 샘플링된 요소의 평균 크기를 바탕으로 계산합니다. 기본적으로 다섯 가지 샘플링을 수행하며, 0의 경우 모든 값에 대해 샘플링을 수행합니다.

```
127.0.0.1:6379> MEMORY USAGE foo
(integer) 56
```

----

34 역자주_더티 페이지란 데이터가 변경되어 원본 데이터와 동기화되지 않은 시스템 메모리를 말하며, 퍼지는 필요 없어진 메모리를 청소하는 작업을 말합니다. 즉, 동기화되지 않은 더티 페이지를 정리하여 재사용할 수 있도록 만들어주는 작업을 말합니다.

35 https://redis.io/commands/memory-purge

36 https://redis.io/commands/memory-usage

레플리케이션

이 장에서는 해당 기능과 메커니즘을 자세히 설명하면서, 실제로 동작하는 방법을 다룹니다. 또한 레디스의 레플리케이션에 관련된 개념과 메커니즘을 세부적으로 설명하고, 실습을 통해 레플리케이션을 설정합니다. 여기서 배운 메커니즘을 잘 이해한다면 트러블슈팅이나 데이터 복구, 사전 대책, 재발 방지 대책 등을 쉽게 떠올릴 수 있을 것입니다.

데이터 레플리케이션은 일반적으로 쓰기 작업이 있을 때마다 업데이트된 데이터를 다른 서버로 계속 보내 복제하는 것을 말합니다. 이러한 방식을 통해 서버를 추가하고 리소스를 확장하여 읽기 쿼리의 부하를 관리할 수 있으며, 데이터 중복성^{Redundancy}을 통한 페일오버^{Failover}로 가용성을 얻을 수 있습니다. 이 장에서는 레디스의 레플리케이션 관련 개념과 메커니즘, 세부사항을 설명하며, 실습으로 레플리케이션을 직접 설정해봅니다. 이 장에서 배우는 메커니즘을 잘 이해한다면 문제가 발생할 때 트러블슈팅이나 데이터 복구, 사전 대책, 재발 방지대책 등을 쉽게 떠올릴 수 있을 것입니다.

그림 7-1 가용성을 향상시킬 수 있는 레플리케이션

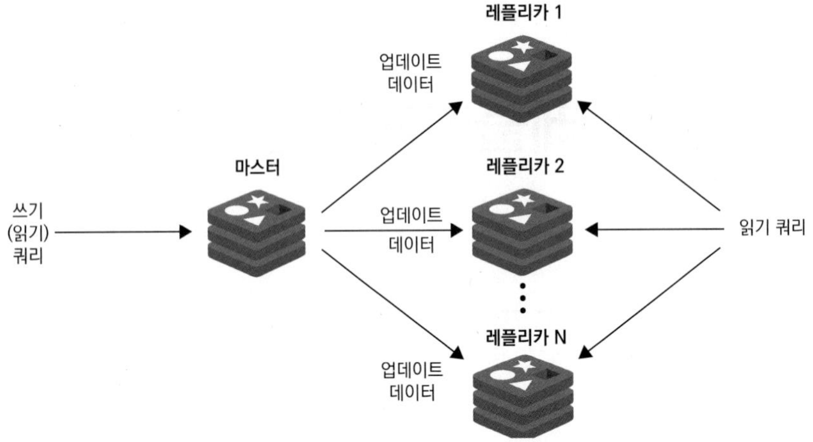

7.1 레플리케이션 기능

지금까지 소개한 예시에서는 레디스를 단일 노드로 구성했습니다. 단일 노드 방식은 장애나 네트워크 연결 문제, 시스템 충돌 같은 문제에 쉽게 영향을 받을 수 있으므로 실제 운영환경에서는 다중 노드로 구성하여 가용성을 확보합니다.

레디스는 여러 노드로 운영하기 위한 레플리케이션^{Replication} 기능을 제공하고 있습니다. 마스터-레플리카 모델에서는 지속적으로 마스터의 업데이트 내용을 여러 레플리카[Replica][01]에 반영합니다.[02] 이 방식은 RDBMS에서 사용하는 방식과 유사합니다.

레플리케이션 기능의 주요 목적은 읽기 작업 확장과 고가용성을 위한 중복성[03] 확보입니다.

7.1.1 비동기 처리를 통한 구현

레디스의 레플리케이션은 이벤트 루프의 비동기 논블로킹[Non-Blocking] 방식으로 구현되었습니다. 비동기 동작으로 인해 지연이 발생하는 경우, 마스터와 레플리카 내의 데이터가 동일하다고 보장할 수 없습니다. 즉, 마스터에 데이터를 저장한 직후 레플리카에 접근하면 데이터가 존재하지 않을 수도 있습니다.

7.1.2 레플리케이션을 사용할 때 레디스를 연결하는 방법

레플리케이션을 사용할 때는 각 캐시 노드의 IP 주소나 엔드포인트를 기록해두고, 레디스 클라이언트에서 직접 접근하거나 twemproxy와 같은 프록시를 활용해 여러 레플리카의 요청 라우팅 과정을 자동화할 수 있습니다.

ElastiCache를 사용하는 경우, 클러스터 모드가 비활성화된 레디스 클러스터(10.1절 참조)에서는 다음과 같은 엔드포인트를 사용할 수 있으므로 프록시 등을 직접 준비하고 관리하는 수고를 덜 수 있습니다.

- 마스터에 대한 요청 라우팅은 프라이머리 엔드포인트[Primary Endpoint]입니다.
- 레플리카에 대한 요청 라우팅은 리더 엔드포인트[Reader Endpoint]입니다.

---

01 '레플리카'라는 용어를 사용한 이유는 이 장의 칼럼 '마스터/슬레이브에서 마스터/레플리카로'를 참조하기 바랍니다.
02 https://redis.io/docs/manual/replication/
03 http://www.odbms.org/2022/07/on-redis-architecture-principles-qa-with-yossi-gottlieb/

7.1.3 기본적으로 읽기 전용인 레플리카

레플리케이션을 활용하는 방법 중에는 레플리카를 추가하여 읽기 작업의 부하를 관리하는 방법이 있습니다. 레플리카에 직접 쓰기 작업을 수행할 수도 있지만, 문제가 발생할 위험을 고려해야 합니다. 만약 실행 시간이 많이 소요되는 작업을 처리해야 한다면 레플리카에 쓰기 작업을 활성화하여 임시 데이터를 저장해두고 여러 번 참조하도록 하는 유스케이스를 고려해볼 수 있습니다.[04] [05] 그러나 레플리카에 쓰기 작업이 가능한 상태에서는 데이터의 일관성이 깨질 위험이 있으므로, 앞서 설명한 유스케이스처럼 특별한 이유가 있을 경우에만 사용하는 것이 좋습니다.

현재는 기본적으로 레플리카에 쓰기 작업이 불가능하도록 설정되어 있습니다. replica-read-only 지시자를 통해 변경할 수 있지만, 변경할 때는 신중해야 합니다. 클라우드와 같은 관리형 서비스를 사용하는 경우, 쓰기 작업이 제한되어 있기도 합니다.

7.1.4 마이그레이션으로 활용하기

새로운 레디스 서버로 마이그레이션할 때, 다운타임을 최소화하기 위해 레플리케이션 기능을 활용할 수 있습니다. 기존 레디스 서버에서 마이그레이션할 레디스 서버로 레플리케이션을 생성한 후에 마이그레이션한 서버를 독립시키는 방식으로 수행합니다. 이때 다운타임은 페일오버 시간만큼으로 최소화할 수 있습니다. 그 외에도 레디스에 내장된 기능(7.4절 참조) 또는 RIOT[06] [07]와 같은 제3자 소프트웨어를 사용한 방법으로도 구현할 수 있습니다.

7.1.5 레플리케이션 주의사항

레플리케이션 작업을 실행할 때 마스터에 영속성이 설정되어 있지 않은 경우, 엔진을 재실행

---

04 관리 명령어인 CONFIG나 DEBUG와 같은 명령어는 기본적으로 허용됩니다.
05 레플리케이션 과정에서 재동기화가 이루어지거나 레플리카가 재시작되면 저장된 데이터는 삭제됩니다.
06 https://github.com/redis-developer/riot
07 https://developer.redis.com/riot/index.html#_riot_redis

하거나 종료하면 데이터 세트가 초기화된 상태로 실행됩니다. 또한 레플리카도 초기화되므로 주의해야 합니다.

COLUMN 마스터/슬레이브에서 마스터/레플리카로

최근 업계에는 미국을 중심으로 인종 차별적 의미를 내포하는 슬레이브^{Slave}라는 용어를 소프트웨어에서 사용하지 않도록 하는 추세입니다. 이에 따라 레디스는 레디스 5.0 이후 슬레이브 대신 레플리카^{Replica}라는 용어를 사용하는 것으로 방침으로 변경했습니다.[08][09][10][11][12] 이에 따라 전통적으로 사용하던 MySQL 용어인 '마스터/슬레이브' 대신 '마스터/레플리카'라는 용어를 사용하게 되었습니다. 또한 SLAVEOF에서 REPLICAOF로 명령어 이름이 변경되었고, 매개변수 이름도 min-slaves-max-lag는 min-replicas-to-write로 변경되었습니다. 하지만 프로토콜의 일부에는 '슬레이브' 용어가 여전히 남아 있기도 합니다.

이 책에서는 이러한 변화에 맞춰 기본적으로 '마스터/레플리카' 용어를 사용하고자 합니다. 그렇지만 프로토콜에 슬레이브 용어가 남아 있는 부분에 대해서는 해당 용어가 언급될 수 있습니다.

ElastiCache에서는 '프라이머리^{Primary}/레플리카^{Replica}'라는 용어로 대체했습니다. 예를 들어, IsMaster 메트릭은 IsPrimary 메트릭으로, MasterLinkHealthStatus 메트릭은 PrimaryLinkHealthStatus 메트릭으로 변경했습니다. 참고로, MySQL은 8.0.21 이후 '소스^{Source}/레플리카^{Replica}'라는 용어로 변경했습니다.[13][14] MySQL이 '프라이머리'라는 용어를 사용하지 않은 이유는 양방향 레플리케이션이나 다단계 레플리케이션과 같이 '프라이머리'라는 용어가 적합하지 않은 상황을 고려한 것입니다.

---

08 https://github.com/redis/redis/issues/3185
09 https://github.com/redis/redis/issues/5335
10 http://www.antirez.com/news/122
11 https://twitter.com/antirez/status/1037809132303208455
12 https://twitter.com/antirez/status/1039443441472688128
13 https://dev.mysql.com/blog-archive/mysql-terminology-updates
14 https://dev.mysql.com/doc/relnotes/mysql/8.0/en/news-8-0-21.html

7.2 레플리케이션을 시작할 때의 메커니즘

레플리케이션 메커니즘을 설명하기 위해 레플리케이션이 시작되는 단계와 레플리케이션이 완료된 후의 동작 단계를 나누어 설명합니다. 먼저 레플리케이션이 이루어지기까지의 과정을 살펴보겠습니다.

1. 레플리카는 PSYNC 명령어로 마스터에 연결을 요청하며, 해당 시점까지 처리한 레플리케이션 ID와 오프셋을 전송합니다.

2. 마스터는 요청받은 마스터의 레플리케이션 ID와 자신의 레플리케이션 ID가 일치하는지 확인하고, 오프셋이 레플리케이션 백로그의 버퍼에 있는지 확인합니다.

3. 요청받은 오프셋이 레플리케이션 백로그에 있는지에 따라 처리가 달라집니다.

   3-1. 레플리케이션 백로그에서 동기화가 가능한 경우: 요청된 오프셋이 레플리케이션 백로그에 있고, 레플리케이션 백로그에서 동기화가 가능한 경우에는 부분 동기화를 실행합니다.

   3-2. 레플리케이션 백로그에서 동기화가 불가능한 경우: 레플리케이션 중단 중에 마스터가 받은 쓰기 작업 요청의 크기가 버퍼 크기를 초과하여 부분 동기화가 불가능한 경우에는 전체 동기화를 실행합니다.

동기화를 시작할 때의 메커니즘은 크게 전체 동기화와 부분 동기화, 두 가지 유형이 있습니다. 이렇게 구분하는 이유는 전체 동기화가 요청 처리에 미치는 영향이 크기 때문입니다. 간단히 정리하면, 전체 동기화는 요청 처리에 미치는 영향이 크지만 모든 상황에서 실행 가능한 방법입니다. 반면에, 부분 동기화는 요청 처리에 미치는 영향이 작지만, 조건을 충족하지 못하면 사용할 수 없는 방법입니다. 전체 동기화는 프로세스가 포크fork 처리되어 마스터의 메모리 데이터를 덤프하고 디스크에 RDB 파일을 저장하므로, 이러한 작업으로 인한 영향을 받습니다.[15] 또한 마스터에서 덤프한 모든 데이터를 전송하여 네트워크 대역폭을 압박할 수도 있습니다.

레플리케이션 메커니즘은 부분 동기화가 가능하면 이를 실행하고, 불가능하면 전체 동기화가 수행됩니다. 대상 레플리카가 처음으로 마스터에 레플리케이션으로 연결할 때는 부분 동기화를 수행할 조건이 갖추어져 있지 않으므로 전체 동기화가 수행됩니다. 이제 전체 동기화와 부분 동기화의 메커니즘에 대해 자세히 살펴보겠습니다.

---

15 설정에 따라 달라질 수 있습니다.

7.2.1 전체 동기화

전체 동기화가 수행될 때는 다음과 같은 메커니즘으로 진행됩니다.

1. 레플리카가 마스터에 레플리케이션 시작을 요청합니다.
2. 마스터는 BGSAVE 명령어를 실행하여 프로세스를 포크 처리하고, 포크된 프로세스에서 메모리 스냅숏(RDB 파일 생성)을 진행합니다.
3. BGSAVE 처리가 완료된 후, RDB 파일을 레플리카로 전송합니다. 그동안 마스터의 쓰기 작업은 레플리카의 클라이언트 출력 버퍼에 기록됩니다. 레플리카는 전송된 RDB 파일을 메모리로 불러옵니다.
4. RDB 파일 전송이 완료된 후, 레플리카의 클라이언트 출력 버퍼에 기록된 데이터를 레플리카로 전송합니다.
5. 레플리카의 클라이언트 출력 버퍼에 쓰기 작업이 완료되면, 마스터의 쓰기 작업은 실시간으로 레플리카로 계속해서 전송됩니다.

전체 동기화를 시작할 때의 세부사항

마스터가 RDB 파일을 전송하기 시작할 때 레플리카에 이미 RDB 파일이 있다면 데이터의 일관성을 위해 레플리카에 있는 파일은 삭제됩니다. 또한 레플리카가 마스터로 레플리케이션 시작을 요청한 후 RDB 파일 데이터를 수신하는 동안, 레플리카는 클라이언트로부터 요청받는 경우도 있습니다. 이러한 경우, 레플리카는 기본적으로 요청에 응답하게 되어 있어서 동기화 이전의 데이터가 반환될 수도 있으므로 레플리카에서 마스터로 처음 동기화할 때 데이터 세트가 비어 있는 상황이 발생할 수 있습니다. 이 동작 방식은 replica-serve-stale-data 지시자의 값을 조정해서 변경할 수 있습니다. 기본값은 yes지만, 값을 no로 변경하면 요청에 응답하는 대신 SYNC with master in progress라는 오류 메시지로 응답합니다.[16]

---

16 INFO, replicaOF(레디스 5.0 이전에는 SLAVEOF), AUTH, PING, SHUTDOWN, REPLCONF, ROLE, CONFIG, SUBSCRIBE, UNSUBSCRIBE, PSUBSCRIBE, PUNSUBSCRIBE, PUBLISH, PUBSUB, COMMAND 등의 명령어에 응답합니다. POST와 HOST:는 실제 레디스 명령어가 아닙니다. 이 명령어들은 크로스 프로토콜 스크립팅(Cross Protocol Scripting)이라고 불리며 보안 취약점을 이용한 공격에 대응하기 위해 사용됩니다. 크로스 프로토콜 스크립팅은 비정상적인 HTTP 헤더가 포함된 경우 데이터를 버리거나 삭제하는 대신 취약점을 이용한 공격 방식의 일종입니다. 만약 POST나 Host: 헤더가 HTTP 요청 중에 포함되어 있으면, 레디스는 연결을 종료하고, 로그에 보안 공격 가능성을 경고하는 메시지를 출력합니다. 기본 로그 설정으로는 다음과 같은 메시지가 redis.log에 출력됩니다.

22848:S 23 Sep 2019 14:09:02.276 # Possible SECURITY ATTACK detected. It looks like somebody is sending POST or Host: commands to Redis. This is likely due to an attacker attempting to use Cross Protocol Scripting to compromise your Redis instance. Connection aborted.

여러 개의 레플리카가 있을 때의 동작

여러 레플리카를 마스터에 연결하고자 할 때, 두 번째 레플리카 이후의 연결 시점은 앞서 설명한 전체 동기화 과정 중 세 번째 단계인 BGSAVE 명령어의 처리 완료 시점에 따라 달라집니다. 만약 처리가 완료되기 전에 두 번째 레플리카 이후 동기화를 요청할 경우, 해당 레플리카는 첫 번째 레플리카와 동일한 내용으로 복제됩니다. BGSAVE가 완료된 후에 요청하는 경우에는 전체 동기화 과정이 처음부터 다시 시작됩니다.

레플리케이션 연결이 끊길 때의 동작

레플리카의 클라이언트 출력 버퍼(9.1.2절 참조)가 초과되면 연결이 끊어지고 재동기화를 시도하게 됩니다. 이때, 레플리케이션 백로그에 따라 부분 동기화가 이루어질 수 있으며, 부분 동기화가 불가능할 경우에는 전체 동기화가 진행됩니다. 레플리카의 클라이언트 출력 버퍼는 client-output-buffer-limit 지시자로 설정할 수 있으며, replica 클래스를 지정하여 값을 설정합니다.

기본 설정은 client-output-buffer-limit replica 256mb 64mb 60으로 되어 있으며, 여기서 256MB는 하드 리미트Hard Limit로, 이 값을 초과하면 즉시 연결이 끊어집니다. 64MB는 소프트 리미트Soft Limit를 나타내며, 이 값이 60초 동안 지속되면 연결이 끊어집니다.

TTL이 설정된 키의 레플리케이션 동작

레플리카에서는 TTLTime-To-Live이 설정된 키를 자체적으로 만료시키지 않으며, 만료된 키의 정보는 마스터에서 모든 레플리카로 DEL 명령어를 통해 전송됩니다. 이때 레플리카의 AOF에도 DEL 명령어가 동기화됩니다.

RDB 파일을 덤프할 때 만료된 키는 포함되지 않으므로 RDB 파일을 읽을 때 마스터에 존재했던 만료된 키는 복원되지 않습니다. 이러한 동작 때문에 TTL이 설정된 키를 포함할 경우, 마스터에 저장된 키의 개수가 레플리카에 저장된 키의 개수보다 많아 보일 수 있습니다. 마스터는 만료된 키가 회수될 때까지 INFO 명령어나 DBSIZE 명령어를 통해 키를 인식하지만,

레플리카에서는 키가 적재되지 않아 해당 명령어로 확인할 수 없습니다.

디스크 없는 레플리케이션

RDB 파일의 디스크 백업 레플리케이션과 별개로, 디스크 없는 레플리케이션 기능이 제공됩니다. 디스크 백업 레플리케이션은 전체 동기화 과정에서 프로세스가 포크되어 마스터의 메모리 데이터를 RDB 파일로 덤프하여 디스크에 쓰는 방식입니다. 그러나 이와 같은 작업 방식은 디스크 속도가 느리면 부하가 매우 클 수 있습니다.

반면, 디스크 없는 레플리케이션에서는 프로세스가 포크된 후, RDB 파일을 직접 소켓으로 전송합니다. repl-diskless-sync 지시자 값을 yes로 변경하여 이 기능을 활성화할 수 있으며, 기본값은 no로 설정되어 있습니다.[17]

디스크 없는 레플리케이션을 시작하면, 이후에 추가되는 레플리카의 레플리케이션은 먼저 진행 중인 작업이 완료될 때까지 기다려야 합니다. 마스터는 다른 레플리카가 추가되는 것을 염두에 두고 기본적으로 5초 동안 대기합니다. 이 시간 내에 레플리카가 추가되면, 첫 번째 레플리카와 동일한 내용으로 두 번째 이후의 레플리카에도 레플리케이션을 수행합니다. 이 대기 시간은 repl-diskless-sync-delay 지시자로 조절할 수 있습니다. 디스크 없는 레플리케이션은 큰 데이터 세트를 처리하는 경우나 디스크 속도가 느리고 네트워크 대역폭이 넓은 경우에 특히 유용하며, 실제 현업에서도 많이 사용됩니다.

그 외 레플리케이션 최적화를 위한 확인 사항

이 외에도 레플리케이션 최적화를 위한 사항으로 레플리카 소켓의 TCP_NODELAY 설정 비활성화가 있습니다.

TCP_NODELAY를 활성화하면 레플리케이션의 지연 시간은 감소하지만, 사용하는 대역폭이 증가합니다. 기본 설정은 낮은 지연 시간을 우선시하기 때문에 TCP_NODELAY가 활성화되어 있습니다. TCP_NODELAY를 비활성화하면, 더 적은 TCP 패킷으로 레플리카에 데이터를 전송하므

---

17 레디스 7.0 이후부터는 기본적으로 활성화되어 있습니다.

로 필요한 대역폭을 줄일 수 있지만 레플리케이션 지연 시간이 증가합니다. 높은 트래픽이나 마스터/레플리카 간의 거리가 먼 경우, TCP_NODELAY를 비활성화하면 효과적일 수 있습니다. 비활성화를 하려면 repl-disable-tcp-nodelay 지시자를 yes로 변경하면 됩니다.

또한 레플리케이션 최적화를 위해서는 성능에 미치는 영향도 고려해야 합니다. 레플리케이션은 마스터 내에서 추가 프로세스를 실행하기 때문에 레플리카 수가 증가하면 마스터의 성능에 영향을 줄 수 있습니다. 그만큼 레플리카를 추가할 때는 주의가 필요합니다.

레플리카 수가 많을 경우 네트워크 대역폭 소비가 증가할 수 있으므로, 이를 감안하여 다단계 레플리케이션 구조를 고려할 수도 있습니다.[18][19]

7.2.2 부분 동기화

부분 동기화의 경우, 레플리케이션 연결이 끊어진 동안의 모든 쓰기 작업이 레플리케이션 백로그에서 레플리카로 전송됩니다.

레플리케이션의 마스터에는 레플리케이션 백로그Replication Backlog라고 불리는, 고정 길이의 리스트 위에 있는 메모리 영역이 있습니다. 레플리케이션 연결이 끊어진 동안에는 이 백로그에서 쓰기 작업 정보를 일정 시간 동안 관리합니다.

백로그의 크기는 repl-backlog-size 지시자로 설정할 수 있으며, 기본값은 1MB입니다. 만약 쓰기 작업이 1MB를 초과하면 레플리카의 PSYNC 요청에서 오프셋이 백로그에 포함되지 않기 때문에 부분 동기화를 실행할 수 없으며 대신 전체 동기화를 시작하게 됩니다.

레플리케이션의 연결이 끊어진 후 일정 시간이 지나면 백로그가 해제되도록 동작합니다. 이 시간은 repl-backlog-ttl 지시자로 설정할 수 있으며 기본값은 3,600초(1시간)입니다. 값에 0을 설정하면 무기한으로 백로그를 보관하도록 동작합니다.

---

18 레디스 4.0 이상에서는 레플리케이션 체인이 있는 모든 레플리카가 가장 상위 마스터로부터 생성된 동일한 레플리케이션 스트림을 수신하도록 동작합니다.

19 관리형 서비스를 사용하는 경우 PSYNC/SYNC 명령어 제한 때문에 다단계 구조를 사용하기 어려울 수도 있습니다.

마스터에 쓰기 작업이 많다면, 보관 기간을 고려하면서 repl-backlog-size 지시자의 값을 튜닝하여 안전성을 개선할 수 있습니다. 그러나 repl-backlog-size 지시자의 값을 크게 설정하면 마스터에서 사용하는 메모리양도 커지므로, 메모리 사용량이 이미 많은 경우, 스왑 메모리 사용이 증가할 수 있으므로 주의가 필요합니다.

동기식 레플리케이션 강제하기

7.1.1절에서 설명했듯이 레디스의 레플리케이션은 기본적으로 비동기 방식입니다. 그러나 레플리케이션을 강제로 동기식으로 수행하려면 레디스 3.0 이후부터 사용 가능한 WAIT 명령어를 사용합니다.

이 명령어를 통해 데이터 손실에 대한 안전성을 높일 수 있으며, 특히 페일오버 도중에 쓰기 작업을 받은 레플리카를 새로운 마스터로 효율적으로 승격시킬 수 있습니다. WAIT 명령어는 클라이언트가 지정한 개수만큼의 레플리카로부터 응답을 받을 때까지(또는 지정한 타임아웃 값에 도달할 때까지) 현재 클라이언트를 차단하도록 동작합니다. 이를 통해 데이터 손실을 방지할 수 있습니다. 또한 WAIT 명령어는 부분 동기화를 통해 마스터로 보내는 핑에 레플리카가 이미 처리한 오프셋을 포함할 수 있게 되었으며, 이를 통해 레플리카의 타임아웃을 감지하는 데 활용됩니다.

비동기 레플리케이션의 특성상, 마스터에 쓰기 작업을 수행한 후 레플리카에 해당 데이터를 저장하기 전에 마스터에서 장애가 발생할 가능성이 있습니다. 이러한 경우 레플리카에 저장되지 않은 데이터가 손실될 수 있습니다.[20]

이러한 가능성을 고려한다면, 애플리케이션에서 재시도를 처리하거나 RDBMS와 같은 다른 데이터베이스에서 데이터를 가져오는 등의 방법으로 데이터를 적절히 처리할 필요가 있습니다. WAIT 명령어 등으로 동기 레플리케이션을 구현할 경우, 동기화 과정이 성능에 부담을 줄 수 있으므로 성능에 미치는 영향도 고려해야 합니다.

---

20 10장의 칼럼에서 소개하겠지만, AWS는 Amazon MemoryDB for Redis라는 서비스를 제공합니다. 이 서비스를 메인 데이터베이스로 사용하면 데이터 손실을 예방할 수 있습니다.

부분 동기화는 레디스 2.8에서 도입되어 PSYNC 명령어를 통해 구현할 수 있게 되었습니다. 당시의 부분 동기화는 마스터-레플리카 간의 연결이 일시적으로 끊겼을 때 빠르게 다시 연결하고 마스터가 재시작하지 않은 경우에 유효했습니다. 그러나 이러한 경우 페일오버로 마스터가 변경되면 부분 동기화를 할 수 없었습니다. 또한 레플리카가 재시작되었을 때도 부분 동기화가 불가능하여 전체 동기화가 이루어졌습니다.

레디스 4.0 이후 PSYNC의 버전 2가 출시되며 레플리케이션 ID를 두 개 유지하게 되었고 덕분에 마스터가 일정한 오프셋까지 유효한 레플리케이션 기록을 인식할 수 있게 되었습니다. 이 변경으로 마스터가 변경되더라도 부분 동기화가 가능해지도록 레플리케이션 동작이 개선되었습니다. 레디스 4.0 이후부터는 RDB 파일에 마스터의 레플리케이션 ID와 오프셋이 저장되어, 마스터나 레플리카가 재시작되는 상황에서도 RDB 파일에서 데이터를 읽어 부분 동기화를 수행할 수 있게 되었습니다.

7.3 레플리케이션 동작 중 메커니즘

지금까지 레플리케이션이 시작되기 전까지의 전략과 방법을 살펴보았습니다. 다음으로 마스터와 레플리카 간 연결이 어떻게 모니터링되는지 살펴봅니다.

7.3.1 마스터와 레플리카 간의 연결 상태 모니터링

마스터는 기본적으로 10초 간격으로 모든 레플리카에 핑ping을 보냅니다. 이 간격은 repl-ping-replica-period 지시자로 조절할 수 있습니다. 레플리카는 매초 REPLCONF ACK <offset> 명령어를 사용하여 처리한 위치를 포함해 핑을 보내고, 마스터는 각 레플리카로부터 받은 마지막 핑의 시간을 기록합니다. 이 메커니즘을 통해 레플리케이션 링크가 끊겼을 때, 레플리카가 타임아웃을 감지하기 전에 문제를 원활하게 감지할 수 있습니다. 만약 이 메커니즘이 없다면 연결이 끊어져도 상태를 인식할 수 없는 상황이 발생할 수 있습니다.[21] 따라서 마스터에서 레플리카로 보낼 뿐 아니라 레플리카에서 마스터로도 핑을 보내도록 작동하고 있습니다. 이때 핑 정보에는 레플리케이션에서 현재 처리하고 있는 오프셋도 포함하고 있어, 핑 정보를 더 유용하게 활용할 수 있습니다.[22]

마스터에서 레플리카로 핑을 보내지만, 마지막으로 핑을 받은 후 일정 시간 내에 다음 핑이 도착하지 않으면 해당 레플리카는 연결이 끊어진 상태로 인식됩니다. 이 시간은 min-replicas-max-lag 지시자로 설정할 수 있으며, 기본값은 10초입니다.

마스터에 값을 저장하기 위해 최소한으로 필요한 연결 상태의 레플리카 개수도 min-replicas-to-write 지시자로 설정할 수 있으며 기본값은 0으로 설정되어 있으며 비활성화된 상태입니다. 이 값을 충족하지 않는 경우, 마스터로의 쓰기 작업을 중단합니다. 레디스는 비동기 레플리케이션을 사용하기 때문에 레플리카의 최소 개수가 활성화되지 않은 경우 레플리카가 실제로 쓰기 작업을 받았는지 확인하지 않습니다. 즉, 데이터가 손실될 수 있는 시간이 발생할 수 있습니다. 이를 방지하기 위해 레플리카의 최소 개수를 지정하여 문제가 발생했을 때 마스터로 쓰기 작업 대신 오류 메시지를 반환하도록 합니다.

마스터와 레플리카 사이의 핑은 타임아웃이 있습니다. repl-timeout 지시자로 조절할 수 있으며 기본값은 60초입니다. repl-ping-replica-period 지시자의 값은 repl-timeout 지시자의 값보다 작게 설정해야 합니다. 그렇지 않으면 마스터/레플리카 간의 트래픽이 적을 때마다 혹은 repl-timeout 지시자로 설정한 시간이 지날 때마다 레플리케이션 연결이 끊어집니다.

---

21 이 문제 때문에 레디스 2.8 버전 이후부터 레플리카가 REPLCONF ACK <offset> 명령어를 매초 전송하도록 하는 메커니즘이 도입되었습니다.
22 http://antirez.com/news/58

7.4 페일오버

레디스는 기본적으로 마스터에 문제가 발생했을 때 자동으로 페일오버^{Failover}하는 기능이 기본적으로 없습니다. 따라서 마스터가 다운되었을 경우, 새로운 마스터로 승격시킬 노드에서 REPLICAOF NO ONE 명령어를 수동으로 실행해야 합니다.[23] 새로운 레플리카에서는 마스터에 연결하기 위해 REPLICAOF <new_master_ip> <new_master_port> 명령어를 실행하거나[24] 또는 설정 파일에서 replicaof(slaveof) 지시자로 설정할 수 있습니다.

레디스 클러스터나 레디스 센티널^{Redis Sentinel}을 사용하면 자동 페일오버 기능을 사용할 수 있습니다. 관리형 서비스에서 레플리케이션 기능을 사용할 경우, 앞서 언급한 명령어는 제한될 수 있으며, 대신 자동 페일오버 기능이 제공될 수 있습니다. 레디스를 제공하는 서비스를 사용할 경우, 어떤 기능이 제공되는지 문서를 확인하는 것이 좋습니다.

페일오버 중에는 CLIENT PAUSE 명령어를 사용하여 클라이언트의 접근을 일시적으로 중단함으로써 클라이언트의 쓰기 작업이 새로운 마스터로 향하게 할 수도 있습니다.

COLUMN 레플리케이션 시 이페머럴 스크립트

현재 이페머럴 스크립트는 루아^{Lua}를 실행한 결과의 변경 내용이 하나의 명령어 형태로 스크립트에서 생성되어 레플리카로 전송됩니다. 이러한 동작 방식을 '스크립트 효과 레플리케이션 ^{Script Effects Replication}'이라고 합니다.[25] 이전에는 스크립트 전체를 보내는 '전체 스크립트 레플리케이션^{Whole Scripts Replication}' 방식을 사용했습니다.

- **전체 스크립트 레플리케이션**
  - □ **장점**
    - : 하나의 명령어(스크립트 효과 레플리케이션)를 보내기보다 스크립트(전체 스크립트 레플리케이션)를 보내는 편이 빠를 때가 있다.

---

23 레디스 5.0 이전에는 SLAVEOF NO ONE 명령어를 사용했습니다.

24 레디스 5.0 이전에는 SLAVEOF <new_master_ip> <new_master_port> 명령어를 사용했습니다.

25 스크립트 효과 레플리케이션은 레디스 5.0 이후의 기본 동작으로, 레디스 3.2부터 선택적으로 사용할 수 있습니다. 레디스 5.0부터는 lua-replicate-commands 지시자를 yes로 설정하여 이전 방식으로 전환할 수 있습니다. 이전에는 DEBUG lua-always-replicate-commands 0을 실행하여 변경할 수 있었지만, 레디스 7.0부터는 이 기능이 제거되었습니다. 장단점 정리 내역은 다음 사이트에서 볼 수 있습니다. https://github.com/redis/redis/issues/8370

□ 단점

  : 무작위로 결과를 반환하는 스크립트가 있으면 마스터와 레플리카의 결과가 달라질 가능성이 높다. 그 외에도 외부 요소에 의존한다.

  : 레디스에서 사용 중인 방법이다

    - 외부에서 접근을 금지한다.

    - 랜덤 함수 실행 시 오류가 발생한다.

    - SMEMBERS 명령어는 항상 같은 순서로 반환한다.

    - 의사 난수는 동일한 값을 반환한다.

■ 스크립트 효과 레플리케이션

  □ **장점**: 전체 스크립트 레플리케이션의 단점이 문제될 경우에 활용할 수 있다.

  □ **단점:** 전체 스크립트 레플리케이션보다 속도가 느릴 수 있다.

COLUMN 애플리케이션의 레플리케이션 활용

다양한 프로그래밍 언어로 개발된 애플리케이션에 레디스를 연결할 때는 new Redis()로 레디스 인스턴스를 생성하고 적절한 엔드포인트를 지정하여 연결합니다(4장 참조). 이번 칼럼에서는 레플리케이션을 사용할 때의 애플리케이션 연결 방법을 간략히 알아봅니다. 읽기 쿼리를 확장하려면 쓰기 쿼리는 마스터로, 읽기 쿼리는 레플리카로 연결하여 처리하는 방식이 필요합니다.

클라이언트마다 구현 방법이 다를 수 있으며, 다음과 같은 방침을 고려할 수 있습니다.

■ 읽기 쿼리 실행 시 레플리카를 우선으로 설정하는 옵션이 있는 경우, 여러 엔드포인트를 등록하면서 이 옵션을 활성화합니다.

■ 읽기 쿼리 실행 시 레플리카를 우선으로 설정하는 옵션이 없는 경우, 쓰기용 엔드포인트와 읽기용 엔드포인트를 지정한 두 개의 레디스 인스턴스를 생성합니다. 쓰기 쿼리를 실행할 때는 첫 번째 인스턴스를, 읽기 쿼리를 실행할 때는 두 번째 인스턴스를 사용합니다. 필요하다면 래퍼 클래스 등을 생성하여 애플리케이션에서 사용합니다.

첫 번째 방침의 예시로는 자바의 레디스 클라이언트인 Lettuce를 사용하는 경우가 있습니다. ReadFrom 함수로 어떤 노드에서 읽을지를 지정할 수 있으며, REPLICA_PREFERRED 같은 옵션을 지정하여 레플리카에서의 읽기 작업을 우선으로 할 수 있습니다.[26] 두 번째 방침의 예시로는 PHP의 레디스 클라이언트를 사용하는 경우를 들 수 있습니다.

다음 예시에서는 PRIMARY_ENDPOINT와 READ_ENDPOINT는 각각 프라이머리와 레플리카의 실제 엔드포인트로 대체합니다.

코드 7-1 phpredis-replication.php

```php
<?php
$key = "foo";
$value = "bar";

$redis = new Redis();
$redis->connect("PRIMARY_ENDPOINT",6379);

$redis->set($key, $value);

$redis_ro = new Redis();
$redis_ro->connect("READ_ENDPOINT",6379);

$value = $redis_ro->get($key);
echo $value;
```

쓰기 작업을 위해 new Redis()로 레디스 인스턴스를 생성하고 $redis라는 변수에 저장합니다. 이 인스턴스를 마스터의 엔드포인트로 연결하도록 설정합니다. 다음으로 읽기 작업을 위해 new Redis()로 레디스 인스턴스를 생성하고 $redis_ro라는 변수에 저장한 후, 레플리카의 엔드포인트로 연결하도록 설정합니다. ElastiCache에서는 클러스터 모드가 비활성화된 레디스 클러스터의 경우, 프라이머리 엔드포인트와 읽기 전용 엔드포인트를 제공합니다.[27]

레디스 클라이언트는 레플리케이션 기능을 제공하며, 읽기 쿼리 실행 시 레플리카를 우선으로 설정하는 옵션이 있으므로 가능하면 적극적으로 사용하는 것이 좋습니다. 자세한 내용은 각 레디스 클라이언트의 문서를 확인하기 바랍니다.

----

26 https://lettuce.io/core/release/api/io/lettuce/core/ReadFrom.html
27 https://docs.aws.amazon.com/AmazonElastiCache/latest/red-ug/Endpoints.html

7.5 레플리케이션 도입 방법

레플리케이션 설정 및 동작 방식을 확인합니다. [그림 7-2]와 같은 방식으로 레플리케이션을 구성합니다. 레디스 서버를 실행하는 두 대 캐시 노드(마스터, 레플리카)를 준비한 후, 마스터 IP 주소와 포트를 레플리카에 전달하여 레플리케이션을 실행합니다.

그림 7-2 마스터 한 대, 레플리카 한 대인 레플리케이션

여러 대의 캐시 노드를 준비하는 것도 좋지만, 여기서는 간단히 도커 컴포즈^{Docker Compose}를 사용하여 단일 서버에 여러 레디스 인스턴스를 실행하는 컨테이너를 사용해 어떻게 동작하는지 확인해봅니다. 실행 환경을 구축하기 위해 다음 단계를 따라 설정 파일을 편집합니다.

마스터와 레플리카의 설정 파일을 각각 `redis-master.conf`, `redis-replica.conf`라는 이름으로 생성합니다. 깃허브 레디스 리포지토리(https://raw.githubusercontent.com/redis/redis/7.0.4/redis.conf)에서 레디스 7.0.4의 redis.conf 파일을 참조하여 내용을 복사한 후 다음과 같이 설정 파일을 변경합니다.

1. `requirepass` 지시자로 패스워드를 설정합니다.
2. `masterauth` 지시자로 `requirepass`에서 설정한 동일한 패스워드를 설정합니다(⑩ foobared).

레플리카 설정에서는 마스터의 IP 주소와 포트를 설정합니다.

- `redis-replica.conf`에서 `replicaof master 6379`를 설정합니다. 여기서 `master`는 도커 컴포즈를 통해 참조할 수 있도록 설정합니다.

마스터 설정에는 DEBUG 명령어를 사용하기 위한 설정을 추가합니다.

- `redis-master.conf`에서 `enable-debug-command yes`를 설정합니다.

도커 환경을 사용하지 않고 여러 캐시 노드로 레플리케이션을 구성하는 경우, 지정한 IP 주소에서만 접속할 수 있도록 설정합니다.

- bind 지시자 값을 기본값인 127.0.0.1에서 접속할 IP 주소로 허가하도록 설정합니다.

다음으로 도커 컴포즈를 사용하기 위해 설치합니다.

```
$ sudo apt install docker docker-compose -y
```

docker-compose.yaml 파일을 생성합니다.

```
$ vi docker-compose.yaml
```

코드 7-2 docker-compose.yaml

```
version: '3'

services:
  master:
    image: redis:latest
    ports:
      - 6379:6379
    volumes:
      - $PWD/redis-master.conf:/usr/local/etc/redis/redis-master.conf
    command: redis-server /usr/local/etc/redis/redis-master.conf
  replica:
    image: redis:latest
    ports:
      - 6380:6379
    volumes:
      - $PWD/redis-replica.conf:/usr/local/etc/redis/redis-replica.conf
    command: redis-server /usr/local/etc/redis/redis-replica.conf
```

다음으로 마스터/레플리카 함께 레디스 컨테이너를 실행합니다.

```
$ docker-compose up
```

실행 시 로그는 다음과 같습니다.

```
replica_1 | 1:C 29 Aug 2022 08:55:54.971 # oO0oo000o000o Redis is starting oO0oo000o000o
replica_1 | 1:C 29 Aug 2022 08:55:54.972 # Redis version=7.0.4, bits=64, commit=00000000,
modified=0 , pid=1, just started
replica_1 | 1:C 29 Aug 2022 08:55:54.972 # Configuration loaded
replica_1 | 1:S 29 Aug 2022 08:55:54.974 * monotonic clock: POSIX clock_gettime
replica_1 | 1:S 29 Aug 2022 08:55:54.975 * Running mode=standalone, port=6379.
master_1 | 1:C 29 Aug 2022 08:55:55.004 # oO0oo000o000o Redis is starting oO0oo000o000o
master_1 | 1:C 29 Aug 2022 08:55:55.004 # Redis version=7.0.4, bits=64, commit=00000000,
modified=0, pid=1, just started
master_1 | 1:C 29 Aug 2022 08:55:55.004 # Configuration loaded
master_1 | 1:M 29 Aug 2022 08:55:55.004 * monotonic clock: POSIX clock_gettime
replica_1 | 1:S 29 Aug 2022 08:55:54.975 # Server initialized
replica_1 | 1:S 29 Aug 2022 08:55:54.975 # WARNING overcommit_memory is set to 0! Background
savemay fail under low memory condition. To fix this issue add 'vm.overcommit_memory = 1' to /
etc/sysctl.conf and then reboot or run the command 'sysctl vm.overcommit_memory=1' for this
to take effect.
replica_1 | 1:S 29 Aug 2022 08:55:54.975 * Loading RDB produced by version 7.0.4
replica_1 | 1:S 29 Aug 2022 08:55:54.975 * RDB age 111 seconds
replica_1 | 1:S 29 Aug 2022 08:55:54.975 * RDB memory usage when created 0.82 Mb
replica_1 | 1:S 29 Aug 2022 08:55:54.975 * Done loading RDB, keys loaded: 0, keys expired: 0.
replica_1 | 1:S 29 Aug 2022 08:55:54.975 * DB loaded from disk: 0.000 seconds
replica_1 | 1:S 29 Aug 2022 08:55:54.975 * Ready to accept connections
:
master_1 | 1:M 29 Aug 2022 08:55:55.006 * Running mode=standalone, port=6379.
master_1 | 1:M 29 Aug 2022 08:55:55.006 # Server initialized
master_1 | 1:M 29 Aug 2022 08:55:55.006 # WARNING overcommit_memory is set to 0! Background save
may fail under low memory condition. To fix this issue add 'vm.overcommit_memory = 1' to /etc/
sysctl.conf and then reboot or run the command 'sysctl vm.overcommit_memory=1' for this to
take effect.
master_1 | 1:M 29 Aug 2022 08:55:55.006 * Loading RDB produced by version 7.0.4
master_1 | 1:M 29 Aug 2022 08:55:55.007 * RDB age 112 seconds
```

```
master_1 | 1:M 29 Aug 2022 08:55:55.007 * RDB memory usage when created 0.82 Mb
master_1 | 1:M 29 Aug 2022 08:55:55.007 * Done loading RDB, keys loaded: 0, keys expired: 0.
master_1 | 1:M 29 Aug 2022 08:55:55.007 * DB loaded from disk: 0.000 seconds
master_1 | 1:M 29 Aug 2022 08:55:55.007 * Ready to accept connections
```

앞으로는 로그를 더 쉽게 볼 수 있도록 마스터와 레플리카 로그를 분리해서 표시합니다. 마스터는 다음과 같이 레플리카로부터 전체 동기화하도록 요청받습니다. 이때 디스크 백업을 통해 RDB 파일을 생성하고 레플리카로 동기화가 수행됩니다.

```
master_1 | 1:M 29 Aug 2022 08:55:55.992 * Replica 172.18.0.2:6379 asks for synchronization
master_1 | 1:M 29 Aug 2022 08:55:55.992 * Full resync requested by replica 172.18.0.2:6379
master_1 | 1:M 29 Aug 2022 08:55:55.992 * Replication backlog created, my new replication IDs are
'62509463155149574b58deea48246db9f91e459f' and '0000000000000000000000000000000000000000'
master_1 | 1:M 29 Aug 2022 08:55:55.992 * Delay next BGSAVE for diskless SYNC
master_1 | 1:M 29 Aug 2022 08:56:00.022 * Starting BGSAVE for SYNC with target: replicas sockets
master_1 | 1:M 29 Aug 2022 08:56:00.022 * Background RDB transfer started by pid 20
master_1 | 20:C 29 Aug 2022 08:56:00.023 * Fork CoW for RDB: current 0 MB, peak 0 MB,
average 0 MB
master_1 | 1:M 29 Aug 2022 08:56:00.024 # Diskless rdb transfer, done reading from pipe,
1 replicas still up.
master_1 | 1:M 29 Aug 2022 08:56:00.033 # Background RDB transfer terminated with success
master_1 | 1:M 29 Aug 2022 08:56:00.033 # Streamed RDB transfer with replica 172.18.0.2:6379
succeeded (socket). Waiting for REPLCONF ACK from slave to enable streaming
master_1 | 1:M 29 Aug 2022 08:56:00.033 * Synchronization with replica 172.18.0.2:6379 succeeded
```

레플리카는 마스터 정보 캐시가 없기 때문에 부분 동기화를 할 수 없어 전체 동기화만 수행합니다. 마스터에서 RDB 파일을 가져와 이전 데이터를 삭제한 후 메모리에 데이터를 저장하는 과정이 로그에 표시됩니다.

```
replica_1 | 1:S 29 Aug 2022 08:55:54.975 * Connecting to MASTER master:6379
replica_1 | 1:S 29 Aug 2022 08:55:54.985 * MASTER <-> REPLICA sync started
replica_1 | 1:S 29 Aug 2022 08:55:54.985 # Error condition on socket for SYNC: Connection
refused
```

```
replica_1 | 1:S 29 Aug 2022 08:55:55.987 * Connecting to MASTER master:6379
replica_1 | 1:S 29 Aug 2022 08:55:55.988 * MASTER <-> REPLICA sync started
replica_1 | 1:S 29 Aug 2022 08:55:55.988 * Non blocking connect for SYNC fired the event.
replica_1 | 1:S 29 Aug 2022 08:55:55.988 * Master replied to PING, replication can continue...
replica_1 | 1:S 29 Aug 2022 08:55:55.992 * Partial resynchronization not possible
(no cached master)
replica_1 | 1:S 29 Aug 2022 08:56:00.022 * Full resync from master: 62509463155149574b58deea48246
db9f91e459f:0
replica_1 | 1:S 29 Aug 2022 08:56:00.025 * MASTER <-> REPLICA sync: receiving streamed RDB from
master with EOF to disk
replica_1 | 1:S 29 Aug 2022 08:56:00.025 * MASTER <-> REPLICA sync: Flushing old data
replica_1 | 1:S 29 Aug 2022 08:56:00.025 * MASTER <-> REPLICA sync: Loading DB in memory
replica_1 | 1:S 29 Aug 2022 08:56:00.033 * Loading RDB produced by version 7.0.4
replica_1 | 1:S 29 Aug 2022 08:56:00.033 * RDB age 0 seconds
replica_1 | 1:S 29 Aug 2022 08:56:00.033 * RDB memory usage when created 0.90 Mb
replica_1 | 1:S 29 Aug 2022 08:56:00.033 * Done loading RDB, keys loaded: 0, keys expired: 0.
replica_1 | 1:S 29 Aug 2022 08:56:00.033 * MASTER <-> REPLICA sync: Finished with success
```

이후에는 클라이언트가 마스터에 새로 연결할 때 레디스 인증이 설정되어 있으므로 명령을 실행하기 전에 AUTH <password> 명령어를 실행하여 인증해야 합니다.

또한 레플리카에서 MONITOR 명령어를 실행하면 10초마다 마스터에 PING 명령어가 전송되는 것도 확인할 수 있습니다.

```
1661765822.168558 [0 172.18.0.3:6379] "ping"
1661765832.200978 [0 172.18.0.3:6379] "ping"
1661765842.228628 [0 172.18.0.3:6379] "ping"
:
```

이때, 마스터의 레플리케이션 상태는 INFO Replication 명령어로 확인할 수 있습니다. 여기서는 레플리카 한 대가 온라인 상태인 것을 확인할 수 있습니다.

```
127.0.0.1:6379> INFO Replication
# Replication
```

```
role:master
connected_slaves:1
slave0:ip=172.18.0.2,port=6379,state=online,offset=3528,lag=0
master_failover_state:no-failover
master_replid:62509463155149574b58deea48246db9f91e459f
master_replid2:0000000000000000000000000000000000000000
master_repl_offset:3528
second_repl_offset:-1
repl_backlog_active:1
repl_backlog_size:1048576
repl_backlog_first_byte_offset:1
repl_backlog_histlen:3528
```

레플리카의 레플리케이션 상태는 다음과 같이 확인할 수 있습니다. 마스터의 IP 주소 및 포트 번호를 인식하여 연결 상태도 확인할 수 있습니다.

```
127.0.0.1:6379> INFO Replication
# Replication
role:slavemaster_host:master
master_port:6379
master_link_status:up
master_last_io_seconds_ago:0
master_sync_in_progress:0
slave_read_repl_offset:3556
slave_repl_offset:3556
slave_priority:100
slave_read_only:1
replica_announced:1
connected_slaves:0
master_failover_state:no-failover
master_replid:62509463155149574b58deea48246db9f91e459f
master_replid2:0000000000000000000000000000000000000000
master_repl_offset:3556
second_repl_offset:-1
repl_backlog_active:1
```

```
repl_backlog_size:1048576
repl_backlog_first_byte_offset:1
repl_backlog_histlen:3556
```

COLUMN 페일오버 동작

마스터가 다운된 경우의 동작을 확인합니다. 간단히 페일오버를 실행하려면 레디스 6.2 이상
버전에서는 FAILOVER 명령어를 사용할 수 있습니다. 그러나 여기서는 우선 마스터가 다운된
상태를 가정하고 DEBUG SEGFAULT 명령어를 사용하여 다운시킵니다.

```
127.0.0.1:6379> DEBUG SEGFAULT
Error: Server closed the connection
not connected>
```

이때 레플리카는 자동으로 승격되지 않고 role은 여전히 slave인 상태에서 master_link_
status는 up에서 down으로 변경됩니다. 이 상태에서 레플리카의 레플리케이션 상태는 다음
과 같이 인식됩니다.

```
127.0.0.1:6379> INFO Replication
# Replication
role:slave
```

```
master_host:master
master_port:6379
master_link_status:down
master_last_io_seconds_ago:-1
master_sync_in_progress:0
slave_read_repl_offset:4867
slave_repl_offset:4867 master_link_down_since_seconds:16
slave_priority:100
slave_read_only:1
replica_announced:1
connected_slaves:0
master_failover_state:no-failover
master_replid:7b283cb7b4d4223d1b60fa0e9da8249229ced45a
master_replid2:55205e4e036e6f8e3f6637bd0dbe5ee8fd807222
master_repl_offset:4867
second_repl_offset:4826
repl_backlog_active:1
repl_backlog_size:1048576
repl_backlog_first_byte_offset:4826
repl_backlog_histlen:42
```

레플리카는 마스터와의 연결이 끊어진 것을 감지하고, 마스터와 동기화를 시도합니다. 그 후에 Connecting to MASTER master:6379와 같은 메시지가 계속해서 반복됩니다.[28]

```
replica_1 | 1:S 29 Aug 2022 09:58:28.462 # Connection with master lost.
replica_1 | 1:S 29 Aug 2022 09:58:28.462 * Caching the disconnected master state.
replica_1 | 1:S 29 Aug 2022 09:58:28.462 * Reconnecting to MASTER master:6379
replica_1 | 1:S 29 Aug 2022 09:58:28.464 * MASTER <-> REPLICA sync started
replica_1 | 1:S 29 Aug 2022 09:58:28.464 # Error condition on socket for SYNC:
Connection refused
replica_1 | 1:S 29 Aug 2022 09:58:28.611 * Connecting to MASTER master:6379
replica_1 | 1:S 29 Aug 2022 09:58:28.621 # Unable to connect to MASTER:
Resource temporarily unavailable
```

....

28 replicaof 지시자 값의 설정에 따라 master 부분이 IP 주소로 표시됩니다.

```
replication_master_1 exited with code 139

   :
```

이후에는 다운된 상태에서 복구를 가정하고 수동으로 레플리카를 마스터로 승격시킵니다.
REPLICAOF NO ONE 명령어를 실행하여 승격시킬 수 있습니다.

```
127.0.0.1:6379> REPLICAOF NO ONE
OK
```

role이 master로 변경되고 레플리카가 새로운 마스터로 승격된 것을 확인할 수 있습니다.

```
127.0.0.1:6379> INFO Replication
# Replication
role:master
connected_slaves:0
master_failover_state:no-failover
master_replid:edd585112528e851d2dc8eeba9212e844d083d65
master_replid2:7b283cb7b4d4223d1b60fa0e9da8249229ced45a
master_repl_offset:4867
second_repl_offset:4868
repl_backlog_active:1
repl_backlog_size:1048576
repl_backlog_first_byte_offset:4826
repl_backlog_histlen:42
```

이때, 이전 레플리카(새로운 마스터)의 로그는 다음과 같이 출력되며 마스터 모드가 활성화된
것을 확인할 수 있습니다.

```
replica_1 | 1:M 29 Aug 2022 09:59:40.714 * Discarding previously cached
master state.
replica_1 | 1:M 29 Aug 2022 09:59:40.714 # Setting secondary replication ID
to 7b283cb7b4d4223d1 b60fa0e9da8249229ced45a, valid up to offset: 4868. New
replication ID is edd585112528e851d2dc8 eeba9212e844d083d65
replica_1 | 1:M 29 Aug 2022 09:59:40.714 * MASTER MODE enabled (user request
from 'id=4 addr=127 .0.0.1:52812 laddr=127.0.0.1:6379 fd=9 name= age=92
```

```
idle=0 flags=N db=0 sub=0 psub=0 ssub=0 multi =-1 qbuf=36 qbuf-free=20438
argv-mem=14 multi-mem=0 rbs=1024 rbp=0 obl=0 oll=0 omem=0 tot-mem=223 10
events=r cmd=replicaof user=default redir=-1 resp=2')
```

재복구를 위해 이전 마스터를 다시 시작합니다. 다음과 같이 다른 창에서 실행하면 로그가 출력됩니다.

```
$ docker-compose up master
master_1 | 1:C 29 Aug 2022 10:03:22.552 # oO0OoO00o0O0o Redis is starting
oO0Oo0O0o0O0o
master_1 | 1:C 29 Aug 2022 10:03:22.552 # Redis version=7.0.4, bits=64,
commit=00000000, modified=0, pid=1, just started
master_1 | 1:C 29 Aug 2022 10:03:22.552 # Configuration loaded
master_1 | 1:M 29 Aug 2022 10:03:22.553 * monotonic clock: POSIX clock_gettime
master_1 | 1:M 29 Aug 2022 10:03:22.554 * Running mode=standalone, port=6379.
master_1 | 1:M 29 Aug 2022 10:03:22.554 # Server initialized
master_1 | 1:M 29 Aug 2022 10:03:22.554 # WARNING overcommit_memory is set to 0!
Background save may fail under low memory condition. To fix this issue add
'vm.overcommit_memory = 1' to /etc/sysctl.conf and then reboot or run the
command 'sysctl vm.overcommit_memory=1' for this to take effect.
master_1 | 1:M 29 Aug 2022 10:03:22.555 * Loading RDB produced by version 7.0.4
master_1 | 1:M 29 Aug 2022 10:03:22.555 * RDB age 351 seconds
master_1 | 1:M 29 Aug 2022 10:03:22.555 * RDB memory usage when created 0.98 Mb
master_1 | 1:M 29 Aug 2022 10:03:22.556 * Done loading RDB, keys loaded: 0,
keys expired: 0.
master_1 | 1:M 29 Aug 2022 10:03:22.556 * DB loaded from disk: 0.000 seconds
master_1 | 1:M 29 Aug 2022 10:03:22.556 * Ready to accept connections
```

승격된 레플리카(새로운 마스터)를 다시 이전 마스터의 레플리카로 변경합니다. 마스터의 IP 주소는 이전 마스터에서 실행한 INFO Replication 명령어를 통해 표시된 레플리카의 IP 주소로 지정합니다.

```
127.0.0.1:6379> REPLICAOF 172.18.0.2 6379
OK
```

이전 마스터 로그에서 동기화가 시도된 것을 확인할 수 있습니다.

```
master_1 | 1:S 29 Aug 2022 10:06:40.740 * Before turning into a replica, using my own master
parameters to synthesize a cached master: I may be able to synchronize with the new master
with just a partial transfer.
master_1 | 1:S 29 Aug 2022 10:06:40.740 * Connecting to MASTER 172.18.0.2:6379
master_1 | 1:S 29 Aug 2022 10:06:40.741 * MASTER <-> REPLICA sync started
master_1 | 1:S 29 Aug 2022 10:06:40.741 * REPLICAOF 172.18.0.2:6379 enabled (user request
from
'id=3 addr=127.0.0.1:52814 laddr=127.0.0.1:6379 fd=8 name= age=108 idle=0 flags=N db=0
sub=0 psub =0 ssub=0 multi=-1 qbuf=46 qbuf-free=20428 argv-mem=23 multi-mem=0 rbs=1024
rbp=5 obl=0 oll=0 omem=0 tot-mem=22319 events=r cmd=replicaof user=default redir=-1
resp=2')
master_1 | 1:S 29 Aug 2022 10:06:40.741 * Non blocking connect for SYNC fired the event.
master_1 | 1:S 29 Aug 2022 10:06:40.741 * Master replied to PING, replication can continue...
master_1 | 1:S 29 Aug 2022 10:06:40.742 * Trying a partial resynchronization (request
6a58399b
a3cbbd9061f804961cf93365e666e73b:4826).
master_1 | 1:S 29 Aug 2022 10:06:45.108 * Full resync from master: edd585112528e851d2dc8eeba92
12e844d083d65:4867
master_1 | 1:S 29 Aug 2022 10:06:45.109 * MASTER <-> REPLICA sync: receiving streamed RDB
from
master with EOF to disk
master_1 | 1:S 29 Aug 2022 10:06:45.110 * Discarding previously cached master state.
master_1 | 1:S 29 Aug 2022 10:06:45.110 * MASTER <-> REPLICA sync: Flushing old data
master_1 | 1:S 29 Aug 2022 10:06:45.110 * MASTER <-> REPLICA sync: Loading DB in memory
master_1 | 1:S 29 Aug 2022 10:06:45.116 * Loading RDB produced by version 7.0.4
master_1 | 1:S 29 Aug 2022 10:06:45.116 * RDB age 0 seconds
master_1 | 1:S 29 Aug 2022 10:06:45.116 * RDB memory usage when created 0.99 Mb
master_1 | 1:S 29 Aug 2022 10:06:45.116 * Done loading RDB, keys loaded: 0, keys expired: 0.
master_1 | 1:S 29 Aug 2022 10:06:45.116 * MASTER <-> REPLICA sync: Finished with success
```

이전 레플리카의 로그에서는 새로운 레플리카로부터의 동기화 요청이 있고 동기화가 시작되고 있음을 확인할 수 있습니다.

```
replica_1 | 1:M 29 Aug 2022 10:06:40.742 * Replica 172.18.0.3:6379 asks for synchronization
replica_1 | 1:M 29 Aug 2022 10:06:40.742 * Partial resynchronization not accepted:
Replication
ID mismatch (Replica asked for '6a58399ba3cbbd9061f804961cf93365e666e73b', my replication
IDs are 'edd585112528e851d2dc8eeba9212e844d083d65' and '7b283cb7b4d4223d1b60fa0e9da8249229ced
45a')
replica_1 | 1:M 29 Aug 2022 10:06:40.742 * Delay next BGSAVE for diskless SYNC
replica_1 | 1:M 29 Aug 2022 10:06:45.108 * Starting BGSAVE for SYNC with target:
replicas sockets
replica_1 | 1:M 29 Aug 2022 10:06:45.108 * Background RDB transfer started by pid 26
replica_1 | 26:C 29 Aug 2022 10:06:45.110 * Fork CoW for RDB: current 0 MB, peak 0 MB,
average 0 MB
replica_1 | 1:M 29 Aug 2022 # Diskless rdb transfer, done reading from pipe, 1
replicas still up.
replica_1 | 1:M 29 Aug 2022 10:06:45.116 * Background RDB transfer terminated with success
replica_1 | 1:M 29 Aug 2022 10:06:45.116 * Streamed RDB transfer with replica 172.18.0.3:6379
succeeded (socket). Waiting for REPLCONF ACK from slave to enable streaming
replica_1 | 1:M 29 Aug 2022 10:06:45.116 * Synchronization with replica 172.18.0.3:6379
succeeded
```

작업을 완료한 후에는 필요한 경우 도커 컨테이너의 프로세스를 종료합니다.

```
$ docker-compose down
```

COLUMN 레디스 센티널

레디스 센티널[Redis Sentinel]은 모니터링, 알림, 자동 페일오버 등 레디스에 고가용성을 제공합니다. 현재는 버전 2 사용을 권장합니다.[29]

레디스 센티널은 하나의 마스터와 하나 이상의 레플리카로 구성된 레디스 서버와 적어도 세 개의 캐시 노드에서 작동하는 센티널로 구성됩니다. 이 센티널은 마스터나 레플리카와 동일

---

29 https://redis.io/docs/latest/operate/oss_and_stack/management/sentinel/

한 노드 또는 다른 캐시 노드에서 운영할 수 있습니다. 센티널의 특징 중 하나는 여러 센티널 캐시 노드가 특정 노드를 사용할 수 없다고 확인되면 장애로 감지한다는 점입니다. 이와 같은 메커니즘은 한 노드의 잘못된 판단으로 인한 오류를 줄이기 위한 방식이지만 그렇다고 해서 모든 노드가 장애를 감지하는 데 동의해야 하는 것은 아닙니다. 장애 관련 판단은 '단일 노드의 판단'과 '모든 노드의 합의'라는 두 가지 관점의 균형을 통해 자동 페일오버가 이루어집니다.

센티널은 다운 상태를 SDOWN^{Subjectively Down Condition}과 ODOWN^{Objectively Down Condition}의 두 가지 개념으로 구분합니다. 먼저 하나의 센티널 노드가 장애를 감지하면 SDOWN 상태가 되지만 주관적으로 장애를 감지한 상태이기 때문에 다른 노드들과 정보를 교환한 후, 일정 개수 이상의 노드들이 SDOWN 상태라면 객관적으로 장애가 발생했다고 볼 수 있어서 ODOWN 상태가 되어 페일오버가 실행된다는 의미입니다. 이 시점에서는 아직 페일오버가 실행되지 않습니다. 그 후 다른 센티널 노드들이 정보를 교환하고, 일정 개수 이상 노드가 SDOWN 상태를 확인하면 ODOWN 상태가 되어 페일오버가 실행됩니다. 이때 'Quorum'이라는 개념이 사용됩니다. Quorom은 페일오버 처리를 위해 마스터 서버가 연결되지 않았다고 판단하는 데 필요한 센티널 노드의 최소 개수를 의미합니다.

페일오버가 실행되면, 센티널 외의 다른 캐시 노드에게 새 마스터로 REPLICAOF NO ONE 명령어를 보내고 페일오버를 실행한 센티널 노드가 새로운 구성 정보를 브로드캐스트합니다. 또한 클라이언트에게 업데이트 사항을 전달하기 위해서는 클라이언트도 레디스 센티널 기능을 지원해야 합니다.

마지막으로 관리형 서비스를 사용하는 경우 레디스의 레플리케이션 기능과 함께 별도로 레디스 센티널 없이 모니터링, 알림, 자동 페일오버 기능이 제공될 수 있습니다. 레디스 클러스터 기능도 제공될 수 있으므로 중복성 및 고가용성 전략을 선택할 때는 사용하는 서비스의 기능도 확인해야 합니다.

08

레디스 클러스터

이 장에서는 레디스 클러스터의 개념과 동작 원리를 자세히
다루며, 더욱 안정적인 레디스 운영에 대해 알아봅니다. 레
디스 클러스터의 개요와 장점, 동작 원리를 배워봅니다. 그
중 특히 장애 탐지 기능에 대해 자세히 살펴봅니다.

이 장에서는 레디스 클러스터의 개념과 동작 원리를 자세히 다뤄봅니다. 레플리케이션과 마찬가지로 레디스 클러스터의 원리를 이해한다면 더욱 안정적으로 레디스를 운영할 수 있습니다. 먼저 레디스 클러스터의 개요와 장점, 동작 원리를 배우고 레디스 클러스터의 핵심 기능 중 하나인 장애 탐지 기능에 대해서 알아봅니다.

레디스 클러스터는 다소 복잡한 개념인 만큼 어려운 키워드들이 등장하기 때문에 쉬운 이해를 위해 별도로 설명하는 내용을 준비했습니다. 또한 레디스 클러스터에서 사용할 수 있는 명령어와 기능을 배우고, 레디스 클러스터 도입 방법까지 설명합니다.

8.1 레디스 클러스터 기능 개요

레디스 클러스터는 여러 캐시 노드를 연결하여, 일부 장애가 발생해도 시스템을 계속 운영할 수 있도록 페일오버 기능을 지원합니다. [01] [02] [03] 또한 샤딩sharding[04]을 통해 레디스 서버가 실행 중일 때 노드 사이에 키를 옮길 수 있습니다. 레디스 클러스터는 페일오버와 샤딩을 통해 높은 가용성을 보장하며, 쓰기 및 읽기 작업의 확장성을 높일 수 있습니다.

8.1.1 레디스 클러스터의 장점

레플리케이션을 사용할 때는 마스터의 레플리카 수를 늘려서 읽기 작업의 확장성을 높일 수 있었지만, 쓰기 작업은 기본적으로 마스터에서만 수행되기 때문에 레플리카 수를 늘리는 방식으로는 확장성을 높이기 어렵습니다. 이를 해결하기 위한 방법으로 레디스 클러스터는 샤딩을 제공합니다.

---

01 https://redis.io/docs/latest/operate/oss_and_stack/management/scaling/
02 https://redis.io/docs/reference/cluster-spec/
03 8.1.2절에 관련 내용을 설명한 이미지가 있으니 참고하기 바랍니다.
04 샤딩은 일반적으로 데이터베이스의 부하 분산 방법 중 하나로, 큰 데이터베이스를 작은 데이터베이스로 분할하여 관리함으로써 확장성을 높이는 기술입니다. 샤딩은 하나 이상의 샤드(Shard)로 구성되며, 각 샤드는 데이터베이스를 분할하는 파티션의 단위입니다. 데이터는 특정 방법을 사용하여 파티션을 결정하고, 그에 따라 저장 위치를 정합니다.

각 샤드는 한 개의 마스터와 0개 이상의 레플리카로 구성되며, 여러 샤드를 설정하여 샤드의 수만큼 배치할 수 있습니다. 또한 데이터베이스 내의 데이터를 슬롯에 할당한 후 샤드들이 담당할 슬롯을 결정하여 어느 샤드에 데이터를 저장할지 결정합니다. 만약 레디스 클러스터에서 읽기 작업의 확장성을 높이고자 한다면, READONLY 명령어를 실행하여 레플리카에서 읽기 쿼리를 실행하도록 할 수 있습니다.

레디스 클러스터는 클라이언트의 요청에 대해 클러스터 내 각 노드로 요청을 분배하는 과정에서 프록시를 사용하지 않으므로 프록시로 인한 오버헤드Overhead가 없습니다. 만약 데이터를 갖고 있지 않은 노드에 요청이 들어올 경우, 레디스 클러스터는 클라이언트에게 데이터를 가진 마스터 노드의 정보를 제공하고, 해당 노드로 요청을 리다이렉트합니다. 이 과정에서 얻은 정보를 클라이언트가 저장하고 있다면, 다음 요청부터는 리다이렉트에 의한 오버헤드도 없앨 수 있습니다.

레디스 클러스터에는 총 16,384개의 해시 슬롯이 있으며, 이 슬롯은 [그림 8-1]과 같이 각 샤드에 할당됩니다. 데이터를 저장할 해시 슬롯을 선택하기 위해서 키 값의 해시 결과를 사용합니다.

그림 8-1 해시 슬롯 결정 과정

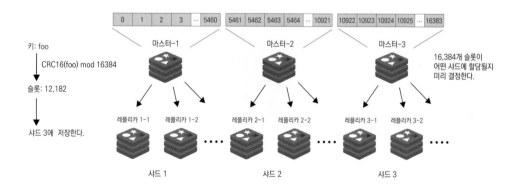

레디스는 비동기 레플리케이션을 기반으로, 일정 수준의 가용성과 일관성을 달성할 수 있도록 설계되었습니다. 하지만 이 설계 목표는 CAP 정리[05]에 따른 분산 시스템의 이론적 제한을 충족하기 위한 것은 아닙니다. 레디스 개발자인 안티레즈에 따르면, 레디스는 분산 데이터베이스보다는 일관성과 가용성이 제한되지만, 실제 세계의 특성을 고려하여 기능을 구현할 수 있다고 말합니다.[06] 일관성 모델에는 최종 일관성Eventual Consistency[07]을 채택하고 있습니다.

8.1.2 레디스 클러스터가 사용하는 두 개의 TCP 포트

레디스 클러스터를 연결하기 위해서는 두 개의 TCP 포트를 사용합니다. 첫 번째 포트는 클라이언트로부터의 TCP 연결을 받는 포트로, 기본값은 6,379번입니다. 두 번째 포트는 클러스터 내부 통신을 위한 포트로, 기본값에 +10,000을 더한 값(예 6,379번이면 +10,000하여 16,379번 포트)을 사용합니다. 이 두 번째 포트를 '클러스터 버스 포트'라고 합니다.

그림 8-2 레디스 클러스터와 동작하는 포트

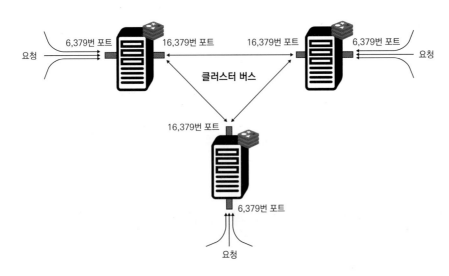

05 역자주_CAP 정리는 분산 시스템의 특징을 설명하는 세 가지 속성인 일관성(Consistency), 가용성(Availability), 네트워크 분할 허용성(Partition Tolerance) 중에 한 시스템이 최대 두 가지 속성만을 동시에 만족시킬 수 있다는 이론을 의미합니다.

06 http://antirez.com/news/79

07 역자주_최종 일관성은 모든 클라이언트가 동일한 요청을 하면 동일한 결과를 얻는다는 것을 의미합니다. 즉, 시스템이 어떤 시점에서든 일관된 상태를 제공해야 한다는 의미입니다.

NAT나 포트 포워딩을 사용하는 도커와 같은 컨테이너 환경에서는 마스터에서 보이는 레플리카의 IP 주소나 포트 번호가 달라질 수 있습니다. 따라서 클러스터 내 다른 캐시 노드에 자신의 캐시 노드 IP 주소와 클러스터 버스 포트 번호를 임의의 값으로 설정할 수 있도록 되어 있습니다.[08]

레디스 클러스터 내에서 노드 간에 통신할 때는 클러스터 버스 포트를 사용합니다. 이 포트를 사용하는 통신 채널을 클러스터 버스라고 부르며, 각 노드는 클러스터 버스를 통해 다른 모든 노드와 연결됩니다. 통신에는 이진 프로토콜이 사용됩니다. 노드는 완전 메시^{Full Mesh} 구조로 구성되며, 노드 간에는 구성 정보, 상태와 같은 정보들을 교환합니다.

그림 8-3 노드 간 완전 메시 구조

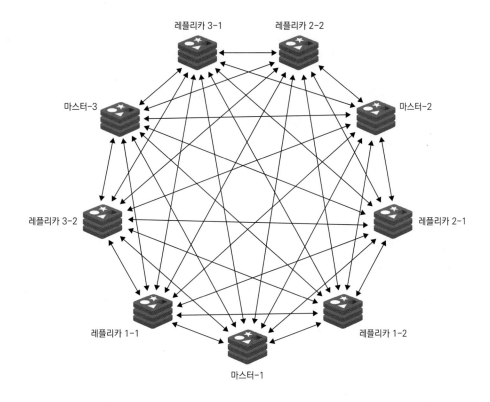

---

08 레디스 4.0 이후부터 지원합니다.

또한 페일오버 인증, 설정 업데이트 등에 사용되는 하트비트 패킷 교환도 이뤄집니다. 이와 같은 통신 방식은 가십^{Gossip} 프로토콜[09]을 통해 이뤄지는데,[10] 이 프로토콜은 클러스터의 노드 수가 증가해도, 노드 간 메시지 수가 지수적으로 증가하지 않도록 고안되었습니다. 내부적으로는 클러스터 내의 노드 간에 설정 정보를 서로 공유하고 인지하기 위해 'Raft'라는 분산 합의 알고리즘을 기반으로 시스템이 구현되어 있습니다(11.1.6절 참조).[11]

8.1.3 동작 메커니즘

레디스 클러스터에서 클라이언트의 요청을 처리하는 과정의 흐름을 알아봅니다. 레디스 클러스터를 효과적으로 운영하고 문제를 해결하기 위해서는 실제로 어떤 흐름으로 요청이 처리되는지 이해하는 것이 좋습니다.

레디스 클러스터에서 클라이언트의 요청 처리는 다음과 같은 흐름으로 진행됩니다.

1. **클라이언트가 클러스터를 구성하는 캐시 노드 중 하나의 IP 주소에 접속합니다.**
2. **접근 노드의 레플리카 마스터인 경우 다음과 같은 내용에 따라 조건 분기합니다.**
   - 접근 노드가 레플리카인 경우
     - 읽기 쿼리: 클라이언트 설정에 따라 READONLY 명령어 실행 여부에 따라 동작합니다.
       - READONLY 명령어가 실행되었고, 해당 키가 노드의 슬롯 범위 내에 있는 경우
         - ① 요청된 캐시 노드에서 요청을 처리합니다.
       - 그 외 경우
         - ① 레디스 서버가 MOVED 리다이렉트를 클라이언트에 응답합니다.
         - ② 클라이언트가 MOVED 리다이렉트를 받고 로컬 슬롯 매핑을 업데이트합니다.
         - ③ 클라이언트가 해당 키의 슬롯을 가진 샤드의 마스터에 접근합니다.
     - 쓰기 쿼리
       - ① 레디스 서버가 MOVED 리다이렉트를 클라이언트에 응답합니다.

....

09 역자주_가십 프로토콜은 클러스터 내 노드들이 서로의 상태를 효과적으로 교환하고 업데이트하기 위해 사용되는 통신 메커니즘입니다.
10 가십 프로토콜 외에도 카산드라 같은 P2P 형태의 NoSQL에도 사용됩니다.
11 안티레즈는 슬롯을 설정하기 위해서는 완전한 Raft가 필요하다고 밝혔습니다.
　　https://www.slideshare.net/NoSQLmatters/no-sql-matters-bcn-2014

② 클라이언트가 MOVED 리다이렉트를 받고 로컬 슬롯 매핑을 업데이트합니다.

③ 클라이언트가 해당 키의 슬롯을 가진 샤드의 마스터에 접근합니다.

- 접속 노드가 마스터인 경우

  □ 키가 해당 캐시 노드의 슬롯 범위 내인 경우

    ① 요청된 마스터에서 처리합니다.

  □ 키가 해당 캐시 노드의 슬롯 범위 밖인 경우

    ① 레디스 서버가 MOVED 리다이렉트를 클라이언트에 응답합니다.

    ② 클라이언트가 MOVED 리다이렉트를 받고 로컬 슬롯 매핑을 업데이트합니다.

    ③ 클라이언트가 해당 키의 슬롯을 가진 샤드의 마스터에 접근합니다.

그림 8-4 레디스 클러스터에 접근한 경우의 동작 흐름

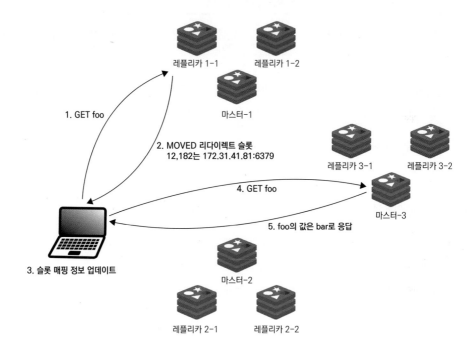

제일 먼저 클라이언트는 클러스터 내 특정 캐시 노드에 접근하는데, 이 캐시 노드는 클라이언트의 환경에 따라 달라질 수 있습니다. 예를 들어, 클러스터를 구성하는 여러 캐시 노드의 IP 주소를 A 레코드라는 하나의 엔드포인트로 등록했다고 가정합니다. IP 주소의 순서는 클

라이언트가 사용하는 DNS 리졸버^{Resolver}의 이름을 어떻게 해석하느냐에 따라 달라질 수 있으며, 이 결과에 따라 접근할 노드가 결정됩니다.

레디스 클러스터는 클러스트 내 노드들에게 분산할 때 클라이언트 요청에 프록시를 사용하지 않기 때문에 이에 따른 오버헤드가 발생하지 않습니다. 만약 클라이언트가 요청한 데이터가 현재 노드에 없으면, 레디스 클러스터는 해당 데이터를 가진 마스터 정보를 클라이언트에 알려주고, 클라이언트는 해당 마스터로 리다이렉트됩니다. 만약 사용하는 클라이언트가 레디스 클러스터를 지원한다면, 이 마스터 정보를 캐시해두기 때문에 다음 번 요청할 때 바로 접근할 수 있으며, 지연 시간도 단일 노드만 사용하는 수준으로 줄일 수 있습니다.

COLUMN 접근 노드에 편향이 발생하는 경우

레디스 클러스터를 사용하다 보면 가끔 의도치 않게 접근 노드에 편향이 발생하는 경우가 있습니다.

이때 레디스 클러스터는 8.1.3절에서 설명한 것처럼 동작합니다. 만약 접근하는 노드가 마스터이면서 편향이 발생하는 경우라면 다음 내용을 확인하기 바랍니다.

- READONLY 명령어를 사용하여 읽기 쿼리를 레플리카로 분산시키고 있는지 여부(클라이언트 설정 확인 필요)

마스터로만 편향된 것이 아니라면, 다음과 같은 추가 사항을 고려해야 합니다.

- DNS 리졸버에 의존하는 노드 IP 주소 선택 방식 검토
- DNS 캐시
- 슬롯 배치 편향 및 특정 슬롯에 저장되는 아이템 크기의 편향
- 해시 태그 사용 여부

클라우드를 사용하는 도중에 엔드포인트가 제공되는 경우도 있으므로 다음 내용도 확인해야 합니다.

- 엔드포인트가 적절하게 사용되고 있는지 여부

또한 엔드포인트의 부적절한 사용으로 인해 의도치 않은 편향이 발생할 수도 있습니다. 예를 들어, ElastiCache에서는 레디스 클러스터(클러스터 모드 활성화) 관련 설정 엔드포인트가 제공됩니다. 사용 중인 서비스의 문서를 확인하기 바랍니다.

8.2 레디스 클러스터 장애 탐지

레디스 클러스터를 사용하다 보면 특정 샤드의 마스터 노드에 장애나 문제가 발생하는 상황이 있습니다. 예를 들어, 시스템 내 마스터 노드 중 과반수가 응답하지 않는 상황이 발생할 수 있습니다. 이런 경우 레디스 클러스터는 문제가 발생한 마스터가 속한 샤드 내의 레플리카를 마스터로 승격시키도록 동작합니다. 장애 탐지 기능은 이 동작의 수행 시점을 결정합니다.

8.2.1 장애 탐지 메커니즘

레디스 클러스터의 각 캐시 노드의 상태는 PFAIL, FAIL 두 가지로 나타낼 수 있습니다. 레디스 클러스터는 가십 프로토콜을 사용하여 주기적으로 핑을 보내게 되는데 이때 포함된 내용에는 다른 노드에 다른 노드의 상태 정보를 담고 있는 가십 부문^{Gossip Section}이 있습니다. 클러스터 내의 노드들은 신뢰할 수 있는 노드에서 다른 노드의 상태 정보를 공유하는 형태로 노드 간의 상태를 파악합니다.[12]

- **PFAIL**
  - Possible Failure의 약자입니다.
  - 특정 노드가 다른 노드에 핑을 보내고, `cluster-node-timeout` 이내에 응답이 오지 않을 때, 해당 노드는 로컬 정보에서 핑 대상 노드를 PFAIL로 표시합니다.
  - `cluster-node-timeout` / 2만큼 시간이 지나도 핑의 응답이 오지 않으면 연결을 다시 시도합니다.
  - 마스터 노드가 PFAIL 상태일 때는 페일오버를 실행할 수 없습니다.

---

12 Raft에서는 기간이라는 개념이 있지만, 레디스 클러스터에서는 에포크(epoch)라는 용어를 사용합니다.

- **FAIL**
  - FAIL 상태가 되어야 마스터의 페일오버를 실행할 수 있습니다.
  - PFAIL에서 다음 조건에 따라 FAIL 상태로 변합니다.
    - 과반수의 마스터 노드가 대상 노드를 PFAIL 혹은 FAIL 상태로 판단하는 경우, 해당 노드는 FAIL 상태가 됩니다.
    - 판단에 걸리는 시간은 `cluster-node-timeout` * `cluster-replica-validity-factor`로 계산합니다.

`cluster-replica-validity-factor` 지시자의 값이 0으로 설정되어 있으면, 마스터-레플리카의 연결이 끊어진 시간과 관계없이 페일오버가 실행됩니다.

레디스 클러스터의 페일오버는 마스터 노드의 과반수가 정상 동작하고 있는 것을 전제로 하기 때문에 일부 노드가 사용 불가능하더라도 복구됩니다. 하지만 클러스터 내 대부분의 노드가 사용 불가능한 상태라면 복구되지 않습니다. 오픈소스 버전의 클러스터는 소규모의 부분적인 장애 복구를 목표로 하기 때문에 범위가 넓은 장애인 경우에는 적합하지 않습니다. 단, 관리형 서비스를 사용하는 경우에는 서비스에 따라 복구가 가능할 수도 있습니다.

이러한 동작 방식 때문에 레디스 클러스터는 네트워크 장애로 연결이 끊어지면 데이터가 손실될 위험이 있습니다. 이해를 돕기 위해 한 샤드가 마스터와 레플리카로 구성되어 있고, 장애가 발생한 동안 샤드 내에서 마스터가 두 개로 나뉜 상황을 가정합니다. 장애 복구 과정에서 각 마스터에 저장된 데이터를 병합할 때는 last failover wins 방식을 사용하여 마스터를 포함하는 레플리카가 새로운 마스터로 승격되며 승격되지 않은 다른 마스터의 기록은 손실됩니다.

또한 샤드 내에서 마스터와 레플리카 간의 레플리케이션은 비동기적으로 이루어집니다. 따라서 마스터에 데이터를 저장한 후 클라이언트에 응답을 반환하여 레플리카에 데이터가 기록되는 일련의 과정 중에 마스터에 장애가 발생하면, 레플리카에 기록되지 않은 데이터는 손실될 수 있습니다. 레디스 클러스터를 사용하지 않을 때의 레플리케이션에서도 마찬가지입니다(7.2.2절 참조).

8.2.2 레플리카 선출

마스터가 정상적으로 동작하지 않으면 레플리카는 자동적으로 새로운 마스터로 페일오버를 실행합니다.

다음 조건들을 만족하는 레플리카가 마스터 후보가 되며 선출 프로세스가 시작됩니다.

1. 레플리카 마스터가 FAIL 상태여야 합니다.
2. 마스터가 하나 이상인 슬롯을 관리합니다.
3. 레플리카가 일정 시간 이상 마스터와 연결이 끊긴 상태여야 합니다.

레디스 클러스터에서 레플리카를 새로운 마스터로 선출하는 과정은 다음과 같습니다.

1. 마스터가 FAIL 상태임을 감지한 레플리카는 일정 시간(DELAY 밀리 초) 동안 대기한 후, 클러스터 내의 각 마스터에게 FAILOVER_AUTH_REQUEST(인증 요청) 패킷을 브로드캐스트합니다.

이때 cluster-node-timeout * 2의 시간만큼 대기합니다.

2. 각 마스터는 해당 패킷을 받으면 FAILOVER_AUTH_ACK(투표)로 응답합니다.

이후 cluster-node-timeout * 2의 시간 동안 다른 레플리카로부터의 패킷에는 응답하지 않습니다. 마스터는 각 에포크[13]마다 한 번만 투표할 수 있으며, 마스터가 가진 lastVoteEpoch 보다 오래된 currentEpoch의 투표는 반영하지 않습니다.

3. 레플리카는 currentEpoch 이하의 에포크 응답을 무시하고, 그렇지 않은 경우에는 반영합니다.

과반수의 마스터로부터 투표를 받으면, 해당 레플리카가 승격 대상으로 페일오버가 실행됩니다. 과반수에 도달하지 못하면 cluster-node-timeout * 2의 시간 동안 대기한 후, cluster-node-timeout * 4의 시간 후에 재투표를 진행합니다.

4. 새로운 마스터가 된 노드는 다른 마스터보다 더 크게 configEpoch를 증가시킵니다.

---

13 역자주_에포크는 분산 시스템에서 중요한 사건이나 변화가 일어날 때마다 증가하는 일종의 시간 척도나 버전 번호의 개념입니다. currentEpoch는 시스템의 현재 상태를 나타내는 번호로, 시스템에 중요한 변화(새로운 마스터 선출 등)가 생길 때마다 증가합니다. lastVoteEpoch는 노드가 마지막으로 투표를 진행한 에포크 번호를 의미하며, 각 노드는 특정 에포크에 한 번만 투표할 수 있습니다.

다음으로 레플리카 관점에서 설명합니다. 레플리카의 DELAY 시간은 마스터가 FAIL 상태임을 감지한 후, 500밀리 초 동안 기다린 후 각 마스터에게 투표 요청을 보냅니다.

DELAY = 500밀리 초 + 무작위 지연(0~500밀리 초) + REPLICA_RANK * 1000밀리 초

이 500밀리 초의 고정 대기 시간은 클러스터 내에서 마스터가 FAIL 상태임을 전파하기 위한 시간으로 이해하면 됩니다. DELAY에 포함된 무작위 지연 시간은 레플리카가 동시에 선출되는 것을 피하기 위해 일부러 시간을 조절하기 위한 값입니다. REPLICA_RANK는 레플리카 그룹 내에서 레플리케이션 진행 상황이 빠른 순서대로 번호를 매깁니다. 이 번호는 0부터 시작하여 차례대로 부여됩니다.

마스터 관점에서 레플리카로 투표하기 위해 다음과 같은 내용을 따라 동작합니다.

- 각 마스터는 lastVoteEpoch를 가지며, 인증 요청의 currentEpoch가 더 작으면 투표를 반영하지 않습니다. 마스터가 레플리카에 정상적으로 응답하면 lastVoteEpoch가 업데이트되고 디스크에 저장됩니다.
- 각 마스터는 레플리카의 마스터가 FAIL 상태로 판단될 경우에만 레플리카에 투표를 진행합니다.
- 인증 요청의 currentEpoch가 마스터의 currentEpoch보다 작은 경우는 반영하지 않으며, 마스터의 응답은 인증 요청과 동일한 currentEpoch입니다.

8.3 레디스 클러스터 키워드

이 절에서는 레디스 클러스터를 효과적으로 운영하기 위해 이해해야 할 주요 용어인 '슬롯', '해시태그', 그리고 '클러스터 버스'에 대해 자세히 알아봅니다.

8.3.1 슬롯

레디스 클러스터는 각 샤드마다 하나의 마스터와 0개 이상의 레플리카를 가지며, 총 16,384개의 슬롯이 각 샤드에 분배됩니다. 레디스 클러스터에 저장되는 키는 CRC16 해시 함수를

사용하여 해시값을 계산합니다. 그 값을 16384로 나눈 나머지를 구한 다음, 해당 값의 슬롯을 가진 샤드는 요청을 처리하게 됩니다.

이 과정은 다음과 같은 공식으로 표현할 수 있습니다.

$$HASH\_SLOT \ = \ CRC16(key) \ mod \ 16384$$

샤드의 데이터 분산은 키를 해싱한 결과를 슬롯에 할당하고, 슬롯을 다시 각 샤드에 할당하는 방식으로 진행됩니다. 이 과정은 슬롯의 개수를 기준으로 하며, 데이터 크기는 고려하지 않습니다. 따라서 특정 샤드에 데이터가 집중되는 경우, 슬롯 할당에 편향이 생기거나 특정 슬롯에 속하는 데이터 세트의 크기가 커질 수 있습니다.

슬롯의 구성은 CLUSTER SHARDS(7.0 이상), CLUSTER NODES, CLUSTER SLOTS(비추천)에서 확인할 수 있습니다.

8.3.2 해시태그

어떤 키에 값을 저장할 때는 해당 키 이름을 해싱하여 어느 슬롯에 데이터를 저장할지 결정한 후, 해당 슬롯을 가진 샤드에 데이터가 저장됩니다. 레디스 클러스터는 데이터의 일관성과 높은 성능을 제공하기 위해 MSET과 같이 여러 키를 동시에 조작하는 명령어나 이페머럴 스크립트를 실행할 때 모든 키가 동일한 슬롯에 있어야 합니다. 만약 다른 슬롯에 있는 키에 접근하려고 하면 CROSSSLOT 오류가 발생합니다.

```
$ redis-cli -c -h 172.29.0.4 --pass foobared
172.29.0.4:6379> SET key1 value1
-> Redirected to slot [9189] located at 172.29.0.7:6379
OK
172.29.0.7:6379> SET key2 value2
-> Redirected to slot [4998] located at 172.29.0.5:6379
OK
172.29.0.5:6379> SET key3 value3
OK
```

```
172.29.0.5:6379> MGET key1 key2 key3
(error) CROSSSLOT Keys in request don't hash to the same slot
```

레디스 7.0.3부터는 일관성을 보장하기 위한 방법으로, 동시에 여러 키를 조작할 때 키가 존재하지 않거나 혹은 리샤딩 중이어서 원본 노드와 목적지 노드의 데이터가 일시적으로 분리된 경우에 TRYAGAIN 오류를 반환합니다.

데이터를 저장할 때는 해시태그 기능을 사용하며, 키가 달라도 같은 슬롯에 접근할 수 있게 됩니다. 해시태그를 사용하기 위해서는 키 내의 공통 문자열을 { }로 감싸야 합니다. 예를 들어, user1000이라는 사용자 정보를 같은 슬롯에 저장하려면 {user1000}.following처럼 표현합니다. 단, 해시태그를 남용하면 슬롯 간 요청에서 편향이 발생할 수 있으므로 주의해서 사용해야 합니다.

또한 해시태그로 인식되려면 다음과 같은 조건을 충족해야 합니다. 만약 이 조건을 만족하는 대상이 여러 개 있을 경우에는 가장 먼저 조건을 만족하는 것이 대상이 됩니다.

- 키에 {을 포함해야 합니다.
- {의 오른쪽에 }을 포함해야 합니다.
- { } 사이에 하나 이상의 문자가 포함돼야 합니다.

예를 들어 {{foo}}bar라는 해시태그라면, {foo가 해시 대상이 됩니다.

8.3.3 클러스터 버스

레디스 클러스터 내의 각 노드는 클러스터 버스라고 하는 TCP 버스를 통해 이진 프로토콜과 완전 메시 구조로 서로 연결되어 있습니다(8.1.2절 참조). 클러스터 버스는 기본적으로 레디스의 대기 포트 번호에 10,000을 더한 포트를 사용합니다. 레디스 7.0부터는 클러스터 통신을 위해 대기하는 포트 번호를 cluster-port 지시자로 설정할 수 있습니다.[14]

---

14 기본적으로 값은 0으로 설정됩니다. 이는 기존 동작과 마찬가지로 명령을 수신하는 포트 번호에 +10,000을 더한 값으로 설정하는 것을 의미합니다.

도커와 같이 NAT나 포트 포워딩을 사용하는 컨테이너 환경에서는 마스터 노드가 레플리카의 IP 주소나 포트를 다르게 인식할 수 있습니다. 그렇기 때문에 레디스 클러스터는 클러스터 내의 다른 캐시 노드들에게 자신의 캐시 노드 IP와 클러스터 버스 포트 번호를 자유롭게 설정하는 기능을 제공합니다.[15]

클러스터 버스에서는 노드의 상태를 파악하기 위해 가십 프로토콜이 사용됩니다. 또한 Raft라는 분산 합의 알고리즘을 기반으로 각 노드의 설정 정보를 공유하고, 페일오버 기능이 제공됩니다.

각 노드는 상대 노드로 핑을 보내고 응답을 받아 해당 노드가 정상으로 작동 중인지 확인합니다. 단, 클러스터 내의 각 노드가 서로 연결되어 있어도 모든 노드 쌍에 핑을 주고 받는 완전 메시 방식을 사용하지는 않습니다.[16] 그 이유는 노드 수가 늘어날수록 보내야 하는 핑의 양이 급격히 늘어나 클러스터 성능이나 네트워크 대역폭에 영향을 미칠 수 있기 때문입니다.

일반적으로 각 노드는 다른 노드를 무작위로 선택하여 핑을 보내고 응답을 받습니다. 이 과정에서 각 노드가 보내는 전체 핑 패킷의 총량은 일정하도록 유지됩니다. 만약 cluster-node-timeout 설정 시간의 절반을 초과하는 동안 다음 조건 중 하나라도 만족하는 노드가 있을 경우, 해당하는 모든 노드에 핑을 보내도록 설정되어 있습니다.

- ping이 전송되지 않은 노드
- ping의 응답을 받지 못한 노드

가십 프로토콜과 설정 업데이트 기능을 통해 메시 구조와 노드 개수 증가에 따른 메시지 수의 급격한 증가를 방지하고 있습니다. 캐시 노드가 추가되면 메시지 개수는 선형적으로 증가하지만, 메시지 크기는 지수적으로 증가합니다.

클러스터에 속하지 않은 노드에서 온 핑 메시지라도 수신되면 응답을 반환하지만, 클러스터

---

15 레디스 4.0 이후부터 지원하는 기능입니다.

16 기본적으로 큰 문제는 없지만, 대규모 클러스터에서 캐시 노드의 수를 늘려갈 때 현재의 레디스 클러스터의 작동 방식으로는 성능이 선형적으로 향상되지 않는 경우가 있습니다. 성능에 영향을 미치는 요소는 여러 가지가 있지만 가십 프로토콜도 이에 해당됩니다. 서비스에 따라서 선형적으로 성능이 향상될 수 있도록 개선 방법이 고안되어 있습니다. 부록 A.2에서도 간단히 다루고 있는 내용으로, OSS의 레디스 클러스터에서는 버전 2로서 각종 개선이 앞으로 예정되어 있으며, 가십 프로토콜의 부하에 대해서도 다룰 예정입니다. https://github.com/redis/redis/issues/3929

외부 노드에서 오는 패킷은 폐기됩니다. 노드가 클러스터의 일부로 인식되는 과정은 다음과 같은 방법으로 이뤄집니다.

- **MEET 메시지**
    - CLUSTER MEET <ip> <port> 명령을 보내면, 해당 명령을 받은 노드는 대상 노드를 클러스터의 일부로 인식합니다.

- **가십 프로토콜**
    - 노드 A가 다른 노드 B에 대해 노드 B가 알지 못하는 클러스터 내 다른 노드 정보를 가지고 있을 때, 노드 A에서 노드 B로 보내는 가십 메시지를 통해 노드 B도 해당 노드를 인식하게 됩니다.

이 두 가지 메커니즘으로 인해 클러스터에 노드를 추가하더라도 모든 노드가 추가된 노드를 인식할 수 있습니다.

노드 사이의 슬롯 배치는 다음 두 종류의 메시지로 관리되며, 메시지를 통해 슬롯 구성이 업데이트됩니다.

- 하트비트 메시지
- UPDATE 메시지

하트비트^{Heartbeat} 메시지는 핑ping/퐁pong을 보낼 때 항상 슬롯 구성의 정보를 포함하여 전달합니다. 메시지에는 발신자의 configEpoch와 슬롯 구성 정보가 포함되어 있으며, 수신자가 발신자의 노드 정보가 오래되었다고 판단하면 UPDATE 메시지로 업데이트를 요청합니다. 예를 들어, 클러스터에서 제외된 노드를 다시 추가할 때 다른 노드에 핑을 보내는 경우, 정보가 오래되었다고 판단한 다른 노드는 UPDATE 메시지로 업데이트를 요청하게 되고, 추가된 노드의 정보는 설정 변경에 관한 알림을 통해 업데이트됩니다.

8.3.4 파티셔닝

파티셔닝은 여러 레디스 인스턴스 간에 데이터 세트를 분할하여 저장하는 작업입니다. 파티셔닝을 통해 여러 대의 컴퓨터 메모리의 총 용량을 활용하여 더 큰 데이터베이스를 사용할 수 있으며, 컴퓨터의 처리 능력과 네트워크 대역폭을 확장할 수 있습니다.

그림 8-5 파티셔닝 이미지

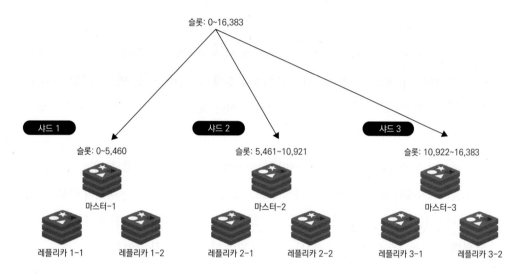

파티셔닝은 키를 분리하는 방식에 따라 레인지 파티셔닝^{Range Partitioning}과 해시 파티셔닝^{Hash}

Partitioning 등으로 구분할 수 있습니다. 레인지 파티셔닝은 단순하지만 레인지와 노드의 매핑 테이블이 별도로 필요하다는 단점이 있습니다. 반면에, 해시 파티셔닝은 매핑 테이블이 필요 없고, 키의 형식에 구애받지 않습니다.

파티셔닝의 실행 방법에는 다음과 같은 방법이 있습니다.

- 클라이언트 측 파티셔닝
- 프록시 기반 파티셔닝
- 쿼리 라우팅

클라이언트 측 파티셔닝은 어느 노드로 요청을 보낼지 클라이언트에서 결정하는 방식입니다. 다수의 레디스 클라이언트의 클러스터 기능을 사용할 때, 각 슬롯과 슬롯별 캐시 노드의 매핑 정보를 보관하는 방식으로 구현되어 있습니다.

프록시 기반 파티셔닝은 클라이언트에서 직접 노드로 요청을 보내는 대신 프록시가 클라이언트로부터의 요청을 받아 대상 노드로 라우팅합니다. 이 방식을 사용하는 대표적인 오픈소스 소프트웨어에는 twemproxy[17]가 있습니다. twemproxy는 레디스나 멤케시디의 ASCII 모드를 지원하는 데이터 샤딩을 수행할 수 있는 프록시입니다. 단, 사용할 수 있는 명령어에 제한이 있거나[18] [19] 노드 추가, 삭제 및 설정 변경 시 재시작이 필요하다는 점에 유의해야 합니다. 안티레즈가 레디스는 클러스터를 출시하기 전에 twemproxy는 여러 키 명령어와 트랜잭션을 지원하지 않기 때문에 반드시 사용해야 하는 것은 아니지만 사용해볼 가치는 충분히 있다고 언급했습니다.[20]

쿼리 라우팅은 클라이언트의 요청을 받았을 때 처음에는 무작위 노드로 보내고, 그 노드가 요청을 처리하기에 적합하지 않으면 대상 노드로 요청을 리다이렉트하는 형식의 라우팅입니다. 레디스 클러스터는 앞서 언급한 방법 중 클라이언트 측 파티셔닝과 쿼리 라우팅을 결합한 형태이며, 레디스 클러스터 프록시는 프록시 기반 파티셔닝을 사용합니다.

8.4 레디스 클러스터 지원 클라이언트

레디스 클러스터를 사용하려면 클라이언트에서도 레디스 클러스터 기능을 지원해야 합니다. 따라서 레디스 클러스터 기능을 사용하려면 각 언어의 클라이언트가 기능을 지원하는지, 어떻게 사용하는지를 공식 문서에서 확인해야 합니다.

한 가지 알아둬야 하는 점은 레디스 클러스터 지원 클라이언트는 MOVED 리다이렉트와 ASK 리다이렉트를 처리할 수 있어야 한다는 점입니다.[21]

---

17 https://github.com/twitter/twemproxy
18 https://github.com/twitter/twemproxy/blob/master/notes/redis.md
19 https://github.com/twitter/twemproxy/blob/master/notes/memcache.md
20 http://antirez.com/news/44
21 관리형 서비스로 제공되는 경우, 사용자가 ASK 리디렉션을 제어할 수 없기 때문에 사용하지 않는 경우도 있습니다.

8.4.1 MOVED 리다이렉트와 ASK 리다이렉트

레디스 클러스터는 여러 샤드로 구성되며, 이 중 한 샤드에 키가 저장됩니다. 키를 샤드에 할당하기 위해서는 먼저 총 16,384개의 슬롯을 각 샤드에 할당한 후, 키의 해시값을 계산하여 슬롯에 할당하는 과정을 통해 어떤 샤드에 데이터를 저장할지 결정하게 됩니다. 레디스 클라이언트는 기본적으로 모든 캐시 노드에 접근할 수 있지만, 만약 접근한 캐시 노드에서 명령어를 처리할 수 없으면 처리 가능한 샤드의 마스터로 리다이렉트하게 됩니다. 이것을 MOVED 리다이렉트라고 합니다. 다음 실행 예시는 MOVED 리다이렉트가 발생했을 때의 상황을 보여줍니다.

```
127.0.0.1:6379> GET foo
-> Redirected to slot [12182] located at 172.23.0.6:6379
"bar"
172.23.0.6:6379>
```

예시는 클라이언트가 127.0.0.1이라는 사설 IP 주소를 가진 캐시 노드에 접근한 상태입니다. 그리고 foo라는 키의 값을 가져오기 위해 GET 명령어를 실행했지만 해당 캐시 노드에서는 처리할 수 없어 172.23.0.6의 캐시 노드로 리다이렉트하도록 클라이언트에 지시합니다. 그 후, 클라이언트는 172.23.0.6의 캐시 노드에 접근하여 bar라는 값을 가져오는 데 성공했습니다. 이때, foo 키의 슬롯은 12,182번으로 계산된 것을 알 수 있습니다.

MOVED 리다이렉트와 ASK 리다이렉트의 차이를 간략히 정리하면, MOVED 리다이렉트는 이후 처리되는 모든 쿼리를 리다이렉트하지만, ASK 리다이렉트는 다음 쿼리만 리다이렉트합니다. 그렇기 때문에 ASK 리다이렉트는 주로 특정 슬롯을 다른 캐시 노드로 이동시키는 경우에 임시적으로 사용합니다.

8.4.2 레디스 클러스터 지원 클라이언트 동작

레디스 클러스터는 매핑 정보가 없거나 최신 정보가 아니더라도, 리다이렉트를 통해 동작하는 데 문제가 없습니다. 그러나 성능 향상을 위해 클라이언트에서 샤드별로 슬롯 매핑 정보를 유지하는 방법을 권장합니다. 레디스 클러스터는 프록시를 사용하지 않고, 직접 노드에 연결하여 단일 캐시 노드에 연결할 때와 동일한 성능을 낼 수 있도록 설계되었습니다.

슬롯 매핑 정보는 클라이언트가 시작할 때나 MOVED 리다이렉트가 발생했을 때 로컬 슬롯 맵이 업데이트되지만, ASK 리다이렉트의 경우 로컬 슬롯 맵은 업데이트되지 않습니다. CLUSTER NODES 명령어나 CLUSTER SHARDS 명령어(레디스 7.0 이전에는 CLUSTER SLOTS)를 통해 각 샤드의 슬롯 배치 정보를 얻을 수 있습니다. 단, 실제로 정보를 얻는 방법은 사용하는 클라이언트마다 다르기 때문에 확인이 필요합니다.

8.4.3 레디스 클러스터 지원 클라이언트 사용 방법

레디스 클러스터 지원 클라이언트 중 PhpRedis를 사용하는 경우 new Redis로 객체를 생성하는 대신 new RedisCluster로 객체를 생성합니다.[22] redis-cli로 레디스 클러스터를 이용하는 경우, -c 옵션을 추가하여 사용합니다. 이처럼 클라이언트마다 사용 방법이 다르기 때문에 사용하는 클라이언트의 문서를 참조해야 합니다.

레디스 클러스터에서 지원하지 않는 방식으로 레디스를 사용하는 경우에는 겉으로는 잘 동작하는 것처럼 보여서 오류가 발생하거나 예기치 않은 행동이 나타날 때까지 문제를 인식하지 못하는 경우가 종종 있습니다. 따라서 레디스 클러스터에 사용할 클라이언트가 클러스터를 지원하는지 확인해야 합니다.

또한 레디스 6 RC1이 출시되면서 동시에 레디스 클러스터 프록시도 발표되었습니다.[23][24] 레디스 클러스터는 클라이언트가 해당 기능을 지원해야 하기 때문에 여러 프로그래밍 언어를 사용하는 경우, 사용에 어려움을 겪을 수 있습니다. 그러나 프록시 기능을 사용하면 레디스 클러스터를 지원하지 않는 클라이언트에서도 레디스 클러스터를 추상화하여 하나의 인스턴

---

22 https://github.com/phpredis/phpredis/blob/develop/cluster.md
23 http://antirez.com/news/131
24 https://github.com/RedisLabs/redis-cluster-proxy

스처럼 처리할 수 있습니다. 또한 간단한 명령어라면 동시에 여러 명령어를 처리할 수도 있으며 MOVED 오류 확인 후 슬롯 배치의 업데이트나 서로 다른 슬롯을 대상으로 여러 키를 쿼리로 나눠 라우팅하는 기능 등을 지원합니다. 현재[25]는 깃허브에서 2020년 이후로 활동이 없으며, 사용 가능한 명령어에도 제한이 있으니 주의해야 합니다.[26]

최근에는 Envoy Redis라는 프록시도 등장했는데,[27] 이 프록시를 사용하면 twemproxy를 지원하지 않는 레디스 클러스터에서도 사용할 수 있습니다.[28] 프로그래밍 언어에 따라 클라이언트의 레디스 클러스터 지원이 미흡한 경우도 이런 프록시를 사용하여 지원하지 않는 클라이언트에서도 사용할 수 있으므로 알아두는 것이 좋습니다. 단, 성능 같은 요구사항을 충족하는지 사전에 테스트하기 바랍니다.

RedisRaft 모듈의 기능은 현재 개발 중입니다.[29] 레디스 클러스터와 비교하여, 읽기와 쓰기 데이터의 강력한 일관성을 실현합니다. 명령이 일부 제한되거나 성능이 저하될 수 있지만, 매력적인 모듈이 될 것입니다.

8.5 레디스 클러스터 관련 명령어

현재 사용하는 레디스 클러스터 관련 명령어는 다음과 같습니다.

표 8-1 레디스 클러스터 관련 명령어

명령어	설명
CLUSTER INFO	클러스터 상태를 확인한다.
CLUSTER NODES	클러스터에 참가하고 있는 노드 상태를 확인한다.

---

25 역자주_원서는 2022년 11월 기준이지만 번역 시점인 2024년 2월에도 별다른 활동이 없습니다.
26 https://github.com/RedisLabs/redis-cluster-proxy/blob/unstable/COMMANDS.md
27 https://www.envoyproxy.io/docs/envoy/latest/intro/arch_overview/other_protocols/redis
28 https://github.com/twitter/twemproxy/issues/271
29 https://github.com/RedisLabs/redisraft 역자주_번역 시점 기준으로 가장 최근 커밋은 2023년 7월이었습니다.

CLUSTER REPLICAS	(레디스 5.0.0 이후) 마스터와 연결 중인 레플리카 상태를 확인한다.
CLUSTER SLAVES	CLUSTER REPLICAS 명령어와 동일하다.
CLUSTER SHARDS	클러스터 각 샤드에 할당된 슬롯 범위, 샤드를 구성한 마스터, 레플리카 IP 주소 및 노드 ID 등 노드 정보를 확인한다.
CLUSTER SLOTS	레디스 7.0 이후 CLUSTER SHARDS 명령어로 대체한다(폐지 예정).
CLUSTER COUNTKEYSINSLOT	지정한 해시 슬롯 번호에 저장되어 있는 키 개수를 확인한다.
CLUSTER GETKEYSINSLOT	지정한 해시 슬롯 번호에 저장되어 있는 키를 확인한다.
CLUSTER KEYSLOT	지정한 키의 해시 슬롯 번호를 확인한다.
CLUSTER COUNT_FAILURE_REPORTS	FAIL 및 PFAIL 개수를 확인한다.
CLUSTER MYID	노드 ID를 확인한다.
READONLY	레플리카로 연결 시 읽기 쿼리를 실행한다. 동작 키 슬롯을 지닌 마스터로 리다이렉트를 처리하는 게 기본 이다.
READWRITE	기본 동작으로 키 슬롯을 가진 마스터로 리다이렉트를 처리한다. READONLY 명령어 실행 시 해제한다.
CLUSTER MEET	클러스터에 캐시 노드 참가를 요청한다.
CLUSTER FORGET	클러스터에서 캐시 노드를 제외한다.
CLUSTER REPLICATE	캐시 노드를 지정한 마스터 레플리카가 되도록 설정한다.
CLUSTER ADDSLOTS	마스터에 슬롯을 할당한다.
CLUSTER ADDSLOTSRANGE	마스터에 슬롯을 할당한다.
CLUSTER DELSLOTS	마스터에서 슬롯을 해제한다.
CLUSTER DELSLOTRANGE	마스터에서 슬롯을 해제한다.
CLUSTER FLUSHSLOTS	데이터베이스가 비었을 때 모든 슬롯 정보를 삭제한다.
CLUSTER SETSLOT	해시 슬롯 상태를 변경한다. 리샤딩에 사용한다.
CLUSTER FAILOVER [FORCE¦TAKEOVER]	페일오버 했을 때 레플리카를 마스터로 승격한다.
CLUSTER SET-CONFIG-EPOCH	currentEpoch를 지정한 값으로 설정한다.

CLUSTER BUMPEPOCH	값이 0 또는 클러스터 내 최대 에포크보다 작은 경우에 configEpoch 값을 증가시킨다.
CLUSTER RESET [HARD¦SOFT]	클러스터 정보를 초기화한다.
CLUSTER SAVECONFIG	nodes.conf에 클러스터의 노드 상태를 저장한다.
CLUSTER LINKS	클러스터 버스의 캐시 노드와 다른 노드의 연결 상태를 확인한다.
ASKING	클라이언트가 명령어 실행 타깃을 ASK 리다이렉트할 때 사용한다.

READONLY 명령어처럼 일부 명령어는 레디스 클라이언트의 옵션 기능으로 설정하여 실행할 수 있습니다. 샤드의 마스터에서 레플리케이션 처리는 비동기적으로 이뤄지기 때문에 레플리카에서 데이터를 읽어올 때는 데이터 지연이 발생할 수 있습니다. 읽기 쿼리를 확장하는 경우에는 이러한 점을 주의해야 합니다.

또한 사용자도 모르게 레디스 클라이언트에서 실행되고 있을 수도 있습니다. 관리형 서비스에선 자체적으로 관리되기 때문에 일부 명령어 사용이 제한될 수 있습니다.

8.6 레디스 클러스터 설치 방법

이번에는 직접 레디스 클러스터 설정하는 방법과 동작 방식을 확인합니다.

[그림 8-6]처럼 레디스 클러스터를 구축하기 위해 여섯 대의 인스턴스에 레디스 서버를 설치합니다. 각 인스턴스를 수동으로 설정하면 시간이 조금 걸리기 때문에 여기서는 도커를 사용합니다.

그림 8-6 레디스 클러스터 구성

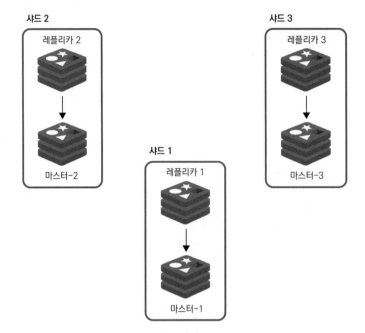

레디스 클러스터를 구축하기 위해 먼저 설정 파일을 편집합니다.

```
$ cp /etc/redis/redis.conf .
$ vi redis.conf
```

레디스 클러스터를 구성하기 위해 redis.conf 파일을 편집합니다. 여기서 설정한 내용은 모든 캐시 노드에 공통적으로 적용됩니다. 전반적인 설정 내용은 샘플 파일을 참조하세요.

1. cluster-enabled 지시자의 값을 yes로 변경합니다.
2. requirepass와 masterauth의 값을 설정합니다(여기서는 예시로 foobared를 사용합니다).[30]

또한 DEBUG 명령어를 사용하기 위해 다음 내용도 설정합니다.

- enable-debug-command를 yes로 설정합니다.

---

30 예시로 사용하는 패스워드이므로, 실제로는 더 추측하기 어려운 패스워드로 설정합니다.

이 책에서는 도커 환경에서 캐시 노드를 구축합니다. 도커 환경을 사용하지 않고 여러 대의 캐시 노드로 클러스터를 구성하는 경우라면 다음과 같은 추가 설정이 필요합니다.

- bind 지시자의 기본값을 127.0.0.1에서 IP 주소를 허용하도록 설정합니다.

```
$ sudo apt install docker docker-compose -y # 이미 설치했다면 넘어갑니다.
```

docker-compose.yaml 파일을 생성합니다.

```
$ vi docker-compose.yaml
```

코드 8-1 docker-compose.yaml

```
version: '3'

services:
  node:
    image: redis:latest
    ports:
      - 6379
    volumes:
      - $PWD/redis.conf:/usr/local/etc/redis/redis.conf
    command: redis-server /usr/local/etc/redis/redis.conf
    networks:
      - redis_network

networks:
  redis_network:
```

다음으로 여섯 개의 컨테이너를 실행합니다.

```
$ docker-compose up --scale node=6
```

여섯 개의 컨테이너가 실행되는 것을 다음과 같이 확인할 수 있습니다.

```
$ docker-compose ps
        Name           Command          State             Ports
-------------------------------------------------------------------------------
cluster_node_1   docker-entrypoint.sh redis ...   Up   0.0.0.0:49192->6379/tcp,:::49192->6379/tcp

cluster_node_2   docker-entrypoint.sh redis ...   Up   0.0.0.0:49191->6379/tcp,:::49191->6379/tcp

cluster_node_3   docker-entrypoint.sh redis ...   Up   0.0.0.0:49196->6379/tcp,:::49196->6379/tcp

cluster_node_4   docker-entrypoint.sh redis ...   Up   0.0.0.0:49194->6379/tcp,:::49194->6379/tcp

cluster_node_5   docker-entrypoint.sh redis ...   Up   0.0.0.0:49195->6379/tcp,:::49195->6379/tcp

cluster_node_6   docker-entrypoint.sh redis ...   Up   0.0.0.0:49193->6379/tcp,:::49193->6379/tcp
```

컨테이너 목록을 다음과 같이 가져온 후, 하나를 골라서 CONTAINER ID 명령어를 통해 컨테이너 ID를 기억해둡니다. 다음 예시에서는 f271b59575d4를 선택합니다.

```
$ docker container ps
CONTAINER ID    IMAGE          COMMAND              CREATED
    STATUS              PORTS   NAMES
f271b59575d4    edis:latest    "docker-entrypoint.s..."    About a minute ago
    Up About a minute    0.0.    0.0:49193->6379/tcp,  :::49193->6379/tcp  cluster_node_6
2b5a132d52cb    redis:latest   "docker-entrypoint.s..."    About a minute ago
    Up About a minute    0.0.    0.0:49195->6379/tcp,  :::49195->6379/tcp cluster_node_5
a3429ef41c4d    redis:latest "docker-entrypoint.s..."    About a minute ago
    Up About a minute    0.0.    0.0:49196->6379/tcp,  :::49196->6379/tcp cluster_node_3
ea158c36aa5a    redis:latest "docker-entrypoint.s..."    About a minute ago
    Up About a minute    0.0.    0.0:49191->6379/tcp,  :::49191->6379/tcp cluster_node_2
c400a38dd2e5    redis:latest "docker-entrypoint.s..."    About a minute ago
    Up About a minute    0.0.    0.0:49194->6379/tcp,  :::49194->6379/tcp cluster_node_4
1dba1f3f8c46    redis:latest "docker-entrypoint.s..."    About a minute ago
    Up About a minute    0.0.    0.0:49192->6379/tcp,  :::49192->6379/tcp cluster_node_1
```

다음과 같이 실행하여 컨테이너에 로그인합니다.

```
$ docker exec -it f271b59575d4 bash
root@f271b59575d4:/data#
```

다음은 redis-cli의 --cluster 옵션 기능을 사용하여 레디스 클러스터의 동작을 확인하는 내용입니다. redis-cli의 --cluster 옵션 기능을 사용하기 어려우면, 도움말 명령어를 활용해서 사용 가능한 명령어와 사용 방법을 확인할 수 있습니다.

```
$ redis-cli --cluster help
Cluster Manager Commands:
    create         host1:port1 ... hostN:portN
                   --cluster-replicas <arg>
    check          <host:port> or <host> <port> - separated by either colon or space
                   --cluster-search-multiple-owners
    info           <host:port> or <host> <port> - separated by either colon or space
    fix            <host:port> or <host> <port> - separated by either colon or space
                   --cluster-search-multiple-owners
                   --cluster-fix-with-unreachable-masters
    reshard        <host:port> or <host> <port> - separated by either colon or space
                   --cluster-from <arg>
                   --cluster-to <arg>
                   --cluster-slots <arg>
                   --cluster-yes
                   --cluster-timeout <arg>
                   --cluster-pipeline <arg>
                   --cluster-replace
    rebalance      <host:port> or <host> <port> - separated by either colon or space
                   --cluster-weight <node1=w1...nodeN=wN>
                   --cluster-use-empty-masters
                   --cluster-timeout <arg>
                   --cluster-simulate
                   --cluster-pipeline <arg>
                   --cluster-threshold <arg>
                   --cluster-replace
    add-node       new_host:new_port existing_host:existing_port
                   --cluster-slave
                   --cluster-master-id <arg>
    del-node        host:port node_id
```

```
call            host:port command arg arg .. arg
                --cluster-only-masters
                --cluster-only-replicas
set-timeout     host:port milliseconds
import          host:port
                --cluster-from <arg>
                --cluster-from-user <arg>
                --cluster-from-pass <arg>
                --cluster-from-askpass
                --cluster-copy
                --cluster-replace
backup          host:port backup_directory
help

For check, fix, reshard, del-node, set-timeout, info, rebalance, call, import, backup
you can specify the host and port of any working node in the cluster.

Cluster Manager Options:
    --cluster-yes Automatic yes to cluster commands prompts
```

redis-cli --cluster create 명령어를 실행하면 레디스 클러스터를 생성할 수 있습니다.
여기서는 --cluster-replicas 옵션의 값을 1로 설정하고 있습니다. 그 결과, 여섯 개 노드
중 앞의 세 개 노드가 각각 마스터가 되고, 뒤의 세 개 노드는 레플리카가 되는 것을 확인할
수 있습니다. 도커를 사용하지 않는 경우, 다음과 같이 실행합니다.

```
$ redis-cli --cluster create 172.20.0.3:6379 172.20.0.7:6379 \
  172.20.0.6:6379 172.20.0.5:6379 172.20.0.2:6379 172.20.0.4:6379 \
  --cluster-replicas 1
```

여기서는 도커 컴포즈를 사용하고 있으므로 컨테이너 밖에서 다음과 같이 실행[31]하여 캐시
노드의 IP 주소와 포트 번호 쌍 목록을 가져옵니다.

----

31 jq 명령어를 사용하기 위해 sudo apt install -y jq를 먼저 실행하여 설치합니다.

```
$ NODES=`docker network inspect cluster_redis_network | jq -r '.[0].Containers |
.[].IPv4Address' | sed -e 's/\/16/:6379 /g' | sed -e ':a' -e 'N' -e '$!ba' -e 's/\n//g'`
$ echo $NODES
172.20.0.3:6379 172.20.0.7:6379 172.20.0.6:6379 172.20.0.5:6379 172.20.0.2:6379
172.20.0.4:6379
```

다음과 같이 실행하여 클러스터를 생성합니다.

```
$ docker-compose exec node bash -c "redis-cli --cluster create ${NODES}
--cluster-replicas 1 --pass foobared"
Warning: Using a password with '-a' or '-u' option on the command line
interface may not be safe. >>> Performing hash slots allocation on 6 nodes...
Master[0] -> Slots 0 - 5460
Master[1] -> Slots 5461 - 10922
Master[2] -> Slots 10923 - 16383
Adding replica 172.20.0.2:6379 to 172.20.0.3:6379
Adding replica 172.20.0.4:6379 to 172.20.0.7:6379
Adding replica 172.20.0.5:6379 to 172.20.0.6:6379
M: d1913c6346d67e975db4f56ff1c750b69360620a 172.20.0.3:6379
   slots:[0-5460] (5461 slots) master
M: 7aaa86f25c5d838f02af91b97156384930e080e5 172.20.0.7:6379
   slots:[5461-10922] (5462 slots) master
M: 3a9319a0e416b563c984c1790d83a0bcc5dcad1a 172.20.0.6:6379
   slots:[10923-16383] (5461 slots) master
S: 5338e6c9f2c920a8eb03c6facf5c1ec8d1231c34 172.20.0.5:6379
   replicates 3a9319a0e416b563c984c1790d83a0bcc5dcad1a
S: 03d2ff934de3087db278da03b31e4a23934764fc 172.20.0.2:6379
   replicates d1913c6346d67e975db4f56ff1c750b69360620a
S: c9b7d51ceb224ee9be78acb0077feccbb7fb3ec1 172.20.0.4:6379
   replicates 7aaa86f25c5d838f02af91b97156384930e080e5
Can I set the above configuration? (type 'yes' to accept): yes
>>> Nodes configuration updated
>>> Assign a different config epoch to each node
>>> Sending CLUSTER MEET messages to join the cluster
Waiting for the cluster to join
```

```
>>> Performing Cluster Check (using node 172.20.0.3:6379)
M: d1913c6346d67e975db4f56ff1c750b69360620a 172.20.0.3:6379
   slots:[0-5460] (5461 slots) master
   1 additional replica(s)
S: c9b7d51ceb224ee9be78acb0077feccbb7fb3ec1 172.20.0.4:6379
   slots: (0 slots) slave
   replicates 7aaa86f25c5d838f02af91b97156384930e080e5
S: 03d2ff934de3087db278da03b31e4a23934764fc 172.20.0.2:6379
   slots: (0 slots) slave
   replicates d1913c6346d67e975db4f56ff1c750b69360620a
M: 3a9319a0e416b563c984c1790d83a0bcc5dcad1a 172.20.0.6:6379
   slots:[10923-16383] (5461 slots) master
   1 additional replica(s)
M: 7aaa86f25c5d838f02af91b97156384930e080e5 172.20.0.7:6379
   slots:[5461-10922] (5462 slots) master
   1 additional replica(s)
S: 5338e6c9f2c920a8eb03c6facf5c1ec8d1231c34 172.20.0.5:6379
   slots: (0 slots) slave
   replicates 3a9319a0e416b563c984c1790d83a0bcc5dcad1a
[OK] All nodes agree about slots configuration.
>>> Check for open slots...
>>> Check slots coverage...
[OK] All 16384 slots covered.
```

마스터의 로그를 살펴보면 다음과 같은 내용이 나타납니다. 레플리카의 동기화를 요청 받은 후, 부분 동기화는 실패하고 전체 동기화가 수행되는 것을 확인할 수 있습니다. 마스터에서 BGSAVE를 실행하여 디스크에 데이터를 저장한 다음, 동기화에 성공한 것을 확인할 수 있습니다.

```
node_3 | 1:M 29 Aug 2022 12:13:08.153 * Replica 172.20.0.5:6379 asks for synchronization
node_3 | 1:M 29 Aug 2022 12:13:08.153 * Partial resynchronization not accepted: Replication ID
mismatch (Replica asked for 'dd7f6ce13905fbb3e5c6a6e3af2c002ab4 0216e6', my replication IDs are
'0b6eb 955f6eb15579c89c6d2fa08a5aba5665486' and '0000000000000000000000000000000000000000')
```

```
node_3 | 1:M 29 Aug 2022 12:13:08.153 * Replication backlog created, my new replication IDs are
'499c5b048c4fe565098b83d9a208ed63a68ce23b' and '0000000000000000000000000000000000000000'
node_3 | 1:M 29 Aug 2022 12:13:08.153 * Delay next BGSAVE for diskless SYNC
node_3 | 1:M 29 Aug 2022 12:13:11.169 # Cluster state changed: ok
node_3 | 1:M 29 Aug 2022 12:13:13.576 * Starting BGSAVE for SYNC with target: replicas sockets
node_3 | 1:M 29 Aug 2022 12:13:13.577 * Background RDB transfer started by pid 20
node_3 | 20:C 29 Aug 2022 12:13:13.578 * Fork CoW for RDB: current 0 MB, peak 0 MB, average 0 MB
node_3 | 1:M 29 Aug 2022 12:13:13.578 # Diskless rdb transfer, done reading from pipe,
1 replicas still up.
node_3 | 1:M 29 Aug 2022 12:13:13.583 * Background RDB transfer terminated with success
node_3 | 1:M 29 Aug 2022 12:13:13.583 * Streamed RDB transfer with replica 172.20.0.5:6379
succeeded (socket). Waiting for REPLCONF ACK from slave to enable streaming
node_3 | 1:M 29 Aug 2022 12:13:13.583 * Synchronization with replica 172.20.0.5:6379 succeeded
```

redis-cli -cluster create 명령어는 클러스터의 구축 준비 확인 및 작업을 한꺼번에 처리하는 명령어입니다.[32]

- **CLUSTER ADDSLOTS 명령어**
  - 각 마스터에 접근하여 슬롯을 할당합니다.

- **CLUSTER MEET 명령어**
  - 하나의 노드에 접근하여 다른 노드를 인식시킵니다.

- **CLUSTER REPLICATE 명령어**
  - 각 레플리카에 접근하여 각각의 마스터를 인식시킵니다.

다음으로 CLUSTER NODES 명령어 내용에 대해 알아봅니다. 먼저 각 줄의 첫 번째 필드에 40자의 문자열이 여러 개 표시되는 부분은 노드 ID를 가리킵니다. 또한 slave라고 표시되는 열에 표시되는 40자의 문자열은 해당 열의 마스터의 노드 ID를 가리킵니다.

```
127.0.0.1:6379> CLUSTER NODES
3a9319a0e416b563c984c1790d83a0bcc5dcad1a 172.20.0.6:6379@16379
```

---

32 https://github.com/redis/redis/blob/7.0.4/src/redis-cli.c#L6108-L6401

```
master - 0 661775331032 3 connected 1 0923-16383

03d2ff934de3087db278da03b31e4a23934764fc 172.20.0.2:6379@16379

slave d1913c6346d67e975db4f56ff1c750b6 9360620a 0 1661775332035 1 connected

7aaa86f25c5d838f02af91b97156384930e080e5 172.20.0.7:6379@16379

master - 0 1661775330030 2 connected 5 461-10922

5338e6c9f2c920a8eb03c6facf5c1ec8d1231c34 172.20.0.5:6379@16379

slave 3a9319a0e416b563c984c1790d83a0 bcc5dcad1a 0 1661775331000 3 connected

d1913c6346d67e975db4f56ff1c750b69360620a 172.20.0.3:6379@16379

master - 0 1661775330000 1 connected 0 -5460

c9b7d51ceb224ee9be78acb0077feccbb7fb3ec1 172.20.0.4:6379@16379

myself,slave aaa86f25c5d838f02af91b97 156384930e080e5 0 1661775329000 2 connected
```

내용이 표시되는 양식은 다음과 같습니다.[33]

⟨id⟩ ⟨ip:port@cport⟩ ⟨flags⟩ ⟨master⟩ ⟨ping-sent⟩ ⟨pong-recv⟩ ⟨config-epoch⟩
⟨link-state⟩ ⟨slot⟩ ⟨ slot⟩ ... ⟨slot⟩

각 항목의 의미는 다음과 같습니다.

- **id:** 무작위로 생성된 40자의 문자열입니다. 그리고 CLUSTER RESET HARD를 실행하지 않으면 변경되지 않습니다.

- **ip:port@cport:** 노드의 IP 주소, 요청 받을 포트 번호, 클러스터 버스 포트 번호가 순서대로 표시됩니다.

- **flags:** 여러 플래그의 상태를 콤마(,)로 구분하여 표시합니다.

- **master:** 레플리카인 경우 마스터의 노드 ID가 표시되며 마스터인 경우는 '-'가 표시됩니다.

- **ping-sent:** 현재 활성화된 핑이 송신된 유닉스 시간(밀리 초)이 표시됩니다. 대기 중인 핑이 없는 경우 0으로 표시됩니다.

- **pong-recv:** 마지막 핑의 응답은 수신한 유닉스 시간(밀리 초)이 표시됩니다.

- **config-epoch:** configEpoch 값이 표시됩니다.

- **link-state:** 클러스터 버스 연결 상태를 나타냅니다. 연결된 상태라면 connected, 끊어진 상태라면 disconnected로 표시됩니다.

- **slot:** 슬롯 범위를 나타냅니다. 슬롯 번호가 연속되는 경우 start-end 형식으로 표시하며 중간 번호가 끊어져 있으면 공백으로 구분합니다.

---

[33] https://redis.io/commands/cluster-nodes

또한 세 번째 flags의 상태 종류는 다음과 같습니다.

- **myself**: 연결되어 있는 캐시 노드를 의미합니다.
- **master**: 캐시 노드 롤[Role]이 마스터라는 것을 의미합니다.
- **slave**: 캐시 노드의 롤이 레플리카라는 것을 의미합니다.
- **fail?**: 캐시 노드가 PFAIL 상태라는 것을 의미합니다.
- **fail**: 캐시 노드가 FAIL 상태라는 것을 의미합니다.
- **handshake**: 핸드셰이크 중에 캐시 노드를 신뢰할 수 없는 경우를 의미합니다.
- **noaddr**: 캐시 노드의 IP 주소가 불명확한 경우를 의미합니다.
- **nofailover**: 레플리카가 페일오버를 시도하지 않는 상태를 의미합니다.
- **noflags**: 플래그가 없는 상태를 의미합니다.

노드 ID 관계를 통해 172.20.0.4의 IP 주소를 가진 레플리카의 마스터가 172.20.0.7임을 확인할 수 있습니다. 생성한 마스터에 redis-cli -h 172.20.0.7로 로그인하여 마스터 측에서 INFO 명령어의 결과를 확인하면 다음과 같습니다. 내용을 살펴보면, role이 master이고 slave0이라는 정보를 통해 이 캐시 노드가 마스터이고 하나의 레플리카를 가지고 있음을 확인할 수 있습니다.

```
172.20.0.7:6379> INFO Replication
# Replication
role:master
connected_slaves:1
slave0:ip=172.20.0.4,port=6379,state=online,offset=294,lag=0
master_failover_state:no-failover
master_replid:078949365b4b978c0e5d82444dfe579f665ee5cd
master_replid2:0000000000000000000000000000000000000000
master_repl_offset:294
second_repl_offset:-1
repl_backlog_active:1
repl_backlog_size:1048576
repl_backlog_first_byte_offset:1
repl_backlog_histlen:294
```

레디스 7.0부터는 CLUSTER SHARDS 명령어를 사용할 수 있습니다. 이 명령어는 이전 버전에서 사용하던 CLUSTER SLOTS 명령어를 대체하는 명령어로, 각 샤드의 슬롯 범위 및 캐시 노드의 세부 사항을 확인할 수 있습니다.

```
172.20.0.7:6379> CLUSTER SHARDS"
1)  1) "slots"
    2)  1) (integer) 10923
        2) (integer) 16383
    3) "nodes"
    4)  1)  1) "id"
            2) "3a9319a0e416b563c984c1790d83a0bcc5dcad1a"
            3) "port"
            4) (integer) 6379
            5) "ip"
            6) "172.20.0.6"
            7) "endpoint"
            8) "172.20.0.6"
            9) "hostname"
           10) ""
           11) "role"
           12) "master"
           13) "replication-offset"
           14) (integer) 1120
           15) "health"
           16) "online"
        2)  1) "id"
            2) "5338e6c9f2c920a8eb03c6facf5c1ec8d1231c34"
            3) "port"
            4) (integer) 6379
            5) "ip"
            6) "172.20.0.5"
            7) "endpoint"
            8) "172.20.0.5"
            9) "hostname"
```

```
         10) ""
         11) "role"
         12) "replica"
         13) "replication-offset"
         14) (integer) 1120
         15) "health"
         16) "online"
  2)  1) "slots"
      2)  1) (integer) 0
          2) (integer) 5460
      3) "nodes"
      4) 1)    1) "id"
               2) "d1913c6346d67e975db4f56ff1c750b69360620a"
               3) "port"
               4) (integer) 6379
               5) "ip"
               6) "172.20.0.3"
               7) "endpoint"
               8) "172.20.0.3"
               9) "hostname"
              10) ""
              11) "role"
              12) "master"
              13) "replication-offset"
              14) (integer) 1120
              15) "health"
              16) "online"
         2)    1) "id"
               2) "03d2ff934de3087db278da03b31e4a23934764fc"
               3) "port"
               4) (integer) 6379
               5) "ip"
               6) "172.20.0.2"
               7) "endpoint"
               8) "172.20.0.2"
```

```
        9) "hostname"
       10) ""
       11) "role"
       12) "replica"
       13) "replication-offset"
       14) (integer) 1120
       15) "health"
       16) "online"
  3)  1) "slots"
      2) 1) (integer) 5461
         2) (integer) 10922
      3) "nodes"
      4) 1)  1) "id"
             2) "7aaa86f25c5d838f02af91b97156384930e080e5"
             3) "port"
             4) (integer) 6379
             5) "ip"
             6) "172.20.0.7"
             7) "endpoint"
             8) "172.20.0.7"
             9) "hostname"
            10) ""
            11) "role"
            12) "master"
            13) "replication-offset"
            14) (integer) 1120
            15) "health"
            16) "online"
         2)  1) "id"
             2) "c9b7d51ceb224ee9be78acb0077feccbb7fb3ec1"
             3) "port"
             4) (integer) 6379
             5) "ip"
             6) "172.20.0.4"
             7) "endpoint"
             8) "172.20.0.4"
```

```
 9) "hostname"
10) ""
11) "role"
12) "replica"
13) "replication-offset"
14) (integer) 1120
15) "health"
16) "online"
```

현재도 CLUSTER SLOTS 명령어를 사용할 수 있지만, 향후 사용이 중단될 예정입니다. 명령어의 실행 결과를 살펴보면, 순서대로 슬롯 범위의 첫 번째 번호, 슬롯 범위의 마지막 번호, 마스터의 IP 주소, 요청을 받는 포트 번호, 노드 ID, 네트워크 메타데이터를 의미합니다. 이어서 레플리카의 IP 주소, 요청을 받는 포트 번호, 노드 ID가 반복됩니다. 예시에서는 10,923부터 16,383까지의 슬롯 번호를 가진 샤드가 있다는 것을 확인할 수 있습니다.

이 샤드의 마스터 IP 주소는 172.20.0.7이며 6,379번 포트로 요청을 받습니다. 노드 ID는 7aaa86f25c5d838f02af91b97156384930e080e5임을 알 수 있습니다.

```
172.20.0.7:6379> CLUSTER SLOTS
1)  1) (integer) 0
    1) (integer) 5460
    2) 1) "172.20.0.3"
       1) (integer) 6379
       2) "d1913c6346d67e975db4f56ff1c750b69360620a"
       3) (empty array)
    3) 1) "172.20.0.2"
       1) (integer) 6379
       2) "03d2ff934de3087db278da03b31e4a23934764fc"
       3) (empty array)
2)  1) (integer) 5461
    1) (integer) 10922
    2) 1) "172.20.0.7"
       1) (integer) 6379
       2) "7aaa86f25c5d838f02af91b97156384930e080e5"
```

```
       3) (empty array)
   3)  1) "172.20.0.4"
       1) (integer) 6379
       2) "c9b7d51ceb224ee9be78acb0077feccbb7fb3ec1"
       3) (empty array)
3)  1) (integer) 10923
   1) (integer) 16383
   2)  1) "172.20.0.6"
       1) (integer) 6379
       2) "3a9319a0e416b563c984c1790d83a0bcc5dcad1a"
       3) (empty array)
   3)  1) "172.20.0.5"
       1) (integer) 6379
       2) "5338e6c9f2c920a8eb03c6facf5c1ec8d1231c34"
       3) (empty array)
```

다음으로 클러스터에 노드를 추가했을 때 동작을 확인합니다. 앞서 만들었던 여섯 개의 노드에 두 개를 더해 여덟 개로 확장합니다.

```
$ docker-compose up --scale node=8
```

그러면 cluster_node_7과 cluster_node_8이 추가된 것을 확인할 수 있습니다.

```
$ docker container ps
CONTAINER ID    IMAGE        COMMAND          CREATED      STATUS     PORTS      NAMES
b4d1a66ab8fb    redis:latest    "docker-entrypoint.s..."    22 seconds ago
Up 21 seconds    0.0.0.0:49193->6379/tcp, :::49193->6379/tcp    cluster_node_8
81e6739bfb8e    redis:latest    "docker-entrypoint.s..."    22 seconds ago
Up 21 seconds    0.0.0.0:49193->6379/tcp, :::49193->6379/tcp    cluster_node_7
f271b59575d4    redis:latest    "docker-entrypoint.s..."    8 minutes ago
Up 8 minutes    0.0.0.0:49193->6379/tcp, :::49193->6379/tcp    cluster_node_6
2b5a132d52cb    redis:latest    "docker-entrypoint.s..."    8 minutes ago
Up 8 minutes    0.0.0.0:49195->6379/tcp, :::49195->6379/tcp    cluster_node_5
a3429ef41c4d    redis:latest    "docker-entrypoint.s..."    8 minutes ago
```

```
Up 8 minutes      0.0.0.0:49196->6379/tcp, :::49196->6379/tcp     cluster_node_3
ea158c36aa5a    redis:latest    "docker-entrypoint.s..."    8 minutes ago
Up 8 minutes      0.0.0.0:49191->6379/tcp,     :::49191->6379/tcp    cluster_node_2
c400a38dd2e5    redis:latest    "docker-entrypoint.s..."    8 minutes ago
Up 8 minutes      0.0.0.0:49194->6379/tcp,     :::49194->6379/tcp    cluster_node_4
1dba1f3f8c46    redis:latest    "docker-entrypoint.s..."    8 minutes ago
```

```
UpUp 8 minutes     0.0.0.0:49192->6379/tcp,     :::49192->6379/tcp     cluster_node_1
```

cluster_node_7을 추가하기 전에 CLUSTER NODES 명령어를 실행한 결과는 다음과 같습니다.

```
127.0.0.1:6379> CLUSTER NODES
16071771f66781f2b3bdb148aed5582d22531491 :6379@16379 myself,master - 0 0 0
connected
```

cluster_node_8을 추가하기 전에 CLUSTER NODES 명령어를 실행한 결과는 다음과 같습니다.

```
127.0.0.1:6379> CLUSTER NODES
704a229f6f1cc49dc2dda4abb47d1a18cf4ad38b :6379@16379 myself,master - 0 0 0
connected
```

실행 결과로 172.20.0.8:6379와 172.20.0.9:6379가 추가된 것을 알 수 있습니다.

```
$ NODES=`docker network inspect cluster_redis_network | jq -r '.[0].Containers | .[].
IPv4Address' | sed -e 's/\/16/:6379 /g' | sed -e ':a' -e 'N' -e '$!ba' -e 's/\n//g'`
$ echo $NODES
172.20.0.3:6379 172.20.0.7:6379 172.20.0.8:6379 172.20.0.6:6379 172.20.0.9:6379
172.20.0.5:6379 172.2 0.0.2:6379 172.20.0.4:6379
```

redis-cli --cluster add-node 172.20.0.8:6379 172.20.0.3:6379를 실행하여, cluster_node_7(172.20.0.8)을 기존 클러스터 노드(172.20.0.3)에 추가합니다.

```
$ docker-compose exec node bash -c "redis-cli --cluster add-node 172.20.0.8:6379
```

172.20.0.3:6379 -- cluster-replicas 1 --pass foobared"

Warning: Using a password with '-a' or '-u' option on the command line interface may not be safe.

>>> Adding node 172.20.0.8:6379 to cluster 172.20.0.3:6379

>>> Performing Cluster Check (using node 172.20.0.3:6379)

M: d1913c6346d67e975db4f56ff1c750b69360620a 172.20.0.3:6379

   slots:[0-5460] (5461 slots) master

   1 additional replica(s)

S: c9b7d51ceb224ee9be78acb0077feccbb7fb3ec1 172.20.0.4:6379

   slots: (0 slots) slave

   replicates 7aaa86f25c5d838f02af91b97156384930e080e5

S: 03d2ff934de3087db278da03b31e4a23934764fc 172.20.0.2:6379

   slots: (0 slots) slave

   replicates d1913c6346d67e975db4f56ff1c750b69360620a

M: 3a9319a0e416b563c984c1790d83a0bcc5dcad1a 172.20.0.6:6379

   slots:[10923-16383] (5461 slots) master

   1 additional replica(s)

M: 7aaa86f25c5d838f02af91b97156384930e080e5 172.20.0.7:6379

   slots:[5461-10922] (5462 slots) master

   1 additional replica(s)

S: 5338e6c9f2c920a8eb03c6facf5c1ec8d1231c34 172.20.0.5:6379

   slots: (0 slots) slave

   replicates 3a9319a0e416b563c984c1790d83a0bcc5dcad1a

[OK] All nodes agree about slots configuration.

>>> Check for open slots...

>>> Check slots coverage...

[OK] All 16384 slots covered.

>>> Getting functions from cluster

>>> Send FUNCTION LIST to 172.20.0.8:6379 to verify there is no functions in it

>>> Send FUNCTION RESTORE to 172.20.0.8:6379

>>> Send CLUSTER MEET to node 172.20.0.8:6379 to make it join the cluster.

[OK] New node added correctly.

---

cluster_node_7 로그에는 클러스터 상태가 ok로 변경된 내용이 기록되어 있습니다.

```
node_7 | 1:M 29 Aug 2022 12:33:52.473 # IP address for this node updated to 172.20.0.8
node_7 | 1:M 29 Aug 2022 12:33:57.399 # Cluster state changed: ok
```

이 시점에서 cluster_node_7의 CLUSTER NODES 명령어의 실행 결과를 살펴보면 cluster_node_7이 클러스터로 인식되고 있음을 확인할 수 있습니다. 추가된 노드는 myself라는 열에 172.20.0.8:6379라는 IP 주소를 가지지만, 이 시점에 슬롯에 할당되지 않은 것을 확인할 수 있습니다.

```
127.0.0.1:6379> CLUSTER NODES
03d2ff934de3087db278da03b31e4a23934764fc 172.20.0.2:6379@16379
slave d1913c6346d67e975db4f56ff1c750b6 9360620a 0 1661776486349 1 connected
d1913c6346d67e975db4f56ff1c750b69360620a 172.20.0.3:6379@16379
master - 0 1661776484337 1 connected 0 -5460
5338e6c9f2c920a8eb03c6facf5c1ec8d1231c34 172.20.0.5:6379@16379
slave 3a9319a0e416b563c984c1790d83a0 bcc5dcad1a 0 1661776485000 3 connected
c9b7d51ceb224ee9be78acb0077feccbb7fb3ec1 172.20.0.4:6379@16379
slave 7aaa86f25c5d838f02af91b971563849 30e080e5 0 1661776485340 2 connected
7aaa86f25c5d838f02af91b97156384930e080e5 172.20.0.7:6379@16379
master - 0 1661776482331 2 connected 5 461-10922
3a9319a0e416b563c984c1790d83a0bcc5dcad1a 172.20.0.6:6379@16379
master - 0 1661776485000 3 connected 1 0923-16383
16071771f66781f2b3bdb148aed5582d22531491 172.20.0.8:6379@16379
myself,master - 0 1661776483000 0 connected
```

다음으로 cluster_node_8(172.20.0.9)을 기존 클러스터 노드인 cluster_node_7 (172.20.0.8)의 레플리카로 추가합니다.

```
$ docker-compose exec node bash -c "redis-cli --cluster add-node 172.20.0.9:6379
172.20.0.8:6379 -- cluster-slave --pass foobared"
Warning: Using a password with '-a' or '-u' option on the command line interface
may not be safe.
>>> Adding node 172.20.0.9:6379 to cluster 172.20.0.8:6379
>>> Performing Cluster Check (using node 172.20.0.8:6379)
```

```
M: 16071771f66781f2b3bdb148aed5582d22531491 172.20.0.8:6379
   slots: (0 slots) master
S: 03d2ff934de3087db278da03b31e4a23934764fc 172.20.0.2:6379
   slots: (0 slots) slave
   replicates d1913c6346d67e975db4f56ff1c750b69360620a
M: d1913c6346d67e975db4f56ff1c750b69360620a 172.20.0.3:6379
   slots:[0-5460] (5461 slots) master
   1 additional replica(s)
S: 5338e6c9f2c920a8eb03c6facf5c1ec8d1231c34 172.20.0.5:6379
   slots: (0 slots) slave
   replicates 3a9319a0e416b563c984c1790d83a0bcc5dcad1a
S: c9b7d51ceb224ee9be78acb0077feccbb7fb3ec1 172.20.0.4:6379
   slots: (0 slots) slave
   replicates 7aaa86f25c5d838f02af91b97156384930e080e5
M: 7aaa86f25c5d838f02af91b97156384930e080e5 172.20.0.7:6379
   slots:[5461-10922] (5462 slots) master
   1 additional replica(s)
M: 3a9319a0e416b563c984c1790d83a0bcc5dcad1a 172.20.0.6:6379
   slots:[10923-16383] (5461 slots) master
   1 additional replica(s)
[OK] All nodes agree about slots configuration.
>>> Check for open slots...
>>> Check slots coverage...
[OK] All 16384 slots covered.
Automatically selected master 172.20.0.8:6379
>>> Send CLUSTER MEET to node 172.20.0.9:6379 to make it join the cluster.
Waiting for the cluster to join

>>> Configure node as replica of 172.20.0.8:6379.
[OK] New node added correctly.
```

cluster_node_7의 로그를 확인하면 다음과 같습니다. 해당 노드는 마스터로 작동하고 있으며, 처음으로 레플리카로부터 동기화 요청을 받았기 때문에 부분 동기화는 실패하고 전체 동기화가 수행됩니다. 그 후 마스터에서 BGSAVE가 실행되어 디스크에 데이터가 저장되며, 동기화에 성공한 것을 확인할 수 있습니다.

```
node_7 | 1:M 29 Aug 2022 12:37:41.253 * Replica 172.20.0.9:6379 asks for synchronization
node_7 | 1:M 29 Aug 2022 12:37:41.253 * Partial resynchronization not accepted: Replication ID
mismatch (Replica asked for 'e59941997ec332acf9e0e36c5fb63715748b6853', my replication IDs are
'3c04 be01c81e742d94e1aa7caa8c9da905fe7524' and '0000000000000000000000000000000000000000')
node_7 | 1:M 29 Aug 2022 12:37:41.253 * Replication backlog created, my new replication IDs are
'6be 7089b9ec5642e324ba8b105464c20e3373793' and '0000000000000000000000000000000000000000'
node_7 | 1:M 29 Aug 2022 12:37:41.253 * Delay next BGSAVE for diskless SYNC
node_7 | 1:M 29 Aug 2022 12:37:46.012 * Starting BGSAVE for SYNC with target: replicas sockets
node_7 | 1:M 29 Aug 2022 12:37:46.012 * Background RDB transfer started by pid 28
node_7 | 28:C 29 Aug 2022 12:37:46.013 * Fork CoW for RDB: current 0 MB, peak 0 MB, average 0 MB
node_7 | 1:M 29 Aug 2022 12:37:46.013 # Diskless rdb transfer, done reading from pipe,
1 replicas still up.
node_7 | 1:M 29 Aug 2022 12:37:46.019 * Background RDB transfer terminated with success
node_7 | 1:M 29 Aug 2022 12:37:46.019 * Streamed RDB transfer with replica 172.20.0.9:6379
succeeded (socket). Waiting for REPLCONF ACK from slave to enable streaming
node_7 | 1:M 29 Aug 2022 12:37:46.019 * Synchronization with replica 172.20.0.9:6379 succeeded
```

cluster_node_8의 로그는 다음과 같습니다. 이 캐시 노드는 레플리카로 작동하며, 처음으로 레플리카로부터 동기화 요청을 받았기 때문에 부분 동기화는 실패하고 전체 동기화가 수행되고 있음을 확인할 수 있습니다.

```
node_8 | 1:M 29 Aug 2022 12:37:40.290 # IP address for this node updated to
172.20.0.9
node_8 | 1:S 29 Aug 2022 12:37:41.251 * Before turning into a replica, using
my own master parameters to synthesize a cached master: I may be able to
synchronize with the new master with just a partial transfer.
node_8 | 1:S 29 Aug 2022 12:37:41.251 * Connecting to MASTER 172.20.0.8:6379
node_8 | 1:S 29 Aug 2022 12:37:41.252 * MASTER <-> REPLICA sync started
node_8 | 1:S 29 Aug 2022 12:37:41.252 # Cluster state changed: ok
node_8 | 1:S 29 Aug 2022 12:37:41.252 * Non blocking connect for SYNC fired the
event.
node_8 | 1:S 29 Aug 2022 12:37:41.253 * Master replied to PING, replication can
```

```
continue...
node_8 | 1:S 29 Aug 2022 12:37:41.253 * Trying a partial resynchronization
(request e59941997ec332 acf9e0e36c5fb63715748b6853:1).
node_8 | 1:S 29 Aug 2022 12:37:46.012 * Full resync from master: 6be7089b9ec564
2e324ba8b105464c20e33 73793:0
node_8 | 1:S 29 Aug 2022 12:37:46.014 * MASTER <-> REPLICA sync: receiving
streamed RDB from master with EOF to disk
node_8 | 1:S 29 Aug 2022 12:37:46.014 * Discarding previously cached master state.
node_8 | 1:S 29 Aug 2022 12:37:46.014 * MASTER <-> REPLICA sync: Flushing old data
node_8 | 1:S 29 Aug 2022 12:37:46.014 * MASTER <-> REPLICA sync: Loading DB in
memory
node_8 | 1:S 29 Aug 2022 12:37:46.019 * Loading RDB produced by version 7.0.4
node_8 | 1:S 29 Aug 2022 12:37:46.019 * RDB age 0 seconds
node_8 | 1:S 29 Aug 2022 12:37:46.019 * RDB memory usage when created 1.78 Mb
node_8 | 1:S 29 Aug 2022 12:37:46.019 * Done loading RDB, keys loaded: 0, keys
expired: 0.
node_8 | 1:S 29 Aug 2022 12:37:46.019 * MASTER <-> REPLICA sync: Finished with
success
```

다음은 cluster_node_7의 CLUSTER INFO 명령어 실행 결과입니다. 각 항목을 살펴보면, cluster_slots_assigned가 16384라는 것을 통해 클러스터에 모든 슬롯이 할당되어 있음을 알 수 있습니다. 또한 cluster_slots_ok 값과 일치하므로 FAIL이나 PFAIL 상태의 노드에 할당된 슬롯이 없음도 확인할 수 있습니다. cluster_size는 슬롯이 할당된 샤드의 수를 나타내는데, 여기서는 세 개의 샤드를 가진 클러스터에 한 개의 샤드를 추가했으나, 추가된 샤드는 아직 슬롯을 할당되지 않았기 때문에 3으로 표시됩니다.

```
127.0.0.1:6379> CLUSTER INFO
cluster_state:ok
cluster_slots_assigned:16384
cluster_slots_ok:16384
cluster_slots_pfail:0
cluster_slots_fail:0
cluster_known_nodes:8
```

```
cluster_size:3
cluster_current_epoch:7
cluster_my_epoch:7
cluster_stats_messages_ping_sent:340
cluster_stats_messages_pong_sent:319
cluster_stats_messages_meet_sent:1
cluster_stats_messages_sent:660
cluster_stats_messages_ping_received:318
cluster_stats_messages_pong_received:341
cluster_stats_messages_meet_received:1
cluster_stats_messages_received:66
total_cluster_links_buffer_limit_exceeded:0
```

다음은 INFO Replication 명령어 결과입니다. 이 캐시 노드의 역할은 마스터이며, 하나의 레플리카(IP 주소 172.20.0.9)를 가지고 있음을 확인할 수 있습니다. cluster_node_8에서 동일한 명령어를 실행하면, 마스터는 cluster_node_7의 IP 주소(172.20.0.8)인 것을 확인할 수 있습니다.

```
127.0.0.1:6379> INFO Replication
# Replication
role:master
connected_slaves:1
slave0:ip=172.20.0.9,port=6379,state=online,offset=280,lag=1
master_failover_state:no-failover
master_replid:6be7089b9ec5642e324ba8b105464c20e3373793
master_replid2:0000000000000000000000000000000000000000
master_repl_offset:280
second_repl_offset:-1
repl_backlog_active:1
repl_backlog_size:1048576
repl_backlog_first_byte_offset:1
repl_backlog_histlen:280
```

cluster_node_7의 CLUSTER NODES 명령어의 결과에서는 IP 주소 172.20.0.8이 적힌 행에서

가장 오른쪽 필드에 슬롯이 표시되지 않아서 추가된 샤드에 아직 슬롯이 할당되지 않았음을 알 수 있습니다.

```
127.0.0.1:6379> CLUSTER NODES
704a229f6f1cc49dc2dda4abb47d1a18cf4ad38b 172.20.0.9:6379@16379
slave 16071771f66781f2b3bdb148aed5582d 22531491 0 1661776875000 7 connected
03d2ff934de3087db278da03b31e4a23934764fc 172.20.0.2:6379@16379
slave d1913c6346d67e975db4f56ff1c750b6 9360620a 0 1661776875000 1 connected
d1913c6346d67e975db4f56ff1c750b69360620a 172.20.0.3:6379@16379
master - 0 1661776874000 1 connected 0 -5460
5338e6c9f2c920a8eb03c6facf5c1ec8d1231c34 172.20.0.5:6379@16379
slave 3a9319a0e416b563c984c1790d83a0 bcc5dcad1a 0 1661776876614 3 connected
c9b7d51ceb224ee9be78acb0077feccbb7fb3ec1 172.20.0.4:6379@16379
slave 7aaa86f25c5d838f02af91b971563849 30e080e5 0 1661776873000 2 connected
7aaa86f25c5d838f02af91b97156384930e080e5 172.20.0.7:6379@16379
master - 0 1661776875609 2 connected 5 461-10922
3a9319a0e416b563c984c1790d83a0bcc5dcad1a 172.20.0.6:6379@16379
master - 0 1661776875000 3 connected 1 0923-16383
16071771f66781f2b3bdb148aed5582d22531491 172.20.0.8:6379@16379
myself,master - 0 1661776872000 7 connected
```

다음으로 추가한 노드에 샤딩[34]을 수행합니다.

```
$ docker-compose exec node bash -c "redis-cli --cluster reshard 172.20.0.8"
```

redis-cli --cluster reshard 172.20.0.8:6379 --pass foobared 명령어로 리샤딩을 실행합니다. 명령어를 실행하면 이동할 슬롯 수, 슬롯을 전달 받을 노드, 슬롯을 전달할 노드 ID 목록을 요청합니다.

다음 예시에서는 이동할 슬롯 수에 4096을 입력하고 슬롯을 전달 받을 노드 ID는 추가된 마스터(172.20.0.8)의 노드 ID(16071771f66781f2b3bdb148aed5582d22531491)를 지정합니다.

---

34 샤딩이 수행된 상태에서 재실행하는 것을 의미합니다.

다음으로 슬롯을 전달할 노드는 모든 노드를 의미하는 all을 지정한 후, 명령어를 실행하면 슬롯 이동 계획이 표시됩니다. 마지막으로 실제 실행 여부를 물어보는 데 문제가 없다면 yes 를 선택합니다.

```
$ docker-compose exec node bash -c "redis-cli --cluster reshard 172.20.0.8:6379
--pass foobared"
Warning: Using a password with '-a' or '-u' option on the command line interface
may not be safe.
>>> Performing Cluster Check (using node 172.20.0.8:6379)
M: 16071771f66781f2b3bdb148aed5582d22531491 172.20.0.8:6379
   slots: (0 slots) master
   1 additional replica(s)
S: 704a229f6f1cc49dc2dda4abb47d1a18cf4ad38b 172.20.0.9:6379
    slots: (0 slots) slave
   replicates 16071771f66781f2b3bdb148aed5582d22531491
S: 03d2ff934de3087db278da03b31e4a23934764fc 172.20.0.2:6379
   slots: (0 slots) slave
   replicates d1913c6346d67e975db4f56ff1c750b69360620a
M: d1913c6346d67e975db4f56ff1c750b69360620a 172.20.0.3:6379
   slots:[0-5460] (5461 slots) master
   1 additional replica(s)
S: 5338e6c9f2c920a8eb03c6facf5c1ec8d1231c34 172.20.0.5:6379
   slots: (0 slots) slave
   replicates 3a9319a0e416b563c984c1790d83a0bcc5dcad1a
S: c9b7d51ceb224ee9be78acb0077feccbb7fb3ec1 172.20.0.4:6379
   slots: (0 slots) slave
   replicates 7aaa86f25c5d838f02af91b97156384930e080e5
M: 7aaa86f25c5d838f02af91b97156384930e080e5 172.20.0.7:6379
   slots:[5461-10922] (5462 slots) master
   1 additional replica(s)
M: 3a9319a0e416b563c984c1790d83a0bcc5dcad1a 172.20.0.6:6379
   slots:[10923-16383] (5461 slots) master
   1 additional replica(s)
[OK] All nodes agree about slots configuration.
```

\>>> Check for open slots...

\>>> Check slots coverage...

[OK] All 16384 slots covered.

How many slots do you want to move (from 1 to 16384)? 4096

What is the receiving node ID? 16071771f66781f2b3bdb148aed5582d22531491

Please enter all the source node IDs.

    Type 'all' to use all the nodes as source nodes for the hash slots.

    Type 'done' once you entered all the source nodes IDs.

Source node #1: all

Ready to move 4096 slots.

    Source nodes:

        M: d1913c6346d67e975db4f56ff1c750b69360620a 172.20.0.3:6379

            slots:[0-5460] (5461 slots) master

            1 additional replica(s)

        M: 7aaa86f25c5d838f02af91b97156384930e080e5 172.20.0.7:6379

            slots:[5461-10922] (5462 slots) master

            1 additional replica(s)

        M: 3a9319a0e416b563c984c1790d83a0bcc5dcad1a 172.20.0.6:6379

            slots:[10923-16383] (5461 slots) master

            1 additional replica(s)

    Destination node:

        M: 16071771f66781f2b3bdb148aed5582d22531491 172.20.0.8:6379

            slots: (0 slots) master

            1 additional replica(s)

    Resharding plan:

        Moving slot 5461 from 7aaa86f25c5d838f02af91b97156384930e080e5

        Moving slot 5462 from 7aaa86f25c5d838f02af91b97156384930e080e5

        Moving slot 5463 from 7aaa86f25c5d838f02af91b97156384930e080e5

        :

        Moving slot 12286 from 3a9319a0e416b563c984c1790d83a0bcc5dcad1a

        Moving slot 12287 from 3a9319a0e416b563c984c1790d83a0bcc5dcad1a

Do you want to proceed with the proposed reshard plan (yes/no)? yes

Moving slot 5461 from 172.20.0.7:6379 to 172.20.0.8:6379:

Moving slot 5462 from 172.20.0.7:6379 to 172.20.0.8:6379:

```
Moving slot 12287 from 172.20.0.6:6379 to 172.20.0.8:6379:
```

실행 후 CLUSTER NODES 명령어를 실행하면 새롭게 추가된 마스터에도 슬롯이 할당된 것을 확인할 수 있습니다.

```
127.0.0.1:6379> CLUSTER NODES
704a229f6f1cc49dc2dda4abb47d1a18cf4ad38b 172.20.0.9:6379@16379
slave 16071771f66781f2b3bdb148aed5582d 22531491 0 1661777345205 7 connected
03d2ff934de3087db278da03b31e4a23934764fc 172.20.0.2:6379@16379
slave d1913c6346d67e975db4f56ff1c750b6 9360620a 0 1661777348000 1 connected
d1913c6346d67e975db4f56ff1c750b69360620a 172.20.0.3:6379@16379
master - 0 1661777345000 1 connected 1 365-5460
5338e6c9f2c920a8eb03c6facf5c1ec8d1231c34 172.20.0.5:6379@16379
slave 3a9319a0e416b563c984c1790d83a0 bcc5dcad1a 0 1661777347000 3 connected
c9b7d51ceb224ee9be78acb0077feccbb7fb3ec1 172.20.0.4:6379@16379
slave 7aaa86f25c5d838f02af91b971563849 30e080e5 0 1661777349218 2 connected
7aaa86f25c5d838f02af91b97156384930e080e5 172.20.0.7:6379@16379
master - 0 1661777347212 2 connected 6 827-10922
3a9319a0e416b563c984c1790d83a0bcc5dcad1a 172.20.0.6:6379@16379
master - 0 1661777348215 3 connected 1 2288-16383
16071771f66781f2b3bdb148aed5582d22531491 172.20.0.8:6379@16379
myself,master - 0 1661777344000 7 connected 0-1364 5461-6826 10923-12287
```

8.6.1 모든 마스터 혹은 모든 레플리카에 특정 작업 실행

레디스 서버의 모든 데이터베이스 내 데이터를 삭제하려면 FLUSHALL 명령어를 사용할 수 있습니다. 이 명령을 레디스 클러스터에서 실행하면 어떻게 될까요? 저자가 현재 로그인한 서버에서 이 명령어를 실행해보니 다음과 같은 오류가 반환되었습니다.

```
127.0.0.1:6379> FLUSHALL
(error) READONLY You can't write against a read only replica.
```

오류 메시지에 나타난 대로, FLUSHALL 명령어는 데이터 세트를 변경하기 때문에 마스터 노드에서만 실행할 수 있습니다. 또한 FLUSHALL 명령어는 MOVED 리다이렉트에 의한 오류 처리를 지원하지 않습니다. 이번 예시는 저자가 로그인한 서버가 레플리카였기 때문에 발생한 문제로, 같은 내용을 마스터에서 실행하면 문제가 해결됩니다.

하지만 모든 상황을 이 방법으로 해결할 수 있는 것은 아닙니다. 예를 들어, ElastiCache와 같은 관리형 서비스를 사용하는 경우에 제공되는 단일 엔드포인트를 사용하여 레디스 클러스터에 연결할 수 있습니다. 이 엔드포인트는 클라이언트의 이름을 해석하는 설정에 따라 캐시 노드 중 하나의 엔드포인트를 반환하는데, 마스터나 레플리카를 반환하기 위해서는 매번 CLUSTER NODES 명령어나 CLUSTER SHARDS 명령어(레디스 7.0 이전에는 CLUSTER SLOTS)를 사용하여 마스터의 IP 주소를 확인하고 다시 로그인하는 등 번거로운 작업이 필요합니다.

이런 경우, --cluster-only-masters 옵션을 사용하면 레디스 클러스터의 모든 샤드의 마스터에 명령을 실행할 수 있습니다.

또한 다음 예시처럼 마스터 캐시 노드에 대해서만 명령을 실행할 수 있습니다. 예시에 등장하는 주소(172.28.0.7)는 저자의 실행 환경이지만, 클러스터의 엔드포인트 또는 클러스터 내의 캐시 노드의 IP 주소라면 어떤 노드든 문제가 없습니다.

```
$ redis-cli --cluster call 172.28.0.7:6379 FLUSHALL --pass foobared --cluster-
only-masters
>>> Calling FLUSHALL
172.28.0.6:6379: OK
172.28.0.5:6379: OK
172.28.0.4:6379: OK
```

--cluster-only-masters 옵션을 다른 용도로 활용할 수도 있습니다. 레디스 함수는 데이터 세트처럼 자동으로 마스터에서 레플리카로 복제되지만 레디스 클러스터 내의 샤드에는 자동으로 전파되지 않습니다. 이러한 상황에서 옵션을 통해 모든 마스터에 FUNCTION LOAD를 실행하여 함수를 등록하면, 한 번의 명령으로 레디스 클러스터 내에 함수를 등록할 수 있습니다. 샤드 내에서는 마스터에서 레플리카로 함수가 자동으로 복제되므로, 한 번만 실행하면

충분합니다. 만약 레플리카에만 명령을 실행하고 싶은 경우에는 --cluster-only-replicas
옵션을 사용할 수 있습니다.

COLUMN 레디스 클러스터 페일오버 동작

앞에서 살펴본 예시와 같은 순서대로 다음과 같이 클러스터를 생성합니다.

```
$ NODES=`docker network inspect cluster_redis_network | jq -r ".[0].
Containers | .[].IPv4Address" | sed -e "s/\/16/:6379 /g" | sed -e ":a" -e "N"
-e "$!ba" -e "s/\n//g"`
$ echo $NODES
172.21.0.5:6379 172.21.0.6:6379 172.21.0.7:6379 172.21.0.2:6379
172.21.0.4:6379 172.21.0.3:6379
$ docker-compose exec node bash -c "redis-cli --cluster create ${NODES}
--cluster-replicas 1 -- pass foobared"
```

이 칼럼에서는 마스터(172.21.0.5)의 노드 ID(17535f8bcfd0af327b15ed2ba7cc3e60d3074
ba9)가 중단될 때의 페일오버 동작을 확인합니다. 이 예시에서는 레플리카(172.21.0.4) 노드
ID(fb449024bb024269f05153af829f6067e36b324a)가 승격되는 과정을 볼 수 있습니다.

현재 CLUSTER NODES 명령어의 실행 결과는 다음과 같습니다.

```
127.0.0.1:6379> CLUSTER NODES
17535f8bcfd0af327b15ed2ba7cc3e60d3074ba9 172.21.0.5:6379@16379
master - 0 1661779054205 1 connected 0-5460
e1c6f32d7688ae107fc3038066df55dc22914ae2 172.21.0.6:6379@16379
master - 0 1661779054000 2 connected 5461-10922
1d74c85db8b0b47caf49bb51cb98caffc24471d0 172.21.0.7:6379@16379
master - 0 1661779055207 3 connected 10923-16383
9464ada2e157264107729598897ae89d32c568c4 172.21.0.2:6379@16379
slave 1d74c85db8b0b47caf49bb51cb98 caffc24471d0 0 1661779052199 3 connected
fb449024bb024269f05153af829f6067e36b324a 172.21.0.4:6379@16379
myself,slave 17535f8bcfd0af327b15 ed2ba7cc3e60d3074ba9 0 1661779053000 1
connected
```

93f9618ab0d2385cb92a234d468b86636a6393e7 172.21.0.3:6379@16379
slave e1c6f32d7688ae107fc3038066df 55dc22914ae2 0 1661779053202 2 connected

---

마스터(172.21.0.5)를 멈추기 위해 DEBUG SEGFAULT 명령어를 실행합니다.

```
172.21.0.5:6379> DEBUG SEGFAULT
Error: Server closed the connection
not connected>
```

레플리카(172.21.0.4)의 노드 ID(c9b7d51ceb224ee9be78acb0077feccbb7fb3ec1)의 로그는 다음과 같이 기록되어 있습니다.

```
node_2 | 1:S  29 Aug 2022 13:18:16.635 * Connection with master lost.
node_2 | 1:S  29 Aug 2022 13:18:16.635 * Caching the disconnected master
state.
node_2 | 1:S  29 Aug 2022 13:18:16.635 * Reconnecting to MASTER 172.21.0.5:6379
node_2 | 1:S  29 Aug 2022 13:18:16.635 * MASTER <-> REPLICA sync started
node_2 | 1:S  29 Aug 2022 13:18:16.635 * Non blocking connect for SYNC fired
the event.
node_2 | 1:S  29 Aug 2022 13:18:16.635 # Failed to read response from the
server: Connection reset by peer
node_2 | 1:S  29 Aug 2022 13:18:16.635 # Master did not respond to command
during SYNC handshake
node_2 | 1:S  29 Aug 2022 13:18:17.452 * Connecting to MASTER 172.21.0.5:6379
node_2 | 1:S  29 Aug 2022 13:18:17.452 * MASTER <-> REPLICA sync started
node_2 | 1:S  29 Aug 2022 13:18:35.358 * FAIL message received from e1c6f32d768
8ae107fc3038066df55dc22914ae2 about 17535f8bcfd0af327b15ed2ba7cc3e60d3074ba9
node_2 | 1:S  29 Aug 2022 13:18:35.358 # Cluster state changed: fail
node_2 | 1:S 29 Aug 2022 13:18:35.419 # Start of election delayed for 541
milliseconds (rank #0,offset 532).
node_2 | 1:S 29 Aug 2022 13:18:36.022 # Starting a failover election for epoch 7.
node_2 | 1:S 29 Aug 2022 13:18:36.027 # Failover election won: I'm the new
master.
node_2 | 1:S 29 Aug 2022 13:18:36.027 # configEpoch set to 7 after successful
failover
```

```
node_2 ¦ 1:M 29 Aug 2022 13:18:36.027 * Discarding previously cached master
state.
node_2 ¦ 1:M 29 Aug 2022 13:18:36.027 # Setting secondary replication ID to cc33
e95e0d3dddb6b77cd81d2f09435ab0d05a0b, valid up to offset: 533. New replication
ID is 3c68fc1874f9a0821907f39bcba4d7c8638939a8
node_2 ¦ 1:M 29 Aug 2022 13:18:36.028 # Cluster state changed: ok
```

내용을 살펴보면, 20초 전후로 연결이 거부된 상태에서 복구된 것을 확인할 수 있습니다.

그 외의 레플리카 로그는 다음과 같이 기록되어 있습니다.

```
node_3 ¦ 1:S 29 Aug 2022 13:18:35.357
* FAIL message received from e1c6f32d7688ae107fc3038066df5 5dc22914ae2 about
17535f8bcfd0af327b15ed2ba7cc3e60d3074ba9
node_3 ¦ 1:S 29 Aug 2022 13:18:35.357 # Cluster state changed: fail
node_3 ¦ 1:S 29 Aug 2022 13:18:36.032 # Cluster state changed: ok
```

그 외 마스터 로그는 다음과 같이 기록되어 있습니다.

```
node_4 ¦ 1:M 29 Aug 2022 13:18:35.356 * Marking node 17535f8bcfd0af327b15ed2b
a7cc3e60d3074ba9 as failing (quorum reached).
node_4 ¦ 1:M 29 Aug 2022 13:18:35.356 # Cluster state changed: fail
node_4 ¦ 1:M 29 Aug 2022 13:18:36.025 # Failover auth granted to fb449024bb02
4269f05153af829f6067e36b324a for epoch 7
node_4 ¦ 1:M 29 Aug 2022 13:18:36.031 # Cluster state changed: ok
```

다음으로 마스터(172.21.0.5) 노드 ID(17535f8bcfd0af327b15ed2ba7cc3e60d3074ba9)의 페일오버 시 상태 변환을 확인합니다.

페일오버 실행 전에 CLUSTER NODES 명령어를 실행한 결과는 다음과 같습니다.

```
172.21.0.4:6379> CLUSTER NODES
17535f8bcfd0af327b15ed2ba7cc3e60d3074ba9  172.21.0.5:6379@16379
master - 0  1661779054205  1 connected 0-5460
e1c6f32d7688ae107fc3038066df55dc22914ae2  172.21.0.6:6379@16379
master - 0  1661779054000  2 connected 5461-10922
```

```
1d74c85db8b0b47caf49bb51cb98caffc24471d0   172.21.0.7:6379@16379
master - 0  1661779055207  3 connected 10923-16383
9464ada2e157264107729598897ae89d32c568c4   172.21.0.2:6379@16379
slave 1d74c85db8b0b47caf49bb51cb98caffc24471d0 0 1661779052199 3 connected
fb449024bb024269f05153af829f6067e36b324a   172.21.0.2:6379@16379
myself,slave 17535f8bcfd0af327b15ed2ba7cc3e60d3074ba9 0 1661779053000 1
connected
93f9618ab0d2385cb92a234d468b86636a6393e7 172.21.0.3:6379@16379
slave e1c6f32d7688ae107fc3038066df 55dc22914ae2 0 1661779053202 2 connected
```

페일오버 실행 후, 마스터(172.21.0.5)는 잠시후 fail? 상태가 됩니다. 이것이 PFAIL 상태입니다.

```
172.21.0.4:6379> CLUSTER NODES
17535f8bcfd0af327b15ed2ba7cc3e60d3074ba9   172.21.0.5:6379@16379
master,fail? - 1661779099358 1661779095000  1 connected 0-5460
e1c6f32d7688ae107fc3038066df55dc22914ae2   172.21.0.6:6379@16379
master - 0  1661779111404  2 connected 5461-10922
1d74c85db8b0b47caf49bb51cb98caffc24471d0   172.21.0.7:6379@16379
master - 0  1661779112408  3 connected 10923-16383
9464ada2e157264107729598897ae89d32c568c4   172.21.0.2:6379@16379
slave 1d74c85db8b0b47caf49bb51cb98caffc24471d0 0 1661779052199 3 connected
fb449024bb024269f05153af829f6067e36b324a   172.21.0.2:6379@16379
myself,slave 17535f8bcfd0af327b15ed2ba7cc3e60d3074ba9 0 1661779053000 1
connected
93f9618ab0d2385cb92a234d468b86636a6393e7 172.21.0.3:6379@16379
slave e1c6f32d7688ae107fc3038066df 55dc22914ae2 0 1661779114415 2 connected
```

그 후, 상태가 fail?에서 fail로 변하는 것을 확인할 수 있습니다. 이것이 FAIL 상태입니다.

```
172.21.0.4:6379> CLUSTER NODES
17535f8bcfd0af327b15ed2ba7cc3e60d3074ba9   172.21.0.5:6379@16379
master,fail - 1661779099358 1661779095000  1 connected 0-5460
e1c6f32d7688ae107fc3038066df55dc22914ae2   172.21.0.6:6379@16379
master - 0  1661779111404  2 connected 5461-10922
```

```
1d74c85db8b0b47caf49bb51cb98caffc24471d0  172.21.0.7:6379@16379
master - 0 1661779112408  3 connected 10923-16383
9464ada2e157264107729598897ae89d32c568c4  172.21.0.2:6379@16379
slave 1d74c85db8b0b47caf49bb51cb98caffc24471d0 0 1661779052199 3 connected
fb449024bb024269f05153af829f6067e36b324a  172.21.0.2:6379@16379
myself,slave 17535f8bcfd0af327b15ed2ba7cc3e60d3074ba9 0 1661779053000 1
connected
93f9618ab0d2385cb92a234d468b86636a6393e7 172.21.0.3:6379@16379
slave e1c6f32d7688ae107fc3038066df 55dc22914ae2 0 1661779114415 2 connected
```

그 후 레플리카(172.21.0.4)가 slave에서 master로 변경되는 것을 통해 페일오버가 완료된 것을 알 수 있습니다. 이 시점에 이전 마스터는 다운 상태이므로 FAIL 상태로 남아있는 것을 확인할 수 있습니다.

```
172.21.0.4:6379> CLUSTER NODES
17535f8bcfd0af327b15ed2ba7cc3e60d3074ba9  172.21.0.5:6379@16379
master,fail - 1661779099358 1661779095000  1 connected
e1c6f32d7688ae107fc3038066df55dc22914ae2  172.21.0.6:6379@16379
master - 0 1661779122000  2 connected 5461-10922
1d74c85db8b0b47caf49bb51cb98caffc24471d0  172.21.0.7:6379@16379
master - 0 1661779122000  3 connected 10923-16383
9464ada2e157264107729598897ae89d32c568c4  172.21.0.2:6379@16379
slave 1d74c85db8b0b47caf49bb51cb98caffc24471d0 0 1661779052199 3 connecte fb
449024bb024269f05153af829f6067e36b324a  172.21.0.2:6379@16379
myself,master - 0 1661779121000  7 connected 0-5460
93f9618ab0d2385cb92a234d468b86636a6393e7 172.21.0.3:6379@16379
slave e1c6f32d7688ae107fc3038066df 55dc22914ae2 0 1661779114415 2 connected
```

다음은 새로운 마스터(172.21.0.4)에 INFO Replication 명령어를 실행한 결과입니다.

```
172.21.0.4:6379> INFO Replication
# Replication
role:master
connected_slaves:0
master_failover_state:no-failover
```

```
master_replid:3c68fc1874f9a0821907f39bcba4d7c8638939a8
master_replid2:cc33e95e0d3dddb6b77cd81d2f09435ab0d05a0b
master_repl_offset:532
second_repl_offset:533
repl_backlog_active:1
repl_backlog_size:1048576
repl_backlog_first_byte_offset:15
repl_backlog_histlen:518
```

다운시켜 놓은 이전 마스터(172.21.0.5)를 복구합니다.

```
$ docker-compose up --scale node=6
```

새로운 마스터(172.21.0.4) 로그는 다음과 같습니다.

```
node_2 ¦ 1:M 29 Aug 2022 13:37:44.122 * Clear FAIL state for node
17535f8bcfd0af327b15ed2ba7cc3e 60d3074ba9: master without slots is reachable
again.
```

그 후, 부분 동기화를 시도하지만 실패하여 완전 동기화가 실행된 것을 확인할 수 있습니다.

```
node_2 ¦ 1:M 29 Aug 2022 13:37:44.126 * Replica 172.21.0.5:6379 asks for
synchronization
node_2 ¦ 1:M 29 Aug 2022 13:37:44.126 * Partial resynchronization not
accepted: Replication ID
mismatch (Replica asked for '59acd0927da6d11b259a8ceee2ce7c61c52b5995', my
replication IDs are '3 c68fc1874f9a0821907f39bcba4d7c8638939a8' and 'cc33e95
e0d3dddb6b77cd81d2f09435ab0d05a0b')
node_2 ¦ 1:M 29 Aug 2022 13:37:44.126 * Delay next BGSAVE for diskless SYNC
node_2 ¦ 1:M 29 Aug 2022 13:37:49.315 * Starting BGSAVE for SYNC with target:
replicas sockets
node_2 ¦ 1:M 29 Aug 2022 13:37:49.315 * Background RDB transfer started by
pid 39
node_2 ¦ 39:C 29 Aug 2022 13:37:49.317 * Fork CoW for RDB: current 0 MB, peak
0 MB, average 0 MB
```

```
node_2 ¦ 1:M 29 Aug 2022 13:37:49.317 # Diskless rdb transfer, done reading
from pipe, 1 replicas still up.
node_2 ¦ 1:M 29 Aug 2022 13:37:49.320 * Background RDB transfer terminated
with success
node_2 ¦ 1:M 29 Aug 2022 13:37:49.320 * Streamed RDB transfer with replica
172.21.0.5:6379 succeeded (socket). Waiting for REPLCONF ACK from slave to
enable streaming
node_2 ¦ 1:M 29 Aug 2022 13:37:49.320 * Synchronization with replica
172.21.0.5:6379 succeeded
```

다른 노드의 로그에는 다음과 같은 내용이 기록되어 있습니다.

```
node_6 ¦ 1:M 29 Aug 2022 13:37:44.122 * Clear FAIL state for node
17535f8bcfd0af327b15ed2ba7cc3e 60d3074ba9: master without slots is reachable
again.
```

복구된 노드(172.21.0.5)는 새로운 마스터(172.21.0.4)의 레플리카로 추가된 것을 확인할 수 있습니다. 복구된 노드에서 CLUSTER INFO 명령어를 실행한 결과는 다음과 같습니다.

```
172.21.0.4:6379> CLUSTER INFO
cluster_state:ok
cluster_slots_assigned:16384
cluster_slots_ok:16384
cluster_slots_pfail:0
cluster_slots_fail:0
cluster_known_nodes:6
cluster_size:3
cluster_current_epoch:7
cluster_my_epoch:7
cluster_stats_messages_ping_sent:1800
cluster_stats_messages_pong_sent:1851
cluster_stats_messages_meet_sent:1
cluster_stats_messages_auth-req_sent:5
cluster_stats_messages_update_sent:1
cluster_stats_messages_sent:3658
```

```
cluster_stats_messages_ping_received:1846
cluster_stats_messages_pong_received:1800
cluster_stats_messages_fail_received:1
cluster_stats_messages_auth-ack_received:2
cluster_stats_messages_received:3649
total_cluster_links_buffer_limit_exceeded:0
```

다음은 INFO Replication 명령어의 실행 결과입니다.

```
172.21.0.5:6379> INFO Replication
# Replication
role:slave
master_host:172.21.0.4
master_port:6379
master_link_status:up
master_last_io_seconds_ago:8
master_sync_in_progress:0
slave_read_repl_offset:868
slave_repl_offset:868
slave_priority:100
slave_read_only:1
replica_announced:1
connected_slaves:0
master_failover_state:no-failover
master_replid:3c68fc1874f9a0821907f39bcba4d7c8638939a8
master_replid2:0000000000000000000000000000000000000000
master_repl_offset:868
second_repl_offset:-1
repl_backlog_active:1
repl_backlog_size:1048576
repl_backlog_first_byte_offset:547
repl_backlog_histlen:322
```

새로운 마스터(172.21.0.4)에서 CLUSTER INFO 명령어를 실행한 결과는 다음과 같습니다.

```
172.21.0.4:6379> CLUSTER INFO
cluster_state:ok
cluster_slots_assigned:16384
cluster_slots_ok:16384
cluster_slots_pfail:0
cluster_slots_fail:0
cluster_known_nodes:6
cluster_size:3
cluster_current_epoch:7
cluster_my_epoch:7 cluster_stats_messages_ping_sent:1800
cluster_stats_messages_pong_sent:1851
cluster_stats_messages_meet_sent:1
cluster_stats_messages_auth-req_sent:5
cluster_stats_messages_update_sent:1
cluster_stats_messages_sent:3658
cluster_stats_messages_ping_received:1846
cluster_stats_messages_pong_received:1800
cluster_stats_messages_fail_received:1
cluster_stats_messages_auth-ack_received:2
cluster_stats_messages_received:3649
total_cluster_links_buffer_limit_exceeded:0
```

다음은 INFO Replication 명령어의 실행 결과입니다.

```
172.21.0.4:6379> INFO Replication
# Replication
role:master
connected_slaves:1
slave0:ip=172.21.0.5,port=6379,state=online,offset=910,lag=0
master_failover_state:no-failover
master_replid:3c68fc1874f9a0821907f39bcba4d7c8638939a8
master_replid2:cc33e95e0d3dddb6b77cd81d2f09435ab0d05a0b
master_repl_offset:910
second_repl_offset:533
repl_backlog_active:1
```

```
repl_backlog_size:1048576
repl_backlog_first_byte_offset:15
repl_backlog_histlen:896
```

또한 복구하기 전에 확인한 CLUSTER NODES 명령어 실행 결과는 다음과 같습니다.

```
172.21.0.4:6379> CLUSTER NODES
17535f8bcfd0af327b15ed2ba7cc3e60d3074ba9  172.21.0.5:6379@16379
master,fail - 1661779099358 1661779095000 1 connected
e1c6f32d7688ae107fc3038066df55dc22914ae2  172.21.0.6:6379@16379
master - 0 1661780087000 2 connected 5461-10922
1d74c85db8b0b47caf49bb51cb98caffc24471d0  172.21.0.7:6379@16379
master - 0 1661780088618 3 connected 10923-16383
9464ada2e157264107729598897ae89d32c568c4  172.21.0.2:6379@16379
slave 1d74c85db8b0b47caf49bb51cb98caffc24471d0 0 1661780087614 3 connected
fb449024bb024269f05153af829f6067e36b324a  172.21.0.4:6379@16379
myself,master - 0 1661780085000 7 connected 0-5460
93f9618ab0d2385cb92a234d468b86636a6393e7  172.21.0.3:6379@16379
slave e1c6f32d7688ae107fc3038066df 55dc22914ae2 0 1661780087000 2 connected
```

복구 후에는 fail 상태였던 master가 slave로 추가된 것을 확인할 수 있습니다.

```
172.21.0.4:6379> CLUSTER NODES
17535f8bcfd0af327b15ed2ba7cc3e60d3074ba9  172.21.0.5:6379@16379
slave fb449024bb024269f05153af829f6067e36b324a 0 1661780265199 7 connected
e1c6f32d7688ae107fc3038066df55dc22914ae2  172.21.0.6:6379@16379
master - 0 1661780267206 2 connected 5461-10922
1d74c85db8b0b47caf49bb51cb98caffc24471d0  172.21.0.7:6379@16379
master - 0 1661780266204 3 connected 10923-16383
9464ada2e157264107729598897ae89d32c568c4  172.21.0.2:6379@16379
slave 1d74c85db8b0b47caf49bb51cb98caffc24471d0 0 1661780264196 3 connected
fb449024bb024269f05153af829f6067e36b324a  172.21.0.4:6379@16379
myself,master - 0 1661780265000 7 connected 0-5460
93f9618ab0d2385cb92a234d468b86636a6393e7  172.21.0.3:6379@16379
slave e1c6f32d7688ae107fc3038066df55dc22914ae2 0 1661780265000 2 connected
```

COLUMN 로그 양식

레디스에는 콘솔 및 logfile 지시자로 설정한 곳에 엔진 로그가 출력됩니다. 이번 칼럼에서는 엔진 로그를 확인하는 방법을 알아봅니다. 현재는 다음과 같이 출력하게 되어 있습니다.

```
1:S 29 Aug 2022 08:55:54.975 * Ready to accept connections
```

이 양식은 순서대로 다음과 같은 항목들을 나타냅니다.[35]

- 프로세스 ID
- 프로세스 롤Role
- 로그 레벨
- 로그 메시지

표 8-2 프로세스 역할 표기

표기	역할
M	마스터
S	레플리카
C	RDB/AOF 쓰기 프로세스
X	레디스 센티널

표 8-3 로그 레벨 표기

표기	로그 레벨
.	debug
–	vervose
*	notice
#	warning

단, 위의 양식은 API 레벨에서 정의된 것이 아니기 때문에 앞으로 변경될 수 있다는 점에 주의하기 바랍니다.[36]

---

35 https://github.com/redis/redis/blob/7.0.4/src/server.c#L101–L144
36 https://github.com/redis/redis/issues/2545

09

메모리 관리

이 장에서는 레디스의 메모리 관리 메커니즘과 주의할 점, 효율적인 메모리 사용을 위한 핵심을 설명합니다. 메모리 관리 아키텍처와 메커니즘에 대한 이해는 문제 발생 시 원인을 찾거나 메모리를 효율적으로 사용하는 데 도움이 됩니다.

이 장에서는 메모리 관리 아키텍처, 메커니즘에 대해 알아봅니다. 이러한 내용들을 알아두면 문제가 발생했을 때 원인을 찾거나, 메모리를 효율적으로 사용할 수 있습니다.

9.1 메모리 관리 아키텍처

레디스 서버는 메모리(운영체제 내의 RSS 영역[01])를 다음과 같은 형태로 사용합니다.

- 데이터 및 데이터 구조 오버헤드

- 클라이언트 쿼리 버퍼
- 클라이언트 출력 버퍼
- AOF 버퍼

- AOF 재작성 버퍼
- 레플리케이션 백로그
- 레디스 함수

- 이페머럴 스크립트
- 메모리 단편화

그림 9-1 레디스 메모리 사용

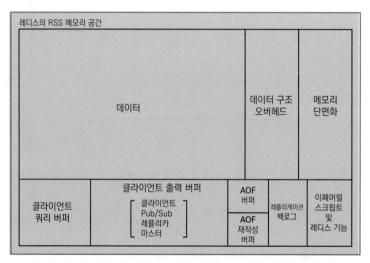

----

01 RSS는 Resident Set Size의 머리글자입니다. 메모리에 실제로 할당되는 부분이라고 생각하면 됩니다.

INFO Memory 명령어는 레디스 서버의 메모리 내역을 자세하게 확인할 수 있는 명령어 중 하나입니다(6.1절 참조). 레디스의 메모리 아키텍처 관련 기본 지식을 알아두면 이 명령어의 출력 결과를 더 잘 이해할 수 있습니다.

레디스는 malloc 함수로 메모리를 할당하기 때문에 운영체제의 메모리 페이지 할당 매핑을 제어할 수 없도록 구현되어 있습니다. 따라서 레디스에서 데이터 삭제 명령어를 실행해도 확보된 메모리가 운영체제로 반환된다는 보장이 없으며, 실제 메모리 사용량인 RSS도 변하지 않습니다.

예를 들어, 레디스가 5GB의 데이터를 사용하고 있는 상황에서 2GB만큼 데이터를 삭제하는 경우를 가정합니다. 레디스는 사용 중인 메모리를 3GB라고 인식하지만, 운영체제는 RSS의 (used_memory_rss, used_memory_rss_human) 메모리 크기를 여전히 5GB로 인식합니다.

메모리 할당자(mem_allocator)는 새로운 키를 추가할 때 비어 있는 메모리 청크^{Chunk}를 재사용하도록 동작하기 때문에 새롭게 사용하는 메모리가 5GB를 초과하지 않는 한 RSS는 5GB로 유지됩니다. 즉, 메모리가 부족한 상태에서 키를 삭제해도, 운영체제 관점에서는 메모리 여유 공간이 반영되지 않으므로 주의해야 합니다.

레디스는 클라이언트에서 보낸 명령어는 레디스 서버의 '클라이언트 쿼리 버퍼'라는 공간에 일단 저장한 후 소켓을 통해 데이터를 점진적으로 읽습니다. 읽어오는 데이터가 크거나 복잡한 명령어인 경우 버퍼에서 모든 처리 내용을 모아서 버퍼링합니다. 이 과정은 클라이언트 소프트웨어의 버그 등이 버퍼를 과도하게 소비하는 것을 방지하고, 레디스 서버가 크래시하는 사태를 예방합니다. 버퍼 크기는 레디스 4.0.7 이전에는 1GB로 고정되어 있었지만 이후 버전부터는 client-query-buffer-limit 지시자를 통해 변경할 수 있게 되었습니다.

반대로, 명령어의 실행 결과는 클라이언트 출력 버퍼라는 클라이언트별 버퍼에 저장됩니다. 레디스는 점진적으로 소켓에 데이터를 저장하는 방식을 통해 데이터를 원자적으로 처리합니다.

버퍼 크기는 client-output-buffer-limit 지시자의 값으로 변경할 수 있으며, normal, pubsub, replica라는 세 종류 값을 설정할 수 있습니다. 클라이언트 출력 버퍼 크기를 초과하여 메모리를 사용하면 연결이 끊어지도록 동작합니다. 하드 리미트와 소프트 리미트의 두 가지 방식을 사용하며, 하드 리미트를 초과하면 즉시 연결이 끊어지고, 소프트 리미트를 지정된 시간 동안 초과하면 연결이 끊어집니다. 클라이언트 출력 버퍼는 9.1.2절에서 자세히 다룹니다.

9.1.1 INFO Memory 출력 결과 해석

INFO Memory 명령어를 실행한 출력 결과의 각 항목들에 대해 알아봅니다.

먼저 used_memory는 레디스가 jemalloc 같은 메모리 할당자를 사용하여 할당한 메모리의 크기를 의미합니다. 즉, 실제로 데이터가 사용하는 크기를 나타냅니다. maxmemory는 레디스가 사용할 수 있는 최대 메모리 크기로, maxmemory 지시자로 설정된 값을 의미합니다 (ElastiCache에서는 reserved-memory-percent 매개변수 설정값이 반영되어 표시됩니다. 10.1절 참조). used_memory 값이 maxmemory 값을 초과하면 maxmemory-policy 지시자로 설정한 값을 따르도록 동작합니다.[02] 레디스를 캐시 서버나 임시 저장소로 사용하는 경우, 일반적으로 maxmemory를 설정하는 것이 좋습니다.

used_memory에는 클라이언트 출력 버퍼 등도 포함되어 있으므로 데이터만 사용하는 것이 아니라는 점에 유의해야 합니다. 예를 들어, 클라이언트 쿼리 버퍼 영역이 급격히 증가하면 used_memory가 커지고 maxmemory를 초과할 수 있습니다.

또한 레플리카 출력 버퍼와 AOF 버퍼 크기는 used_memory에 포함되지만, maxmemory를 계산할 때는 포함되지 않는다는 점도 유의해야 합니다. INFO 명령어의 mem_not_counted_for_evict는 AOF 버퍼, AOF 재작성 버퍼, 레플리카용 클라이언트 출력 버퍼 그리고 RDB의 스냅숏을 생성할 때 CoW에 의해 사용된 메모리양의 합계를 나타냅니다(6.1절 참조). 이 관계는 used_memory − mem_not_counted_for_evict ≤ maxmemory라는 식으로 나타낼 수 있습니다. 달리 표현하면, 실제 사용되는 메모리양(used_memory − mem_not_counted_for_

---

02 https://github.com/redis/redis/blob/7.0.4/src/evict.c#L373–L433

evict)이 사용자가 설정한 값(maxmemory)을 초과하지 않아야 한다는 것을 의미합니다. 여기서는 maxmemory는 RSS의 메모리 사용량을 제한하는 것도 아니고, 메모리 단편화 상황을 고려하지도 않는다는 점을 주의해야 합니다.

maxmemory 지시자 값은 데이터 외 메모리도 제어하는데, 특히 클라이언트 출력 버퍼의 메모리 소비량이 차지하는 비중이 큰 편입니다. client-output-buffer-limit 지시자로 관리할 수 있긴 하지만, 하나의 연결에 한해 메모리 크기를 제어하는 것이라서 여러 클라이언트가 있는 상황에서는 효과가 떨어집니다.

레디스 7.0 이후부터는 maxmemory-clients 지시자를 통해 모든 클라이언트가 사용하는 메모리 소비량을 제한할 수 있습니다. 만약 메모리 소비량이 이 제한값을 초과하면, 소비량이 가장 많은 클라이언트의 연결이 해제됩니다. 특정 클라이언트를 연결 해제 대상에서 제외하고 싶다면 CLIENT NO-EVICT on 명령어를 실행하면 됩니다.

used_memory_overhead는 서버에 할당된 오버헤드를 관리하는 데 사용되는 내부 데이터 구조입니다. 레디스가 사용 중이라고 인식한 메모리 중 실제 데이터 세트 크기를 제외한 부분입니다. 관련 공식은 다음과 같습니다.[03] [04]

```
used_memory_overhead = 서버 초기 메모리 사용량
                + 레플리케이션 백로그
                + 클라이언트 출력 버퍼(replica, normal, pubsub, master)
                + 레디스 클러스터의 클러스터 버스에서 다른 노드와의 연결에 사용되는 메모리
                + AOF 버퍼
                + AOF 재작성 버퍼
                + 이페머럴 스크립트의 캐시
                + 레디스 함수
                + 레디스 서버 내 메인 해시 테이블의 데이터 구조에 대한 오버헤드
                + 레디스 서버 내 만료용 해시 테이블의 데이터 구조에 대한 오버헤드
```

---

03 https://github.com/redis/redis/blob/7.0.4/src/object.c#L1134–L1253
04 https://github.com/redis/redis/blob/7.0.4/src/server.h#L1298–L1332

레디스 7.0부터 레디스 클러스터의 클러스터 버스에서 캐시 노드가 다른 노드와의 연결에 사용하는 메모리 정보를 INFO 명령어의 mem_cluster_links 값과 CLUSTER LINKS 명령어의 send-buffer-allocated 값으로 확인할 수 있습니다. 기본적으로 클러스터 링크의 전송용 버퍼의 크기는 제한이 없습니다. Pub/Sub 기능으로 사용하는 메시지로 인해 메모리 사용량이 큰 경우, cluster-link-sendbuf-limit 값을 client-query-buffer-limit 값보다 크게 설정하여 대처할 수 있습니다.

MONITOR 명령어 관련 클라이언트 출력 버퍼는 used_memory와 used_memory_overhead 양쪽 모두에 포함됩니다.[05] 또한 데이터 세트의 크기로 인해 used_memory_dataset 또는 used_memory_dataset_perc 값이 크게 나타나는 경우도 있습니다. 이러한 경우 SCAN 명령을 사용하여 데이터 세트를 검색하거나 redis-cli의 --bigkeys 옵션을 사용하여 데이터 세트 내에서 크기가 큰 키를 조사할 수 있습니다. used_memory_dataset는 데이터 세트의 메모리 크기를 나타내고, used_memory_dataset_perc는 데이터 세트가 차지하는 전체 메모리의 비율을 나타냅니다.

```
used_memory_dataset = used_memory - used_memory_overhead
used_memory_dataset_perc = used_memory_dataset / (used_memory - used_memory_
startup)
```

AOF는 데이터의 변경사항을 파일 끝에 지속적으로 추가하는 방식으로 작동합니다. 명령어를 받으면 그 명령어를 먼저 AOF 버퍼에 임시로 보관한 후, 플러시 작업을 통해 디스크 내의 파일에 영구적으로 저장합니다. AOF 재작성 과정은 먼저 자식 프로세스를 포크 작업을 통해 생성합니다. 부모 프로세스는 포크 이후 발생한 쓰기 작업 내용을 AOF 재작성 버퍼에 임시적으로 저장한 후, 자식 프로세스가 새롭게 생성한 AOF 파일에 변경사항을 반영합니다.

이페머럴 스크립트의 경우, 실행된 스크립트는 레디스 인스턴스 내에 스크립트 캐시로 남아있고, 따로 건드리지 않으면 삭제되지 않습니다. 스크립트가 유지되는 이유는 여러 스크립트

---

05 레디스 5.0 이전에는 used_memory에 포함되어 있었지만, used_memory_overhead에는 포함되지 않았습니다.
https://github.com/redis/redis/pull/4953

가 많이 있어도 전반적인 메모리 사용량이 적어서 문제가 발생할리 없기 때문입니다.[06][07] 실제로 규모가 큰 애플리케이션에서 스크립트를 여러 번 수정하더라도 사용되는 메모리양은 미미한 수준입니다. 이런 메커니즘 덕분에 같은 해시값을 가진 스크립트를 재활용할 수 있으며, 대역폭을 절감하고 서로 다른 리소스 간에도 동일한 명령어를 실행했을 때 항상 같은 방식으로 동작하도록 보장한다는 장점이 있습니다.

메모리 단편화율(mem_fragmentation_ratio)은 메모리 단편화 비율을 나타내는 값입니다. 레디스가 현재 사용 중인 것으로 인식하는 메모리 사용량을 RSS 값을 나눈 값이며, 공식은 다음과 같습니다.

```
mem_fragmentation_ratio = used_memory_rss / used_memory
```

메모리 단편화 문제 대처 방법

INFO 명령어 실행 결과의 mem_fragmentation_ratio 항목은 메모리 단편화율을 나타냅니다. 메모리 단편화율은 현재 메모리 단편화 상황을 어떻게 해석하고 대처해야 할지 알려주는 값입니다. 단편화율이 1.0이거나 그보다 약간 더 높으면 양호한 편이고, 단편화율이 1.5 이상이면 단편화가 심각하고 성능 문제가 발생할 수 있으므로 주의해야 합니다. 반대로 단편화율이 1보다 낮다면 스왑이 발생하고 있을 가능성이 있습니다.

메모리 단편화율(mem_fragmentation_ratio)은 RSS 값 대비 레디스가 현재 사용 중이라고 인식한 메모리 사용량을 의미합니다. 그러므로 현재 사용량에 비해 최대 사용량에 훨씬 더 많은 메모리를 사용하는 상황이라면 참고하기 어려운 값이 될 수 있습니다.[08] 이와 같은 이유로, 많은 양의 키를 한꺼번에 삭제한 직후 단편화 비율이 증가하는 상황이 발생할 수 있습니다.

---

06 https://redis.io/commands/eval/

07 규모가 커질수록 이페머럴 스크립트 문제도 커집니다. 레디스 7.0 이후부터는 이페머럴 스크립트를 대체하기 위해 레디스 함수를 사용할 수 있습니다.

08 https://redis.io/docs/latest/operate/oss_and_stack/management/optimization/memory-optimization/

또한 데이터 삭제나 저장이 잦으면 삭제된 데이터 자리에 새로운 데이터를 효율적으로 쓰지 못해 메모리 사용 효율이 떨어질 수 있습니다. 이 경우, 실제 사용하는 메모리양에 비해 운영 체제 관점에서 레디스에 할당된 메모리양의 비율이 커지므로 단편화가 심해질 수 있습니다. 단편화가 심해지면 스왑이 발생하고 성능 저하로 이어질 수 있으므로 주의해야 합니다.

단편화가 발생했을 때의 대처 방법은 다음과 같습니다.

1. **레디스 재시작**
   - 레디스를 재시작한 후 RDB나 AOF 파일 불러오기를 통해 데이터를 복원합니다(5.1절 참조).
2. **동적 단편화**Active Defragmentation
3. **메모리 스왑 제한**
4. **메모리 할당자 변경**
5. **MEMORY PURGE 명령어 실행(레디스 4.0.0 이상에서 jemalloc을 메모리 할당자로 사용하는 경우에 사용 가능)**
   - 메모리 사용량이 높은 최대 사용량 시간에도 jemalloc이 메모리를 즉시 해제하지 않는 상황에서 메모리를 재사용하고자 할 때 유용합니다.

레디스 재시작이나 메모리 스왑 제한 같은 방법은 관리형 서비스에서는 제약이 있어 사용하지 못할 수도 있습니다. 단, 클라우드 환경에서는 노드 재생성과 같은 대안도 있으니 서비스 문서를 확인합니다.

레디스는 메모리 할당자로 jemalloc을 사용하고 있습니다.[09]

9.1.2 클라이언트 출력 버퍼

클라이언트 출력 버퍼에 대해 자세히 살펴보겠습니다.

레디스 서버는 각 클라이언트, 레플리카, Pub/Sub 기능용 COB^{Client Output Buffer}를 가지고 있습니다. COB는 특정 이유로 서버로부터 데이터를 즉시 읽지 못하는 클라이언트의 연결을

---

09 http://oldblog.antirez.com/post/everything-about-redis-24.html

강제로 끊는 용도로 사용됩니다.

레디스 서버는 클라이언트마다 COB를 갖추고, 서버에서 처리한 결과를 직접 클라이언트에게 보내지 않고 일단 COB에 저장합니다. 그 후 COB에 저장된 정보가 클라이언트에 한번에 전송됩니다. 버퍼 크기가 커질 수 있는 상황은 다음과 같습니다.

- 다루는 데이터 크기가 큰 경우
- 스토리지가 느린 경우
- 네트워크 환경이 좋지 않은 경우

만약 COB를 많이 사용하는 클라이언트가 있고, COB의 크기에 제한을 두지 않으면 다른 처리 작업에 영향을 줄 수 있습니다. 그러나 버퍼 크기에 제한을 설정해두면, COB 크기를 초과했을 때 해당 클라이언트의 연결을 끊을 수 있습니다.

클라이언트 출력 버퍼 종류

Pub/Sub 기능을 사용하는 경우 발행자가 생성한 메시지를 구독 명령을 수행한 클라이언트가 소비하지 못하는 경우가 있을 수 있습니다. 이러한 상황에서는 레디스 서버의 메모리 사용량이 계속 증가하게 됩니다. 이때 COB의 pubsub 유형은 버퍼 크기에 제한을 두어, 해당 클라이언트의 출력 버퍼가 초과되면 연결을 끊을 수 있습니다.

replica 유형의 COB는 마스터에서 버퍼링하는 영역으로, 레플리케이션 과정 중에 처리된 마스터의 쓰기 작업을 레플리카에도 반영하기 위해 사용됩니다. 스냅숏 생성 시 이 과정에서 캐시 노드 내의 데이터를 직렬화하여 디스크에 저장합니다. 이 기간에는 마스터 변경 로그를 레플리카용 COB에 저장한 후 스냅숏 생성이 완료되면 변경 로그를 레플리카로 전송합니다.

스냅숏 생성 작업은 운영환경에 미치는 영향을 최소화하므로 레플리카에서 수행하는 것이 가장 좋습니다. 이 과정에서 레플리카의 COB에 쓰기 요청이 쌓이므로, 관리에 주의할 필요가 있습니다. 예를 들어, 레플리카의 버퍼 크기가 초과되어 연결이 끊긴다면, 레플리카는 마스터에 동기화를 요청합니다. 전체 동기화가 이루어지는 상황에서는 요청을 처리하는 프로세스에 부하가 커질 수 있으므로 COB의 크기가 작게 설정되어 있으면 레플리케이션이 제대로 이뤄지지 않을 수 있습니다. 따라서 적절한 버퍼 크기를 설정하거나 필요에 따라 비활성화해야 하는지 확인해야 합니다. COB의 유형에 관계없이 client-output-buffer-limit 지시자 값을 0으로 설정하면 해당 유형의 COB를 비활성화할 수 있습니다. 관리형 서비스에서는 동기화 중에 남은 메모리가 낮은 상황에서 COB 상태를 모니터링하여 버퍼가 초과되는 것을 방지하는 시스템을 제공하기도 합니다.

normal 유형의 클라이언트 출력 버퍼는 일반적인 클라이언트 연결에 사용되는 버퍼 영역입니다. 많은 클라이언트에서 하나의 명령을 보낸 후, 다음 명령을 보내기 전에 응답이 올 때까지 기다리는 블로킹 방식을 사용합니다.

따라서 일반 클라이언트의 연결을 끊는 것이 바람직하지 않은 경우가 많기 때문에 기본적으로 normal 유형의 COB에 대한 제한값은 0으로 설정됩니다. 제한값이 0이라는 의미는 제한을 두지 않겠다는 의미로 이해하면 됩니다.

client-output-buffer-limit 지시자는 레디스에서 클라이언트 출력 버퍼의 크기 제한을 설정하는 데 사용됩니다. normal, replica, pubsub의 세 가지 유형의 COB에 각각 하드 리미트와 소프트 리미트를 설정할 수 있습니다. 하드 리미트는 COB의 메모리 크기가 설정된 리미트에 도달하면 즉시 연결이 끊기는 방식이며, 소프트 리미트는 COB의 메모리 크기가 설정된 리미트에 도달하고 지정한 시간 동안 지속되면 연결이 끊깁니다.

CLIENT LIST 명령어의 실행 결과 중 obl과 oll 값은 COB와 관련이 있습니다. 레디스 7.0 이전에는 클라이언트 출력 버퍼에 16KB의 고정 길이 영역과 동적 부분으로 각 역할에 맞게 사용되었습니다. 레디스 7.0 이후부터는 크기가 큰 연결 풀을 만들 때 고정 길이 메모리도 많은 메모리를 사용하기 때문에 최대 사용 시 메모리양을 기준으로 조정하는 알고리즘을 사용하여 동적으로 변경하는 방식으로 개선되었습니다.[10]

CLIENT LIST 명령어에는 rbs와 rbp라는 항목이 추가되어, 각각 클라이언트의 응답 버퍼의 현재 크기와 최근 관찰된 버퍼의 최대 사용 시 메모리 소비량을 나타냅니다. INFO Stats 명령어는 reply_buffer_shrinks와 reply_buffer_expands를 확인할 수 있으며, 각각 응답 버

---

10 https://github.com/redis/redis/pull/9822 https://github.com/redis/redis/pull/10371

퍼의 축소 및 확장 횟수를 나타냅니다. 참고로 마스터용 COB도 있지만, 설정 가능한 값이 아니기 때문에 신경 쓰지 않아도 괜찮습니다.

9.2 키 만료

레디스는 주로 캐시 용도로 사용되기 때문에 데이터를 가능한 한 최신 상태로 유지하고, 오래된 데이터는 갱신할 필요가 있습니다. 그러므로 최대한 캐시 내의 데이터를 재사용하고 백엔드 데이터베이스에 접근하는 횟수를 줄여서 효율적으로 운용할 필요가 있습니다. 또한 캐시로 참조하는 데이터가 현재 데이터와 크게 다르지 않다면 TTL을 설정해서 적절하게 관리할 필요가 있습니다. TTL이 만료된 항목을 재사용하려면 만료 처리를 해야 합니다. 이 절에서는 이와 관련한 동작을 자세하게 살펴봅니다.

9.2.1 만료 방법

레디스에서 키의 만료를 처리하는 방법은 크게 수동적Passive 방법과 능동적Active 방법으로 나뉘며, 기본적으로 둘을 조합해서 사용합니다. TTL이 만료되면 대상 키가 메모리에서 삭제되는 것이 아니라 메모리에 남게 되는데 이 데이터를 삭제하는 방법을 의미합니다.

수동적 방법은 클라이언트가 키에 접근할 때 해당 키의 TTL이 만료되었는지 확인합니다. 만약 TTL이 만료되었다면, 해당 키를 메모리에서 삭제합니다.

능동적 방법은 레디스가 매 초마다 10번, 임의로 20개의 키를 샘플링하여 만료된 키를 확인하고 삭제합니다. 이때 샘플링된 키 중 25% 이상이 만료된 경우, 다시 샘플링과 삭제 과정을 반복합니다.[11] [12] [13] 이 과정은 레디스가 싱글 스레드로 처리하기 때문에 다른 작업을 일시적

----

[11] https://github.com/redis/redis/blob/7.0.4/src/expire.c#L107–L111
[12] https://redis.io/docs/reference/optimization/latency/
[13] https://redis.io/commands/expire/

으로 차단하여 지연 시간에 영향을 줄 수 있습니다. 그렇기 때문에 EXPIREAT 명령어를 사용하여 유닉스 시간으로 만료 시간을 지정하는 등 동시에 여러 키가 만료되는 경우에는 주의가 필요합니다.

레디스 서버에는 백그라운드로 일정 시간마다 실행되는 타이머 이벤트가 있습니다(11.1.3절 참조). 이 타이머 이벤트는 설정 파일의 hz 지시자 값으로 초당 실행되는 횟수를 지정할 수 있습니다. 레디스 5.0.0 이후로는 hz 지시자와 dynamic-hz 지시자를 사용하여 연결된 클라이언트 수에 비례하도록 실행 횟수를 조정하여 유휴 상태에서의 CPU 사용량을 조절할 수 있습니다. 정기적으로 실행되는 타이머 이벤트 내에서 능동적 방법으로 키의 만료 작업이 수행됩니다. 단, 샘플링하는 키의 수나 임계값 백분율은 매개변수로 변경할 수 없습니다.

앞서 설명한 메커니즘과 별도로 빠른 만료 주기Cycle라는 방식도 있습니다.[14] 레디스는 이벤트 루프 기반으로 작동하지만, 빠른 만료 주기는 이 이벤트 루프의 각 주기마다 실행되며, 만료된 키의 비율이 10% 이하이거나 메모리 전체의 25% 이하의 크기를 소비하도록 동작합니다. 따라서 만료된 키가 많아서 이 값을 초과하게 되면 처리 시간과 지연 시간이 증가합니다. 관련 설정은 active-expire-effort 지시자를 통해 1에서 10 사이의 값을 지정할 수 있습니다. 값이 클수록 메모리 사용 효율은 높아지지만, CPU 사용이 증가하고 주기 기간이 길어지기 때문에 기본값인 1로 설정해 두는 것이 좋습니다.

9.2.2 삭제 정책

지금까지 TTL이 만료된 키를 처리하는 방법에 대해 설명했습니다. 그러나 이 방법들만으로는 메모리 공간을 충분히 확보하지 못할 수 있고, 만약 만료될 키가 없으면 메모리 사용량이 최대치에 도달할 수 있습니다.

이 문제를 해결하기 위해 레디스에서는 메모리 사용량이 maxmemory 지시자로 설정된 값에 도달했을 때, 메모리 확보를 위해 키를 삭제하는 과정이 이루어집니다. 이때 maxmemory-

---

14 레디스 6.0 이후 새롭게 만료 주기 알고리즘이 개선되었습니다. 이후 기존 주기는 '느린 만료 주기'로 부르게 되었습니다.

policy 지시자로 설정된 정책을 따릅니다. 다음 표는 maxmemory-policy에 설정할 수 있는 값 목록입니다.

표 9-1 maxmemory-policy에 설정할 수 있는 값의 목록

정책	상세
noeviction	오류를 반환하고 어떤 키도 삭제하지 않는다.
volatile-random	TTL이 설정된 키 중에서 임의로 키를 선택해 삭제한다.
allkeys-random	모든 키 중에서 임의로 키를 선택해 삭제한다.
volatile-lru	TTL이 설정된 키 중에서 가장 최근에 사용되지 않은 키(LRU)를 선택해 삭제한다.
allkeys-lru	모든 키 중에서 가장 최근에 사용되지 않은 키를 선택해 삭제한다.
volatile-ttl	TTL이 설정된 키 중에서 남은 TTL이 가장 짧은 키를 선택해 삭제한다.
volatile-lfu	TTL이 설정된 키 중에서 가장 적게 사용된 키(LFU)를 선택해 삭제한다.
allkeys-lfu	모든 키 중에서 가장 적게 사용된 키를 선택해 삭제한다.

volatile-로 시작하는 정책들은 TTL이 설정된 키를 대상으로 삭제합니다. 반면에 all-로 시작하는 정책들은 TTL 설정 여부와 관계없이 모든 키를 대상으로 합니다. 만약 이 정책을 사용할 때 만료될 키가 없으면 noeviction 정책을 사용할 때와 같은 방식으로 동작합니다.

-random으로 끝나는 정책은 volatile-, all- 기준에 따른 대상 키 중에서 임의로 키를 선택해 제거합니다. -lru로 끝나는 정책은 volatile-, all- 기준에 따른 대상 키 중에서 LRU 방식으로 키를 선택하여 삭제합니다. -lfu로 끝나는 정책은 volatile-, all- 기준에 따른 대상 키 중에서 LFU 방식으로 키를 선택하여 삭제합니다.[15] -ttl로 끝나는 정책은 TTL이 가장 짧은 키를 선택하여 삭제하되, volatile-로 시작하는 정책들과 같은 방식으로 동작합니다.

noeviction 정책은 키를 삭제하지 않는다는 선택지를 제공합니다. 이 정책을 선택한 후 메모리 사용량이 maxmemory를 초과하면 다음과 같은 오류를 반환합니다.[16]

---

15 레디스 4.0 이후 도입되었습니다.

16 https://repost.aws/ko/knowledge-center/oom-command-not-allowed-redis

```
(error) OOM command not allowed when used memory > 'maxmemory'.
```

그러나 LRU 방식의 캐시로 사용하고자 할 때 maxmemory의 설정값을 초과해도 괜찮은 경우에 해당 설정이 유용할 수 있습니다. 레디스 3.0 이후부터는 noeviction을 기본 설정으로 하며, 메모리 사용량을 초과하면 새로운 쓰기 작업은 거부되고 DEL 명령어처럼 추가 메모리를 사용하지 않는 명령어만 허용합니다.[17] 이전의 기본 설정은 volatile-lru였습니다.

오픈소스 버전의 레디스에서 noeviction이 기본값으로 설정되어 있으며, 관리형 서비스를 사용하는 경우에는 다른 설정이 적용될 수도 있습니다.

allkeys-lru는 지수 분포를 따르며, 특정 데이터 세트에 특히 많이 접근하거나 접근 패턴이 예측하기 어려울 때 유용합니다. 반면, allkeys-random은 모든 키에 균등하게 접근하는 패턴에 유용합니다.

또한 메모리 사용량이 초과된 상태에서는 다음과 같은 상황에서 새로운 명령어가 실행되지 않을 수 있습니다.

- maxmemory-policy 값으로 noeviction을 지정할 때 키를 삭제할 수 없는 상황
- volatile-로 시작하는 정책을 사용하고 있지만 TTL이 설정된 키가 없어 키를 삭제할 수 없는 상황

명령어를 실행하려고 하면 다음과 같은 오류가 발생하고 실행되지 않습니다.

```
(error) ERR command not allowed when used memory > 'maxmemory'
```

메모리 사용 문제에 대처하기 위해서는 키의 TTL 설정을 확인하거나, 다른 maxmemory-policy를 시도하는 것이 효과적입니다.

임시 해결책으로는 DEL 명령어를 사용하여 불필요한 키를 삭제하거나 클라우드 환경에서 더 많은 메모리 용량을 가진 캐시 노드 타입을 사용하여 메모리 용량을 증가시키는 방법이 있습니다. 그러나 장기적인 관점에서는 메모리 관리 전략을 재검토하고 필요한 경우에는 삭제 정

---

17 이런 상황이 발생한 경우, COMMAND 명령어를 실행해서 각 명령어 설명을 확인하세요. 혹은 COMMAND INFO SET처럼 세 번째 요소에 대상 명령어를 지정하여 실행했을 때 설명에 denyoom가 포함된 명령어는 실행할 수 없을 수도 있습니다.

책을 변경하는 것을 먼저 고려해야 합니다.

리눅스에서는 메모리 사용량이 캐시 노드의 메모리를 압박할 경우, OOM[Out-Of-Memory] Killer 가 활성화되어 프로세스를 강제 종료할 수 있습니다.[18] 그러면 레디스 서버가 중단될 수 있으므로 메모리 사용량을 지속적으로 모니터링해야 합니다. 9.1.1절을 참조하기 바랍니다.

LFU 메커니즘

LFU는 사용 빈도가 가장 낮은 항목을 삭제 대상으로 선택하는 알고리즘입니다.[19] LFU를 계산하기 위한 값 저장 공간 크기를 줄이기 위해 확률론에 기반한 카운트 방식을 사용합니다.[20]

먼저 밑수를 정하고, 지수 부분만 기억해서 계산을 통해 실제 사용 빈도를 추정하는 방식을 사용합니다. 지수가 커질수록 더 자주 사용된다고 간주하므로 데이터를 사용할 때마다 지수가 올라갑니다. 사용 빈도가 낮을수록 지수값이 커질 확률이 높지만 반대로 지수가 커질수록 사용될 확률이 낮아집니다. 이처럼 LFU 계산 방식은 실제 사용 빈도를 정확하게 카운트하는 것이 아니라 확률을 기반으로 근사치를 계산하는 방식이기 때문에 지수값이 클수록 오차가 커지게 됩니다.[21] [22]

LFU는 세 가지 동작(각 키에 접근할 때마다 카운터가 증가, 시간이 지나면 카운터 감소, 카운터 값이 낮은 키 삭제)으로 이뤄집니다.

기본적으로 레디스에서는 100만 번의 요청당 한 번, 1분 간격으로 카운터를 감소시키도록 되어 있으며, 이 값은 lfu-log-factor와 lfu-decay-time 지시자를 통해 설정할 수 있습니다. lfu-log-factor는 지수를 의미하며, lfu-decay-time의 카운터 값을 감소시키는 시간을 분 단위로 설정한 값입니다. 각 지시자들의 기본값은 10과 1로 설정되어 있습니다.

---

18 앞서 설명한 maxmemory를 초과하는 메모리가 필요한 경우 표시되는 오류 (error) OOM command not allowed when used memory 〉 'maxmemory' 의 OOM과는 다른 개념입니다.

19 레디스 4.0 이후부터 사용할 수 있게 되었습니다.

20 https://redis.io/docs/latest/develop/reference/eviction/

21 https://www.inf.ed.ac.uk/teaching/courses/exc/reading/morris.pdf

22 https://learning.oreilly.com/library/view/high-performance-python/9781449361747/

LFU 카운터는 키마다 8비트를 할당되어 있어 최대값은 255가 됩니다. 즉, 지수가 커질수록 카운터가 255에 도달하기 위해서는 더 많은 요청을 필요로 한다는 것을 의미합니다. 예를 들어, 기본 설정에서 최대 요청 가능한 횟수를 100만으로 설정하고, 기본 지수값이 10이라고 한다면, LFU 카운터가 255에 도달하기 위해서는 100만 번의 카운트가 필요하다는 것을 의미합니다.

표 9-2 100만으로 설정한 최대 요청 가능 횟수

factor	100 hits	1000 hits	100K hits	1M hits	10M hits
0	104	255	255	255	255
1	18	49	255	255	255
10	10	18	142	255	255
100	8	11	49	143	255

알고리즘은 lfu_log_factor 값을 포함한 특정 계산에 의해 정의된 확률에 따라 동작합니다. 만약 0과 1 사이의 무작위 숫자가 더 작은 경우에만 카운터가 증가합니다.[23]

$$P = \frac{1}{(old\_value * lfu\_\log\_factor + 1)}$$

LRU 메커니즘

일반적인 LRU 알고리즘은 메모리 할당 시 가장 오랫동안 사용되지 않은 키를 삭제 대상으로 선정하는 방법입니다.

그러나 레디스의 LRU 방식은 무작위로 선택된 일정 수의 아이템 중에서 가장 오랫동안 사용되지 않은 아이템을 삭제 대상으로 정합니다. 즉, 레디스의 LRU는 근사적인 방식으로 동작한다고 볼 수 있습니다.[24]

---

23 https://github.com/redis/redis/blob/7.0.4/src/evict.c#L297–L307
24 http://oldblog.antirez.com/post/redis-as-LRU-cache.html

maxmemory-samples 지시자로 무작위로 샘플링된 키를 설정할 수 있습니다.

샘플링에는 16개의 키 풀Pool[25]을 사용하여 키 정보를 수집합니다.[26] 풀의 키들은 유휴 시간에 따라 정렬됩니다. 만약 새로운 키의 유휴 시간이 해당 풀의 키들 중 유휴 시간이 가장 짧은 키보다 길면 풀에 추가됩니다. 이때 풀에서 유휴 시간이 가장 긴 키는 삭제 대상이 됩니다.[27] LRU 알고리즘은 여러 데이터베이스에 걸쳐 삭제 대상 키를 선정합니다.[28] [29]

LRU는 최근에 접근했지만 일반적으로 사용되지 않는 아이템이 계속 남아있는 경우가 있습니다. 반면, LFU는 이러한 문제가 없으며 보다 다양한 패턴에 적용할 수 있습니다.

LFU와 LRU 중 어떤 방식을 사용할지 결정하기 어려울 경우, 두 방법 모두 사용해서 비교해 보는 것이 좋습니다. 예를 들어, 두 방법 중 캐시 히트율이 더 높은 방식이 메모리를 더 효율적으로 사용한다고 볼 수 있으므로 캐시 히트율이 더 높은 방식을 채택할 수 있습니다. 특별한 차이점이 없다면, 기본 설정으로 자주 사용되는 LRU를 사용하는 것이 무난합니다. 혹은 워크로드 특성으로 인해 사용 빈도가 낮지만 캐시 메모리에 남아 있어 메모리 효율성이 떨어지는 경우라면 LFU 방식을 고려하는 것도 좋습니다.

9.3 메모리를 효율적으로 사용하기 위한 기타 방법

앞서 설명한 방법 외에 메모리를 효율적으로 사용하기 위한 동적 리해싱Active Rehashing과 동적 단편화 제거Active Defragmentation 기법에 대해 알아보겠습니다.

---

25 https://github.com/redis/redis/blob/7.0.4/src/evict.c#L54
26 레디스 3.0 이후부터 이 방식으로 동작합니다.
27 http://antirez.com/news/109
28 https://github.com/redis/redis/issues/2647
29 레디스 4.0 이후부터 적용된 방식입니다. 레디스 4.0 이전에는 LRU의 삭제 대상을 결정할 때 각 데이터베이스에 연결될 때마다 해당 데이터베이스에서 수행되었습니다. 그러나 이 방식은 자주 접근되는 키를 가진 데이터베이스가 LRU 대상이 되고, 삭제 대상 후보가 많은 키를 가진 데이터베이스는 방치될 수 있는 문제점이 있었습니다.

9.3.1 동적 리해싱

레디스는 하나의 큰 해시 테이블을 사용하여 데이터를 관리합니다. 동적 리해싱 방식은 이 해시 테이블의 크기를 사용하려는 상황에 맞추어 자동으로 조정합니다.

동적 리해싱은 CPU 시간의 100밀리 초 중 1밀리 초만큼만 사용하여 리해싱 중인 테이블 관련 작업이 있을 때마다 점진적으로 진행됩니다. 그렇기 때문에 자주 접근되지 않는 테이블은 리해싱이 완료되지 않을 수도 있습니다.

해시 테이블의 크기는 2의 거듭제곱 단위로 설정되며, 해시 충돌이 발생할 경우 충돌을 처리하기 위해 체이닝 방식을 사용합니다.

리해싱 과정에서는 크기가 조정된 새로운 테이블을 추가로 준비하여, 새로운 아이템이 이 테이블에 저장되도록 합니다. 각 작업을 수행될 때마다 오래된 테이블에서 새 테이블로 데이터가 옮겨지고, 데이터가 모두 이동하면 이전 테이블은 삭제됩니다. 이러한 방식을 통해 리해싱 중에도 테이블을 계속 사용할 수 있습니다.

만약 레디스의 응답으로 인해 쿼리가 2밀리 초만큼 지연되는 것이 문제가 될 경우, 동적 리해싱을 비활성화할 수 있습니다. 그러나 즉시 메모리를 해제하고 싶다면 기본적으로 활성화해 두는 것이 좋습니다.

동적 리해싱은 activerehashing 지시어로 활성화할 수 있으며, 활성화하려면 yes, 비활성화하려면 no를 설정합니다.

9.3.2 동적 단편화 제거

레디스 서버를 사용하다 보면 어느 정도 메모리 단편화가 발생할 수 있습니다. 특히 크기의 차이가 큰 데이터를 다룰 때 메모리 단편화가 더 많이 발생합니다. 단편화는 모든 메모리 할당자에서 발생하지만, jemalloc은 그중에서도 단편화가 덜 발생하도록 설계되어 있으므로 사용하는 것을 권장합니다. 대부분의 운영환경에서 리눅스를 사용하기 때문에 기본값인 jemalloc을 많이 사용하고 있습니다.

단편화가 심해져 문제가 되는 경우 레디스 서버를 재시작하거나 캐시 노드를 재생성하는 등의 조치를 취해야 할 경우가 있습니다. 이때 동적 단편화 제거 기법을 사용하면 재시작 같은 다른 조치 없이도 단편화 문제를 해결할 수 있습니다.

동적 단편화 제거는 특정 임계값을 초과했을 때 jemalloc의 기능을 사용하여 연속된 메모리 영역에 새로운 데이터의 레플리카를 생성한 후 오래된 데이터를 해제하는 방식으로 진행됩니다. 모든 키에 대해 점진적으로 반복적으로 수행되는 방식을 통해 단편화를 정상 범위까지 감소시킵니다.

임계값은 대표적으로 단편화로 인해 사용할 수 없는 메모리의 최소 크기, 메모리 단편화의 최대 최소 비율, CPU 최대 최소 사용률 등으로 설정할 수 있습니다. 그 외에도 각각의 매개변수를 정리하면 다음과 같습니다.

- `active-defrag-ignore-bytes`
- `active-defrag-threshold-lower`
- `active-defrag-threshold-upper`
- `active-defrag-cycle-min`
- `active-defrag-cycle-max`
- `active-defrag-max-scan-fields`

동적 단편화 제거는 실험적인 기능으로 레디스 4.0에서 처음 추가되었고, 레디스 5.0에서 버전 2로 업데이트되었습니다.[30] 동적 단편화 제거는 실험적인 기능으로 레디스 4.0에서 처음 추가되었고, 레디스 5.0에서 버전 2로 업데이트되었습니다.[31] 또한 기본적으로는 비활성화되어 있으며, jemalloc의 기능을 활용하기 때문에 메모리 할당자로 jemalloc을 사용하는 설정에서만 사용할 수 있습니다.

---

30 https://github.com/redis/redis/pull/3720
31 https://github.com/redis/redis/pull/4691

COLUMN zmalloc

레디스는 메모리 할당에 zmalloc 함수를 사용합니다. zmalloc은 플랫폼에 관계없이 동일한 방식으로 메모리를 할당할 수 있게 하는 래퍼 함수입니다.[32] 레디스는 메모리 할당 시 실제로 얼마나 할당되었는지 알려주거나 HAVE_MALLOC_SIZE가 설정되지 않은 경우 요청한 만큼 메모리가 할당되었다고 가정합니다. 이 값은 INFO 명령어의 used_memory 등에서 확인할 수 있습니다.

레디스의 메모리 관리는 운영체제에 크게 의존하기 때문에 zmalloc으로 메모리를 할당하면 malloc이 호출되고, 운영체제 내부의 상황에 따라 응답 처리 속도에 변동이 생길 수 있습니다. 멤케시디는 메모리 단편화를 줄이기 위해 슬랩 할당Slab Allocation이라는 시스템을 도입하여, 운영체제의 의존도를 줄이고 애플리케이션 측면에서 메모리 관리에 주의를 기울이고 있습니다.

```
void *zmalloc(size_t size) {
        void *ptr = malloc(size+PREFIX_SIZE);

        if (!ptr) zmalloc_oom_handler(size);
#ifdef HAVE_MALLOC_SIZE
        update_zmalloc_stat_alloc(zmalloc_size(ptr));
        return ptr;
#else
        *((size_t*)ptr) = size;
        update_zmalloc_stat_alloc(size+PREFIX_SIZE);
        return (char*)ptr+PREFIX_SIZE;
#endif
}
```

HAVE_MALLOC_SIZE는 다음과 같은 조건일 때 true로 합니다.[33]

---

32 https://github.com/redis/redis/blob/7.0.4/src/zmalloc.c

33 더 자세한 내용은 zmalloc.h 구현 코드를 참고하기 바랍니다.
 https://github.com/redis/redis/blob/7.0.4/src/zmalloc.h#L38–L90

- tcmalloc 1.6 버전이나 2 버전 이상을 사용할 때

- jemalloc 2.1 버전이나 3 버전 이상을 사용할 때

- macOS, glibc, Free BSD를 사용할 때

리눅스 표준에서는 jemalloc이라는 구현이 사용됩니다. jemalloc는 메모리 단편화를 줄이기 위해 크기가 작은 메모리 할당을 위한 다양한 크기 클래스$^{Size\ Class}$를 제공합니다. 실제 메모리를 할당할 때는 크기 클래스 중에서 요청받은 메모리보다는 크지만 그중에서 가장 작은 크기 클래스에 할당합니다. 이때 최대 25% 이하만큼 추가 할당할 수 있도록 설계되어 있어, 메모리 단편화를 줄일 수 있습니다.[34][35][36]

34 http://jemalloc.net
35 https://github.com/jemalloc/jemalloc
36 https://www.facebook.com/notes/10158791475077200/

10

클라우드에서
사용하는 레디스

이 장에서는 OSS 레디스와 클라우드에서의 이용 방법 및 트러블슈팅 진행 방법을 설명합니다. 최근 시스템 구축 시 클라우드를 많이 활용하고, 레디스 역시 클라우드 서비스에서 많이 이용됩니다. ElastiCache를 예시로 설명하며, 특히 트러블슈팅 관련 내용은 플랫폼에 관계없이 유용한 지식을 제공합니다.

최근에 시스템을 구축할 때 클라우드를 많이 사용합니다. 레디스 역시 인메모리 데이터베이스로 큰 인기를 끌고 있으므로 다양한 클라우드 서비스에서 레디스 관리형 서비스를 제공하고 있습니다. 앞의 내용들은 특정 클라우드 제공자Vendor와 관련 없는 내용만 다뤘지만, 이 장에서는 AWS의 ElastiCache를 사용하는 예시로 설명합니다.[01] [02] [03] ElastiCache는 레디스와 멤케시디의 두 가지 엔진을 제공하는 인메모리 캐시 서비스입니다. 여기서 다루는 내용들은 전부 AWS를 기준으로 설명하지만, 다른 클라우드 제공 업체나 OSS 버전을 운영하는 경우에도 적용할 수 있는 지식이 많으니 참고하기 바랍니다. 특히 10.3절의 트러블슈팅은 플랫폼과 상관없이 유용한 지식을 많이 정리했습니다. 지금까지 설명한 명령어의 실행 결과를 확인하는 방법이나 레디스의 동작 원리와 같은 지식이 담겨 있으므로 현업에서 활용해보기 바랍니다. 또한 레디스에서 제공하는 서비스는 다양한 모듈 기능을 통해 레디스를 편리하게 다룰 수 있는 기능도 있으므로 관심 있는 분은 찾아보기 바랍니다.[04]

10.1 OSS와 레디스의 차이

ElastiCache는 다른 AWS 서비스와의 통합이 용이할 뿐만 아니라, 관리형 서비스 형태로 다음과 같은 장점을 제공합니다. OSS 버전의 레디스를 운영할 경우 사용자가 직접 장애 대응이나 메트릭 모니터링 등을 관리해야 하지만, ElastiCache는 관리형 서비스이기 때문에 사용자의 수고를 덜 수 있습니다.

- **완전 관리**Full Managed
  - 하드웨어 프로비저닝Hardware Provisioning
  - 소프트웨어 패치 적용
  - 셋업

---

01 영어 버전 공식 문서를 우선적으로 검토하기 바랍니다.
02 https://aws.amazon.com/ko/elasticache/
03 https://docs.aws.amazon.com/ko_kr/AmazonElastiCache/latest/red-ug/WhatIs.html
04 https://redis.com

- 설정 작업

- 모니터링

- 장애 시 자동 복구

- **쉬운 스케일**

- **백업(자동 및 수동)/복원 기능**

- **이벤트 알림 기능**

- **셀프서비스 업데이트 기능**

ElastiCache의 레디스는 다음과 같은 기능도 갖추고 있습니다.

- **자동 페일오버**

- **지능형 스왑 메모리 관리**

- **고유한 매개변수**Unique Parameters

  - `reserved-memory-percent`(2017년 3월 16일 이전 사용자의 경우에는 `reserved-memory`)

  - `close-on-replica-write`(레디스 5.0 미만에서는 `close-on-slave-write`)

- **온라인 리샤딩**

- **자동 쓰기 슬롯 스로틀링**[05]

- **안전성 및 규정 준수**

- **일부 캐시 노드 유형(M5/R5 이상)에서 ElastiCache 최적화**

- **일부 캐시 노드 유형(M5/R5 이상)에서 I/O 처리 다중 스레딩**

- **지역 간 레플리케이션 기능**

- **계획된 유지보수 온라인 실행**

- **데이터 계층화**

- **자동 스케일링**

ElastiCache에서는 '클러스터 모드가 활성화된 레디스 클러스터'와 '클러스터 모드가 비활성화된 레디스 클러스터'라는 용어를 사용합니다. 전자는 8장에서 설명한 레디스의 네이티브 기능인 레디스 클러스터를 의미하며, 후자는 해당 기능을 사용하지 않는 레디스를 말합니다.

---

05 스로틀링(Throttling)은 레플리케이션의 안정성과 최적의 성능을 관리하기 위한 기능입니다. 레디스 서버가 처리할 수 있는 것 이상으로 명령이 전송될 경우, 명령 처리, 모니터링, 레플리케이션에 할당되는 트래픽 양을 조절할 수 있습니다. 이러한 조절이 이루어지고 있다면, `TrafficManagement Active` 메트릭 값이 1을 나타내어 이를 확인할 수 있습니다.

'클러스터 모드가 비활성화된 레디스 클러스터'라는 표현은 클러스터라는 단어가 두 번 나오기 때문에 헷갈릴 수 있습니다. 첫 번째 클러스터(클러스터 모드)는 레디스 네이티브 기능인 레디스 클러스터를 의미하며, 두 번째 클러스터는 ElastiCache의 기능으로서, 하나 이상의 캐시 노드 집합으로 이해하면 됩니다.[06] 이 점을 명확히 구분해서 이해해야 합니다.

10.1.1 고유 기능

ElastiCache는 관리 콘솔과 API를 제공하며, 다른 AWS 서비스와의 연동도 쉬운 서비스입니다. 앞서 소개한 ElastiCache의 특징 중에 중요한 주제 몇 가지를 소개합니다.

이벤트 알림 기능

클러스터에서 중요한 이벤트가 발생하면 알림을 받게 됩니다. 알림을 통해 관리 콘솔뿐만 아니라 AWS CLI나 AWS SDK에서도 이벤트를 처리할 수 있습니다. 또한 SNS[07]와 연동함으로써 이벤트가 발생했을 때 이메일 또는 SMS를 보내거나 람다lambda[08], SQS[09]가 자동으로 실행되도록 할 수 있습니다.[10] 이벤트 알림 기능은 노드 장애 감지나 일부 유지보수 정보를 확인하기 위해 설정해 두는 것이 좋습니다.[11]

셀프서비스 업데이트 기능

셀프서비스 업데이트 기능을 사용하면 업데이트의 적용 시기와 내용을 더욱 유연하게 제어

---

06 https://docs.aws.amazon.com/AmazonElastiCache/latest/red-ug/Clusters.Prepare.html
07 이 책에서는 Amazon Simple Notification ServiceAmazon을 SNS로 표기합니다.
08 이 책에서는 Amazon Lambda를 람다로 표기합니다.
09 이 책에서는 Amazon Simple Queue Service를 SQS로 표기합니다.
10 https://docs.aws.amazon.com/AmazonElastiCache/latest/red-ug/ECEvents.html
11 이벤트 알림 기능은 일부 이벤트만 필터링하여 가져올 수는 없습니다. 만약 특정 이벤트의 알람만 받고 싶다면 ElastiCache를 통해 SNS를 호출할 때, 한 단계를 더 거쳐 알림 대상에 실제 수신자를 지정해야 합니다. 먼저 알림 대상을 AWS 람다를 지정하고, 특정 이벤트가 발생한 경우에만 실제 수신자를 지정한 SNS에 메시지를 발행하는 구조가 필요합니다.

할 수 있습니다.[12][13][14] 일반적으로 유지보수에는 다운타임이 필요하며, 관리형 서비스도 예외는 아닙니다.[15] 현업에서는 특정 일시에 시스템이 유지보수하도록 유지보수 창Maintenance Window 내에서 실행 시간을 설정하여 제어하게 됩니다.

유지보수 창보다 더 유연하게 유지보수 실행 시간을 제어할 수 있는 시스템이 셀프서비스 업데이트 기능입니다. 셀프서비스 업데이트 기능은 적용 시기와 적용할 업데이트 내용도 설정할 수 있습니다.

우선순위가 높은 업데이트는 빠르게 적용하고, 나머지는 정기 유지보수 시기에 처리하는 식으로 운영할 수 있습니다.

COLUMN 클라우드에서 유지보수하는 방법

유지보수는 체계적으로 준비하려고 해도, 내용이 시시각각 업데이트될 수 있어서 사전에 완벽하게 유지보수 계획을 세우는 것은 어렵습니다.

ElastiCache를 유지보수할 때는 정보를 정확히 확인하고, 그 정보를 바탕으로 서비스에 미치는 영향을 고려하여 유연하게 대처해야 합니다. 루트 계정으로 보내진 이메일의 업데이트 내용을 매번 확인하면 도움이 됩니다.

업데이트할 때는 유지보수 관련 문서나 헬프 페이지, 서비스 FAQ[16] 등을 함께 확인하기 바랍니다. 문서를 읽는 것은 어찌보면 당연하지만, 생각보다 많은 사람이 문서를 읽지 않고 업데이트를 적용합니다. 유지보수는 특히 정보 업데이트가 잦은 영역인만큼 매번 내용을 확인하고, 의도치 않은 문제가 발생하지 않도록 준비하는 것이 중요합니다.

---

12 https://aws.amazon.com/ko/about-aws/whats-new/2019/06/elasticache-self-service-updates/
13 https://docs.aws.amazon.com/AmazonElastiCache/latest/red-ug/Self-Service-Updates.html
14 https://docs.aws.amazon.com/AmazonElastiCache/latest/red-ug/applying-updates.html
15 ElastiCache에서 유지보수하는 방법은 지속적인 관리 유지보수 업데이트와 서비스 업데이트 두 가지입니다. 사용 방식은 사용자가 결정할 수 없고, 유지보수의 내용에 따라 달라집니다. https://aws.amazon.com/ko/elasticache/elasticache-maintenance/
16 https://aws.amazon.com/ko/elasticache/faqs/

자동 페일오버

Amazon ElastiCache는 자동 페일오버 기능을 갖추고 있어 높은 내구성을 제공합니다. 페일 오버는 내부 모니터링 메커니즘을 바탕으로 동작합니다.

캐시 노드에 장애가 발생하면 페일오버가 진행되며, 마스터는 이전의 레플리카로 자동적으로 복구됩니다.[17]

페일오버 시에는 레플리케이션의 지연 시간이 가장 짧은 레플리카가 선택됩니다. 클러스터 모드가 비활성화된 레디스 클러스터에서는 자동 페일오버 기능 사용 여부를 선택할 수 있지만, 특별한 이유가 없다면 활성화하는 것이 좋습니다.[18]

클러스터 모드가 활성화된 레디스 클러스터에서는 과반수의 마스터를 사용할 수 없게 되면, 사용 가능한 상태가 될 때까지 자동으로 복구 작업이 진행됩니다. ElastiCache에서는 레디스 센티널을 사용할 수 없지만, 대부분의 상황에서는 기본 기능만으로도 충분합니다.

OSS 버전의 레디스 레플리케이션 기능은 마스터에 장애가 발생해도 자동으로 페일오버가 이루어지지 않습니다. 따라서 문제가 발생하면 수동으로 레플리카를 마스터로 승격시키는 등의 조치가 필요합니다. 자동 페일오버 기능을 사용하려면 레디스 클러스터나 레디스 센티널을 사용하거나, 자체적으로 시스템을 구축해야 합니다. 또한 OSS 버전의 레디스에서는 클러스터 모드에서 과반수의 마스터를 사용할 수 없게 되면, 클러스터로서 사용할 수 없게 됩니다(8.2.1절 참조).

멀티 AZ

멀티 AZ 기능은 AWS의 AZ^Availability Zone(논리적 데이터 센터 그룹)를 여러 개 사용하여 동시 장애를 피하는 시스템입니다. 멀티 AZ가 활성화되면 자동 페일오버 기능도 활성화됩니다. 이 기능을 사용하면 자동으로 페일오버 대상이 다른 AZ로 자동으로 전환되어 높은 가용성을 실현할 수 있습니다.

....

17 https://docs.aws.amazon.com/AmazonElastiCache/latest/red-ug/multi-az.html
18 레플리카를 수동으로 승격시켜야 하는 등 몇몇 경우에는 일시적으로 비활성화를 고려해야 할 수 있습니다.

성능 때문에 멀티 AZ의 사용을 꺼리는 사용자도 있을 수 있습니다. 하지만 저자의 경험상, 대부분의 경우에 AZ 간 지연 시간은 문제가 되지 않습니다.[19] 요구사항에 따라 다르지만, 가용성 향상이라는 이점이 더 큰 경우가 많을 것입니다.

지연 시간을 엄격히 관리해야 하고, 가용성으로 인한 리스크를 받아들일 수 있는 경우에는 싱글 AZ를 선택하고 그 외 대부분의 환경에서는 멀티 AZ 사용을 권장합니다.

▪── reserved-memory-percent 매개변수

ElastiCache는 reserved-memory-percent라는 독자적인 매개변수를 제공합니다(2017년 3월 16일 이전 사용자의 경우 reserved-memory).[20] 이 매개변수를 통해 스냅숏 생성 등에 사용되는 메모리(데이터 세트를 제외한 레디스 서버 내의 메모리)를 예약합니다. 레디스의 메모리 관리는 익숙하지 않은 사람에게는 다소 이해하기 어려운 점들이 있습니다. 그중 하나가 일부 작업을 처리하는 경우 메모리 사용량이 기존보다 최대 두 배 가까이 증가할 수 있다는 점입니다. 레디스는 스냅숏 생성, 레플리케이션을 통한 전체 동기화 과정에서의 RDB 생성, 또는 AOF 파일 재작성 시 프로세스 같은 작업을 백그라운드에서 포크 처리합니다. 이 과정에서 쓰기 작업이 많으면 CoW 메커니즘으로 인해 메모리가 많이 사용됩니다.

이러한 특성 때문에 OSS 버전의 레디스는 평소 메모리 사용량을 최대 메모리양의 약 50% 정도로 유지해야 했지만 이러한 조치로 인해 문제가 발생할 수도 있습니다. 예를 들어, 사용 가능한 메모리를 이미 대부분 사용하고 있으면, 메모리 부족으로 인해 RDB 파일 생성에 실패할 수 있고, OOM[Out Of Memory] Killer가 작동해 프로세스를 강제 종료할 수도 있습니다.

AWS는 이 문제를 보완하기 위해 처음부터 메모리 사용량을 예약하는 reserved-memory-percent 매개변수를 제공합니다. 또한 ElastiCache는 메모리가 충분하지 않은 상황에서 프

---

19 다른 가용 영역(AZ) 간의 경우, 같은 AZ 내 통신 지연에 비해 한 번의 라운드 트립 타임 자체에는 밀리 초 단위의 차이가 있습니다. 그러나 특히 RDBMS 등의 처리를 하고 있을 경우, 이 차이가 증폭되어 전체 처리 시간에 큰 차이로 나타날 수 있습니다. 예를 들어, 데이터베이스와의 연결을 자주 반복하거나, 데이터베이스에 세밀한 단위로 쿼리를 실행하고 그 결과를 받는 경우입니다. 한 번의 처리 시간이 수 밀리 초일지라도 전체 처리에서 1만 번과 같이 많이 반복되면, 전체 지연으로는 수십 초 단위의 큰 차이로 나타날 수 있습니다. 이런 경우, 매번 연결하는 대신 커넥션 풀링 등으로 연결을 묶거나, 쿼리를 더 큰 단위로 실행하는 등의 수정이 일반적으로 효과적입니다. 수정 후에는 사전 검증을 다시 수행하는 것이 좋습니다. 그러나 저자는 레디스에서 이러한 지연이 문제가 되는 경우는 일반적으로 없다고 생각합니다.

20 https://docs.aws.amazon.com/AmazonElastiCache/latest/red-ug/BestPractices.BGSAVE.html

로세스를 포크하지 않고 동일 프로세스에서 처리해서 메모리 사용량을 제한하도록 동작합니다. 이 같은 방식은 OOM Killer를 피할 수 있는 장점이 있지만, 성능 문제로 이어질 수 있으므로 주의가 필요합니다.[21] [22] 중요한 것은 어떤 시스템을 사용하든 항상 메모리의 여유를 고려해야 한다는 것입니다. 이러한 시스템이 있기 때문에 reserved-memory-percent의 추천값[23]은 25%로 설정되어 있습니다.

온라인 리샤딩

ElastiCache는 온라인 리샤딩 기능을 사용할 수 있습니다.[24] 온라인 리샤딩은 온라인으로 현재 사용 중인 클러스터의 샤드 수를 변경할 수 있는 기능입니다. 구체적으로는 샤드 간의 슬롯 배치가 불균형할 때 샤드의 추가 및 삭제를 통해 재분배할 수 있습니다. 이 기능을 사용하면 온라인으로 요청 처리를 병행하면서도 변경 작업을 수행할 수 있습니다.[25] [26]

온라인 리샤딩은 슬롯 계산 등 CPU 비용이 높은 처리를 수행하기 때문에 적절한 시점을 정해서 수행해야 합니다. vCPU가 여럿인 캐시 노드라면 CPU 사용률이 80% 미만일 때를 vCPU가 하나인 캐시 노드라면 50% 미만일 때를 권장합니다.

또한 온라인 리샤딩을 사용할 때는 사용 가능한 메모리가 현재 사용 중인 메모리의 1.5배 이상인지 확인하고 실행해야 합니다. 메모리가 부족하면 의도한 대로 처리가 이루어지지 않을 수 있으므로 주의가 필요합니다.

또한 리샤딩을 할 때 데이터가 직렬화되지만, 직렬화된 후에는 크기가 256MB를 초과하는 항목은 마이그레이션되지 않습니다. 만약 실제 서비스에 미치는 영향이 걱정된다면, 실제 운영환경에 가까운 테스트 환경에서 먼저 시험해보는 것을 추천합니다.[27]

---

21 https://docs.aws.amazon.com/AmazonElastiCache/latest/red-ug/redis-memory-management.html
22 https://docs.aws.amazon.com/AmazonElastiCache/latest/red-ug/backups.html
23 레디스 2.8.22부터 변경된 내용으로 기존의 추천값은 50%였습니다.
24 ElastiCache 3.2.10 이후부터 사용할 수 있는 기능입니다.
25 https://aws.amazon.com/ko/about-aws/whats-new/2017/11/amazon-elasticache-for-redis-introduces-dynamic-addition-and-removal-of-shards-while-continuing-to-serve-workloads/
26 https://docs.aws.amazon.com/AmazonElastiCache/latest/red-ug/best-practices-online-resharding.html
27 https://docs.aws.amazon.com/ko_kr/AmazonElastiCache/latest/red-ug/best-practices-online-resharding.html

안전성과 보안 관리

클라우드 서비스를 사용할 때 정보의 안전성과 보안 관리Compliance는 중요한 고려사항인 만큼 ElastiCache에서도 주의를 기울이는 부분입니다. 이를 위한 기능으로 디스크 내의 데이터 보관 시 암호화와 TLS 통신을 통한 전송 시 암호화 기능이 제공됩니다.[28] [29] [30] OSS 버전에서는 현재 레디스 6.0 이상에서 해당 기능을 사용할 수 있습니다. 단, TLS 기능을 사용하려면 클라이언트에서 지원해야 한다는 점을 유의해야 합니다. 자세한 내용은 사용하고 있는 클라이언트의 문서를 참조하면 됩니다. 또한 해당 기능을 활용하여 FedRAMP, HIPAA, PCI DSS 같은 보안 관리 요구사항을 준수하도록 사용할 수 있습니다.[31] [32]

ElastiCache는 VPC[33] 내에 생성할 수 있으며, 기본적으로 같은 VPC 내의 EC2 인스턴스를 제외한 외부 접근을 제한합니다.[34] 레디스를 공격하는 방법에는 제3자가 authorized.keys를 변경하여 백도어를 생성[35]하거나, AUTH 명령어를 이용해 인증 기능을 조작하여 로그인을 시도하는 방법 등이 있습니다. VPC를 사용하면 이러한 위험을 사전에 방지할 수 있습니다. 본래 레디스는 기본적으로 신뢰할 수 있는 환경에서의 접근만을 가정하고 설계되었으므로, VPC 내에서 사용하는 것이 가장 적합합니다.

I/O 처리 멀티 스레드화

ElastiCache는 네 개 이상의 vCPU를 사용할 수 있는 캐시 노드에서 I/O를 멀티 스레드로

---

28 https://docs.aws.amazon.com/AmazonElastiCache/latest/red-ug/encryption.html

29 https://docs.aws.amazon.com/AmazonElastiCache/latest/red-ug/at-rest-encryption.html

30 https://docs.aws.amazon.com/ko_kr/AmazonElastiCache/latest/red-ug/in-transit-encryption.html

31 https://docs.aws.amazon.com/AmazonElastiCache/latest/red-ug/WhatIs.html

32 https://docs.aws.amazon.com/AmazonElastiCache/latest/red-ug/elasticache-compliance.html

33 이 책에서는 Amazon Virtual Private Cloud를 VPC로 표기합니다.

34 최근에는 레디스 자체 보안 기능을 강화하는 추세이며, 그 예시로 ACL 기능이 있습니다(5.6.2절 참조). 또한 SSH 포워딩이나 VPC 피어링, VPN 연결 등을 통해 다른 VPC나 온프레미스 환경에서도 레디스에 접근할 수 있습니다. 1장에서 언급한 내용처럼 AWS를 사용하는 경우에는 AWS Systems Manager의 포트 포워딩 기능이 유용합니다.
https://docs.aws.amazon.com/systems-manager/latest/userguide/session-manager.html
https://docs.aws.amazon.com/AmazonElastiCache/latest/red-ug/elasticache-vpc-accessing.html

35 http://antirez.com/news/96

처리하여 성능을 향상시킬 수 있습니다.[36][37][38][39] 이 멀티 스레드 기능은 여러 클라이언트에서 동시에 접근할 경우 최대 성능을 발휘하도록 설계되었기 때문에 단일 소스로 벤치마크를 검증할 경우 예상보다 성능이 나오지 않을 수 있습니다.[40] 실제 운영환경과 최대한 비슷한 환경에서 검증하는 것을 권장합니다.

TLS도 I/O 부분을 멀티 스레드로 처리하도록 변경하여 효율을 높일 수 있습니다.[41][42] x86 캐시 노드 유형은 vCPU가 여덟 개 이상, Graviton2 캐시 노드 유형은 vCPU가 네 개 이상인 경우 가능합니다.

리전 간 레플리케이션 기능

글로벌 데이터 스토어 기능을 통해 리전 간 레플리케이션을 기능을 사용할 수 있습니다.[43][44] 해당 기능을 사용하면 하나의 리전에서 쓰기 작업을 수행하고, 최대 두 개의 다른 리전에서 이 데이터를 레플리케이션하여 읽어올 수 있습니다. 여러 리전에 애플리케이션을 배포할 때 이 기능을 사용하면 같은 리전 내에 있는 레디스 클라이언트에서의 접근할 수 있으므로 지리적 거리를 좁히고, 낮은 지연 시간으로 데이터를 읽을 수 있고 재해를 대비할 수 있습니다. 단, 이 기능은 일부 캐시 노드 타입(M5/R5 이상)에서만 사용할 수 있습니다.

---

36 해당 기능은 ElastiCache 5.0.3 이후부터 사용할 수 있습니다.
37 OSS 버전에서도 레디스 6.0 이후 I/O 처리를 멀티 스레드로 활성화할 수 있는 기능을 제공하며, TLS 처리는 현재 지원되지 않고 있습니다(5.8절 참조).
38 https://aws.amazon.com/ko/about-aws/whats-new/2019/03/amazon-elasticache-for-redis-503-enhances-io-handling-to-boost-performance/
39 https://aws.amazon.com/ko/blogs/database/boosting-application-performance-and-reducing-costs-with-amazon-elasticache-for-redis/
40 벤치마크에서 스레드 수가 적은 상태에서 단일 소스로 테스트하면, 캐시 노드 유형이 큰 경우에는 반대로 여러 스레드가 슬립 상태에서 깨어나는 성능 저하 가능성도 있습니다.
41 이 기능은 레디스 6.2 이상에서 사용할 수 있습니다. 레디스 6.2 이전의 I/O 처리 멀티 스레드 처리는 TCP 처리에 대해서는 멀티 스레드로 수행되지만 TLS 처리 부분은 싱글스레드 처리로 진행되었습니다.
42 https://docs.aws.amazon.com/AmazonElastiCache/latest/red-ug/supported-engine-versions.html#redis-version-6.2
43 해당 기능은 ElastiCache 5.0.6 이후부터 사용할 수 있습니다.
44 https://aws.amazon.com/ko/about-aws/whats-new/2020/03/amazon-elasticache-for-redis-announces-global-datastore/

온라인으로 계획적인 유지보수 실행하기

클러스터 모드가 활성화된 레디스 클러스터는 계획된 유지보수를 실행할 때도 다운타임이 최소화되도록 구성되어 있습니다.[45][46] 반면, 클러스터 모드가 비활성화된 레디스 클러스터의 옛 버전은 확장 등으로 DNS를 업데이트하면 몇 초간 시스템을 중단하거나, 버전을 업그레이드할 때 페일오버로 인해 약 60초 정도의 다운타임이 발생하기도 합니다.

애플리케이션에서 재시도 처리 등을 통해 성능에 미치는 영향을 최소화하는 방법 등을 생각해볼 수 있지만 현업에서 이런 준비를 한 곳이 많지는 않습니다.

클러스터 모드가 비활성화된 레디스 클러스터에서도 이 기능을 실행할 수 있습니다. 예를 들어, 엔진 업그레이드와 같은 작업을 요청 처리를 계속하면서 실행할 수 있습니다.[47] 또한 이 기능을 활용하면 다운타임이 발생하더라도 일반적으로 수 초 정도의 짧은 시간이기 때문에 운영자에게 많은 도움이 됩니다.

데이터 계층화

데이터 계층화란 데이터를 메모리뿐만 아니라 로컬의 SSD^{solid State Drives} 스토리지에도 보관하며 계층적으로 관리하는 것을 의미합니다.[48] SSD는 메모리보다 비용이 훨씬 저렴해서 비용 측면에서 더 효율적으로 레디스를 사용할 수 있는 것이 장점입니다.

메모리를 모두 사용한 경우, LRU 알고리즘에 따라 자주 접근하지 않는 데이터를 메모리에서 SSD로 이동시킵니다.[49] 만약 SSD에 저장된 데이터에 접근하게 되면, 요청을 처리하기 전에 자동으로 비동기적으로 메모리로 데이터를 읽어옵니다.

SSD에서 데이터를 가져올 때는 지연 시간이 약간 증가하기 때문에 지연 시간에 민감하지 않

---

45 해당 기능은 버전 ElastiCache 5.0.5 이후부터 사용할 수 있습니다.

46 https://aws.amazon.com/ko/about-aws/whats-new/2019/05/amazon_elasticache_for_redis_improves_cluster_availability/

47 https://aws.amazon.com/ko/about-aws/whats-new/2019/09/amazon-elasticache-announces-online-configuration-changes-for-all-planned-operations-with-latest-redis-5-0-5/

48 해당 기능은 ElastiCache 6.2 이후부터 사용할 수 있습니다. 캐시 노드 타입은 r6gd 패밀리만 사용할 수 있습니다.

49 디스크에서 읽고 쓴 아이템 수를 나타내는 메트릭으로 NumItemsReadFromDisk 메트릭과 NumItemsWrittenToDisk 메트릭을 제공합니다.

고, 일부 데이터 세트(워크로드나 업무 요구사항에 따라 다르지만, 대략적인 기준으로 20% 미만 정도)에 자주 접근하는 경우에 활용하는 것이 좋습니다.[50][51]

자동 스케일링

레디스 6.0 이상에서는 클러스터 모드 활성화된 레디스 클러스터의 자동 스케일링 기능을 사용할 수 있습니다.[52] 자동 스케일링은 미리 설정된 규칙에 따라 자동으로 샤드 및 레플리카의 수를 조절합니다. 단, 특정 인스턴스 유형(M5/R5/M6g/R6g) 중에서도 일부 크기에서만 사용할 수 있습니다.

10.1.2 제한

ElastiCache에서는 일부 기능이나 명령어[53] 사용이 제한됩니다. 예를 들어, 현재 관리 콘솔에서 선택할 수 있는 레디스 버전에서는 AOF를 사용할 수 없습니다.[54] 그 이유는 AOF 로그의 크기가 커지면 시작 시간이 길어지고 쓰기 작업의 성능 크게 저하되는 등의 문제가 있어, 스냅숏 생성 방식을 기본적으로 권장하기 때문입니다.

대부분의 유스케이스에서는 AWS가 제공하는 서비스나 기능만으로도 충분하지만, 모든 요구사항에 대응할 수 있다고는 보장하기 어렵습니다. 따라서 서비스를 사용하기 전에 해당 서비스를 통해 업무 요구사항을 충족시키는지 문서를 확인하고 검증하는 것이 좋습니다.

50 https://docs.aws.amazon.com/AmazonElastiCache/latest/red-ug/data-tiering.html
51 https://aws.amazon.com/blogs/database/scale-your-amazon-elasticache-for-redis-clusters-at-a-lower-cost-with-data-tiering
52 https://docs.aws.amazon.com/AmazonElastiCache/latest/red-ug/AutoScaling.html
53 https://docs.aws.amazon.com/AmazonElastiCache/latest/red-ug/SupportedCommands.html
54 https://docs.aws.amazon.com/ko_kr/AmazonElastiCache/latest/red-ug/RedisAOF.html

COLUMN Amazon MemoryDB for Redis

Amazon MemoryDB for Redis(이하 MemoryDB)는 멀티 AZ를 지원하고 내구성을 갖춘 레디스 호환 인메모리 데이터베이스 서비스입니다.[55][56] ElastiCache는 이름에서 알 수 있듯이 기본적으로 캐싱 용도로 사용하는 것을 전제로 설계된 반면, MemoryDB는 캐싱 용도뿐만 아니라 MySQL과 같은 RDBMS처럼 주 데이터베이스로 사용할 수 있도록 설계되었습니다.

MemoryDB는 레디스의 뛰어난 읽기/쓰기 작업 성능과 트랜잭션 로그를 통한 데이터의 영속성을 갖추고 있습니다. 읽기 작업은 마이크로 초 단위, 쓰기 작업은 밀리 초 단위가 성능의 기준입니다.

OSS 버전 레디스나 ElastiCache처럼 클라이언트가 레디스 클러스터와 호환되어야 사용할 수 있습니다.

이미 레디스를 사용하고 있지만 영속성이 문제가 된다면, MemoryDB는 좋은 대안이 될 수 있습니다. MemoryDB는 메인 데이터베이스로 사용할 수 있으므로 백엔드 데이터베이스를 생략하여 아키텍처를 단순화하고 비용을 절감할 수 있습니다. 또한 여러 서버에서 동시에 같은 데이터에 접근하지 못하도록 분산 록 시스템을 구축하려고 할 때 Redlock[57]을 활용할 수 있습니다. 그러나 이 방식은 내구성은 해결할 수 있어도 복잡성이 증가할 수 있으므로 요구사항에 따라 이러한 방법을 사용하지 않고도 문제를 해결하거나 다른 방식으로 문제에 접근할 수 있습니다.

MemoryDB 도입을 고려할 때는 먼저 현재 레디스 사용에 어떤 문제가 있는지 검토하는 것이 좋습니다. ElastiCache(또는 OSS 버전)에서 문제가 없는지, 그리고 아키텍처나 유스케이스의 영속성 문제를 해결할 수 있는지 등을 종합적으로 고려해야 합니다. 앞서 MemoryDB는 메인 데이터베이스로 사용할 수 있다고 했지만, 그렇다고 해서 단순히 RDBMS에서 관리하는 데이터를 모두 MemoryDB로 옮겨 관리할 수 있는 것은 아닙니다. SQL은 NoSQL보

---

55 https://aws.amazon.com/ko/blogs/korea/introducing-amazon-memorydb-for-redis-a-redis-compatible-durable-in-memory-database-service/

56 https://aws.amazon.com/memorydb/

57 https://redis.io/docs/manual/patterns/distributed-locks/
https://redis.com/redis-best-practices/communication-patterns/redlock/
http://antirez.com/news/101

다 데이터 모델의 표현력이 높고 범용성이 높기 때문입니다.

레디스를 사용하기 위해 억지로 데이터를 끼워 맞추기보다는 여러 데이터베이스의 데이터 모델을 비교한 후 장점을 고려해 적절한 것을 선택하기 바랍니다. 또한 아키텍처나 제공 기능, 이전 비용 등도 충분히 고려해야 합니다. 기존의 레디스보다 모든 면에서 뛰어난 애플리케이션처럼 생각하지 말고, 서비스의 특성과 유스케이스에 맞게 기술을 선택해야 합니다.

MemoryDB는 트랜잭션 로그에 쓰기 작업을 수행하는 특성이 있으므로 쓰기 성능은 Elasti Cache에 비해 약간 떨어지며 지연 시간이 길어집니다. 이 차이는 작업 부하의 특성에 크게 의존합니다. 성능을 측정할 때는 결과 해석에 주의해야 하며, 가능한 한 실제 운영환경에 가까운 작업 부하로 검증해야 합니다. 실제 성능 특성을 수치로 참고하고 싶다면, 'Amazon MemoryDB for Redis의 데이터베이스 성능 측정'이라는 블로그 글[58]을 참조하는 것이 좋습니다.

MemoryDB와 ElastiCache는 메모리 내부 동작 및 백업 방식이 동일하므로 애플리케이션에서 볼 때는 유사하게 작동합니다. 그러나 트랜잭션 로그의 쓰기 작업 같은 내부 처리 방식은 다릅니다.[59]

또한 메모리 예약 관련 매개변수의 차이가 있습니다. ElastiCache에서는 `reserved-memory-percent`(또는 `reserved-memory`) 매개변수를 사용해 스냅숏처럼 데이터 세트 이외의 용도로 사용하는 메모리 영역을 예약합니다. 반면, MemoryDB는 내부적인 메커니즘으로 스냅숏을 생성하도록 설계되어 있으므로 이런 매개변수가 없습니다.

10.2 클라우드에서 사용하는 방법

ElastiCache는 OSS 버전 레디스와 호환되며 기본적으로 애플리케이션에서 동일한 방식으

---

58 https://aws.amazon.com/blogs/database/measuring-database-performance-of-amazon-memorydb-for-redis

59 ElastiCache와 달리 MemoryDB는 기본적으로 데이터를 자동으로 제거하지 않도록 설정되어 있다는 점에 유의해야 합니다. ElastiCache에서는 maxmemory-policy의 기본값이 volatile-lru로 설정되어 있으므로 메모리 사용량이 maxmemory로 설정된 값을 초과하면 TTL이 설정된 키 중에서 LRU 알고리즘에 따라 키를 삭제합니다. 반면, MemoryDB에서는 maxmemory-policy의 기본값이 noeviction로 설정되어 있으므로 메모리 사용량이 maxmemory로 설정된 값을 초과하면 (error) OOM command not allowed when used memory > 'maxmemory'라는 오류 메시지가 반환되며 명령어를 실행할 수 없습니다. 참고로, OSS 버전의 레디스의 maxmemory-policy의 기본값은 noeviction입니다. 예전부터 레디스를 사용해온 분들은 LRU가 기본값이었다고 기억하는 경우도 있을 겁니다. 실제로 레디스 3.0 이전 버전에서는 volatile-lru가 기본값이었습니다.

로 사용할 수 있습니다. 때때로 ElastiCache에서 사용 가능한 엔진 버전보다 OSS에서 사용 가능한 엔진 버전이 더 최신일 수 있지만, 그렇다고 해서 ElastiCache에서 사용 가능한 엔진 버전이 너무 오래된 경우는 거의 없습니다. 따라서 가능한 한 ElastiCache에서 사용 가능한 최신 버전을 사용하는 것이 좋습니다.

ElastiCache 캐시 노드는 웹 브라우저 내에서 관리 콘솔 화면을 따라 다음과 같은 항목을 입력하여 생성할 수 있습니다.

- 레디스 클러스터 이름
- 버전 지정
- 레디스 클러스터 사용 여부(ElastiCache에서는 클러스터 모드 활성/비활성이라는 용어 사용)

또한 API를 통해 AWS CLI나 AWS SDK에서도 생성할 수 있습니다. 생성 방법 및 절차는 공식 문서를 참조하기 바랍니다.[60]

생성할 때는 보안 그룹[61]에 주의해야 합니다. 생성한 클러스터에 설정된 보안 그룹이 IP 주소의 CIDR[62]에서 TCP 프로토콜의 6,379번 포트로 들어오는 인바운드 방향 통신을 허용하고 있는지 확인합니다.[63]

기본적으로 같은 VPC 내의 EC2로부터의 접근이 제한된다는 점도 유의해야 합니다(10.1절 참조).

10.2.1 엔드포인트

ElastiCache에 연결할 때는 엔드포인트가 제공됩니다. redis-cli를 사용하여 원격 호스트에서 운영 중인 레디스 서버에 접근할 때는 -h 옵션에 IP 주소나 호스트 이름을 지정하여 접근했습니다. ElastiCache에서도 동일하게 제공되는 엔드포인트를 지정하여 연결합니다.

---

60 https://docs.aws.amazon.com/ko_kr/AmazonElastiCache/latest/red-ug/GettingStarted.html
61 AWS의 방화벽과 비슷한 개념으로 이해하면 됩니다.
62 예를 들어, VPC에 설정된 IP 주소의 CIDR 또는 EC2 인스턴스의 네트워크 인터페이스에 설정된 보안 그룹의 연결을 허용합니다.
63 https://docs.aws.amazon.com/ko_kr/vpc/latest/userguide/VPC-SecurityGroups.html

```
$ redis-cli -h xxxxxxxx.xxxxxx.xx.xxxx.apne1.cache.amazonaws.com
```

ElastiCache가 제공하는 엔드포인트는 기본적으로 다음과 같은 종류가 있습니다.[64]

- 설정 엔드포인트
- 프라이머리 엔드포인트
- 리더 엔드포인트
- 각 노드의 엔드포인트

설정 엔드포인트는 클러스터 모드가 활성화된 레디스 클러스터에서 사용하는 엔드포인트입니다. 따라서 이 엔드포인트를 사용할 때는 클라이언트가 레디스 클러스터 기능을 지원해야 합니다. redis-cli에서는 -c 옵션을 사용하여 클러스터 기능을 활성화시킬 수 있습니다.

```
$ redis-cli -c -h xxxxxxxx.xxxxxx.xxxxxxxxxx.xxxx.apne1.cache.amazonaws.com
```

클러스터 모드가 비활성화된 레디스 클러스터에서는 프라이머리 엔드포인트와 리더 엔드포인트를 사용합니다. 프라이머리 엔드포인트는 페일오버가 발생해도 쓰기 작업이 가능한 마스터에 연결되도록 설정되어 있습니다. 리더 엔드포인트는 읽기 작업을 분산할 때 사용되며, 각 레플리카에 연결되도록 설정되어 있습니다.

노드별로 엔드포인트가 발급되며, 이를 통해 노드와 연결할 수 있습니다. 또한 OSS 버전의 레디스는 redis.conf 같은 설정 파일을 통해 매개변수를 설정합니다. ElastiCache에서는 호스트 내의 설정 파일을 편집할 필요 없이, 매개변수 그룹을 통해 설정할 수 있습니다.[65]

매개변수는 ElastiCache에서 관리하기 때문에 일부는 편집할 수 없거나 OSS 버전과 다른 기본값을 가지고 있는 경우, 캐시 노드 타입별로 값이 정해져 있는 경우 등이 있습니다. 매개변수는 동적 타입과 정적 타입이 있으며, 동적 타입은 변경 후 즉시 반영되지만 정적 타입은 설정을 반영하려면 재시작이 필요합니다.[66]

---

64 https://docs.aws.amazon.com/ko_kr/AmazonElastiCache/latest/red-ug/Endpoints.html

65 https://docs.aws.amazon.com/ko_kr/AmazonElastiCache/latest/red-ug/ParameterGroups.html

66 https://docs.aws.amazon.com/ko_kr/AmazonElastiCache/latest/red-ug/ParameterGroups.Redis.html

10.3 클라우드를 활용한 트러블슈팅

ElastiCache를 사용하다 보면 성능이나 연결 오류 같은 문제가 발생할 수 있습니다.[67] 문제 해결 방법을 고정 패턴으로 제시하는 것은 어렵지만 문제 해결을 위해 주로 확인해야 할 항목들은 있습니다. 이 절에서는 다음 세 가지 항목을 정리해서 설명합니다.

- 다양한 메트릭 확인
- 유지보수 창 시간과의 일치
- ElastiCache 이벤트 확인

10.3.1 최소한으로 모니터링을 해야 하는 메트릭

ElastiCache는 CloudWatch[68]라는 모니터링 서비스와 연동되어[69] [70] 있으므로 사용자 측에서 별도로 설정하지 않아도 다양한 모니터링이 가능합니다. 최소한 모니터링해야 할 것으로 권장하는 메트릭은 다음과 같습니다.[71]

- **CPU**
  - CPUUtilization 메트릭
  - EngineCPUUtilization 메트릭
- **메모리**
  - SwapUsage 메트릭
  - Evictions 메트릭
- **연결**
  - CurrConnections 메트릭

---

67 ElastiCache에서는 공식 문서에서 트러블슈팅 관련 문서를 제공하고 있습니다. 이 문서를 참고하는 것도 좋습니다.
  https://docs.aws.amazon.com/AmazonElastiCache/latest/red-ug/TroubleshootingConnections.html
68 이 책에서는 Amazon CloudWatch를 CloudWatch로 표기합니다.
69 https://aws.amazon.com/ko/cloudwatch
70 https://docs.aws.amazon.com/ko_kr/AmazonCloudWatch/latest/monitoring/WhatIsCloudWatch.html
71 https://docs.aws.amazon.com/ko_kr/AmazonElastiCache/latest/red-ug/CacheMetrics.WhichShouldIMonitor.html

CPUUtilization와 EngineCPUUtilization

첫 번째 모니터링 항목은 CPU 사용률입니다. CPU 사용률이 높다고 해서 항상 문제가 있는 것은 아니며, 오히려 기계의 CPU 자원을 효율적으로 사용하고 있다는 것을 의미할 수도 있습니다. 단, 높은 CPU 사용률에 더해 지연 시간과 관련된 다른 메트릭이나 실제 동작 등에서 문제가 관찰될 때는 주의가 필요합니다. 이제 CPU 사용률 관련 메트릭을 분석할 때 확인해야 할 사항 등을 알아봅니다.

CPUUtilization은 호스트 전체의 CPU 사용률을 나타냅니다. 싱글스레드로 요청을 처리하는 데다가 작업 부하로 인해 CPU를 많이 사용하는 경우, vCPU가 여러 개 있어도 하나의 vCPU만 사용이 집중되고 나머지 vCPU는 거의 사용되지 않을 수 있습니다. 따라서 모니터링할 때는 전체 CPU 사용률 100%를 캐시 노드의 vCPU 개수로 나눈 값을 계산하여, 각 vCPU의 활용도를 확인하는 것이 좋습니다.

단, 모니터링할 때는 유지보수처럼 엔진 외부의 운영체제 동작으로 인해 vCPU의 평균 사용률을 초과하는 값이 나오거나 새로운 연결이 많을 때도 값이 크게 증가할 수 있으므로 주의가 필요합니다.

레디스는 기본적으로 싱글스레드로 요청을 처리하므로 대상 코어의 CPU 사용 상태를 확인하는 것이 중요합니다. ElastiCache에서는 레디스 엔진이 사용하는 코어의 사용량을 EngineCPUUtilization 메트릭으로 확인할 수 있습니다. 만약 이 값이 100%에 가깝다면 CPU를 상한까지 사용하고 있다는 것을 의미합니다. EngineCPUUtilization 값이 높다면, 일반적인 원인은 엔진 내부에서 명령어를 실행하는 작업의 워크로드 때문입니다.

4vCPU 이상인 캐시 노드 타입을 사용하는 경우, EngineCPUUtilization 값으로 해당 워크로드가 원인인지 간단히 살펴볼 수 있지만, 2vCPU 이하의 캐시 노드 타입의 경우, CPU 코어를 공유하여 스냅샷 생성이나 유지보수, 레디스 엔진 자체 처리 등을 수행하기 때문에 엔진 외부의 영향이 클 수 있습니다. 그 결과, CPUUtilization 메트릭이 병목 현상의 원인이 될 수 있습니다. CPUUtilization 메트릭으로 모니터링하는 것을 권장합니다. 즉, 모든 상황에서 vCPU 개수 관계없이 EngineCPUUtilization 메트릭과 CPUUtilization 메트릭을 모두

모니터링하는 것이 중요합니다.

워크로드가 원인일 경우 확인해야 되는 사항은 다음과 같습니다.

- 복잡도가 큰 명령어
- 최적이 아닌 데이터 모델
- 스케일 업 및 스케일 아웃
- 스냅숏 생성에 의한 영향

레디스에서 복잡도가 큰 명령어는 공식 문서에서 각 명령어의 설명과 함께 O 표기법으로 기술되어 있습니다. 복잡도가 큰 명령어를 실행하면, CPU에 영향을 미치는 원인이 될 수 있습니다.

또한 슬로우 로그는 엔진 내부의 정보를 활용해 감지할 수 있습니다. 레디스 6.0 이상을 사용하는 경우, CloudWatch Logs나 Amazon Kinesis Data Firehose와 연동하여 로그를 출력할 수 있습니다.[72] CloudWatch Logs로 로그를 출력해두면 데이터 손실 위험을 회피하고 확인 및 분석이 용이해집니다.

조사 방법은 INFO Commandstats를 통해 실행된 명령어의 통계를 확인하는 방식을 추천합니다. 이 방식으로 의도치 않은 명령어가 실행되지 않았는지를 확인할 수 있습니다. 특히, KEYS 명령어를 잘못 사용해서 CPU 사용률이 100%에 도달하는 서비스를 자주 볼 수 있습니다. 운영환경에서는 KEYS 명령어 사용을 피하고, 대신 SCAN 계열의 명령어 사용을 권장합니다. 추가로 루아(임시 스크립트, 레디스 함수)의 장시간 실행 여부도 주의해야 하는 부분입니다.

요소의 개수가 많은 Set형 데이터를 사용하는 경우 또는 필드 수가 많은 Hash형 데이터를 다루는 경우에는 SMEMBERS, SDIFF, SUNION과 같은 명령어의 복잡도가 크기 때문에 CPU를 많이 사용할 수 있습니다. 이런 경우라면 레디스에서의 데이터 모델 처리 방식을 재검토해야 할 수도 있습니다.

이 모든 것을 고려했어도 여전히 CPU 자원이 부족한 경우가 있을 수 있습니다. 그때는 리소

---

[72] https://docs.aws.amazon.com/ko_kr/AmazonElastiCache/latest/red-ug/Log_Delivery.html

스를 추가하여 대처할 수 있습니다. 읽기 작업이 많은 워크로드라면 레플리카를 추가하고, 쓰기 작업이 많은 워크로드라면 클러스터 모드가 활성화된 레디스 클러스터를 사용하여, 각 캐시 노드의 부하를 줄이는 방법을 생각해 볼 수 있습니다.

- 샤드를 늘려서 마스터를 추가합니다.
- 키를 재설계해서 부하를 분산합니다.

혹은 현 세대의 캐시 노드 타입과 최신 프로세서 기술을 활용하여 성능을 개선할 수도 있습니다.[73] 스냅숏은 워크로드에 영향을 줄 수 있으므로 마스터가 아닌 레플리카에서 생성하고, 쓰기 작업에 미치는 영향을 최소화도록 설계해야 합니다. 단, 레디스의 레플리케이션은 비동기 방식으로 동작하므로, 마스터의 상태와의 시간 차이가 있을 수 있다는 점을 인지해야 합니다. 레플리케이션 랙은 ReplicationLag 메트릭으로 확인할 수 있습니다.

레플리케이션으로 스냅숏을 생성하는 경우에도, 해당 레플리카의 읽기 쿼리는 영향을 받기 때문에 작업에 미치는 영향이 가장 작은 시간에 스냅숏을 생성하는 것이 좋습니다. Elasti Cache에서 자동 백업 기능을 활용한다면, 백업 윈도우에서 스냅숏 생성 기간을 조정할 수 있습니다.[74]

이 내용들이 CPU 사용률이 높은 상태에서 문제가 발생하는 상황에 대한 기본적인 대응 방법입니다. 앞서 설명한 바와 같이 EngineCPUUtilization 메트릭의 값이 높은 경우, 일반적인 원인은 엔진 내부에서 명령어를 실행하는 클라이언트 작업의 워크로드 때문입니다.

그러나 드물게 워크로드에 변화가 없고, 유지보수가 수행되지 않았는데도 CPU 사용률이 약 10% 가까이 변화하는 경우가 있습니다. 예를 들면, 인텔 CPU를 사용하는 경우 특정 조건을 만족하면 터보 부스트가 활성화되기도 합니다. 이때는 CPU 사용률이 변화해도 성능 면에서 혜택을 누리는 것이기 때문에 괜찮습니다. 단, 모니터링할 때는 부스트된 상태가 아니라 기본 상태를 기준으로 모니터링하는 것이 중요합니다.

....

73 https://aws.amazon.com/blogs/compute/amazon-elasticache-performance-boost-with-amazon-ec2-m5-and-r5-instances/

74 https://docs.aws.amazon.com/ko_kr/AmazonElastiCache/latest/red-ug/backups-automatic.html

SwapUsage

SwapUsage 메트릭은 호스트에서 사용되는 스왑^{swap}의 양을 나타냅니다. 스왑이라는 용어 때문에 성능이 저하되는 것 같은 인상을 받고, 어떻게 대응해야 할지 모르는 경우가 많습니다. 그러나 스왑 사용이 반드시 즉각적인 성능 저하를 의미하는 것은 아닙니다.

스왑은 물리적인 메모리 내에서 회수할 수 없는 페이지를 디스크로 이동시켜 메모리를 더 효율적으로 사용할 수 있게 하는 방식으로 결과적으로 메모리의 캐시 히트율이 향상될 수 있습니다. 또한 스왑 영역이 있으면 메모리 스레싱이 발생했을 때 OOM Killer가 활성화되는 시간을 지연시킬 수 있습니다.

SwapUsage 메트릭은 값이 생성되는 것 자체가 문제되지 않습니다. 또한 크기가 수십 MB 정도라면, 일반적으로 성능에 거의 영향을 미치지 않기 때문에 걱정할 필요는 없습니다. 그러나 유스케이스에 따라 SwapUsage 메트릭의 값이 크게 증가하고 있다면, 성능에 영향을 주고 있다는 가능성을 고려해야 합니다.

스왑이 지속적으로 증가하여 FreeableMemory 메트릭의 값을 초과하거나, FreeableMemory 메트릭의 값이 100MB 이하로 떨어지는 등 0에 가까운 상황이라면, 물리 메모리 경쟁이 발생해 성능에 영향을 미칠 가능성이 있습니다. 이런 상황이라면 디스크 접근 속도는 메모리 속도보다 느리기 때문에 디스크 접근이 자주 필요한 경우 접근 속도에 영향을 줍니다.

스왑이 발생하는 시기는 커널의 동작에 따라 달라지며, 정확히 예측하기는 어렵습니다. 따라서 스왑 영역이 정상적으로 메모리를 사용하고 있는지, 그리고 스왑 영역이 점점 증가하여 문제가 되는지를 판단하기 위해서는 사용 가능한 메모리 상태 등을 지속적으로 관찰하고, 샘플링 데이터 포인트를 늘려가며 모니터링하는 것이 좋습니다. 모니터링의 임계값은 캐시 노드 타입이나 업무 요구사항에 따라 달라질 수 있으므로 특정값을 정하긴 어렵지만 일단 300MB부터 시작해서 상황에 따라 조정하는 것을 추천합니다.

스왑 영역의 최적 크기는 익명 페이지 수, 회수 횟수, 스왑 영역을 사용하는 장치 등에 따라 달라집니다. ElastiCache를 사용한다면 관리형 서비스 영역이기 때문에 사용자가 신경 쓸 필요가 없습니다.

스왑 값이 커지는 원인으로는 다음과 같은 사항이 있습니다

1. 프로세스가 물리 메모리 이상의 메모리를 요구하는 경우
2. 콜드 키[75]로 인한 영향
3. 파일 캐시 시스템으로 인한 커널의 압박

첫 번째는 프로세스에 필요한 메모리가 사용 가능한 메모리양보다 더 많은 경우입니다. 이런 경우 메모리 부족으로 간주될 수 있으며, 더 많은 메모리를 제공하는 캐시 노드 타입으로 변경하는 방법이 필요합니다.

두 번째는 캐시 노드의 데이터 세트가 대부분 유휴 상태일 때, 커널이 디스크 내의 유휴 상태 메모리 페이지를 스왑하는 경우입니다. 그러나 이런 상황은 잘 발생하지 않는 편인데, 그 이유는 실제로는 커널이 메모리의 모든 페이지에 접근하여 페이지를 메모리에 유지하도록 동작할 수도 있기 때문입니다.

세 번째는 스냅숏이나 AOF와 관련된 작업을 처리할 때 대량의 읽기/쓰기 I/O로 인해 파일이 캐싱되어 파일 캐시 시스템으로 인해 커널이 압박을 받는 경우입니다.

스왑이 발생하고 있고, SaveInProgress 메트릭의 값이 커진 경우, 백그라운드 처리로 인해 물리 메모리보다 더 많은 메모리가 필요한 상황을 고려해야 합니다. 만약 그렇다면, 캐시 노드 타입이 충분한 메모리를 갖추고 있는지 확인하거나, reserved-memory-percent(또는 reserved-memory) 매개변수로 데이터 세트 이외의 메모리 영역을 예약하는 것도 고려할 수 있습니다.

메모리 단편화 정도도 스왑에 영향을 미칠 수 있습니다. 예를 들어, 삭제나 삽입이 잦은 워크로드에서 사용되는 주소 공간이 재사용되지 않아 단편화가 심해질 수 있습니다. 단편화 정도는 INFO 명령어의 fragmentation_ratio 항목의 값을 참조할 수 있습니다.[76] 단편화 비율이 1.0 전후라면 좋은 상태이지만, 1.5 이상인 경우에는 단편화가 심한 편이며, 성능에 문제가 발생할 가능성이 있습니다. 이를 해결하기 위한 방법은 다음과 같습니다.

----

75 역자주_장기간 접근되지 않은 데이터를 의미합니다.
76 https://redis.io/commands/info/

- 엔진 재시작
- 노드 교체
- 동적 단편화 제거 활성화
- 메모리 할당자 변경

리눅스에서 기본적으로 사용되는 jemalloc은 메모리 할당자 변경에도 사용되며, 레디스 성능에 중요한 역할을 합니다. jemalloc의 버전을 업그레이드하기 위해서는 레디스 버전을 업그레이드해야 합니다.

단편화 비율이 1보다 작은 경우, 스왑 영역에 레디스 데이터가 저장되어 있을 가능성이 있으므로 SwapUsage 메트릭을 확인하여 시스템이 스왑을 사용하고 있는지를 검토하는 것이 좋습니다. 만약 메모리가 부족한 상황이라면, 더 많은 메모리를 제공하는 캐시 노드 타입으로 변경을 고려해야 합니다.

jemalloc 5 이상(레디스 5 이상에서 기본값)에서는 스왑이 발생하지 않아도 단편화 비율이 1 미만으로 떨어질 수 있는 경우가 있습니다. 따라서 단편화 비율이 1 미만이라도 스왑이 발생하고 있다고 단정지을 수 없기 때문에 전체적인 메모리 사용 상황, 스왑 사용 여부, 그리고 성능 지표를 종합적으로 고려하여 판단해야 합니다.

Evictions

Evictions 메트릭은 아이템이 메모리에서 삭제된 경우 확인할 수 있는 지표입니다. 메모리 사용량이 maxmemory 지시자로 설정한 최대 메모리 한도에 도달했을 때, 설정된 maxmemory-policy 지시자의 정책에 따라 아이템이 삭제됩니다. ElastiCache에서는 maxmemory 지시자의 값은 사용하는 캐시 노드 타입에 따라 정해집니다(자세한 내용은 공식 문서[77] 참조).

그러나 Evictions 메트릭의 값이 크다고 해서 반드시 문제가 있는 것은 아닙니다. 예를 들어, LRU 캐시로 사용한다면, 메모리에서 데이터를 삭제하는 방식에 의존한 설계도 가능합니다. 그렇기 때문에 이 메트릭을 어떻게 모니터링할지는 레디스의 사용 방법에 따라 달라지며, 애

---

[77] https://docs.aws.amazon.com/ko_kr/AmazonElastiCache/latest/red-ug/ParameterGroups.Redis.html

플리케이션의 요구사항에 맞게 임계값을 어느 정도로 설정해야 할지 고민해야 합니다.

메모리 삭제를 의도하지도 않았는데 Evictions 메트릭이 지속적으로 발생한다면, 메모리 부족 상태가 발생하고 있을 수 있습니다. 그럴 때는 다음과 같은 대응 방법을 고려해봅니다.

- 사용 가능한 메모리양이 더 많은 캐시 노드 타입으로 스케일 업을 합니다.
- TTL을 설정합니다.
- (클러스터 모드 활성화 시) 샤드 추가로 쓰기 부하를 샤드 간에 분산합니다.

Evictions 메트릭은 INFO 명령어의 evicted_keys 항목에서 시간당 값으로 계산됩니다.

키에 TTL이 설정되어 있는지 확인하는 방법은 5.3.1절에서 설명했습니다. ElastiCache를 사용하는 경우, TTL이 설정된 키의 수를 CurrVolatileItems 메트릭으로, 캐시 내 전체 키의 수는 CurrItems 메트릭으로 확인할 수 있습니다. 이 값들을 통해 전체 키 중 얼마나 TTL이 설정되었는지 확인할 수 있습니다.

CurrConnections

CurrConnections 메트릭은 현재 클라이언트의 연결 수를 모니터링하는 지표입니다.

모니터링 값의 기준은 애플리케이션의 특성에 따라 고려해야 합니다. 만약 이 값이 비정상적으로 크다면 애플리케이션에 문제가 있을 수 있습니다. 이런 상황에서는 애플리케이션의 로그나 코드를 조사해야 합니다. 이 메트릭은 INFO 명령어의 connected_clients 항목에서 시간당 값으로 계산됩니다.

문제가 발생했을 때는 CLIENT LIST 명령어를 사용하여 관련 클라이언트와 그 세부 정보를 확인하면 실마리를 찾을 수 있을 것입니다.

ElastiCache에서는 maxclients 매개변수 값이 현재 65,000으로 설정되어 있습니다. 큰 값처럼 보이지만, 네트워크 연결이 의도치 않게 종료되면서 사용하지 않는 연결이 남게 되면 CurrConnections 메트릭의 값도 증가하기 때문에 주의가 필요합니다. 따라서 애플리케이션이 레디스 연결을 제대로 종료했는지 확인해야 합니다. 또한 Amazon EC2 Auto Scaling을 사용하는 경우, 자동으로 클라이언트가 작동 중인 EC2 인스턴스의 리소스를 축소할 때도 이러한 연결 누수가 발생할 수 있습니다.

레디스는 tcp-keepalive 매개변수에 지정한 초마다 캐시 노드를 주기적으로 확인polling하여 연결이 유지되고 있는지 확인할 수 있습니다. 기본값은 300초로 되어 있지만 레디스 3.2.4 이전 버전에서는 기본값이 0으로 설정되어 기능이 비활성화되어 있습니다. 또한 timeout 매개변수의 값이 기본값인 0으로 설정된 경우, 레디스 서버가 클라이언트와의 연결을 종료하지 않도록 설정해야 합니다. 사용 중인 버전에 따라서는 이 두 매개변수의 기능이 비활성화되어 있을 때 앞서 언급한 문제들이 발생할 수 있습니다.

10.3.2 주의해야 하는 메트릭

그 외에 모니터링해야 하는 메트릭은 다음과 같은 것이 있습니다.

- **메모리**
  - BytesUsedForCache 메트릭
  - DatabaseMemoryUsageCountedForEvictPercentage 메트릭
    (혹은 DatabaseMemoryUsagePercentage 메트릭)
  - Reclaimed 메트릭

- **연결**
  - NewConnections 메트릭

- **기타**
  - SaveInProgress 메트릭
  - 캐시의 유효성
  - 네트워크
  - 레플리케이션
  - 지연 시간

메모리

메모리 사용량을 확인할 때는 BytesUsedForCache 메트릭과 DatabaseMemoryUsage Percentage 메트릭을 활용하는 것이 좋습니다.

BytesUsedForCache 메트릭은 레디스 엔진이 데이터 세트 및 기타 용도로 사용하는 메모리를 포함한 전체 메모리 사용량을 나타냅니다. 이 메트릭의 값이 높은 경우, 메모리 사용량이 많아 문제가 발생할 수 있으며, Evictions 메트릭과의 상관관계를 볼 수도 있습니다. 이 값은 INFO 명령어의 used_memory 항목으로 계산합니다.

DatabaseMemoryUsagePercentage 메트릭은 레디스가 사용할 수 있는 최대 메모리 중 실제로 사용 중인 메모리의 비율을 나타냅니다.

DatabaseMemoryUsageCountedForEvictPercentage 메트릭은 현재 사용 중인 메모리에서 메모리 삭제 과정에서 고려되지 않는 메모리를 제외한 메모리의 비율을 나타내며, INFO 명령어의 실행 결과에서 used_memory - mem_not_counted_for_evict / maxmemory로 계산합니다.

mem_not_counted_for_evict는 AOF 버퍼와 레플리카용 클라이언트 출력 버퍼에 사용된 메모리의 합계를 나타내며, 메모리 삭제 시 제외되는 메모리양입니다. 이 메트릭은 메모리 사용량 중 메모리 삭제 시 고려되는 메모리에 중점을 둔 지표로, DatabaseMemoryUsage Percentage 메트릭보다 더 자세한 정보를 제공한다고 할 수 있습니다.

FreeableMemory 메트릭은 호스트 레벨에서 사용 가능한 메모리 상태를 나타내며, 레디스 외에 운영체제 내의 다른 프로세스의 영향을 받습니다. 그러나 ElastiCache와 같은 관리형 서비스에서는 운영체제 내 환경을 ElastiCache에서 관리하므로, 호스트 내에서 사용 가능한 메모리의 대략적인 상태만을 제공합니다. 메모리 관련 메트릭은 주로 BytesUsedForCache 메트릭과 DatabaseMemoryUsageCountedForEvictPercentage 메트릭을 모니터링하는 것이 좋으며, DatabaseMemoryUsagePercentage 메트릭도 참고할 수 있습니다.

메모리 부족이 발생해서 Evictions 메트릭 값이 증가하는 경우, 다음과 같은 몇 가지 원인을 생각해볼 수 있습니다.

- (클러스터 모드 활성화 시) 해시태그를 사용합니다.

- (클러스터 모드 활성화 시) 슬롯 배치가 균형을 이루지 않습니다.

- (레플리케이션 사용 시) 마스터에서 만료된 키가 있는 경우, 마스터와 레플리카 각각에서 INFO 명령어나 DBSIZE 명령어로 확인했을 때의 키 수가 다릅니다.

또한 원인을 분석하기 위해 다음과 같은 방법을 사용할 수 있습니다.

- 특정 슬롯에 집중되는 핫키[78]를 식별합니다.

- 키 공간 알림 기능인 notify-keyspace-events 매개변수로 레디스 서버 내의 처리 내용을 분석합니다.

- MONITOR 명령어를 통해 레디스 서버 내의 처리 내용을 분석합니다.

특정 슬롯에 집중되는 핫키를 식별하기 위해서는 redis-cli 명령어의 --hotkeys 옵션을 사용합니다. 이 옵션을 사용하려면, 먼저 LFU를 활성화해야 하기 때문에 메모리 정책(maxmemory-policy 지시자)으로 dp volatile-lfu 또는 allkeys-lfu를 설정합니다. 핫키의 결과를 커스터마이즈Customize하려면 각 키를 SCAN 명령어로 스캔하고 OBJECT FREQ 명령어로 접근 빈도를 확인하는 방식으로 구현할 수 있습니다.

편향이 발생했을 때는 원인에 따라 대처 방법을 다음과 같이 생각해볼 수 있습니다.

- 클러스터 모드 활성화 시 해시 태그 사용을 검토합니다.

- 키에 접두사 혹은 접미사를 추가하여 샤드를 키로 분산합니다.

- 슬롯 배치의 편향으로, 클러스터를 생성하거나 스냅숏에서 복원할 때 슬롯 배치를 사용자 정의로 설정합니다.

- 키를 재설계합니다.

- 다단계 캐시 아키텍처를 구현합니다.

핫키가 서로 다른 해시 슬롯에 속하도록 하려면 사용자가 직접 해시 슬롯에 배치해야 할 수도 있습니다. CLUSTER KEYSLOT 명령어를 사용하면 특정 키에 대한 슬롯 번호를 확인할 수 있어 조사하는 데 도움이 됩니다.

또한 온라인 리샤딩으로 문제를 해결할 수도 있습니다. 다만 리샤딩은 슬롯 수에 중점을 두기 때문에 균형을 맞출 때 슬롯 내 데이터 크기는 고려되지 않는다는 점을 유의해야 합니다.

---

78 역자주_가장 자주 접근되는 키를 핫키(hot keys)라고 합니다.

레플리케이션을 사용할 때 마스터에 만료된 키가 있을 경우 마스터와 레플리카 간의 키의 개수가 차이날 수 있으며 특히 데이터 삭제 직후에 이런 현상이 나타납니다.

높은 부하로 인한 영향을 완화하기 위해 CDN, 리버스 프록시, 로컬 캐시를 사용하여 여러 위치에서 캐시를 사용하는 아키텍처를 채택하는 경우도 있습니다. 접근 편향이 발생하면 CPU나 네트워크 대역폭을 크게 소모하기 때문에 이 경우에는 레디스의 클라이언트 측 캐시 기능을 활용하여 문제를 해결합니다.

Reclaimed 메트릭은 유효기간이 만료된 키의 총 개수로 나타냅니다. 레디스에서 키가 만료되어 메모리를 회수할 때는 두 가지 방법(능동적, 수동적)을 사용합니다(9.2.1절 참조). 예를 들어, 동시에 만료되는 키가 많은 경우에는 능동적 방법으로 여러 번 반복하여 회수 처리됩니다. 이 과정에서 요청 처리에 영향을 줄 수 있으므로 주의가 필요합니다. Reclaimed 메트릭은 INFO 명령어의 expired_keys 항목으로 확인할 수 있습니다.

연결

NewConnections 메트릭은 기간 내에 레디스 서버가 허용한 총 연결 수를 나타냅니다. 이 값이 극도로 커지게 되면 캐시 노드의 처리 능력을 초과하여 타임아웃이 발생할 수 있습니다. 이런 경우 클라이언트의 연결 풀링 기능을 사용하여 연결을 재사용하는 것을 고려하기 바랍니다. 이 방법을 통해 TCP/TLS 연결 처리에 따른 오버헤드 감소에 도움이 될 수 있습니다. 이 메트릭은 INFO 명령어의 total_connections_received 항목에서 확인할 수 있습니다.

연결에 문제가 생기면 레디스 서버의 캐시 노드뿐만 아니라 클라이언트의 캐시 노드와 클라이언트 간 네트워크도 조사해야 하며, 호스트에 문제가 발생하거나 로컬 포트가 고갈되는 등 한계에 부딪히는 경우에도 조사가 필요할 수 있습니다. 조사를 진행할 때는 레디스 클라이언트와 레디스 서버 양쪽을 다음과 같은 관점으로 살펴봐야 합니다.

- 연결 문제가 발생하는 클라이언트가 운영되는 호스트가 특정 호스트인지 아니면 여러 호스트에서 문제가 발생하는지 확인합니다.
- 연결 문제가 발생하는 레디스 서버의 캐시 노드가 특정 노드인지 아니면 여러 캐시 노드에서 문제가 발생하는지 확인합니다.

또한 레디스 클라이언트와 레디스 서버 간의 네트워크 문제가 발생하지 않았는지 확인해야 할 때도 있습니다. VPC Flow Logs를 사용하여 VPC 내의 트래픽 로그를 수집할 수 있으므로 미리 설정해 두는 것도 고려해봅니다.[79] 인과 관계를 파악하기 위해서 시간 순으로 로그를 정리해 분석하는 방법도 중요합니다.

지금까지 분류되지 않은 메트릭

지금까지 설명한 것 외에도 모니터링을 고려해야 할 메트릭이 있습니다. 순서는 SaveIn Progress 메트릭, 캐시 유효성 관련 메트릭, 네트워크 관련 메트릭, 레플리케이션 관련 메트릭 및 지연 관련 메트릭 순입니다.

▬ SaveInProgress 메트릭

SaveInProgress 메트릭은 RDB 파일 저장이 진행 중일 때 확인할 수 있는 메트릭입니다. 메트릭을 변경할 수 있는 시점은 다음과 같습니다.

- 레플리케이션 연결이 끊어진 후 복구되어 전체 동기화가 시작되는 시점
- RDB 파일 스냅숏이 생성되는 시점

SaveInProgress 메트릭 값이 1로 오래 유지되면 성능 등에 영향을 미칠 수 있습니다(자세한 내용은 5.1.1절 참조). 이 메트릭은 INFO 명령어의 rdb_bgsave_in_progress 값으로 확인할 수 있습니다.

값이 1로 오래 유지되는 원인을 알아보기 위해 먼저 백업 창에 설정된 시간과 메트릭이 증가하는 시점이 일치하는지 확인합니다. 만약 일치한다면 자동 백업 기능이 원인일 수 있습니다. 일치하지 않는다면 수동 백업 프로세스 또는 예상치 못한 사건으로 인한 문제일 수 있습니다. 그러면 이벤트 기록 및 API 실행 기록을 확인하여 해당 시간대에 발생한 사건을 확인해야 합니다.

SaveInProgress 메트릭은 값이 높으면 문제 발생 원인의 범위를 레플리케이션 또는 RDB

---

[79] https://docs.aws.amazon.com/ko_kr/vpc/latest/userguide/flow-logs.html

관련 문제로 좁힐 수 있으므로 조사를 시작하기 전에 먼저 확인하는 것이 좋습니다.

캐시 유효성

CacheHits 및 CacheMisses 메트릭은 레디스의 효율성을 평가하는 데 사용할 수 있는 지표입니다. 이 메트릭은 레디스 서버의 정상 작동 여부보다는 애플리케이션이 레디스를 얼마나 효과적으로 활용하고 있는지를 확인하기 위한 지표라고 할 수 있습니다.

예를 들어, 캐시 서버는 업데이트 빈도가 낮지만 애플리케이션에서 반복해서 읽어오는 데이터에 효과적입니다. 캐시 서버의 효율성은 CacheHits 메트릭을 통해 캐시 히트율을 확인할 수 있으며, 캐시 히트율이 높다면 캐시를 효과적으로 활용하고 있다는 것을 의미합니다.

반면에 캐시 미스가 발생해서 백엔드 데이터베이스에 자주 접근하는 경우는 캐시를 효과적으로 활용하지 못하고 있는 상황을 의미합니다. 이러한 경우, CacheMisses 메트릭으로 캐시 미스율을 확인할 수 있습니다.

캐시 히트율이 낮고 캐시 미스율이 높다면, 캐시 사용 자체를 검토할 필요가 있습니다.

네트워크

저자의 경험으로 보면 네트워크의 한계에 닿기 전에 다른 메트릭이 먼저 병목 현상을 일으키는 경우가 많기 때문에 일반적으로 네트워크 관련 메트릭은 모니터링 우선순위를 다른 메트릭보다 낮게 설정합니다. 그런데도 네트워크가 한계치에 도달하여 문제가 발생하는 경우를 경험한 적이 있어서 네트워크 관련 메트릭도 확인해야 합니다.

ElastiCache에서 제공하는 캐시 노드 타입은 기본 대역폭^{Baseline Bandwidth}이라고 하는 일반적으로 사용할 수 있는 대역폭의 최대값이 정해져 있습니다. 하지만 네트워크 I/O 크레딧 시스템을 통해 기본 대역폭을 초과하여 데이터를 전송하는 버스트 대역폭^{Burst Bandwidth}을 사용할 수 있습니다. 버스트 대역폭은 인스턴스의 크기에 따라 일정 시간 동안 사용할 수 있습니다.

좀 더 구체적으로 설명하면, 캐시 노드는 시스템이 시작되면 네트워크 I/O 크레딧의 최대값을 받고 네트워크 I/O 크레딧을 모두 사용하면 기본 대역폭으로 돌아갑니다. 실행 중인 인스턴스는 네트워크 대역폭 사용량이 기본 대역폭보다 작을 때 네트워크 I/O 크레딧을 획득합니다. 버스트 대역폭은 공유 리소스이므로 인스턴스에 사용 가능한 크레딧이 있더라도 인스턴스 버스트는 가능한 범위에서 최대한 지원됩니다.[80] 버스트 시간은 보장되지 않기 때문에 이에 의존하기보다는 기본 대역폭을 최대값으로 생각하고, 버스트는 기존에 처리하지 못하는 작업을 일시적으로 가능하도록 해주는 기능이라고 생각하는 것이 좋습니다. 달리 표현하면, 기본 대역폭 값을 초과하는 짧은 작업 부하 스파이크를 처리하기 위한 용도라고 볼 수 있습니다.

이러한 동작 방식이 있으므로 벤치마크에서 검증할 때는 잠재 용량을 포함해서 최소 한 시간 이상 걸려 실행해야 하고, 테스트 환경도 운영환경 및 작업 부하 수준을 실제와 최대한 비슷하게 검증해야 합니다.

기본 대역폭과 버스트 대역폭 관련 내용은 공식 문서[81]에 인스턴스 타입에 따라 작성되어 있습니다. 각 인스턴스 타입을 ElastiCache의 캐시 노드 타입과 연결하여 이해해야 합니다.

모니터링에 사용할 수 있는 메트릭으로는 NetworkIn 메트릭과 NetworkOut 메트릭이 있습니다. 각각 관찰 기간 동안 수신 및 송신된 총 패킷 크기를 나타냅니다. 이 메트릭들을 관찰 기간으로 나누어 평균 대역폭 값을 계산할 수 있으며, 만약 각 메트릭이 최대값에 도달하면 NetworkBandwidthInAllowanceExceeded 및 NetworkBandwidthOutAllowanceExceeded 메트릭 값이 증가합니다.

네트워크를 점검할 때는 NetworkPacketsIn 메트릭과 NetworkPacketsOut 메트릭 값도 확인하는 것이 좋습니다. 각각 관찰 기간 동안 수신되거나 송신된 총 패킷 수를 나타냅니다. 최대 부하를 가했을 때의 메트릭 값을 클러스터의 용량의 최대값으로 정의하고 모니터링하는것이 좋습니다. 수신 및 송신 관계없이 최대값에 도달하면 NetworkPacketsPerSecondAllowanceExceeded 메트릭 값이 증가합니다.

네트워크 자원이 최대값에 도달했을 때는 더 큰 인스턴스 타입으로 변경하는 것을 검토하기

---

80 https://docs.aws.amazon.com/AWSEC2/latest/WindowsGuide/ec2-instance-network-bandwidth.html
81 https://docs.aws.amazon.com/AWSEC2/latest/WindowsGuide/instance-types.html

바랍니다. 만약 클러스터 모드가 비활성화 상태이고 읽기 쿼리가 원인이라면, 레플리카를 추가하는 것을 고려해야 합니다(7장과 8장 참조). 레플리카에 접근할 때는 읽기 전용 엔드포인트를 사용할 수 있습니다. 클러스터 모드가 활성화된 레디스 클러스터라면, 레플리카를 추가한 후 READONLY 명령어를 함께 사용합니다. 클러스터 모드가 활성화 상태이고 쓰기 쿼리가 원인이라면, 샤드 수를 늘리는 것을 검토하기 바랍니다.

또한 NetworkConntrackAllowanceExceeded 메트릭과 NetworkLinkLocalAllowanceExceeded 메트릭도 문제가 없는지 확인하는 것이 좋습니다. 캐시 노드는 연결 상태를 모니터링하여 추적할 수 있는데, 그 한도가 존재합니다. 연결이 많아져 한도를 초과하게 되면서 발생하는 패킷의 수가 NetworkConntrackAllowanceExceeded 메트릭이 됩니다. 특히 연결 수가 많은 상황에서는 이 메트릭을 주의 깊게 모니터링해야 합니다. 이런 문제가 발생했을 때는, 더 큰 인스턴스 타입으로 변경하거나, 노드 수를 늘려 각 노드의 연결 수를 분산시키는 방법 등을 검토하기 바랍니다.[82] NetworkLinkLocalAllowanceExceeded 메트릭은 로컬 프록시의 트래픽 PPS$^{packets Per Second}$가 네트워크 인터페이스의 허용치를 초과할 때 측정되는 패킷 수를 나타냅니다. 로컬 프록시 서비스란 Amazon Route 53 Resolver 서버(Amazon Provided DNS)[83]처럼 도메인을 IP 주소로 변환하거나, 인스턴스에 필요한 메타데이터를 가져오는 서비스를 가리킵니다. ElastiCache에서 이 메트릭이 문제되는 경우는 거의 없는 편이지만 확인해보는 것이 좋습니다. Exceeded라는 접미사가 붙은 메트릭은 현재 비교적 최신 타입인 Nitro 계열 캐시 노드 타입에서만 사용됩니다.[84] 이 캐시 노드 타입들은 다른 여러 가지 개선 사항이 적용되어 있으므로 적극적으로 활용하는 것을 추천합니다.

▪━ 레플리케이션
레플리케이션 관련 메트릭은 다음과 같습니다.

- ReplicationBytes 메트릭
- ReplicationLag 메트릭

---

82 https://docs.aws.amazon.com/ko_kr/AWSEC2/latest/UserGuide/security-group-connection-tracking.html
83 https://docs.aws.amazon.com/ko_kr/vpc/latest/userguide/VPC_DHCP_Options.html#AmazonDNS
84 https://docs.aws.amazon.com/ko_kr/AWSEC2/latest/UserGuide/instance-types.html#ec2-nitro-instances

- IsPrimary 메트릭(이전 IsMaster 메트릭)

- PrimaryLinkHealthStatus 메트릭(이전 MasterLinkHealthStatus 메트릭)

- GlobalDatastoreReplicationLag 메트릭

이 중에 모니터링에 가장 활용도가 높은 메트릭은 ReplicationLag 메트릭입니다. ReplicationLag 메트릭은 변경사항이 레플리카에 적용되는 데 걸리는 시간 지연을 나타냅니다. 이 값이 크면 레플리케이션 처리가 제대로 이뤄지지 않고 있다는 것을 의미합니다. 그 결과 전체 동기화를 유발하여 성능에 큰 영향을 미칠 수 있습니다.

IsPrimary 메트릭은 해당 캐시 노드가 마스터인 경우 1, 레플리카인 경우 0으로 나타납니다. 이 값의 변화는 페일오버의 발생 가능성을 의미하며, 만약 변화가 의도한 것이 아니라면 특정 문제가 발생했다고 볼 수 있습니다.

PrimaryLinkHealthStatus 메트릭은 마스터와 레플리카 간의 레플리케이션 연결 유지 상태를 1과 0으로 나타냅니다. 0인 경우 문제가 발생했을 가능성이 있습니다.

ReplicationBytes 메트릭은 마스터가 모든 레플리카에 전송한 바이트 수를 나타냅니다. 상태를 직접적으로 알려주는 PrimaryLinkHealthStatus 메트릭이 더 직관적이긴 하지만, 레플리케이션 상황을 파악할 때 참고할 수 있는 메트릭입니다.

GlobalDatastoreReplicationLag 메트릭은 프라이머리 리전과 세컨더리 리전 간의 마스터의 최대 지연 시간 또는 클러스터 모드가 활성화된 클러스터의 샤드 간 최대 지연 시간을 나타냅니다. 이 메트릭은 글로벌 데이터 스토어 기능을 사용할 때 활용할 수 있는 메트릭이기 때문에 이 기능을 사용하지 않으면 모니터링할 필요가 없습니다.

▪── 지연 시간

레디스의 여러 데이터 유형 및 기능별로 지연 시간 메트릭이 제공됩니다. 값은 마이크로 초 단위이며, 메트릭 이름은 데이터 구조나 기능 이름 뒤에 CmdsLatency라는 접미사가 붙은 형태입니다. 해당 메트릭을 통해 어떤 데이터 유형이나 기능에서 이상이 발생했는지 판단할 수 있습니다. 지연 시간 문제의 해결 방법은 6.2절을 참조하기 바랍니다.

10.3.3 유지보수 창 주의사항

ElastiCache에서 생성한 클러스터는 주간 유지보수 창이 설정됩니다. 일주일 중 어떤 요일의 어느 시간대에 유지보수를 시작할지 설정하는 형태이며 사용자가 설정할 수 있습니다.

이 유지보수 창에 설정한 시간에 유지 관리 실행 및 보류 상태가 변경됩니다.[85] 즉, 유지보수 창에 설정한 시간대에 언제든지 유지보수가 실행될 수 있다는 것을 의미합니다. 지난 한 달간 유지보수가 없었어도, 유지보수 창에 설정한 시간대에 유지보수가 시작될 수 있으므로 항상 준비하는 것이 좋습니다.

유지보수 창에 설정하는 시간대는 애플리케이션에 미치는 영향이 가장 작은 시간대로 설정하는 것을 권장합니다. 레디스에 문제가 발생했을 때는 유지보수 창의 시간대와 일치하지 않는지도 확인해야 합니다. 사전에 계획된 유지보수는 AWS에서 루트 계정으로 이메일을 통해 알림을 보냅니다.

레디스를 캐시 서버로 운영하는 경우, 캐시 노드가 장애로 인해 다운된 상태라도 서비스 전체가 유지될 수 있도록 시스템을 준비해야 합니다. 예를 들어, 레디스가 다운된 동안 애플리케이션의 오류 핸들링을 통해 백엔드의 RDBMS에서 데이터를 가져와 서비스를 계속할 수 있도록 구현할 수 있습니다. 이 기간 동안 서비스 지연 시간 증가나 RDBMS로의 부하가 증가할 수 있으므로, 캐시 노드는 언제든지 다운될 수 있다고 가정하고 준비해야 합니다.

10.3.4 이벤트 확인

추가로, AWS Health Dashboard[86] [87] [88]나 이벤트[89] 등도 확인해두는 것이 좋습니다. 이벤트는 API의 사양상 최근 14일 정도의 정보만 확인할 수 있다는 점에 유의하기 바랍니다.

---

85 https://docs.aws.amazon.com/ko_kr/AmazonElastiCache/latest/red-ug/maintenance-window.html

86 이전에 사용되던 Personal Health Dashboard와 Service Health Dashboard가 통합된 것입니다.

87 https://health.aws.amazon.com/health/status

88 https://docs.aws.amazon.com/health/latest/ug/getting-started-health-dashboard.html

89 https://docs.aws.amazon.com/ko_kr/AmazonElastiCache/latest/red-ug/ECEvents.Viewing.html

ElastiCache의 이벤트를 확인하면 다음과 같은 메시지를 확인할 수 있습니다. ElastiCache 는 캐시 노드에서 AWS 기반의 장애 등으로 문제가 발생하면 문제를 감지하고 자동으로 복구 작업을 수행합니다. 이 메시지는 AWS 기반의 문제에 한정된 것은 아니지만, 원인 분류를 위해 참조할 수 있습니다.

```
Recovering cache nodes 0001 Finished recovery for cache nodes 0001
```

또한 엔진 로그도 확인할 수 있습니다. 레디스 6.2 이상을 사용 중이라면 CloudWatch Logs 나 Amazon Kinesis Data Firehose와 연동하여 엔진 로그도 출력할 수 있습니다.[90] 일반적 으로는 메트릭 조사나 이벤트 정보 등에서 충분한 정보를 얻을 수 있는 경우가 많지만, 엔진 로그를 통해 문제의 원인 관한 단서를 얻을 수 있습니다.

---

90 https://aws.amazon.com/ko/about-aws/whats-new/2022/01/amazon-elasticache-streaming-storing-redis-engine-logs/

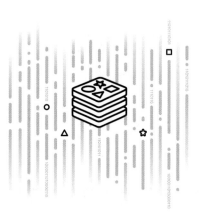

PART

03

고급

11장. 레디스와 관련된 기술을 살펴보고, 소스코드를 통해 레디스를 여러 관점에서 확인합니다.

고급

레디스의 구조

이 장에서는 레디스와 관련된 기술을 탐색하고, 소스코드를
통해 다양한 관점에서 레디스를 분석합니다.

이 장에서는 트러블슈팅이 어려운 경우에 레디스 구조를 자체적으로 분석하기 위한 지식 등 다소 어려운 내용을 담고 있습니다. 레디스를 깊게 이해하기 위한 내용들을 다루므로 필요한 지식만 골라서 학습해도 괜찮습니다.

11.1 레디스 관련 기술

레디스와 관련 용어 및 기술을 알아봅니다.[01]

레디스는 다음과 같이 기존의 라이브러리를 그대로 사용하지 않고 독자적으로 만들거나 확장한 기술들이 있습니다.

- RESP
- SDS
- ae
- RAX

또한 레디스 고유 기술은 아니지만 알아두면 레디스를 더 잘 이해할 수 있는 용어와 개념도 있습니다. 목록은 다음과 같습니다.

- Copy On Write
- Raft
- HyperLogLog

11.1.1 RESP

RESP[REdis Serialization Protocol]는 레디스를 위해 설계된 프로토콜로, 클라이언트-서버 모델을 기반

---

01 기술 중에는 스탠드얼론 프로젝트로 만들어졌기 때문에 레디스 이 외에서 사용 가능한 것들이 있지만, 레디스를 대상으로 설계된 것도 포함되어 있어서 함께 설명합니다.

으로 합니다.[02] 레디스 클라이언트와 서버 간의 통신은 기본적으로 이 프로토콜을 사용합니다.[03] [04] RESP는 TCP보다 상위 계층인 애플리케이션 계층에서 메시지 형식을 정의한 것이기 때문에 TCP 같은 하위 계층의 설정과 관계없이 사용할 수 있습니다. 그러나 레디스를 포함한 redis-cli 같은 많은 라이브러리들은 TCP가 연결된 상태에서 RESP에서 정의된 메시지를 통해 통신합니다.

RESP는 다음 세 가지 목표로 설계되었습니다.

1. 쉬운 구현
2. 빠른 파싱 속도
3. 가독성

RESP 사용

RESP를 사용하여 set foo bar 명령어를 레디스 서버에 보내는 과정은 다음과 같습니다. 이 예시는 넷캣 또는 텔넷을 사용하여 RESP 형식으로 레디스 서버에 요청을 보내는 방식으로 동작합니다.

넷캣을 사용하여 RESP 형식으로 다음과 같이 보낼 수 있습니다.

```
$ echo -e "*3\r\n\$3\r\nset\r\n\$3\r\nfoo\r\n\$3\r\nbar\r\n" | nc localhost 6379
+OK
```

텔넷을 사용하여 RESP 형식으로 다음과 같이 보낼 수 있습니다. *3의 행부터 bar까지 행을 입력하면 +OK로 응답합니다.

```
$ telnet localhost 6379
Trying 127.0.0.1...
```

---

02 레디스 클러스터 노드 간 통신은 클라이언트-서버 모델이 아니라 클러스터 버스를 사용한 다른 이진 프로토콜로 통신합니다.

03 RESP는 레디스 이외의 다른 클라이언트-서버 형태의 요청-응답 모델에서도 사용할 수 있습니다. 또한 응답은 RESP 형식이지만 SET foo bar와 같은 RESP가 아니더라도 직접 레디스 서버로 명령어를 보내면 동작합니다.

04 https://redis.io/docs/reference/protocol-spec/

```
Connected to localhost.
Escape character is '^]'.
*3
$3
Set
$3
Foo
$3
bar
+OK
```

이 메시지 교환이 구체적으로 어떤 프로토콜을 통해 처리되는지 살펴보겠습니다. RESP 형식은 서로 다른 다섯 가지 유형의 데이터를 처리하며 각 유형은 다음과 같이 시작하는 문자열로 정의됩니다.

표 11-1 RESP 형식의 다섯 가지 데이터 유형

자료형	기호	실행 예시
간단한 문자열	+	+OK\r\n
오류	−	-Error message\r\n
정수	:	:1000\r\n
대량 문자열	$	$6\r\nfoobar\r\n
배열	*	*2\r\n$3\r\nfoo\r\n$3\r\nbar\r\n

간단한 문자열 유형은 이진 안전Binary Safe하지 않은 문자열을, 낮은 오버헤드로 전송하는 것을 목적으로 합니다. + 기호로 시작하고 CRCarriage Return이나 LFLine Feed를 포함하지 않는 문자열이 붙으며, 마지막은 CRLF(\r\n)로 끝납니다. 오류 유형은 − 기호로 시작하고, 그 뒤에 오류 접두사가 붙습니다. 이 접두사는 공백이나 줄바꿈까지 이어지며 클라이언트에게 오류의 종류를 알립니다. 오류 접두사에는 일반적인 접두사 외에 특정 상황을 나타내는 접두사가 있습니다.

- **특정 상황에 사용되는 접두사**
  - WRONGTYPE
  - NOSCRIPT
  - LOADING
  - BUSY
  - MASTERDOWN
  - MISCONF
  - READONLY
  - NOAUTH
  - OOM
  - EXECABORT
  - NOREPLICAS
  - BUSYKEY

- **일반적인 접두사**
  - ERR

ERR의 경우에는 이어지는 메시지 내용을 자세하게 살펴봐야 합니다. 오류 유형은 간단한 문자열이지만, - 기호를 사용하여 클라이언트가 예외로 처리하도록 지시할 수 있습니다. 정수 유형은 INCR 명령어나 DBSIZE 명령어와 같은 정수로 반환되는 응답 또는 SISMEMBER 명령어의 불리언 값을 true는 1로, false는 0으로 반환하는 데 사용됩니다.

대량 문자열 유형은 최대 512MB의 이진 안전 문자열을 전송하는 것을 목적으로 하며, 간단한 문자열로 처리할 수 없는 유형의 문자열도 사용할 수 있습니다. 대량 문자열은 $ 기호로 시작하고, 전송할 대상 문자열의 바이트 수를 나타내는 숫자가 붙습니다. 그 후에 실제로 전송할 문자열이 붙고, 마지막에 CRLF\r\n으로 끝납니다. 또한 대량 문자열은 빈 문자열이나 NULL 값을 처리할 수 있으며, 각각 빈 문자열은 $0\r\n\r\n, NULL 값은 $-1\r\n으로 표시됩니다.

배열은 여러 요소를 처리하거나, 클라이언트에서 레디스 서버로 명령어를 보낼 때 사용됩니다. * 기호로 시작하고, 그 뒤에 배열의 요소 개수, 배열의 요소 순으로 붙습니다. 사용하는 데이터 유형에 따라 뒤에 붙는 형태가 달라질 수 있고, 배열의 요소 사이에는 다른 자료형을 혼합할 수도 있습니다.

앞서 설명한 RESP를 통한 메시지 교환의 예시를 다시 한번 살펴보겠습니다. set foo bar의 RESP 형식인 *3\r\n$3\r\nset\r\n$3\r\nfoo\r\n$3\r\nbar\r\n이라는 문자열을 살펴보면 배열이 사용된 것을 확인할 수 있습니다.

set foo bar 명령어를 클라이언트에서 보낼 때는 각 요소를 공백으로 구분해서 set, foo, bar의 세 요소를 가진 배열로 생각합니다. 그래서 첫 번째 바이트는 배열을 나타내는 *, 다음에 요소의 개수를 나타내는 바이트 3이 붙고, 그 후 요소마다 CRLF("\r\n")이 붙습니다. 첫 번째 요소인 set는 크기가 3바이트인 대량 문자열이므로 $3\r\nset\r\n이 됩니다. 실제로는 $를 이스케이프하여 \$로 표시합니다. 마찬가지로 foo는 $3\r\nfoo\r\n, bar는 $3\r\nbar\r\n이 되며 이들을 합친 것이 RESP 형식이 됩니다. NULL 배열의 경우, 요소의 개수를 −1로 하여 −1\r\n으로 표현합니다.

키 foo에 INCR 명령어를 실행하면 정수가 아니므로 −ERR이 반환되고, 오류 메시지가 표시됩니다.

```
$ echo -e "*2\r\n$4\r\nincr\r\n$3\r\nfoo\r\n" | nc localhost 6379
-ERR value is not an integer or out of range
```

redis-cli를 비롯한 많은 레디스 클라이언트에서는 명령어를 입력하면 RESP 형식으로 표현하여 레디스 서버에 요청을 보냅니다. 그 후, RESP 형식으로 응답을 받으면 파싱하여 해석하기 쉬운 형태로 결과가 표시됩니다.

RESP3

앞서 설명한 RESP는 버전 2(RESP2)를 기준으로 설명했지만, 업그레이드 버전인 RESP3도 있습니다.[05] RESP3는 레디스 6.0 이상 버전에서 선택적 기능으로 사용할 수 있습니다. 연결이 시작될 때는 RESP2 모드지만, redis-cli와 같은 클라이언트에서 레디스 서버에 HELLO 3 명령어를 실행하면 핸드셰이크를 통해 RESP3 모드로 전환할 수 있습니다.

RESP2에서는 의미 체계 종류가 적기 때문에 데이터 유형의 암묵적 변환이 필요한 경우가 많습니다. 클라이언트는 적절한 유형으로 변환하기 위해 보낸 명령어를 기억해야 합니다. 부동소수점 수나 불리언을 문자열과 정수로 처리하거나, 이진 안전 오류를 반환할 방법이 없는 등 여러 문제가 발생할 수 있습니다.

이러한 동작을 개선하고, 프로토콜의 표현력을 늘리고, 암묵적 변환을 없애는 것을 목표로 RESP의 버전 업그레이드가 이뤄진 결과, RESP3에서는 다음과 같은 성과가 있습니다.

- 레디스에서 지원하는 Pub/Sub 기능보다 더 범용적인 푸시 모드를 지원하여 응답의 속성 등을 데이터 외부로 반환하도록 개선되었습니다.
- 레플리케이션처럼 처음에 문자열 길이를 알 수 없는 스트리밍을 레플리카 없이도 RESP 자체에서 특별 모드로 처리할 수 있도록 사양을 정의했습니다.
- RESP2에서는 줄바꿈에 CRLF를 사용했지만, RESP3에서는 크기를 줄이기 위해 LF만으로 충분한 사양으로 변경되었습니다.

RESP3는 요청/응답의 서버/클라이언트 모델에 최적화되지 않았거나, 프로토콜의 복잡성, 일부 기능의 부재 등 레디스가 요구하는 요건에 맞지 않아서 MessagePack이나 BSON과 같은 기존의 라이브러리를 사용하지 않고 직렬화 기능을 구현했습니다.

배열, BLOB, 문자열, 오류, 숫자는 RESP2와 같지만, [표 11-2]에 나오는 내용은 RESP2와 다릅니다. 데이터에 맞게 기호를 사용하며, 사용 방법은 기본적으로 RESP2와 동일합니다.

표 11-2 RESP3 자료형과 실행 예시

자료형	기호	실행 예시
NULL	$-1	RESP2에서의 *-1을 $-1로 대체하여 표현을 하나로 만들어 불필요한 방법을 제거한다.

---

05 https://gist.github.com/antirez/2bc68a9e9e45395e297d288453d5d54c

배정도 부동소수점 수	,	,1.23\<LF\>
불리언 값	#t, #f	True: #t\\n, False: #f\\n
BLOB 오류	!	!21\<LF\>SYNTAXinvalidsyntax\<LF\>
문자열	=	=15\<LF\>txt\<LF\>Some string\<LF\> 이스케이프나 필터링 없이 표시할 수 있는 이진 안전한 문자열이다.
맵	%	%2\<LF\>+first\<LF\>:1\<LF\>+second-\<LF\>:2\<LF\>
집합	~	~5\<LF\>+orange\<LF\>+apple\<LF\>#t-\<LF\>:100\<LF\>:999\<LF\> 필드와 값 쌍을 나열한다.
속성	\	
푸시	>	Pub/Sub, MONITOR 명령어에 사용한다. 클라이언트–서버 모델에서 요청–응답 형식을 사용하는 레디스의 예 외에 대응한다.
Hello	@	Map과 형태가 유사하지만, 단순히 서버 정보를 클라이언트에게 알리 기 위한 용도로 사용한다. server는 필수 항목이다.
매우 큰 수	(	(3492890328409238..(생략)..8543825024385\<LF\>

COLUMN RESP 형식이 아닌 쿼리 요청 처리

넷캣이나 텔넷을 사용하면 응답은 RESP 형식이지만, 클라이언트의 요청이 RESP 형식이 아니더라도 레디스 서버는 적절한 응답을 반환합니다.[06] 다음 예시에서 get hoge가 입력한 행에 $4와 fuga의 행이 응답합니다.

```
$ telnet localhost 6379
Trying 127.0.0.1...
Connected to localhost.
Escape character is '^]'.
get hoge
$4
fuga
```

---

06 https://raw.githubusercontent.com/antirez/redis/2.8/00–RELEASENOTES

물론 패킷을 확인해도 클라이언트에서 입력한 문자열이 그대로 전송됩니다. 다음은 sudo tcpdump -i eth0 port 6379 -A 명령어로 확인한 내용입니다.

```
08:31:18.259843 IP ip-172-31-13-135.ec2.internal.40500 > ip-172-31-3-237.ec2.
internal.redis:
Flags [P.], seq 1:11, ack 1, win 491, options [nop,nop,TS val 3534704482 ecr
3792044618], length 10: RESP "get hoge"
E..>..@.@.!.........4../............b.....
..Ob...]get hoge
```

참고로 다음은 레디스 클라이언트로 전송하는 예시입니다. RESP 프로토콜 형태로 전송된 것을 확인할 수 있습니다.

```
08:32:28.124368 IP ip-172-31-13-135.ec2.internal.40502 > ip-172-31-3-237.ec2.
internal.redis:
Flags [P.], seq 28:51, ack 170719, win 1142, options [nop,nop,TS val
3534774346 ecr 3792102401], length 23: RESP "get" "hoge"
E..K.%@.@...........6...@.3Q.~....v.......
..`]....*2
$3
get
$4
hoge
```

RESP 형식이 아닌 쿼리를 처리할 수 있는 이유는 networking.c의 처리에서 확인할 수 있습니다. 레디스 서버에서는 요청을 PROTO_REQ_MULTIBULK과 PROTO_REQ_INLINE의 두 종류로 나누어 처리하고 있습니다. 실제로 클라이언트에서 전송한 데이터 버퍼의 첫 번째 문자가 *이면 RESP로 판단하여 PROTO_REQ_MULTIBULK로 분류합니다. 그렇지 않은 경우에는 PROTO_REQ_INLINE으로 분류하고 있으며, 각각의 종류에 따라 처리됩니다. PROTO_REQ_MULTIBULK의 경우는 processMultibulkBuffer 함수, PROTO_REQ_INLINE의 경우는 processInlineBuffer 함수로 각각 처리합니다.[07]

---

07 https://github.com/redis/redis/blob/7.0.4/src/networking.c#L2517-L2532

코드 11-1 networking.c

```c
/* Determine request type when unknown. */
if (!c->reqtype) {
    if (c->querybuf[c->qb_pos] == '*') {
        c->reqtype = PROTO_REQ_MULTIBULK;
    } else {
        c->reqtype = PROTO_REQ_INLINE;
    }
}

if (c->reqtype == PROTO_REQ_INLINE) {
    if (processInlineBuffer(c) != C_OK) break;
} else if (c->reqtype == PROTO_REQ_MULTIBULK) {
    if (processMultibulkBuffer(c) != C_OK) break;
} else {
    serverPanic("Unknown request type");
}
```

RESP는 앞서 설명한 것처럼 구현이 간단하고 파싱이 빠르며, 쉬운 읽기를 목표로 하면서도 이진 프로토콜과 비슷한 성능을 발휘하도록 설계되어 있습니다. 그래서 레디스 클라이언트를 사용할 때 대부분 PROTO_REQ_MULTIBULK 형태로 전송됩니다.

11.1.2 SDS

SDS^{Simple Dynamic Strings}는 가변 길이 문자열에 관한 C 언어 라이브러리입니다. 레디스에서 사용되었던 구현이 포크되어 현재는 독립된 프로젝트로 공개되었습니다.

레디스의 문자열에 SDS가 사용되고 있습니다. [08] [09] [10] SDS의 개념은 다음과 같습니다.

---

08 https://redis.io/docs/reference/internals/internals-sds/
09 https://github.com/antirez/sds
10 https://github.com/redis/redis/blob/7.0.4/src/sds.c

1. 간단한 사용

2. 이진 안전

3. 좋은 계산 효율성

4. 일반적인 C 문자열과의 호환(미해결)

문자열 길이를 효율적으로 가져오거나 매번 메모리를 새로 할당하지 않고 문자열 끝에 추가할 수 있습니다.

C 언어는 문자열의 끝을 NULL 문자로 인식하기 때문에 문자열 중간에 NULL 문자를 포함할 수 없습니다. 따라서 이진 데이터처럼 NULL 문자가 포함될 수 있는 데이터는 보관할 수 없습니다. 반면, SDS에서는 이진 안전하도록 설계되어 있으므로 문자열이 NULL 문자로 끝나는지 신경쓰지 않아도 됩니다. 문자열의 끝부분의 길이 정보도 함께 관리하도록 구현되어 있으므로 JPEG 같은 이미지 파일 등 이진 파일도 처리할 수 있고, 마찬가지로 레디스의 문자열도 처리할 수 있습니다.

SDS의 문자열은 현재 문자열 길이(len), 사용 가능한 공간(free), 실제 문자열(buf)이 정의되어 있습니다.[11] 실제 사용할 때는 sdsnewlen("redis", 5)와 같은 형태로 문자열을 생성하여 사용합니다.

코드 11-2 sds.h

```
struct sdshdr {
    unsigned int len;
    unsigned int free;
    char buf[];
};
```

free 필드는 사용 가능한 바이트 수를 저장합니다. len 변수는 중간에 NULL 문자가 있더라도 문자열의 끝으로 인식되지 않도록 전체 문자열 길이를 관리하기 위한 요소입니다. 다른 정보를 통해서도 길이를 유추할 수 있지만, 일정 시간 내에 길이를 얻기 위한 방법으로 사

---

11 레디스 3.2부터 SDS 버전 2를 사용하지만, 여기서는 이해를 쉽게 하기 위해 버전 1을 기준으로 설명합니다.

용합니다. 기존의 C 언어의 문자열 라이브러리는 문자열을 저장할 때 포인터를 사용했습니다. 그러나 SDS에서는 길이가 정해지지 않은 배열이 정의되어 있습니다. 기존에는 구조체의 멤버에 접근하거나 함수를 호출하는 방식으로 처리했습니다. SDS에서는 변수 출력 시 printf("%s\n", sds_string)과 같이 SDS의 문자열 변수를 직접 지정할 수 있습니다. 아래는 SDS의 README 파일에 있는 그림입니다.[12]

코드 11-3 README.md에 기재된 그림

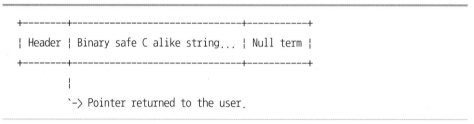

SDS는 실제 문자열이 저장된 부분을 포인터로 반환하기 때문에 구조체의 멤버에 직접 접근할 필요가 없습니다. 또한 위 그림의 Header는 sdshdr 구조체의 len과 free 두 개의 unsigned int 타입(2.8.14 버전 이전에는 int 타입)으로 구성됩니다. sdshdr 구조체의 크기만큼 메모리 주소가 낮은 방향으로 이동하면 해당 구조체의 시작점을 계산할 수 있기 때문에 이 방식으로 메모리를 해제할 수도 있습니다.

SDS 문자열을 새로 생성할 때는 free 필드를 통해 가능한 한 메모리를 적게 사용하도록 합니다. 예를 들어, 문자열 끝에 추가 공간을 생성한다면 미리 여유 공간을 만들어 두도록 동작합니다. 문자열 길이를 증가시킬 때는 필요한 메모리양이 SDS_MAX_PREALLOC(=1MB[13])과 비교했을 때, 그보다 적으면 요청된 메모리의 두 배를 확보하고, 그보다 크거나 같으면 요청된 크기 + SDS_MAX_PREALLOC만큼을 확보합니다.

SDS 버전 2

SDS 버전 2는 레디스 3.2 이후부터 사용하고 있으며, 메모리 사용량이 최적화되고, 문자열

---

12 https://github.com/antirez/sds
13 https://github.com/redis/redis/blob/7.0.4/src/sds.h#L36

의 최대 길이 512MB 제한이 없어졌습니다.[14][15][16] 문자열 길이의 비트 수에 따라 헤더 크기를 변화시키는 메커니즘으로 구현되어 있습니다. 실제로는 다음과 같이 정의되어 있습니다.

코드 11-4 sds.c

```
static inline char sdsReqType(size_t string_size) {
    if (string_size < 1<<5)
        return SDS_TYPE_5;
    if (string_size < 1<<8)
        return SDS_TYPE_8;
    if (string_size < 1<<16)
        return SDS_TYPE_16;
#if (LONG_MAX == LLONG_MAX)
    if (string_size < 1ll<<32)
        return SDS_TYPE_32;
    return SDS_TYPE_64;
#else
    return SDS_TYPE_32;
#endif
}
```

헤더 크기가 정해지면 다음과 같이 여러 구조체가 정의됩니다.[17]

코드 11-5 sds.h

```
#define SDS_HDR_VAR(T,s) struct sdshdr##T *sh = (void*)((s)-(sizeof(struct
sdshdr##T)));
```

14 레디스 3.2가 출시될 때에는 여전히 512MB 제한이 있었지만, 이후 proto-max-bulk-len 지시자가 도입되면서 제한이 없어졌습니다. 현재도 512MB가 기본값이지만, 매개변수 값을 변경하면 사실상 무제한으로 설정할 수 있습니다. 자세한 내용은 2장의 칼럼을 참조하기 바랍니다. https://github.com/redis/redis/pull/4568

15 https://github.com/redis/redis/issues/757

16 https://github.com/redis/redis/pull/2509

17 https://github.com/redis/redis/pull/2509

```
/* Note: sdshdr5 is never used, we just access the flags byte directly.
 * However is here to document the layout of type 5 SDS strings. */
struct __attribute__ ((__packed__)) sdshdr5 {
    unsigned char flags; /* 3 lsb of type, and 5 msb of string length */
    char buf[];
};
struct __attribute__ ((__packed__)) sdshdr8 {
    uint8_t len; /* used */
    uint8_t alloc; /* excluding the header and null terminator */
    unsigned char flags; /* 3 lsb of type, 5 unused bits */
    char buf[];
};
struct __attribute__ ((__packed__)) sdshdr16 {
    uint16_t len; /* used */
    uint16_t alloc; /* excluding the header and null terminator */
    unsigned char flags; /* 3 lsb of type, 5 unused bits */
    char buf[];
};
struct __attribute__ ((__packed__)) sdshdr32 {
    uint32_t len; /* used */
    uint32_t alloc; /* excluding the header and null terminator */
    unsigned char flags; /* 3 lsb of type, 5 unused bits */
    char buf[];
};
struct __attribute__ ((__packed__)) sdshdr64 {
    uint64_t len; /* used */
    uint64_t alloc; /* excluding the header and null terminator */
    unsigned char flags; /* 3 lsb of type, 5 unused bits */
    char buf[];
};
```

11.1.3 ae

ae는 이벤트 기반 라이브러리입니다.[18][19][20] 레디스의 중요한 특징 중 하나인 싱글 스레드를 통한 요청의 이벤트 기반 처리 기능을 구현한 것이 ae입니다. ae는 epoll, kqueue, select 등의 래퍼wrapper를 사용합니다.[21][22]

그림 11-1 ae에 의한 이벤트 기반 동작 이미지

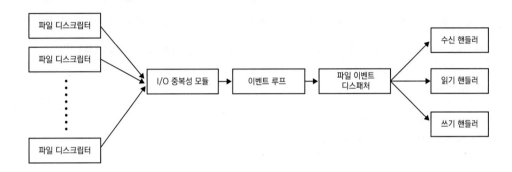

여러 파일 디스크립터로 소켓 요청이 있으면, I/O 중복성 모듈로 통합됩니다. 그 후, 이벤트 루프를 통해 이벤트 핸들러(수신 핸들러, 읽기 핸들러, 쓰기 핸들러)에 할당됩니다.

I/O 중복성에는 select, epoll, kqueue 중 하나가 사용됩니다.[23][24] 실제 환경에서 레디스 서버를 운영할 경우, 대부분의 환경에서 리눅스를 사용하므로 epoll이 사용되며, macOS에서는 kqueue가 사용됩니다.

---

18 안티레즈는 Tcl의 한계를 극복하기 위해 Jim이라는 프로그래밍 언어를 만들었습니다. ae는 이때 구현한 이벤트 기반 프로그래밍을 위한 라이브러리로, 레디스에서도 사용하고 있습니다.

19 http://jim.tcl.tk/index.html/doc/www/www/index.html

20 http://antirez.com/articoli/tclmisunderstood.html

21 ae.h 및 ae.c는 주요 소스코드이며, I/O 중복성 모듈의 구성 내용에 따라 ae_epoll.c, ae_evport.c, ae_kqueue.c, ae_select.c가 호출됩니다.

22 https://redis.io/docs/reference/internals/internals-rediseventlib/

23 https://github.com/redis/redis/blob/7.0.4/src/config.h#L89-L109

24 https://github.com/redis/redis/blob/7.0.4/src/ae.c#L50-L64

표 11-3 ae 시스템 호출

시스템 호출	설명
select	POSIX에서 호환된다.
epoll	리눅스에서 기본값이다.
kqueue	macOS, FreeBSD, OpenBSD, NetBSD에서 기본값이다.

레디스에는 파일 이벤트와 타이머 이벤트라는 두 종류의 이벤트가 있으며, 클라이언트로부터의 요청 처리는 파일 이벤트로, 정기적인 처리 등은 타이머 이벤트로 수행됩니다.[25] aeProcessEvents는 모든 타이머 이벤트를 처리한 후에 파일 이벤트를 처리합니다.[26]

코드 11-7 ae.h

```
/* File event structure */
typedef struct aeFileEvent {
    int mask; /* one of AE_(READABLE¦WRITABLE¦BARRIER) */
    aeFileProc *rfileProc;
    aeFileProc *wfileProc;
    void *clientData;
} aeFileEvent;

/* Time event structure */
typedef struct aeTimeEvent {
    long long id; /* time event identifier. */
    monotime when;
    aeTimeProc *timeProc;
    aeEventFinalizerProc *finalizerProc;
    void *clientData;
    struct aeTimeEvent *prev;
    struct aeTimeEvent *next;
    int refcount; /* refcount to prevent timer events from being
                   * freed in recursive time event calls. */
```

----

25 https://github.com/redis/redis/blob/7.0.4/src/ae.h#L71-L90
26 https://github.com/redis/redis/blob/7.0.4/src/server.c

```
    } aeTimeEvent;
```

레디스 서버에는 백그라운드에서 일정 시간마다 실행되는 타이머 이벤트가 있습니다. 설정
파일의 hz 지시자 값으로 이벤트의 초당 실행 횟수를 지정할 수 있습니다. 타이머 이벤트는 1
초 동안 hz 매개변수로 지정된 값만큼 serverCron 함수를 실행하며 다음과 같은 처리를 합
니다.[27]

- 동적 방식으로 만료된 키 회수
- 소프트웨어 워치독
- 일부 통계 업데이트
- DB 해시 테이블의 증분 리해싱
- BGSAVE/AOF 재작성 트리거 및 완료된 자식 프로세스 처리
- 다른 유형의 클라이언트 타임아웃
- 레플리케이션 재연결

main 함수에서 aeMain 함수를 호출하고 while문을 계속해서 반복합니다. 이 과정에서
aeEventLoop 구조체를 사용하여 aeProcessEvents 함수 내에서 클라이언트의 요청을 처리
하면서 처리 결과를 클라이언트 출력 버퍼에 저장합니다. 또한 beforesleep 요소를 확인하
여 클라이언트 출력 버퍼에 있는 데이터를 클라이언트에 전송합니다.

aeEventLoop 구조체의 구현 내용은 다음과 같습니다.[28]

코드 11-8 server.c

```
/* State of an event based program */
typedef struct aeEventLoop {
    int maxfd; /* highest file descriptor currently registered */
    int setsize; /* max number of file descriptors tracked */
    long long timeEventNextId;
```

----

27 레디스 5.0부터는 hz 지시자 값을 기준으로 dynamic-hz 지시자를 사용해서 연결된 클라이언트 수에 비례한 유휴 상태인 CPU의 사용량을 조절할 수 있습니다.

28 https://github.com/redis/redis/blob/7.0.4/src/ae.h#L98-L111

```
    aeFileEvent *events; /* Registered events */
    aeFiredEvent *fired; /* Fired events */
    aeTimeEvent *timeEventHead;
    int stop;
    void *apidata; /* This is used for polling API specific data */
    aeBeforeSleepProc *beforesleep;
    aeBeforeSleepProc *aftersleep;
    int flags;
} aeEventLoop;
```

main 함수에서 aeMain 함수를 호출한 후, 다음과 같이 개별로 루프 처리가 이뤄집니다.[29]

코드 11-9 ae.h

```
void aeMain(aeEventLoop *eventLoop) {
    eventLoop->stop = 0;
    while (!eventLoop->stop) {
        aeProcessEvents(eventLoop, AE_ALL_EVENTS¦
                                   AE_CALL_BEFORE_SLEEP¦
                                   AE_CALL_AFTER_SLEEP);
    }
}
```

libevent와 같은 이벤트 기반 라이브러리가 있음에도 안티레즈가 직접 라이브러리를 구현한 이유 중 하나는 외부 의존성을 줄이고자 했기 때문입니다. 외부 의존성을 줄이면 레디스를 더 쉽게 도입할 수 있고, 예상치 못한 버그가 생길 가능성을 낮추며, 맞춤 설정도 더 쉽게 할 수 있습니다.[30]

이벤트 기반 처리의 장단점은 다음과 같습니다.

- **장점**
  - 요청당 스레드/프로세스를 준비할 필요가 없어 메모리 소비를 줄일 수 있습니다.

---

29 https://github.com/redis/redis/blob/7.0.4/src/ae.c#L493–L500
30 https://groups.google.com/forum/#!topic/redis–db/tSgU6e8VuNA

□ 스레드/프로세스 전환에 따른 컨텍스트 스위치 오버헤드를 줄일 수 있습니다.

□ 논블로킹 I/O로 인해 즉시 처리하지 못하는 상황이라면 다른 작업으로 전환하여 병렬로 처리할 수 있습니다.

■ 단점

□ 하나의 요청 처리에 시간이 오래 걸리면 후속 처리에 영향을 줄 수 있습니다.

11.1.4 RAX

RAX는 메모리 관리용 데이터 구조로, 안티레즈가 레디스의 성능 문제를 해결하기 위해 만든 기수 트리Radix Tree입니다.

레디스 4.0부터 RAX를 이용한 메모리 관리 기능이 도입되었습니다. 성능 저하를 방지하면서도 메모리 사용량을 줄일 수 있도록 성능과 메모리 사이의 균형을 맞추도록 구현되었습니다. 현재는 다른 곳에서도 사용할 수 있도록 스탠드얼론 프로젝트로 개발되었습니다.[31] 소스코드는 rax.h, rax.c, rax_malloc.h 파일에 구현되어 있으며[32] [33] [34] 레디스 스트림에서도 사용되고 있습니다.

기수 트리를 구성하는 연결 노드 사이의 간선에는 여러 문자로 이뤄진 라벨이 부여됩니다. 부모 노드가 자식 노드를 하나만 가질 때는 병합되며, 라벨도 그에 따라 변경됩니다. 이런 방식으로 인해 다른 요소와 공통되는 접두사가 길수록 공간 사용 효율이 올라갑니다.

예를 들어, foobar와 footer라는 문자열이 있을 때 각 문자를 노드로 하여, 부모 노드에서 자식 노드로 이동하면서 거치는 연속된 문자를 라벨로 부여하게 됩니다. 소스코드에 나와 있는 예시를 통해 알아봅니다.

-----

31 https://github.com/antirez/rax
32 https://github.com/redis/redis/blob/7.0.4/src/rax.h
33 https://github.com/redis/redis/blob/7.0.4/src/rax.c
34 https://github.com/redis/redis/blob/7.0.4/src/rax_malloc.h

코드 11-10 rax.h ①

```
                              (f) ""
                                 \
                               (o) "f"
                                  \
                                (o) "fo"
                                   \
                            [t    b] "foo"
                           /        \
                  "foot" (e)          (a) "foob"
                       /                  \
              "foote" (r)                  (r) "fooba"
                   /                          \
      "footer" []                              [] "foobar"
```

자식 노드를 하나만 가지는 부모 노드는 병합되어 공통으로 사용되기 때문에 추가 메모리 공
간을 확보하지 않고도 메모리를 더 효율적으로 사용합니다.

코드 11-11 rax.h ②

```
                       ["foo"] ""
                          ¦
                     [t    b] "foo"
                    /        \
           "foot" ("er")       ("ar")  "foob"
                /                  \
        "footer" []                 [] "foobar"
```

first라는 문자열을 삽입할 경우, foobar와 footer는 f라는 공통의 부모 노드를 갖지만,
이어지는 다음 문자가 각각 i와 o라는 다른 문자열을 가지기 때문에 트리가 분기합니다.
first의 i 이후의 문자는 자식 노드를 단 하나만 가지기 때문에 합쳐지게 됩니다. foobar와
footer의 o 이후부터는 특별한 변경이 없기 때문에 구성이 그대로 유지됩니다. 그 결과, 기
수 트리가 다음과 같은 형태로 구성됩니다.

```
                          (f) ""
                           /
                     (i    o) "f"
                      /        \
            "firs"  ("rst")    (o)   "fo"
                     /              \
          "first"   []            [t    b] "foo"
                                   /    \
                  "foot" ("er")     ("ar") "foob"
                         /                \
                  "footer" []            []   "foobar"
```

레디스 5.0부터 사용 가능한 레디스 스트림에서도 기수 트리가 사용됩니다. 레디스 스트림에서 사용되는 stream 구조체는 다음과 같이 정의되어 있습니다.[35]

코드 11-13 stream.h

```
typedef struct stream {
    rax *rax;                   /* The radix tree holding the stream. */
    uint64_t length;            /* Current number of elements inside this stream. */
    streamID last_id;           /* Zero if there are yet no items. */
    streamID first_id;          /* The first non-tombstone entry, zero if empty. */
    streamID max_deleted_entry_id; /* The maximal ID that was deleted. */
    uint64_t entries_added;     /* All time count of elements added. */
    rax *cgroups;               /* Consumer groups dictionary: name -> streamCG */
} stream;
```

11.1.5 CoW

CoW[Copy on Write]는 리소스를 절약하기 위해 사용되는 일종의 전략이며, 파일 시스템이나 데이

----

35 https://github.com/redis/redis/blob/7.0.4/src/stream.h#L16-L24

터베이스에서도 자주 사용됩니다.

간단히 말하면, 레플리카를 생성할 때 바로 복사하는 것이 아니라 파일에 변경이 있을 때까지 참조본을 생성하는 방법입니다. 이를 통해 실제로 필요해질 때까지 디스크나 메모리의 사용량을 줄일 수 있습니다.

레디스에서는 스냅숏 생성이나 AOF 재작성을 할 때 CoW를 사용합니다. CoW를 사용하면 스냅숏을 생성할 때 필요한 메모리도 데이터 세트 크기의 두 배보다는 더 적고, 읽기 작업이 기본인 환경이라면 더 적은 메모리로 처리할 수도 있습니다. 하지만 쓰기 작업이 많은 환경이라면 결국 두 배까지 소비하게 됩니다.

리눅스의 CoW

앞서 설명한 CoW의 특징을 리눅스의 메커니즘을 통해 알아보겠습니다. 메커니즘을 이해하면, 운영할 때 발생 가능한 사고를 피할 수 있고, 매개변수를 더 효율적으로 조정하여 문제가 발생했을 때 효과적으로 트러블슈팅을 할 수 있습니다.

메모리 관리 메커니즘은 CPU의 아키텍처에 따라 다르지만, 여기서는 x86을 기준으로 설명합니다. 또한 널리 사용되는 페이지 방식의 가상 메모리 구현을 전제로 합니다.

리눅스 환경에서는 어떤 프로세스가 포크 처리를 실행할 때, 시스템 호출을 실행한 시점에서 부모 프로세스와 자식 프로세스는 물리 페이지를 공유한 상태로 유지하며 필요에 따라 물리 주소 공간을 새롭게 할당합니다. 만약 자식 프로세스가 작업을 위해 부모 프로세스의 메모리 레플리카를 할당하게 되면 사용하지 않는 메모리 영역이 많이 존재할 수 있습니다. 하지만 부모 프로세스와 같은 영역을 메모리로 읽어올 수 있으면, 불필요한 메모리를 할당하지 않고 효율적으로 사용할 수 있습니다.

다음으로 CoW의 설명에 필요한 페이지 테이블에 대해 간단히 알아봅니다. 현재는 CPU의 지원 또는 CPU의 에뮬레이션으로 가상 메모리 기능이 제공되고 있으며, 이를 통해 각 프로세스는 물리 메모리에 직접 접근하지 않고 가상 주소를 통해 간접적으로 접근할 수 있습니다. 물리 주소와 가상 주소의 상호 변환은 MMU^{Memory Management Unit}라고 불리는 제어 회로에 의해 이뤄지며, MMU는 현재 대부분의 CPU에 내장되어 있습니다.

가상 메모리 구현 시 페이지 방식을 사용하는 경우, 메모리는 페이지 단위로, 가상 주소와 물리 주소 대응표는 MMU의 페이지 테이블로, 페이지 테이블은 프로세스별로 관리됩니다.

다음으로 포크 시스템 호출 시 동작을 알아봅니다. 포크 시스템을 호출할 때는, 부모 프로세스가 포크 처리하여 자식 프로세스가 생성됩니다.

CoW는 포크 시스템 호출이 실행될 때 실제로 페이지용 물리 메모리를 할당하는 것이 아니라 페이지 테이블만 복사하는 방식입니다. 이때 부모 및 자식 프로세스는 물리 페이지를 공유하며, 각 페이지 테이블의 항목은 페이지 쓰기 작업을 금지합니다. 만약 부모 및 자식 프로세스가 쓰기 작업을 시도하여 페이지를 업데이트하려고 할 때는 페이지 부재Page Fault가 발생하고, 커널의 페이지 폴트 핸들러Page Fault Handler가 별도의 물리 페이지를 할당합니다. 프로세스에 물리 페이지를 할당한 후, 물리 페이지의 내용이 변경되며, 부모 및 자식 프로세스의 페이지 테이블도 가상 주소에 해당하는 물리 주소를 업데이트 및 쓰기 작업이 가능하도록 설정함으로써 이후 해당 페이지에 읽기/쓰기 접근이 가능하도록 합니다.

레디스에서는 스냅샷 생성이나 AOF 재작성 시, 요청을 처리하는 스레드 내에서 프로세스를 포크 처리하여 별도 프로세스에서 백그라운드 처리로 해당 작업이 이루어집니다. 이때 CoW가 사용됩니다.[36] [37] 스냅샷 생성이 실행되는 시점은 다음과 같습니다.

- save 지시어로 지정한 시점
- BGSAVE 명령이 실행될 때
- 레플리케이션을 통한 전체 동기화 시
- (관리형 서비스 사용 시) 자동/수동 백업 기능으로 지정한 시점[38]

AOF 재작성은 auto-aof-rewrite-percentage 지시어로 지정한 시점이나 BGREWRITEA OF 명령어가 실행되는 시점에 실행됩니다.

....

36 https://redis.io/docs/latest/operate/oss_and_stack/management/persistence/
37 http://oldblog.antirez.com/post/a-few-key-problems-in-redis-persistence.html
38 CoW 처리가 실제로 수행되는지 여부는 메모리 잔량 등의 조건에 따라 다를 수 있습니다.

CoW 메커니즘에 의해 읽기 작업만 있을 때는 포크 실행 시 메모리 사용량이 조금만 증가하지만, 쓰기 작업이 많을 때는 메모리 사용량이 최대 두 배 가까이 증가할 수 있으니 주의해야 합니다. 운영체제의 RSS 영역이 메모리를 많이 사용하고 있는 경우에는 리눅스의 OOM Killer 통해 프로세스를 종료시키는 상황도 고려해야 합니다.

리눅스 커널은 오버커밋Overcommit이라는 메커니즘을 통해 물리 메모리보다 더 많은 메모리를 프로세스에 할당할 수 있습니다. 오버커밋은 요청된 메모리에는 가상 메모리를 할당하면서, 실제 물리 메모리가 필요해질 때까지 할당하지 않는 방식입니다.

오버커밋의 동작은 vm.overcommit_memory 매개변수로 제어할 수 있으며 값이 0일 때는 메모리가 충분할 때만 오버커밋을 실행합니다. 1이면 항상 실행하며, 2일 때는 오버커밋을 실행하지 않습니다. 레디스는 공식적으로 vm.overcommit_memory 값을 1로 설정하여 항상 오버커밋하고, 가상 메모리를 확보하는 방법을 권장하고 있습니다.[39] [40] 오버커밋을 실행할 때는 시스템이 스왑 영역을 충분히 할당해야 합니다.

관리형 서비스 대신 직접 레디스를 관리할 때는 vm.overcommit_memory 값을 1로 설정해두는 것이 좋습니다. 또한 스왑을 캐시 노드 메모리양과 같거나 혹은 1% 더 많게 설정하도록 권장합니다.

레디스에서 데이터를 저장할 때 사용되는 메모리양도 CoW의 동작을 고려하여 여유 있게 설정해야 합니다. 메모리 사용량은 캐시 노드에서 최대로 사용할 수 있는 메모리양의 절반 정도를 기준으로 모니터링하는 것이 좋습니다. 또한 포크 처리 자체가 CPU 사용량을 증가시킬 수 있으며, 기본적으로 레디스 싱글 스레드로 요청을 처리하는 레디스 특성이 있어 클라이언트의 요청 처리에 지연이 발생할 수 있으니 유의해야 합니다.[41] [42]

레디스에서 CoW를 할 때 사용되는 메모리양은 /proc/self/smaps의 Private_Dirty의 합으

---

39 https://www.kernel.org/doc/Documentation/vm/overcommit-accounting
40 https://redis.io/docs/latest/operate/oss_and_stack/management/admin/
41 https://redis.io/docs/latest/operate/oss_and_stack/management/persistence/
42 https://redis.io/docs/reference/optimization/latency/

로 확인할 수 있습니다.[43] [44] RDB 파일을 불러오거나 AOF 파일을 재작성할 때는 pid를 -1, field의 값을 Private_Dirty:로 설정하여 정보를 얻을 수 있습니다.[45] [46]

11.1.6 Raft

Raft는 분산 합의 알고리즘입니다. 다른 알고리즘인 Paxos는 복잡해서 이해하기 어려웠지만 Raft는 이해하기 쉽도록 설계되었습니다.[47] [48] [49]

레디스 클러스터의 서버 간 설정 관리는 Raft 알고리즘에서 영감을 받아 만들어졌지만, 레디스 클러스터의 슬롯 설정은 Raft를 완전히 준수하지 않아도 동작합니다.[50] 레디스 5.0 이전부터 실험적인 외부 프로젝트로 개발된 RedisRaft도 Raft 알고리즘을 사용합니다.[51] [52] [53]

Raft에서는 각 서버가 다음 세 가지 역할 중 하나를 담당합니다.

- 리더
- 팔로워
- 후보자

클라이언트의 모든 요청은 리더를 통해 이뤄집니다. 리더는 모든 변경사항을 관리하고 후보자와 팔로워에게 변경사항을 로그로 전송합니다.

Raft는 이해하기 쉽도록 크게 다음 세 가지 문제를 해결하는 데 중점을 두고 있습니다.

43 http://antirez.com/news/42

44 https://github.com/redis/redis/blob/7.0.4/src/zmalloc.c

45 https://github.com/redis/redis/blob/7.0.4/src/rdb.c#L1466-L1500

46 https://github.com/redis/redis/blob/7.0.4/src/aof.c#L2389-L2455

47 https://raft.github.io/

48 https://raft.github.io/raft.pdf

49 http://thesecretlivesofdata.com/

50 https://www.slideshare.net/NoSQLmatters/no-sql-matters-bcn-2014

51 RedisRaft는 현재 개발 중입니다. RedisRaft는 설정 변경뿐만 아니라 클라이언트에서 발행된 명령도 Raft를 기반으로 관리하여 읽기와 쓰기 데이터의 강력한 일관성을 구현하는 모듈입니다.

52 https://github.com/RedisLabs/redisraft

53 https://redis.com/blog/redisraft-new-strong-consistency-deployment-option/

- 리더 선출
- 로그 레플리케이션
- 안전성

Raft에는 기간errm이라는 개념이 있습니다. 기간 내에 리더 선출이 이루어지며, 재투표가 이루어지기 전까지 그 상태가 지속됩니다. 리더 선출은 다음 과정을 통해 이루어집니다.

1. 알고리즘 시작 시점에서 모든 서버는 팔로워 상태입니다.
2. 리더가 있는 경우, 리더는 팔로워에게 정기적으로 하트비트Heartbeat를 계속 보냅니다.
3. 팔로워는 일정 시간 동안 리더로부터 하트비트를 받지 못하면 후보자 역할로 변경하고, 리더 선출 과정이 시작됩니다(이 타임아웃 시간은 무작위입니다).
4. 후보자는 기간을 증가시키고 자신에게 투표한 후 RequestVote RPC를 브로드캐스트합니다.
5. RequestVote RPC를 받은 서버는 먼저 보낸 송신자에게 투표합니다.
6. 과반수의 서버로부터 투표를 받은 후보자가 리더로 승격됩니다.

이 과정을 통해 서버의 과반수가 투표하여 기간마다 최대 한 개의 리더가 선출됩니다. 두 개 이상의 후보가 동시에 선출되더라도 둘 다 과반수만큼 표를 얻을 수 없기 때문에 리더가 둘 이상 선출되는 일은 없습니다. 그러나 투표 수가 과반수에 도달하지 못했을 때는 리더가 없는 기간이 존재할 수 있습니다.

이런 메커니즘 때문에 과반수의 마스터 서버가 정지 상태인 경우에는 시스템이 동작하지 않게 됩니다. 레디스 클러스터도 지역Local적인 장애를 가정하고 있으며, 과반수의 마스터에 장애가 발생하는 경우와 같이 광범위한 문제 관련 상황은 가정하지 않습니다. 관리형 서비스의 경우, 과반수의 마스터가 정상 작동하는 상태가 될 때까지 서버가 복구됩니다.

리더는 팔로워에게 일련의 명령어로 구성된 로그를 레플리케이션합니다. 각 서버는 자체적인 상태 기계Machine를 가지고 있으며, 각 서버는 보유한 로그를 적용하여 서버 간의 일관성을 유지합니다. 이때 로그 복제 방법은 다음 절차를 통해 시스템 상태에 합의하게 됩니다.

1. 리더가 클라이언트의 요청을 받으면 AppendEntries RPC로 각 팔로워에게 로그를 전송합니다. 이 시점에서는 각 변경사항이 서버 로그에 엔트리로 추가되었지만, 리더는 변경사항을 커밋하지 않은 상태입니다.

2. 이후 리더는 과반수의 팔로워의 응답을 받으면 변경사항을 커밋합니다.

3. 리더는 팔로워에게 변경사항이 커밋되었음을 통보합니다.

서버 간에 로그 차이가 발생하면, 공통 부분까지 되돌아가 리더의 로그를 팔로워에 추가해 갑니다.

리더 선출과 로그 복제를 통해 기본적인 작업은 이뤄지지만, 데이터의 안전성이 항상 보장되는 것은 아닙니다. 그래서 현재 기간의 로그 항목만 커밋하고, 그 이전 기간의 로그는 커밋하지 않도록 해서 데이터의 안전성을 확보합니다. 또한 로그가 더 새로운 후보만이 리더로 선출되는 제한을 두어 이를 보장합니다. 이 제한에 따라 팔로워는 RequestVote RPC를 통해 기간과 로그 인덱스 두 정보를 바탕으로 로그가 새로운지의 여부를 판단합니다. 후보자는 과반수의 팔로워들이 후보자의 로그보다 기존과 동일하거나 새로운 로그라고 판단한 경우에만 리더로 선출됩니다.

11.1.7 HyperLogLog

HyperLogLog는 메모리 사용량을 줄이면서 고유한 요소의 수를 계산하는 방법이며[54] [55] 확률적인 방법이라서 약간의 오차가 발생합니다. 보통 오차를 허용할 수 있는 경우에 사용합니다. HyperLogLog는 동전을 여러 번 던졌을 때 같은 면이 연속해서 몇 번 나오는지를 시도하는 것과 비슷합니다. 같은 결과가 많이 나온다는 것은 그만큼 많은 횟수를 시도했다는 것을 의미하며, 이때 결과는 우연에 따른 오차도 포함되기 때문에 시행 횟수가 적으면 오차가 커지게 됩니다.

HyperLogLog는 LogLog 알고리즘을 확장한 알고리즘입니다. 두 알고리즘 모두 대상 집합의 요소를 '스케치'라고 하는 형식으로 변환한 후, 이를 바탕으로 추정값을 계산합니다. 스케

---

54 http://antirez.com/news/75

55 http://algo.inria.fr/flajolet/Publications/FlFuGaMe07.pdf

치는 메모리를 적게 사용하면서도 효율적으로 처리할 수 있으며 병합도 가능합니다. 또한 스케치는 병합을 통해 재사용성이 높은 단위로 관리할 수 있고, 원하는 단위로 값의 집계나 합집합 및 교집합을 계산할 수 있어 분석이 용이합니다.

LogLog 알고리즘에서는 대상 요소를 해시화한 비트열의 맨 앞부터 연속된 0의 개수를 세어서 데이터 집합의 크기(N)를 추정합니다. 이때 필요한 것은 데이터의 크기를 나타내는 2^x 부분의 지수값 부분입니다. 이 값을 더 작은 수로 표현하려고 로그를 취해 $LogN$으로 변환하는데, 이 값도 여전히 클 수 있으므로 한번 더 로그를 취하여 $loglogN$으로 표현하여 이 값으로 필요한 메모리를 추정하게 됩니다. LogLog처럼 Log가 연속해서 나타나는 특성 덕분에 LogLog 알고리즘이라는 이름이 생겼습니다.

그러나 단일 해시 함수를 사용하게 되면 정확도가 떨어질 수 있고, 여러 해시 함수를 사용하여 평균을 내는 방식은 계산 비용이 높아지므로 독립적인 해시 함수를 여러 개 준비해야 한다는 단점이 있습니다.

현재는 확률적 평균이라는 방법을 통해 단일 해시 함수를 사용하면서도 여러 개의 레지스터를 준비하고 데이터를 분할하고 있습니다.[56] [57]

HyperLogLog 계산 방법

스케치 생성 과정은 다음과 같습니다. 먼저 요소의 개수에 비례하는 시간이 소요됩니다. 준비하는 레지스터의 수를 m개로 하고, 그것을 나타내는 2의 지수값을 b라고 합니다. 사용하는 해시 함수는, 연산 대상의 키를 x로 할 때 $h(x)$로 표현합니다.

1. $m = 2^b$개의 레지스터 $M[i]$ $(1 = 2^b \dots -1)$를 준비합니다.
2. 해시값 $h(a)$의 앞부분 b비트로 레지스터를 분류합니다. 나머지 비트열을 해당 레지스터에 저장합니다.
3. 각 레지스터의 해시값을 분석하여 비트열 중에서 연속된 0의 개수 중 가장 큰 값 max를 저장합니다.

---

56 http://algo.inria.fr/flajolet/Publications/DuFl03–LNCS.pdf
57 https://engineering.fb.com/data–infrastructure/hyperloglog

이후, 다음과 같이 추정값을 계산합니다. a_m을 바이어스 보정 계수로 표현합니다.

4. 3번에서 저장한 최대값을 기준으로, 일정 시간 동안 모든 레지스터의 평균을 계산합니다.

5. 추정값은 $E := \alpha_m * m * 2^{\frac{1}{m}*\sum M[i]}$ 이 됩니다.

HyperLogLog에서는 4번 과정을 추정값을 조화 평균으로 구하는 방식으로 개선했습니다.

4. 각 레지스터의 추정값을 2^{max}로 계산합니다.

5. 계산한 각 레지스터의 추정값의 조화 평균 $Z = \dfrac{m}{\sum 2^{M-[i]}}$ 을 계산합니다.

6. 추정값 $E := \alpha_m * m * Z = \dfrac{\alpha_m * m^2}{\sum 2^{M-[i]}}$를 계산합니다.

이상이 HyperLogLog의 기본적인 아이디어입니다.

레디스는 여기서 파생된 HyperLogLog++[58]와 LogLog−Beta[59] 알고리즘을 사용합니다. HyperLogLog++와 LogLog−Beta는 엣지 케이스의 계산 정확도를 HyperLogLog보다 더욱 개선한 알고리즘입니다. HyperLogLog는 요소가 적을 경우, 선형 함수를 사용하도록 조건 분기를 수행하며, 요소의 개수가 많고 해시 함수가 충돌할 때는 보정을 통해 문제에 대응합니다.

HyperLogLog++는 기존 알고리즘을 개선한 방식으로, 64비트 해시 함수를 통해 보완할 수 있는 요소의 개수를 늘렸으므로 요소의 개수가 많아도 보정하지 않고 계산을 수행합니다. LogLog−Beta 알고리즘은 앞서 언급된 조건 분기를 없애고, 하나의 추정 함수만으로도 정확도를 비슷하거나 더 좋은 수준으로 개선했습니다. LogLog−Beta에서는 앞서 6단계에서 사용된 추정 함수를 더 일반화하여 추정값으로 사용합니다.

HyperLogLog에서 메모리를 절약하는 방법

HyperLogLog의 가장 큰 장점은 메모리 사용량을 크게 줄일 수 있다는 것입니다. 구체적으

---

58 http://static.googleusercontent.com/media/research.google.com/en//pubs/archive/40671.pdf
59 https://arxiv.org/pdf/1612.02284v2.pdf

로 얼마나 메모리를 소비하는지 살펴보겠습니다.

메모리 사용량은 레지스터의 수 × <각 레지스터를 해시화했을 때 앞에서부터 연속하는 0의 비트 개수>로 결정됩니다. 요소의 개수를 세기 위해서는 단순하게 각 요소를 집합에 저장하고, 그 집합에서 요소의 개수를 세는 방식을 생각해볼 수 있습니다. 이 경우에는 요소의 개수에 따라 선형적으로 메모리 사용량이 증가합니다.

반면, HyperLogLog에서는 메모리 사용량이 대폭 줄어듭니다. HyperLogLog++에서는 값이 작을 경우 Sparse라고 불리는 압축 형식으로 관리하고, 레지스터의 인덱스와 연속하는 0의 개수를 쌍으로 관리합니다. Dense 형식의 크기가 더 작은 경우에는 이 형식으로 전환됩니다.

레디스의 HyperLogLog는 HyperLogLog++ 방식으로 구현되어 있습니다. 16,384개의 레지스터와 64비트 길이의 MurmurHash2 해시 함수를 사용합니다. 데이터를 처리할 때 64비트 중 14비트는 레지스터를 결정하고, 나머지 50비트로 요소의 개수를 계산합니다.

이론상 각 레지스터는 6비트 크기만 있으면 충분하기 때문에 메모리 사용량은 한 개의 키당 $6bit * 16384 / 8 = 12Kbyte$가 필요합니다.

하지만 실제로는 캐시 목적으로 마지막으로 계산한 카디널리티^{Cardinality} 값이 인코딩된 8바이트를 추가했으므로[60] 정확히는 한 개의 키당 최대 $12k+8byte$의 메모리가 필요합니다.

레디스는 내부 인코딩에 Sparse와 Dense라는 두 방식을 사용합니다. 데이터가 hll-sparse-max-bytes 지시자의 값보다 작을 때 내부적으로 Sparse로 표현되며, 0이 연속적으로 나타나는 경우 메모리를 효율적으로 사용하기 위해 런렝스$^{Run-length}$[61] 압축 표현이 사용됩니다. PFDEBUG ENCODING <키 이름> 명령어를 실행하여 어떤 인코딩이 사용되고 있는지 확인할 수 있습니다.

---

60 https://redis.io/commands/pfcount/

61 역자주_런렝스 표현 방식은 데이터의 연속적인 반복값을 간결하게 나타내기 위해 사용되는 압축 기법입니다. 같은 값이 연속해서 나타나는 횟수와 그 값을 순서대로 기록하여 데이터를 요약합니다.

HyperLogLog 계산 정확도

HyperLogLog는 메모리 사용을 절약하는 대신 오차로 인해 계산 정확도가 상대적으로 떨어집니다. 정확도 대비 상대 오차는 $1.04/\sqrt{m}$이 됩니다. 레디스에서는 16,384개의 레지스터를 사용하기 때문에 $\frac{1.04}{\sqrt{16384}} \rightleftharpoons 0.81\%$ 가 표준 오차의 오차율이 됩니다. 만약 각 요소의 해시값의 앞부분 비트가 동일하여 같은 레지스터에 할당되고, 나머지 비트열의 0의 비트 개수가 비슷한 데이터라면 특히 오차가 커질 수 있습니다.

또한 앞서 언급했던 것처럼 HyperLogLog는 요소의 개수가 적을 경우 정확도가 떨어진다는 단점이 있습니다. 레디스에서는 요소의 개수가 $m * 2.5$ 미만인 경우, 즉 레지스터 수가 16,384개인 경우 또는 요소의 개수가 약 4만 미만일 경우에 정확도가 낮아지기 때문에 레디스 4.0 이전에는 조건 분기를 통한 선형 카운트가 사용되었습니다.[62]

레디스 4.0 이후부터는 LogLog-Beta를 통해 이러한 조건 분기를 없애고 추정 함수를 사용하도록 개선되었습니다.[63] [64] 기존에는 LogLog-Beta에서 추정 함수 내에서 매직 넘버Magic Number에 의존한 함수를 사용했지만,[65] 레디스 5.0 이후부터는 먼저 레지스터의 히스토그램을 찾아 추정값 계산에 사용하도록 개선되었습니다.[66] [67] [68] [69] 또한 64비트 해시 함수를 통해 요소의 개수가 많은 경우에는 따로 보정이 필요하지 않도록 변경되었습니다.

레디스에서 HyperLogLog 조작하기

레디스는 HyperLogLog를 조작하기 위해 네 가지 명령어를 제공합니다. 이 명령어를 통해 메모리를 절약하면서도 HyperLogLog를 간단하고 빠르게 처리할 수 있습니다.

---

62 https://github.com/redis/redis/blob/4.0-rc2/src/hyperloglog.c

63 https://github.com/redis/redis/pull/3677

64 https://raw.githubusercontent.com/antirez/redis/4.0/00-RELEASENOTES

65 https://github.com/redis/redis/blob/4.0-rc3/src/hyperloglog.c

66 http://oertl.github.io/hyperloglog-sketch-estimation-paper/paper/paper.pdf

67 https://github.com/redis/redis/pull/4749

68 https://arxiv.org/pdf/1702.01284.pdf

69 https://github.com/redis/redis/blob/7.0.4/src/hyperloglog.c#L1003-L1049

- PFADD
- PFCOUNT
- PFMERGE
- PFDEBUG

PFADD는 지정한 키에 요소를 추가하는 명령어이며, PFCOUNT 명령어는 HyperLogLog 알고리즘을 기반으로 추정값을 계산합니다. PFMERGE 명령어는 키별로 집합의 요소를 병합하여 합집합 형태로 데이터를 관리합니다.

마지막으로 PFDEBUG 명령어는 다른 명령어와는 달리 레디스의 HyperLogLog 관련 기능을 구현하는 것이 아니라면, 사용할 일은 거의 없습니다. 그 외에 현재 사용 가능한 하위 명령어는 GETREG, DECODE, ENCODING, TODENSE의 네 가지가 있으며, 뒤에 키 이름을 지정하는 형태로 사용합니다. 이 중에서 ENCODING은 HyperLogLog의 내부 인코딩을 조사하기 위한 목적으로 사용할 수 있습니다.

11.2 소스코드를 통해 살펴본 레디스

레디스는 기본적으로 원본 소스코드를 신경 쓰지 않고 사용할 수 있지만 때때로 소스코드를 해석할 줄 안다면 크게 도움이 될 수 있습니다. 소스코드 레벨에서 문제를 조사할 수 있으면 문제 해결이 더 쉬워지고, 성능을 튜닝할 수 있어 활용도를 높일 수 있습니다.

이 절에서는 심화 내용으로 소스코드의 해석 방법을 배웁니다. 레디스를 구성하는 다양한 파일의 개요와 작동 방식을 다룹니다.

내부 인코딩의 메커니즘을 이해하여 어떤 상황에서 효과를 발휘하고, 오버헤드 가능성은 없는지 추측할 수 있는 능력을 기르는 것을 목표로 합니다.

11.2.1 여러 파일 개요

레디스는에서는 src/ 디렉터리 안에 주요 파일들이 있습니다. 레디스 7.0.4 기준으로 약 150개 이상의 파일 및 디렉터리로 구성되어 있습니다. 다음은 레디스 기능과 관련된 파일에 대한 개요입니다.

표 11-4 메인 처리 및 여러 초기 설정 등

파일 이름	설명
server.h, server.c	레디스 서버의 부팅, 시작 프로세스 및 다양한 명령어 사용 등이 포함되어 있으며 redis-server 프로세스의 주요 부분을 담당한다.
config.h, config.c	설정 파일의 구문 분석 및 CONFIG GET/SET 명령어 내용이 포함되어 있다.
commands.c	src/commands/ 디렉터리 내에 있는 JSON 파일을 기반으로 utils/ generate-command-code.py 스크립트에 의해 자동 생성된다.[70] 이전에는 server.c에 하드 코딩되어 있던 것이 분리되었다.

표 11-5 자료형 구현

파일 이름	설명
object.c	레디스 객체를 구현한다.
t_string.c	String형 API를 구현한다
t_list.c	List형 API를 구현한다.
t_hash.c	Hash형 API를 구현한다.
t_set.c	Set형 API를 구현한다.
t_zset.c	Sorted Set형 API를 구현한다.

표 11-6 여러 데이터 조작 관련 레디스 기능 구현

파일 이름	설명
pubsub.c	Pub/Sub 기능을 구현한다.

---

70 https://github.com/redis/redis/pull/9656

script_lua.h, script_lua.c	루아 스크립트 처리 부분을 구현한다.[71]
script.h, script.c	스크립트 내 레디스와 상호 작용을 구현한다.
function_lua.c	레디스 함수에서 루아 엔진에 관련된 기능을 구현한다.
functions.h, functions.c	레디스 함수를 구현한다.
eval.c	이페머럴 스크립트 기능을 구현한다.
call_reply.h, call_reply.c	루아 및 모듈, 레디스 함수에서 공통으로 사용되는 응답을 파싱하여 다양한 콜백 함수를 호출하는 함수를 구현한다.[72]
multi.c	트랜잭션 기능을 구현한다.
sort.c	SORT 명령어를 구현한다.
bitops.c	GETBIT 명령어, SETBIT 명령어 등 비트맵 기능을 구현한다.
hyperloglog.c	HyperLogLog API를 구현한다.
geo.h, geo.c	Geohash API를 구현한다.
geohash.h, geohash.c	Geohash 자체를 구현한다.
geohash_helper.h, geohash_helper.c	Geohash 도우미 함수를 구현한다.
redismodule.h, module.c	모듈 기능을 구현한다.
stream.h, t_stream.c	레디스 스트림 API를 구현한다.

표 11-7 데이터 구조 구현

파일 이름	설명
sds.h, sds.c, sdsalloc.h	SDS(Simple Dynamic Strings)[73]를 구현한다. 레디스에서 문자열에 사용한다.
zmalloc.h, zmalloc.c	레디스 메모리 할당에 사용한다. 플랫폼 간의 차이를 보완하고, 메모리 할당을 유사한 방식으로 가능하게 하는 래퍼 함수다.
adlist.h, adlist.c	레디스의 양방향 연결 리스트를 구현한다. ziplist 등에서 사용한다.

71 https://github.com/redis/redis/pull/9780
72 https://github.com/redis/redis/pull/9202
73 https://github.com/antirez/sds

파일 이름	
dict.h, dict.c	레디스의 딕셔너리를 구현한다. Set형 및 Hash형에 사용한다. 레디스 데이터 세트를 저장하는 딕셔너리 구현에도 사용한다.

표 11-8 내부 인코딩 구현

파일 이름	설명
intset.h, intset.c	intset의 데이터 구조다. 모든 요소가 정수이고 요소의 개수가 적을 때 사용하는 Set형의 내부 인코딩을 구현한다.
ziplist.h, ziplist.c	ziplist 데이터 구조다. 레디스 7.0 미만에서 Hash형 및 Sorted Set형의 크기나 엔트리 수가 적을 때의 내부 인코딩을 구현한다. 이전에는 List형에서도 사용했다.
quicklist.h, quicklist.c	quicklist 데이터 구조다. List형의 내부 인코딩을 구현한다.
zipmap.h, zipmap.c	레디스 2.6 이전에 Hash형에서 사용된 내부 인코딩을 구현한다. RDB 파일 로딩에 사용했다.
rax.h,rax.c, rax_malloc.c	RAX(기수 트리)를 구현한다.[74] 레디스 4.0 이후부터 메모리 관리 및 레디스 스트림에서도 사용한다. rax_malloc.c는 컴파일 시 RAX 할당기를 변경하는 데 사용한다.[75][76]
listpack.h, listpack.c, listpack_malloc.h	listpack의 데이터 구조를 사용한다.[77]

표 11-9 데이터베이스 관련 구현

파일 이름	설명
db.c	모든 명령어를 공통으로 처리한다(키 삭제 처리 등). 데이터베이스를 구현한다.
lazyfree.c	Lazy Expiration 알고리즘을 구현한다.
defrag.c	동적 단편화를 제거한다.
evict.c	LRU 기반 데이터 및 기타 메모리 삭제 정책을 구현한다.
expire.c	EXPIRE 등 만료 관련 명령어를 구현한다.

---

74 https://github.com/antirez/rax

75 https://github.com/antirez/listpack

76 레디스 스트림에서는 RAX 구조로 구성된 스트림의 각 노드 구성에 사용됩니다. 레디스 7.0 이상에서는 List형, Hash형, Sorted Set 형의 크기나 항목 수가 적을 때 내부 인코딩에도 사용됩니다.

77 ziplist의 대안으로 설계된 것으로서 메모리를 더 효율적으로 사용하기 위해 고안된 내부 인코딩입니다.

rdb.h, rdb.c	RDB에 의한 영속화를 처리한다.
aof.c	AOF에 의한 영속화를 구현한다.
notify.c	키 공간 알림 기능을 구현한다.
acl.c	ACL 기능을 구현한다.
tracking.c	클라이언트 캐시 기능을 구현한다.

표 11-10 연결 관련 구현

파일 이름	설명
ae.h,ae.c	레디스의 이벤트 핸들러를 구현한다.
ae_*.c(ae_epoll.c, ae_evport.c, ae_kqueue.c,ae_select.c)	레디스의 이벤트 핸들러별 모듈을 구현한다.
anet.h, anet.c	TCP 소켓 통신 관련 구현으로, anetTcpServer 함수에서 응답하는 디스크립터를 반환하는 처리 등을 포함한다.
tls.c	TLS 기능을 구현한다.
networking.c	레디스의 네트워크 연결 라이브러리는 명령어의 응답을 보내고 요청을 수락하며, 클라이언트 생성/소멸, 통신 프로토콜 분석 등을 담당한다.
connection.h, connection.c	네트워크 연결 추상화 계층이다. TCP 및 TLS 연결을 투명하게 처리하는 것을 목표로 한다.
connhelpers.h	서로 다른 연결 구현 간의 공통 헬퍼 함수를 connection.c와 tls.c에서 사용하며 연결 핸들러 호출, 연결 참조 추적, 핸들러 내에서 안전하게 연결 파괴를 구현한다.
timeout.c	타임아웃과 관련한 사항을 구현한다.

표 11-11 지연 시간 트러블슈팅

파일 이름	설명
slowlog.h, slowlog.c	슬로우 로그 기능을 구현한다.
latency.h, latency.c	지연 시간 모니터링 기능을 구현한다.

표 11-12 I/O 처리

파일 이름	설명
bio.h, bio.c	I/O 블로킹 처리 과정에서 스레드 간 경합을 방지한다.
blocked.c	BLPOP 및 WAIT와 같은 블로킹 처리 명령어를 수행한다.
rio.h, rio.c	rio[78]는 RDB 메모리 읽기/쓰기 및 파일 읽기/쓰기 등에 사용하며 rdb.c에서 제공한다.
syncio.c	소켓 및 파일 I/O 작업의 동기화 처리를 수행한다. MIGRATE와 같이 두 인스턴스 간에 일관된 처리가 필요한 작업에 대한 블로킹 처리를 수행한다.[79]

표 11-13 여러 노드 처리 구현

파일 이름	설명
replication.c	레플리케이션 기능을 구현한다.
sentinel.c	레디스 센티널을 구현한다.
cluster.h, cluster.c	레디스 클러스터를 구현한다.

표 11-14 수학적 처리

파일 이름	설명
crc16.c	레디스 클러스터에서 해시 슬롯을 결정할 때 사용하는 계산식은 다음과 같다. HASH_SLOT = CRC16(key) mod 16384 cluster.c에서는 다음과 같은 형태로 사용한다. crc16(key,keylen) & 0x3FFF
crc16_slottable.h	레디스의 CRC16을 사용하여 가장 짧은 영숫자 문자열과 특정 레디스 클러스터의 슬롯이 매핑된 테이블에 특정 슬롯을 지정하면 해당 슬롯을 보유하는 샤드로 요청을 라우팅하는 데 사용한다. redis-benchmark 내에서 사용한다.
crc64.h, crc64.c	RDB 파일의 체크섬 계산에 사용한다. RDB 버전 5를 사용하며, rdbcheck sum 지시자의 매개변수가 활성화(기본값 활성화)될 때 부여된다.
crcspeed.h, crcspeed.c	마크 아들러가 CRC64를 더 빠르게 계산하도록 고안해서 구현한 것으로 crc64.c 내에서 사용한다.
sha1.h, sha1.c	SHA1의 구현에 필요하다.

---

78 rio는 스트리밍 지향의 I/O 추상화로, 특정 I/O 장치를 사용하여 소비 및 생성하는 데 사용되는 읽기/쓰기 인터페이스를 제공합니다.

79 레플리카의 동기 처리를 제외하고는 대부분 논블로킹 I/O 방식입니다.

sha256.h, sha256.c	SHA256의 구현에 필요하다.
rand.h, rand.c	루아의 기본 math.random()의 구현은 다른 시스템에서 기대하는 방식으로 동작하지 않기 때문에 pysam의 drand48()에서 유래한 독자적인 의사 난수 함수(PRNG)를 구현한다.
lzf.h, lzf_c.c, lzf_d.c, lzfP.h	LibLZF의 구현에 필요하다. quicklist나, rdbcompression 지시자의 매개변수가 활성화될 때(기본 활성화) RDB 파일의 압축에 사용한다.[80]
pqsort.h, pqsort.c	NetBSD의 libc qsort를 레디스의 범위 기반 부분 정렬에 맞게 개선하기 위한 구현에 필요하다.
endianconv.h, endianconv.c	엔디안 변환의 구현에 필요하다. 레디스는 기본적으로 리틀 엔디안으로 해석한다.[81]
siphash.c	SipHash의 구현에 필요하다.[82] [83] 레디스의 딕셔너리에서 기본 해시 함수로 SipHash를 사용한다.
mt19937-64.h, mt19937-64.c	메르센 트위스터 의사 난수 생성기의 64비트 버전의 구현에 필요하다.

표 11-15 기타

파일 이름	설명
childinfo.c	RDB나 AOF를 포크 처리할 때 부모 프로세스와 자식 프로세스 간에 CoW 방식으로 데이터 교환 처리를 수행한다.
atomicvar.h	__atomic 또는 __sync 매크로를 사용하여 원자적 카운터를 구현한다. 사용할 수 없을 때는 mutex를 사용한 다른 스레드 간의 동기화가 수행된다.
localtime.c	포크 함수 처리에 적합한 localtime() 함수의 안전한 버전으로, 포크를 사용하지 않는다.
monotonic.h, monotonic.c	Monotonic clock을 구현한다 시간이 단조롭게 증가하는 클록 소스로, 시간의 정확성은 보장되지 않으며 상대적인 시간 조정에 사용한다. 원래 gettimeofday를 사용했으나, 수동적으로 혹은 NTP로 인해 시스템 시간이 변경될 경우, 클록이 수행되지 않는 문제를 해결하는 데 사용한다.

---

80 http://oldhome.schmorp.de/marc/liblzf.html

81 많은 프로덕션 환경에서는 리틀 엔디안을 사용하지만, 일부는 후방 호환성을 위해 빅 엔디안을 사용합니다. ziplists, intsets, zipmaps 등은 메모리 내에서도 RDB 파일로의 직렬화를 한 번의 write(2)로 수행하므로 엔디안 중립적인 위치에 있어야 합니다.

82 짧은 메시지에 대해서도 빠르고, 해시 충돌을 의도적으로 일으켜 DoS 공격에 내성이 있는 암호학적 유사 난수 생성기입니다.

83 https://131002.net/siphash/

setcpuaffinity.c	CPU affinity 설정을 구현한다.
lolwut.h, lolwut.c, lolwut5.c, lolwut6.c	LOLWUT 명령어라는 재미있는 기능을 구현한다. 버전마다 재미있는 명령어로 바뀔 것으로 예상된다. lolwut.c가 일반적으로 호출되며 실행 중인 버전에 따라 lolwut5.c의 lolwut5Command() 함수, lolwut6.c의 lolwut6Command() 함수를 기본적으로 호출한다. 레디스 6.0부터는 호출할 버전을 옵션으로 지정할 수 있다.
util.h, util.c	C 언어의 타입 변환, 문자열, 경로 관련 처리 등 일반 용도의 함수를 다룬다.
help.h	헬프 명령어에 사용되는 변수를 정의한다. 표시 내용의 문자열이 저장된 딕셔너리 등을 정의한다.
testhelp.h	테스트 프레임워크다.
debug.c	디버깅용으로, 다양한 레지스터 내용 정보를 덤프하는 함수 등을 정의한다.
debugmacro.h	임시 파일에 로그를 작성하는 함수를 정의한다.
version.h	레디스 버전을 문자열로 지정하는 매크로 변수를 정의한다.
redisassert.h, redisassert.c	로그 파일에 상세 정보와 스택 트레이스를 출력하는 assert()를 정의한다.
mkreleasehdr.sh	레디스의 Git SHA1이나 더티 상태 관련 상수가 정의된 release.h를 생성한다. release.c를 빌드 대상으로 하기 위해 touch를 실행한다.
release.c	레디스의 Git SHA1이나 더티 상태에 관한 정보를 반환한다.
asciilogo.h	레디스 서버 시작 시 표시되는 레디스의 ASCII 아트 로고다.
fmacros.h	운영체제 주변의 상수를 정의한다.
sparkline.h, sparkline.c	ASPARK라고 하는 ASCII 스파크라인을 표시하는 기능으로, 터미널 출력에서 SDS 문자열로 반환하도록 개선한다.[84]
memtest.c	메모리 테스트로, memtest86이나 memtester와 함께 사용한다.
solarisfixes.h	솔라리스 고유 부분을 수정한다.
setproctitle.c	리눅스/다윈(Darwin)에서 프로세스명을 설정하는 것과 관련된 setproctitle의 구현에 필요하다.
syscheck.h, syscheck.c	시스템 확인(clocksource가 xen이 아닌지, overcommit이 활성화되어 있는지, Transparent Huge Page가 항상 활성화되어 있지 않은지 확인)을 구현하는 데 필요하다.

----

84 https://github.com/antirez/aspark

gopher.c	(레디스 6에만 해당) Gopher라고 불리는 텍스트 기반 정보 검색 시스템과 관련된 구현에 필요하다.

표 11-16 여러 도구 구현

파일 이름	설명
redis-benchmark.c	레디스 벤치마크 도구를 구현한다(redis-benchmark 명령어).
redis-check-aof.c	레디스 AOF 검사 도구를 구현한다(redis-check-aof 명령어).
redis-check-rdb.c	레디스 RDB 검사 도구를 구현한다(redis-check-rdb 명령어).
redis-cli.c	레디스 콘솔 도구를 구현한다(redis-cli 명령어).
cli_common.h, cli_common.c	레디스 콘솔 도구의 공통 처리를 구현한다. 레디스 벤치마크 도구에서도 사용된다.
redis-trib.rb	레디스 클러스터 조작을 위한 스크립트다. 현재는 더 이상 사용되지 않고, redis-cli의 --cluster 옵션을 사용한다.

11.2.2 해시 테이블

레디스 서버에서는 데이터 세트를 하나의 거대한 해시 테이블로 관리합니다. 코드를 살펴보면 hashtable을 유지하는 dict 구조체를 정의할 수 있습니다.

코드 11-14 dict.h

```
struct dict {
  dictType *type;

  dictEntry **ht_table[2];
  unsigned long ht_used[2];

  long rehashidx; /* rehashing not in progress if rehashidx == -1 */

  /* Keep small vars at end for optimal (minimal) struct padding */
  int16_t pauserehash; /* If >0 rehashing is paused (<0 indicates coding error)
  */
```

```
    signed char ht_size_exp[2]; /* exponent of size. (size = 1<<exp) */
    };
```

dict 구조체를 살펴보면, ht_table[2]처럼 dictEntry 구조체의 포인터의 포인터로 요소의 개수가 두 개인 배열이 선언되어 있는 것을 알 수 있습니다. 이처럼 dictEntry 구조체를 두 개 갖고 있는 이유는 증분 리해싱Incremental Rehashing를 수행할 때 사용되기 때문입니다. 증분 리해시는 처음 해시 크기를 4로 한 후, 해시 테이블 내에서 사용하는 메모리양이 전체 크기를 차지하기 시작했을 때 2의 제곱만큼 크기를 확장하는 형태로 동작합니다. 이 과정 전후로 해시 테이블을 유지하기 위해 두 번째 dictEntry 구조체가 사용됩니다. 리해시가 진행 중이 아니라면, rehashidx의 값은 -1이 됩니다.[85]

dictEntry 구조체는 다음과 같이 정의되어 있으며, 같은 해시값으로 충돌이 발생한 경우에는 체인 방식이 사용됩니다.

코드 11-15 dict.h

```
    typedef struct dictEntry {
        void *key;
        union {
            void *val;
            uint64_t u64;
            int64_t s64;
            double d;
        } v;
        struct dictEntry *next;     /* Next entry in the same hash bucket. */
        void *metadata[];           /* An arbitrary number of bytes (starting at a
                                     * pointer-aligned address) of size as returned
                                     * by dictType's dictEntryMetadataBytes(). */
    } dictEntry;
```

해시 테이블은 슬롯 수에 대비해서 요소의 개수가 평균을 초과해서 백그라운드로 처리되지

---

85 https://github.com/redis/redis/blob/7.0.4/src/dict.h

않을 때 확장되거나 요소의 개수가 다섯 배가 되었을 때 강제적으로 확장됩니다. 이 동작 방식은 _dictExpandIfNeeded 함수에서 정의해서 구현되어 있으며 함수 내용은 다음과 같습니다.[86] 레디스는 백그라운드 처리 중에는 프로세스를 포크한 후 CoW를 사용합니다. 이 과정에서 메모리를 많이 사용하지 않기 위해 백그라운드 처리가 진행되지 않을 때 해시가 확장되도록 동작합니다.

코드 11-16 dict.c ①

```
/* Expand the hash table if needed */
static int _dictExpandIfNeeded(dict *d)
{
    /* Incremental rehashing already in progress. Return. */
    if (dictIsRehashing(d)) return DICT_OK;

    /* If the hash table is empty expand it to the initial size. */
    if (DICTHT_SIZE(d->ht_size_exp[0]) == 0) return dictExpand(d, DICT_HT_
INITIAL_
    SIZE);

    /* If we reached the 1:1 ratio, and we are allowed to resize the hash
     * table (global setting) or we should avoid it but the ratio between
     * elements/buckets is over the "safe" threshold, we resize doubling
     * the number of buckets. */
    if (d->ht_used[0] >= DICTHT_SIZE(d->ht_size_exp[0]) &&
        (dict_can_resize ||
            d->ht_used[0]/ DICTHT_SIZE(d->ht_size_exp[0]) > dict_force_resize_ratio) &&
        dictTypeExpandAllowed(d))
    {
        return dictExpand(d, d->ht_used[0] + 1);
    }
    return DICT_OK;
}
```

86 https://github.com/redis/redis/blob/7.0.4/src/dict.c

증분 리해시는 다음 위치에서 수행됩니다. 이 함수는 이동이 완료될 때까지 1을 계속 반환합니다.

코드 11-17 dict.c ②

```
/ * Performs N steps of incremental rehashing. Returns 1 if there are still
 *  keys to move from the old to the new hash table, otherwise 0 is returned.
 *
 *  Note that a rehashing step consists in moving a bucket (that may have more
 *  than one key as we use chaining) from the old to the new hash table,
    however
 *  since part of the hash table may be composed of empty spaces, it is not
 *  guaranteed that this function will rehash even a single bucket, since it
 *  will visit at max N*10 empty buckets in total, otherwise the amount of
 *  work it does would be unbound and the function may block for a long time. */
int dictRehash(dict *d, int n) {
    int empty_visits = n*10; /* Max number of empty buckets to visit. */
    if (!dictIsRehashing(d)) return 0;

    while(n-- && d->ht_used[0] != 0) {
        dictEntry *de, *nextde;

        /* Note that rehashidx can't overflow as we are sure there are more
         * elements because ht[0].used != 0 */
        assert(DICTHT_SIZE(d->ht_size_exp[0]) > (unsigned long)d->rehashidx);
        while(d->ht_table[0][d->rehashidx] == NULL) {
            d->rehashidx++;
            if (--empty_visits == 0) return 1;
        }
        de = d->ht_table[0][d->rehashidx];
        /* Move all the keys in this bucket from the old to the new hash HT */
        while(de) {
            uint64_t h;

            nextde = de->next;
            /* Get the index in the new hash table */
```

```
        h = dictHashKey(d, de->key) & DICTHT_SIZE_MASK(d->ht_size_exp[1]);
        de->next = d->ht_table[1][h];
        d->ht_table[1][h] = de;
        d->ht_used[0]--;
        d->ht_used[1]++;
        de = nextde;
    }
    d->ht_table[0][d->rehashidx] = NULL;
    d->rehashidx++;
}

/* Check if we already rehashed the whole table... */
if (d->ht_used[0] == 0) {
    zfree(d->ht_table[0]);
    /* Copy the new ht onto the old one */
    d->ht_table[0] = d->ht_table[1];
    d->ht_used[0] = d->ht_used[1];
    d->ht_size_exp[0] = d->ht_size_exp[1];
    _dictReset(d, 1);
    d->rehashidx = -1;
    return 0;
}

/* More to rehash... */
return 1;
}
```

11.2.3 여러 명령어의 정의

레디스의 각 명령어는 redisCommand 구조체에 다음과 같이 정의되어 있습니다.[87]

---

87 https://github.com/redis/redis/blob/7.0.4/src/server.h

```
struct redisCommand {
  /* Declarative data */
  const char *declared_name; /* A string representing the command declared_name.
                                It is a const char for native commands and SDS for
                                module commands. */
  const char *summary;      /* Summary of the command (optional). */
  const char *complexity;   /* Complexity description (optional). */
  const char *since;        /* Debut version of the command (optional). */
  int doc_flags;            /* Flags for documentation (see CMD_DOC_*). */
  const char *replaced_by; /* In case the command is deprecated,
                                this is the successor command. */
  const char *deprecated_since; /* In case the command is deprecated,
                                    when did it happen? */
  redisCommandGroup group; /* Command group */
  commandHistory *history; /* History of the command */
  const char **tips;        /* An array of strings that are meant to be tips for
                                clients/proxies regarding this command */
  redisCommandProc *proc;  /* Command implementation */
  :
  struct RedisModuleCommand *module_cmd;  /* A pointer to the module command
                                             data (NULL if native command) */
};
```

declared_name에는 명령어 이름이, proc에는 각 명령어를 실행했을 때 실제로 호출되는 함수의 포인터가 들어갑니다. 실제로는 commands.c의 redisCommandTable[ ] 변수 등에 다음과 같이 정의되어 있습니다.[88] 이 파일은 src/commands/ 아래의 JSON 파일을 기반으로 utils/ generate-command-code.py 스크립트에 의해 자동 생성되었으며, 이전에는 server.c에 하드 코딩되어 있던 것을 분리한 파일입니다. 이 정보는 COMMAND 명령어를 통해 확인할 수 있습니다.[89] [90]

----

88 https://github.com/redis/redis/blob/7.0.4/src/commands.c
89 https://redis.io/commands/command/
90 https://redis.io/commands/command-info/

```
/* Main command table */"
struct redisCommand redisCommandTable[] = {
/* bitmap */
{"bitcount","Count set bits in a string","O(N)","2.6.0",CMD_DOC_
NONE,NULL,NULL,COMMAND_GROUP_BITMAP,BITCOUNT_History,BITCOUNT_
tips,bitcountCommand,-2,CMD_READONLY,ACL_CATEGORY_BITMAP,{{NULL,CMD_KEY_RO|CMD_
KEY_ACCESS,KSPEC_BS_INDEX,.bs.index={1},KSPEC_FK_RANGE,.fk.range={0,1,0}}},.
args=BITCOUNT_Args},
{"bitfield","Perform arbitrary bitfield integer operations on strings","O(1)
for each subcommand specified","3.2.0",CMD_DOC_NONE,NULL,NULL,COMMAND_GROUP_
BITMAP,BITFIELD_History,BITFIELD_tips, itfieldCommand,-2,CMD_WRITE|CMD_
DENYOOM,ACL_CATEGORY_BITMAP,{{"This command allows both access and modification
of the key",CMD_KEY_RW|CMD_KEY_UPDATE|CMD_KEY_ACCESS|CMD_KEY_VARIABLE_
FLAGS,KSPEC_BS_INDEX,.bs.index={1},KSPEC_FK_RANGE,.fk.range={0,1,0}}},bitfield
GetKeys,.args=BITFIELD_Args},
{"bitfield_ro","Perform arbitrary bitfield integer operations on strings. Read-
only variant of BITFIELD","O(1) for each subcommand specified","6.0.0",CMD_
DOC_NONE,NULL,NULL,COMMAND_GROUP_BITMAP ,BITFIELD_RO_History,BITFIELD_RO_
tips,bitfieldroCommand,-2,CMD_READONLY|CMD_FAST,ACL_CATEGORY_BITMAP,{{NULL,CMD_
KEY_RO|CMD_KEY_ACCESS,KSPEC_BS_INDEX,.bs.index={1},KSPEC_FK_RANGE,.
fk.range={0,1,0}}},.args=BITFIELD_RO_Args},
:
{"watch","Watch the given keys to determine execution of the MULTI/EXEC
block","O(1) for every key.","2.2.0",CMD_DOC_NONE,NULL,NULL,COMMAND_GROUP_
TRANSACTIONS,WATCH_History,WATCH_tips,watchCommand,-2,CMD_NOSCRIPT|CMD_
LOADING|CMD_STALE|CMD_FAST|CMD_ALLOW_BUSY,ACL_CATEGORY_TRANSACTION,{{NULL,CMD_
KEY_RO,KSPEC_BS_INDEX,.bs.index={1},KSPEC_FK_RANGE,.fk.range={-1,1,0}}},.
args=WATCH_Args},
{0}
};
```

명령어를 실행하면, server.c의 processCommand 함수를 통해 앞서 언급한 redisCommand Table 변수의 배열의 11번째 함수가 실행됩니다. 예를 들어, BITCOUNT 명령어(bitcount)인

경우 bitcountCommand가 해당합니다.[91]

redisCommandTable 변수 배열의 13번째 요소인 플래그는 각 명령어의 성질을 나타냅니다. 각 명령어의 플래그는 다음과 같은 내용을 포함합니다.

표 11-17 각 명령어의 플래그

7 버전 이후	6 버전	이전	상세
CMD_WRITE	write	w	쓰기 명령어다.
CMD_READONLY	read	r	읽기 명령어다.
CMD_DENYOOM	use-memory	m	메모리를 소비할 수 있는 명령어다. Out Of Memory(OOM) 상황에서 실행할 때 주의해야 한다.
CMD_ADMIN	admin	a	관리자 명령어다.
CMD_PUBSUB	pub-sub	p	Pub/Sub 기능과 관련된 명령어다.
CMD_NOSCRIPT	no-script	s	루아 스크립트 내에서 실행할 수 없는 명령어다.
N/A	random	r	무작위 동작을 하는 명령어다.
N/A	to-sort	S	결과가 정렬되는 명령어다.
CMD_LOADING	ok-loading	l	데이터베이스 로딩 중에 실행할 수 있는 명령어다.
CMD_STALE	ok-stale	t	레플리카가 마스터와 레플리케이션 중이거나 연결이 끊어진 경우에도 실행할 수 있는 명령어다.
CMD_SKIP_MONITOR	no-monitor	M	MONITOR 명령어로 모니터링되지 않는 명령어다.
CMD_SKIP_SLOWLOG	no-slowlog	N/A	슬로우 로그에 기록되지 않는 명령어다.
CMD_ASKING	cluster-asking	k	레디스 클러스터의 슬롯이 IMPORTING 상태인 경우에도 실행할 수 있는 명령어다.
CMD_FAST	fast	F	계산 복잡도가 $O(1)$ 및 $OlogN$인 명령어다.

하나의 명령어는 여러 플래그를 가질 수 있습니다. 레디스 6.0부터는 플래그 자체만으로 의미를 쉽게 알 수 있도록 이름이 변경되었습니다. 또한 no-slowlog 플래그는 레디스 6.0부터

---

91 해당 내용은 bitops.c에 구현되어 있습니다. https://github.com/redis/redis/blob/unstable/src/bitops.c#L796

생겼기 때문에 그 이전 버전에서는 해당하는 플래그가 없어서 N/A로 표기됩니다.

레디스 7.0부터는 CMD_로 시작하는 플래그가 server.h에 정의되어 있습니다. 레디스 7.0 이후 생긴 플래그들은 레디스 6.0 이전 플래그와 일치하지 않는 것도 있지만, 표에 나온 것들 외에도 많은 종류가 추가되었습니다.[92]

또한 레디스 6.0부터는 ACL 기능의 카테고리에서 명령어를 분류하기 위해 다음과 같은 플래그도 추가되었습니다. 이 플래그들은 하나의 명령어에 여러 값을 가질 수 있습니다.[93]

코드 11-20 server.h ①

```
/* Command flags that describe ACLs categories. */
#define ACL_CATEGORY_KEYSPACE (1ULL<<0)
#define ACL_CATEGORY_READ (1ULL<<1)
#define ACL_CATEGORY_WRITE (1ULL<<2)
#define ACL_CATEGORY_SET (1ULL<<3)
#define ACL_CATEGORY_SORTEDSET (1ULL<<4)
#define ACL_CATEGORY_LIST (1ULL<<5)
#define ACL_CATEGORY_HASH (1ULL<<6)
#define ACL_CATEGORY_STRING (1ULL<<7)
#define ACL_CATEGORY_BITMAP (1ULL<<8)
#define ACL_CATEGORY_HYPERLOGLOG (1ULL<<9)
#define ACL_CATEGORY_GEO (1ULL<<10)
#define ACL_CATEGORY_STREAM (1ULL<<11)
#define ACL_CATEGORY_PUBSUB (1ULL<<12)
#define ACL_CATEGORY_ADMIN (1ULL<<13)
#define ACL_CATEGORY_FAST (1ULL<<14)
#define ACL_CATEGORY_SLOW (1ULL<<15)
#define ACL_CATEGORY_BLOCKING (1ULL<<16)
#define ACL_CATEGORY_DANGEROUS (1ULL<<17)
#define ACL_CATEGORY_CONNECTION (1ULL<<18)
#define ACL_CATEGORY_TRANSACTION (1ULL<<19)
```

----

92 https://github.com/redis/redis/blob/7.0.4/src/server.h#L192-L221

93 레디스 6에서는 레디스 7의 플래그에 대응하여 '@'로 시작하는 것이 사용됩니다. 예를 들어, ACL_CATEGORY_KEYSPACE는 '@keyspace'에 해당합니다.

```
#define ACL_CATEGORY_SCRIPTING (1ULL<<20)
```

다음 예시는 COMMAND 명령어를 통해 GET 명령어의 내용을 살펴보는 예시입니다. COMMAND INFO GET 명령어를 실행하거나, COMMAND 명령어를 실행하여 레디스의 명령어 목록 및 상세 정보를 확인할 수 있습니다. 앞서 설명한 여러 플래그는 세 번째 요소에서 확인할 수 있으며, 이 예시에서는 readonly와 fast를 확인할 수 있습니다. ACL 기능 카테고리는 여섯 번째 요소에서 확인할 수 있으며, 여기서는 @read, @string, @fast가 지정되어 있습니다. COMMAND 명령어 관련 자세한 내용은 문서를 참조하기 바랍니다.[94][95][96]

```
127.0.0.1:6379> COMMAND INFO GET
1)    1) "get"
      1) (integer) 2
      2) 1) readonly
         1) fast
      3) (integer) 1
      4) (integer) 1
      5) (integer) 1
      6) 1) @read
         1) @string
         2) @fast
      7) (empty array)
      8) 1) 1) "flags"
            1) 1) RO
               1) access
            2) "begin_search"
            3) 1) "type"
               1) "index"
               2) "spec"
               3) 1) "index"
                  1) (integer) 1
```

94 https://redis.io/commands/command/
95 https://redis.io/commands/command-info/
96 https://redis.io/docs/reference/command-tips/

```
         4) "find_keys"
      5) 1) "type"
            1) "range"
            2) "spec"
         3) 1) "lastkey"
            1) (integer) 0
            2) "keystep"
            3) (integer) 1
            4) "limit"
            5) (integer) 0
1) (empty array)
```

11.2.4 클라이언트 정의

레디스 서버는 처리 결과를 직접 클라이언트에게 보내지 않고 클라이언트용 버퍼, 즉 클라이
언트 출력 버퍼에 결과를 저장합니다.

레디스 7.0 이전에는 클라이언트 출력 버퍼의 종류로 동적 버퍼와 정적 버퍼가 있었습니다.
각 버퍼는 client 구조체의 reply와 buf를 통해 관리되었습니다.[97] 어느 쪽으로 관리될지
는 데이터의 크기에 따라 달라집니다. 16KB의 정적 버퍼인 buf가 넘쳐 흐르면 동적 버퍼인
reply에 저장됩니다. 이 정보는 CLIENT LIST 명령어의 결과 중 oll, obl 항목을 통해 확인
할 수 있습니다. 그러나 대량의 커넥션 풀을 사용하는 등의 상황에서는 고정 길이의 메모리
(buf) 사용이 많아지므로 레디스 7.0 이후에는 buf_peak 변수를 도입하는 방식을 통해 동적
으로 변경되도록 구현되었습니다. 또한 클라이언트로부터 받은 요청은 우선 client 구조체의
querybuf라는 쿼리 버퍼에 저장됩니다.

코드 11-21 server.h ②

```
typedef struct client {
    uint64_t id;            /* Client incremental unique ID. */
```

----

97 https://github.com/redis/redis/blob/7.0.4/src/server.h#L1084–L1193

```
uint64_t flags;        /* Client flags: CLIENT_* macros. */
connection *conn;
int resp;              /* RESP protocol version. Can be 2 or 3. */
redisDb *db;           /* Pointer to currently SELECTed DB. */
robj *name;            /* As set by CLIENT SETNAME. */
sds querybuf;          /* Buffer we use to accumulate client queries. */
size_t qb_pos;         /* The position we have read in querybuf. */
size_t querybuf_peak;  /* Recent (100ms or more) peak of querybuf size. */
int argc;              /* Num of arguments of current command. */
robj **argv;           /* Arguments of current command. */
int argv_len;          /* Size of argv array (may be more than argc) */
int original_argc;     /* Num of arguments of original command if arguments
                          were rewritten. */
robj **original_argv;  /* Arguments of original command if arguments were
                          rewritten. */
size_t argv_len_sum;   /* Sum of lengths of objects in argv list. */
struct redisCommand *cmd, *lastcmd; /* Last command executed. */
struct redisCommand *realcmd;  /* The original command that was executed by
                                  the client, Used to update error stats in
                                  case the c->cmd was modified during
                                  the command invocation
                                  (like on GEOADD for example). */
user *user;    /* User associated with this connection. If the
                  user is set to NULL the connection can do
                  anything (admin). */
int reqtype; ;         /* Request protocol tyhpe: PROTO_REQ_* */
int multibulklen;  /* Number of multi bulk arguments left to read. */
long bulklen;          /* Length of bulk argument in multi bulk request. */
list *reply;           /* List of reply objects to send to the client. */
unsigned long long reply_bytes; /* Tot bytes of objects in reply list. */
list *deferred_reply_errors; /* Used for module thread safe contexts. */
:
/* Response buffer */
size_t buf_peak;       /* Peak used size of buffer in last 5 sec interval. */
mstime_t buf_peak_last_reset_time; /* keeps the last time the buffer peak
                                      value was reset */
```

```
    int bufpos;
    size_t buf_usable_size; /* Usable size of buffer. */
    char *buf;
} client;
```

11.2.5 서버 정의

레디스 서버의 여러 상태는 redisServer 구조체에 정의되어 있습니다.[98] 매개변수로 설정한 내용 대부분이 여기에 저장됩니다.

레플리케이션은 레플리케이션 ID와 오프셋 쌍 정보를 기반으로 진행되며, 관련 정보도 redisServer 구조체에 정의되어 있습니다. 레플리케이션 연결이 끊어진 동안의 마스터 쓰기 작업은 별도로 저장해둡니다. 복구는 레플리케이션 백로그에 해당 레플리케이션 ID와 오프셋 정보를 참고하여 진행됩니다. 해당 정보가 유효하면 전체 동기화를, 아니라면 부분 동기화를 실행합니다. 이와 같은 방식을 통해 레플리케이션의 효율을 높이도록 구현되어 있습니다.[99]

레플리케이션 ID는 redisServer 구조체 내에 replid와 replid2처럼 두 개의 ID를 가지고 있는 것을 확인할 수 있습니다.[100] 페일오버 시에는 이전 레플리카가 새 마스터로 승격될 때, 새 마스터가 이전 마스터의 레플리케이션 ID를 기억하고 있으면, 다른 레플리카가 이 ID를 사용하여 부분 동기화를 시도할 수 있습니다. 이 방식은 불필요한 작업을 줄여, 효율적으로 재동기화할 수 있다는 장점이 있습니다.

코드 11-22 server.h

```
struct redisServer {
    /* General */
    pid_t pid;                  /* Main process pid. */
```

---

98 https://github.com/redis/redis/blob/7.0.4/src/server.h#L1449–L1940
99 https://github.com/redis/redis/blob/7.0.4/src/replication.c#L710–L811
100 레디스 4.0 이후, 부분 동기화 관련 PSYNC2를 개선한 내용입니다.

```
pthread_t main_thread_id;     /* Main thread pid. */
char *configfile;      /* Absolute config file path, or NULL */
char *executable;      /* Absolute executable file path. */
char **exec_argv;      /* Executable argv vector (copy). */
int dynamic_hz;        /* Change hz value depending on # of clients. */
int config_hz;         /* Configured HZ value. May be different than
                          the actual 'hz' field value if dynamic-hz
                          is enabled. */
mode_t umask;          /* The umask value of the process on startup */
int hz;                /* serverCron() calls frequency in hertz */
int in_fork_child;     /* indication that this is a fork child */
redisDb *db;
dict *commands;        /* Command table */
dict *orig_commands;   /* Command table before command renaming. */
aeEventLoop *el;
:
/* Replication (master) */
char replid[CONFIG_RUN_ID_SIZE+1];   /* My current replication ID. */
char replid2[CONFIG_RUN_ID_SIZE+1];  /* replid inherited from master*/
long long master_repl_offset;     /* My current replication offset */
long long second_replid_offset;   /* Accept offsets up to this for replid2. */
:
/* Coordinate failover info */
mstime_t failover_end_time;  /* Deadline for failover command. */
int force_failover;          /* If true then failover will be forced at the
         * deadline, otherwise failover is aborted. */
char *target_replica_host; /* Failover target host. If null during a
                             * failover then any replica can be used. */
int target_replica_port;   /* Failover target port */
int failover_state;        /* Failover state */
int cluster_allow_pubsubshard_when_down; /* Is pubsubshard allowed when the
                                    cluster is down, doesn't affect
                                    pubsub global. */
long reply_buffer_peak_reset_time; /* The amount of time (in milliseconds) to
                            wait between reply buffer peak resets */
```

```
    int reply_buffer_resizing_enabled; /* Is reply buffer resizing enabled (1 by
                                          default) */
};
```

11.2.6 내부 인코딩

레디스는 다양한 데이터를 저장할 때 내부적으로 인코딩을 적용합니다. 동일한 데이터를 저장할 때도 적절한 내부 인코딩을 사용하면 메모리 사용량을 줄일 수 있습니다. 그러나 인코딩 변환 처리는 CPU를 사용합니다. 이 점을 기억해야 합니다.

CPU와 메모리 사용 상황을 고려하여 요구사항에 따라 적절하게 매개변수를 설정하면 레디스 서버를 더 잘 활용할 수 있습니다. 이를 위해 각 인코딩이 어떻게 정의되어 있는지, 그리고 인코딩 변환이 어떤 의미가 있는지 이해할 필요가 있습니다. 다음은 주목해야 할 몇 가지 인코딩입니다.

- **String형**
  - int
  - embstr
  - raw

- **List형**
  - quicklist
    - listpack(레디스 7.0 이전에는 ziplist) + LZF

- **Hash형**
  - listpack(레디스 7.0 이전에는 ziplist)
  - hashtable

- **Set형**
  - intset
  - hashtable

- **Sorted Set형**
  - listpack(레디스 7.0 이전에는 ziplist)
  - skiplist

- **HyperLogLog**
  - Sparse
  - Dense

- **지리적 공간 인덱스**
  - 52비트 가입

- **레디스 스트림**
  - 스트림은 RAX에 의한 트리형 데이터 구조이며, 트리의 각 노드에는 listpack을 사용합니다.

int

int 인코딩은 String형이며, 값이 64비트 부호 있는 정수일 때 사용합니다. int는 long형의 값을 그대로 저장합니다.[101]

코드 11-23 object.c

```
if (o->encoding == OBJ_ENCODING_RAW) {
    sdsfree(o->ptr);
    o->encoding = OBJ_ENCODING_INT;
    o->ptr = (void*) value;
    return o;
```

embstr

embstr 인코딩은 String형이며, 값이 44바이트 이하의 문자열일 때 사용합니다. 44바이트 이하인 문자열은 embstr을 사용하고, 그것보다 큰 문자열의 경우 raw를 사용하여 문자열을 저장합니다.

---

101 https://github.com/redis/redis/blob/7.0.4/src/object.c

```
#define OBJ_ENCODING_EMBSTR_SIZE_LIMIT 44
robj *createStringObject(const char *ptr, size_t len) {
    if (len <= OBJ_ENCODING_EMBSTR_SIZE_LIMIT)
        return createEmbeddedStringObject(ptr,len);
    else
        return createRawStringObject(ptr,len);
}
```

embstr 인코딩은 sdshdr8 구조체를 통해 buf 내에 char 배열로 값을 저장합니다.[102]
embstr에서는 redisObject와 sdshdr, 그리고 저장할 값의 크기를 한번에 메모리에 할당합
니다.

코드 11-25 sds.h

```
robj *createEmbeddedStringObject(const char *ptr, size_t len) {
    robj *o = zmalloc(sizeof(robj)+sizeof(struct sdshdr8)+len+1);
    struct sdshdr8 *sh = (void*)(o+1);

    o->type = OBJ_STRING;
    o->encoding = OBJ_ENCODING_EMBSTR;
    o->ptr = sh+1;
    o->refcount = 1;
    if (server.maxmemory_policy & MAXMEMORY_FLAG_LFU) {
        o->lru = (LFUGetTimeInMinutes()<<8) | LFU_INIT_VAL;
    } else {
        o->lru = LRU_CLOCK();
    }

    sh->len = len;
    sh->alloc = len;
    sh->flags = SDS_TYPE_8;
    if (ptr == SDS_NOINIT)
```

....

102 https://github.com/redis/redis/blob/7.0.4/src/sds.h

```
            sh->buf[len] = '\0';
        else if (ptr) {
            memcpy(sh->buf,ptr,len);
            sh->buf[len] = '\0';
        } else {
            memset(sh->buf,0,len+1);
        }
    return o;
}
```

다음으로 sdshdr8 구조체를 정의합니다.

```
struct __attribute__ ((__packed__)) sdshdr8 {
    uint8_t len;          /* used */
    uint8_t alloc;         /* excluding the header and null terminator */
    unsigned char flags; /* 3 lsb of type, 5 unused bits */
    char buf[];
};
```

raw

raw 인코딩은 String형이며, 값이 44바이트를 초과하는 문자열일 때 사용합니다. raw는 SDS 문자열을 그대로 저장하는 방식입니다. OBJ_STRING은 server.h에서 문자열 객체를 나타내는 상수로 정의되어 있습니다.

코드 11-26 object.c

```
robj *createRawStringObject(const char *ptr, size_t len) {
    return createObject(OBJ_STRING, sdsnewlen(ptr,len));
}
```

createObject 함수는 다음 위치에서 호출됩니다. raw에서는 sdshdr과 저장할 값의 메모리를 할당한 후, 별도로 redisObject의 메모리 할당을 수행합니다.

```
robj *createObject(int type, void *ptr) {
    robj *o = zmalloc(sizeof(*o));
    o->type = type;
    o->encoding = OBJ_ENCODING_RAW;
    o->ptr = ptr;
    o->refcount = 1;

    /* Set the LRU to the current lruclock (minutes resolution), or
     * alternatively the LFU counter. */
    if (server.maxmemory_policy & MAXMEMORY_FLAG_LFU) {
        o->lru = (LFUGetTimeInMinutes()<<8) | LFU_INIT_VAL;
    } else {
        o->lru = LRU_CLOCK();
    }
    return o;
}
```

44바이트 이하의 경우 embstr가 사용되고, 그보다 큰 경우 raw를 사용한다고 설명했습니다. 레디스 3.2 이전 버전에서는 39바이트를 기준으로 구분했습니다. redisObject가 16바이트, SDS 헤더(sdshdr)가 3바이트, NULL이 1바이트로 총 20바이트를 사용했습니다. 이 중 3바이트는 SDS 헤더가 데이터 길이에 따라 3바이트, 5바이트, 9바이트, 17바이트 네 가지 자료형을 사용하는데 그중에서 데이터 길이가 짧은 경우를 고려하여 계산했습니다. 레디스 3.2 이전에는 sdshdr가 8바이트를 사용해 총 25바이트를 사용했습니다. jemalloc은 32바이트, 64바이트, 128바이트 단위로 메모리가 할당됩니다. 당시에는 데이터에 사용 가능한 크기에 64바이트를 자주 사용한다고 가정하고, 64−20=44(64−25=39)처럼 계산하여 기준으로 삼고, 메모리 단편화를 줄이기 위해 인코딩이 이루어졌습니다.

quicklist

quicklist는 레디스의 List형에 사용됩니다. List형의 양 끝의 매개변수가 다음 두 조건을 만족하는 범위에서는 압축되지 않은 listpack(레디스 7.0 이전에는 ziplist)을 사용하며, 그 외의 경우에는 LZF로 압축된 데이터를 사용합니다.

- list-max-listpack-size(레디스 7.0 이전에는 list-max-ziplist-size) 지시자 값 이하
- list-compress-depth 지시자 값 이하

quicklist는 listpack(레디스 7.0 이전에는 ziplist)과 LZF 압축 기법을 결합하여 메모리 효율성과 접근 속도 사이의 균형을 맞추고 레디스 3.2 이후부터 내부 인코딩으로 채택했습니다.[103]

리스트에서 양 끝 데이터에 접근 가능성이 높기 때문에 특정 깊이 이상의 중간 데이터는 자주 사용되지 않습니다. quicklist는 이 점을 활용하여, 중간 데이터를 압축함으로써 메모리 공간을 효율적으로 사용하며, 압축 전의 크기를 기준으로 제어할 수도 있습니다.

압축에는 LZF가 사용되며, quicklistLZF 구조체가 압축된 데이터를 char 타입 배열에 저장하는 데 사용됩니다. 매개변수는 깊이(list-compress-depth 지시자)와 크기(list-max-ziplist-size 지시자)를 설정할 수 있습니다.

레디스 3.2 이전에는 설정된 범위 내에서 ziplist가 사용되었으며, 그 외의 경우에는 Linked List가 사용되었습니다.

ziplist와 Linked List는 각각 다음과 같은 특징이 있습니다.

- **ziplist**
  - 장점
    - 메모리 영역을 효율적으로 사용하도록 설계되었으며, 메모리 사용 효율이 좋습니다.
  - 단점
    - 데이터가 변경 시 메모리 재할당을 위해 데이터를 복사해야 할 가능성이 높아지므로, 데이터양이 많아질수록 복사 비용이 커집니다.
    - 중간 데이터는 순차적으로 탐색해야만 합니다.

---

103 https://github.com/redis/redis/blob/7.0.4/src/quicklist.h

- **Linked List**
  - 장점
    - 테이블 양쪽 끝에서 쉽게 푸시/팝을 할 수 있습니다.
  - 단점
    - Linked List의 각 노드가 별도의 메모리 블록에 있고 주소가 연속적이지 않아 노드 내에서 메모리 단편화가 발생할 가능성이 높습니다(메모리 오버헤드가 큽니다).

▪━ quicklist 구현

quicklist 정의와 구조체는 다음과 같습니다.

코드 11-28 quicklist.h ①

```
typedef struct quicklist {
    quicklistNode *head;
    quicklistNode *tail;
    unsigned long count;        /* total count of all entries in all listpacks */
    unsigned long len;          /* number of quicklistNodes */
    signed int fill : QL_FILL_BITS;       /* fill factor for individual nodes */
    unsigned int compress : QL_COMP_BITS; /* depth of end nodes not to
                                              compress;0=off */
    unsigned int bookmark_count: QL_BM_BITS;
    quicklistBookmark bookmarks[];
} quicklist;
```

quicklist 각 요소는 quicklistNode 구조체로 다음과 같이 정의됩니다.

코드 11-29 quicklist.h ②

```
typedef struct quicklistNode {
  struct quicklistNode *prev;
  struct quicklistNode *next;
  unsigned char *entry;
  size_t sz;                        /* entry size in bytes */
  unsigned int  count : 16;         /* count of items in listpack */
```

```
    unsigned int  encoding : 2;          /* RAW==1 or LZF==2 */
    unsigned int container : 2;          /* PLAIN==1 or PACKED==2 */
    unsigned int recompress : 1;         /* was this node previous compressed? */
    unsigned int attempted_compress : 1; /* node can't compress; too small */
    unsigned int extra : 10;             /* more bits to steal for future usage */
} quicklistNode;
```

LZF 압축이 적용될 때, quicklistNode 구조체의 zl은 아래의 quicklistLZF 구조체를 가리킵니다.

코드 11-30 quicklist.h

```
typedef struct quicklistLZF {
    size_t sz; /* LZF size in bytes*/
    char compressed[];
} quicklistLZF;
```

ziplist

ziplist는 레디스 7.0 이전에는 Hash형, Sorted Set형, List형(특정 조건에만)에서 사용되었습니다. ziplist의 각 엔트리 포맷은 크게 이전 엔트리의 크기/현재 엔트리의 크기/대상 문자열 형태로 구성됩니다.[104]

ziplist는 연속된 메모리 영역을 사용하도록 설계되었으므로 메모리 사용 효율이 좋습니다. 대신 데이터가 변경될 때 메모리 재할당을 위해 데이터를 복사해야 할 가능성이 높아지므로, 데이터양이 커질수록 복사 비용이 증가할 수 있습니다. 따라서 hash-max-ziplist-entries 지시자, hash-max-ziplist-value 지시자의 값을 적절하게 설정해야 합니다.

▪── ziplist 구현

ziplist의 데이터 구조는 다음과 같이 정의되어 있습니다. 이전 데이터의 크기 및 현재 데이

---

[104] https://github.com/redis/redis/blob/7.0.4/src/ziplist.c

터의 크기 관련 정보를 통해 연속된 메모리 영역을 효율적으로 사용할 수 있도록 설계되었습니다.

코드 11-31 ziplist.c

```c
typedef struct zlentry {
    unsigned int prevrawlensize; /* Bytes used to encode the previous entry len*/
    unsigned int prevrawlen;     /* Previous entry len. */
    unsigned int lensize;        /* Bytes used to encode this entry type/len.
                                    For example strings have a 1, 2 or 5 bytes
                                    header. Integers always use a single byte.*/
    unsigned int len;            /* Bytes used to represent the actual entry.
                                    For strings this is just the string length
                                    while for integers it is 1, 2, 3, 4, 8 or
                                    0 (for 4 bit immediate) depending on the
                                    number range. */
    unsigned int headersize;     /* prevrawlensize + lensize. */
    unsigned char encoding;      /* Set to ZIP_STR_* or ZIP_INT_* depending on
                                    the entry encoding. However for 4 bits
                                    immediate integers this can assume a range
                                    of values and must be range-checked. */
    unsigned char *p;            /* Pointer to the very start of the entry, that
                                    is, this points to prev-entry-len field. */
} zlentry;
```

COLUMN zipmap

레디스 2.6 이전에는 zipmap이라는 내부 인코딩을 Hash형에서 사용할 수 있었지만, 현재는 listpack(레디스 스트림을 제외한 레디스 7.0 미만에서는 ziplist)을 이용하고 있습니다. zipmap은 ziplist처럼 구조체로 관리되지 않고, char 타입의 포인터로 관리됩니다. 예를 들어, "foo" ⇒ "bar", "hello" ⇒ "world"와 같은 매핑이 있다면, 다음과 같은 형식으로 저장됩니다. 현재는 RDB 파일을 읽어올 때 호환성을 위해 사용되고 있습니다.[105]

105 https://github.com/redis/redis/blob/7.0.4/src/zipmap.c

```
<zmlen><len>"foo"<len><free>"bar"<len>"hello"<len><free>"world"
```

다음 위치에서 초기화를 수행합니다.

코드 11-32 zipmap.c

```c
unsigned char *zipmapNew(void) {
    unsigned char *zm = zmalloc(2);

    zm[0] = 0; /* Length */
    zm[1] = ZIPMAP_END;
    return zm;
}
```

다음 위치에 요소를 추가합니다.

코드 11-33 zipmap.c

```c
unsigned char *zipmapSet(unsigned char *zm, unsigned char *key, unsigned int
klen, unsigned
char *val, unsigned int vlen, int *update) {
    unsigned int zmlen, offset;
    unsigned int freelen, reqlen = zipmapRequiredLength(klen,vlen);
    unsigned int empty, vempty;
    unsigned char *p;

    freelen = reqlen;
    if (update) *update = 0;
    p = zipmapLookupRaw(zm,key,klen,&zmlen);
    if (p == NULL) {
        /* Key not found: enlarge */
        zm = zipmapResize(zm, zmlen+reqlen);
        p = zm+zmlen-1;
        zmlen = zmlen+reqlen;

        /* Increase zipmap length (this is an insert) */
```

```
    if (zm[0] < ZIPMAP_BIGLEN) zm[0]++;
} else {
    /* Key found. Is there enough space for the new value? */
    /* Compute the total length: */
    if (update) *update = 1;
    freelen = zipmapRawEntryLength(p);
    if (freelen < reqlen) {
        /* Store the offset of this key within the current zipmap, so
         * it can be resized. Then, move the tail backwards so this
         * pair fits at the current position. */
        offset = p-zm;
        zm = zipmapResize(zm, zmlen-freelen+reqlen);
        p = zm+offset;

        /* The +1 in the number of bytes to be moved is caused by the
         * end-of-zipmap byte. Note: the *original* zmlen is used. */
        memmove(p+reqlen, p+freelen, zmlen-(offset+freelen+1));
        zmlen = zmlen-freelen+reqlen;
        freelen = reqlen;
    }
}

/* We now have a suitable block where the key/value entry can
 * be written. If there is too much free space, move the tail
 * of the zipmap a few bytes to the front and shrink the zipmap,
 * as we want zipmaps to be very space efficient. */
empty = freelen-reqlen;
if (empty >= ZIPMAP_VALUE_MAX_FREE) {
    /* First, move the tail <empty> bytes to the front, then resize
     * the zipmap to be <empty> bytes smaller. */
    offset = p-zm;
    memmove(p+reqlen, p+freelen, zmlen-(offset+freelen+1));
    zmlen -= empty;
    zm = zipmapResize(zm, zmlen);
    p = zm+offset;
```

```
      vempty = 0;
    } else {
      vempty = empty;
    }
    /* Just write the key + value and we are done. */
    /* Key: */
    p += zipmapEncodeLength(p,klen);
    memcpy(p,key,klen);
    p += klen;
    /* Value: */
    p += zipmapEncodeLength(p,vlen);
    *p++ = vempty;
    memcpy(p,val,vlen);
    return zm;
}
```

listpack

listpack은 레디스 스트림에서 RAX 트리 구조로 구성된 스트림의 각 노드를 구성하는 데 사용합니다. 레디스 7.0부터는 List형, Hash형, Sorted Set형 데이터의 크기나 엔트리 수가 작을 때 내부 인코딩으로도 활용됩니다. listpack은 ziplist를 대체하기 위해 ziplist보다 메모리를 더 효율적으로 사용하도록 설계된 내부 인코딩입니다.[106] ziplist는 LRANGE 명령어와 같은 모델링을 하기 위해서 리스트의 끝 요소부터 역순으로 탐색하기 위해 이전 데이터의 크기에 관한 정보가 있습니다. 그러나 이러한 특성 때문에 중간 요소를 삽입하거나 삭제할 경우, 이전 데이터의 크기나 이전 데이터의 크기가 인코딩되는 바이트 수가 변하면서 연쇄적으로 영향을 줄 수 있습니다. listpack은 이러한 문제점을 극복하고 ziplist의 장점을 활용하기 위해 등장했습니다. listpack은 문제를 방지하기 위해 요소의 로컬 정보만을 사용하도록 개선되었습니다.

listpack의 데이터 구조는 처음 4바이트에 listpack을 나타내는 전체 바이트 수를 저장한 후,

---

106 https://github.com/antirez/listpack/blob/master/listpack.md

다음 2바이트에는 요소의 개수를 저장합니다. 마지막은 FF로 끝나는 종료 표시 데이터가 저장되어 있습니다. 이 데이터는 listpack의 끝을 나타내며 주소를 보유하지 않고 스캔할 수 있게 하고, listpack이 손상되지 않았는지 확인하는 데 사용됩니다.

```
<tot-bytes> <num-elements> <element-1> ... <element-N> <listpack-end-byte>
```

각 요소는 다음과 같은 형식을 사용합니다. 인코딩 유형과 전체 길이가 반드시 포함되며, 그 사이에 요소 데이터가 배치됩니다.

```
<encoding-type><element-data><element-tot-len>
```

인코딩에는 작은 숫자나 간단한 문자열, 다중 바이트 인코딩의 종류가 있습니다. 다음은 실제 소스코드 중 listpack을 새로 생성하는 부분입니다. 처음에는 listpack을 나타내는 바이트 수를 저장하면서, 요소의 개수로 0을 설정하고, 종료를 나타내는 기호가 설정되어 있는 것을 확인할 수 있습니다.[107]

```c
unsigned char *lpNew(size_t capacity) {
    unsigned char *lp = lp_malloc(capacity > LP_HDR_SIZE+1 ? capacity : LP_
    HDR_SIZE+1);
    if (lp == NULL) return NULL;
    lpSetTotalBytes(lp,LP_HDR_SIZE+1);
    lpSetNumElements(lp,0);
    lp[LP_HDR_SIZE] = LP_EOF;
    return lp;
}
```

lpInsert() 함수로 요소를 삽입하고, lpGet() 함수를 사용하여 요소를 검색합니다. 관심 있는 분은 src/listpack.c 파일의 코드를 확인하기 바랍니다.

---

107 https://github.com/redis/redis/blob/7.0.4/src/listpack.c

intset

intset는 Set형 데이터의 모든 요소가 정수이고 엔트리 수가 set-max-intset-entries 지시자에 설정된 값보다 작은 경우에 사용합니다. 인코딩은 값의 크기에 따라 결정되며, 8바이트 부호가 있는 int형 배열로 정의됩니다.[108]

코드 11-34 intset.h

```c
typedef struct intset {
    uint32_t encoding;
    uint32_t length;
    int8_t contents[];
} intset;
```

인코딩 유형은 모든 요소의 값이 16비트 이하인 경우, 32비트 이하인 경우 또는 그보다 큰 경우에 따라 결정됩니다.[109]

코드 11-35 intset.c

```c
static uint8_t _intsetValueEncoding(int64_t v) {
    if (v < INT32_MIN || v > INT32_MAX)
        return INTSET_ENC_INT64;
    else if (v < INT16_MIN || v > INT16_MAX)
        return INTSET_ENC_INT32;
    else
        return INTSET_ENC_INT16;
}
```

탐색에는 이진 탐색이 사용됩니다.

코드 11-36 intset.c

```c
while(max >= min) {
```

---

[108] https://github.com/redis/redis/blob/7.0.4/src/intset.h
[109] https://github.com/redis/redis/blob/7.0.4/src/intset.c

```
        mid = ((unsigned int)min + (unsigned int)max) >> 1;
        cur = _intsetGet(is,mid);
        if (value > cur) {
            min = mid+1;
        } else if (value < cur) {
            max = mid-1;
        } else {
            break;
        }
    }
}
```

skiplist

skiplist는 Sorted Set형에서 ziplist 인코딩을 사용할 수 없는 경우에 사용합니다. 아파치 HBase나 아파치 루씬Lucene[110]과 같은 다른 시스템에서도 사용되는 데이터 구조입니다.

skiplist는 층layer이라는 개념이 있으며, 가장 낮은 층은 정렬된 리스트(zskiplist Node)를 가집니다.[111] 리스트는 zskiplistNode 구조체 내의 점수 순으로 정렬되어 Sorted Set형의 데이터 점수로 사용됩니다. 가장 낮은 층은 점수를 가진 요소들이 정렬되어 나열되며, 이때 각 요소(ele)는 사전에 정의된 특정 확률(ZSKIPLIST_P(=1/4))로 한 단계 높은 층에서도 생성됩니다. 이렇게 생성된 요소 역시 같은 확률로 더 상위 층에서 생성되는 과정을 반복하므로 층의 단계가 높아질수록 건너뛰는 노드의 수(span)가 커지는 경향이 있습니다.[112] [113]

레디스는 skiplist를 조금 개선한 방식을 사용합니다. 층이 높을수록 구조상 메모리 오버헤드가 커지기 때문에 최대 층을 ZSKIPLIST_MAXLEVEL(=64)로 제안하며, 동일한 점수도 저장할 수 있도록 하고 있습니다(이 경우 값은 달라져야 합니다). 그리고 탐색의 편의를 위해 역방향 포인터가 있습니다(zskiplistNode 구조체의 backward에 해당합니다).

---

110 https://hbase.apache.org/ https://lucene.apache.org/
111 https://github.com/redis/redis/blob/7.0.4/src/server.h
112 https://www.epaperpress.com/sortsearch/download/skiplist.pdf
113 역자주_span은 노드 사이의 거리로도 이해할 수 있으며, span이 커질수록 특정 노드를 찾을 때 많은 노드를 건너뛸 수 있어 탐색 효율이 좋아집니다.

삽입이나 탐색할 때는 가장 상위 층에서 시작하여 대상 항목이 없으면 하위 층으로 내려가 탐색을 계속하는 방식으로 진행됩니다. 각 연산의 시간 복잡도는 평균적으로 $O(logN)$이며, 최악의 경우 $O(n)$입니다.

평균 층 수는 $1 * (1 - p) + 2 * p(1 - p) + 3p^2(1 - p) + ... = (1 - p)\sum k * p^{k-1} = \frac{1}{1-p}$ 로 표현합니다. 레디스는 평균적으로 4/3만큼의 층이 있다고 계산할 수 있습니다. 균형 트리는 각 항목이 left와 right 두 개의 포인터를 갖고 있지만, skiplist는 평균적으로 한 개의 포인터만 갖고 있으므로 메모리 공간을 더 효율적으로 사용할 수 있습니다.

skiplist는 점수를 기반으로 데이터를 매칭하기 위해 사용됩니다. 이때, dict 구조체를 통해 점수와 데이터의 대응 관계를 확인합니다.

현재 Sorted Set형에서는 요소의 개수가 일정 수 이하이고, 특정 크기 이하일 때는 ziplist가 사용되고, 그 외의 경우에는 skiplist가 사용됩니다. 요소의 개수는 zset-max-ziplist-entries 지시자, 크기는 zset-max-ziplist-value 지시자로 설정할 수 있습니다.

ziplist와 skiplist는 각각 다음과 같은 특징이 있습니다.[114]

- **ziplist**
  - 장점
    - ziplist는 연속된 메모리 영역을 사용하도록 설계되어 있어, 메모리 사용 효율이 높습니다.
  - 단점
    - 데이터가 변경될 때 메모리 재할당을 위해 데이터를 복사할 확률이 높아지므로, 데이터양이 커질수록 복사 비용이 큽니다.
    - 중간 데이터는 순차적으로 탐색해야만 합니다.

- **skiplist**
  - 장점
    - 데이터가 증가해도 시간 복잡도는 평균적으로 $O(logN)$ 수준이기 때문에 성능이 안정적입니다.
    - 메모리 사용량이 급격하게 증가하지 않습니다(균형 이진 트리와 비교할 때의 크기는 작업 부하에 따

---

114 https://news.ycombinator.com/item?id=1171423

라 다를 수 있습니다).

　　　　– 다른 균형 트리처럼 캐시의 지역성을 효과적으로 활용할 수 있습니다.

　　□ 단점

　　　　– 메모리 공간의 효율을 높였지만 ziplist보다는 떨어집니다.

■── skiplist 구현

skiplist는 zskiplist 구조체로서 다음과 같이 정의합니다.

코드 11–37 server.h ①

```c
typedef struct zskiplist {
    struct zskiplistNode *header, *tail;
    unsigned long length;
    int level;
} zskiplist;
```

skiplist의 각 노드는 zskiplistNode 구조체로서 다음과 같이 정의하고 있으며, 층에 따라 단계가 있는 것을 확인할 수 있습니다.

코드 11–38 server.h ②

```c
typedef struct zskiplistNode {
    sds ele;
    double score;
    struct zskiplistNode *backward;
    struct zskiplistLevel {
        struct zskiplistNode *forward;
        unsigned long span;
    } level[];
} zskiplistNode;
```

skiplist의 핵심 메커니즘이자 상위 레벨을 사용하는 확률적인 동작은 다음 함수에 정의되어 있습니다.[115]

코드 11-39 t_zset.c

```
int zslRandomLevel(void) {
    static const int threshold = ZSKIPLIST_P*RAND_MAX;
    int level = 1;
    while (random() < threshold)
        level += 1;
    return (level<ZSKIPLIST_MAXLEVEL) ? level : ZSKIPLIST_MAXLEVEL;
}
```

115 https://github.com/redis/redis/blob/7.0.4/src/t_zset.c

APPENDIX

부록

A. 레디스의 지속적인 활용을 위해 멤케시디와 비교하고 레디스의 전망을 소개합니다.

APPENDIX

부록

APPENDIX

레디스 계속해서
활용하기

부록에서는 레디스와 멤케시디의 비교, 그리고 향후 레디스의 방향성 같은 내용을 보충해서 설명합니다.

A.1 멤케시디와의 기능 및 동작 비교

멤케시디의 기능과 특성을 자세하게 살펴보며 레디스와 비교하겠습니다.[01] [02] 레디스를 다루는 데 필수 내용은 아니지만, 관심 있는 분들은 기술 선택의 참고 자료로 읽어보기 바랍니다.

레디스는 다양한 자료형을 제공하며, 데이터 모델 표현 범위가 넓습니다. 또한 영속화, 레플리케이션, 클러스터링 등의 기능처럼 멤케시디에는 없는 다양한 매력이 있습니다.

저자가 알기로 최근에는 새로운 서비스에 멤케시디보다 레디스를 선택하는 경우가 일반적이지만, 멤케시디를 선택하는 것이 더 좋은 유스케이스도 있을 수 있습니다.

A.1.1 간단한 형태의 데이터 저장

멤케시디는 키와 값이 문자열로 1:1로 대응되는 매우 간단한 KVS^{Key–Value Store}입니다. 키와 값, 메타데이터를 한 번의 할당으로 함께 저장하는 방식이라서 메모리 할당의 오버헤드가 낮다는 특징이 있습니다. 따라서 단기적인 관점에서 본다면 서비스의 메모리 운용 효율이 레디스보다 더 좋을 수 있습니다.

반면, 레디스는 저장할 수 있는 값의 범위가 넓으므로 오버헤드가 멤케시디보다 높다고 생각할 수 있습니다. 그러나 자료형별로 최적화가 이루어져 있기 때문에[03] 오버헤드는 매우 낮으며, 실제 서비스에서는 다양하고 방대한 데이터를 처리합니다. 따라서 장기적인 관점으로 서비스를 운영한다면 레디스가 멤케시디보다 메모리 사용 효율면에서 더 좋을 수 있습니다.

---

01 https://github.com/memcached/memcached/wiki/Overview
02 https://docs.aws.amazon.com/ko_kr/AmazonElastiCache/latest/mem-ug/SelectEngine.html
03 각 자료형마다 내부 인코딩을 최적화하여, 특정 조건일 때는 CPU와의 교환을 통해 메모리 사용 효율을 높이려고 했습니다.

A.1.2 간단하고 불필요한 기능이 없는 안정적인 동작

멤케시디의 특징은 간단하고, 불필요한 기능이 없으며, 안정성이 높다는 것입니다. 멤케시디는 하나의 리스너 스레드와 여러 개의 워커 스레드, 그리고 기타 작업을 처리하는 스레드로 구성되어 있으며, 이 모델을 통해 작업을 처리합니다.

과거에는 간단하게 사용할 수 있다는 점으로 멤케시디를 홍보했지만, 버전이 업그레이드되면서 락 관리 기능 등으로 인해 사용이 조금씩 복잡해지고 있습니다.[04] 그 외에 업그레이드를 통해 LRU 관리 방법도 개선되고 있으며, LRU Crawler, LRU Maintainer 등 스레드의 종류 및 처리 내용에도 변화가 있습니다.[05]

기능 개선은 반가운 일이지만, 사용이 간단하다고 더 말할 수 없을만큼 복잡해지지는 않았는지 검토할 필요가 있습니다.

A.1.3 슬랩 클래스 단위로의 LRU를 통한 데이터 관리

멤케시디도 레디스처럼 LRU 방식을 사용해 데이터를 관리하지만, 관리 방식의 차이점이 존재합니다. 멤케시디는 슬랩Slab 할당(슬랩 클래스) 메커니즘을 통해 아이템을 관리합니다.

1. 미리 정해진 크기별로 슬랩 클래스라는 그룹을 준비합니다.
2. 호스트 내의 멤케시디에서 사용 가능한 메모리를 슬랩 클래스별로 정해진 크기의 슬랩으로 분할합니다.
3. 아이템을 저장할 때는 아이템 크기보다 큰 슬랩 중에서 크기가 가장 작은 슬랩 클래스에 저장합니다.
   - 슬랩 클래스의 대상 페이지에 빈 공간이 있으면 저장합니다.
   - 빈 공간이 없으면 메모리 풀에서 해당 슬랩 클래스용 페이지를 할당 받습니다.
   - 새로운 메모리를 할당할 공간이 부족한 경우, LRU 알고리즘에 따라 삭제합니다.

---

04 https://raw.githubusercontent.com/memcached/memcached/master/doc/threads.txt
05 https://raw.githubusercontent.com/memcached/memcached/master/doc/new_lru.txt

그림 A-1 슬랩 클래스 단위의 LRU 동작 이미지

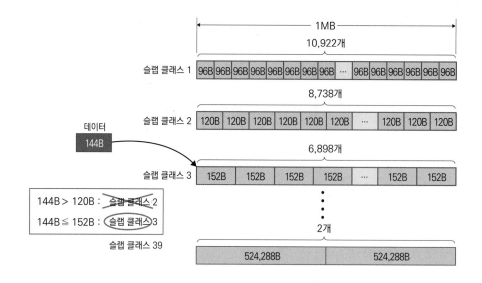

멤케시디의 LRU은 슬랩 클래스 단위로 작동하기 때문에 전체적으로 보면 일반적인 LRU 의 동작 방식과는 다르게 동작할 수 있습니다. 또한 멤케시디는 HOT/WARM/COLD 또는 TEMP처럼 세분화된 LRU 세그먼트를 사용해 효율적으로 처리합니다.[06] 앞서 언급한 LRU Maintainer는 백그라운드에서 아이템을 세그먼트 간에 이동할 수 있도록 돕는 기능입니다.

만약 접근 패턴이 일정하지 않은 경우, 크기가 큰 아이템이 큐 중앙에 위치한 상태에서 만료 되면 공간이 낭비될 수 있습니다. LRU Crawler는 이런 문제를 대처하려고 백그라운드에서 비동기적으로 아이템을 확인하고, 만료된 것들을 삭제합니다.

레디스는 거대한 해시 테이블 위에서 키와 값의 쌍을 관리하기 때문에 LRU을 정확하게 계 산하는 것은 처리 비용이 많이 듭니다. 따라서 모든 버전에서는 공통적으로 일부 키를 무작 위로 샘플링한 후, 샘플링한 키 중에서 가장 최근에 접근하지 않은 키를 삭제하여 근사치로 LRU 대상을 정합니다. 다만 버전에 따라서 후보가 될 키를 더 효율적으로 샘플링할 수 있도 록 기능이 개선되었습니다.

---

06 이 기능은 멤케시디 1.4.24 이후에 사용할 수 있습니다. 1.4.33 이후에는 기본적으로 활성화되었습니다. 자세한 내용은 공식 블로그를 참조하십시오. https://memcached.org/blog/modern-lru

A.1.4 멀티 스레드를 통한 이벤트 기반 처리

레디스는 싱글 스레드로 작업을 하기 때문에 여러 CPU 코어가 있어도 기본적으로 한 개의 CPU 코어만 활용할 수 있습니다. 이러한 특징 때문에 CPU는 병목 현상을 일으킬 수 있습니다. 여러 CPU 코어를 가진 기계에서는 여러 레디스 서버 프로세스를 실행하여 운영하는 방법도 있습니다. 멀티 코어를 전부 사용하려고 하면 멤케시디에 비해 다소 운영이 복잡해질 수 있지만 문제가 되는 일은 거의 없을 것입니다.[07]

레디스 6.0부터는 데이터 접근을 할 때 싱글 스레드로 유지하되, I/O 부분은 옵션으로 멀티 스레드 처리를 활성화할 수 있도록 개선되었습니다. 그러나 TLS 기능에 멀티 스레드를 활용하는 것은 제한되어 있습니다.[08]

이벤트 기반 처리 기능은 멤케시디는 libevent[09]를, 레디스는 자체 라이브러리인 ae를 사용합니다. ae는 외부 의존성을 가지지 않기 때문에 레디스를 쉽게 사용할 수 있으며, 예측하지 못한 버그가 발생할 가능성을 낮추며, 사용자화하기 쉽다는 장점이 있습니다.

A.1.5 상호 독립적인 노드

멤케시디의 각 캐시 노드는 서로 독립적이기 때문에 레플리케이션 같은 작업은 수행하지 않습니다. 그렇기 때문에 레플리케이션을 반드시 필요한 경우에는 외부 도구를 사용해야 합니다. 반면 레디스는 엔진 자체에 레플리케이션 기능이 내장되어 있습니다.

키의 값을 저장할 노드는 클라이언트에서 결정

앞서 언급한 것처럼 멤케시디에서 각 노드는 독립적이기 때문에 서로의 상태를 인식하지 않습니다. 각 노드는 단순히 클라이언트의 요청에 따라 키를 저장합니다. 따라서 여러 캐시 노

---

07 http://antirez.com/news/94

08 관리형 서비스를 사용하는 경우, 이전 버전에서도 멀티 스레드로 I/O 처리를 할 수 있습니다. 또한 TLS 기능도 멀티 스레드를 활용할 수 있습니다.

09 https://libevent.org

드로 구성된 경우, 어떤 키를 어느 캐시 노드에 저장할지는 클라이언트에서 결정합니다.

이 과정은 일반적으로 일관된 해싱Consistent Hashing이나 모듈로modulo 계산과 같은 방법이 사용됩니다.[10][11][12] 모듈로 계산이란 캐시 노드가 N대 있다고 할 때, 키의 해시값을 N으로 나눈 나머지를 어떤 캐시 노드에서 담당할지를 계산하는 방법입니다. 간단한 방법이지만, 캐시 노드를 추가하거나 제거할 때 각 캐시 노드가 담당하는 데이터가 크게 변할 수 있으므로 캐시 미스가 많이 발생하여 성능에 영향을 줄 수 있습니다.

일관된 해싱은 이 문제를 해결하는 방법으로, 기본적인 아이디어는 다음과 같습니다.

그림 A-2 일관된 해싱의 동작 메커니즘

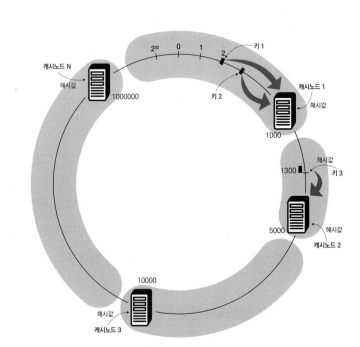

0부터 2^{32}의 값이 할당된 연속체Continuum의 원을 준비한다고 가정합니다. 미리 준비된 서버 목

---

10 https://github.com/memcached/memcached/wiki/ConfiguringClient

11 관리형 서비스로 제공되는 경우, 별도의 연결 방법이 제공되는 등 전용 클라이언트를 사용할 수도 있습니다.

12 레디스에서도 twemproxy와 같은 프록시를 사용하는 경우가 있습니다.

록의 각 요소들의 해시값을 계산하여, 서버를 배치합니다. 데이터를 저장할 때는 클라이언트가 대상이 되는 키의 해시값을 계산한 후, 그 값보다 다음으로 큰 값에 배치된 서버에 데이터를 저장합니다.

이 메커니즘으로 인해 캐시 노드를 추가하거나 삭제했을 때의 영향 범위가 제한됩니다. 캐시 노드를 추가할 때는 해당 캐시 노드의 해시값과 다음 캐시 노드의 해시값 사이의 데이터만 영향을 받습니다. 마찬가지로 캐시 노드를 삭제할 경우, 해당 캐시 노드의 해시값과 이전 캐시 노드의 해시값 사이의 데이터만 영향을 받습니다.

하지만 이 방법을 그대로 사용하면 캐시 노드를 배치할 때 편향이 생기고, 노드 간에 저장되는 데이터양도 큰 차이가 날 수 있습니다. 그러므로 실제로는 각 캐시 노드가 담당하는 포인트를 가상 노드라는 형태로 여러 개 준비하여 편향을 줄이는 경우도 있습니다. 캐시 노드의 메모리 크기에 따라 캐시 노드가 담당하는 가상 노드의 수를 조정하는 등의 방식을 통해 차이를 줄이려는 노력도 이뤄지고 있습니다.

멤케시디를 사용할 경우, 이 부분을 사용자가 의식적으로 관리해야 합니다. 경우에 따라 관리가 단순해질 수도 있지만, 고려해야 할 사항이 늘어날 수도 있으므로 주의해야 합니다.

레디스의 레플리케이션 구성상 기본적으로 마스터에서만 쓰기 작업이 가능하므로 클라이언트는 마스터를 지정하여 쓰기 작업을 수행합니다.[13] 레디스 클러스터의 경우, 클라이언트는 클러스터를 구성하는 노드 중 하나에 처음 연결합니다. 그리고 해당 노드가 요청된 내용을 처리할 수 있으면 그대로 처리하며, 그렇지 않은 경우는 일단 클라이언트에 요청을 반환한 후, 적절한 샤드의 마스터 노드로 리다이렉트하도록 요청하는 방식으로 요청이 라우팅됩니다.

A.1.6 명령어 특징

멤케시디 명령어의 특징은 다음과 같습니다.

---

13 관리형 서비스로 제공되는 경우, 요청이 마스터로 전송되는 엔드포인트가 제공될 수 있습니다.

명령어 실행에 걸리는 시간 복잡도는 $O(1)$이다

멤케시디의 명령어는 원칙적으로 시간 복잡도가 $O(1)$입니다. 키의 개수와 관계없이 실행 시간이 일정하도록 설계되어 있습니다.[14]

레디스는 모든 키를 불러오는 등 명령어를 통한 유연한 처리가 가능합니다. 하지만 이런 유연성을 보장하기 위해 시간 복잡도가 큰 명령어를 기본적으로 실행할 수 있게 되어 있어, 사용 시에는 주의가 필요합니다. 여러 명령어에 대한 공식 문서가 있고, 시간 복잡도도 기재되어 있으므로 공식 문서 확인을 권장합니다.

복잡하지 않으며 데이터를 여러 노드에 분산하도록 설계하기 쉽다

레디스는 다양한 기능과 자료형을 지원하기 위해 300개 정도의 다양한 명령어가 있습니다. 반면에, 멤케시디는 매우 간단한 KVS이므로 명령어 종류가 제한적입니다.[15] 기본적으로 처리 내용도 간단하기 때문에 여러 노드를 사용하는 경우에도 고려할 사항이 적어 확장성을 고려한 설계가 용이합니다.[16]

A.1.7 네트워크 및 통신 관련

TLS와 네트워크 기능 등의 차이점에 대해 다룹니다.

TCP/UDP 및 유닉스 소켓 인터페이스

레디스는 TCP와 유닉스 소켓 인터페이스를 사용할 수 있지만, 멤케시디는 추가로 UDP 인터페이스도 사용할 수 있습니다.

---

14 이러한 제약 때문에 모든 키를 조작할 수 없다는 단점이 있었습니다. 예외적으로 복잡도가 아닌 디버그 인터페이스 명령어인 stats cachedump로 키를 탐색할 수 있습니다. 단 지정된 슬랩 클래스에 한정됩니다. 또한 최대 2MB까지만 데이터를 가져올 수 있고 메모리를 잠그거나 데이터를 가져오는 작업이 무거워지는 등의 문제점이 많았습니다. 이 부분은 멤케시디 1.4.18 이후부터 LRU Crawler를 활성화하면 모든 키를 가져올 수 있도록 변경되었습니다(구체적으로는 lru_crawler metadump all 명령어를 실행하면 됩니다).

15 현재 멤케시디의 명령어 유형에는 set, add, replace, append, prepend, get, gets, gat, gats, delete, flush_all, incr, decr, cas, touch, shutdown, stats, slabs, lru, lru_crawler, watch, version, verbosity, misbehave, quit가 있습니다.

16 ASCII 모드에서 해당하는 내용입니다. 이진 모드에서는 종류가 증가합니다.

ASCII 모드와 이진 모드

멤케시디는 ASCII 모드 외에도 이진Binary 모드를 통신 프로토콜로 사용할 수 있습니다. 이진 모드에서는 텍스트 파싱 처리를 생략하여 처리 속도를 높일 수 있으며 텍스트 형식으로 인한 취약성 문제를 방지할 수 있습니다.

ASCII 모드에서는 키 길이 제한이 250바이트였지만, 이진 모드에서는 2^{16} (=65,536)바이트 까지 처리할 수 있습니다. 또한 이진 모드를 통해 명령어의 종류가 늘어나면서 확장성도 향 상되었습니다.

레디스는 기본적으로 RESP라는 텍스트 프로토콜을 사용합니다. RESP의 자세한 내용은 11.1.1절에서 설명했습니다.

TLS 기능

멤케시디 1.5.13(2019년 출시)부터 TLS가 지원되며[17] [18] 레디스에서도 레디스 6.0(2020년 출시)부터 TLS를 사용할 수 있습니다.[19] [20] 이 점은 멤케시디와 레디스 사이에 큰 차이가 없 습니다.[21]

그러나 멤케시디와 레디스 모두 이 기능을 도입한 것은 비교적 최신 버전이기 때문에 오래된 버전을 사용 중이라면 지원되지 않을 수도 있으므로 버전 정보를 확인해야 합니다. 만약 이 전 버전에서 TLS 기능을 사용하려면 Spiped나 stunnel과 같은 프록시를 별도로 준비하고 운영해야 합니다. 레디스에서 TLS 기능을 사용할 때는 멀티 스레드 기능을 사용할 수 없다는 점도 주의해야 합니다.

---

17 https://github.com/memcached/memcached/wiki/TLS

18 https://raw.githubusercontent.com/memcached/memcached/master/doc/tls.txt

19 http://www.antirez.com/news/131

20 https://github.com/redis/redis/pull/6236

21 클라우드 공급자가 제공하는 경우, 그보다 이전 버전에서도 TLS 기능을 제공하는 경우가 있습니다. 반대로 멤케시디는 1.5.13 이후 버 전이라도 버전에 따라 TLS 기능을 제공하지 않는 경우도 있습니다. 예를 들어, ElastiCache에서는 멤케시디 1.6.12 이후 버전부터 TLS를 지원하고, TLS 기능이 있더라도 멀티 스레드 기능이 제공되는 경우도 있습니다.

A.1.8 고성능 인메모리 KVS

멤케시디도 레디스와 마찬가지로 인메모리에서 동작하기 때문에 데이터 휘발성 문제가 있습니다. 멤케시디 프로세스가 정지하거나 재시작할 경우, 데이터가 사라지게 됩니다. [22] [23] [24]

레디스는 인메모리에서 작동하지만 기본적으로 영속성 기능을 갖추고 있습니다. 시작 시 데이터를 복구(AOF)하거나, 스냅숏을 생성하여 복원하는 형태로 영속성 문제를 해결합니다. 성능에 미치는 영향이 걱정될 때는 이 기능을 끌 수도 있습니다.

A.1.9 그 외 알아두면 좋은 특징

MySQL 5.6 이후부터는 InnoDB 멤케시디 플러그인을 제공합니다. 이 플러그인을 사용하면 멤케시디와 같은 방식으로 InnoDB 테이블의 데이터에 접근할 수 있습니다. 레디스는 InnoDB 멤케시디 플러그인과 같이 널리 사용되는 플러그인이 없기 때문에 요구사항에 따라 멤케시디의 활용 범위가 넓어질 수 있습니다. 그러나 InnoDB 멤케시디 플러그인은 레디스와 멤케시디를 비교하기 위해 소개한 것으로 실제로는 MySQL 8.0.22부터 사용을 권장하지 않으며 추후 삭제될 예정입니다.

A.2 앞으로의 레디스

레디스 6이 출시되고 ACL이 도입되면서 보안 기능 강화와 함께 엔터프라이즈 업계를 포함하여 더 넓은 범위에서 사용될 수 있게 되었습니다. 2022년에는 레디스 7이 GA$^{General\ Availability}$ 상태가 되었고, 레디스 함수를 비롯해 Sharded Pub/Sub, ACL, AOF의 기능 강화 및 50개 이상의 명령어가 추가되는 등 지속적으로 발전하고 있습니다.

---

22 멤케시디 1.5.18 이후, Warm Restart 기능을 통해 메모리에 쓰기를 활용하여 캐시에서 데이터를 삭제하지 않고 재시작할 수 있게 되는 개선이 이루어졌습니다. 그러나 이는 제한적인 환경에서의 대응입니다.

23 https://github.com/memcached/memcached/wiki/WarmRestar

24 https://memcached.org/blog/persistent-memory

레디스는 앞으로도 다양한 기능이 추가되어 더욱 매력적인 소프트웨어로 거듭날 것으로 예상됩니다.[25]

다음은 레디스 7.0에 도입될 예정이었지만, 현재까지는 아직 구현되지 않는 기능을 소개합니다. 현재도 백로그에 쌓여 있으며, 향후 출시될 버전에서 구현될 예정입니다.

- 해시 타입의 각 요소에 대한 TTL 설정[26]
- 더 신뢰할 수 있는 키 공간 알림[27]
- 키 어노테이션[28]

A.2.1 Hash형 TTL의 강화

현재 해시 타입은 키와 해시를 연결하여 사용하지만, 키에 대해서만 TTL을 설정할 수 있습니다. 이를 개선하여 앞으로는 해시 내 각 필드에 대해 TTL을 설정할 수 있게 될 예정입니다. 현재는 이 기능을 사용하려면 TairHash와 같은 외부 모듈이 필요합니다.[29] TTL 설정을 고려해야 하는 부분이 늘어나는 만큼, 사전에 충분한 스키마 설계가 필요합니다. 이 기능은 크기가 큰 해시를 복잡한 명령어로 처리하는 데 어려움을 겪던 분들에게 해시 타입의 활용 범위를 넓힐 수 있는 기회가 될 것입니다.

A.2.2 더욱 신뢰할 수 있는 키 공간 알림

현재 키 공간 알림은 Pub/Sub 기능을 통해 전송되고 있습니다. Pub/Sub 기능은 네트워크 연결이 끊어지는 등의 문제가 발생하여 재연결을 시도한 경우, 재연결 중에 발행된 메시지는 수신할 수 없다는 문제가 있습니다. 이 문제를 해결하기 위해 키 공간 알림을 레디스 스트림

---

25 https://github.com/redis/redis/milestone/11
26 https://github.com/redis/redis/issues/6620
27 https://github.com/redis/redis/issues/5766
28 https://github.com/redis/redis/issues/8372
29 https://github.com/alibaba/TairHash

기능으로 구현하여 데이터 송수신의 신뢰성을 높일 수 있게 구현하도록 제안되어 있는 상태입니다.

A.2.3 키 어노테이션

레디스는 데이터베이스 내의 각 데이터를 자료형이나 기능에 따라 키와 고유하게 연결된 값으로 구성되어야 한다고 가정합니다. 앞서 2.1.3절에서도 언급했듯이 레디스는 제공하는 자료형 및 기능을 활용하여, 키 간의 관계를 설정하지 않습니다. 그러나 실제로는 서로 다른 키 사이에 관계를 맺어 데이터를 관리하는 경우가 많습니다.

RDBMS에서는 성능과 유연성의 균형을 위해 스키마나 뷰, 트리거 등의 구조를 활용합니다. 반면, 레디스는 RDBMS와 다르게 발전했기 때문에 비슷한 문제를 키 어노테이션^{Key Annotation}이라는 다른 접근 방식으로 해결합니다.

설정 파일이나 명령어를 통해 미리 정의된 패턴에 부합하는 키를 사용할 때는 즉시 액션의 트리거를 실행합니다. 예를 들어, 사용자와 그 친구 관계를 관리하는 데이터 세트에서 한 사용자를 삭제하면 그와 연결된 친구 정보도 함께 삭제하는 식으로 활용할 수 있습니다.

A.2.4 레디스 클러스터 개선

레디스는 3.0 버전부터 레디스 클러스터를 사용할 수 있습니다. 이 레디스 클러스터의 기능을 개선한 버전 2가 새롭게 출시될 예정입니다.[30]

소규모 클러스터에서의 페일오버

현재 레디스 클러스터는 샤드가 여러 개 있을 때, 페일오버 시 새로운 마스터를 선택하기 위해 과반수의 마스터가 정상적으로 작동해야 한다고 가정합니다. 레플리카는 이 과정에 참여

----

30 https://github.com/redis/redis/issues/8948

하지 않습니다.

따라서 샤드가 하나만 있는 작은 클러스터에서는 페일오버를 활용할 수 없으므로 레플리카도 새로운 마스터 선택에 참여하도록 하는 제안이 있습니다.

현재 OSS 버전의 레플리케이션에는 자동 페일오버 기능이 없으므로 사용자는 레디스 클러스터와 레디스 센티널 중 하나를 선택해야 합니다. 일부 제안에서는 고가용성을 달성하기 위해 클러스터 기능만 사용하고, 레디스 센티널을 대체하는 방안을 고려하고 있습니다.

레디스 클러스터의 클라이언트 의존도 감소

현재 레디스 클러스터는 클라이언트가 클러스터의 구성을 알고 있어야 하므로 클라이언트에서 많은 로직을 처리해야 합니다. 즉, 클라이언트는 레디스 클러스터 기능을 지원해야 하며, 이로 인해 클라이언트마다 지원하는 수준이 차이가 날 수 있었습니다.

이를 해결하기 위해 클라이언트의 요청을 적절한 캐시 노드로 프록시해서 클라이언트가 처리하는 부분을 간소화하는 방식이 제안되어 있습니다.

끝으로

레디스가 세상에 나온 지 10년 이상이 지났고, 사용하는 곳도 매우 많아졌습니다. 여전히 개발이 활발히 진행되고 있으며, 레디스 6에서는 ACL과 TLS 기능 등 중요한 기능이 추가됐습니다. 2022년에는 레디스 7이 공개되면서 레디스 함수를 포함하여 Sharded Pub/Sub, ACL, AOF 기능이 강화되었고, 50개 이상의 명령어가 추가되었습니다. 앞으로도 기능 추가 및 개선이 계획된 만큼 계속해서 발전하고 있습니다.

이 책은 레디스 초보자부터 숙련자까지 다양한 독자와 다양한 요구를 염두에 두고 작성했습니다. 저자가 실제로 얻은 통찰력과 서비스에 영향을 미칠 수 있는 일반적인 실수 그리고 그것을 피하기 위한 포인트, 자주 질문받는 내용 등을 포함하여 현업에서 유용하게 사용할 수 있는 실용적인 지식을 최대한 전달하려고 노력했습니다.

독자 여러분에게 유익한 정보가 되었기를 바랍니다.

저자_ **하야시 쇼고**

이 책에서 참조한 링크와 레디스를 다루는 데 유용한 링크를 기재합니다. 자세한 내용은
1.5.3절 및 각 장에서 링크된 내용을 확인하십시오.

- **Redis** https://redis.io
- **GitHub – redis/redis** https://github.com/redis/redis
- **Try Redis** http://try.redis.io
- **Redis** https://redis.com
- **The Home of Redis Developers** https://developer.redis.com
- **Redis Launchpad** https://launchpad.redis.com
- **Redis Discord server** https://discord.com/invite/redis
- **Redis Community Forum** https://forum.redis.com
- **Redis DB – Google Groups** https://groups.google.com/forum/#!forum/redis–db
- **Redis News Feed** https://twitter.com/redisfeed
- **antirez** http://antirez.com(**이전 블로그:** antirez weblog http://oldblog.antirez.com)

INDEX